高校经典教材同步辅导丛书

经济数学——微积分（第三版）同步辅导及习题全解

主编 高源

·北京·

内 容 提 要

本书是与高等教育出版社出版、吴传生主编的《经济数学——微积分》（第三版）一书配套的同步辅导和习题解答辅导书。

本书共有十一章，分别介绍函数，极限与连续，导数、微分、边际与弹性，中值定理及导数的应用，不定积分，定积分及其应用，向量代数与空间解析几何，多元函数微分学，二重积分、三重积分，微分方程与差分方程，无穷级数。本书按教材内容安排全书结构，各章均包括知识网络图、知识点归纳、历年考研真题评析、课后习题全解四部分内容。针对各章节习题给出详细解答，思路清晰，逻辑性强，内容详尽，简明易懂，循序渐进地帮助读者分析并解决问题。

本书可作为高等院校学生学习《经济数学——微积分》（第三版）课程的辅导教材，也可作为考研人员复习备考的辅导教材，同时可供教师备课命题作为参考资料。

图书在版编目（ＣＩＰ）数据

经济数学微积分（第三版）同步辅导及习题全解 / 高源主编. -- 北京：中国水利水电出版社，2017.4（2019.2 重印）
（高校经典教材同步辅导丛书）
ISBN 978-7-5170-5278-4

Ⅰ.①经… Ⅱ.①高… Ⅲ.①微积分－高等学校－教学参考资料 Ⅳ.①O172

中国版本图书馆CIP数据核字(2017)第065415号

策划编辑：杨庆川　责任编辑：李 炎　加工编辑：高双春　封面设计：梁 燕

书　名	高校经典教材同步辅导丛书 经济数学——微积分（第三版）同步辅导及习题全解 JINGJI SHUXUE——WEIJIFEN（DI-SAN BAN）TONGBU FUDAO JI XITI QUANJIE
作　者	主编　高源
出版发行	中国水利水电出版社 （北京市海淀区玉渊潭南路1号D座　100038） 网址：www.waterpub.com.cn E-mail：mchannel@263.net（万水） 　　　　sales@waterpub.com.cn 电话：（010）68367658（营销中心）、82562819（万水）
经　售	全国各地新华书店和相关出版物销售网点
排　版	北京万水电子信息有限公司
印　刷	三河市祥宏印务有限公司
规　格	170mm×227mm　16开本　20.5印张　410千字
版　次	2017年4月第1版　2019年2月第3次印刷
定　价	32.80元

凡购买我社图书，如有缺页、倒页、脱页的，本社营销中心负责调换

版权所有·侵权必究

前 言
PREFACE

  吴传生主编的《经济数学——微积分》(第三版)以体系完整、结构严谨、层次清晰、深入浅出的特点成为这门课程的经典教材,被全国许多院校采用。

  为了帮助读者更好地学习这门课程,掌握更多的知识,我们根据多年的教学经验编写了这本与此教材配套的《经济数学——微积分(第三版)同步辅导及习题全解》。本书旨在使广大读者理解基本概念,掌握基本知识,学会基本解题方法与解题技巧,进而提高应试能力。

  本书作为一种辅助性的教材,具有较强的针对性、启发性、指导性和补充性。考虑到《经济数学——微积分》(第三版)这门课程的特点,我们在内容上作了以下安排:

  1. 知识网络图。 系统全面地涵盖了本章的知识点,使学生能一目了然地浏览本章内容的框架结构。

  2. 知识点归纳。 对每章知识点做了简练概括,梳理了各知识点之间的脉络联系,突出各章主要定理及重要公式,使读者在各章学习过程中目标明确,有的放矢。

  3. 历年考研真题评析。 精选历年研究生入学考试中具有代表性的试题进行了详细的解答,以开拓广大同学的解题思路,使其能更好地掌握该课程的基本内容和解题方法。

  4. 课后习题全解。 教材中课后习题丰富、层次多样,许多基础性问题能从多个角度帮助学生理解基本概念和基本理论,促其掌握基本解题方法。我们对教材的课后习题给出了详细的解答。

  由于时间较仓促,编者水平有限,难免书中有疏漏之处,敬请各位同行和读者给予批评、指正(yapai2004@126.com 或微信 JZCS15652485156)。

编者

2017 年 2 月

目 录

■ 前言

■ 第一章 函数 ... 1
    知识网络图 ... 1
    知识点归纳 ... 2
    历年考研真题评析 ... 4
    经典例题解析 ... 5
    课后习题全解 ... 9

■ 第二章 极限与连续 ... 20
    知识网络图 ... 20
    知识点归纳 ... 21
    历年考研真题评析 ... 24
    经典例题解析 ... 26
    课后习题全解 ... 30

■ 第三章 导数、微分、边际与弹性 ... 49
    知识网络图 ... 49
    知识点归纳 ... 50
    历年考研真题评析 ... 52
    经典例题解析 ... 53
    课后习题全解 ... 57

■ 第四章 中值定理及导数的应用 ... 84
    知识网络图 ... 84
    知识点归纳 ... 84
    历年考研真题评析 ... 87
    经典例题解析 ... 90
    课后习题全解 ... 95

目 录 contents

第五章　不定积分 ……………………………………………………… 113
　　知识网络图 ………………………………………………………… 113
　　知识点归纳 ………………………………………………………… 113
　　经典例题解析 ……………………………………………………… 117
　　课后习题全解 ……………………………………………………… 122

第六章　定积分及其应用 …………………………………………… 138
　　知识网络图 ………………………………………………………… 138
　　知识点归纳 ………………………………………………………… 139
　　历年考研真题评析 ………………………………………………… 142
　　经典例题解析 ……………………………………………………… 145
　　课后习题全解 ……………………………………………………… 149

第七章　向量代数与空间解析几何 ………………………………… 169
　　知识网络图 ………………………………………………………… 169
　　知识点归纳 ………………………………………………………… 170
　　历年考研真题评析 ………………………………………………… 173
　　经典例题解析 ……………………………………………………… 174
　　课后习题全解 ……………………………………………………… 177

第八章　多元函数微分学 …………………………………………… 191
　　知识网络图 ………………………………………………………… 191
　　知识点归纳 ………………………………………………………… 192
　　经典例题解析 ……………………………………………………… 197
　　课后习题全解 ……………………………………………………… 202

第九章　二重积分 *三重积分 ……………………………………… 221
　　知识网络图 ………………………………………………………… 221

目录 contents

    知识点归纳 ………………………………………………………… 221

    历年考研真题评析 ……………………………………………… 227

    经典例题解析 …………………………………………………… 228

    课后习题全解 …………………………………………………… 232

第十章 微分方程与差分方程 …………………………………… 248

    知识网络图 ……………………………………………………… 248

    知识点归纳 ……………………………………………………… 249

    历年考研真题评析 ……………………………………………… 257

    经典例题解析 …………………………………………………… 258

    课后习题全解 …………………………………………………… 264

第十一章 无穷级数 ………………………………………………… 295

    知识网络图 ……………………………………………………… 295

    知识点归纳 ……………………………………………………… 295

    历年考研真题评析 ……………………………………………… 300

    经典例题解析 …………………………………………………… 302

    课后习题全解 …………………………………………………… 307

第一章

函 数

知识网络图

- 集合
  - 集合的概念
  - 集合的运算
    - 并集、交集、差集、余集
    - 运算律
  - 区间和邻域
- 映射与函数
  - 映射 $f: x \to y$ 的三个要素：X, Y, f
  - 函数的定义
  - 函数的基本性态：奇偶性、周期性、单调性、有界性
- 复合函数与反函数、初等函数
  - 复合函数 $f[g(x)]$
  - 反函数：反函数存在定理
  - 函数的运算：和、差、积、商
  - 五类基本初等函数
- 经济学中的常用函数
  - 需求函数 $Q_d = Q_d(P)$
  - 供给函数 $Q_s = Q_s(P)$
  - 库存函数
  - 成本收益利润函数
  - 戈珀兹曲线 $y = k \cdot a^{b^t}$

知识点归纳

1. 集合的概念

集合是指所考察的具有确定性质的对象的总体,集合简称**集**. 组成集合的每一个对象称为该集合的**元素**.

由有限个元素构成的集合,称为**有限集**,由无限多个元素构成的集合,称为**无限集**.

不含有任何元素的集合称为**空集**.

表示方法:一是列举法,二是描述法.

若集合 A 的元素都是集合 B 的元素,则称 A 是 B 的**子集**,或者称 A 包含于 B 或 B 包含 A,记作 $A \subset B$ 或 $B \supset A$.

2. 集合的运算

集合有三种基本运算,即并、交、差.

设 A,B 是两个集合,则集合

$$A \cup B = \{x \mid x \in A \text{ 或 } x \in B\},$$
$$A \cap B = \{x \mid x \in A \text{ 且 } x \in B\},$$
$$A \setminus B = \{x \mid x \in A \text{ 但 } x \notin B\},$$

分别称为 A 和 B 的**并集、交集、差集**.

集合的并、交、余运算满足如下运算律:

交换律　　$A \cup B = B \cup A, A \cap B = B \cap A$;

结合律　　$(A \cup B) \cup C = A \cup (B \cup C)$,
　　　　　$(A \cap B) \cap C = A \cap (B \cap C)$;

分配律　　$A \cap (B \cup C) = (A \cap B) \cup (A \cap C)$,
　　　　　$A \cup (B \cap C) = (A \cup B) \cap (A \cup C)$;

对偶律　　$(A \cup B)^c = A^c \cap B^c, (A \cap B)^c = A^c \cup B^c$.

3. 区间和邻域

实数集 $\{x \mid a < x < b\} = (a,b)$ 称为**开区间**; $\{x \mid a \leqslant x \leqslant b\} = [a,b]$ 称为闭区间; $\{x \mid a \leqslant x < b\} = [a,b), \{x \mid a < x \leqslant b\} = (a,b]$ 称为半开半闭区间, a,b 为区间的端点.

实数集 $\{x \mid |x-a| < \delta, \delta > 0\}$,称为点 a 的 δ **邻域**,记为 $U(a,\delta)$. 点 a 叫做邻域的中心,δ 叫做**邻域的半径**,它在数轴上表示以 a 为中心,长度为 2δ 的对称开区间,如图 1-1 所示.

实数集 $\{x \mid 0 < |x-a| < \delta\}$ 称为点 a 的**去心** δ **邻域**,记作 $\mathring{U}(a,\delta)$. 为了方便,有时把开区间 $(a-\delta,a)$ 称为 a 的**左** δ **邻域**,把开区间 $(a,a+\delta)$ 称为 a 的**右** δ **邻域**.

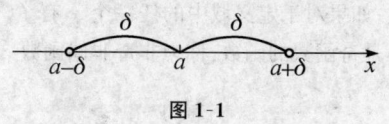

图 1-1

4. 映射的概念

定义 1 设 X,Y 是两个非空集合,若对集合 X 中的每一个元素 x,均可找到集合 Y 中唯一确定的元素 y 与之对应,则称这个对应是集合 X 到集合 Y 的一个**映射**,记为 f,或者更详细地写为 $f:X \to Y$.

将 x 的对应元 y 记作 $f(x):x \to y=f(x)$. 并称 y 为映射 f 下 x 的**像**,而 x 称为映射 f 下 y 的**原像**(或称为逆像). 集合 X 称为映射 f 的定义域,记作 $D_f=X$,而 X 的所有元素的像 $f(x)$ 的集合

$$\{y \mid y \in Y, y=f(x), x \in X\}$$

称为映射 f 的值域,记为 R_f (或 $f(X)$).

构成一个映射必须具备下列三个基本要素:

(1) 集合 X,即定义域 $D_f=X$;

(2) 集合 Y,即限制值域的范围:$R_f \subset Y$;

(3) 对应规则 f,使每个 $x \in X$,有唯一确定的 $y=f(x)$ 与之对应.

定义 2 设 f 是集合 X 到集合 Y 的一个映射,若在映射 f 下像的逆像也具有唯一性,即对 X 中的任意两个不同元素 $x_1 \neq x_2$,它们的像 y_1 与 y_2 也满足 $y_1 \neq y_2$,则称 f 为**单射**,如果映射 f 满足 $R_f=Y$,则称 f 为**满射**;如果映射 f 既是单射,又是满射,则称 f 为**双射**(又称一一映射).

5. 逆映射与复合映射

设 $f:X \to Y$ 是单射,则由定义 2,对任一 $y \in R_f \subset Y$,它的逆像 $x \in X$(即满足方程 $f(x)=y$ 的 x)是唯一确定的,由定义 1,对应关系

$$g:R_f \to X$$
$$y \to x(f(x)=y)$$

构成了 R_f 到 X 上的一个映射,称为 f 的**逆映射**,记为 f^{-1},其定义域为 $D_{f^{-1}}=R_f$,值域为 $R_{f^{-1}}=X$.

6. 函数的概念

定义 设数集 $D \subset \mathbf{R}$,则称映射 $f:D \to \mathbf{R}$ 为定义在 D 上的函数,通常简记为

$$y=f(x), x \in D,$$

其中 x 称为**自变量**,y 称为**因变量**,D 称为**定义域**,记作 D_f,即 $D_f=D$.

7. 函数的基本性态

设函数 $y=f(x)$ 的定义域关于原点对称,如果对于定义域中的任一个 x,都有 $f(x)=f(-x)$,

则称 $y=f(x)$ 为**偶函数**；如果对于定义域中的任一个 x 有 $f(-x)=-f(x)$，则称 $f(x)$ 为**奇函数**. 不是偶函数也不是奇函数的函数，称为非奇非偶函数.

8. 复合函数

定义 设有函数 f 和 g，$D_f \cap R_g \neq \varnothing$，则称定义在 $\{x \mid x \in D_g, g(x) \in D_f\}$ 上函数 $f \circ g$ 为 f 和 g 的**复合函数**，其中 $(f \circ g)(x) = f[g(x)]$.

对复合函数 $f \circ g$，称 $u=g(x)$ 为**中间变量**，其中 $x \in D_{f \circ g}$ 为**自变量**.

9. 反函数

作为逆映射的特例，我们有以下反函数的概念：

设函数 $f:D \to f(D)$ 是单射，则它存在逆映射 $f^{-1}:f(D) \to D$，称此映射 f^{-1} 为函数 f 的**反函数**.

定理（反函数存在定理） 单调函数 f 必存在反函数，且其具有与 f 相同的单调性.

10. 函数的运算

设函数 $f(x), g(x)$ 的定义域依次为 D_1, D_2，$D=D_1 \cap D_2 \neq \varnothing$，则我们可以定义这两个函数的下列运算：

函数的和(差) $f \pm g: (f \pm g)(x) = f(x) \pm g(x), x \in D$.

函数的积 $f \cdot g: (f \cdot g)(x) = f(x) \cdot g(x), x \in D$.

函数的商 $\dfrac{f}{g}: \left(\dfrac{f}{g}\right)(x) = \dfrac{f(x)}{g(x)}, x \in D \setminus \{x \mid g(x)=0\}$.

11. 戈珀兹曲线

戈珀兹(Gompertz)曲线是指指数函数 $y=ka^{b^t}$ 所表示的曲线. 在经济预测中，经常使用该曲线.

历年考研真题评析

真题1 设 $f(x)=e^{x^2}$，$f[\varphi(x)]=1-x$，且 $\varphi(x) \geqslant 0$，求 $\varphi(x)$ 及其定义域.

逻辑推理 先确定 $\varphi(x)$ 的表达式，再求 $\varphi(x)$ 的定义域.

解题过程 $\because f[\varphi(x)] = 1-x, \therefore e^{[\varphi(x)]^2} = 1-x$，解得 $\varphi(x) = \sqrt{\ln(1-x)}$

定义域 $\ln(1-x) \geqslant 0$，得 $1-x \geqslant 1$，即 $x \leqslant 0$.

真题2 设 $f(x)=\begin{cases} 1, & |x| \leqslant 1 \\ 0, & |x| > 1 \end{cases}$，则 $f(f(f(x)))$ 等于（　　）.

(A) 0　　　　　　　　　　　　　　　　(B) 1

(C) $\begin{cases} 1, & |x| \leqslant 1 \\ 0, & |x| > 1 \end{cases}$　　　　　　　　(D) $\begin{cases} 0, & |x| \leqslant 1 \\ 1, & |x| > 1 \end{cases}$

解题过程 $f(x)=\begin{cases}1\\0\end{cases}\Rightarrow|f(x)|\leqslant1\Rightarrow f(f(x))=1\Rightarrow f(f(f(x)))=f(1)=1$,因此 B 选项正确.

真题 3 $f(x)=|x\sin x|e^{\cos x},-\infty<x<+\infty$ 是(　　)
(A)有界函数　　　　　　　　　　(B)单调函数
(C)周期函数　　　　　　　　　　(D)偶函数

逻辑推理　函数基本性态的考察,主要是根据定义来判断.

解题过程　$|f(x)|\leqslant|x|\cdot|\sin x|\cdot|e^{\cos x}|\leqslant|x|\cdot1\cdot e=e|x|$,由于 X 无限制,
则 $f(x)$ 不是有界函数;
$f(-1)=|-1\cdot\sin(-1)|e^{\cos(-1)}=|1\cdot\sin1|e^{\cos1}=f(1)>0,f(0)=0$,
则 $f(x)$ 不是单调函数;
$f(x)$ 表达式中 x 不是周期函数,则 $f(x)$ 不是周期函数;
$f(-x)=|-x\cdot\sin(-x)|e^{\cos(-x)}=|x\cdot\sin x|e^{\cos x}=f(x)$,则 $f(x)$ 是偶函数.
综上所述,D 选项正确.

经典例题解析

例 1　用描述法表示下列集合
(1)由方程 $x^2+6x-27=0$ 的根所组成的集合.
(2)由非负数全体组成的集合.

解　(1)$A=\{x|x^2+6x-27=0\}$.
(2)$B=\{x|x\geqslant0\}$.

例 2　集合的三种基本运算——并、交、补.
(1)设集合 $A=\{1,2,3,4\},B=\{2,4,7,8\}$,求 $A\cup B,A\cap B,A-B$.
(2)设集合 $A=\{x|-1\leqslant x<2\},B=\{x|x\geqslant0\},C=\{x|-1<x<3\}$,求 $A\cup(B\cap C)$.
(3)设 $U=\{-1,0,1,2,3,4\},M=\{x|x^2-5x+6=0\},R=\{1,3\}$,求 $M',R',M'\cup R',M'\cap R',(M\cup R)'\cap M$.

解　(1)$A\cup B=\{1,2,3,4,7,8\},A\cap B=\{2,4\},A-B=\{1,3\}$.
(2)∵$B\cap C=\{x|0\leqslant x<3\}$
∴$A\cup(B\cap C)=\{-1\leqslant x<3\}$.
(3)∵$M=\{2,3\}$
∴$M'=U-M=\{-1,0,1,4\}$
$R'=U-R=\{-1,0,2,4\}$
$M'\cup R'=\{-1,0,1,2,4\}$
$M'\cap R'=\{-1,0,4\}$

又 $M \cup R = \{1,2,3\}$.

例 3 集合的笛卡儿乘积.
(1) 设 $A=\{1,3,5,7\}, B=\{2,5\}$, 求 $A \times B, B \times B$.
(2) 设 $A=\{x \mid -1 \leqslant x \leqslant 1\}, B=\{y \mid 0 \leqslant y \leqslant 1\}$, 求 $A \times B$.

解 (1) $A \times B = \{(1,2),(1,5),(3,2),(3,5),(5,2),(5,5),(7,2),(7,5)\}$
$B \times B = \{2,5\} \times \{2,5\} = \{(2,2),(2,5),(5,2),(5,5)\}$.
(2) $A \times B = \{(x,y) \mid -1 \leqslant x \leqslant 1, 0 \leqslant y \leqslant 1\}$. 它表示平面直角坐标系中如图 1-2 所示的矩形区域.

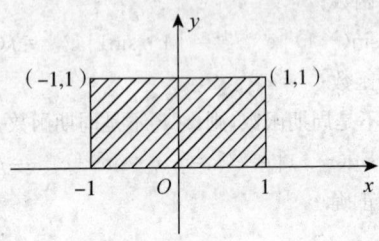

图 1-2

例 4 已知集合 $A=\{x \mid \log_2 x \leqslant 2\}, B=\{x \mid -\infty < x < a\}$, 若 $A \subset B$, 且实数 a 的取值范围是 $(c, +\infty)$, 求 c 的最小值.

解 解不等式 $\log_2 x \leqslant 2$, 得 $0 < x \leqslant 4$, 即 $A=\{x \mid 0 < x \leqslant 4\}$, 由 $A \subset B$, 知 $a > 4$. 故 $c \geqslant 4$. 即 c 的最小值为 4.

一个实数 x 的绝对值, 记为 $|x|$, 定义为 $|x| = \begin{cases} x, & x \geqslant 0, \\ -x, & x < 0. \end{cases}$

绝对值及其运算的性质:
(1) $|x| \geqslant 0$; $|-x| = |x| = \sqrt{x^2}$; $-|x| \leqslant x \leqslant |x|$.
(2) $|xy| = |x| \cdot |y|$, $\left|\dfrac{x}{y}\right| = \dfrac{|x|}{|y|} (y \neq 0)$.
(3) $|x| \leqslant y \Rightarrow -y \leqslant x \leqslant y (y \geqslant 0)$, $|x| \geqslant y \Rightarrow x \geqslant y$ 或 $x \leqslant -y (y \geqslant 0)$.
(4) $||x|-|y|| \leqslant |x+y| \leqslant |x|+|y|$.
(5) $||x|-|y|| \leqslant |x-y| \leqslant |x|+|y|$.
(6) $|x-y| \geqslant ||x|-|y||$.

例 5 解不等式 $|2x-1|-|x-2|<0$.

解 原不等式等价于不等式组
$$\begin{cases} x \geqslant 2 \\ 2x-1-(x-2)<0 \end{cases} \quad ①$$

或
$$\begin{cases} \dfrac{1}{2} < x < 2 \\ 2x-1+x-2<0 \end{cases} \quad ②$$

或 $\begin{cases} x \leqslant \frac{1}{2} \\ -(2x-1)+x-2<0 \end{cases}$ ③

不等式组①无解,不等式组②的解集为 $\frac{1}{2}<x<1$,不等式组③的解集为 $-1<x\leqslant\frac{1}{2}$.
综上,$-1<x<1$,原不等式的解集为 $\{x\mid -1<x<1\}$.

例 6 若对任意 $x>0$,$\frac{x}{x^2+3x+1}\leqslant a$ 恒成立,求 a 的取值范围.

解 对任意 $x>0$,$\frac{x}{x^2+3x+1}\leqslant a$,即对任意 $x>0$,恒有 $\frac{1}{x+\frac{1}{x}+3}\leqslant a$.

又由均值不等式 $\frac{1}{x+\frac{1}{x}+3}\leqslant\frac{1}{2\sqrt{x\cdot\frac{1}{x}}+3}=\frac{1}{5}$,所以 a 的取值范围为 $\frac{1}{5}\leqslant a<+\infty$.

例 7 用区间表示满足下列不等式的所有 x 的集合.
(1)$|x|<2$;(2)$|x-5|\leqslant 1$;(3)$|x-x_0|<\varepsilon(\varepsilon>0,x_0$ 为常数$)$;
(4)$|x|>1$;(5)$|x+2|\geqslant 3$;(6)$|x|>|x-2|$.

解 (1)即 $-2<x<2$,区间为 $(-2,2)$.
(2)由 $-1\leqslant x-5\leqslant 1$ 知 $4\leqslant x\leqslant 6$,区间为 $[4,6]$.
(3)由 $-\varepsilon<x-x_0<\varepsilon$ 知 $x_0-\varepsilon<x<x_0+\varepsilon$,区间为 $(x_0-\varepsilon,x_0+\varepsilon)$.
(4)即 $x>1$ 或 $x<-1$,区间为 $(-\infty,-1)\cup(1,+\infty)$.
(5)由 $x+2\geqslant 3$ 或 $x+2\leqslant -3$ 知 $x\geqslant 1$ 或 $x\leqslant -5$,故区间为 $(-\infty,-5]\cup[1,+\infty)$.
(6)由 $|x|>|x-2|$ 知 $x^2>(x-2)^2$,即 $4x-4>0$,$x>1$,故区间为 $(1,+\infty)$.

例 8 求函数 $y=\frac{1}{x(1-x^2)}+\sqrt{1-x^2}$ 的定义域.

解 x 需满足 $\begin{cases}x(1-x^2)\neq 0 \\ 1-x^2\geqslant 0\end{cases}$,即 $\begin{cases}x\neq 0, x\neq\pm 1 \\ 1-x^2>0\end{cases}$,也即 $\begin{cases}x\neq 0, \\ -1<x<1.\end{cases}$
故定义域为 $D=\{x\mid -1<x<1,\text{且 } x\neq 0\}$.

例 9 记函数 $f(x)=\sqrt{2-\frac{x+3}{x+1}}$ 的定义域为 A,函数 $g(x)=\lg[(x-a-1)(2a-x)](a<1)$ 的定义域为 B.(1)求 A;(2)若 $B\subseteq A$,求实数 a 的取值范围.

解 (1)要使函数 $f(x)$ 有定义,需满足 $2-\frac{x+3}{x+1}\geqslant 0$,即 $\frac{x-1}{x+1}\geqslant 0$,也即 $x<-1$ 或 $x\geqslant 1$,故 $A=(-\infty,-1)\cup[1,+\infty)$.

(2)要使函数 $g(x)$ 有定义,需满足 $(x-a-1)(2a-x)>0$,因 $a<1$,故 $a+1>2a$,所以上面不等式的解集为 $2a<x<a+1$,故 $B=(2a,a+1)$.

因 $B\subseteq A$,故 $2a\geqslant 1$ 或 $a+1\leqslant -1$,即 $a\geqslant\frac{1}{2}$ 或 $a\leqslant -2$. 又因为 $a<1$,所以 $\frac{1}{2}\leqslant a<1$ 或 $a\leqslant -2$.

例 10 定义在 R 上的函数 $f(x)$ 满足 $f(x)=\begin{cases}\log_2(1-x), & x\leqslant 0 \\ f(x-1)-f(x-2), & x>0\end{cases}$,求 $f(2009)$.

解 由已知得 $f(-1)=\log_2 2=1, f(0)=0, f(1)=f(0)-f(-1)=-1$,
$f(2)=f(1)-1f(0)=-1, f(3)=f(2)-f(1)=0$,
$f(4)=f(3)-f(2)=1, f(5)=f(4)-f(3)=1, f(6)=f(5)-f(4)=0$,
所以函数 $f(x)$ 的值以 6 为周期重复性出现,所以 $f(2009)=f(5)=1$.

例 11 从甲地到乙地的火车票的全价为 q_0(元),按铁路部门的规定 1.1 米以下的儿童免票,身高超过 1.1 米但不足 1.4 米的儿童购买半价票,身高超过 1.4 米者购买全票,试写出从甲地到乙地票价 q 作为身高 s 的函数的表达式.

解 依题意,q(单位:元)作为 s(单位:m)的函数关系,可以表示为如下分段函数

$$q=\begin{cases} 0, & \text{当 } 0<s<1.1 \\ \dfrac{1}{2}q_0, & \text{当 } 1.1\leqslant s<1.4 \\ q_0, & \text{当 } s\geqslant 1.4 \end{cases}$$

例 12 证明函数 $f(x)=\dfrac{x^2+1}{x^4+1}$ 在定义域 $(-\infty,+\infty)$ 内有界.

证明 $|f(x)|=\left|\dfrac{x^2+1}{x^4+1}\right|\leqslant\dfrac{(x^2+1)^2}{x^4+1}=\dfrac{x^4+1+2x^2}{x^4+1}=1+\dfrac{2x^2}{x^4+1}\leqslant 1+1$

所以 $f(x)$ 在 $(-\infty,+\infty)$ 内有界,且 2 是上界.

例 13 设 $f(x), g(x), h(x)$ 在它们的公共定义域 D 上都是单增函数,且 $f(x)\leqslant g(x)\leqslant h(x)$,若 $f(f(x)), g(g(x)), h(h(x))$ 都有意义,试证 $f(f(x))\leqslant g(g(x))\leqslant h(h(x))$.

证明 任到 D 上一点 x_1,由题设知 $f(x_1)\leqslant g(x_1)\leqslant h(x_1)$,
从而 $f(f(x_1))\leqslant f(g(x_1))\leqslant f(h(x_1))$.
又 $f(g(x_1))\leqslant g(g(x_1)), g(g(x_1))\leqslant g(h(x_1))\leqslant h(h(x_1))$,
故 $f(f(x_1))\leqslant g(g(x_1))\leqslant h(h(x_1))$.

例 14 设 $a<b$,函数 $f(x)$ 对任意 $x\in(-\infty,+\infty)$ 有 $f(a-x)=f(a+x) f(b-x)=f(b+x)$. 证明:$f(x)$ 是周期函数.

解 对 $\forall x\in(-\infty,+\infty)$,
$\because f(x+2b-2a)=f(b+x+b-2a)=f(b-(x+b-2a))$
$\qquad =f(a+a-x)=f(a-(a-x))=f(x)$.
$\therefore f(x)$ 是周期函数,$2b-2a$ 是它的一个周期.

例 15 证明函数 $f(x)=\dfrac{1}{2+\sin x+\cos x}$ 在 R 上有界.

解 因为 $f(x)=\dfrac{1}{2+\sqrt{2}\left(\sin x\cos\dfrac{\pi}{4}\cos x\sin\dfrac{\pi}{4}\right)}=\dfrac{1}{2+\sqrt{2}\sin\left(x+\dfrac{\pi}{4}\right)}$,

所以,当 $\sin\left(x+\dfrac{\pi}{4}\right)=-1$ 时,函数取到最大值 $y_{\max}=\dfrac{1}{2-\sqrt{2}}=1+\dfrac{\sqrt{2}}{2}$;

当 $\sin\left(x+\dfrac{\pi}{4}\right)=1$ 时,函数取到最小值 $y_{\min}=\dfrac{1}{2+\sqrt{2}}=1-\dfrac{\sqrt{2}}{2}$,

故可取 $M=1+\dfrac{\sqrt{2}}{2}$,则有 $|f(x)|\leqslant M$,即函数 $f(x)$ 有界.

例 16 (1)下列函数为基本初等函数的是( ).
  (A) $y=2x+\tan x$ (B) $y=\sqrt[3]{x^2}$ (C) $y=1+|x|$ (D) $y=\ln(1+x^2)$
(2)函数 $y=2\pi+\arctan x$ 在 $(-\infty,+\infty)$ 内是( ).
  (A)有界函数   (B)无界函数   (C)偶函数   (D)周期函数
(3)函数 $f(x)=\begin{cases}2x, & |x|\leqslant 1\\ 1+x, & 1<|x|\leqslant 2\end{cases}$ 为( ).
  (A)基本初等函数   (B)初等函数   (C)分段函数   (D)复合函数

解 (1)由排除法易知,选项(A)、(C)、(D)均不正确,因 $y=\sqrt[3]{x^2}=x^{\frac{2}{3}}$ 为幂函数,即基本初等函数,故应选(B).

(2)由反正切函数的定义及性质知,选项(A)正确.

(3)由基本初等函数、初等函数及复合函数的定义知,选项(A)、(B)、(D)不确,故应选(C).

课后习题全解

习题 1-1

1. **解题过程** 略.

2. **知识点窍** 集合的描述法,指用数学语言表明集合中元素具有的性质.
   解题过程 (1) $\{x\,|\,x>5\}$;
   (2) $\{(x,y)\,|\,x^2+y^2<25\}$;
   (3) $\{(x,y)\,|\,y=x^2\text{ 且 }x-y=0\}$.

3. **知识点窍** 集合的列举法,将所有元素列举出来.
   解题过程 (1) $x^2-7x+12=0\Rightarrow(x-4)(x-3)=0\Rightarrow x_1=4,x_2=3$,题中所指集合为 $\{3,4\}$;
   (2) $\begin{cases}y=x^2\\ x-y=0\end{cases}\Rightarrow\begin{cases}x_1=0\\ y_1=0\end{cases},\begin{cases}x_2=1\\ y_2=1\end{cases}$,题中所指集合为 $\{(0,0),(1,1)\}$;
   (3) $|x-1|\leqslant 5$ 的整数 $\Rightarrow x=6,5,4,3,2,1,0,-1,-2,-3,-4$,题中所指集合为 $\{6,5,4,3,2,1,0,-1,-2,-3,-4\}$.

4. **知识点窍** 空集,不含任何元素的集合,记为 ϕ.
   解题过程 $A=\{-1\},B=\phi,C=\phi,D=(0,1),E=\phi$.

5. **知识点窍** 集合 A 中的元素都是集合 B 的元素,称 A 是 B 的子集.

   解题过程 $\phi, \{0\}, \{1\}, \{2\}, \{0,1\}, \{0,2\}, \{1,2\}, \{0,1,2\}$.

6. **知识点窍** A 是 B 的子集,若 B 中至少有一个元素不属于 A,称 A 是 B 的真子集.

   解题过程 子集的个数:$C_n^0 + C_n^1 + \cdots + C_n^n = 2^n$,真子集的个数:$2^n - 1$.

7. **知识点窍** 元素,集合,属于,包含的概念.

   解题过程 (1)对;(2)对;(3)不对,修正为 $\{1\} \subset A$;(4)不对,修正为 $1 \in A$;(5)对;(6)不对,修正为 $0 \in A$;(7)对;(8)不对,修正为 $\{0\} \not\subset B$;(9)不对,修正为 $A \neq B$;(10)对;(11)对;(12)对.

8. **知识点窍** 集合的基本运算.

   解题过程 (1)$A \cup B = \{1,2,3,5\}$;(2)$A \cap B = \{1,3\}$;(3)$A \cup B \cup C = \{1,2,3,4,5,6\}$;(4)$A \cap B \cap C = \phi$;(5)$A \setminus B = \{2\}$.

9. **知识点窍** 补集.

   解题过程 (1)$A^c = \{4,5,6\}$;(2)$B^c = \{1,3,5\}$;(3)$A^c \cup B^c = \{1,3,4,5,6\}$;(4)$A^c \cap B^c = \{5\}$.

10. **解题过程** $A \cup A = A, A \cap A = A, A \cup \emptyset = A, A \cup I = I, A \cap I = A, A \cap \emptyset = \emptyset, A \setminus A = \emptyset$ 是对的,其余错误.

11. **知识点窍** 直积 $A \times B = \{(a,b) | a \in A, b \in B\}$.

    解题过程 $A \times B = \{(a,a), (a,b), (a,c), (b,a), (b,b), (b,c), (c,a), (c,b), (c,c), (d,a), (d,b), (d,c)\}$.

12. **解题过程** $A \times B \times C = \{(x_1, y_1, z_1), (x_1, y_2, z_1), (x_1, y_1, z_2), (x_1, y_2, z_2), (x_2, y_1, z_1), (x_2, y_2, z_1), (x_2, y_1, z_2), (x_2, y_2, z_2), (x_3, y_1, z_1), (x_3, y_2, z_1), (x_3, y_1, z_2), (x_3, y_2, z_2)\}$

13. **知识点窍** 区间的表示方法.

    解题过程 (1) $[-3, 3]$;
    (2) $[1, 3]$;
    (3) $(a - \varepsilon, a + \varepsilon)$;
    (4) $(-\infty, -5] \cup [5, +\infty)$;
    (5) $(-\infty, -3) \cup (1, +\infty)$.

14. **解题过程** (1) $|x+3| < 2 \Rightarrow -5 < x < -1$,区间表示:$(-5, -1)$.
    (2) $1 < |x-2| < 3 \Rightarrow -1 < x < 1$ 或 $3 < x < 5$,区间表示:$(-1, 1) \cup (3, 5)$.

习题 1-2

1. **知识点窍** 映射三要素.

   解题过程 该对应关系是映射.每个三角形都有唯一的重心,因此对于 X 中的任一元素,在 Y 中都有唯一确定的元素与之对应.

2. **知识点窍** 初等函数定义域 6 个基本原则.

   解题过程 (1) $9 - x^2 \geq 0 \Rightarrow$ 定义域为 $[-3, 3]$;

   (2) $\begin{cases} 1 - x^2 \neq 0 \\ x + 2 \geq 0 \end{cases} \Rightarrow$ 定义域为 $[-2, -1) \cup (-1, 1) \cup (1, +\infty)$;

(3) $x^2+4\neq 0 \Rightarrow$ 定义域为 $(-\infty,+\infty)$；(4) $\left|\dfrac{x-1}{2}\right|\leqslant 1 \Rightarrow$ 定义域为 $[-1,3]$；

(5) 定义域为 $(-\infty,+\infty)$；(6) $\begin{cases}3-x>0\\|x|-1>0\end{cases}\Rightarrow$ 定义域为 $(-\infty,-1)\cup(1,3)$；

(7) $\lg\dfrac{5x-x^2}{4}\geqslant 0 \Rightarrow$ 定义域为 $[1,4]$；(8) $\begin{cases}\left|\dfrac{2x-1}{7}\right|\leqslant 1\\x^2-x-6>0\end{cases}\Rightarrow$ 定义域为 $[-3,-2)\cup(3,4]$.

3. **知识点窍** 函数相同,要求定义域和对应法则相同.

解题过程 (1) 定义域 $\begin{cases}f(x):(-\infty,0)\cup(0,+\infty)\\g(x):(0,+\infty)\end{cases}$,因此,$f(x)$ 和 $g(x)$ 不同；

(2) 定义域 $\begin{cases}f(x):(-\infty,-1)\cup(-1,+\infty)\\g(x):R\end{cases}$,因此,$f(x)$ 和 $g(x)$ 不同；

(3) 定义域 $\begin{cases}f(x):R\\g(x):[-1,1]\end{cases}$,因此,$f(x)$ 和 $g(x)$ 不同；

(4) 定义域 $\begin{cases}f(x):R\\g(x):(0,+\infty)\end{cases}$,因此,$f(x)$ 和 $g(x)$ 不同.

4. **解题过程** $|x|\leqslant 1$ 或 $1<|x|<2 \Rightarrow$ 定义域 $(-2,2)$.

5. **知识点窍** 函数奇偶性判断.

解题过程 (1) ① $f(x)$ 的定义域为 $(-\infty,+\infty)$,关于原点对称；

② $f(-x)=(-x)^4-2(-x)^2=x^4-2x^2=f(x)$. 因此,$f(x)$ 为偶函数.

(2) ① $f(x)$ 的定义域为 $(-\infty,+\infty)$,关于原点对称；

② $f(-x)=-x-x^2$,$f(-x)\neq f(x)$,$f(-x)\neq -f(x)$. 因此,$f(x)$ 为非奇非偶函数.

(3) ① $f(x)$ 的定义域为 $\left\{x\middle|x\neq k\pi+\dfrac{\pi}{2},k\in\mathbf{Z}\right\}$,关于原点对称；

② $f(-x)=\tan(-x)=-\tan x=-f(x)$. 因此,$f(x)$ 为奇函数.

(4) ① $f(x)$ 的定义域为 R,关于原点对称；

② $f(-x)=\sin(-x)-\cos(-x)=-\sin x-\cos x$,$f(-x)\neq f(x)$,$f(-x)\neq -f(x)$. 因此,$f(x)$ 为非奇非偶函数.

(5) ① $f(x)$ 的定义域为 R,关于原点对称；

② $f(-x)=-x\sin(-x)=x\sin x=f(x)$. 因此,$f(x)$ 为偶函数.

(6) ① $f(x)$ 的定义域为 R,关于原点对称；② $f(-x)=\sqrt[3]{(1+x)^2}+\sqrt[3]{(1-x)^2}=f(x)$. 因此,$f(x)$ 为偶函数.

(7) ① $f(x)$ 的定义域为 $(-1,1)$,关于原点对称；

② $f(-x)=\ln\dfrac{1-x}{1+x}=-\ln\dfrac{1+x}{1-x}=-f(x)$. 因此,$f(x)$ 为奇函数.

(8) ① $f(x)$ 的定义域为 R,关于原点对称；② $f(-x)=a^{-x}+a^x=f(x)$. 因此,$f(x)$ 为偶函数.

(9)① $f(x)$ 的定义域为 $(-\infty,0)\cup(0,+\infty)$,关于原点对称;

② $f(-x)=\dfrac{a^{-x}+1}{a^{-x}-1}=-\dfrac{a^x+1}{a^x-1}=-f(x)$. 因此,$f(x)$ 为奇函数.

(10)① $f(x)$ 的定义域为 R,关于原点对称;

② $f(-x)=\ln(-x+\sqrt{1+x^2})=\ln\dfrac{1}{x+\sqrt{1+x^2}}=-\ln(x+\sqrt{1+x^2})=-f(x)$. 因此,$f(x)$ 为奇函数.

6. **知识点窍** $x_1,x_2\in(a,b),x_1<x_2$,若 $f(x_1)<f(x_2)$,$f(x)$ 在 (a,b) 是单调增加的;若 $f(x_1)>f(x_2)$,$f(x)$ 在 (a,b) 是单调减少的.

解题过程 (1)设 $x_1,x_2\in(-\infty,+\infty)$,$x_1<x_2$,$f(x_1)-f(x_2)=(3x_1-6)-(3x_2-6)=3(x_1-x_2)<0$

即 $f(x_1)<f(x_2)$,因此该函数在 $(-\infty,+\infty)$ 是单调增加的.

(2)设 $x_1,x_2\in(-\infty,+\infty)$,$x_1<x_2$,$\dfrac{f(x_1)}{f(x_2)}=\dfrac{2^{x_1}-1}{2^{x_2}-1}=2^{x_1-x_2}<2^0=1$,又

$\because f(x)>0,\therefore f(x_1)<f(x_2)$,因此该函数在 $(-\infty,+\infty)$ 是单调增加的.

(3)设 $x_1,x_2\in(0,+\infty)$,$x_1<x_2$,

$f(x_1)-f(x_2)=x_1+\ln x_1-(x_2+\ln x_2)=(x_1-x_2)+\ln\dfrac{x_1}{x_2}<0$,即 $f(x_1)<f(x_2)$,因此该函数在 $(0,+\infty)$ 是单调增加的.

7. **逻辑推理** 充分利用已知函数的周期,如:$\sin x,\cos x$ 周期为 2π,$\tan x$ 周期为 π.

解题过程 (1)$y=\sin^2 x=\dfrac{1}{2}(1-\cos 2x)$,该函数为周期函数,周期 $T=\dfrac{2\pi}{2}=\pi$.

(2)该函数为周期函数,周期 $T=\dfrac{2\pi}{|\omega|}$.

(3)假设该函数周期为 T,若 $x>1$,此时 $f(x+T)=\cos\dfrac{1}{x+T}>\cos\dfrac{1}{x}=f(x)$,与假设相悖,因此该函数不是周期函数.

8. **逻辑推理** 利用函数单调性和奇偶性定义.

解题过程 设 $-l<x_1<x_2<0$,则 $0<-x_2<-x_1<l$,

$\because f(x)$ 在 $(0,l)$ 内单调增加,$\therefore f(-x_2)<f(-x_1)$,

又 $\because f(x)$ 在 $(-l,l)$ 内是奇函数,$\therefore -f(x_2)<-f(x_1)\Rightarrow f(x_1)<f(x_2)$.

$\therefore f(x)$ 在 $(-l,0)$ 内也单调增加.

9. **解题过程** (1)设 $f(x)=g(x)+h(x)$,若 $g(x)$ 和 $h(x)$ 为偶函数,$f(-x)=g(-x)+h(-x)=g(x)+h(x)=f(x)$,$f(x)$ 为偶函数;若 $g(x)$ 和 $h(x)$ 为奇函数,$f(-x)=g(-x)+h(-x)=-(g(x)+h(x))=-f(x)$,$f(x)$ 为奇函数.

(2)设 $f(x)=g(x)\cdot h(x)$,若 $g(x)$ 和 $h(x)$ 为偶函数,$f(-x)=g(-x)\cdot h(-x)=g(x)\cdot h(x)=f(x)$,$f(x)$ 为偶函数;若 $g(x)$ 和 $h(x)$ 为奇函数,$f(-x)=g(-x)\cdot

$h(-x)=-g(x)\cdot(-h(x))=f(x)$，$f(x)$偶函数；若$g(x)$为偶函数，$h(x)$为奇函数，$f(-x)=g(-x)\cdot h(-x)=g(x)\cdot(-h(x))=-f(x)$，$f(x)$为奇函数.

10. **解题过程** ①$y=\dfrac{x^2}{1+x^2}>0$，②$y=\dfrac{x^2}{1+x^2}<\dfrac{x^2+1}{1+x^2}=1$，因此，函数$y=\dfrac{x^2}{1+x^2}$有界.

习题 1-3

1. **解题过程** (1) $y=2x+1\Rightarrow x=\dfrac{y-1}{2}$，即反函数 $y=\dfrac{x-1}{2}$，定义域为$(-\infty,+\infty)$；

    (2) $y=\dfrac{x+2}{x-2}=\dfrac{x-2+4}{x-2}=1+\dfrac{4}{x-2}\Rightarrow x=\dfrac{4}{y-1}+2$，即反函数 $y=\dfrac{4}{x-1}+2$，定义域$(-\infty,1)\cup(1,+\infty)$；

    (3) $y=x^3+2\Rightarrow x=\sqrt[3]{y-2}$，即反函数 $y=\sqrt[3]{x-2}$，定义域$(-\infty,+\infty)$；

    (4) $y=1+\lg(x+2)\Rightarrow x=10^{y-1}-2$，即反函数 $y=10^{x-1}-2$，定义域$(-\infty,+\infty)$.

2. **逻辑推理** 消除中间变量，确定复合函数.

    解题过程 (1) $y=u^2=\sin^2 x$，$y_1=\sin^2\dfrac{\pi}{4}=(\dfrac{\sqrt{2}}{2})^2=\dfrac{1}{2}$，$y_2=\sin^2\dfrac{\pi}{2}=1$；

    (2) $y=\sin u=\sin 2x$，$y_1=\sin 2\times\dfrac{\pi}{6}=\dfrac{\sqrt{3}}{2}$，$y_2=\sin 2\times\dfrac{\pi}{4}=1$；

    (3) $y=\sqrt{u}=\sqrt{1+x^2}$，$y_1=\sqrt{1+0^2}=1$，$y_2=\sqrt{1+3^2}=\sqrt{10}$；

    (4) $y=e^u=e^{x^2}$，$y_1=e^{1^2}=e$，$y_2=e^{2^2}=e^4$；

    (5) $y=u^2=e^{2x}$，$y_1=e^2$，$y_2=e^4$.

3. **解题过程** (1) $y=\cos x$，$u=2x$；(2) $y=e^u$，$u=\dfrac{1}{x}$；

    (3) $y=e^u$，$u=v^3$，$v=\sin x$；(4) $y=\arcsin u$，$u=\lg v$，$v=2x+1$.

4. **逻辑推理** 确定 $f(x)$ 的表达式是解题关键.

    解题过程 (1) $f(\sin x)=\cos 2x+1$
    $=1-2\sin^2 x+1\Rightarrow f(x)=2-2x^2$
    $\Rightarrow f(\cos x)=2-2\cos^2 x=2\sin^2 x$；

    (2) $f(x+\dfrac{1}{x})=x^2+\dfrac{1}{x^2}=(x+\dfrac{1}{x})^2-2\Rightarrow f(x)=x^2-2$.

5. **解题过程** $f[\varphi(x)]=\varphi^3(x)-\varphi(x)=\sin^3 2x-\sin 2x$；$\varphi[f(x)]=\sin[2f(x)]=\sin(2x^3-2x)$.

6. **解题过程** (1) $0\leqslant\log_a x\leqslant 1$，①$0<a<1$时，定义域为$[a,1]$；②$a>1$时，定义域为$[1,a]$.

    (2) $0\leqslant\sin x\leqslant 1$，定义域为$\{x|2k\pi\leqslant x\leqslant 2k\pi+\pi, k\in\mathbf{Z}\}$.

    (3) $0\leqslant a^{-x}\leqslant 1$，①$0<a<1$时，定义域为$(-\infty,0]$；②$a>1$时，定义域为$[0,+\infty]$.

7. **知识点窍** 初等函数定义域6个基本原则.

    解题过程 (1) $x^2-1\geqslant 0\Rightarrow x\geqslant 1$ 或 $x\leqslant-1$，定义域为$(-\infty,-1]\cup[1,+\infty)$；

(2) $\begin{cases} x \neq 0 \\ 2-x > 0 \end{cases} \Rightarrow$ 定义域为 $(-\infty, 0) \cup (0, 2)$；

(3) $|x-1| \leqslant 1 \Rightarrow$ 定义域为 $[0, 2]$.

(4) $\ln x > 0 \Rightarrow x > 1$, 定义域为 $(1, +\infty)$.

8. **知识点拨** 初等函数要素：①由常数和基本初等函数构成；②一个式子.

   解题过程 (1)和(2)是初等函数，(3)是分段函数，不是初等函数.

9. **逻辑推理** 函数的构造.

   解题过程 观察函数 $y = \begin{cases} 2-x = -(x-1)+1 \\ x = (x-1)+1 \end{cases}$, 可以用一个解析式表示, 如 $y = \sqrt{(x-1)^2} + 1$, $-\infty < x < +\infty$.

10. **解题过程** 设 $-\pi \leqslant x \leqslant 0$，则 $0 \leqslant -x \leqslant \pi$，$\because f(x)$ 是偶函数，$\therefore f(x) = f(-x) = -x$. 因此，$y = \begin{cases} -x, -\pi \leqslant x \leqslant 0 \\ x, 0 < x \leqslant \pi \end{cases}$.

习题 1-4

1. **解题过程** 依据题意，可知，①当 $0 \leqslant s \leqslant a$ 时，$m = ks$；②当 $s > a$ 时，$m = ka + \frac{4}{5}k(s-a) = \frac{4}{5}ks + \frac{ka}{5}$. 因此，$m = \begin{cases} ks, 0 \leqslant s \leqslant a \\ \frac{4}{5}ks + \frac{ka}{5}, s > a \end{cases}$.

2. **解题过程** 设底边长 x，深 h，四周材料单位面积造价 k，则池底材料单位面积造价 $2k$. 容积 $v = x^2 h \Rightarrow h = \frac{v}{x^2}$，水池四周面积 $4xh = \frac{4v}{x}$，底面积 x^2. 总造价 $y = k \cdot \frac{4v}{x} + 2k \cdot x^2 = \frac{4kv}{x} + 2kx^2$，即 $y = \frac{4kv}{x} + 2kx^2$，定义域 $(0, +\infty)$.

3. **解题过程** 由题意，矩形长 $\frac{A}{x}$，周长 $s = 2(x + \frac{A}{x})$，定义域 $(0, +\infty)$.

4. **逻辑推理** 球和圆柱的位置关系是解题关键.

   解题过程 设圆柱底面半径 R，高 h，$\because (2R)^2 + h^2 = (2r)^2$，$\therefore R = \frac{1}{2}\sqrt{4r^2 - h^2}$.

   圆柱的体积 $V = \pi R^2 h = \frac{\pi}{4}(4r^2 h - h^3)$.

   $\begin{cases} R = \frac{1}{2}\sqrt{4r^2 - h^2} > 0 \\ h > 0 \end{cases} \Rightarrow$ 定义域 $(0, 2r)$.

5. **解题过程** 设圆柱底半径 r，高 h，容积 $v = \pi r^2 h \Rightarrow h = \frac{v}{\pi r^2}$，侧面积 $2\pi rh$，上下底面积 $2\pi r^2$，全面积 $S = 2\pi rh + 2\pi r^2 = \frac{2v}{r} + 2\pi r^2$，定义域为 $(0, +\infty)$.

6. 逻辑推理 复利问题,存款周期是解决的关键.

   解题过程 ①一年期存款存两年,一年后总额 $A(1+4.2\%)$,两年后总额 $A(1+4.2\%)^2$;②半年期存款存两年,半年后总额 $A(1+2.0\%)$,一年后总额 $A(1+2.0\%)^2$,一年半后总额 $A(1+2.0\%)^3$,两年后总额 $A(1+2.0\%)^4$.
   $A(1+4.2\%)^2 - A(1+2.0\%)^4 = 0.0033A$,因此,存一年期的存款有较多收益,多 $0.0033A$.

7. 解题过程 ① $0 \leqslant x \leqslant 600$ 时,$R = 250x$;
   ② $600 < x \leqslant 600+200 = 800$ 时,$R = 250x - 20(x-600) = 230x + 12000$;
   ③ $800 < x$ 时,$R = 250 \times 800 - 20 \times 200 = 196000$.

   因此 $R = \begin{cases} 250x, & 0 \leqslant x \leqslant 600 \\ 230x+12000, & 600 < x \leqslant 800 \\ 196000, & x > 800 \end{cases}$.

习题 1-5

1. 解题过程 月总成本:$C(x) = 50(200-x) = 10000 - 50x$,月总收益:$R(x) = x(200-x) = 200x - x^2$,月利润:$L(x) = R(x) - C(x) = -x^2 + 250x - 10000$.

2. 解题过程 (1)需求函数的图形如图 1-3 所示.

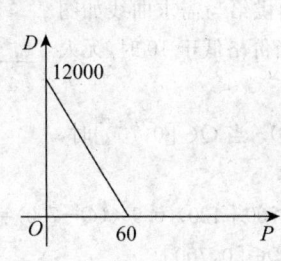

图 1-3   图 1-4

   (2)月销售额:$y = P \cdot D(P) = -200P^2 + 12000P$. (3) $y = -200P^2 + 12000P = -200(P-30)^2 + 180000$,如图 1-4 所示.其经济意义为:随着商品价格 P 的上涨,月销售额 y 上升;当价格 P 涨到 30 时,月销售额 y 最大,为 180000;价格 P 继续增长,月销售额 y 开始下降;当价格 P 涨到 60 时,月销售额为 0.

3. 逻辑推理 待定系数法确定函数表达式.

   解题过程 (1)设发行量 y,时间 t,由题意可知:$y = at+b$,且
   $\begin{cases} 32000 = b \\ 44000 = 3a+b \end{cases} \Rightarrow \begin{cases} a = 4000 \\ b = 32000 \end{cases}$,即 $y = 4000t + 32000$. 如图 1-5 所示.

   (2)2 个月后发行量 $y = 4000 \times (3+2) + 32000 = 52000$ 份.

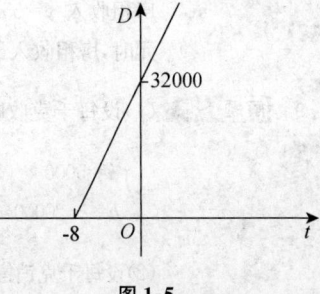

图 1-5

4. 逻辑推理 总成本、总收益、总利润的计算.

解题过程 (1)设厂家卖出 x 台,总成本 $C(x)=60x+7500$,总收益 $R(x)=110x$,依据题意, $C(x)=R(x)$ 时,厂家才能收回投资. $60x+7500=110x$,即 $x=150$ 台,故要卖掉 150 台,厂家才能收回投资.

(2)总成本: $C(100)=60\times 100+7500=13500$ 元,

总收益: $R(100)=110\times 100=11000$ 元,

厂家盈利: $L(100)=R(100)-C(100)=11000-13500=-2500$ 元,即厂家亏损 2500 元.

(3)设厂家卖出 x 台,总成本 $C(x)=60x+7500$,总收益 $R(x)=110x$,则总盈利 $L(x)=R(x)-C(x)=110x-7500-60x=50x-7500$,令 $L(x)=1250$,解得 $x=175$ 台.

因此要想盈利 1250 元,则需要卖出 175 台.

5. 解题过程 设每年健身次数为 x,第一家每年总费用 $y_1=300+x$ 元,第二家每年总费用 $y_2=200+2x$ 元. ① $y_1>y_2 \Rightarrow x<100$;② $y_1=y_2 \Rightarrow x=100$;(3) $y_1<y_2 \Rightarrow x>100$. 即:每年健身次数少于 100 时,选择第二家;每年健身次数等于 100 时,两家均可;每年健身次数多于 100 时,选择第一家.

6. 知识点拨 均衡价格.

解题过程 (1) $D(P)=S(P) \Rightarrow P=80$,均衡价格为 80,供给量 $D(P)$ 和需求量 $S(P)$ 为 $80-10=70$. (2)供给与需求曲线如图 1-6 所示. (3) $S(P)=0 \Rightarrow P=10$,当价格低于 10 时,无人供货.

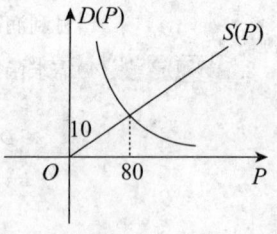

图 1-6

7. 解题过程 令总销售量为 Q,销售总收益 $R(Q)$. 当 $Q\in[0,700]$ 时, $R(Q)=130Q$;

当 $Q\in(700,1000]$ 时, $R(Q)=130\times 700+130\times 0.9\times (Q-700)=117Q+9100$.

因此,销售总收益 $R(Q)=\begin{cases}130Q, Q\in[0,700]\\ 117Q+9100, Q\in(700,1000]\end{cases}$.

8. 解题过程 设每套租金 x 元,此时租出客房 n 套,

由题意,设 $n=ax+b$,则 $\begin{cases}60=200a+b\\ 59=210a+b\end{cases} \Rightarrow \begin{cases}a=-0.1\\ b=80\end{cases}$,∴ $n=-0.1x+80$.

房租收入 $y=xn=x(-0.1x+80)=-0.1(x-400)^2+16000$,因此,每套租金为 400 元时,房租收入最大,为 16000 元,此时空房 $60-n=60-(-0.1\times 400+80)=20$ 套.

9. 解题过程 (1)设每千克收购价格 P,收购量 Q_s,由题意,设 $Q_s=aP+b$, $\begin{cases}5000=5a+b\\ 5000+500=(5+0.1)a+b\end{cases}$

$\Rightarrow \begin{cases}a=5000\\ b=-20000\end{cases}$,即 $Q_s=5000P-20000$.

(2)设每千克销售价格 P,需求量 Q_d,由题意,设 $Q_d=aP+b$, $\begin{cases}5000=8a+b\\ 5000+500=(8-0.5)a+b\end{cases} \Rightarrow$

$$\begin{cases} a = -1000 \\ b = 13000 \end{cases}, 即 Q_d = -1000P + 13000.$$

(3) $Q_s = Q_d \Rightarrow P_e = 5.5$ 元/kg, $Q_e = 13000 - 1000 \times 5.5 = 7500$ kg.

总习题一

1. **逻辑推理** 定义域和对应法则相同，函数相同．

   解题过程 (1) $f(x)$ 和 $g(x)$ 的定义域为 $(-\infty, 0) \cup (0, +\infty)$，且 $f(x) = 2\lg|x| = g(x)$，因此，该对函数相同．(2) $f(x)$ 和 $g(x)$ 的定义域均为 $(-\infty, +\infty)$，且 $f(x) = |x-2| = g(x)$，因此，该对函数相同．(3) $f(x)$ 的定义域均为 $(0, +\infty)$, $g(x)$ 的定义域为 $(-\infty, +\infty)$，因此，该对函数不同．(4) $f(x)$ 的定义域均为 $(-\infty, +\infty)$, $g(x)$ 的定义域为 $\{x \mid x \neq k\pi + \frac{\pi}{2}, k \in \mathbf{Z}\}$，因此，该对函数不同．

2. **解题过程** (1) ① $f(x)$ 的定义域 $(-\infty, +\infty)$，关于原点对称；
   ② $f(-x) = \arctan(\sin(-x)) = -\arctan(\sin x) = -f(x)$. 因此，$f(x)$ 为奇函数．
   (2) ① $f(x)$ 的定义域 $(-\infty, +\infty)$，关于原点对称；
   ② $f(-x) = \frac{1}{2}(e^{-x} + e^x)\sin(-x) = -f(x)$. 因此，$f(x)$ 为奇函数．
   (3) ① $f(x)$ 的定义域 $(-\infty, +\infty)$，关于原点对称；② $f(-x) = \frac{e^{-x}-1}{e^{-x}+1} = \frac{e^x(e^x-1)}{1+e^x}$, $f(-x) \neq f(x), f(-x) \neq -f(x)$. 因此，$f(x)$ 为非奇非偶函数．
   (4) ① $f(x)$ 的定义域 $(-\infty, +\infty)$，关于原点对称；② $f(-x) = (-x)^3 + |\sin(-x)| = -x^3 + |\sin x|$, $f(-x) \neq f(x), f(-x) \neq -f(x)$. 因此，$f(x)$ 为非奇非偶函数．

3. **解题过程** (1) 该函数为周期函数，周期 $T = \frac{2\pi}{\pi} = 2$.
   (2) $y = |\sin x| = \sqrt{\sin^2 x} = \sqrt{\frac{1}{2}(1-\cos 2x)}$，该函数为周期函数，周期 $T = \frac{2\pi}{2} = \pi$.
   (3) 定义域 $x \neq 0$, $f(0)$ 不存在，若该函数是周期函数，$f(0-T)$ 存在，前后矛盾，∴该函数不是周期函数．
   (4) 该函数为周期函数，周期 $T = \frac{2\pi}{\pi} = 2$.

4. **解题过程** (1) $y = \sqrt{y_1}, y_1 = \ln y_2, y_2 = 1 + x^2$;
   (2) $y = 2^{y_1}, y_1 = y_2^2, y_2 = \sin y_3, y_3 = \frac{1}{x}$; (3) $y = \sin y_1, y_1 = \lg y_2, y_2 = x^2 + 1$.

5. **解题过程** (1) $\begin{cases} 4 - x^2 \geq 0 \\ 1 - x^2 \neq 0 \end{cases} \Rightarrow$ 定义域为 $[-2, -1) \cup (-1, 1) \cup (1, 2]$;
   (2) $\begin{cases} |1-x| \leq 1 \\ \frac{1+x}{1-x} > 0 \end{cases} \Rightarrow$ 定义域为 $[0, 1)$; (3) $\sin x \neq 0 \Rightarrow$ 定义域为

$\{x | k\pi < x < k\pi + \pi, k \in \mathbf{R}\}$.

6. **解题过程** $(1) f(\sin^2 x) = \cos 2x + \tan^2 x = 1 - 2\sin^2 x + \dfrac{\sin^2 x}{1-\sin^2 x} = \dfrac{1}{1-\sin^2 x} - 2\sin^2 x$,

   $\because 0 < x < 1, \therefore 0 < \sin^2 x < \sin^2 1$, 即 $f(x) = \dfrac{1}{1-x} - 2x$, 定义域为 $(0, \sin^2 1)$.

   (2) 将原式中的 x 变为 $\dfrac{1}{x}$, 则得到 $af\left(\dfrac{1}{x}\right) + bf(x) = c x (x \neq 0, a^2 \neq b^2)$, 即得到以下方

   程组 $\begin{cases} af(x) + bf\left(\dfrac{1}{x}\right) = c\dfrac{1}{x}, \\ af\left(\dfrac{1}{x}\right) + bf(x) = cx, \end{cases}$ $(x \neq 0, a^2 \neq b^2)$

   解得 $f(x) = \dfrac{c}{b^2 - a^2}\left(bx - \dfrac{a}{x}\right)$.

7. **逻辑推理** 可充分利用恒等式, 取 $x = -1, 1, 3$, 再结合奇函数的特性, 求解.

   解题过程 $(1) f(x+2) - f(x) = f(2)$,

   $x = -1$ 时, $f(2) = f(-1+2) - f(-1) = f(1) + f(1) = 2f(1) = 2a$;

   $x = 1$ 时, $f(2) = f(1+2) - f(1) \Rightarrow f(3) = f(1) + f(2) = 3a$;

   $x = 3$ 时, $f(2) = f(3+2) - f(3) \Rightarrow f(5) = f(2) + f(3) = 5a$.

   (2) 若 $f(x)$ 是以 2 为周期的函数, 则 $f(x+2) = f(x)$, 这样 $f(2) = f(x+2) - f(x) = 0$, 即 $a = 0$.

8. **解题过程** $(1) f[f(x)] = \dfrac{1}{1-f^2(x)} = \dfrac{1}{1-\left(\dfrac{1}{1-x^2}\right)^2} = \dfrac{(1-x^2)^2}{x^4 - 2x^2}$;

   $(2) f\left[\dfrac{1}{f(x)}\right] = f(1-x^2) = \dfrac{1}{1-(1-x^2)^2} = \dfrac{1}{2x^2 - x^4}$.

9. **逻辑推理** 分段处理.

   解题过程 ① $x < 0$ 时, $f[\varphi(x)] = f(x) = \dfrac{1}{2}(x-x) = 0$, ② $x \geq 0$ 时, $f[\varphi(x)] = f(x^2) = \dfrac{1}{2}(x^2 + x^2) = x^2$. 即 $f[\varphi(x)] = \begin{cases} 0, x < 0 \\ x^2, x \geq 0 \end{cases}$.

10. **解题过程** (1) ① $x \leq 0$ 时, $f[f(x)] = f(0) = 0$, ② $x > 0$ 时, $f[f(x)] = f(x) = x$. 即 $f[f(x)] = \begin{cases} 0, x \leq 0 \\ x, x > 0 \end{cases}$. (2) ① $x \leq 0$ 时, $g[g(x)] = g(0) = 0$, ② $x > 0$ 时, $g[g(x)] = g(-x^2) = 0$. 即 $g[g(x)] = 0$. (3) ① $x \leq 0$ 时, $f[g(x)] = f(0) = 0$, ② $x > 0$ 时, $f[g(x)] = f(-x^2) = 0$. 即 $f[g(x)] = 0$. (4) $x \leq 0$ 时, $g[f(x)] = g(0) = 0$, ② $x > 0$ 时, $g[f(x)] = g(x) = -x^2$. 即 $g[f(x)] = \begin{cases} 0, x \leq 0 \\ -x^2, x > 0 \end{cases}$.

11. **解题过程** 略.

12. **逻辑推理** 分段函数.

解题过程 (1)①$0 \leq x \leq 100$ 时，$P=90$；②$x>100$ 时，设 $P(x)=ax+b$，$\begin{cases} 90=100a+b \\ 89=200a+b \end{cases} \Rightarrow$

$\begin{cases} a=-0.01 \\ b=91 \end{cases}$，$P(x)=-0.01x+91$. 但 $P(x) \geq 75$，则 $-0.01x+91 \geq 75$，$x \leq 1600$，当

$100<x \leq 1600$ 时，$P(x)=-0.01x+91$；③$x>1600$ 时，设 $P(x)=75$. 即 $P(x)=$

$\begin{cases} 90, 0 \leq x \leq 100 \\ -0.01x+91, 100<x \leq 1600 \\ 75, x>1600 \end{cases}$.

(2)收益 $R(x)=xP(x)$，成本 $C(x)=60x$，利润 $L(x)=xR(x)-60x=$

$\begin{cases} x \cdot 90-60x, 0 \leq x \leq 100 \\ x \cdot (-0.01x+91)-60x, 100<x \leq 1600 \\ x \cdot 75-60x, x>1600 \end{cases} \Rightarrow L(x)=\begin{cases} 30x, 0 \leq x \leq 100 \\ -0.01x^2+31x, 100<x \leq 1600 \\ 15x, x>1600 \end{cases}$.

(3)$x=1000$ 时，利润 $L(1000)=-0.01 \times 1000^2+31 \times 1000=21000$ 元．

13. **逻辑推理** 逐年递推，寻找规律．

解题过程 使用 1 年后，$y(1)=45000 \times \left(1-\dfrac{1}{3}\right)=45000 \times \dfrac{2}{3}$；使用 2 年后，$y(2)=45000 \times \dfrac{2}{3}$

$\times \left(1-\dfrac{1}{3}\right)=45000 \times \left(\dfrac{2}{3}\right)^2$；使用 3 年后，$y(3)=45000 \times \left(\dfrac{2}{3}\right)^3$；依次类推，$y(t)=$

$45000 \times \left(\dfrac{2}{3}\right)^t$.

14. **解题过程** 设办公室闲置房间数 x，每间租金 y，房主获得利润 L. 依题意，令 $y=ax+b$，

$\begin{cases} 120=a \times 0+b \\ 125=a \times 1+b \end{cases} \Rightarrow \begin{cases} a=5 \\ b=120 \end{cases}$，即 $y=5x+120$. $L=(50-x)(y-10)=-5(x-14)^2+$

6480，其中 $x \in [0,50]$. 当闲置 14 间时，可达到最大利润 6480 元，此时，每间租金 y

$=5 \times 14+120=190$ 元．

15. **解题过程** 设销售额为 x，则成本 $C(x)=1.22x$，$x \leq 15000$ 时，收入 $R(x)=1.20x$，$x>15000$

时，收入 $R(x)=1.20x+(x-15000) \times 1.20 \times 10\%=1.32x-1800$，利润 $L(x)=R$

$(x)-C(x)$，即 $L(x)=\begin{cases} -0.02x, x \leq 15000 \\ 0.1x-1800, x>15000 \end{cases}$.

保本，要求 $L(x) \geq 0 \Rightarrow x \geq 18000$，即至少销售 18000 本才能保本．

获利 1000 元，$L(x)=1000 \Rightarrow x=28000$，即销售 28000 本才能获利 1000 元．

第二章

极限与连续

知识网络图

- 数列的极限
  - 数列的有关概念
  - 数列极限的定义
  - 收敛数列的性质
- 函数的极限
  - 定义：左极限、右极限
  - 性质：唯一性、局部有界性、局部保号性
- 无穷小与无穷大
  - 定义
  - 无穷小与无穷大的关系
- 极限运算法则
- 极限存在准则：夹逼准则，单调有界收敛准则，两个重要极限
- 无穷小的比较
- 函数的连续性
  - 概念
  - 间断点
  - 初等函数的连续性
- 闭区间上连续函数的性质
  - 最大值、最小值定理
  - 零点定理、介值定理
  - 均衡价格的存在性

知识点归纳

1. 数列的有关概念

以正整数集 $\mathbf{N}^+$ 为定义域的函数 $f(n)$ 按 $f(1), f(2), \cdots f(n), \cdots$ 排列的一列数,称为**数列**,通常用 $x_1, x_2, \cdots, x_n, \cdots$ 表示,其中 $x_n = f(n)$,简写成 $\{x_n\}$. x_n 称为数列的**通项**或**一般项**.

若存在正数 M,对所有的 n 都满足 $|x_n| \leqslant M$,则称数列 $\{x_n\}$ 为**有界数列**,否则称为**无界数列**.

数列 $\{x_n\}$ 若满足 $x_1 \leqslant x_2 \leqslant x_3 \leqslant \cdots \leqslant x_n \leqslant x_{n+1} \leqslant \cdots$,称数列 $\{x_n\}$ 为**单调增数列**;若满足 $x_1 \geqslant x_2 \geqslant x_3 \geqslant \cdots \geqslant x_n \geqslant x_{n+1} \geqslant \cdots$,称数列 $\{x_n\}$ 为**单调减数列**. 单调增数列与单调减数列统称**单调数列**.

2. 数列极限的定义

定义 设数列 $\{x_n\}$,若存在一个常数 a,对任意给定的正数 ε(不论它多么小),总存在正整数 N,使得当 $n > N$ 时,恒有 $|x_n - a| < \varepsilon$ 成立,则称 a **是数列** $\{x_n\}$ **的极限**,或者称**数列** $\{x_n\}$ **收敛**于 a,记为

$$\lim_{n \to \infty} x_n = a \text{ 或 } x_n \to a (n \to \infty).$$

3. 收敛数列的性质

性质 1(极限的唯一性) 收敛数列的极限必唯一.

性质 2(有界性) 收敛数列必为有界数列.

性质 3(保号性) 若 $\lim\limits_{n \to \infty} x_n = a$,且 $a > 0$(或 $a < 0$),则必存在正整数 N,当 $n > N$ 时,恒有 $x_n > 0$(或 $x_n < 0$).

性质 4(收敛数列与其子数列间的关系) 如果数列 $\{x_n\}$ 收敛于 a,那么它的任一子数列也收敛,且极限也是 a.

4. 函数极限的定义

在自变量的某个变化过程中,如果对应的函数值无限接近于某个确定的数,那么这个确定的数就叫做自变量在这一变化过程中**函数的极限**.

定义 1 设函数 $f(x)$ 在点 x_0 的某一去心邻域内有定义,如果存在常数 A,对于任意给定的正数 ε(不论它多么小),总存在正数 δ,使得当 x 满足不等式 $0 < |x - x_0| < \delta$ 时,对应的函数值 $f(x)$ 都满足不等式

$$|f(x) - A| < \varepsilon,$$

那么常数 A 就叫做函数 $f(x)$ 当 $x \to x_0$ 时的极限,记作

$$\lim_{x \to x_0} f(x) = A \text{ 或 } f(x) \to A \quad (\text{当 } x \to x_0).$$

如果这样的常数 A 不存在,那么称 $x \to x_0$ 时, $f(x)$ 没有极限. 习惯上表达成 $\lim\limits_{x \to x_0} f(x)$ 不存在.

定义 2 设函数 $f(x)$ 当 $|x|$ 大于某一正数时有定义,如果存在常数 A,对于任意给定的正数 ε(不论它多么小),总存在着正数 X,使得当 x 满足不等式 $|x|>X$ 时对应的函数值 $f(x)$ 都满足不等式
$$|f(x)-A|<\varepsilon,$$
那么常数 A 就叫做函数 $f(x)$ 当 $x \to \infty$ 时的极限,记作
$$\lim\limits_{x \to \infty} f(x) = A \text{ 或 } f(x) \to A (\text{当 } x \to \infty).$$

5. 函数极限的性质

定理 1(函数极限的唯一性) 如果 $\lim\limits_{x \to x_0} f(x)$ 存在,那么这极限唯一.

定理 2(函数极限的局部有界性) 如果 $\lim\limits_{x \to x_0} f(x) = A$,那么存在常数 $M>0$ 和 $\delta>0$,使得当 $0<|x-x_0|<\delta$ 时,有 $|f(x)| \leq M$.

定理 3(函数极限的局部保号性) 如果 $\lim\limits_{x \to x_0} f(x) = A$,而且 $A>0$(或 $A<0$),那么存在常数 $\delta>0$,使得当 $0<|x-x_0|<\delta$ 时,有 $f(x)>0$(或 $f(x)<0$).

定理 3' 如果 $\lim\limits_{x \to x_0} f(x) = A(A \neq 0)$,那么就存在着 x_0 的某一去心邻域 $\overset{\circ}{U}(x_0, \delta)$,当 $x \in \overset{\circ}{U}(x_0, \delta)$ 时,就有 $|f(x)| > \dfrac{|A|}{2}$.

推论 如果在 x_0 的某去心邻域内 $f(x) \geq 0$(或 $f(x) \leq 0$),而且 $\lim\limits_{x \to x_0} f(x) = A$,那么 $A \geq 0$(或 $A \leq 0$).

6. 无穷小

定义 如果函数 $f(x)$ 当 $x \to x_0$(或 $x \to \infty$)时的极限为零,那么称函数 $f(x)$ 为当 $x \to x_0$(或 $x \to \infty$)时的**无穷小**.

定理 1 $\lim\limits_{x \to x_0} f(x) = A \Leftrightarrow f(x) = A + \alpha(x)$,其中 $\alpha(x)$ 当 $x \to x_0$ 时为无穷小量.

定理 2 有限个无穷小的和是无穷小.

定理 3 无穷小与有界量的积是无穷小.

推论 1 常数与无穷小的积是无穷小.

推论 2 有限个无穷小的积是无穷小.

7. 无穷大

定义 设函数 $f(x)$ 在 x_0 的某一去心邻域内有定义(或 $|x|$ 大于某一正数时有定义). 如果对于任意给定的正数 M(不论它多么大),总存在正数 δ(或正数 X),只要 x 适合不等式
$$0<|x-x_0|<\delta (\text{或 } |x|>X),$$
对应的函数值 $f(x)$ 总满足不等式
$$|f(x)|>M,$$

则称函数 $f(x)$ 为当 $x \to x_0$（或 $x \to \infty$）时的**无穷大**.

定理 1 在自变量的同一变化过程中,如果 $f(x)$ 为无穷大,则 $\dfrac{1}{f(x)}$ 为无穷小;反之,如果 $f(x)$ 为无穷小,且 $f(x) \neq 0$,则 $\dfrac{1}{f(x)}$ 为无穷大.

8. 极限运算法则

定理 1 设 $\lim f(x) = A, \lim g(x) = B$,则
$$\lim[f(x) \pm g(x)] = \lim f(x) \pm \lim g(x) \, (= A \pm B).$$

定理 2 设 $\lim f(x) = A, \lim g(x) = B$,则
$$\lim[f(x) g(x)] = [\lim f(x)][\lim g(x)] \, (= AB).$$

定理 3 设 $\lim f(x) = A, \lim g(x) = B$,且 $B \neq 0$,则
$$\lim \frac{f(x)}{g(x)} = \frac{\lim f(x)}{\lim g(x)} \left(= \frac{A}{B} \right).$$

推论 1 如果 $\lim f(x)$ 存在,C 为常数,则 $\lim[Cf(x)] = C \lim f(x)$.

推论 2 如果 $\lim f(x)$ 存在,$n \in \mathbf{N}$,则 $\lim[f(x)]^n = [\lim f(x)]^n$.

定理 4 如果 $\varphi(x) \geqslant \psi(x)$,而 $\lim \varphi(x) = a$, $\lim \psi(x) = b$,那么 $a \geqslant b$.

9. 夹逼准则

准则 I 如果数列 $\{x_n\}$, $\{y_n\}$, $\{z_n\}$ $(n=1,2,\cdots)$ 满足下列条件
(1) $y_n \leqslant x_n \leqslant z_n (n = 1, 2, 3, \cdots)$;(2) $\lim\limits_{n \to \infty} y_n = a$, $\lim\limits_{n \to \infty} z_n = a$;
那么数列 $\{x_n\}$ 的极限存在,且 $\lim\limits_{n \to \infty} x_n = a$.

准则 I′ 如果
(1) 当 $x \in U(x_0, r)$（或 $|x| > X$）时,有
$$g(x) \leqslant f(x) \leqslant h(x).$$
(2) $\lim\limits_{\substack{x \to x_0 \\ (x \to \infty)}} g(x) = A$, $\lim\limits_{\substack{x \to x_0 \\ (x \to \infty)}} h(x) = A$,
那么 $\lim\limits_{\substack{x \to x_0 \\ (x \to \infty)}} f(x)$ 存在,且等于 A.

10. 最大值和最小值定理与有界性

对于在区间 I 上有定义的函数 $f(x)$,如果有 $x_0 \in I$,使得对于任一 $x \in I$ 都满足
$$f(x) \leqslant f(x_0) \quad (f(x) \geqslant f(x_0)),$$
则称 $f(x_0)$ 是函数 $f(x)$ 在区间 I 上的**最大值**（**最小值**）.

定理（有界性与最大值和最小值定理） 在闭区间上连续的函数在该区间上有界且取得它的最大值和最小值.

历年考研真题评析

真题 1 (2008,15 题) 求极限 $\lim\limits_{x\to 0}\dfrac{[\sin x-\sin(\sin x)]\sin x}{x^4}$.

解题过程
$$\lim_{x\to 0}\frac{[\sin x-\sin(\sin x)]\sin x}{x^4}=\lim_{x\to 0}\frac{[\sin x-\sin(\sin x)]x}{x^4}$$
$$=\lim_{x\to 0}\frac{\cos x-\cos(\sin x)\cdot\cos x}{3x^2}=\frac{1}{3}\lim_{x\to 0}\frac{1-\cos(\sin x)}{x^2}$$
$$=\frac{1}{3}\lim_{x\to 0}\frac{\frac{1}{2}\sin^2 x}{x^2}=\frac{1}{6}$$

评注 ① 本题是一个"$\dfrac{0}{0}$"型极限,上解法主要是用洛必达法则和等价无穷小代换.

② 考卷中出现一些典型错误,例如

$$\lim_{x\to 0}\frac{[\sin x-\sin(\sin x)]\sin x}{x^4}=\lim_{x\to 0}\left[\frac{\sin^2 x}{x^4}-\frac{\sin(\sin x)\sin x}{x^4}\right]$$
$$=\lim_{x\to 0}\left(\frac{1}{x^2}-\frac{\sin x}{x^3}\right)=\lim_{x\to 0}\left(\frac{1}{x^2}-\frac{1}{x^2}\right)=0$$

这种做法所得分数只能是考生自己所得本题的答案,标准的 0 分,"经典"的错误. 这说明考生对极限的最基本的运算法则和等价无穷小代换的基本原则掌握不够.

另一种典型的错误是

$$\lim_{x\to 0}\frac{[\sin x-\sin(\sin x)]\sin x}{x^4}=\lim_{x\to 0}\frac{x-\sin x}{x^3}=\cdots=\frac{1}{6}$$

答案正确,但方法有问题,一种理解是 $\sin x\sim x$,$\sin(\sin x)\sim\sin x$,但这是在减法中用等价代换;另一种理解是 $\sin x-\sin(\sin x)\sim x-\sin x$,此时,解法正确,但该结论需证明.

真题 2 (2011,15 题) 求极限 $\lim\limits_{x\to 0}\left(\dfrac{\ln(1+x)}{x}\right)^{\frac{1}{e^x-1}}$.

解题过程 $\lim\limits_{x\to 0}\left(\dfrac{\ln(1+x)}{x}\right)^{\frac{1}{e^x-1}}=\lim\limits_{x\to 0}e^{\frac{\ln\left(\frac{\ln(1+x)}{x}\right)}{e^x-1}}$

而 $\lim\limits_{x\to 0}\dfrac{\ln\left(\dfrac{\ln(1+x)}{x}\right)}{e^x-1}=\lim\limits_{x\to 0}\dfrac{\ln\left(1+\dfrac{\ln(1+x)-x}{x}\right)}{x}$ (等价无穷小代换)

$=\lim\limits_{x\to 0}\dfrac{\ln(1+x)-x}{x^2}$ (等价无穷小代换)

$=\lim\limits_{x\to 0}\dfrac{\dfrac{1}{1+x}-1}{2x}$ (洛必达法则) $=\lim\limits_{x\to 0}\dfrac{\dfrac{-x}{1+x}}{2x}=-\dfrac{1}{2}$

则 $\lim\limits_{x\to 0}\left(\dfrac{\ln(1+x)}{x}\right)^{\frac{1}{e^x-1}}=e^{-\frac{1}{2}}$.

评注 本题中的极限 $\lim\limits_{x\to 0}\dfrac{\ln(1+x)-x}{x^2}$ 也可用泰勒公式求解.

$$\lim_{x\to 0}\dfrac{\ln(1+x)-x}{x^2}=\lim_{x\to 0}\dfrac{\left(x-\dfrac{x^2}{2}+o(x^2)\right)-x}{x^2}=-\dfrac{1}{2}.$$

真题 3 (2007,1题) 当 $x\to 0^+$ 时,与 $\sqrt{x}$ 等价的无穷小量是

(A) $1-e^{\sqrt{x}}$ (B) $\ln\dfrac{1+x}{1-\sqrt{x}}$

(C) $\sqrt{1+\sqrt{x}}-1$ (D) $1-\cos\sqrt{x}$

解题过程 $\ln\dfrac{1+x}{1-\sqrt{x}}=\ln(1+x)-\ln(1-\sqrt{x})\sim\sqrt{x}$(当 $x\to 0^+$)

事实上,$\ln(1+x)\sim x$,即当 $x\to 0^+$ 时,$\ln(1+x)$ 是 x 的 1 阶无穷小,$-\ln(1-\sqrt{x})\sim\sqrt{x}$,即 $-\ln(1-\sqrt{x})$ 是 x 的 $\dfrac{1}{2}$ 阶无穷,几个不同阶的无穷小量的代数和其阶数由其中阶数最低的项来决定.

故应选 (B).

真题 4 (2008,数二,4题) 设函数 $f(x)=\dfrac{\ln|x|}{|x-1|}\sin x$,则 $f(x)$ 有

(A) 1 个可去间断点,1 个跳跃间断点;

(B) 1 个可去间断点,1 个无穷间断点;

(C) 2 个跳跃间断点;

(D) 2 个无穷间断点.

解题过程 显然 $f(x)$ 只有两个间断点 $x=0$ 和 $x=1$,因为

$$\lim_{x\to 0}f(x)=\lim_{x\to 0}\dfrac{\ln|x|}{|x-1|}\sin x=\lim_{x\to 0}\ln|x|\cdot\sin x\left(\lim_{x\to 0}\dfrac{1}{|x-1|}=1\right)$$

$$=\lim_{x\to 0}\ln|x|\cdot x \quad(\text{等价无穷小代换})$$

$$=\lim_{x\to 0}\dfrac{\ln|x|}{\dfrac{1}{x}}=\lim_{x\to 0}\dfrac{\dfrac{1}{x}}{-\dfrac{1}{x^2}}(\text{洛必达法则})=-\lim_{x\to 0}x=0$$

则 $x=0$ 为 $f(x)$ 的可去间断点,又

$$\lim_{x\to 1^+}f(x)=\lim_{x\to 1^+}\dfrac{\ln|x|}{|x-1|}\sin x=\sin 1\cdot\lim_{x\to 1^+}\dfrac{\ln[1+(x-1)]}{x-1}$$

$$=\sin 1\cdot\lim_{x\to 1^+}\dfrac{x-1}{x-1}(\text{等价无穷小代换})=\sin 1$$

$$\lim_{x\to 1^-}f(x)=\lim_{x\to 1^-}\dfrac{\ln|x|}{|x-1|}\sin x=\lim_{x\to 1^-}\dfrac{\ln[1+(x-1)]}{-(x-1)}=\sin 1\cdot\lim_{x\to 1^-}\dfrac{x-1}{-(x-1)}=-\sin 1$$

则 $x=1$ 是 $f(x)$ 的跳跃间断点,故应选 (A).

评注 部分考生只考虑 $x=1$ 时 $f(x)$ 的分母为零和 $\lim\limits_{x\to 0}\ln|x|=\infty$,没有仔细分析就选择了(B)或(D). 判断间断点类型一定要在求出极限后再下结论.

经典例题解析

例1 设函数 $f(x)=\begin{cases} x^{\alpha}\cos\dfrac{1}{x^{\beta}}, & x>0 \\ 0, & x\leqslant 0 \end{cases}$ $(\alpha>0,\beta>0)$,若 $f(x)$ 在 $x=0$ 处连续,则( ).

(A) $\alpha-\beta>1$ (B) $0<\alpha-\beta\leqslant 1$ (C) $\alpha-\beta>2$ (D) $0<\alpha-\beta\leqslant 2$

答案 (A)

解 因为 $f'(0)=\lim\limits_{x\to 0}\dfrac{f(x)-f(0)}{x}=\lim\limits_{x\to 0}x^{\alpha-1}\cos\dfrac{1}{x^{\beta}}$ 存在,

所以 $\alpha-1>0$,且 $f'(0)=0$.

$f'(x)=\alpha x^{\alpha-1}\cos\dfrac{1}{x^{\beta}}+\beta x^{\alpha-\beta-1}\sin\dfrac{1}{x^{\beta}}$

由 $\lim\limits_{x\to 0}f'(x)=f'(0)=0$ 得 $\alpha-\beta-1>0,\alpha-\beta>1$.

例2 求极限 $\lim\limits_{x\to +\infty}\dfrac{\int_{1}^{x}[t^{2}(\mathrm{e}^{\frac{1}{x}}-1)-t]\mathrm{d}t}{x^{2}\ln\left(1+\dfrac{1}{x}\right)}$.

解 $\lim\limits_{x\to +\infty}\dfrac{\int_{1}^{x}[t^{2}(\mathrm{e}^{\frac{1}{x}}-1)-t]\mathrm{d}t}{x^{2}\ln\left(1+\dfrac{1}{x}\right)}=\lim\limits_{x\to +\infty}\dfrac{(\mathrm{e}^{\frac{1}{x}}-1)\int_{1}^{x}t^{2}\mathrm{d}t-\int_{1}^{x}t\mathrm{d}t}{x}$

$=\lim\limits_{x\to +\infty}x^{2}(\mathrm{e}-1)-x$

令 $u=\dfrac{1}{x}$,

则 $\lim\limits_{x\to +\infty}x^{2}(\mathrm{e}-1)-x=\lim\limits_{u\to 0^{-}}\dfrac{\mathrm{e}^{u}-1-u}{u^{2}}$

$=\lim\limits_{u\to 0^{-}}\dfrac{\mathrm{e}^{u}-1}{2u}=\dfrac{1}{2}$.

例3 (1) 已知极限 $\lim\limits_{x\to 0}\dfrac{x-\arctan x}{x^{k}}=c$,其中 c,k 为常数,且 $c\neq 0$,则( ).

(A) $k=2,c=-\dfrac{1}{2}$ (B) $k=2,c=\dfrac{1}{2}$

(C) $k=3,c=-\dfrac{1}{3}$ (D) $k=3,c=\dfrac{1}{3}$

解 本题考察极限的计算.

$$\lim_{x\to 0}\frac{x-\arctan x}{x^k}=\lim_{x\to 0}\frac{x-(x-\frac{1}{3}x^3+o(x^3))}{x^k}=\lim_{x\to 0}\frac{\frac{1}{3}x^3}{x^k}=c, 所以 k=3, c=\frac{1}{3}$$

另解,用洛必达法则

$$\lim_{x\to 0}\frac{x-\arctan x}{x^k}=\lim_{x\to 0}\frac{1-\frac{1}{1+x^2}}{kx^{k-1}}=\lim_{x\to 0}\frac{1+x^2-1}{kx^{(k-1)}(1+x^2)}=\frac{1}{k}\lim_{x\to 0}\frac{x^2}{x^{k-1}}=c.$$

$\therefore k=3, c=\frac{1}{3}$,选(D).

例 4 设函数 $f(x)$ 由方程 $y-x=e^{x(1-y)}$ 确定,则 $\lim\limits_{n\to\infty}n\left(f\left(\frac{1}{n}\right)-1\right)=$ _____.

解 $\lim\limits_{n\to\infty}n\left(f\left(\frac{1}{n}\right)-1\right)=\lim\limits_{x\to 0}\frac{f(x)-1}{x}=f'(0)$,由 $y-x=e^{x(1-y)}$ 知,当 $x=0$ 时,$y=1$,

方程两边取对数 $\ln(y-x)=x(1-y)$,再对 x 求导得 $\frac{1}{y-x}(y'-1)=(1-y)-xy'$,将 $x=0, y=1$ 代入上式,得 $f'(0)=1$.

例 5 设 $\cos x-1=x\sin\alpha(x), |\alpha(x)|<\frac{\pi}{2}$,当 $x\to 0$ 时,$\alpha(x)$ ( ).

(A) 比 x 高阶的无穷小   (B) 比 x 低阶的无穷小

(C) 与 x 同阶但不等价无穷小   (D) 与 x 等价无穷小

解 显然 $x\to 0$ 时 $\cos x-1=x\sin\alpha(x)\sim -\frac{1}{2}x^2$.所以 $\sin\alpha(x)\sim -\frac{1}{2}x\sim\alpha(x)$,故应该选(C).

例 6 设 $x_n\leqslant a\leqslant y_n (n=1,2,3,\cdots)$,且 $\lim\limits_{n\to+\infty}(y_n-x_n)=0$.用数列极限定义证明:$\lim\limits_{n\to+\infty}x_n=a$, $\lim\limits_{n\to+\infty}y_n=a$.

证明 由 $\lim(y_n-x_n)=0$ 知,对 $\forall \varepsilon>0$,总存在 $N>0$,使得当 $n>N$ 时,有 $|y_n-x_n|<\varepsilon$,而且 $x_n\leqslant a$ $\leqslant y_n (n=1,2,3,\cdots)$,因为此时 $0\leqslant y_n-x_n<\varepsilon$.

所以 $0\leqslant y_n-a+a-x_n<\varepsilon$,即 $|y_n-a|<\varepsilon. |x_n-a|<\varepsilon$,故 $\lim\limits_{n\to+\infty}x_n=a$, $\lim\limits_{n\to+\infty}y_n=a$.

例 7 证明:$\lim\limits_{n\to\infty}\frac{2n-\cos\sqrt{3n\pi}}{2n}=1$.

解 对任意 $\varepsilon>0$,因为 $\left|\frac{3n-\cos\sqrt{3n\pi}}{2n}-1\right|=\left|\frac{\cos\sqrt{3n\pi}}{2n}\right|\leqslant\frac{1}{2n}<\frac{1}{n}$.

要使 $\left|\frac{2n-\cos\sqrt{3n\pi}}{2n}-1\right|<\varepsilon$,只要 $\frac{1}{n}<\varepsilon$,即 $n>\frac{1}{\varepsilon}$.取 $N=\left[\frac{1}{\varepsilon}\right]$,则当 $n>N$ 时,恒有

$\left|\frac{2n-\cos\sqrt{3n\pi}}{2n}-1\right|<\varepsilon$,所以 $\lim\limits_{n\to\infty}\frac{2n-\cos\sqrt{3n\pi}}{2n}=1$.

例8 用函数极限定义证明 $\lim\limits_{x\to t}\dfrac{x^2-16}{x-4}=8$.

解 因为 $\left|\dfrac{x^2-16}{x-4}-8\right|=\left|\dfrac{(x-4)^2}{x-4}\right|$,且 $x\to 4$ 的过程中 $x\neq 4$,于是 $\left|\dfrac{x^2-16}{x-4}-8\right|=|x-4|$.

所以,要使 $\left|\dfrac{x^2-16}{x-4}-8\right|<\varepsilon$,只要 $|x-4|<\varepsilon$,只要 $|x-4|<\varepsilon$,可取 $\delta=\varepsilon$.

则 $\forall\varepsilon>0,\exists\delta=\varepsilon$,当 $0<|x-4|<\delta$ 时,$\left|\dfrac{x^2-16}{x-4}-8\right|<\varepsilon$ 成立.

即 $\lim\limits_{x\to t}\dfrac{x^2-16}{x-4}=8$.

例9 求函数 $g(x)=\dfrac{1-5^{\frac{1}{x}}}{1+5^{\frac{1}{x}}}$ 当 $x\to 0$ 时的左、右极限,并说明 $x\to 0$ 时极限是否存在.

解 因为 $\lim\limits_{x\to 0^+}g(x)=\lim\limits_{x\to 0^+}\dfrac{1-5^{\frac{1}{x}}}{1+5^{\frac{1}{x}}}=\lim\limits_{x\to 0^+}\dfrac{5^{-\frac{1}{x}}-1}{5^{-\frac{1}{x}}+1}=-1$

$\lim\limits_{x\to 0^-}g(x)=\lim\limits_{x\to 0^-}\dfrac{1-5^{\frac{1}{x}}}{1+5^{\frac{1}{x}}}=1$

所以 $\lim\limits_{x\to 0}(x)$ 不存在.

例10 求函数 $g(x)=\dfrac{1-5^{\frac{1}{x}}}{1+5^{\frac{1}{x}}}$ 当 $x\to 0$ 时的左、右极限,并说明 $x\to 0$ 时极限是否存在.

解 因为 $\lim\limits_{x\to 0^+}g(x)=\lim\limits_{x\to 0^+}\dfrac{1-5^{\frac{1}{x}}}{1+5^{\frac{1}{x}}}=\lim\limits_{x\to 0^+}\dfrac{5^{-\frac{1}{x}}-1}{5^{-\frac{1}{x}}+1}=1$,

$\lim\limits_{x\to 0^-}g(x)=\lim\limits_{x\to 0^-}\dfrac{1-5^{\frac{1}{x}}}{1+5^{\frac{1}{x}}}=1$,

所以 $\lim\limits_{x\to 0}g(x)$ 不存在.

例11 指出下列哪些是无穷小量,哪些是无穷大量.

(1) $\dfrac{1}{x}$,当 $x\to 0$ 时 (2) $\dfrac{\sin x}{1+\cos x}$,当 $x\to 6$ 时

(3) $\dfrac{x+1}{x^2-4}$,当 $x\to 2$ 时 (4) $\dfrac{x^4+2x^2-3}{x^2-3x+2}$,当 $x\to 1$ 时

分析 由定义判定无穷小量或无穷大量需要判断其极限是零还是∞.

解 (1) $\lim\limits_{x\to 0}\dfrac{1}{x}=\infty\Rightarrow$ 当 $x\to 0$ 时,$\dfrac{1}{x}$ 为无穷大量.

(2) $\lim\limits_{x\to 6}\dfrac{\sin x}{1+\cos x}=0\Rightarrow$ 当 $x\to 6$ 时,$\dfrac{\sin x}{1+\cos x}$ 为无穷小量.

(3) $\lim\limits_{x\to 2}\dfrac{x+1}{x^2-4}=\lim\limits_{x\to 2}\dfrac{x+1}{(x-2)(x+2)}=\infty\Rightarrow$ 当 $x\to 2$ 时,$\dfrac{x+1}{x^2-4}$ 是无穷大量.

(4) $\lim\limits_{x\to 1}\dfrac{x^4+2x^2-3}{x^2-3x+2}=\lim\limits_{x\to 1}\dfrac{(x^2-1)(x^2+3)}{(x-1)(x-2)}=\lim\limits_{x\to 1}\dfrac{(x+1)(x^2+3)}{x-2}=-8\Rightarrow$ 当 $x\to 1$ 时, $\dfrac{x^4+2x^2-3}{x^2-3x+2}$ 既不是无穷大量也不是无穷小量.

例 12 求下列极限

(1) $\lim\limits_{x\to\infty}\dfrac{2x+1}{x}$; (2) $\lim\limits_{x\to 0}\dfrac{1-x^2}{1-x}$.

分析 利用无穷小量的性质: $\lim y=A\Rightarrow y=A+\alpha$, 其中 $\lim\alpha=0$.

解 (1) 因 $\dfrac{2x+1}{x}=2+\dfrac{1}{x}$, 而当 $x\to\infty$ 时, $\dfrac{1}{x}$ 为无穷小.

即 $\dfrac{2x+1}{x}$ 可表示为常数 2 与无穷小之和, 故 $\lim\limits_{x\to\infty}\dfrac{2x+1}{x}=2$.

(2) 因 $\dfrac{1-x^2}{1-x}=1+x$, 而当 $x\to 0$ 时, x 这无穷小, 即 $\dfrac{1-x^2}{1-x}$ 可表示为常数 1 与无穷小之和, 故 $\lim\limits_{x\to 0}\dfrac{1-x^2}{1-x}=1$.

例 13 (2006 年考研·数三、数四) 极限 $\lim\limits_{n\to\infty}\left(\dfrac{n+1}{n}\right)^{(-1)^n}=$ _____ .

解 令 $y_n=\left(\dfrac{n+1}{n}\right)^{(-1)^n}$, 当 n 为偶数时, $y_{2k}=\left(\dfrac{2k+1}{2k}\right)^{(-1)^{2k}}=1+\dfrac{1}{2k}$, 有

$\lim\limits_{k\to\infty}y_{2k}=\lim\limits_{k\to\infty}\left(1+\dfrac{1}{2k}\right)=1+\lim\limits_{k\to\infty}\dfrac{1}{2k}=1+0=1.$

当 n 奇数时, $y_{2k-1}=\left(\dfrac{2k}{2k-1}\right)^{(-1)^{2k-1}}=\left(1+\dfrac{1}{2k-1}\right)^{-1}=\dfrac{1}{1+\dfrac{1}{2k-1}}$, 有

$\lim\limits_{k\to\infty}y_{2k-1}=\lim\limits_{k\to\infty}\left(1-\dfrac{1}{2k}\right)=1-\lim\limits_{k\to\infty}\dfrac{1}{2k}=1-0=1.$

例 14 证明 $f(x)=x^3+2x^2-4x-1$ 在 $(-\infty,+\infty)$ 上至少有三个零点.

证明 显然 $f(x)$ 在 $(-\infty,+\infty)$ 上连续, 又 $f(0)=-1<0$. $f(2)=8+8-8-1>0$.

即 $f(0)\cdot f(2)<0$, 而 $f(-1)=-1+2+4-1=4>0\Rightarrow f(0)\cdot f(-1)<0$.

又 $\lim\limits_{x\to-\infty}f(x)=-\infty$, 必存在 $x_1<-1$. 使 $f(x_1)<0\Rightarrow f(x_1)\cdot f(-1)<0$.

故由零点定理知, 在 $(-\infty,-1),(-1,0),(0,2)$ 之间至少各有 $f(x)$ 的一个零点, 即 $f(x)$ 在 $(-\infty,+\infty)$ 上至少有三个零点.

例 15 求 $\lim\limits_{x\to 3}\dfrac{\ln(x-2)}{\sqrt{x+6}-3}$.

分析 属于 $\dfrac{0}{0}$ 型, 但无法约去产生奇异的因子, 故作变形或代换, 化为能用极限运算法则、重要极限及连续函数求极限的形式.

解 $\lim\limits_{x\to 3}\dfrac{\ln(x-2)}{\sqrt{x+6}-3}=\lim\limits_{x\to 3}\dfrac{\ln(x-2)}{x+6-9}\cdot(\sqrt{x+6}+3)$

$=\lim\limits_{x\to 3}(\sqrt{x+6}+3)\cdot\lim\limits_{x\to 3}\dfrac{1}{x-3}\ln[1+(x-3)]$

$=6\ln\lim\limits_{x-3\to 0}[1+(x-3)]^{\frac{1}{x-3}}$

$=6\ln e=6.$

课后习题全解

习题 2-1

1. **解题过程** (1)有极限,$\lim\limits_{n\to\infty}x_n=\lim\limits_{n\to\infty}\dfrac{1}{a^n}(a>1)=0$;

    (2)有极限,$\lim\limits_{n\to\infty}x_n=0$;

    (3)无极限;

    (4)无极限;

    (5)有极限,$\lim\limits_{n\to\infty}x_n=1$;

    (6)无极限;

    (7)有极限,$\lim\limits_{n\to\infty}x_n=1$;

    (8)无极限.

2. **解题过程** (1)$\lim\limits_{n\to\infty}u_n=1$;

    (2)$|u_n-1|<0.0001$,则 $n>4$.

3. **解题过程** 欲使$|x_n-1|<\varepsilon$,即$\left|\dfrac{n}{n+1}-1\right|=\dfrac{1}{n+1}<\varepsilon$ 成立.

    (1)$\varepsilon=0.1$ 即,$\dfrac{1}{n+1}<0.1,n>9$. 故取 $N=9$;

    (2)$\varepsilon=0.01$,即$\dfrac{1}{n+1}<0.01,n>99$. 故取 $N=99$;

    (3)$\varepsilon=0.001$,即$\dfrac{1}{n+1}<0.001,n>999$. 故取 $N=999$.

    由极限定义,对于任意给定的 $\varepsilon>0$,要使$|x_n-1|<\varepsilon$,只要$\dfrac{1}{n+1}<\varepsilon$,即 $n>\dfrac{1}{\varepsilon}-1$ 即可,取 $N\geqslant\dfrac{1}{\varepsilon}-1$,则当 $n>N$ 时,$|x_n-1|<\varepsilon$ 成立,故$\lim\limits_{n\to\infty}x_n=1$.

4. **解题过程** (1)不正确,(2)不正确,(3)不正确,(4)正确.

    解题分析 极限定义必须严格满足,不能模糊或替换.

5. **解题过程** (1)正确. $n\to\infty$, 则 $n+k$ 亦 $\to\infty$ 故 $\lim\limits_{n\to\infty}x_n=\lim\limits_{n\to\infty}x_{n+k}$.

(2)不正确. 有界未必收敛.

(3)正确. 无界数列必然不收敛, 则为发散.

(4)不正确. 发散数列也有可能有界, 例如 $x_n=(-1)^n$.

6. **解题过程** 证:

(1) $\left|\dfrac{1}{n^2}-0\right|=\dfrac{1}{n^2}<\dfrac{1}{n}$, 对于任意给定 $\varepsilon>0$, 要使 $\left|\dfrac{1}{n^2}-0\right|<\varepsilon$, 只要 $\dfrac{1}{n}<\varepsilon$ 即 $n>\dfrac{1}{\varepsilon}$. 取正整数 $N>\dfrac{1}{\varepsilon}$, 当 $n>N$ 时, $\left|\dfrac{1}{n^2}-0\right|<\varepsilon$ 都成立, 故 $\lim\limits_{n\to\infty}\dfrac{1}{n^2}=0$;

(2) $\left|\dfrac{2n+1}{3n+1}-\dfrac{2}{3}\right|=\dfrac{1}{9n+3}<\dfrac{1}{n}$, 对于任意给定 $\varepsilon>0$. 要使 $\left|\dfrac{2n+1}{3n+1}-\dfrac{2}{3}\right|<\varepsilon$, 只要 $\dfrac{1}{n}<\varepsilon$ 即 $n>\dfrac{1}{\varepsilon}$ 即可. 取正整数 $N>\dfrac{1}{\varepsilon}$, 当 $n>N$ 时, $\left|\dfrac{2n+1}{3n+1}-\dfrac{2}{3}\right|<\varepsilon$ 成立, 故 $\lim\limits_{n\to\infty}\dfrac{2n+1}{3n+1}=\dfrac{2}{3}$;

(3) $\left|\left(1-\dfrac{1}{3n}\right)-1\right|=\dfrac{1}{3n}$, 对任意给定 $\varepsilon>0$ 要使 $\left|\left(1-\dfrac{1}{3n}\right)-1\right|<\varepsilon$, 只要 $\dfrac{1}{3n}<\varepsilon$ 即 $n>\dfrac{1}{3\varepsilon}$, 故取正整数 $N>\dfrac{1}{3\varepsilon}$, 当 $n>N$ 时, $\left|\left(1-\dfrac{1}{3n}\right)-1\right|<\varepsilon$ 成立, 故 $\lim\limits_{n\to\infty}\left(1-\dfrac{1}{3n}\right)=1$;

(4) $\left|\dfrac{\sin n}{n}-0\right|<\dfrac{|\sin n|}{n}<\dfrac{1}{n}$, 对于任意 $\varepsilon>0$, 要使 $\left|\dfrac{\sin n}{n}-0\right|<\varepsilon$, 只要 $\dfrac{1}{n}<\varepsilon$ 即 $n>\dfrac{1}{\varepsilon}$. 取正整数 $N>\dfrac{1}{\varepsilon}$, 当 $n>N$ 时, $\left|\dfrac{\sin n}{n}-0\right|<\varepsilon$ 成立, 故 $\lim\limits_{n\to\infty}\dfrac{\sin n}{n}=0$.

7. **解题过程** 证:

由于 $\lim\limits_{n\to\infty}=a$, 所以对于任意 $\varepsilon>0$, 存在 $N>0$, 当 $n>N$ 时, $|U_n-a|<\varepsilon$, 而且有 $||u_n|-|a||<|u_n-a|<\varepsilon$, 故 $\lim\limits_{n\to\infty}|u_n|=|a|$.

例如 $u_n=(-1)^n$, 数列 $\{|u_n|\}$ 极限为 1, 而数列 $\{u_n\}$ 无极限.

8. **解题过程** 证:

由极限定义, 因为 $x_{2k-1}\to a, x_{2k}\to a(k\to\infty)$, 所以对于任意 $\varepsilon>0$, 存在 $k_1>0, k_2>0$, 当 $k>k_1$ 时 $|x_{2k-1}-a|<\varepsilon$; 当 $k>k_2$ 时, $|x_{2k}-a|<\varepsilon$. 取 $K=\max\{k_1,k_2\}$ 则令 $N=2K$, 当 $n>N$ 时,

如果 $n=2k-1$, 则 $k>K+\dfrac{1}{2}>k_1$, $|x_n-a|=|x_{2k-1}-a|<\varepsilon$.

如果 $n=2k$, 则 $k>K>k_2$, $|x_n-a|=|x_{2k}-a|<\varepsilon$.

所以 $|x_n-a|<\varepsilon$, 故 $x_n\to a(n\to\infty)$.

习题 2-2

1. **解题过程** 证:

(1) $|(5x+2)-12|=|5x-10|=5|x-2|$，任意给定 $\varepsilon>0$，如要使 $5|x-2|<\varepsilon$，只要 $|x-2|<\dfrac{\varepsilon}{5}$. 取 $\sigma=\dfrac{\varepsilon}{5}>0$，当 $0<|x-2|<\sigma$ 时，$5|x-2|<\varepsilon$ 即 $|(5x+2)-12|<\varepsilon$ 成立，故 $\lim\limits_{x\to 2}(5x+2)=12$.

(2) $\left|\dfrac{x^2-4}{x+2}+4\right|=|x-2+4|=|x-(-2)|$，任意给定 $\varepsilon>0$，如要使 $\left|\dfrac{x^2-4}{x+2}+4\right|<\varepsilon$，只要 $|x-(-2)|<\varepsilon$. 取 $\sigma=\varepsilon$，当 $0<|x-(-2)|<\sigma$ 时，$\left|\dfrac{x^2-4}{x+2}-(-4)\right|<\varepsilon$，成立，故 $\lim\limits_{x\to -2}\dfrac{x^2-4}{x+2}=-4$.

(3) 设 $f(x)=3x-1$，
对于任意给定的 $\varepsilon>0$，要使 $|f(x)-8|=3|x-3|<\varepsilon$，
只要取 $|x-3|<\dfrac{\varepsilon}{3}$ 即可. 因此，对于任意给定的 $\varepsilon>0$，取 $\delta=\dfrac{\varepsilon}{3}$，当 $0<|x-2|<\delta$ 时，就有 $|f(x)-8|<\varepsilon$ 恒成立，所以 $\lim\limits_{x\to 3}(3x-1)=8$.

2. **解题过程** 证：

(1) $\left|\dfrac{6x+5}{x}-6\right|=\dfrac{5}{|x|}$，任意给定 $\varepsilon>0$，如要使 $\left|\dfrac{6x+5}{x}-6\right|<\varepsilon$，只要 $\dfrac{5}{|x|}<\varepsilon$，即 $|x|>\dfrac{5}{\varepsilon}$，取 $N=\dfrac{5}{\varepsilon}$，当 $|x|>N$ 时，$\left|\dfrac{6x+5}{x}-6\right|<\varepsilon$ 都成立，故 $\lim\limits_{x\to\infty}\dfrac{6x+5}{x}=6$.

(2) $\left|\dfrac{\sin x}{\sqrt{x}}-0\right|=\left|\dfrac{\sin x}{\sqrt{x}}\right|\leqslant\dfrac{1}{\sqrt{x}}$，任意给定 $\varepsilon>0$，如要使 $\left|\dfrac{\sin x}{\sqrt{x}}-0\right|<\varepsilon$，只要 $\dfrac{1}{\sqrt{x}}<\varepsilon$，即 $x>\dfrac{1}{\varepsilon^2}$，取 $N=\dfrac{1}{\varepsilon^2}>0$，则当 $x>N$ 时，$\left|\dfrac{\sin x}{\sqrt{x}}-0\right|<\varepsilon$，故 $\lim\limits_{x\to +\infty}\dfrac{\sin x}{\sqrt{x}}=0$

3. **解题过程** 解：根据提示，设 $1<x<3$，则 $3<x+2<5$. 故 $|y-4|=|x-2||x+2|<5|x-2|$，如要使 $|y-4|<0.001$，只要 $5|x-2|<0.001$，即 $|x-2|<0.0002$. 则 δ 等于 0.0002，当 $0<|x-2|<\delta$ 时，$|y-4|<0.001$.

4. **解题过程** 作 $f(x)$ 的图形如题 4 图解所示. $\lim\limits_{x\to 3^-}f(x)=\lim\limits_{x\to 3^-}x=3$，$\lim\limits_{x\to 3^+}f(x)=\lim\limits_{x\to 3^+}(3x-1)=8$，故左极限为 3，右极限为 8.

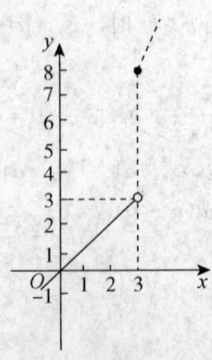

题 4 图解

5. **解题过程** 证明：

$|f(x)-0|=||x|-0|=|x|$，为了使$|f(x)-0|<\varepsilon$，只要$|x|<\varepsilon$，对于$\forall \varepsilon>0$，取$\sigma=\varepsilon$，只要$0<|x|<\sigma$，$f(x)$就满足$|f(x)-0|=|x|<\varepsilon$，从而当$x\to 0$时极限为零．

6. **解题过程** (1)存在．

(2)在$x=0$处无极限，因为左右极限不相等．

(3)有极限，因为左右极限都存在且相等．

7. **解题过程** 证明：

充分性：因为$\lim\limits_{x\to x_0^+}f(x)=A$，故对于任意给定正数$\varepsilon$，总存在正数$\sigma$，满足$x_0<x<x_0+\sigma$时，$|f(x)-A|<\varepsilon$，又因为$\lim\limits_{x\to x_0^-}f(x)=A$，故对于任意给定正数$\varepsilon$，总存在正数$\sigma$，满足$x_0-\sigma<x<x_0$，故对于任意给定$\varepsilon$，$\exists\sigma>0$，满足$x_0-\sigma<x<x_0+\sigma$即$|x-x_0|<\sigma$时，$|f(x)-A|<\varepsilon$，故$\lim\limits_{x\to x_0}f(x)=A$．

必要性：因为$\lim\limits_{x\to x_0}f(x)=A$，根据定义$\forall\varepsilon>0$，$\exists\sigma>0$．满足当$0<|x-x_0|<\sigma$时，$|f(x)-A|<\varepsilon$．即当$0<x-x_0<\sigma$，$x_0<x<x_0+\sigma$时$|f(x)-A|<\varepsilon$即$\lim\limits_{x\to x_0^+}f(x)=A$．

当$-\sigma<x-x_0<0$，$x_0-\sigma<x<x_0$时，$|f(x)-A|<\varepsilon$即$\lim\limits_{x\to x_0^-}f(x)=A$．

8. **解题过程** 证明：

因为$\lim\limits_{x\to+\infty}f(x)=A(A\neq 0)$，根据定义$\forall\varepsilon>0$，$\exists x>0$，当$x>X$时，有$|f(x)-A|<\varepsilon$．取$\varepsilon=\dfrac{|A|}{2}>0$，$\exists M>0$，当$x>M$时，有$|f(x)-A|<\dfrac{|A|}{2}$，从而有$||f(x)|-|A||<|f(x)-A|<\dfrac{|A|}{2}$，故当$x$充分大时，$|f(x)|>\dfrac{1}{2}|A|$．

习题 2-3

1. **解题过程** 证：

(1)因为$\lim\limits_{x\to 1}y=\lim\limits_{x\to 1}x-1=0$，所以$y=x-1$为当$x\to 1$时的无穷小．

(2)因为$\lim\limits_{x\to 0}y=\lim\limits_{x\to 0}x\cos\dfrac{1}{x}=0$，所以$y=x\cos\dfrac{1}{x}$为当$x\to 0$时的无穷小．

2. **解题过程** 证：

任意给定正数M，要使$\left|\dfrac{1+2x}{x}\right|>M$，只要$\left|\dfrac{1+2x}{x}\right|=\left|\dfrac{1}{x}+2\right|\geqslant\dfrac{1}{|x|}-2$即$\dfrac{1}{|x|}>2+M$，$|x|<\dfrac{1}{2+M}$，取$\sigma=\dfrac{1}{2+M}$，对于适合不等式$0<|x|<\sigma$的一切$x$都有$\left|\dfrac{1+2x}{x}\right|>M$恒成立，故$y=\dfrac{1+2x}{x}$为当$x\to 0$时的无穷大．而且当$|x|<\dfrac{1}{2+10^4}$时，$|y|>10^4$．

3. **解题过程** (1)因为 $|\sin\frac{1}{x}|\leq 1$ 为有界量，而 $\lim\limits_{x\to 0}x^2=0$，为 $x\to 0$ 时的无穷小量，故 $\lim\limits_{x\to 0}x^2\cdot\sin\frac{1}{x}=0$；

(2)因为 $|\arctan x|<\frac{\pi}{2}$，为有界量，而 $\lim\limits_{x\to\infty}\frac{1}{x}=0$，为 $x\to\infty$ 时的无穷小量，故 $\lim\limits_{x\to\infty}\frac{\arctan x}{x}=0$.

4. **解题过程** 函数 $y=x\sin x$ 在区间 $(0,+\infty)$ 内无界，取 $x=2k\pi+\frac{\pi}{2}, k\in N$，则 $y=\left(2k\pi+\frac{\pi}{2}\right)\sin\left(2k\pi+\frac{\pi}{2}\right)=2k\pi+\frac{\pi}{2}$，对于任意 $M>0$，总有 k 充分大时使 $y>M$，故无界.

这个函数并非无穷大，若取 $x=k\pi, k\in N, y=x\cdot\sin x=k\pi\cdot\sin k\pi=0, n\to+\infty$ 时，$x\to+\infty, y=0$，故当 $x\to+\infty$ 时，$y=x\sin x$ 非无穷大.

习题 2-4

1. **解题过程** (1) $a=0, b=6$；(2) $a=1, b=-1$；(3) $a=2, b=-2$.

2. **解题过程** (1)原式 $=\lim\limits_{n\to\infty}\dfrac{3n^2+n}{4n^2+1}=\lim\limits_{n\to\infty}\dfrac{3+\frac{1}{n}}{4+\frac{1}{n^2}}=\dfrac{3}{4}$；

(2)原式 $=\lim\limits_{n\to\infty}\dfrac{1+\left(-\frac{2}{5}\right)^n}{5+(-2)\cdot\left(-\frac{2}{5}\right)^n}=\dfrac{1+0}{5+0}=\dfrac{1}{5}$；

(3)原式 $=\lim\limits_{n\to\infty}\dfrac{1\cdot\left[1-\left(\frac{1}{2}\right)^n\right]}{1-\frac{1}{2}}\cdot\dfrac{1-\frac{1}{3}}{1\cdot\left[1-\left(\frac{1}{3}\right)^n\right]}=2\cdot\dfrac{2}{3}=\dfrac{4}{3}$；

(4)原式 $=\lim\limits_{n\to\infty}\left(\dfrac{1+3+\cdots+2n-1}{n^2}\right)=\lim\limits_{n\to\infty}\dfrac{1}{n^2}\cdot\left(\dfrac{1+2n-1}{2}\right)\cdot n=1$；

(5)原式 $=\lim\limits_{n\to\infty}\left[\left(1-\dfrac{1}{2}\right)+\left(\dfrac{1}{2}-\dfrac{1}{3}\right)+\cdots+\left(\dfrac{1}{n}-\dfrac{1}{n+1}\right)\right]=\lim\limits_{n\to\infty}\left(1-\dfrac{1}{n+1}\right)=1$；

(6)原式 $=\lim\limits_{n\to\infty}\dfrac{(n+1-n)\sqrt{n}}{(\sqrt{n+1}+\sqrt{n})}=\lim\limits_{n\to\infty}\dfrac{\sqrt{n}}{(\sqrt{n+1}+\sqrt{n})}=\lim\limits_{n\to\infty}\dfrac{1}{\sqrt{1+\frac{1}{n}}+1}=\dfrac{1}{2}$.

3. **解题过程** (1) $\lim\limits_{x\to 2}\dfrac{x^2-3x-4}{x^2-4}=\lim\limits_{x\to 2}\dfrac{(x-4)(x+1)}{(x-2)(x+2)}$

$=\lim\limits_{x\to 2}\dfrac{1}{(x-2)}\cdot\dfrac{(x-4)(x+1)}{x+2}$

$=\lim\limits_{x\to 2}\dfrac{1}{x-2}\cdot\dfrac{-6}{4}=\infty$；

(2) $\lim\limits_{h\to 0}\dfrac{(x+h)^3-x^3}{h}=\lim\limits_{h\to 0}(x+h-x)\cdot\dfrac{[(x+h)^2+x\cdot(x+h)+x^2]}{h}$

$=\lim\limits_{h\to 0}[(x+h)^2+x(x+h)+x^2]$

$=x^2+x^2+x^2=3x^2$；

(3) $\lim\limits_{x\to\infty}\dfrac{3x^2+5x+1}{x^2+3x+4}=\lim\limits_{x\to\infty}\dfrac{3+\dfrac{5}{x}+\dfrac{1}{x^2}}{1+\dfrac{3}{x}+\dfrac{4}{x^2}}=3;$

(4) $\lim\limits_{x\to\infty}\dfrac{(2x-3)^{20}(3x+2)^{30}}{(5x+1)^{50}}=\lim\limits_{x\to\infty}\dfrac{\left(2-\dfrac{3}{x}\right)^{20}\left(3+\dfrac{2}{x}\right)^{30}}{\left(5+\dfrac{1}{x}\right)^{50}}$

$=\dfrac{2^{20}\cdot 3^{30}}{5^{50}};$

(5) $\lim\limits_{x\to\infty}\left(1+\dfrac{1}{x}\right)\left(2-\dfrac{1}{x^2}\right)=1\cdot 2=2;$

(6) $\lim\limits_{x\to\infty}\dfrac{2x^3+3x+1}{4x^5+2x+7}=\lim\limits_{x\to\infty}\dfrac{\dfrac{2}{x^2}+\dfrac{3}{x^4}+\dfrac{1}{x^5}}{4+\dfrac{2}{x^4}+\dfrac{7}{x^5}}=0;$

(7) $\lim\limits_{x\to 1}\dfrac{\sqrt{3-x}-\sqrt{1+x}}{x^2-1}=\lim\limits_{x\to 1}\dfrac{(\sqrt{3-x}-\sqrt{1+x})(\sqrt{3-x}+\sqrt{1+x})}{(x^2-1)(\sqrt{3-x}+\sqrt{1+x})}$

$=\lim\limits_{x\to 1}\dfrac{3-x-1-x}{(x^2-1)(\sqrt{3-x}+\sqrt{1+x})}$

$=\lim\limits_{x\to 1}\dfrac{2-2x}{(x-1)(x+1)(\sqrt{3-x}+\sqrt{1+x})}$

$=\lim\limits_{x\to 1}-\dfrac{2}{(x+1)(\sqrt{3-x}+\sqrt{1+x})}$

$=-\dfrac{2}{2\cdot(\sqrt{2}+\sqrt{2})}=-\dfrac{\sqrt{2}}{4};$

(8) $\lim\limits_{x\to 1}\left(\dfrac{1}{1-x}-\dfrac{3}{1-x^3}\right)=\lim\limits_{x\to 1}\dfrac{1+x+x^2-3}{1-x^3}$

$=\lim\limits_{x\to 1}\dfrac{x^2+x-2}{(1-x)(1+x+x^2)}$

$=\lim\limits_{x\to 1}\dfrac{(x-1)(x+2)}{(1-x)(x^2+x+1)}$

$=\lim\limits_{x\to 1}-\dfrac{x+2}{x^2+x+1}=-\dfrac{3}{3}=-1;$

(9) $\lim\limits_{x\to 1}\dfrac{x^m-1}{x^n-1}=\lim\limits_{x\to 1}\dfrac{(x-1)(x^{m-1}+x^{m-2}+\cdots+x+1)}{(x-1)(x^{n-1}+x^{n-2}+\cdots+x+1)}$

$=\lim\limits_{x\to 1}\dfrac{x^{m-1}+x^{m-2}+\cdots+x+1}{x^{n-1}+x^{n-2}+\cdots+x+1}=\dfrac{m}{n};$

(10) $\lim\limits_{x\to 1}\dfrac{\sqrt[3]{x}-1}{\sqrt{x}-1}=\lim\limits_{x\to 1}\dfrac{x^{\frac{1}{3}}-1}{x^{\frac{1}{2}}-1}$

$=\lim\limits_{x\to 1}\dfrac{(x^{\frac{1}{3}}-1)(x^{\frac{2}{3}}+x^{\frac{1}{3}}+1)(x^{\frac{1}{2}}+1)}{(x^{\frac{1}{2}}-1)\cdot(x^{\frac{1}{2}}+1)(x^{\frac{2}{3}}+x^{\frac{1}{3}}+1)}$

$$=\lim_{x\to 1}\frac{(x-1)(x^{\frac{1}{2}}+1)}{(x-1)(x^{\frac{2}{3}}+x^{\frac{1}{3}}+1)}=\frac{2}{3};$$

(11) $\lim\limits_{x\to 0}\dfrac{(1+x)(1+2x)(1+3x)-1}{x}=\lim\limits_{x\to 0}\dfrac{6x^3+11x^2+6x+1-1}{x}$

$$=\lim_{x\to 0}\frac{6x^3+11x^2+6x}{x}=6;$$

(12) $\lim\limits_{x\to +\infty}\sqrt{(x+2)(x-1)}-x=\lim\limits_{x\to +\infty}\dfrac{(x+2)(x-1)-x^2}{\sqrt{(x+2)(x-1)}+x}$

$$=\lim_{x\to+\infty}\frac{x-2}{\sqrt{(x+2)(x-1)}+x};$$

$$=\lim_{x\to+\infty}\frac{1-\dfrac{2}{x}}{\sqrt{1+\dfrac{1}{x}-\dfrac{2}{x^2}}+1}=\frac{1}{2}.$$

4. **解题过程** (1) $\lim\limits_{x\to 3}\dfrac{x^2+3x}{(x-3)^2}=\infty;$

(2) $\lim\limits_{x\to\infty}\dfrac{x^3+2}{3x+4}=\lim\limits_{x\to\infty}\dfrac{x^2+\dfrac{2}{x}}{3+\dfrac{4}{x}}=\infty;$

(3) $\lim\limits_{x\to\infty}(5x^2-2x+3)=\infty.$

5. **解题过程** 证：

利用反证法．设 $\lim\limits_{x\to x_0}[f(x)+g(x)]$ 存在．$g(x)=[f(x)+g(x)]-f(x)$，因为题设 $f(x)$ 极限为 A，$f(x)+g(x)$ 又存在极限，则 $g(x)$ 极限必定存在，与题设矛盾，故 $\lim\limits_{x\to x_0}[f(x)+g(x)]$ 不存在．

习题 2-5

1. **解题过程** (1) $\lim\limits_{x\to 0}\dfrac{\sin 2x}{\sin 5x}=\lim\limits_{x\to 0}\dfrac{2x}{5x}=\dfrac{2}{5};$

(2) $\lim\limits_{x\to 0}x\cdot\cot 2x=\lim\limits_{x\to 0}x\cdot\dfrac{\cos 2x}{\sin 2x}=\lim\limits_{x\to 0}\dfrac{x}{\sin 2x}\cdot\cos 2x=\dfrac{1}{2};$

(3) $\lim\limits_{x\to 0}\dfrac{1-\cos 2x}{x\cdot\sin x}=\lim\limits_{x\to 0}\dfrac{1-\cos^2 x+\sin^2 x}{x\cdot\sin x}=\lim\limits_{x\to 0}\dfrac{2\sin^2 x}{x\cdot\sin x}=2;$

(4) $\lim\limits_{n\to\infty}2^n\cdot\sin\dfrac{x}{2^n}=\lim\limits_{n\to\infty}x\dfrac{2^n}{x}\cdot\sin\dfrac{x}{2^n}=\lim\limits_{n\to\infty}x\cdot\dfrac{2^n}{x}\cdot\dfrac{x}{2^n}=x;$

(5) $\lim\limits_{x\to 0}\dfrac{x-\sin x}{x+\sin x}=\lim\limits_{x\to 0}\dfrac{1-\dfrac{\sin x}{x}}{1+\dfrac{\sin x}{x}}=\dfrac{0}{2}=0;$

(6) $\lim\limits_{x\to 0}\dfrac{\tan x-\sin x}{x^3}=\lim\limits_{x\to 0}\dfrac{\dfrac{\sin x}{\cos x}-\sin x}{x^3}=\lim\limits_{x\to 0}\dfrac{\sin x\left(\dfrac{1}{\cos x}-1\right)}{x^3}$

$$=\lim_{x\to 0}\frac{\sin x(1-\cos x)}{x^3\cdot\cos x}=\lim_{x\to 0}\frac{\sin x\cdot\frac{1}{2}x^2}{x^3}=\frac{1}{2};$$

(7) $\displaystyle\lim_{x\to a}\frac{\sin x-\sin a}{x-a}=\lim_{x\to a}\frac{2\sin\frac{x-a}{2}\cos\frac{x+a}{2}}{x-a}$

$$=\lim_{x\to a}\frac{\sin\frac{x-a}{2}}{\frac{x-a}{2}}\cdot\lim_{x\to a}\cos\frac{x+a}{2}=\cos a;$$

(8) $\displaystyle\lim_{x\to\frac{\pi}{3}}\frac{\sin\left(x-\frac{\pi}{3}\right)}{1-2\cos x}=\lim_{x\to\frac{\pi}{3}}\frac{\sin\left(x-\frac{\pi}{3}\right)}{1-2\cos\left[\left(x-\frac{\pi}{3}\right)+\frac{\pi}{3}\right]}$, 令 $t=x-\frac{\pi}{3}$, 则 $x\to\frac{\pi}{3}$ 时 $t\to 0$,

原式 $=\displaystyle\lim_{t\to 0}\frac{\sin t}{1-2\cos\left(t+\frac{\pi}{3}\right)}=\lim_{t\to 0}\frac{\sin t}{1-\cos t+\sqrt{3}\sin t}$

$$=\lim_{t\to 0}\frac{\sin t}{2\sin^2\frac{t}{2}+\sqrt{3}\sin t}$$

$$=\lim_{t\to 0}\frac{\frac{\sin t}{t}}{2\cdot\frac{\sin^2\frac{t}{2}}{t}+\sqrt{3}\frac{\sin t}{t}}=\frac{1}{0+\sqrt{3}}=\frac{1}{\sqrt{3}};$$

(9) $\displaystyle\lim_{x\to 1}(1-x)\tan\frac{\pi x}{2}=\lim_{x\to 1}(1-x)\tan\left[\frac{\pi}{2}(x-1)+\frac{\pi}{2}\right]$ 令 $t=1-x$, 则 $x\to 1$ 时 $t\to 0$,

原式 $=\displaystyle\lim_{t\to 0}t\cdot\tan\frac{\pi(1-t)}{2}=\lim_{t\to 0}t\cdot\tan\left(\frac{\pi}{2}-\frac{\pi}{2}t\right)=\lim_{t\to 0}t\cdot\cot\frac{\pi}{2}t$

$$=\lim_{t\to 0}\frac{t\cdot\cos\frac{\pi}{2}t}{\sin\frac{\pi}{2}t}=\lim_{t\to 0}\frac{\frac{\pi}{2}t}{\sin\frac{\pi}{2}t}\cdot\frac{2}{\pi}\cdot\lim_{t\to 0}\cos\frac{\pi}{2}t=1\cdot\frac{2}{\pi}\cdot 1=\frac{2}{\pi}.$$

2. **解题过程** (1) $\displaystyle\lim_{x\to\infty}\left(1-\frac{2}{x}\right)^{\frac{x}{2}-1}=\lim_{x\to\infty}\left\{\left[1+\left(-\frac{2}{x}\right)\right]^{-\frac{x}{2}}\right\}^{-1}\left(1-\frac{2}{x}\right)^{-1}$

$$=\left\{\lim_{x\to\infty}\left[1+\left(-\frac{2}{x}\right)\right]^{-\frac{x}{2}}\right\}^{-1}\cdot\lim_{x\to\infty}\left(1-\frac{2}{x}\right)^{-1}$$

$$=e^{-1}\cdot 1^{-1}=\frac{1}{e};$$

(2) $\displaystyle\lim_{x\to 0}\left(\frac{2-x}{2}\right)^{\frac{2}{x}}=\lim_{x\to 0}\left(1-\frac{x}{2}\right)^{\frac{2}{x}}=\lim_{x\to 0}\left(1-\frac{x}{2}\right)^{-\frac{2}{x}\cdot(-1)}=e^{-1}=\frac{1}{e};$

(3) $\displaystyle\lim_{x\to\infty}\left(\frac{x-1}{x+1}\right)^x=\lim_{x\to\infty}\left(\frac{x+1-2}{x+1}\right)^x=\lim_{x\to\infty}\left(1+\frac{-2}{x+1}\right)^{-\frac{x+1}{2}\cdot\left(-\frac{2x}{x+1}\right)}$

$$=\lim_{x\to\infty}\left(1+\frac{-2}{x+1}\right)^{-\frac{x+1}{2}\left(-\frac{2x}{x+1}\right)}=e^{-2}=\frac{1}{e^2};$$

(4) $\lim\limits_{x\to+\infty}\left(1-\dfrac{1}{x}\right)^{\sqrt{x}} = \lim\limits_{x\to+\infty}\left(1-\dfrac{1}{x}\right)^{-\frac{1}{x}\cdot(-x\cdot\sqrt{x})}$

$= \lim\limits_{x\to+\infty}\left(1-\dfrac{1}{x}\right)^{(-x)\cdot\left(-\frac{\sqrt{x}}{x}\right)} = e^0 = 1;$

(5) $\lim\limits_{x\to\infty}\left(\dfrac{x^2}{x^2-1}\right)^x = \lim\limits_{x\to\infty}\left(\dfrac{x^2-1+1}{x^2-1}\right)^x = \lim\limits_{x\to\infty}\left(1+\dfrac{1}{x^2-1}\right)^{(x^2-1)\cdot\frac{x}{x^2-1}} = e^0 = 1;$

(6) $\lim\limits_{x\to 0}(1+3\tan^2 x)^{\cot^2 x} = \lim\limits_{x\to 0}(1+3\tan^2 x)^{\frac{1}{3\tan^2 x}\cdot\cot^2 x\cdot 3\tan^2 x}$

$= \lim\limits_{x\to 0}(1+3\tan^2 x)^{\frac{3}{3\tan^2 x}} = e^3;$

(7) $\lim\limits_{x\to 0}\dfrac{\ln(1+2x)}{\sin 3x} = \lim\limits_{x\to 0}\dfrac{2x}{3x} = \dfrac{2}{3}.$

3. **解题过程** (1) $n\cdot\left(\dfrac{n}{n^2+n\pi}\right) \leqslant n\left(\dfrac{1}{n^2+\pi}+\dfrac{1}{n^2+2\pi}+\cdots+\dfrac{1}{n^2+n\pi}\right) \leqslant n\left(\dfrac{n}{n^2+\pi}\right)$

$\lim\limits_{n\to\infty} n\cdot\left(\dfrac{n}{n^2+n\pi}\right) = \lim\limits_{n\to\infty}\dfrac{n^2}{n^2+n\pi} = 1, \lim\limits_{n\to\infty} n\left(\dfrac{n}{n^2+\pi}\right) = \lim\limits_{n\to\infty}\dfrac{n^2}{n^2+\pi} = 1,$

故由夹逼准则可知 $\lim\limits_{n\to\infty} n\left(\dfrac{1}{n^2+\pi}+\dfrac{1}{n^2+2\pi}+\cdots+\dfrac{1}{n^2+n\pi}\right) = 1.$

(2) 因为 $A = \max\{a_1,a_2,\cdots a_m\}$,故

$\sqrt[n]{a_1^n+a_2^n+\cdots+a_m^n} \leqslant \sqrt[n]{A^n+A^n+\cdots+A^n} = \sqrt[n]{mA^n} = \sqrt[n]{m}A,$

因为 $A=\max\{a_1,a_2,\cdots a_m\}$,不妨设 $A=a_j, 1\leqslant j\leqslant m, j\in N,$

$\sqrt[n]{a_1^n+a_2^n+\cdots+a_m^n} \geqslant \sqrt[n]{a_j^n} = a_j = A, \lim\limits_{n\to\infty}\sqrt[n]{m}A = A,$

故 $A \leqslant \sqrt[n]{a_1^n+a_2^n+\cdots+a_m^n} \leqslant A,$ 所以 $\lim\limits_{n\to\infty}\sqrt[n]{a_1^n+a_2^n+\cdots+a_m^n} = A.$

(3) $x_1=\sqrt{2}, x_2=\sqrt{2+\sqrt{2}}, x_3=\sqrt{2+\sqrt{2+\sqrt{2}}},\cdots$ 由此可推知 $x_{n+1}=\sqrt{2+x_n}.$

因为 $x_1=\sqrt{2}<2,$ 故 $x_2=\sqrt{2+x_1}<2,\cdots$ 递推可知 $x_n<2.$

$x_{n+1}-x_n = \sqrt{2+x_n}-x_n$ 因为 $x_n<2,$ 故 $x_{n+1}-x_n>0,$

数列 $\{x_n\}$ 单调递增且有上界,故极限存在.

设 $\lim\limits_{n\to\infty} x_n = x,$ 则 $x = \sqrt{2+x}$ 解得 $x=2$ 或 $x=-1(\text{舍去}),$ 故 $\lim\limits_{n\to\infty} x_n = 2.$

(4) $x_{n+1}=\dfrac{1}{2}\left(x_n+\dfrac{1}{x_n}\right) \geqslant \dfrac{1}{2}\cdot 2\sqrt{x_n\cdot\dfrac{1}{x_n}} = 1,$ 故 $x_n \geqslant 1, x_{n+1}-x_n = \dfrac{1}{2}\left(x_n+\dfrac{1}{x_n}\right) -$

$x_n = \dfrac{1}{2x_n}-\dfrac{x_n}{2} = \dfrac{1-x_n^2}{2x_n} \leqslant 0,$ 数列 $\{x_n\}$ 单调递减,故 $1 \leqslant x_n \leqslant x_1 = 2,$

数列 $\{x_n\}$ 单调有界,因此 $\lim\limits_{n\to\infty} x_n$ 存在,设为 $x,$ 则 $x=\dfrac{1}{2}\left(x+\dfrac{1}{x}\right),$

解得 $x=1$ 或 $-1(\text{舍去}),$ 故 $\lim\limits_{n\to\infty} x_n = 1.$

4. **解题过程** 设发行时每份债券的价格为 A_0 元,则 $A_0 e^{6.5\%\times 10} = A_0 e^{0.65} = 1000$

所以 $A_0 = 1000 e^{-0.65} \approx 522.046$ 元.

习题 2-6

1. **解题分析** (1) $\lim\limits_{x\to 0}\dfrac{x^2+x}{x}=1$,故 x^2+x 是 x 的等价无穷小.

   (2) $\lim\limits_{x\to 0}\dfrac{x+\sin x}{x}=2$,故 $x+\sin x$ 是 x 的同阶无穷小.

   (3) $\lim\limits_{x\to 0}\dfrac{x-\sin x}{x}=0$,故 $x-\sin x$ 是 x 的高阶无穷小.

   (4) $\lim\limits_{x\to 0}\dfrac{1-\cos 2x}{x}=\lim\limits_{x\to 0}\dfrac{2\sin^2 x}{x}=0$,故 $1-\cos 2x$ 是比 x 高阶的无穷小.

   (5) $\lim\limits_{x\to 0}\dfrac{\tan x}{x}=\lim\limits_{x\to 0}\dfrac{\sin x}{x\cdot\cos x}=1$,故 $\tan x$ 是 x 的等价无穷小.

   (6) $\lim\limits_{x\to 0}\dfrac{\tan 2x}{x}=\lim\limits_{x\to 0}\dfrac{\sin 2x}{x\cdot\cos 2x}=2$,故 $\tan 2x$ 是 x 的同阶无穷小.

2. **解题分析** (1) $\lim\limits_{x\to 0}\dfrac{\arctan x}{x}=1$,故 $\arctan x\sim x(x\to 0)$;

   (2) $\lim\limits_{x\to 0}\dfrac{\sec x-1}{\frac{1}{2}x^2}=\lim\limits_{x\to 0}\dfrac{\frac{1}{\cos x}-1}{\frac{1}{2}x^2}=\lim\limits_{x\to 0}\dfrac{1-\cos x}{\frac{1}{2}x^2\cdot\cos x}=\lim\limits_{x\to 0}\dfrac{2\sin^2\frac{x}{2}}{\frac{1}{2}x^2\cdot\cos x}=1$

   故 $\sec x-1\sim\dfrac{1}{2}x^2(x\to 0)$;

   (3) $\lim\limits_{x\to 0}\dfrac{\sqrt{1+x\sin x}-1}{\frac{1}{2}x^2}=\lim\limits_{x\to 0}\dfrac{\frac{1}{2}x^2}{\frac{1}{2}x^2}=1$,故 $\sqrt{1+x\sin x}-1\sim\dfrac{1}{2}x^2(x\to 0)$;

   (4) $\lim\limits_{x\to 0}\dfrac{\sqrt{1+x^2}-\sqrt{1-x^2}}{x^2}=\lim\limits_{x\to 0}\dfrac{(\sqrt{1+x^2}-\sqrt{1-x^2})(\sqrt{1+x^2}+\sqrt{1-x^2})}{x^2(\sqrt{1+x^2}+\sqrt{1-x^2})}=$

   $\lim\limits_{x\to 0}\dfrac{1+x^2-1+x^2}{x^2(\sqrt{1+x^2}+\sqrt{1-x^2})}=1$,故 $\sqrt{1+x^2}-\sqrt{1-x^2}\sim x^2(x\to 0)$.

3. **解题分析** (1) $\lim\limits_{x\to 0}\dfrac{\sqrt{1+x\tan x}-1}{1-\cos x}=\lim\limits_{x\to 0}\dfrac{x\cdot\tan x}{\frac{1}{2}x^2\cdot(\sqrt{1+x\tan x}+1)}$

   $=\lim\limits_{x\to 0}\dfrac{x^2}{\frac{1}{2}x^2\cdot 2}=1$;

   (2) $\lim\limits_{x\to 0}\dfrac{\sin 2x\cdot(e^x-1)}{\tan x^2}=\lim\limits_{x\to 0}\dfrac{2\sin x\cdot\cos x\cdot x}{x^2}=\lim\limits_{x\to 0}\dfrac{2x^2}{x^2}=2$;

   (3) $\lim\limits_{x\to 0}\dfrac{\ln(1-2x)}{\sin 5x}=\lim\limits_{x\to 0}\dfrac{-2x}{5x}=-\dfrac{2}{5}$;

   (4) $\lim\limits_{x\to 0}\dfrac{\tan x-\sin x}{\sin^3 x}=\lim\limits_{x\to 0}\dfrac{\sin x\left(\dfrac{1-\cos x}{\cos x}\right)}{\sin^3 x}=\lim\limits_{x\to 0}\dfrac{\sin x\cdot 2\sin^2\frac{x}{2}}{\cos x\cdot\sin^3 x}=\dfrac{1}{2}$;

(5) $\lim\limits_{x\to 0}\dfrac{1}{x}\left(\dfrac{1}{\sin x}-\dfrac{1}{\tan x}\right)=\lim\limits_{x\to 0}\dfrac{1}{x}\left(\dfrac{1-\cos x}{\sin x}\right)=\lim\limits_{x\to 0}\dfrac{\frac{1}{2}x^2}{x\cdot x}=\dfrac{1}{2}$;

(6) $\lim\limits_{x\to 0}\dfrac{1-\cos mx}{x^2}=\lim\limits_{x\to 0}\dfrac{1-\cos^2\frac{mx}{2}+\sin^2\frac{mx}{2}}{x^2}=\lim\limits_{x\to 0}\dfrac{2\sin^2\frac{mx}{2}}{x^2}$

$=\lim\limits_{x\to 0}\dfrac{2\cdot\left(\frac{mx}{2}\right)^2}{x^2}=\dfrac{m^2}{2}$.

4. **解题分析** (1) $\lim\dfrac{\alpha}{\alpha}=1$,故 $\alpha\sim\alpha$.

(2) $\lim\dfrac{\beta}{\alpha}=\lim\dfrac{1}{\frac{\alpha}{\beta}}=1$,故 $\beta\sim\alpha$.

(3) 因为 $\alpha\sim\beta,\beta\sim\gamma$,所以 $\lim\dfrac{\alpha}{\gamma}=\lim\dfrac{\alpha}{\beta}\cdot\dfrac{\beta}{\gamma}=\lim\dfrac{\alpha}{\beta}\cdot\lim\dfrac{\beta}{\gamma}=1$,故 $\alpha\sim\gamma$.

习题 2-7

1. **解题分析** (1) $\lim\limits_{x\to -1^-}f(x)=-1,\ \lim\limits_{x\to -1^+}f(x)=1,\ \lim\limits_{x\to 1^-}f(x)=1,\ \lim\limits_{x\to 1^+}f(x)=1$,故 $f(x)$ 在 $x=-1$ 处不连续其他各处均连续. 图形略.

(2) $\lim\limits_{x\to 1^-}f(x)=1,\ \lim\limits_{x\to 1^+}f(x)=1$,故 $f(x)$ 在定义域内处处连续,图形略.

2. **解题分析** (1) $\lim\limits_{x\to 0^-}f(x)=\lim\limits_{x\to 0^-}e^x=1,\ \lim\limits_{x\to 0^+}f(x)=\lim\limits_{x\to 0^+}x+a=a$. 若使 $f(x)$ 连续,则 $\lim\limits_{x\to 0^-}f(x)=\lim\limits_{x\to 0^+}f(x)=f(0)$,即 $a=1$;

(2) $\lim\limits_{x\to 0^-}f(x)=\lim\limits_{x\to 0^-}\dfrac{\ln(1-3x)}{bx}=-\dfrac{3}{b}$.

$f(0)=2,\ \lim\limits_{x\to 0^+}f(x)=\lim\limits_{x\to 0^+}\dfrac{\sin ax}{x}=a$.

若使 $f(x)$ 连续,则 $-\dfrac{3}{b}=2=a, a=2, b=-\dfrac{3}{2}$.

3. **解题分析** (1) $\lim\limits_{x\to 2}y=\lim\limits_{x\to 2}\dfrac{x^2-4}{x^2-5x+6}=\lim\limits_{x\to 2}\dfrac{(x-2)(x+2)}{(x-2)(x-3)}=-4$. 故 $x=2$ 为可去间断点,补充定义:$y=-4, x=2$.

$\lim\limits_{x\to 3}y=\lim\limits_{x\to 3}\dfrac{x^2-4}{x^2-5x+6}=\lim\limits_{x\to 3}\dfrac{(x-2)(x+2)}{(x-2)(x-3)}=\infty$,故 $x=3$ 为无穷间断点.

(2) $\lim\limits_{x\to 0}y=\lim\limits_{x\to 0}\dfrac{x}{\sin x}=1$,故 $x=1$ 为可去间断点,补充定义:$y=1, x=0$.

$\lim\limits_{x\to k\pi(k\ne 0)}y=\lim\limits_{x\to k\pi(k\ne 0)}\dfrac{x}{\sin x}=\infty$,故 $x=k\pi(k\ne 0)$ 为无穷间断点.

(3) $y=\cos^3\dfrac{5}{x}$ 在 $x=0$ 处没有定义,且当 $x\to 0$ 时,函数值在 -1 与 1 之间无限次变动,

极限不存在. $x=0$ 为 $y=\cos^3\dfrac{5}{x}$ 的振荡间断点.

(4) $\lim\limits_{x\to 1^-}y=\lim\limits_{x\to 1^-}2x-1=1$, $\lim\limits_{x\to 1^+}y=\lim\limits_{x\to 1^+}4-5x=-1$, 故 $x=1$ 为 y 的跳跃间断点.

4. **解题分析** $f(x)=\dfrac{x^3+3x^2-x-3}{(x+3)(x-2)}$ 则间断点为 $x=-3,x=2$, $f(x)$ 在其他各处都连续. 连续区间为 $(-\infty,-3)\cup(-3,2)\cup(2,+\infty)$.

$\lim\limits_{x\to 0}f(x)=f(0)=\dfrac{-3}{-6}=\dfrac{1}{2}$,

$\lim\limits_{x\to -3}f(x)=\lim\limits_{x\to -3}\dfrac{(x+3)(x^2-1)}{(x+3)(x-2)}=-\dfrac{8}{5}$,

$\lim\limits_{x\to 2}f(x)=\infty$.

5. **解题分析** (1) $\lim\limits_{x\to 0}\sqrt{x^2-2x+3}=\sqrt{0-0+3}=\sqrt{3}$;

(2) $\lim\limits_{x\to\frac{\pi}{4}}(\cos 2x)^3=\left(\cos\dfrac{\pi}{2}\right)^3=0$;

(3) $\lim\limits_{t\to -1}\dfrac{e^{-2t}-1}{t}=\dfrac{e^2-1}{-1}=1-e^2$;

(4) $\lim\limits_{x\to\frac{\pi}{2}}\dfrac{\sin x}{x}=\dfrac{\sin\frac{\pi}{2}}{\frac{\pi}{2}}=\dfrac{2}{\pi}$.

6. **解题分析** (1) $\lim\limits_{x\to\infty}e^{\frac{1}{x}}=e^{\lim\limits_{x\to\infty}\frac{1}{x}}=e^0=1$;

(2) $\lim\limits_{x\to\infty}\cos\left[\ln\left(1+\dfrac{2x-1}{x^2}\right)\right]=\cos\left[\lim\limits_{x\to\infty}\ln\left(1+\dfrac{2x-1}{x^2}\right)\right]$
$=\cos\left[\ln\lim\limits_{x\to\infty}\left(1+\dfrac{2x-1}{x^2}\right)\right]=\cos\ln 1=1$;

(3) $\lim\limits_{x\to 0}\dfrac{e^x-e^{2x}}{x}=\lim\limits_{x\to 0}\dfrac{e^x(1-e^x)}{x}=\lim\limits_{x\to 0}\dfrac{e^x\cdot(-x)}{x}=-\lim\limits_{x\to 0}e^x=-1$;

(4) $\lim\limits_{x\to 0}(\cos x)^{\frac{4}{x^2}}=\lim\limits_{x\to 0}(1+\cos x-1)^{\frac{1}{\cos x-1}\cdot(\cos x-1)\cdot\frac{4}{x^2}}=\lim\limits_{x\to 0}(1+\cos x-1)^{\frac{1}{\cos x-1}\cdot\frac{4(\cos x-1)}{x^2}}$
$=\lim\limits_{x\to 0}(1+\cos x-1)^{\frac{1}{\cos x-1}\lim\limits_{x\to 0}\frac{4(\cos x-1)}{x^2}}=e^{\lim\limits_{x\to 0}\frac{4\cdot\left(-\frac{1}{2}x^2\right)}{x^2}}=e^{-2}=\dfrac{1}{e^2}$.

7. **解题分析** 若 $x>0$, $f(x)=\lim\limits_{n\to\infty}\dfrac{x+x^2e^{\frac{n}{x}}}{1+e^{\frac{n}{x}}}=\lim\limits_{n\to\infty}\dfrac{\frac{x}{e^{\frac{n}{x}}}+x^2}{\frac{1}{e^{\frac{n}{x}}}+1}=x^2$,

若 $x<0$, $f(x)=\lim\limits_{n\to\infty}\dfrac{x+x^2e^{\frac{n}{x}}}{1+e^{\frac{n}{x}}}=x$,

则 $f(x)=\begin{cases}x^2,x>0\\x,x<0\end{cases}$, $\lim\limits_{x\to 0^-}f(x)=0$, $\lim\limits_{x\to 0^+}f(x)=0$, 则 $\lim\limits_{x\to 0}f(x)=0$.

$x=0$ 处为可去间断点.

习题 2-8

1. **解题分析** (1) 设 $f(x)=x^5-3x-1$. $f(1)=1-3-1=-3, f(2)=2^5-3\times 2-1=25$. 又因为 $f(x)$ 在区间 $(1,2)$ 内连续，$f(1)<0, f(2)>0$ 则区间内必然存在一点 ξ，使 $f(\xi)=0$，则方程 $x^5-3x-1=0$ 在区间 $(1,2)$ 内至少有一实根.

   (2) 设 $f(x)=e^x-2-x, f(0)=e^0-2-0=-1<0, f(2)=e^2-2-2>0$. 又因为 $f(x)$ 在区间 $(0,2)$ 内连续，必存在一点 ξ，使 $f(\xi)=0$，则方程 $e^x-2=x$ 在区间 $(0,2)$ 内至少有一实点.

2. **解题分析** 证明：
   因为 $f(x)$ 在 $[a,b]$ 上连续，所以 $f(x)$ 在 $[a,b]$ 上取最大值 M，最小值 q. 设最大值与最小值分别在 x_i, x_j 处取得，即 $f(x_i)=M, f(x_j)=q, x_i, x_j \in [a,b], q \leq f(c) \leq M, q \leq f(d) \leq M$，则 $f(x_j)=q \leq \dfrac{mf(c)+nf(d)}{m+n} \leq M = f(x_i)$.

   若 $\dfrac{mf(c)+nf(d)}{m+n}=q=f(x_j)$ 或 $\dfrac{mf(c)+nf(d)}{m+n}=M=f(x_i)$，则取 $\xi=x_j$ 或 $\xi=x_i$ 即成立.

   若 $f(x_j)=q < \dfrac{mf(c)+nf(d)}{m+n} < M=f(x_i)$，则由介值定理，在 x_j 与 x_i 之间至少存在一点 ξ，使 $f(\xi)=\dfrac{mf(c)+nf(d)}{m+n}$，即 $mf(c)+nf(d)=f(\xi)\cdot(m+n), \xi \in [a,b]$，则可知在 $[a,b]$ 内必存在一点 ξ，使 $mf(c)+nf(d)=(m+n)f(\xi)$.

3. **解题分析** 证明：
   设 $F(x)=f(x)-f(x+a)$，因为 $f(x)$ 在 $[0,2a]$ 上连续，故 $F(x)$ 在区间 $[0,a]$ 上连续. $F(0)=f(0)-f(a), F(a)=f(a)-f(2a)=f(a)-f(0)$，所以 $F(0)\cdot F(a)=-[f(0)-f(a)]^2 \leq 0$.

   若 $F(0)-F(a)=0$，则 $f(0)=f(a)$，即 $\xi=0$

   若 $F(0)\cdot F(a)<0$，则由零点定理：至少有一点 $\xi \in (0,a)$，使 $F(\xi)=0$，即 $f(\xi)=f(\xi+a)$，从而在 $[0,a]$ 内至少有一点 ξ，使 $f(\xi)=f(\xi+a)$.

4. **解题分析** 设 $f(t)$ 为运动员第一天 t 时刻离山脚的路程，$0 \leq t \leq 12, g(t)$ 为第二天 t 时刻离山脚的路程，$0 \leq t \leq 12$. 则 $f(0)=0, f(12)=h_0, g(0)=h_0, g(12)=0$ (h_0 为山脚到山顶的路程).

   设 $F(t)=f(t)-g(t)$，因为 $f(t), g(t)$ 都是 $[0,12]$ 上的连续函数，故 $F(t)$ 在 $[0,12]$ 上也连续.

   $F(0)=f(0)-g(0)=-h_0<0, F(12)=f(12)-g(12)=h_0>0$，由零点定理可知必然存在一点 $\xi \in (0,12)$，使 $F(\xi)=0$. 即 $f(\xi)=g(\xi)$. 故这个运动员在这两天的某一时刻经过登山路线的同一地点.

总习题二

1. **解题分析** (1) 必要，充分；

(2)必要,充分;

(3)必要,充分;

(4)充要.

2. **知识点窍** 结合各题目,灵活使用各种极限的求解方法.

  解题过程 (1) $\lim\limits_{x\to -2}\dfrac{x^3+3x^2+2x}{x^2-x-6}=\lim\limits_{x\to -2}\dfrac{x(x+1)(x+2)}{(x+2)(x-3)}=\lim\limits_{x\to -2}\dfrac{x(x+1)}{x-3}=\dfrac{-2(-1)}{-2-3}=-\dfrac{2}{5}$;

  (2) $\lim\limits_{x\to +\infty}x(\sqrt{x^2+1}-x)=\lim\limits_{x\to +\infty}x(\sqrt{x^2+1}-x)\cdot\dfrac{\sqrt{x^2+1}+x}{\sqrt{x^2+1}+x}$

  $=\lim\limits_{x\to +\infty}\dfrac{x(x^2+1-x^2)}{\sqrt{x^2+1}+x}=\lim\limits_{x\to +\infty}\dfrac{x}{\sqrt{x^2+1}+x}$

  $=\lim\limits_{x\to +\infty}\dfrac{1}{\sqrt{1+\dfrac{1}{x^2}}+1}=\dfrac{1}{2}$;

  (3) $\lim\limits_{x\to +\infty}\dfrac{\sqrt{x^2+2x}-\sqrt{x-1}}{x}=\lim\limits_{x\to +\infty}\dfrac{\sqrt{1+\dfrac{2}{x}}-\sqrt{\dfrac{1}{x}-\dfrac{1}{x^2}}}{1}=1$;

  (4) $\lim\limits_{x\to +\infty}\dfrac{x\cos\sqrt{x}}{1+x^2}=\lim\limits_{x\to +\infty}\dfrac{\dfrac{\cos\sqrt{x}}{x}}{\dfrac{1}{x^2}+1}=0$;

  (5) $\lim\limits_{x\to +\infty}(\sin\sqrt{x+1}-\sin\sqrt{x})=\lim\limits_{x\to +\infty}2\cos\dfrac{\sqrt{x+1}+\sqrt{x}}{2}\cdot\sin\dfrac{\sqrt{x+1}-\sqrt{x}}{2}$

  $=\lim\limits_{x\to +\infty}2\cos\dfrac{1}{2(\sqrt{x+1}-\sqrt{x})}\cdot\sin\dfrac{1}{2(\sqrt{x+1}+\sqrt{x})}$,

  $\because \cos\dfrac{1}{2(\sqrt{x+1}-\sqrt{x})}\in[-1,+1]$,且 $x\to +\infty$ 时,$\dfrac{1}{2(\sqrt{x+1}+\sqrt{x})}\to 0$ 即

  $\sin\dfrac{1}{2(\sqrt{x+1}+\sqrt{x})}\to 0$,

  $\therefore$ 原式 $=0$;

  (6) $\lim\limits_{x\to +\infty}x^2\left(1-\cos\dfrac{1}{x}\right)=\lim\limits_{x\to \infty}x^2\cdot\left[\dfrac{1}{2}\cdot\left(\dfrac{1}{x}\right)^2\right]=\lim\limits_{x\to \infty}\dfrac{x^2}{2x^2}=\dfrac{1}{2}$;

  (7) $\lim\limits_{x\to 1}x^{\frac{1}{1-x}}=\lim\limits_{x\to 1}[1-(1-x)]^{\frac{1}{1-x}}$ 令 $1-x=t$,则原式可变为 $\lim\limits_{t\to 0}(1-t)^{\frac{1}{t}}$

  $=\lim\limits_{t\to 0}[(1-t)^{-\frac{1}{t}}]^{-1}=\dfrac{1}{e}$;

  (8) $\lim\limits_{x\to 0}\dfrac{x^2\tan^2 x}{(1-\cos x)^2}=\lim\limits_{x\to 0}\dfrac{x^2\cdot x^2}{\left(\dfrac{x^2}{2}\right)^2}=\lim\limits_{x\to 0}\dfrac{x^4}{\dfrac{x^4}{4}}=4$;

  (9) $\lim\limits_{x\to e}\dfrac{\ln x-1}{x-e}=\lim\limits_{x\to e}\dfrac{\ln(x-e+e)-1}{x-e}$ 令 $t=x-e$,当 $x\to e$ 时,$t\to 0$,

  则原式 $=\lim\limits_{t\to 0}\dfrac{\ln(t+e)-1}{t}=\lim\limits_{t\to 0}\dfrac{\ln\dfrac{t+e}{e}}{t}=\lim\limits_{t\to 0}\dfrac{\ln\left(1+\dfrac{t}{e}\right)}{\dfrac{t}{e}\cdot e}=\lim\limits_{\frac{t}{e}\to 0}\dfrac{\ln\left(1+\dfrac{t}{e}\right)}{\dfrac{t}{e}\cdot e}=\dfrac{1}{e}$;

$(10)\lim_{x\to 0}\dfrac{\sqrt{1+\tan x}-\sqrt{1+\sin x}}{x^3}=\lim_{x\to 0}\dfrac{1+\tan x-1-\sin x}{x^3\cdot(\sqrt{1+\tan x}+\sqrt{1+\sin x})}$

$=\lim_{x\to 0}\dfrac{\tan x-\sin x}{x^3(\sqrt{1+\tan x}+\sqrt{1+\sin x})}$

$=\lim_{x\to 0}\dfrac{\sin x\left(\dfrac{1}{\cos x}-1\right)}{x^3(\sqrt{1+\tan x}+\sqrt{1+\sin x})}$

$=\lim_{x\to 0}\dfrac{x\cdot\left(\dfrac{1}{2}x^2\right)}{x^3\cdot 2}=\lim_{x\to 0}\dfrac{\dfrac{1}{2}x^3}{2x^3}=\dfrac{1}{4}$.

3. **知识点窍** 本题还是考察极限的求解.

   逻辑推理 利用求极限的方法求得带系数 a 与 b 的关系式,然后根据结果反推 a 与 b.

   解题过程 (1) $\lim_{x\to\infty}\left(ax+b-\dfrac{x^3+1}{x^2+1}\right)=\lim_{x\to\infty}\left(b+\dfrac{ax^3+ax-x^3-1}{x^2+1}\right)=\lim_{x\to\infty}\left[b+\dfrac{(a-1)x^3+ax-1}{x^2+1}\right]=1$,反推可知必有 $a=1,b=1$;

   (2) $\lim_{x\to+\infty}(\sqrt{x^2-x+1}-ax-b)=\lim_{x\to+\infty}\dfrac{x^2-x+1-(ax+b)^2}{\sqrt{x^2-x+1}+(ax+b)}$

   $=\lim_{x\to+\infty}\dfrac{x^2-x+1-(a^2x^2+2abx+b^2)}{\sqrt{x^2-x+1}+(ax+b)}$

   $=\lim_{x\to+\infty}\dfrac{(1-a^2)x^2-(1+2ab)x+(1-b^2)}{\sqrt{x^2-x+1}+(ax+b)}$

   $=\lim_{x\to+\infty}\dfrac{(1-a^2)x-(1+2ab)+\dfrac{1-b^2}{x}}{\sqrt{1-\dfrac{1}{x}+\dfrac{1}{x^2}}+a+\dfrac{b}{x}}=0$

   反推可知,必有 $(1-a^2)=0,1+2ab=0,1+a\neq 0$,则 $a=1,b=-\dfrac{1}{2}$;

   (3) $\lim_{x\to 1}\dfrac{x^2+bx+a}{1-x}=5$ $\because x\to 1$ 时,$1-x\to 0$,$\therefore x\to 1$ 时,$x^2+bx+a\to 0$,

   有 $1+b+a=0$,将 $a=-1-b$ 代入得 $\lim_{x\to 1}\dfrac{x^2+bx-1-b}{1-x}=\lim_{x\to 1}\dfrac{(x+1)(x-1)+b(x-1)}{1-x}$

   $=\lim_{x\to 1}\dfrac{(-x-1-b)(1-x)}{1-x}=\lim_{x\to 1}(-x-1-b)=5$ 则 $b=-7,a=6$.

4. **知识点窍** 求极限问题.

   逻辑推理 根据不同的极限结果,得到不同的 p,q 值.

   解题过程 (1) 当 $x\to\infty$ 时,$f(x)$ 为无穷小量,即 $\lim_{x\to\infty}\dfrac{px^2-2}{x^2+1}+3qx+5=0$,

   则 $p=-5,q=0$;

   (2) 当 $x\to\infty$ 时,$f(x)$ 为无穷大量,即 $\lim_{x\to\infty}\dfrac{px^2-2}{x^2+1}+3qx+5=\infty$.

   则 $q\neq 0,p\in R$.

5. **知识点窍** 本题考察无穷小的比较,即高阶无穷小,低阶无穷小,同阶无穷小,k 阶无穷小和等价无穷小.

解题过程 (1) $\lim\limits_{x\to 0}\dfrac{x+\sin x^2}{x}=\lim\limits_{x\to 0}\dfrac{1+\dfrac{\sin x^2}{x}}{1}=1$,故 $x+\sin x^2$ 是 x 的等价无穷小.

(2) $\lim\limits_{x\to 0}\dfrac{\sqrt{x}+\sin x}{x}=\lim\limits_{x\to 0}\left(\dfrac{1}{\sqrt{x}}+\dfrac{\sin x}{x}\right)=\infty$,故 $\sqrt{x}+\sin x$ 是比 x 低阶的无穷小.

(3) $\lim\limits_{x\to 0}\dfrac{\dfrac{(x+1)x}{4+\sqrt[3]{x}}}{x}=\lim\limits_{x\to 0}\dfrac{(x+1)}{4+\sqrt[3]{x}}=\dfrac{1}{4}$,故 $\dfrac{(x+1)x}{4+\sqrt[3]{x}}$ 与 x 是同阶无穷小.

(4) $\lim\limits_{x\to 0}\dfrac{\ln(1+2x)}{x}=\lim\limits_{x\to 0}\dfrac{2x}{x}=2$,故 $\ln(1+2x)$ 与 x 是同阶无穷小.

6. **知识点窍** 本题考察夹逼定理求极限.

解题过程 令 $\dfrac{1}{n^2}+\dfrac{1}{(n+1)^2}+\cdots+\dfrac{1}{(2n)^2}=x_n$

则 $x_n<\dfrac{1}{n^2}+\dfrac{1}{n^2}+\cdots+\dfrac{1}{n^2}=\dfrac{n}{n^2}=\dfrac{1}{n}$,$x_n>\dfrac{1}{(2n)^2}+\dfrac{1}{(2n)^2}+\cdots+\dfrac{1}{(2n)^2}=\dfrac{n}{4n^2}=\dfrac{1}{4n}$,

$\lim\limits_{n\to\infty}\dfrac{1}{n}=0$ 且 $\lim\limits_{n\to\infty}\dfrac{1}{4n}=0$,所以 $0<\lim\limits_{n\to\infty}x_n<0$ 即 $\lim\limits_{n\to\infty}\left[\dfrac{1}{n^2}+\dfrac{1}{(n+1)^2}+\cdots+\dfrac{1}{(2n)^2}\right]=0$.

7. **知识点窍** 单调有界函数必有极限.

逻辑推理 要利用单调有界收敛准则证明该函数在定义域内是单调函数,其次要证明该函数有界.

证:(1) 利用数学归纳法证明数列单调.

$x_2=\sqrt{6+x_1}=\sqrt{6+10}=4<x_1$ 故 $x_2<x_1$.

设 $x_n<x_{n+1}(n\geqslant 2)$,则 $x_{n+1}-x_n=\sqrt{6+x_n}-\sqrt{6+x_{n-1}}<0$ 与 $x_n<x_{n+1}$ 矛盾故 $x_n>x_{n+1}$,则数列单调下降.

$\because$ 数列 $\{x_n\}$ 单调下降,$\therefore x_{n+1}=\sqrt{6+x_n}<x_n$,则 $6+x_n<x_n^2$,即 $x_n^2-x_n-6=(x_n-3)(x_n+2)>0$,$x_n>3$ 或 $x_n<-2$,又 $\because x_n$ 必为正 $\therefore x_n<-2$ 舍去,$x_n>3$ 则 $3<x_n<10$,该数列有界. 则极限必然存在.

设该极限为 x. 则 $\lim\limits_{n\to\infty}x_n=x$,$\lim\limits_{n\to\infty}x_{n+1}=\sqrt{6+x_n}=\sqrt{6+x}=x$,$x^2=6+x$,解得 $x=3$ 或 $x=-2$ 又因为 $x>0$,故 $x=3$,即 $\lim\limits_{n\to\infty}x_n=3$.

(2) $\because x_{n+1}=\dfrac{1}{2}\left(x_n+\dfrac{a}{x_n}\right)$,$\therefore x_2=\dfrac{1}{2}\left(x_1+\dfrac{a}{x_1}\right)$,$x_2\geqslant\sqrt{a}$,递推可得 $x_n\geqslant\sqrt{a}$,$x_{n+1}-x_n$

$=\dfrac{1}{2}\left(x_n+\dfrac{a}{x_n}\right)-x_n=\dfrac{1}{2}\left(\dfrac{a}{x_n}-x_n\right)=\dfrac{1}{2}\left(\dfrac{a-x_n^2}{x_n}\right)\leqslant 0$.

故数列 $\{x_n\}$ 单调递减.

又因为 $\sqrt{a}\leqslant x_n\leqslant x_1$,所以数列 $\{x_n\}$ 有界,则数列 $\{x_n\}$ 必存在极限,设极限为 x,$\lim\limits_{n\to\infty}x_n=$

$x, x = \frac{1}{2}\left(x + \frac{a}{x}\right), x = \sqrt{a}$. 即 $\lim\limits_{n\to\infty} x_n = \sqrt{a}$.

8. **解题过程** (1) $x = 0$ 为间断点．

$$\lim_{x\to 0} y = \lim_{x\to 0} \frac{1-\cos x}{x^2} = \lim_{x\to 0} \frac{\frac{1}{2}x^2}{x^2} = \frac{1}{2}, \text{所以 } x = 0 \text{ 为可去间断点．}$$

补充定义：$y = \frac{1}{2}, x = 0$．

(2) $x = 0, x = 1$ 为间断点．

$$\lim_{x\to 0} y = \lim_{x\to 0} \frac{\cos\frac{\pi}{2}x}{x^2(x-1)} = \lim_{x\to 0} \frac{1}{x^2(x-1)} = \infty. \text{ 故 } x = 0 \text{ 是无穷间断点．}$$

$$\lim_{x\to 1} y = \lim_{x\to 1} \frac{\cos\frac{\pi}{2}x}{x^2(x-1)} = \lim_{x\to 1} \frac{\cos\left[\frac{\pi}{2}(x-1)+\frac{\pi}{2}\right]}{x^2(x-1)}$$

$$= \lim_{x\to 1} \frac{-\sin\left[\frac{\pi}{2}(x-1)\right]}{x^2(x-1)}, \text{ 令 } t = x-1, x\to 1 \text{ 时}, t\to 0,$$

$$\lim_{x\to 1} y = \lim_{t\to 0} \frac{-\sin\frac{\pi}{2}t}{(1+t)^2 \cdot t} = -\frac{\pi}{2}. \text{ 故 } x = 1 \text{ 是可去间断点，}$$

补充定义：$y = -\frac{\pi}{2}, x = 1$．

(3) $x = k\pi (k \in z)$ 是间断点．

当 $k = 0$ 时，即 $x = 0$．

$$\lim_{x\to 0} y = \lim_{x\to 0} \frac{\sqrt[3]{1+4x}-1}{2\sin x} = \lim_{x\to 0} \frac{e^{\ln\sqrt[3]{1+4x}}-1}{2\sin x} = \lim_{x\to 0} \frac{e^{\frac{1}{3}\ln(1+4x)}-1}{2\sin x}$$

$$= \lim_{x\to 0} \frac{\frac{1}{3}\ln(1+4x)}{2\sin x} = \lim_{x\to 0} \frac{\frac{4}{3}x}{2\sin x} = \frac{2}{3}, \text{ 故 } x = 0 \text{ 是可去间断点，}$$

补充定义：$y = \frac{2}{3}, x = 0$．

当 $k \neq 0$ 时，即 $x = k\pi, k \neq 0$．

$$\lim_{\substack{x\to k\pi \\ k\neq 0}} \frac{\sqrt[3]{1+4x}-1}{2\sin x} = \infty, \text{ 故 } x = k\pi, k \neq 0 \text{ 是无穷间断点．}$$

(4) $x = 0$ 是间断点．

$$\lim_{x\to 0} y = \lim_{x\to 0} \sin x \cdot \sin\frac{1}{x} = 0, \text{ 故 } x = 0 \text{ 是可去间断点．}$$

补充定义：$y = 0, x = 0$．

(5) $x = 0$ 是间断点．

$$\lim_{x\to 0^+} y = \lim_{x\to 0^+} \arctan\frac{1}{x} = \frac{\pi}{2}, \lim_{x\to 0^-} y = \lim_{x\to 0^-} \arctan\frac{1}{x} = -\frac{\pi}{2}.$$

故 $x=0$ 是跳跃间断点.

(6) $x=1$ 是间断点.

$$\lim_{x\to 1^+} y = \lim_{x\to 1^+} \frac{1}{1+e^{\frac{1}{1-x}}} = 1, \lim_{x\to 1^-} y = \lim_{x\to 1^-} \frac{1}{1+e^{\frac{1}{1-x}}} = 0.$$

故 $x=1$ 是跳跃间断点.

(7) $x=0$ 是间断点.

$$\lim_{x\to 0^+} y = \lim_{x\to 0^+} \frac{2^{\frac{1}{x}}-1}{2^{\frac{1}{x}}+1} = 1, \lim_{x\to 0^-} y = \lim_{x\to 0^-} \frac{2^{\frac{1}{x}}-1}{2^{\frac{1}{x}}+1} = -1.$$

故 $x=0$ 是跳跃间断点.

(8) $x=-1$ 时,$\lim_{x\to -1^-} y = \lim_{x\to -1^+} \cos\frac{\pi}{2}x = 0$,$\lim_{x\to -1^+} y = \lim_{x\to -1^+} |x-1| = 2.$

故 $x=-1$,是跳跃间断点.

$x=1$ 时,$\lim_{x\to 1^-} y = \lim_{x\to 1^-} |x-1| = 0$,$\lim_{x\to 1^-} y = \lim_{x\to 1^-} \cos\frac{\pi}{2}x = 0$,

$\lim_{x\to 1^+} y = \lim_{x\to 1^-} y = y(1) = 0$,故 $x=1$ 处连续.

9. **知识点窍** 如果函数 $f(x)$ 满足条件:$\lim_{x\to x_0^-} f(x) = f(x_0)$($\lim_{x\to x_0^+} f(x) = f(x_0)$),就说函数 $f(x)$ 在点 x_0 左(右)连续. 在区间上每一个点都连续的函数,叫做该区间上的连续函数.

解题过程 $\lim_{x\to 0^-} f(x) = \lim_{x\to 0^-} x^2 = 0$,$\lim_{x\to 0^+} f(x) = \lim_{x\to 0^+} (a+x) = a$,$f(0) = 0+a = a$,若 $f(x)$ 为连续函数,则 $\lim_{x\to 0^-} f(x) = \lim_{x\to 0^+} f(x) = f(0)$,即 $a=0$.

10. **知识点窍** 本题考察函数的连续性及间断点类型的定义.

解题过程 先求得 $f(x)$,再判断连续性及间断点类型.

(1) $y = \lim_{n\to\infty} \frac{nx}{1+nx^3} = \lim_{n\to\infty} \frac{x}{\frac{1}{n}+x^3} = \frac{1}{x^2}.$

$x=0$ 为间断点,$\lim_{x\to 0} y = \lim_{x\to 0} \frac{1}{x^2} = \infty$,故 $x=0$ 为无穷间断点,在 $x\neq 0$ 的其他点都连续.

(2) 当 $x^2<1$ 即 $|x|<1$ 时,$\lim_{n\to\infty} x^{2n} = 0$,$y = \frac{1-0}{1+0}x = x$;

当 $x^2>1$ 即 $|x|>1$ 时,$\lim_{n\to\infty} x^{2n} = \infty$,$y = \lim_{n\to\infty} \frac{1-x^{2n}}{1+x^{2n}}x = \lim_{n\to\infty} \frac{\frac{1}{x^{2n}}-1}{\frac{1}{x^{2n}}+1}x = -x$;

当 $x^2=1$ 即 $|x|=1$ 时,$y = \frac{1-1}{1+1} = 0$;

故 $y = \begin{cases} x, & |x|<1, \\ -x, & |x|>1, \\ 0 & |x|=1. \end{cases}$

$x=1$ 时,$\lim_{x\to 1^-} y = \lim_{x\to 1^-} x = 1$,$\lim_{x\to 1^+} y = \lim_{x\to 1^+} (-x) = -1$,故 $x=1$ 为跳跃间断点.

$x=-1$ 时，$\lim\limits_{x\to-1^-}y=\lim\limits_{x\to-1^-}(-x)=1$，$\lim\limits_{x\to-1^+}y=\lim\limits_{x\to-1^+}x=-1$，故 $x=-1$ 为跳跃间断点．

故函数 y 在除 $x=1, x=-1$ 外其他点都连续．

11. **知识点拨** 零点定理：设函数 $f(x)$ 在闭区间 $[a,b]$ 上连续，且 $f(a)$ 与 $f(b)$ 异号（即 $f(a)\cdot f(b)<0$），那么在开区间 (a,b) 内至少有函数 $f(x)$ 的一个零点，即至少有一点 $\varepsilon(a<\varepsilon<b)$，使 $f(\varepsilon)=0$．

    解题过程 证：设 $f(x)=x\cdot 3^x-2$，若 $x\cdot 3^x=2$ 至少有一个小于 1 的正根，则 $f(x)$ 在 $[0,1]$ 内至少一零点．

    函数 $f(x)$ 在 $[0,1]$ 上连续，$f(0)=-2, f(1)=1, f(0)<0, f(1)>0$．

    $f(0)\cdot f(1)<0$，则由零点定理，至少存在一点 $x_0\in(0,1)$，使 $f(x_0)=0$．

    即方程 $x\cdot 3^x=2$ 至少有一个小于 1 的正根．

12. **知识点拨** 零点定理的变形．

    逻辑推理 首先由两函数之差构造新函数，然后利用零点定理求解．

    解题过程 设 $F(x)=f(x)-g(x)$，则由初等函数连续性可知，$F(x)$ 在 $[a,b]$ 上也连续．

    $F(a)=f(a)-g(a)<0, F(b)=f(b)-g(b)>0$，则 $F(a)F(b)<0$，由零点定理必存在一点 $c\in(a,b)$，使 $F(c)=0$，即 $f(c)-g(c)=0, f(c)=g(c)$．

13. **解题过程** 一年后森林木材数为 y_1，则 $y_1=\lim\limits_{n\to\infty}a\left(1+\dfrac{1.2\%}{n}\right)^n=ae^{0.012}$

    两年后森林木材数为 y_2，则 $y_2=\lim\limits_{n\to\infty}a\left(1+\dfrac{1.2\%}{n}\right)^{2n}=a\cdot e^{2\times 0.012}$，

    由此可推知，t 年后森林木材数为 y_t，则 $y_t=\lim\limits_{n\to\infty}a\left(1+\dfrac{1.2\%}{n}\right)^{n\cdot t}=a\cdot e^{t\cdot 0.012}$
    $=a\cdot e^{0.012\cdot t}$．

14. **解题过程** 设 $s_n=2+2\times 0.8+2\times 0.8^2+\cdots+2\times 0.8^{n-1}$，

    当 $n\to\infty$ 时，$\lim\limits_{n\to\infty}s_n=\lim\limits_{n\to\infty}(2+2\times 0.8+2\times 0.8^2+\cdots+2\times 0.8^{n-1})=\lim\limits_{n\to\infty}\dfrac{2[1-(0.8)^n]}{1-0.8}$
    $=\dfrac{2}{0.2}=10$，

    故实际效果相当于国家投资 10 千万元所产生的直接效果．

第三章

导数、微分、边际与弹性

知识网络图

- 导数
  - 定义
  - 几何意义
  - 可导与连续
- 函数求导
  - 函数的和、差、积、商的求导法则
  - 反函数、复合函数的求导法则
  - 基本导数公式
  - 隐函数的求导
- 高阶导数：莱布尼茨公式
- 微分
  - 定义
  - 微分公式、微分运算法则
  - 复合函数的微分法则
  - 近似计算
- 边际与弹性
  - 边际概念
  - 经济学中的边际函数
  - 弹性概念
  - 经济学中的弹性函数

知识点归纳

1. 导数的定义

定义 设函数 $y=f(x)$ 在点 x_0 的某个邻域内有定义,当自变量 x 在 x_0 处取得增量 Δx 时(点 $x_0+\Delta x$ 在该邻域内),因变量 y 相应地取得增量 $\Delta y=f(x_0+\Delta x)-f(x_0)$,如果 Δy 与 Δx 之比当 $\Delta x \to 0$ 时的极限存在,则称函数 $y=f(x)$ 在点 x_0 处可导,并称这个极限为函数 $y=f(x)$ 在点 x_0 处的导数,记为 $y'|_{x=x_0}$,即

$$y'|_{x=x_0}=\lim_{\Delta x \to 0}\frac{\Delta y}{\Delta x}=\lim_{\Delta x \to 0}\frac{f(x_0+\Delta x)-f(x_0)}{\Delta x}, \tag{1}$$

也可记作 $f'(x_0), \dfrac{\mathrm{d}y}{\mathrm{d}x}\Big|_{x=x_0}$ 或 $\dfrac{\mathrm{d}f(x)}{\mathrm{d}x}\Big|_{x=x_0}$.

2. 函数可导性与连续性的关系

定理 如果函数 $y=f(x)$ 在点 x_0 处可导,则 $f(x)$ 在点 x 处连续,其逆不真.

3. 函数的和、差、积、商的求导法则

定理 如果函数 $u=u(x)$ 及 $v=v(x)$ 都在点 x_0 处具有导数,那么它的和、差、积、商(除分母为零的点外)都在点 x 处具有导数,且
(1) $[u(x)\pm v(x)]'=u'(x)\pm v'(x)$;
(2) $[u(x)v(x)]'=u'(x)v(x)+u(x)v'(x)$;
(3) $\left[\dfrac{u(x)}{v(x)}\right]'=\dfrac{u'(x)v(x)-u(x)v'(x)}{v^2(x)}$ $(v(x)\neq 0)$.

4. 反函数的求导法则

定理 如果函数 $x=f(y)$ 在区间 I_y 内单调、可导且 $f'(y)\neq 0$,则它的反函数 $y=f^{-1}(x)$ 在区间 $I_x=\{x|x=f(y),y\in I_y\}$ 内也可导,且

$$[f^{-1}(x)]'=\frac{1}{f'(y)} \quad \text{或} \quad \frac{\mathrm{d}y}{\mathrm{d}x}=\frac{1}{\dfrac{\mathrm{d}x}{\mathrm{d}y}}.$$

5. 常数和基本初等函数的导数公式

(1) $(C)'=0$;
(2) $(x^{\mu})'=\mu x^{\mu-1}$;
(3) $(\sin x)'=\cos x$;
(4) $(\cos x)'=-\sin x$;
(5) $(\tan x)'=\sec^2 x$;
(6) $(\cot x)'=-\csc^2 x$;
(7) $(\sec x)'=\sec x \tan x$;
(8) $(\csc x)'=-\csc x \cot x$;

(9) $(a^x)' = a^x \ln a$;　　　　　　　　　(10) $(e^x)' = e^x$;

(11) $(\log_a x)' = \dfrac{1}{x \ln a}$;　　　　　　(12) $(\ln x)' = \dfrac{1}{x}$;

(13) $(\arcsin x)' = \dfrac{1}{\sqrt{1-x^2}}$;　　　　(14) $(\arccos x)' = -\dfrac{1}{\sqrt{1-x^2}}$;

(15) $(\arctan x)' = \dfrac{1}{1+x^2}$;　　　　　(16) $(\text{arccot}\, x)' = -\dfrac{1}{1+x^2}$.

6. 复合函数的求导法则

设 $y = f(u)$，而 $u = g(x)$ 且 $f(u)$ 及 $g(x)$ 都可导，则复合函数 $y = f[g(x)]$ 的导数为

$$\dfrac{\mathrm{d}y}{\mathrm{d}x} = \dfrac{\mathrm{d}y}{\mathrm{d}u} \cdot \dfrac{\mathrm{d}u}{\mathrm{d}x} \text{ 或 } y'(x) = f'(u) \cdot g'(x).$$

7. 基本初等函数的微分公式

$(x^\mu)' = \mu x^{\mu-1}$　　　　　　　　　　$\mathrm{d}x^\mu = \mu x^{\mu-1} \mathrm{d}x$

$(\sin x)' = \cos x$　　　　　　　　　　$\mathrm{d}(\sin x) = \cos x \, \mathrm{d}x$

$(\cos x)' = -\sin x$　　　　　　　　　$\mathrm{d}(\cos x) = -\sin x \, \mathrm{d}x$

$(\tan x)' = \sec^2 x$　　　　　　　　　$\mathrm{d}(\tan x) = \sec^2 x \, \mathrm{d}x$

$(\cot x)' = -\csc^2 x$　　　　　　　　$\mathrm{d}(\cot x) = -\csc^2 x \, \mathrm{d}x$

$(\sec x)' = \sec x \tan x$　　　　　　　$\mathrm{d}(\sec x) = \sec x \tan x \, \mathrm{d}x$

$(\csc x)' = -\csc x \cot x$　　　　　　$\mathrm{d}(\csc x) = -\csc x \cot x \, \mathrm{d}x$

$(a^x)' = a^x \ln a$　　　　　　　　　　$\mathrm{d}(a^x) = a^x \ln a \, \mathrm{d}x$

$(e^x)' = e^x$　　　　　　　　　　　　$\mathrm{d}(e^x) = e^x \, \mathrm{d}x$

$(\log_a x)' = \dfrac{1}{x \ln a}$　　　　　　　　$\mathrm{d}(\log_a x) = \dfrac{1}{x \ln a} \mathrm{d}x$

$(\ln x)' = \dfrac{1}{x}$　　　　　　　　　　$\mathrm{d}(\ln x) = \dfrac{1}{x} \mathrm{d}x$

$(\arcsin x)' = \dfrac{1}{\sqrt{1-x^2}}$　　　　　$\mathrm{d}(\arcsin x) = \dfrac{1}{\sqrt{1-x^2}} \mathrm{d}x$

$(\arccos x)' = -\dfrac{1}{\sqrt{1-x^2}}$　　　　$\mathrm{d}(\arccos x) = -\dfrac{1}{\sqrt{1-x^2}} \mathrm{d}x$

$(\arctan x)' = \dfrac{1}{1+x^2}$　　　　　　$\mathrm{d}(\arctan x) = \dfrac{1}{1+x^2} \mathrm{d}x$

$(\text{arccot}\, x)' = -\dfrac{1}{1+x^2}$　　　　　$\mathrm{d}(\text{arccot}\, x) = -\dfrac{1}{1+x^2} \mathrm{d}x$

8. 函数和、差、积、商的微分法则

$(u \pm v)' = u' \pm v'$　　　　　　　　$\mathrm{d}(u \pm v) = \mathrm{d}u + \mathrm{d}v$

$(Cu)' = Cu'$　　　　　　　　　　　$\mathrm{d}(Cu) = C \mathrm{d}u$

$$(uv)' = u'v + uv'$$
$$\left(\frac{u}{v}\right)' = \frac{u'v - uv'}{v^2} (v \neq 0)$$

$$d(uv) = vdu + udv$$
$$d\left(\frac{u}{v}\right) = \frac{vdu - udv}{v^2} (v \neq 0)$$

9. 边际成本

总成本函数 $C(Q)$ 的导数 $C'(Q)$ 称为**边际成本**，记为 $MC = C'(Q)$，它（近似地）表示：假定已经生产了 Q 件产品，再生产一件产品所增加的成本.

历年考研真题评析

真题 1 （2007，4 题）设函数 $f(x)$ 在 $x = 0$ 处连续，下列命题错误的是

(A) 若 $\lim\limits_{x \to 0} \dfrac{f(x)}{x}$ 存在，则 $f(0) = 0$.

(B) 若 $\lim\limits_{x \to 0} \dfrac{f(x) + f(-x)}{x}$ 存在，则 $f(0) = 0$.

(C) 若 $\lim\limits_{x \to 0} \dfrac{f(x)}{x}$ 存在，则 $f'(0) = 0$ 存在.

(D) 若 $\lim\limits_{x \to 0} \dfrac{f(x) + f(-x)}{x}$ 存在，则 $f'(0) = 0$ 存在.

解题过程 若 $\lim\limits_{x \to 0} \dfrac{f(x)}{x}$ 存在，又 $\lim\limits_{x \to 0} x = 0$，则 $\lim\limits_{x \to 0} f(x) = 0$，又 $f(x)$ 在 $x = 0$ 处连续，则 $\lim\limits_{x \to 0} f(x) = f(0)$，故 $f(0) = 0$，命题 (A) 正确.

同理，若 $\lim\limits_{x \to 0} \dfrac{f(x) + f(-x)}{x}$ 存在，则 $\lim\limits_{x \to 0} [f(x) + f(-x)] = f(0) + f(0) = 0$，则 $f(0) = 0$，故命题 (B) 正确.

若 $\lim\limits_{x \to 0} \dfrac{f(x)}{x}$ 存在，由 (A) 选项的讨论知 $f(0) = 0$，则 $\lim\limits_{x \to 0} \dfrac{f(x)}{x} = \lim\limits_{x \to 0} \dfrac{f(x) - f(0)}{x}$ 存在，由导数定义知，$f'(0)$ 存在，故命题 (C) 正确，由排除法知应选 (D).

评注 1) 解题过程中多次用到一个基本结论：若 $\lim\limits_{x \to 0} \dfrac{f(x)}{g(x)}$ 存在，且 $\lim\limits_{x \to 0} g(x) = 0$，则 $\lim\limits_{x \to 0} f(x) = 0$；

2) 可得到这样一个基本结论：

若 $f'(x_0)$ 存在，则极限 $\lim\limits_{\Delta x \to 0} \dfrac{f(x_0 + \Delta x) - f(x_0 - \Delta x)}{\Delta x}$ 一定存在，但反之则不然.

该知识点在考卷中多次考到，望考生重视.

3) 虽然本题涉及的知识（概念、理论）都是最基本的，但考生出错较多，说明部分考生基础不够扎实.

真题 2 （2005,7 题）设函数 $f(x)=\lim\limits_{n\to\infty}\sqrt[n]{1+|x|^{3n}}$，则 $f(x)$ 在 $(-\infty,+\infty)$ 内

(A)处处可导 (B)恰有一个不可导点

(C)恰有两个不可导点 (D)至少有三个不可导点

解题过程 先求极限得到 $f(x)$ 的表达式，然后再讨论 $f(x)$ 的可导性.

由 $\lim\limits_{n\to\infty}\sqrt[n]{a_1^n+a_2^n+\cdots+a_m^n}=\max\limits_{1\le i\le m}\{a_i\}\;(a_i>0)$ 知

$$f(x)=\lim_{n\to\infty}\sqrt[n]{1+|x|^{3n}}=\max\{1,|x|^3\}=\begin{cases}1,&|x|\le 1.\\|x|^3,&|x|>1.\end{cases}$$

由 $y=f(x)$ 的表达式和其图形可知，$f(x)$ 在 $x=\pm 1$ 处不可导（尖点），在其余点均可导，故应选(C).

真题 3 （2008,10 题）曲线 $\sin(xy)+\ln(y-x)=x$ 在点 $(0,1)$ 处的切线方程是_____.

解题过程 先求曲线 $\sin(xy)+\ln(y-x)=x$ 在点 $(0,1)$ 处切线斜率 $y'(0)$.

等式 $\sin(xy)+\ln(y-x)=x$ 两端对 x 求导得

$$\cos(xy)\cdot(y+xy')+\frac{y'-1}{y-x}=1$$

在上式中令 $x=0,y=1$ 得 $y'(0)=1$，于是该曲线在点 $(0,1)$ 处的切线方程为 $y-1=x$，即 $y=x+1$.

经典例题解析

例 1 函数 $f(x)=x^2\cdot 2^x$ 在 $x=0$ 处的 n 阶导数 $f^{(n)}(0)=$_____.

答案 $n(n-1)(\ln 2)^{n-2}$

解 $f^{(n)}(x)=(2^x\cdot x^2)^{(n)}\Rightarrow f^{(n)}(0)=C_n^2(x^2)^{(n)}(2^x)^{(n-2)}|_{x=0}=\dfrac{n(n-1)}{2}\cdot 2\cdot 2^x(\ln)^{n-2}|_{x=0}$

$=n(n-1)(\ln 2)^{n-2}$

例 2 设函数 $f(x)=(e^x-1)(e^{2x}-2)\cdots(e^{nx}-n)$ 其中 n 为正整数，则 $f'(0)=$_____.

(A)$(-1)^{n-1}(n-1)!$ (B)$(-1)^n(n-1)!$

(C)$(-1)^{n-1}n!$ (D)$(-1)^n n!$

答案 (C).

解 $f(x)=e^x(e^{2x}-2)\cdots(e^{nx}-n)+(e^x-1)(2e^{2x}-2)\cdots(e^{nx}-n)+\cdots+(e-1)(e^{2x}-2)\cdots(ne^{nx}-n)$

所以 $f(0)=(-1)^{n-1}n!$

例 3 (2007 年考研·数三)设函数 $f(x)$ 在 $x=0$ 处连续,下列命题错误的是( ).

(A)若 $\lim\limits_{x \to 0} \dfrac{f(x)}{x}$ 存在,则 $f(0)=0$

(B)若 $\lim\limits_{x \to 0} \dfrac{f(x)-f(-x)}{x}$ 存在,则 $f(0)=0$

(C)若 $\lim\limits_{x \to 0} \dfrac{f(x)}{x}$ 存在,则 $f'(0)$ 存在

(D)若 $\lim\limits_{x \to 0} \dfrac{f(x)-f(-x)}{x}$ 存在,则 $f'(0)$ 存在

分析 据题设知 $\lim\limits_{x \to 0} f(x) = f(0)$,再利用无穷小量的有关结论.

解 本题应选(D).

由 $\lim\limits_{x \to 0} \dfrac{f(x)}{x}$ 存在且 $f(x)$ 连续,则 $\lim\limits_{x \to 0} f(x) = 0 = 0 f(0)$,故 A,C 是正确命题.

由 $\lim\limits_{x \to 0} \dfrac{f(x)+f(-x)}{x}$ 存在知 $\lim\limits_{x \to 0} [f(x)+f(-x)] = 2f(0) = 0$,故 B 是正确命题.

例 4 已知函数 $f(x)$ 连续且 $\lim\limits_{x \to 0} \dfrac{f(x)}{x} = 2$,则曲线 $y = f(x)$ 上对应 $x=0$ 处切线方程为 _____.

分析 先确定导数 $f'(0)$,据定义 $f'(0) = \lim\limits_{x \to 0} \dfrac{f(x)-f(0)}{x}$.

解 由 $\lim\limits_{x \to 0} \dfrac{f(x)}{x} = 2$ 且 $f(x)$ 连续,则 $\lim\limits_{x \to 0} f(x) = 0 = 0 f(0)$,

$f'(0) = \lim\limits_{x \to 0} \dfrac{f(x)-f(0)}{x} = 2$,故切线方程为 $y = 2x$.

例 5 设 $f(x) = \begin{cases} ax^2+1, & x \geq 1 \\ -x^2+bx, & x<1 \end{cases}$,试求常数 a,b 使 $f(x)$ 在 $x=1$ 处可导.

解 首先 $f(x)$ 在 $x=1$ 处必须连续

∵ $f(1-0) \lim\limits_{x \to 1^-} f(x) = \lim\limits_{x \to 1^-}(-x^2+bx) = b-1$

$f(1+0) = \lim\limits_{x \to 1^+} f(x) = \lim\limits_{x \to 1^+}(ax^2+1) = a+1$

$f(1) = a+1$

由 $f(1-0) = f(1+0) = f(1)$ 得 $b-1 = a+1$,即 $b = a+2$.

又 $f'_-(1) = \lim\limits_{x \to 1^-} \dfrac{f(x)-f(1)}{x-1} = \lim\limits_{x \to 1^-} \dfrac{-x^2+bx-(a+1)}{x-1}$

$= \lim\limits_{x \to 1^-} \dfrac{-x^2+(a+2)x-(a+1)}{x-1}$

$= \lim\limits_{x \to 1^-} \dfrac{-(x-1)[x-(a+1)]}{x-1} = a$

$f'_+(1) = \lim\limits_{x \to 1^+} \dfrac{f(x)-f(1)}{x-1} = \lim\limits_{x \to 1^+} \dfrac{ax^2+1-(a+1)}{x-1}$

$$= \lim_{x \to 1^+} \frac{a(x-1)(x+1)}{x-1} = 2a$$

由 $f'_+(1) = f'_-(1)$ 得 $a=0$,从而 $b=2$.

例 6 $y = \cos x^2 \cdot \sin^2 \frac{1}{x}$,求 y' _____.

解 $y' = \left[\cos x^2 \cdot \sin^2 \frac{1}{x}\right]'$

$= (\cos x^2)' \cdot \sin^2 \frac{1}{x} + \cos(x^2) \cdot (\sin^2 \frac{1}{x})'$

$= -\sin x^2 \cdot 2x \cdot 2\sin \frac{1}{x} + \cos x^2 \cdot \sin^2 \frac{1}{x} \cdot \cos \frac{1}{x} \cdot \frac{-1}{x^2}$

$= -2x \sin x^2 \cdot \sin^2 \frac{1}{x} - \frac{1}{x^2} \sin \frac{2}{x} \cdot \cos x^2$.

例 7 设 $f(x) = \begin{cases} 0, & x \leq 0 \\ x, & x > 0 \end{cases}$, $g(x) = \begin{cases} 0, & x \leq 0 \\ -x^2, & x > 0 \end{cases}$,求 $\frac{d}{dx} g[f(x)]$.

解 $g[f(x)] = \begin{cases} 0, & f(x) \leq 0 \\ -f^2(x), & f(x) > 0 \end{cases} = \begin{cases} 0, & x \leq 0 \\ -2x, & x > 0 \end{cases}$.

当 $x \neq 0$ 时, $\frac{d}{dx} g[f(x)] = \begin{cases} 0, & x < 0 \\ -2x, & x > 0 \end{cases}$.

当 $x = 0$ 时, $\frac{d}{dx} g[f(x)]\bigg|_{x=0} = \lim_{x \to 0} \frac{g[f(x)] - g[f(0)]}{x - 0} = \lim_{x \to 0} \frac{g[f(x)]}{x}$.

$\because \lim_{x \to 0^-} \frac{g[f(x)]}{x} = \lim_{x \to 0^-} \frac{0}{x} = 0$,

而 $\lim_{x \to 0^+} \frac{g[f(x)]}{x} = \lim_{x \to 0^+} \frac{-x^2}{x} = 0$,

$\therefore \lim_{x \to 0} \frac{g[f(x)]}{x} = 0$.

即 $\frac{d}{dx} g[f(x)]\bigg|_{x=0} = 0$,

故 $\frac{d}{dx} g[f(x)] = \begin{cases} 0, & x \leq 0 \\ -2x, & x > 0 \end{cases}$.

例 8 设 $F(x) = \min\{f_1(x), f_2(x)\}$,定义域为 $(0,2)$,其中 $f_1(x) = x$, $f_2(x) = \frac{1}{x}$,试在其定义域内求 $F'(x)$.

解 先写出 $F(x)$ 的分段表示式:$F(x) = \begin{cases} x, & 0 < x \leq 1 \\ \frac{1}{x}, & 1 < x < 2 \end{cases}$,因而 $F(1) = 1$,又

$F'_-(1) = \lim_{x \to 1^-} \frac{F(x) - F(1)}{x - 1} = \lim_{x \to 1^-} \frac{x - 1}{x - 1} = 1$

$$F'_+(1)=\lim_{x\to 1^+}\frac{F(x)-F(1)}{x-1}=\lim_{x\to 1^+}\frac{\frac{1}{x}-1}{x-1}=-\frac{1}{x}$$

故 $F(x)$ 在 $x=1$ 处不可导,又因 $0<x<1$ 时,$F'(x)=1$;$1<x<2$ 时,$F'(x)=\frac{-1}{x}$,故

$$F'(x)=\begin{cases} 1, & 0<x<1, \\ 不存在, & x=1, \\ \frac{-1}{x}, & 1<x<2. \end{cases}$$

例 9 落在平静水面上的石头,产生同心波纹,若最外一圈波半径的增大率总是 6m/s,问在 2s 末扰动水面面积的增大率为多少?

解 设最外一圈波的半径为 r,水面面积为 S,时间为 t.

由题意知 $\frac{\mathrm{d}r}{\mathrm{d}t}=6\mathrm{m/s}$,$r=6t+C$.

由 $r|_{t=0}=0$ 知,$C=0$,即 $r=6t$.

$\therefore \frac{\mathrm{d}S}{\mathrm{d}t}=\frac{\mathrm{d}(\pi r^2)}{\mathrm{d}t}=2\pi r\frac{\mathrm{d}r}{\mathrm{d}t}=12\pi r(\mathrm{m}^2/\mathrm{s})$

当 $t=2$ 时,此时半径 $r=2\times 6=12(\mathrm{m})$

$\therefore$ 此时水面面积的增大率为

$$\frac{\mathrm{d}S}{\mathrm{d}t}=|_{t=2}=12\pi\times 12=144\pi(\mathrm{m}^2/\mathrm{s}).$$

例 10 求由方程 $y=1+xe^y$ 所确定隐函数的二阶导数 $\frac{\mathrm{d}^2 y}{\mathrm{d}x^2}$.

解 把方程 $y=1+xe^y$ 两边对自变量 x 求导,得

$$\frac{\mathrm{d}y}{\mathrm{d}x}=e^y+xe^y\cdot\frac{\mathrm{d}y}{\mathrm{d}x}$$

解得 $\frac{\mathrm{d}y}{\mathrm{d}x}=\frac{e^y}{1-xe^y}=\frac{e^y}{2-y}$

则 $\frac{\mathrm{d}^2 y}{\mathrm{d}x^2}=\frac{\mathrm{d}}{\mathrm{d}x}\left(\frac{e^y}{2-y}\right)^2=\frac{e^y\frac{\mathrm{d}y}{\mathrm{d}x}(2-y)-e^y\left(-\frac{\mathrm{d}y}{\mathrm{d}x}\right)}{(2-y)^2}=\frac{(3-y)\cdot e^{2y}}{(2-y)^3}$

例 11 设函数 $f(u)$ 可导,$y=f(x^2)$ 当自变量 x 在 $x=-1$ 处取得增量 $\Delta x=-0.1$ 时,相应的函数增量 Δy 的线性主部为 0.1,则 $f'(1)=$ _____.

分析 已知 $x=1$ 处相应的函数增量 Δy 的线性主部就是已知函数在 1 处的微分,再利用导数与微分的关系求 $f'(1)$.

解 $\because \mathrm{d}y=f'(x^2)\cdot 2x\mathrm{d}x$

$\therefore \mathrm{d}y|_{x=-1}=[f'(x^2)\cdot 2x]|_{x=-1}\mathrm{d}x=-2f'(1)\mathrm{d}x.$

又已知当 $\mathrm{d}x=\Delta x=-0.1$ 时,$\mathrm{d}y|_{x=1}=0.1$

即 $0.1=-2f'(1)\cdot(-0.1)$

故 $f'(1)=\frac{1}{2}$,

故应填 $\frac{1}{2}$.

例12 设 $y=\ln a+\arctan\sqrt{x}$,其中 a 是正常数,求 dy.

解 $dy=d(\ln a+\arctan\sqrt{x})=\dfrac{1}{1+(\sqrt{x})^2}d\sqrt{x}$

$\quad\quad=\dfrac{1}{1+x}\cdot\dfrac{1}{2\sqrt{x}}dx$

$\quad\quad=\dfrac{1}{2\sqrt{x}(1+x)}dx.$

例13 利用微分求 $\tan 46°$ 的近似值.

解 令 $f(x)=\tan x$,

则 $f'(x)=(\tan x)'=\sec^2 x.$

取 $x_0=\dfrac{\pi}{4}=45°, \Delta x=1°=\dfrac{\pi}{180}.$

故 $\tan(46°)=f\left(\dfrac{\pi}{4}+\dfrac{\pi}{180}\right)\approx f\left(\dfrac{\pi}{4}\right)+f'\left(\dfrac{\pi}{4}\right)\cdot\dfrac{\pi}{180}.$

又 $\because f\left(\dfrac{\pi}{4}\right)=1, f'\left(\dfrac{\pi}{4}\right)=\sec^2\dfrac{\pi}{4}=2,$

$\therefore \tan(46°)\approx 1+2\cdot\dfrac{\pi}{180}=1+0.0349=1.0349.$

例14 将半径为 R 的球加热,如果球的半径伸长 ΔR,则用微分表示球的体积增加的近似值 ΔV 是( ).

(A) $\dfrac{4}{3}\pi R^5 \Delta R$　　(B) $4\pi R^2 \Delta R$　　(C) $4\pi R^2$　　(D) $4\pi R \Delta R$

解 应选(B).

因为半径为 R 的球的体积 $V=\dfrac{4}{3}\pi R^3.$

课后习题全解

习题 3-1

1. **解题过程** 在细棒 x_0 附近 $x_0+\Delta x$ 处的质量为 $m(m_0+\Delta x)$,则当 Δx 充分小时,可视为由 x_0 到

$x_0+\Delta x$ 的一段细棒为均匀. 故其线密度为 $\mu = \lim\limits_{\Delta x \to 0}\dfrac{m(x_0+\Delta x)-m(x_0)}{\Delta x}=m'(x_0)$.

2. **解题过程** 在时刻 t 附近的时刻 $t+\Delta t$ 的温度为 $T=f(t+\Delta t)$,则冷却速度为 $\lim\limits_{\Delta t \to 0}\dfrac{f(t+\Delta t)-f(t)}{\Delta t}$
$=f'(t)$.

3. **解题过程** 该金属在 $T℃$ 时的比热容为 $\lim\limits_{\Delta T \to 0}\dfrac{f(T+\Delta T)-f(T)}{\Delta T}=f'(T)$.

4. **解题过程** $f'(x)=\lim\limits_{\Delta x \to 0}\dfrac{4(x+\Delta x)^2-4x^2}{\Delta x}=\lim\limits_{\Delta x \to 0}\dfrac{8x\cdot\Delta x+4\Delta x^2}{\Delta x}=8x.$，故 $f'(-1)=-8$.

5. **解题过程** (1) $\lim\limits_{\Delta x \to 0}\dfrac{f(x_0-\Delta x)-f(x_0)}{2\Delta x}=\lim\limits_{\Delta x \to 0}\left(-\dfrac{1}{2}\right)\cdot\dfrac{f(x)-f(x_0-\Delta x)}{\Delta x}$
$$=-\dfrac{1}{2}f'(x_0);$$

(2) $A=\lim\limits_{h \to 0}\dfrac{f(x_0+h)-f(x_0-2h)}{h}$
$=\lim\limits_{h \to 0}\dfrac{f(x_0+h)-f(x_0)+f(x_0)-f(x_0-2h)}{h}$
$=\lim\limits_{h \to 0}\dfrac{f(x_0+h)-f(x_0)}{h}+\lim\limits_{-2h \to 0}\dfrac{2\cdot[f(x_0-2h)-f(x_0)]}{-2h}$
$=f'(x_0)+2f'(x_0)$
$=3f'(x_0);$

(3) $A=\lim\limits_{x \to 0}\dfrac{f(x)}{x}=\lim\limits_{x \to 0}\dfrac{f(x)-f(0)}{x-0}=f'(0);$

(4) $A=\lim\limits_{\Delta x \to 0}\dfrac{f(x_0+\alpha\Delta x)-f(x_0+\beta\Delta x)}{\Delta x}$
$=\lim\limits_{\Delta x \to 0}\dfrac{f(x_0+\alpha\Delta x)-f(x_0)-[f(x_0+\beta\Delta x)-f(x_0)]}{\Delta x}$
$=\lim\limits_{\Delta x \to 0}\dfrac{f(x_0+\alpha\Delta x)-f(x_0)}{\alpha\Delta x}\cdot\alpha-\lim\limits_{\Delta x \to 0}\dfrac{f(x_0+\beta\Delta x)-f(x_0)}{\beta\Delta x}\cdot\beta$
$=\alpha\cdot f'(x_0)-\beta\cdot f'(x_0)=(\alpha-\beta)\cdot f'(x_0).$

6. **解题过程** (1)正确. (2)正确. (3)正确. (4)正确.

7. **解题过程** (1) $y=\sqrt[5]{x^2}=x^{\frac{2}{5}}$, $y'=\dfrac{2}{5}\cdot x^{\frac{2}{5}-1}=\dfrac{2}{5}\cdot x^{-\frac{3}{5}}$;

(2) $y=\dfrac{x\cdot x^{\frac{2}{3}}}{x^{\frac{3}{2}}}=x^{\frac{1}{6}}$, $y'=\dfrac{1}{6}x^{\frac{1}{6}-1}=\dfrac{1}{6}x^{-\frac{5}{6}}$;

(3) $y=a^x e^x=(a\cdot e)^x$, $y'=(a\cdot e)^x\cdot\ln(a\cdot e)=(a\cdot e)^x\cdot(\ln a+1)$;

(4) $y=\dfrac{1}{x^2}=x^{-2}$, $y'=-2x^{-2-1}=-2\cdot x^{-3}=-\dfrac{2}{x^3}$;

(5) $y=\lg x$, $y'=\dfrac{1}{x\cdot\ln 10}$;

(6) $y=\sqrt{x \cdot \sqrt{x}}=(x \cdot x^{\frac{1}{2}})^{\frac{1}{2}}=(x^{\frac{3}{2}})^{\frac{1}{2}}=x^{\frac{3}{4}}$,

$y'=\frac{3}{4} \cdot x^{\frac{3}{4}-1}=\frac{3}{4} \cdot x^{-\frac{1}{4}}$.

8. **解题过程** $\lim\limits_{x \to 0}\dfrac{f(3-x)-f(3)}{2x}=\lim\limits_{x \to 0}\dfrac{f(3)-f(3-x)}{x} \times \left(-\dfrac{1}{2}\right)$

$$=-\frac{1}{2}f'(3)=-\frac{1}{2} \cdot 2=-1.$$

9. **解题过程** $f'_{+}(0)=\lim\limits_{x \to 0^{+}}\dfrac{f(x)-f(0)}{x-0}=\lim\limits_{h \to 0}\dfrac{f(0+h)-f(0)}{h}$ $(h>0)$,

$f'_{-}(0)=\lim\limits_{x \to 0^{-}}\dfrac{f(x)-f(0)}{x-0}=\lim\limits_{h \to 0}\dfrac{f(0-h)-f(0)}{-h}$,因为 $f(x)$ 为偶函数,所以

$f(-h)=f(h)$.

故 $f'_{-}(0)=\lim\limits_{h \to 0}\dfrac{f(h)-f(0)}{-h}=-f'_{+}(0)$,又因为 $f'(0)$ 存在,则必然有 $f'_{+}(0)=f'_{-}(0)$,则

$f'_{+}(0)=-f'_{-}(0)=f'_{-}(0)=f'(0)$,故 $f'(0)$ 必为 0.

10. **解题过程** $y'=(\sin x)'=\cos x, y'\big|_{x=\frac{\pi}{6}}=\cos\dfrac{\pi}{6}=\dfrac{\sqrt{3}}{2}$,故切线斜率为 $k=\dfrac{\sqrt{3}}{2}$.

切线方程为 $y-\dfrac{1}{2}=\dfrac{\sqrt{3}}{2}\left(x-\dfrac{\pi}{6}\right)$,即 $y=\dfrac{\sqrt{3}}{2}x-\dfrac{\sqrt{3}}{12}\pi+\dfrac{1}{2}$.

法线斜率为 $-\dfrac{1}{k}=-\dfrac{2}{\sqrt{3}}$,故法线方程为 $y-\dfrac{1}{2}=-\dfrac{2}{\sqrt{3}}\left(x-\dfrac{\pi}{6}\right)$,

即 $y=-\dfrac{2}{3}\sqrt{3}x+\dfrac{\sqrt{3}}{9}\pi+\dfrac{1}{2}$.

11. **解题过程** 设该直线与曲线的交点为 (x_0, y_0),则 $y_0=\dfrac{1}{x_0}$　　　　　　　　①

$y'\big|_{x=x_0}=-\dfrac{1}{x_0^2}$,故该直线方程为 $y-y_0=-\dfrac{1}{x_0^2}(x-x_0)$.

又因为该直线经过 $(2,0)$ 点,故 $-y_0=-\dfrac{1}{x_0^2}(2-x_0)$　　　　　　　　②

由①,②可得 $\begin{cases}x_0=1\\y_0=1\end{cases}$,所以直线方程为 $y-1=-(x-1)$,即 $y=2-x$.

12. **解题过程** (1) $\lim\limits_{x \to 0^{+}}f(x)=\lim\limits_{x \to 0^{+}}x^2=0$,$\lim\limits_{x \to 0^{-}}f(x)=\lim\limits_{x \to 0^{-}}x=0$,$f(0)=0$,

故 $f(x)$ 在 $x=0$ 处连续.

$\lim\limits_{x \to 0^{-}}\dfrac{f(x)-f(0)}{x-0}=\lim\limits_{x \to 0^{-}}\dfrac{x-0}{x-0}=1$,$\lim\limits_{x \to 0^{+}}\dfrac{f(x)-f(0)}{x-0}=\lim\limits_{x \to 0^{+}}\dfrac{x^2-0}{x-0}=\lim\limits_{x \to 0}x=0$

$f'_{-}(0) \neq f'_{+}(0)$,故在 $x=0$ 处不可导.

(2) $\lim\limits_{x \to 0}f(x)=\lim\limits_{x \to 0}x \cdot \arctan\dfrac{1}{x}=0$,$f(0)=0$,故 $f(x)$ 在 $x=0$ 处连续.

又因为 $\lim\limits_{x \to 0^{+}}\dfrac{f(x)-f(0)}{x-0}=\lim\limits_{x \to 0^{+}}\dfrac{x\arctan\dfrac{1}{x}-0}{x-0}=\lim\limits_{x \to 0^{+}}\arctan\dfrac{1}{x}=\dfrac{\pi}{2}$,

$$\lim_{x\to 0^-}\frac{f(x)-f(0)}{x-0}=\lim_{x\to 0^-}\frac{x\arctan\frac{1}{x}-0}{x-0}=\lim_{x\to 0^-}\arctan\frac{1}{x}=-\frac{\pi}{2}.$$

故 $f(x)$ 在 $x=0$ 处不可导.

(3) $\lim_{x\to 1}f(x)=\lim_{x\to 1}\frac{\sin(x-1)}{x-1}=1$,而 $f(1)=0$. 故 $f(x)$ 在 $x=0$ 处不连续,也不可导.

13. **解题过程** $x=0$ 时,$f'_+(0)=\lim_{x\to 0^+}\frac{f(x)-f(0)}{x-0}=\lim_{x\to 0^+}\frac{x^2-0}{x-0}=0$,

$$f'_-(0)=\lim_{x\to 0^-}\frac{f(x)-f(0)}{x-0}=\lim_{x\to 0^-}\frac{x^3-0}{x-0}=0,$$

故 $f'(0)=0$.

$x<0$ 时,$f'(x)=3x^2$;

$x>0$ 时,$f'(x)=2x$.

所以 $f'(x)=\begin{cases}3x^2, & x<0, \\ 0, & x=0, \\ 2x, & x>0,\end{cases}$ 即 $f'(x)=\begin{cases}3x^2, & x<0, \\ 2x, & x\geq 0.\end{cases}$

14. **解题过程** 因为 $\lim_{x\to 1}(x-1)=0,\lim_{x\to 1}\frac{f(x)}{x-1}=2$,所以 $\lim_{x\to 1}f(x)=0$. 又因为 $f(x)$ 在 $x=1$ 处连续,

所以 $f(1)=\lim_{x\to 1}f(x)=0$. 故 $f'(1)=\lim_{x\to 1}\frac{f(x)-f(1)}{x-1}=\lim_{x\to 1}\frac{f(x)-0}{x-1}=2$.

15. **解题过程** $\lim_{x\to 0^+}f(x)=\lim_{x\to 0^+}(ax+b)=b,\lim_{x\to 0^-}f(x)=\lim_{x\to 0^-}\cos x=1,f(0)=1$,由函数在 $x=0$ 处连续,可知 $b=1$.

又因为 $f'_-(0)=\lim_{x\to 0^-}\frac{f(x)-f(0)}{x-0}=\lim_{x\to 0^-}\frac{\cos x-1}{x}=\lim_{x\to 0^-}\frac{-\frac{x^2}{2}}{x}=0$,

$$f'_+(0)=\lim_{x\to 0^+}\frac{f(x)-f(0)}{x-0}=\lim_{x\to 0^+}\frac{(ax+1)-1}{x}=a.$$

由函数在 $x=0$ 处可导知 $a=0$.

所以,若 $f(x)$ 在 $x=0$ 处连续且可导,则 $a=0,b=1$.

16. **解题过程** $f'(x_0)=\lim_{x\to x_0}\frac{f(x)-f(x_0)}{x-x_0}=\lim_{x\to x_0}\frac{(x-x_0)g(x)-0}{x-x_0}$

$$=\lim_{x\to x_0}g(x)=g(x_0).$$

17. **解题过程** 双曲线方程为 $y=\frac{a^2}{x},y'=-\frac{a^2}{x^2}$.

设 (x_0,y_0) 为曲线上任意一点,则过该点的切线方程为 $y-y_0=-\frac{a^2}{x_0^2}(x-x_0)$.

又因为 $x_0 y_0=a^2$. 令 $y=0$ 则 $x=\frac{y_0 x_0^2}{a^2}+x_0=2x_0$.

令 $x=0$ 则 $y=\frac{a^2}{x_0}+y_0=2y_0$.

因此切线与坐标轴构成三角形面积为 $S=\dfrac{1}{2}|2x_0|\cdot|2y_0|=2|x_0 y_0|=2a^2$.

习题 3-2

1. **解题过程** $(\cot x)'=\left(\dfrac{\cos x}{\sin x}\right)'=\dfrac{-\sin x\cdot\sin x-\cos x\cdot\cos x}{\sin^2 x}$

    $=-\dfrac{1}{\sin^2 x}=-\csc^2 x$.

    $(\csc x)'=\left(\dfrac{1}{\sin x}\right)'=\dfrac{-\cos x}{\sin^2 x}=-\csc x\cdot\cot x$.

2. **解题过程** (1) $y'=4+4x^{-3}+0=4+\dfrac{4}{x^3}$；

    (2) $y'=15x^2-2^x\cdot\ln 2+3\mathrm{e}^x$；

    (3) $y'=3x^2\cdot\cos x+x^3\cdot(-\sin x)=3x^2\cos x-x^3\cdot\sin x$；

    (4) $y'=\dfrac{1}{\cos^2 x}\cdot\dfrac{1}{\cos x}+\dfrac{\sin x}{\cos x}\cdot\dfrac{\sin x}{\cos^2 x}=\dfrac{1+\sin^2 x}{\cos^3 x}$；

    (5) $y'=3x^2\cdot\ln x+x^3\cdot\dfrac{1}{x}=3x^2\cdot\ln x+x^2=x^2(3\ln x+1)$；

    (6) $y'=\dfrac{\mathrm{e}^x\cdot x^2-2\mathrm{e}^x\cdot x}{x^4}+0=\mathrm{e}^x\cdot x^{-2}-2\mathrm{e}^x\cdot x^{-3}$

    $=\mathrm{e}^x(x^{-2}-2x^{-3})$；

    (7) $y'=\dfrac{x+1-(x-1)}{(x+1)^2}=\dfrac{2}{(x+1)^2}$；

    (8) $y'=(x^2\cdot\ln x)'\cdot\cos x-x^2\cdot\ln x\sin x$

    $=\left(2x\cdot\ln x+x^2\dfrac{1}{x}\right)\cdot\cos x-x^2\cdot\ln x\cdot\sin x$

    $=x\cdot(2\ln x+1)\cdot\cos x-x^2\cdot\ln x\cdot\sin x$；

    (9) $\rho'=(\theta\cdot\mathrm{e}^\theta)'\cdot\cot\theta-\theta\cdot\mathrm{e}^\theta\cdot\csc^2\theta$

    $=(\theta\cdot\mathrm{e}^\theta+\mathrm{e}^\theta)\cdot\cot\theta-\theta\cdot\mathrm{e}^\theta\cdot\csc^2\theta$

    $=\theta\cdot\mathrm{e}^\theta(\cot\theta-\csc^2\theta)+\mathrm{e}^\theta\cdot\cot\theta$；

    (10) $u'=\dfrac{(\arcsin v)'\cdot\arctan v-\arcsin v\cdot(\arctan v)'}{(\arctan v)^2}$

    $=\dfrac{\dfrac{1}{\sqrt{1-v^2}}\cdot\arctan v-\dfrac{1}{1+v^2}\arcsin v}{(\arctan v)^2}$.

3. **解题过程** (1) $y'=2\cos x+5\sin x$，$y'\bigg|_{x=\frac{\pi}{6}}=2\cos\dfrac{\pi}{6}+5\sin\dfrac{\pi}{6}$

    $=2\cdot\dfrac{\sqrt{3}}{2}+5\cdot\dfrac{1}{2}=\sqrt{3}+\dfrac{5}{2}$；

    $y'\bigg|_{x=\frac{\pi}{3}}=2\cdot\cos\dfrac{\pi}{3}+5\cdot\sin\dfrac{\pi}{3}$

$$=2\cdot\frac{1}{2}+5\cdot\frac{\sqrt{3}}{2}=1+\frac{5\sqrt{3}}{2}.$$

(2) $\rho'=\theta\cdot\dfrac{1}{\cos^2\theta}+\tan\theta+\dfrac{1}{3}\cos\theta,$

$$\left.\frac{d\rho}{d\theta}\right|_{\theta=\frac{\pi}{4}}=\frac{\pi}{4}\cdot\frac{1}{\left(\cos\frac{\pi}{4}\right)^2}+\tan\frac{\pi}{4}+\frac{1}{3}\cos\frac{\pi}{4}$$

$$=\frac{\pi}{4}\cdot 2+1+\frac{1}{3}\cdot\frac{\sqrt{2}}{2}=\frac{\pi}{2}+\frac{\sqrt{2}}{6}+1.$$

(3) $f'(x)=\dfrac{1}{(1-x)^2}+\dfrac{3}{3}\cdot x^2=\dfrac{1}{(1-x)^2}+x^2,$

$f'(0)=1, f'(2)=1+4=5.$

4. **解题过程** 设切点坐标为 (x_0,y_0),$y'=2x+1$,则切线斜率为 $y'|_{x=x_0}=2x_0+1$,直线 $x+y-3=0$ 斜率为 -1,故切线斜率亦为 -1,即 $2x_0+1=-1, x_0=-1$.

$y_0=x_0^2+x_0-2=1-1-2=-2.$ 故切点为 $(-1,-2)$.

所以切线方程为 $y+2=-(x+1)$,即 $x+y+3=0$.

5. **解题过程** (1) $y'=3\cdot(3x+5)^2\cdot(3x+5)'=9(3x+5)^2;$

(2) $y'=\cos(2-4x)\cdot(2-4x)'=-4\cos(2-4x);$

(3) $y'=e^{-2x^3}\cdot(-2x^3)'=-6x^2e^{-2x^3};$

(4) $y'=\dfrac{1}{a^2-x^2}\cdot(a^2-x^2)'=-\dfrac{2x}{a^2-x^2};$

(5) $y'=2\cos x(\cos x)'=-2\cos x\sin x=-\sin 2x;$

(6) $y'=\dfrac{1}{2}\cdot\dfrac{1}{\sqrt{a^2+x^2}}\cdot(a^2+x^2)'=\dfrac{2x}{2\sqrt{a^2+x^2}}=\dfrac{x}{\sqrt{a^2+x^2}};$

(7) $y'=(-\csc^2 x^2)\cdot(x^2)'=-2x\cdot\csc^2 x^2;$

(8) $y'=\dfrac{1}{1+e^{2x}}(e^x)'=\dfrac{e^x}{1+e^{2x}};$

(9) $y'=2\arcsin x(\arcsin x)'=\dfrac{2\arcsin x}{\sqrt{1-x^2}};$

(10) $y'=\dfrac{1}{\sin x}(\sin x)'=\dfrac{\cos x}{\sin x}=\cot x.$

6. **解题过程** (1) $y'=-\dfrac{1}{\sqrt{1-(1-2x)^2}}\cdot(1-2x)'$

$=-\dfrac{1}{2\sqrt{x-x^2}}\cdot(-2)=\dfrac{1}{\sqrt{x-x^2}};$

(2) $y'=-\dfrac{1}{2}(a^2+x^2)^{-\frac{3}{2}}(a^2+x^2)'=-\dfrac{x}{(a^2+x^2)^{\frac{3}{2}}};$

(3) $y'=e^{-\frac{x}{3}}\cdot\left(-\dfrac{1}{3}\right)\cdot\sin 3x+e^{-\frac{x}{3}}\cdot\cos 3x\cdot 3$

$$=-\frac{1}{3}e^{-\frac{x}{3}}\cdot\sin3x+3e^{-\frac{x}{3}}\cos3x=e^{-\frac{x}{3}}\left(3\cos3x-\frac{1}{3}\sin3x\right);$$

(4) $y'=\dfrac{1}{\sqrt{1-\left(\frac{1}{x}\right)^2}}\left(\dfrac{1}{x}\right)'=\dfrac{1}{\sqrt{1-\frac{1}{x^2}}}\left(-\dfrac{1}{x^2}\right)=-\dfrac{1}{|x|\sqrt{x^2-1}};$

(5) $y'=\dfrac{\frac{1}{x}\cdot(1-\ln x)+\frac{1}{x}(1+\ln x)}{(1-\ln x)^2}$

$=\dfrac{\frac{2}{x}}{(1-\ln x)^2}=\dfrac{2}{x\cdot(1-\ln x)^2};$

(6) $y'=\dfrac{(\cos3x)'x-\cos3x(x)'}{x^2}=\dfrac{-3x\sin3x-\cos3x}{x^2};$

(7) $y'=-\dfrac{1}{\sqrt{1-x}}(\sqrt{x})'=-\dfrac{1}{\sqrt{1-x}}\dfrac{1}{2}\dfrac{1}{\sqrt{x}}=-\dfrac{1}{2}\cdot\dfrac{1}{\sqrt{x-x^2}};$

(8) $y'=\dfrac{1}{x+\sqrt{x^2-a^2}}(x+\sqrt{x^2-a^2})'$

$=\dfrac{1}{x+\sqrt{x^2-a^2}}\left(1+\dfrac{2x}{2\sqrt{x^2-a^2}}\right)=\dfrac{1}{\sqrt{x^2-a^2}};$

(9) $y'=\dfrac{1}{\sec x+\tan x}\cdot(\sec x+\tan x)'=\dfrac{\frac{\sin x}{\cos^2 x}+\frac{1}{\cos^2 x}}{\sec x+\tan x}$

$=\dfrac{\frac{\sin x+1}{\cos^2 x}}{\frac{1}{\cos x}+\frac{\sin x}{\cos x}}=\dfrac{1}{\cos x}=\sec x;$

(10) $y'=\dfrac{1}{\csc x-\cot x}(\csc x-\cot x)'$

$=\dfrac{1}{\csc x-\cot x}(-\csc x\cot x+\csc^2 x)=\csc x.$

7. **解题过程** (1) $y'=2\arccos\dfrac{x}{2}\left(\arccos\dfrac{x}{2}\right)'$

$=2\arccos\dfrac{x}{2}\left[-\dfrac{1}{\sqrt{1-\left(\frac{x}{2}\right)^2}}\right]\cdot\dfrac{1}{2}=-\dfrac{2\arccos\frac{x}{2}}{\sqrt{4-x^2}};$

(2) $y'=\dfrac{1}{\cot\frac{x}{2}}\cdot\left(\cot\dfrac{x}{2}\right)'=\tan\dfrac{x}{2}\left(-\csc^2\dfrac{x}{2}\right)\dfrac{1}{2}=-\dfrac{1}{2}\tan\dfrac{x}{2}\cdot\csc^2\dfrac{x}{2}=-\csc x;$

(3) $y'=\dfrac{1}{2}(1+\ln^2 x)^{-\frac{1}{2}}\cdot 2\ln x\cdot\dfrac{1}{x}=\dfrac{\ln x}{x\sqrt{1+\ln^2 x}};$

(4) $y'=e^{\operatorname{arccot}\sqrt{x}}(\operatorname{arccot}\sqrt{x})'=e^{\operatorname{arccot}\sqrt{x}}\left(-\dfrac{1}{1+x}\right)(\sqrt{x})'$

$$=\frac{e^{\operatorname{arccot}\sqrt{x}}}{1+x}\cdot\left(-\frac{1}{2}\right)\cdot\frac{1}{\sqrt{x}}=-\frac{e^{\operatorname{arccot}\sqrt{x}}}{2\cdot\sqrt{x}(1+x)};$$

(5) $y'=(\sin^n x)'\cos nx+\sin^n x(\cos nx)'$
$\quad=n\sin^{n-1}x\cos x\cos nx+\sin^n x(-n\sin nx)$
$\quad=n\sin^{n-1}x(\cos x\cos nx-\sin x\sin nx)$
$\quad=n\sin^{n-1}x\cos(n+1)x;$

(6) $y'=\dfrac{1}{1+\left(\dfrac{1+x}{1-x}\right)^2}\cdot\left(\dfrac{1+x}{1-x}\right)'=\dfrac{1}{1+\left(\dfrac{1+x}{1-x}\right)^2}\cdot\dfrac{(1-x)+(1+x)}{(1-x)^2}$

$\quad=\dfrac{1}{\dfrac{2x^2+2}{(1-x)^2}}\cdot\dfrac{2}{(1-x^2)}=\dfrac{1}{1+x^2};$

(7) $y'=\dfrac{1}{3}(1+\cos 2x)^{-\frac{2}{3}}\cdot(-2\sin 2x)=-\dfrac{2\sin 2x}{3(1+\cos 2x)^{\frac{2}{3}}};$

(8) $y'=3(\ln x^2)^2\cdot(\ln x^2)'=3(\ln x^2)^2\cdot\dfrac{1}{x^2}\cdot(x^2)'=3(\ln x^2)^2\cdot\dfrac{2x}{x^2}=\dfrac{6(\ln x^2)^2}{x};$

(9) $y'=2\sin(\csc 2x)\cdot\cos(\csc 2x)\cdot(-\csc 2x\cot 2x)\cdot 2$
$\quad=-2\sin(2\csc 2x)\csc 2x\cot 2x;$

(10) $y'=\dfrac{\cos x^2\cdot(2x)\cdot\sin^2 x-2\sin x\cdot\cos x\cdot\sin x^2}{\sin^4 x}=\dfrac{2x\cos(x^2)\sin x-2\cos x\sin x^2}{\sin^3 x};$

(11) $y'=\dfrac{1}{\ln x}\cdot\dfrac{1}{x}=\dfrac{1}{x\ln x};$

(12) $y'=\dfrac{1}{\sqrt{1-\left(\dfrac{e^x-e^{-x}}{e^x+e^{-x}}\right)^2}}\cdot\left(\dfrac{e^x-e^{-x}}{e^x+e^{-x}}\right)'$

$\quad=\dfrac{1}{\sqrt{1-\left(\dfrac{e^x-e^{-x}}{e^x+e^{-x}}\right)^2}}\cdot\dfrac{(e^x+e^{-x})^2-(e^x-e^{-x})^2}{(e^x+e^{-x})^2}$

$\quad=\dfrac{1}{\sqrt{1-\left(\dfrac{e^x-e^{-x}}{e^x+e^{-x}}\right)^2}}\cdot\left[1-\left(\dfrac{e^x-e^{-x}}{e^x+e^{-x}}\right)^2\right]=\sqrt{1-\left(\dfrac{e^x-e^{-x}}{e^x+e^{-x}}\right)^2}=\dfrac{2}{e^x+e^{-x}}.$

8. **解题过程** $y'=\dfrac{1}{2}\times\dfrac{1}{\sqrt{f^2(x)+g^2(x)}}\cdot[f^2(x)+g^2(x)]'$

$\quad=\dfrac{1}{2}\times\dfrac{1}{\sqrt{f^2(x)+g^2(x)}}\cdot[2f(x)\cdot f'(x)+2g(x)\cdot g'(x)]$

$\quad=\dfrac{f(x)\cdot f'(x)+g(x)\cdot g'(x)}{\sqrt{f^2(x)+g^2(x)}}.$

9. **解题过程** (1) $y'=\dfrac{1}{f(2x)}\cdot[f(2x)]'=\dfrac{1}{f(2x)}\cdot f'(2x)\cdot(2x)'=\dfrac{2f'(2x)}{f(2x)};$

(2) $y'=2f(e^x)\cdot[f(e^x)]'=2f(e^x)\cdot f'(e^x)\cdot(e^x)'$
$\quad=2f(e^x)\cdot f'(e^x)\cdot e^x=2e^x f(e^x)\cdot f'(e^x)$

10. **解题过程** (1) $y' = (e^{-2x})'(x^2-x+1) + e^{-2x} \cdot (x^2-x+1)'$
$= e^{-2x} \cdot (-2) \cdot (x^2-x+1) + e^{-2x}(2x-1)$
$= e^{-2x}(-2x^2+2x-2+2x-1) = e^{-2x}(-2x^2+4x-3)$

(2) $y' = 2\cos x(-\sin x)\cos(x^2) + \cos^2 x[-\sin(x^2)] \cdot 2x$
$= -\sin 2x\cos(x^2) - 2x\cos^2 x\sin(x^2)$;

(3) $y' = 2\operatorname{arccot}\dfrac{x}{2} \cdot (\operatorname{arccot}\dfrac{x}{2})' = 2\operatorname{arccot}\dfrac{x}{2} \cdot \left[-\dfrac{1}{1+\left(\dfrac{x}{2}\right)^2}\right] \cdot \left(\dfrac{x}{2}\right)'$
$= 2\operatorname{arccot}\dfrac{x}{2} \cdot \left(-\dfrac{1}{1+\dfrac{x^2}{4}}\right) \cdot \dfrac{1}{2} = -\dfrac{4}{4+x^2}\operatorname{arccot}\dfrac{x}{2}$;

(4) $y' = \dfrac{\dfrac{1}{x} \cdot x^2 - \ln x \cdot 2x}{x^4} = \dfrac{1-2\ln x}{x^3}$;

(5) $y' = 2\sec\dfrac{x}{2} \cdot \left(\sec\dfrac{x}{2}\right)' = 2\sec\dfrac{x}{2} \cdot \sec^2\dfrac{x}{2} \cdot \sin\dfrac{x}{2} \cdot \left(\dfrac{x}{2}\right)'$
$= 2\sec^3\dfrac{x}{2} \cdot \sin\dfrac{x}{2} \cdot \dfrac{1}{2} = \sec^3\dfrac{x}{2} \cdot \sin\dfrac{x}{2}$;

(6) $y' = \dfrac{1}{\sin\dfrac{1}{x}} \cdot \cos\dfrac{1}{x} \cdot \left(-\dfrac{1}{x^2}\right) = -\dfrac{1}{x^2}\cot\dfrac{1}{x}$;

(7) $y' = e^{-\cos^2\frac{1}{x}} \cdot \left(-\cos^2\dfrac{1}{x}\right)' = e^{-\cos^2\frac{1}{x}} \cdot \left(-2\cos\dfrac{1}{x}\right) \cdot \left(\cos\dfrac{1}{x}\right)'$
$= -2e^{-\cos^2\frac{1}{x}} \cdot \cos\dfrac{1}{x} \cdot \left(-\sin\dfrac{1}{x}\right) \cdot \left(\dfrac{1}{x}\right)'$
$= e^{-\cos^2\frac{1}{x}} \cdot \sin\dfrac{2}{x} \cdot \left(-\dfrac{1}{x^2}\right) = -e^{-\cos^2\frac{1}{x}} \cdot \sin\dfrac{2}{x} \cdot \dfrac{1}{x^2}$
$= -\dfrac{1}{x^2}\sin\dfrac{2}{x} \cdot e^{-\cos^2\frac{1}{x}}$;

(8) $y' = \dfrac{1}{3}(x+\sqrt{x})^{-\frac{2}{3}}\left(1+\dfrac{1}{2\sqrt{x}}\right) = \dfrac{2\sqrt{x}+1}{6\sqrt{x}(x+\sqrt{x})^{\frac{2}{3}}}$;

(9) $y' = \arccos\dfrac{x}{2} + x \cdot \left(\arccos\dfrac{x}{2}\right)' + \dfrac{1}{2} \times \dfrac{(4-x^2)'}{\sqrt{4-x^2}}$
$= \arccos\dfrac{x}{2} + x\left[-\dfrac{1}{\sqrt{1-\left(\dfrac{x}{2}\right)^2}}\right] \cdot \left(\dfrac{x}{2}\right)' + \dfrac{1}{2} \times \dfrac{-2x}{\sqrt{4-x^2}}$
$= \arccos\dfrac{x}{2} + x \cdot \left(-\dfrac{2}{\sqrt{4-x^2}}\right)\dfrac{1}{2} - \dfrac{x}{\sqrt{4-x^2}}$
$= \arccos\dfrac{x}{2} - \dfrac{2x}{\sqrt{4-x^2}}$;

(10) $y' = -\dfrac{1}{\sqrt{1-\left(\dfrac{t}{1+t^2}\right)^2}} \cdot \dfrac{(1+t^2)-t \cdot 2t}{(1+t^2)^2} = \dfrac{t^2-1}{(1+t^2)\sqrt{t^4+t^2+1}}$.

习题 3-3

1. **解题过程** $(1) y' = \dfrac{2x(1-x)+x^2}{(1-x)^2} = \dfrac{2x-x^2}{(1-x)^2}$,

$$y'' = \dfrac{(2-2x)(1-x)^2 + (2x-x^2)\cdot 2(1-x)}{(1-x)^4} = \dfrac{2}{(1-x)^3};$$

$(2)\ y' = 2x\cdot \text{arccot}\,x + (1+x^2)\cdot\left(-\dfrac{1}{1+x^2}\right) = 2x\cdot\text{arccot}\,x - 1$,

$$y'' = 2\text{arccot}\,x + \left(-\dfrac{1}{1+x^2}\right)\cdot 2x = 2\text{arccot}\,x - \dfrac{2x}{1+x^2};$$

$(3)\ y' = \sin(\ln x) + \cos(\ln x) + x\cdot\left[\cos(\ln x)\cdot\dfrac{1}{x} - \sin(\ln x)\cdot\dfrac{1}{x}\right]$

$$= \sin(\ln x) + \cos(\ln x) + \cos(\ln x) - \sin(\ln x) = 2\cos(\ln x),$$

$$y'' = -2\sin(\ln x)\dfrac{1}{x} = -\dfrac{2\sin(\ln x)}{x};$$

$(4)\ y' = \dfrac{1}{\sqrt{1-x^2}}\dfrac{1}{2}\times\dfrac{-2x}{\sqrt{1-x^2}} = -\dfrac{x}{1-x^2}$,

$$y'' = -\dfrac{1-x^2 - x\cdot(-2x)}{(1-x^2)^2} = -\dfrac{1-x^2+2x^2}{(1-x^2)^2} = -\dfrac{1+x^2}{(1-x^2)^2};$$

$(5)\ y' = 2xe^{3x} + x^2 e^{3x}\cdot 3 = (2x+3x^2)e^{3x}$,

$$y'' = (2+6x)e^{3x} + (2x+3x^2)e^{3x}\cdot 3 = (2+12x+9x^2)e^{3x};$$

$(6)\ y' = \dfrac{\dfrac{1}{x}\cdot x^2 - 2x\cdot\ln x}{x^4} = \dfrac{1-2\ln x}{x^3} = \dfrac{1}{x^3} - \dfrac{2\ln x}{x^3}$,

$$y'' = \dfrac{-3}{x^4} - \dfrac{2\dfrac{1}{x}\cdot x^3 - 2\ln x\cdot 3x^2}{x^6} = \dfrac{-3}{x^4} - \dfrac{2}{x^4} + \dfrac{6\ln x}{x^4} = \dfrac{-5+6\ln x}{x^4};$$

$(7)\ y' = \dfrac{1}{x+\sqrt{x^2+1}}\left(1+\dfrac{1}{2}\times\dfrac{2x}{\sqrt{x^2+1}}\right)$

$$= \dfrac{1}{x+\sqrt{x^2+1}}\left(1+\dfrac{x}{\sqrt{x^2+1}}\right) = \dfrac{1}{\sqrt{x^2+1}},$$

$$y'' = -\dfrac{1}{2}(x^2+1)^{-\frac{3}{2}}\cdot 2x = -\dfrac{x}{(x^2+1)^{\frac{3}{2}}};$$

$(8)\ y' = 2\cos x(-\sin x)\cdot\ln x + \cos^2 x\cdot\dfrac{1}{x} = -\sin 2x\cdot\ln x + \cos^2 x\cdot\dfrac{1}{x}$,

$$y'' = -\cos 2x\cdot(2)\cdot\ln x - \sin 2x\cdot\dfrac{1}{x} + 2\cos x(-\sin x)\cdot\dfrac{1}{x} + \cos^2 x\cdot(-1)\cdot\dfrac{1}{x^2}$$

$$= -2\cos 2x\cdot\ln x - \dfrac{1}{x}\cdot\sin 2x - \dfrac{1}{x}\sin 2x - \dfrac{1}{x^2}\cos^2 x$$

$$= -2\cos 2x\cdot\ln x - \dfrac{2}{x}\sin 2x - \dfrac{1}{x^2}\cos^2 x.$$

2. **解题过程** $(1) f'(x)=4(x^3+10)^3 \cdot 3x^2=12x^2(x^3+10)^3$,
$f''(x)=24x \cdot (x^3+10)^3+36x^2(x^3+10)^2 \cdot 3x^2$
$\quad =(240x+132x^4)(x^3+10)^2$
$f'''(x)=(240+132 \cdot 4x^3)(x^3+10)^2+(240x+132x^4) \cdot 2(x^3+10) \cdot 3x^2$
$f'''(0)=24 \times 10^3=24000$;
$(2) f'(x)=e^{x^2}+x \cdot e^{x^2} \cdot 2x=e^{x^2}(1+2x^2)$,
$f''(x)=e^{x^2} \cdot (2x) \cdot (1+2x^2)+e^{x^2} \cdot (4x)=e^{x^2}(2x+4x^3+4x)$
$\quad =e^{x^2} \cdot (4x^3+6x)$,
$f''(1)=e \cdot (4+6)=10e$;
$(3) f'(x)=\dfrac{e^x \cdot x-e^x}{x^2}$,
$f''(x)=\dfrac{(e^x+e^x \cdot x-e^x) \cdot x^2-(e^x \cdot x-e^x) \cdot 2x}{x^4}=\dfrac{e^x(x^2-2x+2)}{x^3}$,
$f''(2)=\dfrac{e^2}{4}$.

3. **解题过程** $(1) \dfrac{d^2 x}{dy^2}=\dfrac{d}{dy}\left(\dfrac{dx}{dy}\right)=\dfrac{d\left(\dfrac{1}{y'}\right)}{dy}=\dfrac{d\left(\dfrac{1}{y'}\right)}{dx} \cdot \dfrac{dx}{dy}$
$\quad =\dfrac{-y''}{y'^2} \cdot \dfrac{1}{y'}=-\dfrac{y''}{(y')^3}$;

$(2) \dfrac{d^3 x}{dy^3}=\dfrac{d}{dy}\left(\dfrac{d^2 x}{dy^2}\right)=\dfrac{d\left(\dfrac{d^2 x}{dy^2}\right)}{dy}=\dfrac{d\left(-\dfrac{y''}{(y')^3}\right)}{dx} \cdot \dfrac{dx}{dy}$
$\quad =-\dfrac{y'''(y')^3-y''(y')^2 \cdot 3 \cdot y''}{(y')^6} \cdot \dfrac{1}{y'}=\dfrac{3(y'')^2-y''' \cdot y'}{(y')^5}$.

4. **解题过程** $(1) y'=f'(x^2) \cdot 2x$,
$y''=f''(x^2) \cdot 2x \cdot 2x+f'(x^2) \cdot 2=2 \cdot f'(x^2)+4x^2 \cdot f''(x^2)$;
$(2) y'=f'\left(\dfrac{1}{x}\right) \cdot \left(-\dfrac{1}{x^2}\right)$,
$y''=-\dfrac{1}{x^2}f''\left(\dfrac{1}{x}\right) \cdot \left(-\dfrac{1}{x^2}\right)+f'\left(\dfrac{1}{x}\right) \cdot 2 \cdot \dfrac{1}{x^3}=\dfrac{2}{x^3}f'\left(\dfrac{1}{x}\right)+\dfrac{1}{x^4} \cdot f''\left(\dfrac{1}{x}\right)$;
$(3) y'=\dfrac{1}{f(x)} \cdot f'(x)$,
$y''=\dfrac{f''(x) \cdot f(x)-f'(x) \cdot f'(x)}{f^2(x)}=\dfrac{f(x) \cdot f''(x)-[f'(x)]^2}{f^2(x)}$;
$(4) y'=e^{-f(x)}[-f'(x)]=-f'(x) \cdot e^{-f(x)}$,
$y''=-f''(x) \cdot e^{-f(x)}-f'(x) \cdot e^{-f(x)} \cdot [-f'(x)]$
$\quad =\{-f''(x)+[f'(x)]^2\} \cdot e^{-f(x)}$.

5. **解题过程** $y'=-C_1 \sin\omega x \cdot \omega+C_2 \cdot \cos\omega x \cdot \omega$
$\quad =-C_1 \omega \cdot \sin\omega x+C_2 \omega \cdot \cos\omega x$,

$$y''=-C_1\omega\cdot\cos\omega x\cdot\omega-C_2\omega(-\sin\omega x)\cdot\omega$$
$$=-C_1\omega^2\cdot\cos\omega x-C_2\cdot\omega^2\cdot\sin\omega x=-\omega^2\cdot y,$$
故 $y''+\omega^2 y=-\omega^2 y+\omega^2 y=0$ 成立.

6. **解题过程** $y'=e^x\cdot\cos x-e^x\cdot\sin x,$
$$y''=e^x\cdot\cos x-e^x\cdot\sin x-e^x\cdot\sin x-e^x\cdot\cos x=-2e^x\cdot\sin x,$$
$$y''-2y'+2y=-2e^x\sin x-2e^x\cos x+2e^x\cdot\sin x+2e^x\cos x=0.$$
故 $y''-2y'+2y=0$ 成立.

7. **解题过程** (1) $y'=\dfrac{-a}{(ax+b)^2},$
$$y''=\dfrac{2a\cdot a}{(ax+b)^3}=\dfrac{2a^2}{(ax+b)^3},$$
$$y'''=-\dfrac{3\cdot 2a^2\cdot a}{(ax+b)^4}=-\dfrac{3\cdot 2a^3}{(ax+b)^4},$$
$$y^{(4)}=\dfrac{4\cdot 3\cdot 2a^3\cdot a}{(ax+b)^5}=\dfrac{4\cdot 3\cdot 2a^4}{(ax+b)^5},$$
……

由此可推知 $y^{(n)}=(-1)^n\dfrac{n!\cdot a^n}{(ax+b)^{n+1}};$

(2) $y=\dfrac{1}{x^2-x-6}=\dfrac{1}{(x-3)(x+2)}=\dfrac{1}{5}\left(\dfrac{1}{x-3}-\dfrac{1}{x+2}\right),$
$$y^{(n)}=\dfrac{1}{5}\left[(-1)^n\cdot\dfrac{n!}{(x-3)^{n+1}}-(-1)^n\cdot\dfrac{n!}{(x+2)^{n+1}}\right]$$
$$=\dfrac{1}{5}(-1)^n\cdot n!\cdot\left[\dfrac{1}{(x-3)^{n+1}}-\dfrac{1}{(x+2)^{n+1}}\right];$$

(3) $y=\cos^2 x=\dfrac{1+\cos 2x}{2},$

故 $y^n=\dfrac{1}{2}\cdot 2^n\cdot\cos\left(2x+\dfrac{n\pi}{2}\right)=2^{n-1}\cdot\cos\left(2x+n\cdot\dfrac{\pi}{2}\right);$

(4) $y'=\ln x+x\cdot\dfrac{1}{x}=\ln x+1,$
$$y''=\dfrac{1}{x},$$
$$y'''=-\dfrac{1}{x^2}=-x^{-2},$$
$$y^{(4)}=2x^{-3},$$
……

由可以推知 $y^{(n)}=(-1)^{n-2}\cdot(n-2)!\cdot x^{-(n-1)}\quad(n\geqslant 2);$

(5) $y'=e^x+xe^x=(x+1)e^x,$
$$y''=e^x+(x+1)e^x=(x+2)e^x,$$
$$y'''=e^x+(x+2)e^x=(x+3)e^x,$$

……

可以推知 $y^{(n)}=(x+n)\cdot e^x$；

(6) $y'=nx^{n-1}+a_1(n-1)x^{n-2}+\cdots+a_{n-1}$，

$y''=n(n-1)x^{n-2}+a_1(n-1)\cdot(n-2)\cdot x^{n-3}+\cdots+a_{n-2}$，

$y'''=n(n-1)(n-2)x^{n-3}+a_1(n-1)(n-2)(n-3)x^{n-4}+\cdots+a_{n-3}$，

……

$y^{(n)}=n(n-1)(n-2)\cdots 2\cdot 1=n!$．

8. **解题过程** (1) $y^{(20)}=(e^{2x}\cdot x^2)^{20}$

$=(e^{2x})^{(20)}\cdot x^2+20(e^{2x})^{(19)}\cdot (x^2)'+\dfrac{20\cdot 19}{2!}(e^{2x})^{18}\cdot(x^2)''$，

所以 $y^{(20)}=2^{20}e^{2x}\cdot x^2+20\cdot 2^{19}\cdot e^{2x}\cdot 2x+\dfrac{20\cdot 19}{2}2^{18}e^{2x}\cdot 2$

$=e^{2x}(2^{20}\cdot x^2+20\cdot 2^{20}\cdot x+190\cdot 2^{19})$

$=2^{20}\cdot e^{2x}(x^2+20x+95)$；

(2) $y^{(4)}=(e^x\cos x)^{(4)}=(e^x)^{(4)}\cos x+4(e^x)'''(\cos x)'$

$+\dfrac{4\cdot 3}{2!}(e^x)''\cdot(\cos x)''+\dfrac{4\cdot 3\cdot 2}{3!}(e^x)'(\cos x)'''+e^x(\cos x)^{(4)}$

$=e^x\cos x+(-4e^x\sin x)+6e^x(-\cos x)+4e^x\sin x+e^x\cos x$

$=-4e^x\cos x.$

习题 3-4

1. **解题过程** (1) $2y\cdot y'-2y-2xy'=0, y'(2y-2x)=2y, y'=\dfrac{y}{y-x}$；

(2) $\dfrac{1}{2}\dfrac{1}{\sqrt{x}}+\dfrac{1}{2}\dfrac{1}{\sqrt{y}}\cdot y'=0, y'=-\dfrac{\sqrt{y}}{\sqrt{x}}$；

(3) $y'=-\sin x+\dfrac{1}{2}\cos y\cdot y', \left(1-\dfrac{1}{2}\cos y\right)\cdot y'=-\sin x$

$y'=\dfrac{\sin x}{\frac{1}{2}\cos y-1}=\dfrac{2\sin x}{\cos y-2}$；

(4) $2xy+x^2\cdot y'-e^{2x}\cdot 2=\cos y\cdot y'$，

$y'(\cos y-x^2)=2xy-2e^{2x}, y'=\dfrac{2xy-2e^{2x}}{\cos y-x^2}$；

(5) $y+x\cdot y'=e^{x+y}\cdot(1+y'), y+xy'=e^{x+y}+y'\cdot e^{x+y}$，

$y'(e^{x+y}-x)=y-e^{x+y}, y'=\dfrac{y-e^{x+y}}{e^{x+y}-x}$；

(6) 两边取对数得，$y\ln x=x\ln y, y'\cdot \ln x+y\dfrac{1}{x}=x\cdot\dfrac{1}{y}\cdot y'+\ln y$，

$$y'\left(\ln x - \frac{x}{y}\right) = \ln y - \frac{y}{x}, y' = \frac{\ln y - \frac{y}{x}}{\ln x - \frac{x}{y}}.$$

2. **解题过程** $\cos(xy) \cdot (y + x \cdot y') + \frac{1}{y-x} \cdot (y'-1) = 1.$ ①

   当 $x=0$ 时，$\sin(0 \cdot y) + \ln(y-0) = 0, y = 1.$

   将 $x=0, y=1$ 代入①式得 $\cos(0 \times 1)(1+0) + \frac{1}{1-0}(y'-1) = 1, y'(0) = 1.$

3. **解题过程** (1) $2x - 2y \cdot y' = 0, y' = \frac{x}{y},$

   $$y'' = \frac{y - x \cdot y'}{y^2} = \frac{y - x \cdot \frac{x}{y}}{y^2} = \frac{y^2 - x^2}{y^3};$$

   (2) $1 - y' + \frac{1}{2}\cos y \cdot y' = 0, y'\left(1 - \frac{1}{2}\cos y\right) = 1, y' = \frac{2}{2-\cos y},$

   $$y'' = \frac{-2\sin y \cdot y'}{(2-\cos y)^2} = \frac{-4\sin y}{(2-\cos y)^3};$$

   (3) $y' = \frac{1}{\cos^2(x+y)} \cdot (1+y'),$

   $$y' = \frac{\sec^2(x+y)}{1-\sec^2(x+y)} = -\frac{1}{\sin^2(x+y)},$$

   $$y'' = 2\sin(x+y)^{-3}(1+y') = 2\sin(x+y)^{-3}\left[1 - \frac{1}{\sin^2(x+y)}\right]$$

   $$= \frac{2}{\sin^3(x+y)} \cdot \frac{-\cos^2(x+y)}{\sin^2(x+y)} = -2\csc^3(x+y) \cdot \cot^2(x+y);$$

   (4) $y' = e^y + x \cdot e^y \cdot y', y' = \frac{e^y}{1-xe^y},$

   $$y'' = \frac{e^y \cdot y'(1-xe^y) - e^y(-e^y - xe^y \cdot y')}{(1-xe^y)^2}$$

   $$= \frac{e^y \cdot \frac{e^y}{1-xe^y} - e^y \cdot \left(-e^y - xe^y \cdot \frac{e^y}{1-xe^y}\right)}{(1-xe^y)^2} = \frac{e^{2y}(2-xe^y)}{(1-xe^y)^3}.$$

4. **解题过程** (1) 两边取对数得

   $\ln|y| = 3\ln(x^2+1) + 2\ln(x+2) + 6\ln|x|,$

   求导得：$\frac{1}{y} \cdot y' = \frac{6x}{x^2+1} + \frac{2}{x+2} + \frac{6}{x},$

   $$y' = (x^2+1)^3(x^2+2)^2 \cdot x^6 \cdot \left(\frac{6x}{x^2+1} + \frac{2}{x+2} + \frac{6}{x}\right);$$

   (2) 两边取对数得

   $\ln|y| = 2\ln|2x+1| + \frac{1}{3}\ln|2-3x| - \frac{2}{3}\ln|x-3|,$

求导数：$\dfrac{1}{y} \cdot y' = \dfrac{4}{2x+1} + \dfrac{-1}{2-3x} - \dfrac{2}{3} \cdot \dfrac{1}{x-3} = \dfrac{4}{2x+1} + \dfrac{1}{3x-2} - \dfrac{2}{3(x-3)}$,

$y' = \dfrac{(2x+1)^2 \sqrt[3]{2-3x}}{\sqrt[3]{(x-3)^2}} \cdot \left[\dfrac{4}{2x+1} + \dfrac{1}{3x-2} - \dfrac{2}{3(x-3)} \right]$;

(3) 两边取对数得

$\ln y = x^x \cdot \ln x$,

求导得：$\dfrac{1}{y} \cdot y' = x^x \dfrac{1}{x} + x^x \cdot (1+\ln x) \cdot \ln x$,

$y' = x^{x^x} \cdot x^x \left[\dfrac{1}{x} + \ln x + (\ln x)^2 \right]$;

(4) 两边取对数得

$\ln y = \dfrac{1}{x} \ln(1+\cos x)$,

求导得：$\dfrac{1}{y} \cdot y' = \dfrac{-1}{x^2} \cdot \ln(1+\cos x) + \dfrac{1}{x} \cdot \dfrac{-\sin x}{1+\cos x} = -\dfrac{\ln(1+\cos x)}{x^2} - \dfrac{\sin x}{x(1+\cos x)}$,

$y' = (1+\cos x)^{\frac{1}{x}} \cdot \left[-\dfrac{\ln(1+\cos x)}{x^2} - \dfrac{\sin x}{x(1+\cos x)} \right]$.

5. **解题过程** (1) $x'_t = 2e^t$, $y'_t = -e^{-t}$, $y'_x = \dfrac{-e^{-t}}{2e^t}$, $y'_x|_{t=0} = -\dfrac{1}{2}$,

$t=0$ 时，$x=2, y=1$，故切点为 $(2,1)$,

切线方程为 $y-1 = -\dfrac{1}{2}(x-2)$，即 $x+2y-4=0$，法线方程：$2x-y-3=0$;

(2) $x'_\theta = a \cdot 3\cos^2\theta(-\sin\theta)$, $y'_\theta = a \cdot 3\sin^2\theta \cdot \cos\theta$,

$y'_x = \dfrac{3a \cdot \sin^2\theta \cdot \cos\theta}{-3a\cos^2\theta \cdot \sin\theta}$,

$y'_x|_{\theta=\frac{\pi}{4}} = -1$, $\theta = \dfrac{\pi}{4}$ 时，$x = a \cdot \cos^3 \dfrac{\pi}{4} = \dfrac{\sqrt{2}}{4}a$, $y = a\sin^3\theta = \dfrac{\sqrt{2}}{4}a$,

故切线方程为 $y - \dfrac{\sqrt{2}}{4}a = -(x - \dfrac{\sqrt{2}}{4}a)$，即 $x+y-\dfrac{\sqrt{2}}{2}a=0$,

法线方程为 $y=x$.

6. **解题过程** (1) $x'_t = -\sin x$, $y'_t = \cos t$, $y'_x = \dfrac{y'_t}{x'_t} = -\cot t$,

$y''_x = \dfrac{d}{dx}(y'_x) = \dfrac{d}{dt}(y'_x)\dfrac{dt}{dx} = -(-\csc^2 t) \cdot \dfrac{1}{-\sin t} = -\csc^3 t$

(2) $x'_t = -a\sin t$, $y'_t = a\sin t + at\cos t$, $y'_x = \dfrac{y'_t}{x'_t} = \dfrac{a\sin t + at\cos t}{-a\sin t} = -1 - t \cdot \cot t$,

$y''_x = \dfrac{d}{dx}(y'_x) = (-\cot + t\csc^2 t) \cdot \dfrac{1}{-a\sin t} = \dfrac{\cos t\sin t - t}{a\sin^3 t}$;

(3) $x'_t = -3t^2$, $y'_t = 1-3t^2$, $y'_x = \dfrac{y'_t}{x'_t} = \dfrac{1-3t^2}{-3t^2} = -\dfrac{1}{3t^2} + 1$,

$y''_x = \dfrac{d}{dx}(y'_x) = \dfrac{d}{dt}(y'_x)\dfrac{dt}{dx} = \dfrac{2}{3} \cdot \dfrac{1}{t^3} \cdot \dfrac{1}{-3t^2} = -\dfrac{2}{9}t^{-5}$;

(4) $x_t' = \dfrac{2t}{1+t^2}$, $y_t' = 1 - \dfrac{1}{1+t^2} = \dfrac{t^2}{1+t^2}$, $y_x' = \dfrac{y_t'}{x_t'} = \dfrac{\frac{t^2}{1+t^2}}{\frac{2t}{1+t^2}} = \dfrac{t}{2}$,

$y''_x = \dfrac{\mathrm{d}}{\mathrm{d}x}(y_x') = \dfrac{\mathrm{d}}{\mathrm{d}t}(y_x') \dfrac{\mathrm{d}t}{\mathrm{d}x} = \dfrac{1}{2} \times \dfrac{1+t^2}{2t} = \dfrac{1+t^2}{4t}$;

(5) $x_t' = 2at$, $y_t' = 3bt^2$, $y_x' = \dfrac{y_t'}{x_t'} = \dfrac{3bt^2}{2at} = \dfrac{3bt}{2a}$,

$y''_x = \dfrac{\mathrm{d}}{\mathrm{d}x}(y_x') = \dfrac{\mathrm{d}}{\mathrm{d}t}(y_x') \dfrac{\mathrm{d}t}{\mathrm{d}x} = \dfrac{3b}{2a} \times \dfrac{1}{2at} = \dfrac{3b}{4a^2 t}$;

(6) $x_t' = e^t \cdot \sin t + e^t \cdot \cos t$, $y_t' = e^t \cos t - e^t \sin t$,

$y_x' = \dfrac{y_t'}{x_t'} = \dfrac{e^t \cos t - e^t \sin t}{e^t \sin t + e^t \cos t} = \dfrac{\cos t - \sin t}{\sin t + \cos t}$,

$y''_x = \dfrac{\mathrm{d}}{\mathrm{d}x}(y_x') = \dfrac{\mathrm{d}}{\mathrm{d}t}(y_x') \dfrac{\mathrm{d}t}{\mathrm{d}x} = \left[-\dfrac{(\sin t - \cos t)^2}{(\sin t + \cos t)^2} - 1 \right] \cdot \dfrac{1}{e^t(\sin t + \cos t)}$

$= \dfrac{-(\sin t - \cos t)^2 - (\sin t + \cos t)^2}{e^t(\sin t + \cos t)^3} = \dfrac{-2}{e^t(\sin t + \cos t)^3}$;

(7) $x_t' = f''(t)$, $y_t' = f'(t) + tf''(t) - f'(t)$,

$y_x' = \dfrac{y_t'}{x_t'} = \dfrac{f'(t) + tf''(t) - f'(t)}{f''(t)} = t$,

$y''_x = \dfrac{\mathrm{d}}{\mathrm{d}x}(y_x') = \dfrac{\mathrm{d}}{\mathrm{d}t}(y_x') \cdot \dfrac{\mathrm{d}t}{\mathrm{d}x} = 1 \cdot \dfrac{1}{f''(t)} = \dfrac{1}{f''(t)}$.

习题 3-5

1. **解题过程** $\Delta y \Big|_{\substack{x=2 \\ \Delta = -0.1}} = (2-0.1)^3 - 2^3 = -1.141$,

   $\mathrm{d}y \Big|_{\substack{x=2 \\ \Delta = -0.1}} = 3 \cdot 2^2 \cdot (-0.1) = -1.2$;

   $\Delta y \Big|_{\substack{x=2 \\ \Delta = 0.01}} = (2+0.01)^3 - 2^3 = 0.120601$,

   $\mathrm{d}y \Big|_{\substack{x=2 \\ \Delta = 0.01}} = 3 \cdot 2^2 \cdot (0.01) = 0.12$.

2. **解题过程** (1) 如题 2 图解所示，$\Delta y, \mathrm{d}y, \Delta y - \mathrm{d}y$ 均为正；

   (2) $\Delta y, \mathrm{d}y$ 为正，$\Delta y - \mathrm{d}y$ 为负；

   (3) $\Delta y, \mathrm{d}y, \Delta y - \mathrm{d}y$ 均为负；

   (4) $\Delta y, \mathrm{d}y$ 为负，$\Delta y - \mathrm{d}y$ 为正.

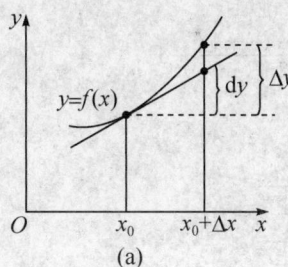
(a)
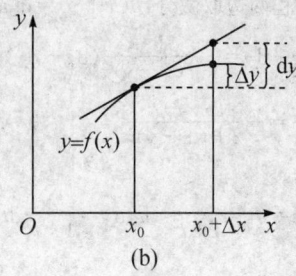
(b)
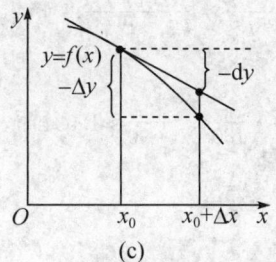
(c)
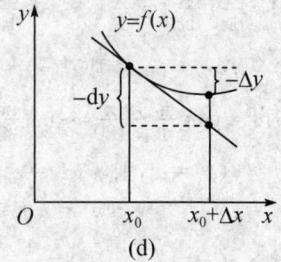
(d)

题 2 图解

3. **解题过程** $(1) dy = y'dx = \dfrac{1-x+x}{(1-x)^2} \cdot dx = \dfrac{dx}{(1-x)^2}$;

$(2) dy = y'dx = \dfrac{1}{\sin\dfrac{x}{2}} \cdot \cos\dfrac{x}{2} \cdot \dfrac{1}{2} dx = \dfrac{\cos\dfrac{x}{2}}{2\sin\dfrac{x}{2}} \cdot dx = \dfrac{dx}{2\tan\dfrac{x}{2}}$;

$(3) dy = y'dx = \dfrac{1}{\sqrt{1-(1-x^2)}} \times \dfrac{1}{2} \times \dfrac{-2x}{\sqrt{1-x^2}} \cdot dx = \begin{cases} \dfrac{dx}{\sqrt{1-x^2}}, & -1 < x < 0 \\ -\dfrac{dx}{\sqrt{1-x^2}}, & 0 < x < 1 \end{cases}$;

$(4) dy = y'dx = \{e^{-x}(-1) \cdot \cos(3-x) + e^{-x}[-\sin(3-x)] \cdot (-1)\}dx$
$= e^{-x}[\sin(3-x) - \cos(3-x)]dx$;

$(5) dy = y'dx = (2x \cdot e^{2x} + x^2 \cdot e^{2x} \cdot 2)dx = 2x \cdot e^{2x}(1+x) \cdot dx$;

$(6) dy = y'dx = 2\tan(1+2x^2) \cdot \sec^2(1+2x^2) \cdot 4xdx$
$= 8x \cdot \tan(1+2x^2) \cdot \sec^2(1+2x^2)dx$.

4. **解题过程** $(1) 3x + C$; $(2) \dfrac{5}{2}x^2 + C$;

$(3) -\dfrac{1}{2}\cos 2x + C$; $(4) -\dfrac{1}{3}e^{-3x} + C$;

$(5) \ln|1+x| + C$; $(6) 2\sqrt{x} + C$;

$(7) \dfrac{1}{4}\tan 4x + C$; $(8) -\dfrac{1}{2}\cot 2x + C$.

5. **解题过程** 方程两边取微分：$d(x+y)=d[\arctan(x-y)]$,

$$dx+dy=\frac{1}{1+(x-y)^2}(dx-dy), dy=-\frac{(x-y)^2}{2+(x-y)^2}dx,$$

$$\frac{dy}{dx}=-\frac{(x-y)^2}{2+(x-y)^2}.$$

6. **解题过程** $dx=(1-\frac{1}{1+t^2})dt, dy=\frac{2t}{1+t^2}dt, \frac{dy}{dx}=\frac{\frac{2t}{1+t^2}}{\frac{t^2}{1+t^2}}=\frac{2}{t}$,

$$\frac{d^2y}{dx^2}=\frac{d}{dx}\left(\frac{dy}{dx}\right)=\frac{d}{dt}\left(\frac{dy}{dx}\right)\cdot\frac{dt}{dx}=-\frac{2}{t^2}\cdot\frac{1+t^2}{t^2}=-\frac{2(1+t^2)}{t^4}.$$

7. **解题过程** (1) 令 $f(x)=\tan x$, 则 $f'(x)=\sec^2 x$,

$$\tan 46°=\tan(\frac{\pi}{4}+\frac{\pi}{180})\approx\tan\frac{\pi}{4}+\sec^2\frac{\pi}{4}\cdot\frac{\pi}{180}\approx 1+\frac{\pi}{90}\approx 1.0349;$$

(2) 令 $f(x)=e^x$, 则 $f'(x)=e^x$

$$e^{1.01}=e^{(1+0.01)}\approx e^1+e^1\cdot 0.01=2.7455;$$

(3) 令 $f(x)=\sqrt[3]{x}, f'(x)=\frac{1}{3}x^{-\frac{2}{3}}$,

$$\sqrt[3]{996}=\sqrt[3]{1000-4}=\sqrt[3]{1000(1-\frac{4}{1000})}=10\sqrt[3]{1-\frac{4}{1000}}$$

$$\approx 10\cdot(1-\frac{1}{3}\cdot 1^{-\frac{2}{3}}\cdot\frac{4}{1000})\approx 9.9867;$$

(4) 令 $f(x)=\ln x, f'(x)=\frac{1}{x}$,

$$\ln(1.001)=\ln(1+0.001)\approx\ln 1+\frac{1}{1}\cdot 0.001=0.001;$$

(5) 令 $f(x)=\arctan x, f'(x)=\frac{1}{1+x^2}$,

$$\arctan 1.02=\arctan(1+0.02)$$

$$\approx\arctan 1+\frac{1}{1+1}\cdot 0.02\approx\frac{\pi}{4}+0.01\approx 0.7954.$$

8. **解题过程** (1) 令 $f(x)=\ln x, f'(x)=\frac{1}{x}$, 因为 x 很小, 则有

$$\ln(1+x)=\ln 1+\frac{1}{1}\cdot x=x;$$

(2) 令 $f(x)=\frac{1}{x}, f'(x)=-\frac{1}{x^2}$, 因为 x 很小, 则有

$$\frac{1}{1+x}\approx 1+(-\frac{1}{1})\cdot x=1-x.$$

9. **解题过程** 扇形面积为 S, 则 $S=\frac{1}{2}\alpha\cdot R^2$,

$$\Delta S\approx dS=(\frac{1}{2}\alpha R^2)'_\alpha\Delta\alpha=\frac{1}{2}R^2\cdot\Delta\alpha.$$

α 减少 $30'$ 时,$\Delta = \frac{1}{2} \times 100^2 \times (-\frac{\pi}{360}) \approx -43.63(\text{cm}^2)$.

故 α 减少 $30'$,扇形面积减少 43.63cm^2.

若 R 增加 1cm,$\Delta S \approx \text{d}s = (\frac{1}{2}\alpha R^2)'_R \cdot \Delta R = \alpha \cdot R \cdot \Delta R = \frac{\pi}{3} \cdot 100 \cdot 1 = 104.72(\text{cm}^2)$

故 R 增加 1cm,扇形面积增加 104.72cm^2,

10. **解题过程** 由正方体体积为 V,则 $V = X^3$

精确值 $\Delta V = (10+0.1)^3 - 10^3 = 30.301(\text{m}^3)$;

近似值 $\text{d}V = 3x^2|_{x=10} \cdot \text{d}x = 3 \cdot 10^2 \cdot 0.1 = 30(\text{m}^3)$.

习题 3-6

1. **解题过程** $(1) y' = 2x\text{e}^{-x} + x^2 \text{e}^{-x} \cdot (-1) = (2x - x^2) \cdot \text{e}^{-x}$,

$\frac{Ey}{Ex} = y' \cdot \frac{x}{y} = \frac{(2x-x^2) \cdot \text{e}^{-x} \cdot x}{x^2 \cdot \text{e}^{-x}} = 2 - x$.

$(2) y' = \frac{\text{e}^x \cdot x - \text{e}^x}{x^2} = \frac{\text{e}^x(x-1)}{x^2}$,

$\frac{Ey}{Ex} = y' \cdot \frac{x}{y} = \frac{\text{e}^x(x-1)}{x^2} \cdot \frac{x}{\frac{\text{e}^x}{x}} = x - 1$.

$(3) y' = ax^{a-1} \cdot \text{e}^{-b(x+c)} + x^a \cdot \text{e}^{-b(x+c)} \cdot (-b)$
$= x^{a-1}\text{e}^{-b(x+c)} \cdot (a - bx)$,

$\frac{Ey}{Ex} = y'\frac{x}{y} = x^{a-1} \cdot \text{e}^{-b(x+c)}(a-bx)\frac{x}{x^a \cdot \text{e}^{-b(x+c)}} = a - bx$.

2. **解题过程** $(1) R'(Q) = 104 - 0.4Q \cdot 2 = 104 - 0.8Q$;

$(2) R'(Q)|_{Q=50} = 104 - 0.8 \times 50 = 64$;

$(3) \frac{ER}{EQ} = R'(Q)\frac{Q}{R} = (104 - 0.8Q)\frac{Q}{104Q - 0.4Q^2}$

$\frac{ER}{EQ}|_{Q=100} = (104 - 80) \times \frac{100}{104 \times 100 - 0.4 \times 100^2} = \frac{3}{8}$.

3. **解题过程** $(1) C'(x) = 7 + \frac{50}{2} \cdot x^{-\frac{1}{2}} = 7 + \frac{25}{\sqrt{x}}$,

$C'(x)|_{X=100} = 7 + 2.5 = 9.5$;

$(2) C(100) = 1000 + 700 + 500 = 2200$,

$\overline{C}(100) = \frac{2200}{100} = 22$,

4. **解题过程** $(1) R(Q) = PQ = 10Q - \frac{Q^2}{5}$, $\overline{R}(Q) = \frac{R(Q)}{Q} = 10 - \frac{1}{5}Q$,

$R'(Q) = 10 - \frac{2}{5}Q$;

(2) $R(20) = 10 \times 20 - \dfrac{20^2}{5} = 120$, $\overline{R}(Q) = 10 - \dfrac{1}{5} \times 20 = 6$,

$R'(Q) = 10 - \dfrac{2}{5} \times 20 = 2$.

5. **解题过程** $L(Q) = R(Q) - C(Q) = 40Q - (100 + 12Q + Q^2) = -Q^2 + 28Q - 100$,

$L'(Q) = -2Q + 28 = 0$, 则 $Q = 14$, 故边际利润为零时, 每周产量是 14(百件).

6. **解题过程** $Q'(P) = -\dfrac{2 \times 1000 \times (2P+1) \times 2}{(2P+1)^4} = -\dfrac{4000}{(2P+1)^3}$,

$Q'(10) = -\dfrac{4000}{(20+1)^3} \approx -0.432$.

经济意义为:巧克力糖价格由原来的10元增加1元时,每周需求量将减少0.432kg.

7. **解题过程** (1) $\dfrac{E[f(x) \pm g(x)]}{Ex} = \dfrac{[f(x) \pm g(x)]' \cdot x}{f(x) \pm g(x)} = \dfrac{[f'(x) \pm g'(x)] \cdot x}{f(x) \pm g(x)}$

$= \dfrac{f(x) \cdot \dfrac{f'(x)}{f(x)} \cdot x \pm g(x) \dfrac{g'(x)}{g(x)} \cdot x}{f(x) \pm g(x)}$

$= \dfrac{f(x) \cdot \dfrac{Ef(x)}{Ex} \pm g(x) \cdot \dfrac{Eg(x)}{Ex}}{f(x) \pm g(x)}$;

(2) $\dfrac{E[f(x) \cdot g(x)]}{Ex} = [f(x) \cdot g(x)]' \cdot \dfrac{x}{f(x) \cdot g(x)}$

$= [f'(x) \cdot g(x) + f(x) \cdot g'(x)] \cdot \dfrac{x}{f(x) \cdot g(x)}$

$= \dfrac{f'(x) \cdot x}{f(x)} + \dfrac{g'(x) \cdot x}{g(x)} = \dfrac{Ef(x)}{Ex} + \dfrac{Eg(x)}{Ex}$;

(3) $\dfrac{E\left[\dfrac{f(x)}{g(x)}\right]}{Ex} = \left[\dfrac{f(x)}{g(x)}\right]' \cdot \dfrac{x}{\dfrac{f(x)}{g(x)}}$

$= \dfrac{f'(x)g(x) - f(x)g'(x)}{g^2(x)} \cdot \dfrac{x \cdot g(x)}{f(x)}$

$= f'(x) \cdot \dfrac{x}{f(x)} - g'(x) \cdot \dfrac{x}{g(x)} = \dfrac{Ef(x)}{Ex} - \dfrac{Eg(x)}{Ex}$;

(4) $\dfrac{Ef[\varphi(x)]}{Ex} = \{f[\varphi(x)]\}' \cdot \dfrac{x}{f[\varphi(x)]} = f'(u) \cdot \varphi'(x) \cdot \dfrac{x}{f(u)}$

$= f'(u) \cdot \dfrac{u}{f(u)} \cdot \varphi'(x) \cdot \dfrac{x}{u}$

$= f'(u) \cdot \dfrac{u}{f(u)} \cdot \varphi'(x) \cdot \dfrac{x}{\varphi(x)} = \dfrac{Ef(u)}{Eu} \cdot \dfrac{E\varphi(x)}{Ex}$.

8. **解题过程** (1) $\eta(p) = -\dfrac{P}{Q} \cdot \dfrac{dQ}{dP} = -\dfrac{P}{e^{-\frac{P}{5}}} \left(-\dfrac{1}{5}\right) \cdot e^{-\frac{P}{5}} = \dfrac{P}{5}$.

(2) $\eta(3) = \dfrac{3}{5} = 0.6 < 1$, 当 $P = 3$ 时, 需求变动幅度小于价格变动幅度, 价格上涨 1%,

需求减少 0.6%.

$\eta(5)=\dfrac{5}{5}=1$,当 $P=5$ 时,价格变动幅度与需求变动幅度相同.

$\eta(6)=\dfrac{6}{5}=1.2>1$,当 $P=6$ 时,需求变动的幅度大于价格变动的幅度. 即价格上涨 1%,需求减少 1.2%.

9. 解题过程 $\eta(P)=-\dfrac{P}{Q} \cdot \dfrac{dQ}{dP}=-\dfrac{P}{Q} \cdot (-5)=\dfrac{-5P}{100-5P}$;

$\eta(P)=1$ 时,即 $\dfrac{5P}{100-5P}=1$,$P=10$;

$\eta(P)>1$ 时,即 $\dfrac{5P}{100-5P}>1$,$10<P<20$.

10. 解题过程 (1) $\eta(P)=-\dfrac{P}{Q} \cdot \dfrac{dQ}{dP}=-\dfrac{P}{Q} \cdot (-\dfrac{1}{2})=\dfrac{P}{24-P}$;

(2) $\eta(6)=\dfrac{1}{3}$;

(3) $\dfrac{ER}{EP}=\dfrac{P}{R}\dfrac{dR}{dP}=1-\eta(P)$,$\dfrac{ER}{EP}\Big|_{P=6}=1-\eta(6)=\dfrac{2}{3}\approx 0.67$.

当 $P=6$ 时,价格上涨 1%,总收益增加 0.67%.

11. 解题过程 $E_s=\dfrac{dQ}{dP}\cdot\dfrac{P}{Q}=5\cdot\dfrac{P}{4+5P}=\dfrac{5P}{4+5P}$,

当 $P=2$ 时,$E_s=\dfrac{5\times 2}{4+5\times 2}=\dfrac{5}{7}$.

12. 解题过程 $\dfrac{dR}{dP}=\dfrac{dR}{dQ}\cdot\dfrac{dQ}{dP}$,$c=a\dfrac{dQ}{dP}\Big|_{P=P_0}$,则 $\dfrac{dQ}{dP}\Big|_{P=P_0}=\dfrac{c}{a}$.

又因为 $\eta=-\dfrac{P_0}{Q_0}\Big|\dfrac{dQ}{dP}\Big|_{P=P_0}$,故 $\dfrac{dQ}{dP}\Big|_{P=P_0}=-\dfrac{Q_0}{P_0}b$,可得 $\dfrac{c}{a}=-\dfrac{Q_0}{P_0}b$ ①

$\dfrac{dR}{dP}=\dfrac{d(PQ)}{dP}=Q+P\cdot\dfrac{dQ}{dP}$,

$Q_0+P_0\dfrac{dQ}{dP}\Big|_{P=P_0}=Q_0+P_0\dfrac{c}{a}=c$ ②

由①,②式可得 $\begin{cases} P_0=\dfrac{ab}{b-1}, \\ Q_0=\dfrac{-c}{b-1}. \end{cases}$

13. 解题过程 (1) $\eta(P)=-\dfrac{P}{Q}\dfrac{dQ}{dP}=-\dfrac{P}{a-bP}\cdot(-b)=\dfrac{bP}{a-bP}$;

(2) $\eta(P)=1$,则 $\dfrac{bP}{a-bP}=1$,可得 $P=\dfrac{a}{2b}$.

14. 解题过程 $E_d=\dfrac{P}{Q}\cdot\dfrac{dQ}{dP}\approx\dfrac{P}{Q}\cdot\dfrac{\Delta Q}{\Delta P}$

$\Rightarrow \dfrac{\Delta Q}{Q}\approx E_d\dfrac{\Delta P}{P}$

当 $|E_d|=2.1, \frac{\Delta P}{P}=-0.1$ 时,

$$\frac{\Delta Q}{Q} \approx -2.1 \times (-0.1) = 21\%$$

$\because R = PQ \quad \therefore \frac{\Delta R}{\Delta P} \approx Q(1-|E_d|)$

$$\frac{\Delta R}{R} = \frac{Q(1-|E_d|)\Delta P}{QP} = (1-|E_d|)\frac{\Delta P}{P}$$

当 $|E_d|=2.1, \frac{\Delta R}{R} \approx (1-2.1) \times (-0.1) = 11\%$

总习题三

1. **知识点窍** 本题考察连续与可导的概念与关系. 可导一定连续,连续则不一定可导.
   (1)充分,必要;(2)充分必要;(3)充分必要.

2. **知识点窍** 考察导数定义的变形.

   逻辑推理 A 相当于 $\lim\limits_{x \to 0} \frac{f(0+x)-f(0)}{0+x-0} = f'(0)$ 故成立.

   C 成立;

   D 原式 $= \lim\limits_{\Delta x \to 0} \frac{f(x_0+\Delta x)-f(x_0)+f(x_0)-f(x_0-\Delta x)}{2\Delta x}$

   $= \frac{1}{2}\left[\lim\limits_{\Delta x \to 0} \frac{f(x_0+\Delta x)-f(x_0)}{\Delta x} + \lim\limits_{\Delta x \to 0} \frac{f(x_0)-f(x_0-\Delta x)}{\Delta x}\right]$

   $= \frac{1}{2}[f'(x_0)+f'(x_0)] = f'(x_0)$ 故成立;

   同理可知 B 不成立.
   答案:ACD.

3. **知识点窍** 本题同上题,考察导数定义的变形.

   (1) $\lim\limits_{x \to a} \frac{xf(a)-af(x)}{x-a} = \lim\limits_{x \to a} \frac{xf(a)-af(a)+af(a)-af(x)}{x-a}$

   $= \lim\limits_{x \to a} \frac{xf(a)-af(a)}{x-a} - \lim\limits_{x \to a} \frac{af(x)-af(a)}{x-a}$

   $= f(a) - af'(a) = f(a) - ab;$

   (2) $\lim\limits_{x \to a} \frac{f(x)-f(a)}{\sqrt{x}-\sqrt{a}} = \lim\limits_{x \to a} \frac{(\sqrt{x}+\sqrt{a})[f(x)-f(a)]}{x-a}$

   $= \lim\limits_{x \to a}(\sqrt{x}+\sqrt{a}) \cdot \lim\limits_{x \to a} \frac{f(x)-f(a)}{x-a}$

   $= 2\sqrt{a} \cdot f'(a) = 2b\sqrt{a};$

   (3) $\lim\limits_{x \to a} \frac{f(a)-f(a-3x)}{5x} = \lim\limits_{x \to 0} \frac{3}{5} \cdot \frac{f(a-3x)-f(a)}{-3x}$

   $= \frac{3}{5}\lim\limits_{x \to 0} \frac{f(a-3x)-f(a)}{-3x} = \frac{3}{5}f'(a) = \frac{3}{5}b.$

4. **知识点窍** 考察导数定义.

   逻辑推理 (1)初等函数一般采用求导法则,有时采用定义更为简单.

   (2)因为 $\varphi(x)$ 在 $x=0$ 处仅连续,未必可导,故只能用定义求导数.

   解题过程 (1) $f'(0)=\lim\limits_{x\to 0}\dfrac{f(x)-f(0)}{x-0}=\lim\limits_{x\to 0}\dfrac{x(x-1)(x-2)\cdots(x-2009)-0}{x-0}$

   $=\lim\limits_{x\to 0}(x-1)(x-2)\cdots(x-2009)=-2009!;$

   (2) $f'(0)=\lim\limits_{x\to 0}\dfrac{f(x)-f(0)}{x-0}=\lim\limits_{x\to 0}\dfrac{(2^x-1)\varphi(x)}{x}=\lim\limits_{x\to 0}\dfrac{2^x-1}{x}\cdot\lim\limits_{x\to 0}\varphi(x)$

   $=\ln 2\cdot\varphi(0)(\varphi(x)$ 在 $x=0$ 处连续).

5. **知识点窍** (1)若 $f(x)$ 在 $x=x_0$ 处可导,则 $f'_+(x_0)=f'_-(x_0)$.

   (2)若 $f(x)$ 在 $x=x_0$ 处可导,则必定在 $x=x_0$ 处连续.

   逻辑推理 本题欲求两个参数 a,b,则必要利用两个条件,即连续与可导.

   解题过程 $f(x)$ 在 $x=\dfrac{\pi}{4}$ 处可导,则必在 $x=\dfrac{\pi}{4}$ 处连续,

   $f\left(\dfrac{\pi}{4}\right)=\sin\dfrac{\pi}{4}=\dfrac{\sqrt{2}}{2},\ \lim\limits_{x\to\frac{\pi}{4}^+}f(x)=\lim\limits_{x\to\frac{\pi}{4}^+}(ax+b)=\dfrac{\pi}{4}\cdot a+b=\dfrac{\sqrt{2}}{2},b=\dfrac{\sqrt{2}}{2}-\dfrac{\pi}{4}a.$

   $f(x)$ 在 $x=\dfrac{\pi}{4}$ 处可导,则

   $f'_-\left(\dfrac{\pi}{4}\right)=\lim\limits_{x\to\frac{\pi}{4}^-}\dfrac{f(x)-f\left(\frac{\pi}{4}\right)}{x-\frac{\pi}{4}}=\lim\limits_{x\to\frac{\pi}{4}^-}\dfrac{\sin x-\frac{\sqrt{2}}{2}}{x-\frac{\pi}{4}}=\dfrac{\sqrt{2}}{2},$

   $f'_+\left(\dfrac{\pi}{4}\right)=\lim\limits_{x\to\frac{\pi}{4}^+}\dfrac{f(x)-f\left(\frac{\pi}{4}\right)}{x-\frac{\pi}{4}}=\lim\limits_{x\to\frac{\pi}{4}^+}\dfrac{ax+b-\frac{\sqrt{2}}{2}}{x-\frac{\pi}{4}}$

   $=\lim\limits_{x\to\frac{\pi}{4}^+}\dfrac{ax+\left(\frac{\sqrt{2}}{2}-\frac{\pi}{4}a\right)-\frac{\sqrt{2}}{2}}{x-\frac{\pi}{4}}=a,$

   故 $a=\dfrac{\sqrt{2}}{2}$,则 $b=\dfrac{\sqrt{2}}{2}-\dfrac{\pi}{4}\cdot\dfrac{\sqrt{2}}{2}=\dfrac{\sqrt{2}}{2}\left(1-\dfrac{\pi}{4}\right).$

   可得 $\begin{cases}a=\dfrac{\sqrt{2}}{2},\\ b=\dfrac{\sqrt{2}}{2}\left(1-\dfrac{\pi}{4}\right).\end{cases}$

6. **逻辑推理** 将式子变形后,利用导数定义求得 $f'(3)$.

   解题过程 $f'(3)=\lim\limits_{x\to 0}\dfrac{f(3+x)-f(3)}{x}=\lim\limits_{x\to 0}\dfrac{3f(x)-3f(0)}{x}$

   $=3f'(0)=3\cdot\dfrac{1}{3}=1.$

7. **逻辑推理** 函数在某处存在导数,则左右导数都存在且相等.

   解题过程 (1) $f'_-(0) = \lim\limits_{x \to 0^-} \dfrac{f(x)-f(0)}{x-0} = \lim\limits_{x \to 0^-} \dfrac{x^2+1-1}{x} = \lim\limits_{x \to 0^-} x = 0$,

   $f'_+(0) = \lim\limits_{x \to 0^+} \dfrac{f(x)-f(0)}{x-0} = \lim\limits_{x \to 0^+} \dfrac{e^x-1}{x} = 1$,

   $f'_-(0) \neq f'_+(0)$,故 $f'(0)$ 不存在.

   (2) $f'_-(0) = \lim\limits_{x \to 0^-} \dfrac{f(x)-f(0)}{x-0} = \lim\limits_{x \to 0^-} \dfrac{\frac{x}{1-e^{\frac{1}{x}}}}{x} = \lim\limits_{x \to 0^-} \dfrac{1}{1-e^{\frac{1}{x}}} = 1$,

   $f'_+(0) = \lim\limits_{x \to 0^+} \dfrac{f(x)-f(0)}{x-0} = \lim\limits_{x \to 0^+} \dfrac{\frac{x}{1-e^{\frac{1}{x}}}}{x} = \lim\limits_{x \to 0^+} \dfrac{1}{1-e^{\frac{1}{x}}} = 0$,

   $f'_-(0) \neq f'_+(0)$,故 $f'(0)$ 不存在.

8. **解题过程** (1) $\lim\limits_{x \to 0^+} f(x) = \lim\limits_{x \to 0^+} x^\lambda \cdot \cos\dfrac{1}{x} = 0$,则 $\lambda > 0$,$f(x)$ 在 $x=0$ 处连续.

   $f'(0) = \lim\limits_{x \to 0} \dfrac{f(x)-f(0)}{x-0} = \lim\limits_{x \to 0} \dfrac{x^\lambda \cdot \cos\frac{1}{x}}{x} = \lim\limits_{x \to 0} x^{\lambda-1} \cdot \cos\dfrac{1}{x}$.

   要使 $f'(0)$ 不存在,则 $\lambda-1 \leq 0$,即 $\lambda \leq 1$ 即可.

   综上所述,要使 $f(x)$ 在 $x=0$ 处连续但不可导,则 $0 < \lambda \leq 1$.

   (2) 要使 $f'(0)$ 存在,且 $\lambda-1 > 0$,即 $\lambda > 1$,故 $\lambda > 1$ 时 $f(x)$ 在 $x=0$ 处既连续又可导.

9. **知识点拨** $dy = f'(x)dx$.

   解题过程 (1) $dy = y'dx = \left(\arcsin\dfrac{x}{3} + x\dfrac{1}{\sqrt{1-\frac{x^2}{9}}} \times \dfrac{1}{3} + \dfrac{1}{2} \times \dfrac{-2x}{\sqrt{9-x^2}}\right)dx$

   $= \left(\arcsin\dfrac{x}{3} + \dfrac{x}{\sqrt{9-x^2}} - \dfrac{x}{\sqrt{9-x^2}}\right)dx = \arcsin\dfrac{x}{3}dx$;

   (2) $y' = \sec^2(e^{-2x}+1) \cdot e^{-2x} \cdot (-2) = -2e^{-2x} \cdot \sec^2(e^{-2x}+1)$;

   (3) $y' = \dfrac{1}{e^x+\sqrt{1+e^{2x}}} \cdot \left(e^x + \dfrac{1}{2} \times \dfrac{2e^{2x}}{\sqrt{1+e^{2x}}}\right)$

   $= \dfrac{1}{e^x+\sqrt{1+e^{2x}}} \cdot \left(e^x + \dfrac{e^{2x}}{\sqrt{1+e^{2x}}}\right) = \dfrac{e^x}{\sqrt{1+e^{2x}}}$;

   (4) 两边取对数 $\ln y = \sin x \cdot \ln\cos x$,

   求导 $\dfrac{1}{y}y' = \cos x \cdot \ln\cos x + \sin x \cdot \dfrac{1}{\cos x} \cdot (-\sin x)$,

   则 $y' = \left(\cos x \ln\cos x - \dfrac{\sin^2 x}{\cos x}\right) \cdot (\cos x)^{\sin x}$;

   (5) 取对数 $\ln y = \dfrac{1}{2}\ln|x+2| + 3\ln(2-x) - 5\ln(1-x)$,

求导 $\dfrac{1}{y} \cdot y' = \dfrac{1}{2} \times \dfrac{1}{x+2} + 3 \times \dfrac{-1}{2-x} - 5 \times \dfrac{-1}{1-x}$

$$= \dfrac{1}{2(x+2)} + \dfrac{3}{x-2} + \dfrac{5}{1-x},$$

则 $y' = \dfrac{\sqrt{x+2}(2-x)^3}{(1-x)^5} \cdot \left[\dfrac{1}{2(x+2)} + \dfrac{3}{x-2} + \dfrac{5}{1-x}\right];$

(6) $y' = \dfrac{1}{\tan\dfrac{x}{2}} \cdot \sec^2 \dfrac{x}{2} \cdot \dfrac{1}{2} - \left[(-\csc^2 x) \cdot \ln(1+\sin x) + \cot x \cdot \dfrac{1}{1+\sin x} \cdot \cos x\right] - 1$

$$= \csc x + \csc^2 x \cdot \ln(1+\sin x) - \dfrac{\cos^2 x}{\sin x(1+\sin x)} - 1$$

$$= \csc^2 x \cdot \ln(1+\sin x),$$

则 $dy = y' \cdot dx = \csc^2 x \cdot \ln(1+\sin x) \cdot dx.$

10. 【知识点窍】 隐函数求导.

【解题过程】 $\dfrac{\left(\dfrac{y}{x}\right)'}{1+\left(\dfrac{y}{x}\right)^2} = \dfrac{1}{2} \cdot \dfrac{(2x+2y \cdot y')}{x^2+y^2},$

$\dfrac{1}{1+\left(\dfrac{y}{x}\right)^2} \cdot \dfrac{x \cdot y' - y}{x^2} = \dfrac{1}{2(x^2+y^2)}(2x+2y \cdot y'),$

整理得 $y' = \dfrac{x+y}{x-y}$，则 $\dfrac{dy}{dx}\bigg|_{x=1} = \dfrac{1+0}{1-0} = 1,$

$y'' = \dfrac{(1+y')(x-y) - (x+y)(1-y')}{(x-y)^2},$

$y''\bigg|_{x=1} = \dfrac{(1+1)(1-0) - (1+0)(1-1)}{(1-0)^2} = 2.$

11. 【解题过程】 $e^y \cdot y' + y + x \cdot y' = 0$，则 $y' = -\dfrac{y}{x+e^y},$

当 $x=0$ 时，$e^y = e$ 则 $y = 1$ 故 $y'(0) = -\dfrac{1}{0+e} = -\dfrac{1}{e}.$

$e^y \cdot y' \cdot y' + e^y \cdot y'' + y' + y' + x \cdot y'' = 0.$

$e^y \cdot (y')^2 + 2y' + e^y \cdot y'' + x \cdot y'' = 0.$

将 $x=0, y=1, y'(0) = -\dfrac{1}{e}$ 代入得 $1 \cdot (-\dfrac{1}{e})^2 + 2 \times (-\dfrac{1}{e}) + e \cdot y'' = 0.$ $y''(0) = \dfrac{1}{e^2}.$

12. 【解题过程】 (1) $y' = \sin 3x + x \cdot 3\cos 3x,$

$y'' = 3\cos 3x + 3\cos 3x + x \cdot (-3\sin 3x) \cdot 3 = 6\cos 3x - 9x \cdot \sin 3x;$

(2) $y = \dfrac{1}{2} \ln\left|\dfrac{1-x}{1+x^2}\right| = \dfrac{1}{2}[\ln|1-x| - \ln(1+x^2)],$

$y' = \dfrac{1}{2} \cdot \left(\dfrac{-1}{1-x} - \dfrac{2x}{1+x^2}\right) = \dfrac{1}{2(x-1)} - \dfrac{x}{1+x^2},$

$y'' = \dfrac{-1}{2(x-1)^2} - \dfrac{(1+x^2) - x \cdot 2x}{(1+x^2)^2} = -\dfrac{1}{2(x-1)^2} - \dfrac{1-x^2}{(1+x^2)^2}.$

13. **知识点拨** 由参数方程所确定的函数的导数.

解题过程 $(1) x_t' = \dfrac{1}{\tan t} \cdot \sec^2 t = \dfrac{1}{\sin t \cdot \cos t}$,

$y_t' = \dfrac{1}{\tan \dfrac{t}{2}} \cdot \sec^2 \dfrac{t}{2} \cdot \dfrac{1}{2} = \dfrac{1}{2\sin \dfrac{t}{2} \cdot \cos \dfrac{t}{2}} = \dfrac{1}{\sin t}$,

$\dfrac{dy}{dx} = \dfrac{y_t'}{x_t'} = \dfrac{1}{\sin t} \times \sin t \cdot \cos t = \cos t$,

$\dfrac{d^2 y}{dx^2} = \dfrac{d}{dx}\left(\dfrac{dy}{dx}\right) = \dfrac{d}{dt}\left(\dfrac{dy}{dx}\right) \cdot \dfrac{dt}{dx} = -\sin t \cdot (\sin t \cdot \cos t) = -\sin^2 t \cdot \cos t$.

$(2) x_t' = 2te^t + (t^2+1)e^t$, $y_t' = 2te^{2t} + t^2 \cdot e^{2t} \cdot 2 = 2te^{2t}(1+t)$,

$\dfrac{dy}{dx} = \dfrac{y_t'}{x_t'} = \dfrac{2te^t}{t+1}$,

$\dfrac{d^2 y}{dx^2} = \dfrac{d}{dx}\left(\dfrac{dy}{dx}\right) = \dfrac{d}{dt}\left(\dfrac{dy}{dx}\right) \cdot \dfrac{dt}{dx} = \dfrac{d\left(\dfrac{2te^t}{t+1}\right)}{dt} \cdot \dfrac{1}{(t+1)^2 \cdot e^t}$

$= \dfrac{(2e^t + 2te^t)(t+1) - 2te^t}{(1+t)^2} \cdot \dfrac{1}{(t+1)^2 e^t} = \dfrac{2(t^2+t+1)}{(t+1)^4}$,

$\left.\dfrac{dy}{dx}\right|_{t=0} = 0$, $\left.\dfrac{d^2 y}{dx^2}\right|_{t=0} = 2$.

14. **知识点拨** 曲线在某点处的导数即为切线斜率.

逻辑推理 根据平行直线求得切线斜率,然后导数值等于该斜率,从而确定坐标.

解题过程 设切点为(x_0, y_0),切线斜率为$-\dfrac{1}{2}$.

求导数 $x_t' = \dfrac{2t}{1+t^2}$, $y_t' = -\dfrac{1}{1+t^2}$, $\dfrac{dy}{dx} = \dfrac{y_t'}{x_t'} = \dfrac{-\dfrac{1}{1+t^2}}{\dfrac{2t}{1+t^2}} = -\dfrac{1}{2t}$.

则 $-\dfrac{1}{2} = -\dfrac{1}{2t}$, $t = 1$.

故 $x_0 = \ln(1+1) = \ln 2$, $y_0 = \dfrac{\pi}{2} - \arctan 1 = \dfrac{\pi}{4}$. 故切点坐标为$(\ln 2, \dfrac{\pi}{4})$.

15. **解题过程** $(1) y = \dfrac{1-x}{1+x} = -1 + \dfrac{2}{1+x}$,

$y^{(n)} = \left(-1 + \dfrac{2}{1+x}\right)^{(n)} = \left(\dfrac{2}{1+x}\right)^{(n)} = 2 \cdot (-1)^n \cdot n! \ (1+x)^{-(1+n)}$;

$(2) y = \dfrac{1}{x^2 - 3x + 2} = \dfrac{1}{(x-2)(x-1)} = \dfrac{1}{x-2} - \dfrac{1}{x-1}$,

$y^{(n)} = (-1)^n \cdot n! \cdot (x-2)^{-(n+1)} - (-1)^n \cdot n! \cdot (x-1)^{-(n+1)}$

$= (-1)^n \cdot n! \ [(x-2)^{-(n+1)} - (x-1)^{-(n+1)}]$;

$(3) y = \ln \dfrac{a+bx}{a-bx} = \ln|a+bx| - \ln|a-bx|$,

$$y' = \frac{b}{a+bx} + \frac{b}{a-bx},$$
$$y^{(n)} = (y')^{(n-1)} = b \cdot b^{n-1}(-1)^{n-1}(n-1)!\ (a+bx)^{-n}$$
$$+ b \cdot b^{n-1}(-1)^{n-1} \cdot (n-1)! \cdot (-1)^{n-1} \cdot (a-bx)^{-n}$$
$$= b^n \cdot (n-1)! \cdot [(-1)^{n-1} \cdot (a+bx)^{-n} + (a-bx)^{-n}].$$

16. **知识点拨** 利用微分进行近似计算，$\Delta y = f(x_0 + \Delta x) - f(x_0) \approx f'(x_0)\Delta x$ 或 $f(x_0 + \Delta x) \approx f(x_0) + f'(x_0)\Delta x$.

    逻辑推理 $f(x) = \cos x, f'(x) = -\sin x$, 取 $x_0 = \frac{5}{6}\pi, \Delta x = \frac{\pi}{180}$.

    解题过程 $\cos 151° = \cos\left(\frac{5}{6}\pi + \frac{\pi}{180}\right) \approx \cos\frac{5}{6}\pi + \left(-\sin\frac{5}{6}\pi\right) \cdot \frac{\pi}{180}$
    $$= -\frac{\sqrt{3}}{2} - \frac{\pi}{360} \approx -0.8747.$$

17. **解题过程** (1) 边际成本函数：$C'(x) = (100 + 5x + 2x^2)' = 5 + 4x$,

    边际收入函数：$R'(x) = (200x + x^2)' = 200 + 2x$,

    边际利润函数：$L'(x) = R'(x) - C'(x) = 200 + 2x - 5 - 4x = 195 - 2x$.

    (2) $L'(25) = 195 - 2 \times 25 = 145$, 故第 26 个单位产品会有 145 单位的利润.

18. **解题过程** (1) 边际需求：$Q'(P) = (150 - 2P^2)' = -4P, Q'(6) = -24$,

    当价格为 6 时，再提高或下降一个单位价格，需求将减少或增加 24 个单位；

    (2) 需求弹性 $\eta(P) = -\frac{P}{Q}\frac{dQ}{dP} = \frac{4P^2}{150 - 2P^2}, \eta(6) = 1.85$,

    价格上升或下降 1%，需求减少或增加 1.85%；

    (3) $R(P) = 150P - 2P^3$,

    $\frac{ER}{EP} = \frac{P}{R} \cdot \frac{dR}{dP} = \frac{P}{150P - 2P^3} \cdot (150 - 6P^2) = \frac{150 - 6P^2}{150 - 2P^2}$,

    $\left.\frac{ER}{EP}\right|_{P=6} = -0.846, 0.846 \times 2 = 1.692$,

    价格下降 2%，总收益增加 1.692%.

19. **解题过程** (1) 总收入 $R(P) = PQ = 60000P - 1000P^2$

    总成本 $C(P) = 60000 + 20Q$

    总利润 $L(P) = R(P) - C(P)$
    $$= 80000P - 1000P^2 - 1260000$$

    边际利润 $L'(P) = 80000 - 2000P$

    (2) 当 $P = 50, L'(50) = -20000$

    经济意义：在 $P = 50$ 时，价格每增加 1 元，
    　　　　　　总利润便减少 20000 元。

    (3) 因为 $L(P)$ 在 $(0, 40)$ 递增，所以当 $P = 40$ 时，便得利润最大。

第四章
中值定理及导数的应用

知识网络图

- 中值定理
  - 罗尔定理
  - 拉格朗日中值定理
  - 柯西中值定理
- 洛必达法则
  - $\dfrac{0}{0}$、$\dfrac{\infty}{\infty}$ 未定式
  - 取对数求极限法
- 导数的应用
  - 函数的单调性
  - 函数的极值
  - 曲线的凹凸性和拐点
  - 函数图形的描绘
- 函数的最值及其在经济中的应用
  - 函数的最大值、最小值
  - 经济应用问题举例
- 泰勒公式

知识点归纳

1. 罗尔定理

罗尔(Rolle) 定理　如果函数 $f(x)$ 满足下列条件：

(1) 在闭区间 $[a,b]$ 上连续；

(2) 在开区间 (a,b) 内可导;
(3) 在区间端点的函数值相等,即 $f(a)=f(b)$,
那么在 (a,b) 内至少有一点 ξ,使得
$$f'(\xi)=0.$$

2. 拉格朗日中值定理

拉格朗日中值定理 如果函数 $f(x)$ 满足如下两个条件:
(1) 在闭区间 $[a,b]$ 上连续;
(2) 在开区间 (a,b) 内可导,
那么在 (a,b) 内至少有一点 ξ,使得
$$f'(\xi)=\frac{f(b)-f(a)}{b-a}$$
或
$$f(b)-f(a)=f'(\xi)(b-a).$$

3. 柯西中值定理

柯西中值定理 如果函数 $f(x)$ 和 $g(x)$ 满足条件:
(1) 在闭区间 $[a,b]$ 上连续;
(2) 在开区间 (a,b) 内可导;
(3) $g'(x)$ 在 (a,b) 内每点处均不为零,那么在 (a,b) 内至少有一点 ξ,使得
$$\frac{f'(\xi)}{g'(\xi)}=\frac{f(b)-f(a)}{g(b)-g(a)}.$$

4. 洛必达法则

如果 $\lim\limits_{x \to a}\dfrac{f'(x)}{g'(x)}$ 仍为 $\dfrac{0}{0}$ 型未定式,且这时 $f'(x),g'(x)$ 满足定理中 $f(x)$、$g(x)$ 所要满足的条件,那么有
$$\lim_{x \to a}\frac{f(x)}{g(x)}=\lim_{x \to a}\frac{f'(x)}{g'(x)}=\lim_{x \to a}\frac{f''(x)}{g''(x)},$$
而且可以以此类推. 这种用导数商的极限来计算函数商的极限的方法称为**洛必达法则**.

5. 函数的单调性

定理(函数单调性的判别法) 设 $y=f(x)$ 在 $[a,b]$ 上连续,在 (a,b) 内可导.
(1) 如果在 (a,b) 内 $f'(x)>0$,则 $f(x)$ 在 $[a,b]$ 上单调增加;
(2) 如果在 (a,b) 内 $f'(x)<0$,则 $f(x)$ 在 $[a,b]$ 上单调减少.
若函数在其定义区间的某个子区间内是单调的,则该子区间称为函数的**单调区间**.
如果函数在定义区间上连续,除去有限个导数不存在的点外,导数存在且连续,那么导数等于零的点和导数不存在的点,可能是单调区间的**分界点**.

6. 函数的极值

定义 设函数 $f(x)$ 在 (a,b) 内有定义，x_0 是 (a,b) 内的一个点，如果存在着点 x_0 的一个去心邻域，对这个去心邻域内的任何 x，总有 $f(x) < f(x_0)$，称 $f(x_0)$ 是函数 $f(x)$ 的一个**极大值**。如果存在 x_0 的一个去心邻域，对这个去心邻域内的任何 x，总有 $f(x) > f(x_0)$，称 $f(x_0)$ 是 $f(x)$ 的一个**极小值**。

函数的极大值和极小值统称为**极值**。使函数取得极值的点称为**极值点**。

定理1（极值存在的必要条件） 设函数 $f(x)$ 在 x_0 处可导，且在 x_0 处取得极值，那么函数在 x_0 处的导数为 0，即 $f'(x_0) = 0$。

定理2（判别极值的第一充分条件） 设函数 $f(x)$ 在 x_0 连续，且在 x_0 的一个去心邻域 $\mathring{U}(x_0, \delta)$ 内可导，又 $f'(x_0) = 0$ 或 $f'(x_0)$ 不存在。

(1) 如果当 $x \in (x_0 - \delta, x_0)$ 时，$f'(x) > 0$，而当 $x \in (x_0, x_0 + \delta)$ 时 $f'(x) < 0$，那么 $f(x_0)$ 为 $f(x)$ 的一个极大值；

(2) 如果当 $x \in (x_0 - \delta, x_0)$ 时，$f'(x) < 0$，而当 $x \in (x_0, x_0 + \delta)$ 时 $f'(x) > 0$，那么 $f(x_0)$ 为 $f(x)$ 的一个极小值；

(3) 如果当 $x \in \mathring{U}(x_0, \delta)$ 时，$f'(x)$ 不变号，那么 $f(x_0)$ 不是 $f(x)$ 的极值。

定理3（判别极值的第二充分条件） 设函数 $f(x)$ 在 x_0 处具有二阶导数，且
$$f'(x_0) = 0, f''(x_0) \neq 0,$$
那么(1) 当 $f''(x_0) < 0$ 时，$f(x_0)$ 为函数 $f(x)$ 的一个极大值；

(2) 当 $f''(x_0) > 0$ 时，$f(x_0)$ 为函数 $f(x)$ 的一个极小值。

7. 曲线的凹凸性与拐点

定义1 设 $f(x)$ 在区间 I 上连续，如果对 I 上任意两点 x_1, x_2，恒有

$$f(\frac{x_1 + x_2}{2}) < \frac{1}{2}[f(x_1) + f(x_2)], \tag{1}$$

那么称 $f(x)$ 在 I 上的**图形是凹的**（或**凹弧**）；如果恒有

$$f(\frac{x_1 + x_2}{2}) > \frac{1}{2}[f(x_1) + f(x_2)], \tag{2}$$

那么称 $f(x)$ 在 I 上的**图形是凸的**（或**凸弧**）。

定理 设函数在区间 I 内具有二阶导数，

(1) 如果在 I 内 $f''(x) > 0$，那么曲线 $y = f(x)$ 在 I 内是凹弧；

(2) 如果在 I 内 $f''(x) < 0$，那么曲线 $y = f(x)$ 在 I 内是凸弧。

定义2 连续曲线上凹弧与凸弧的分界点称为**拐点**。

8. 函数的最大值与最小值

由闭区间上连续函数的最大值和最小值定理知，目标函数一定有最大值和最小值，具体求法步骤如下：

第一步,求出所有可能取得最大值和最小值的点,包括使 $f'(x)=0$ 和 $f'(x)$ 不存在的点及区间端点.

第二步,计算所求出的各点的函数值,比较其大小,选出最大值和最小值.

9. 经济应用问题举例

定理 1(麦克劳林公式) 如果函数 $f(x)$ 在含有 $x=0$ 的某个开区间 (a,b) 内具有直到 $(n+1)$ 阶的导数,则当 x 在 (a,b) 内时,$f(x)$ 可以表示为 x 的一个 n 次多项式与一个余项 $R_n(x)$ 之和:

$$f(x) = f(0) + f'(0)x + \frac{f''(0)}{2!}x^2 + \cdots + \frac{f^{(n)}(0)}{n!}x^n + R_n(x),$$

其中

$$R_n(x) = \frac{f^{(n+1)}(\theta x)}{(n+1)!}x^{n+1} \quad (0 < \theta < 1).$$

定理 2(泰勒公式) 如果函数 $f(x)$ 在含有 x_0 的某开区间 (a,b) 内有直到 $(n+1)$ 阶的导数,则当 x 在 (a,b) 内时,$f(x)$ 可以表示为 $(x-x_0)$ 的一个 n 次多项式与一个余项 $R_n(x)$ 之和:

$$f(x) = f(x_0) + f'(x_0)(x-x_0) + \frac{f''(x_0)}{2!}(x-x_0)^2 + \cdots + \frac{f^{(n)}(x_0)}{n!}(x-x_0)^n + R_n(x),$$

其中

$$R_n(x) = \frac{f^{(n+1)}(\xi)}{(n+1)!}(x-x_0)^{n+1} \quad (\xi \text{ 在 } x \text{ 与 } x_0 \text{ 之间}).$$

历年考研真题评析

真题 1 (2010,16 题) 求函数 $f(x) = \int_1^{x^2}(x^2-t)e^{-t^2}dt$ 的单调区间与极值.

解题过程 函数 $f(x)$ 的定义域为 $(-\infty,+\infty)$,且

$$f(x) = x^2\int_1^{x^2}e^{-t^2}dt - \int_1^{x^2}te^{-t^2}dt,$$

$$f'(x) = 2x\int_1^{x^2}e^{-t^2}dt + 2x^3 e^{-x^4} - 2x^3 e^{-x^4} = 2x\int_1^{x^2}e^{-t^2}dt.$$

令 $f'(x) = 0$,得 $x=0, x=\pm 1$,列表如下:

x	$(-\infty,-1)$	-1	$(-1,0)$	0	$(0,1)$	1	$(1,+\infty)$
$f'(x)$	$-$	0	$+$	0	$-$	0	$+$
$f(x)$	↘	极小	↗	极大	↘	极小	↗

由以上表格可知,$f(x)$ 单调增加区间为 $(-1,0)$ 和 $(1,+\infty)$;$f(x)$ 单调减小的区间为 $(-\infty,-1)$ 和 $(0,1)$. $f(x)$ 的极小值为 $f(\pm 1) = \int_1^1(1-t)e^{-t^2}dt = 0$,极大值为 $f(0)$,

$$f(0) = -\int_1^0 t e^{-t^2} \mathrm{d}t = \int_0^1 t e^{-t^2} \mathrm{d}t = \frac{1}{2}\left(1 - \frac{1}{e}\right).$$

真题 2 （2011,17 题）求方程 $k\arctan x - x = 0$ 不同实根的个数，其中 k 为参数．

解法一 令 $f(x) = k\arctan x - x$，则 $f(x)$ 是 $(-\infty, +\infty)$ 上的奇函数，则其零点关于原点对称，因此，只需讨论 $f(x)$ 在 $[0, +\infty)$ 上的零点个数.

又 $f(0) = 0, f'(x) = \dfrac{k}{1+x^2} - 1 = \dfrac{k-1-x^2}{1+x^2}$

1) 当 $k-1 \leqslant 0$，即 $k \leqslant 1, f'(x) < 0 (x > 0), f(x)$ 在 $(0, +\infty)$ 上无零点.

2) 当 $k-1 > 0$ 时，即 $k > 1$ 时，在 $(0, \sqrt{k-1})$ 内 $f'(x) > 0$，又 $f(0) = 0$，则 $f(\sqrt{k-1}) > 0$，在 $(\sqrt{k-1}, +\infty)$ 内 $f'(x) < 0$，又

$$\lim_{x \to +\infty} f(x) = \lim_{x \to +\infty} [k\arctan x - x] = -\infty$$

则 $f(x)$ 在 $(\sqrt{k-1}, +\infty)$ 内有一个零点.

综上所述，当 $k \leqslant 1$ 时原方程有一个实根，当 $k > 1$ 时，原方程有三个实根．

解法二 $f(x) = k\arctan x - x$ 是奇函数，只需讨论 $f(x)$ 在 $(0, +\infty)$ 内零点个数，为此，令

$$g(x) = \frac{x}{\arctan x} - k \quad x \in (0, +\infty)$$

$g(x)$ 与 $f(x)$ 在 $(0, +\infty)$ 内零点个数相同，又

$$g'(x) = \frac{\arctan x - \dfrac{x}{1+x^2}}{(\arctan x)^2} = \frac{(1+x^2)\arctan x - x}{(1+x^2)(\arctan x)^2}$$

令 $\varphi(x) = (1+x^2)\arctan x - x$，则 $\varphi'(x) = 2x\arctan x > 0 \quad x \in (0, +\infty)$.
$\varphi(0) = 0$，则 $\varphi(x) > 0$，从而 $g'(x) > 0, g(x)$ 在 $(0, +\infty)$ 上单调增，又

$$\lim_{x \to 0^+} g(x) = \lim_{x \to 0^+}\left(\frac{x}{\arctan x} - k\right) = 1 - k,$$

$$\lim_{x \to +\infty} f(x) = \lim_{x \to +\infty}\left(\frac{x}{\arctan x} - k\right) = +\infty.$$

1) 若 $k \leqslant 1, g(x)$ 在 $(0, +\infty)$ 无零点，原方程有唯一实根 $x = 0$；

2) 若 $k > 1, g(x)$ 在 $(0, +\infty)$ 内有唯一零点，原方程有三个实根．

真题 3 （2007,19 题）设函数 $f(x), g(x)$ 在 $[a,b]$ 上连续，在 (a,b) 内具有二阶导数且存在相等的最大值，$f(a) = g(a), f(b) = g(b)$，证明：存在 $\xi \in (a,b)$，使得 $f''(\xi) = g''(\xi)$.

证明 令 $F(x) = f(x) - g(x)$，则 $F(a) = F(b) = 0$.

设 $f(x), g(x)$ 在 (a,b) 内的最大值为 M，且分别在 $\alpha \in (a,b), \beta \in (a,b)$ 取到，即 $f(\alpha) = M$, $g(\beta) = M$.

i) 若 $\alpha = \beta$，取 $\eta = \alpha$，则 $F(\eta) = 0$；

ii) 若 $\alpha \neq \beta$，则

$$F(\alpha) = f(\alpha) - g(\alpha) = M - g(\alpha) \geqslant 0,$$
$$F(\beta) = f(\beta) - g(\beta) = f(\beta) - M \leqslant 0,$$

此时，由连续函数介值定理知在 α 与 β 之间至少存在点 η，使

$$F(\eta) = 0$$

综上所述,存在 $\eta \in (a,b)$,使 $F(\eta) = 0$.

由罗尔定理知存在 $\xi_1 \in (a,\eta), \xi_2 \in (\eta,b)$,使得
$$F'(\xi_1) = 0, F'(\xi_2) = 0$$

再由罗尔定理得,存在 $\xi \in (\xi_1, \xi_2) \subset (a,b)$,使得 $F''(\xi) = 0$,即
$$f''(\xi) = g''(\xi).$$

真题 4 (2009,18题)(Ⅰ)证明拉格朗日中值定理:若函数 $f(x)$ 在 $[a,b]$ 上连续,在 (a,b) 内可导,则存在点 $\xi \in (a,b)$,使得 $f(b) - f(a) = f'(\xi)(b-a)$;

(Ⅱ)证明,若函数 $f(x)$ 在 $x = 0$ 处连续,在 $(0,\delta)(\delta > 0)$ 内可导,且 $\lim\limits_{x \to 0^+} f'(x) = A$,则 $f'_+(0)$ 存在,且 $f'_+(0) = A$.

证明 (Ⅰ)令 $F(x) = f(x) - \dfrac{f(b) - f(a)}{b - a}(x - a)$

由题设知 $F(x)$ 在 $[a,b]$ 上连续,在 (a,b) 内可导,且
$$F(a) = f(a) - \frac{f(b) - f(a)}{b - a}(a - a) = f(a)$$
$$F(b) = f(b) - \frac{f(b) - f(a)}{b - a} \cdot (b - a) = f(a)$$

根据罗尔定理,存在 $\xi \in (a,b)$,使得
$$F'(\xi) = 0$$

即
$$f'(\xi) - \frac{f(b) - f(a)}{b - a} = 0$$

故
$$f(b) - f(a) = f'(\xi)(b - a)$$

注:辅助函数也可构造为
$$F(x) = f(x) - \frac{f(b) - f(a)}{b - a}x,$$
$$F(x) = [f(b) - f(a)]x - (b - a)f(x) 等$$

(Ⅱ) $f'_+(0) = \lim\limits_{x \to 0^+} \dfrac{f(x) - f(0)}{x - 0} = \lim\limits_{x \to 0^+} f'(\xi) \quad \xi \in (0,x)$

由于 $\lim\limits_{x \to 0^+} f'(x) = A$,且当 $x \to 0^+$ 时,$\xi \to 0^+$,所以
$$f'_+(0) = \lim\limits_{x \to 0^+} f'(\xi) = A$$

故 $f'_+(0)$ 存在,且 $f'_+(0) = A$.

经典例题解析

例 1 设 $y=f(x)$ 由方程 $y^3+xy^2+x^2y+6=0$ 确定. 求 $f(x)$ 的极值.

解 $3y^2y'+y^3+x\cdot 2yy'+2xy+x^2y'=0$

$y^2+2xy=0$

$y(y+2x)=0$

$y=0(\text{舍})$ 或 $y=-2x$.

$y=-2x$ 时,

$y^3+xy^2+x^2y+6=0$.

$-8x^3+x\cdot(4x^2)+x^2\cdot(-2x)+6=0$

$-8x^3+4x^3-2x^3+6=0$

$-6x^3+6=0$

$x^3=1 \Rightarrow x=1, y=-2$.

$6(y')^2y+3y^2y''+2yy'+2y'y+x\cdot 2(y')^2+x\cdot 2yy''+2y+2xy'+2xy'+x^2y'=0$

$12y'(1)-4y''(1)-4+y'(1)=0$

$9y''(1)=4$

$y''(1)=\dfrac{9}{4}>0$

所以 $y(1)=-2$ 为极小值.

例 2 设函数 $f(u)$ 具有 2 阶连续导数. $z=f(e^x\cos y)$ 满足 $\dfrac{\partial^2 z}{\partial x^2}+\dfrac{\partial^2 z}{\partial y^2}=(z+e^x\cos y)e^{2x}$. 若 $f(0)=0, f'(0)=0$, 求 $f(u)$ 的表达式.

解 $\dfrac{\partial z}{\partial x}=f'(e^x\cos y)e^x\cos y$.

$\dfrac{\partial^2 z}{\partial x^2}=f''(e^x\cos y)e^{2x}\cos^2 y+f'(e^x\cos y)e^x\cos y$

$\dfrac{\partial z}{\partial y}=f'(e^x\cos y)e^x(-\sin y)$

$\dfrac{\partial^2 z}{\partial y^2}=f''(e^x\cos y)e^{2x}\sin^2 y+f'(e^x\cos y)e^x(-\cos y)$

$\dfrac{\partial^2 z}{\partial x^2}+\dfrac{\partial^2 z}{\partial y^2}=f''(e^x\cos y)e^{2x}=(4z+e^x\cos y)e^{2x}$

$f''(e^x\cos y)=4f(e^x\cos y)+e^x\cos y.$

令 $e^x\cos y=u$,

则 $f'(u) = 4f(u) + u$.

故 $f(u) = C_1 e^{2x} + C_2 e^{-2x} - \dfrac{u}{4}$，($C_1, C_2$ 为任意常数)

由 $f(0) = 0, f'(0) = 0$ 得 $f(u) = \dfrac{e^{2x}}{16} - \dfrac{e^{-2x}}{16} - \dfrac{u}{4}$.

例3 曲线 $y = (x-1)(x-2)^2(x-3)^3(x-4)^4$ 的拐点是（ ）.
(A) $(1,0)$ (B) $(2,0)$
(C) $(3,0)$ (D) $(4,0)$

答案 (C).

解 $y = (x-1)(x-2)^2(x-3)^3(x-4)^4$
$y_1 = x-1, y'_1 = 1, y''_1 = 0$
$y_2 = (x-2)^2, y'_2 = 2(x-2), y''_2 = 2$
$y_3 = (x-3)^3, y'_3 = 3(x-3)^2, y''_3 = 6(x-3)$
$y_4 = (x-4)^4, y'_4 = 4(x-4)^3, y''_4 = 12(x-4)^2$
$y'' = (x-3)[A, A, A]$ 记为 $y'' = (x-3)P(x)$
$y''(3) = 0, y''$ 在 $x = 3$ 两侧异号，且 $P(3) \neq 0$，故选(C).

例4 设函数 $f(x)$ 具有二阶连续导数，且 $f(x) > 0, f'(0) = 0$，则函数 $z = f(x) \ln f(y)$ 在点 $(0,0)$ 处取得极小值的一个充分条件是（ ）.
(A) $f(0) > 1, f'(0) > 0$ (B) $f(0) > 1, f'(0) > 0$
(C) $f(0) < 1, f'(0) > 0$ (D) $f(0) < 1, f'(0) < 0$

答案 (A).

解 $\dfrac{\partial^2 z}{\partial x^2} = f'(x) \ln f(y), \dfrac{\partial z}{\partial y} = f(x) \cdot \dfrac{f'(y)}{f(y)}$

$\dfrac{\partial^2 z}{\partial x^2} = f'(x) \ln f(y), \dfrac{\partial^2 z}{\partial x^2 \partial y} = f \dfrac{f'(y)}{f(y)}, \dfrac{\partial^2 z}{\partial^2 y} = f \dfrac{f'(y)f(-y)}{2f(y)}$.

若 $z = f(x)\ln f(y)$ 在 $(0,0)$ 处取极值，则：

$f(0)\ln f(0) = 0 \dfrac{\partial z}{\partial y} = f(0) \dfrac{f(0)}{f(0)} = 0, A = f(0)\ln f(0), B = 0, C = f'(0)$,

由 $AC = f^2(0) \ln f(0) > 0$ 且 $A > 0$ 得 $f(0) > 1$ 且 $f'(0) > 0$，故选(A).

例5 设 $a_1, a_2, \cdots a_n$ 是满足 $a_0 + \dfrac{a_1}{2} + \dfrac{a_2}{3} + \cdots + \dfrac{a_n}{n+1} = 0$ 的实数，证明多项式 $f(x) = a_0 + a_1 x + a_2 x^2 + \cdots a_n x^n$ 在 $(0,1)$ 内至少有一个零点.

分析 $f(x) = a_0 + a_1 x + \cdots + a_n x^n$ 在 $(0,1)$ 内至少有一个零点，就是 $F(x) = a_0 x + \dfrac{a_1}{2} x^2 + \cdots + \dfrac{a_n}{n+1} x^{n+1}$ 的导数 $F'(x)$ 在 $(0,1)$ 内至少有一个零点，因此只需检验 $F(x)$ 满足罗尔定理即可.

证明 令 $F(x) = a_0 x + \dfrac{a_1}{2} x^2 + \cdots + \dfrac{a_n}{n+1} x^{n+1}$，显然 $F(x)$ 在 $[0,1]$ 上连续，在 $(0,1)$ 内可导，且 $F(0) = 0, F(1) = a_0 + \dfrac{a_1}{2} + \cdots + \dfrac{a_n}{n+1} = 0$，由罗尔定理得，在 $(0,1)$ 内至少存在一点 ξ，使 $F'(\xi) = 0$，即 $a_0 + a_1 \xi + \cdots + a_n \xi^n = 0$.

从而，$f(x) = a_0 + a_1 x + \cdots + a_n x^n$ 在 $(0,1)$ 内至少有一个零点.

例6 (2008年考研，数二) 设 $f(x) = x^2(x-1)(x-2)$. 求 $f'(x)$ 的零点个数(　　).
(A) 0　　　(B) 1　　　(C) 2　　　(D) 3

解 选(D).

由于 $f(x) = x^2(x-1)(x-2)$ 在 $[0,1], [1,2]$ 上连续，在 $(0,1), (1,2)$ 内可导，且 $f(0) = f(1) = f(2) = 0$，所以由罗尔定理可知，$\exists \xi_1 \in (0,1), \xi_2 \in (1,2)$ 使 $f'(\xi_1) = f'(\xi_2) = 0$.

又由 $f'(x) = 2x(x-1)(x-2) + x^2(x-1) + x^2(x-2) = x(4x^2 - 9x + 4)$，易知 $f'(0) = 0$，所以 $f'(x) = 0$ 至少有三个根，由于 $f'(x) = 0$ 为三次方程，它只能有三个根，故 $\xi_1, \xi_2, 0$ 是 $f'(x) = 0$ 的全部根，所以可得 $f'(x)$ 零点的个数为 3.

例7 设 $f(x)$ 在 $[a,b]$ 上连续，在 (a,b) 内可导 $(b > a > 0)$，求证存在一点 $\xi \in (a,b)$ 使 $2\xi[f(b) - f(a)] = f'(\xi)(b^2 - a^2)$.

分析 此题结论并非中值定理的通常形式，故可变形并构造辅助函数 $F(x)$ 使 $F'(x) = f'(x)(b^2 - a^2) - 2x[f(b) - f(a)]$.

证法一 构造辅助函数 $y = F(x) = f(x)(b^2 - a^2) - x^2[f(b) - f(a)]$. $F(x)$ 在 $[a,b]$ 上连续，在 (a,b) 内可导，且

$F(a) = f(a)(b^2 - a^2) - a^2[f(b) - f(a)] = b^2 f(a) - a^2 f(b)$

$F(b) = f(b)(b^2 - a^2) - b^2[f(b) - f(a)] = b^2 f(a) - a^2 f(b)$. 故 $F(a) = F(b)$.

根据罗尔定理，$\exists \xi \in (a,b)$ 使得 $F'(\xi) = 0$，即 $2\xi[f(b) - f(a)] = f'(\xi)(b^2 - a^2)$.

证法二 利用柯西中值定理.

由于 $f(x)$ 和 $g(x) = x^2$ 在 $[a,b]$ 上满足柯西中值定理的条件，故 $\exists \xi \in (a,b)$ 使得

$\dfrac{f(b) - f(a)}{b^2 - a^2} = \dfrac{f'(\xi)}{2\xi}$，即 $2\xi[f(b) - f(a)] = f'(\xi)(b^2 - a^2)$.

> **特别提醒** 中值定理的证明问题是历年出题频率最高的部分，而将中值定理与介值定理或积分中值定理(将在后面的第六章中学到)结合起来命题又是最常见的命题形式.

例8 证明不等式 $\dfrac{x}{1+x^2} < \arctan x < x \,(x > 0)$.

解 设辅助函数 $f(x) = \arctan x \,(x > 0)$.

因 $f(x)$ 在 $[0,x]$ 上满足拉格朗日中值定理的条件.

因此有 $f(x)-f(0)=f'(\xi)(x-0), \xi \in (0,x)$，即 $\arctan x - \arctan 0 = \dfrac{x}{1+\xi^2}$，亦即

$$\arctan x = \dfrac{x}{1+\xi^2}.$$

因 $0<\xi<x$，有 $\dfrac{1}{1+x^2}<\dfrac{1}{1+\xi^2}<1$，所以可得 $\dfrac{x}{1+x^2}<\arctan x<x(x>0).$

> **特别提醒**　罗尔定理、拉格朗日中值定理、柯西中值定理的 ξ 均满足严格不等式 $a<\xi<b$.

例 9　求 $\lim\limits_{x\to 1}\dfrac{x^x-1}{x\ln x}$.

解法一　$\lim\limits_{x\to 1}\dfrac{x^x-1}{x\ln x}=\lim\limits_{x\to 1}\dfrac{(\mathrm{e}^{x\ln x})'}{\ln x+x\cdot\dfrac{1}{x}}=\lim\limits_{x\to 1}\dfrac{\mathrm{e}^{x\ln x}\left[\ln x+x\cdot\dfrac{1}{x}\right]}{\ln x+1}=1.$

解法二　令 $t=x^x$，则 $\ln t=x\ln x.$

原式 $=\lim\limits_{t\to 1}\dfrac{t-1}{\ln t}=\lim\limits_{t\to 1}\dfrac{1}{\dfrac{1}{t}}=1.$

解法三　令 $t=x\ln x$，则 $x^x=\mathrm{e}^t.$

原式 $=\lim\limits_{t\to 1}\dfrac{\mathrm{e}^t-1}{t}=1.$

例 10　求 $\lim\limits_{x\to 1}(1-x^2)\tan\dfrac{\pi}{2}x.$

分析　易见这是"0 或 ∞"型，应通分变"$\dfrac{0}{0}$"或"$\dfrac{\infty}{\infty}$"型.

解　原式 $=\lim\limits_{x\to 1}\dfrac{(1-x^2)\cdot\sin\dfrac{\pi}{2}x}{\cos\dfrac{\pi}{2}x}=\lim\limits_{x\to 1}\sin\dfrac{\pi}{2}x\cdot\lim\limits_{x\to 1}\dfrac{1-x^2}{\cos\dfrac{\pi}{2}x}$

$=\lim\limits_{x\to 1}\dfrac{-2x}{-\dfrac{\pi}{2}\sin\dfrac{\pi}{2}x}=\dfrac{-2}{-\dfrac{\pi}{2}}=\dfrac{4}{\pi}.$

例 11　(2010 年考研·数三) 若 $\lim\limits_{x\to 0}\left[\dfrac{1}{x}-\left(\dfrac{1}{x}-a\right)\mathrm{e}^x\right]=1$，则 a 等于(　　).

A. 0　　　　B. 1　　　　C. 2　　　　D. 3

分析　先计算极限 $\left[\dfrac{1}{x}-\left(\dfrac{1}{x}-a\right)\mathrm{e}^x\right]$，它是"$\infty-\infty$"型未定式.

解　应选 C.

因为 $\lim\limits_{x\to 0}\left[\dfrac{1}{x}-\left(\dfrac{1}{x}-a\right)\mathrm{e}^x\right]=\lim\limits_{x\to 0}\dfrac{1-\mathrm{e}^x+ax\mathrm{e}^x}{x}=\lim\limits_{x\to 0}(-\mathrm{e}^x+a\mathrm{e}^x+ax\mathrm{e}^x)=a-1.$

所以 $a-1=1$，即 $a=2$.

例 12 （2008 年考研·数三）求极限 $\lim\limits_{x\to 0}\dfrac{1}{x^2}\ln\dfrac{\sin x}{x}$.

解 因为 $\ln\left(\dfrac{\sin x}{x}\right)=\ln\left[1+\left(\dfrac{\sin x}{x}-1\right)\right]$，当 $x\to 0$ 时，$\ln\left[1+\left(\dfrac{\sin x}{x}-1\right)\right]=\dfrac{\sin x}{x}-1$. 则

$$\lim_{x\to 0}\dfrac{1}{x^2}\ln\dfrac{\sin x}{x}=\lim_{x\to 0}\dfrac{1}{x^2}\ln\left[1+\left(\dfrac{\sin x}{x}-1\right)\right]$$

$$\lim_{x\to 0}\dfrac{1}{x^2}\cdot\left(\dfrac{\sin x}{x}-1\right)=\lim_{x\to 0}\dfrac{\sin x-x}{x^3}$$

$$\lim_{x\to 0}\dfrac{\cos x-1}{3x^2}=-\lim_{x\to 0}\dfrac{\sin x}{6x}=-\dfrac{1}{6}.$$

例 13 设函数 $y=y(x)$ 是由方程 $2y^3-2y^2+2xy-x^2=1$ 确定的，求 $y=y(x)$ 驻点，并判定其驻点是否为极值点？

分析 求驻点就是求一阶导数等于零的点，本问题转化为求隐函数的导数题.

解 将 $2y^3-2y^2+2xy-x^2=1$ 两边对 x 求导，有

$6y^2y'-4yy'+2y+2xy'-2x=0$

得 $y'=\dfrac{x-y}{3y^2-2y+x}$

令 $y'=0$，得 $y=x$. 将 $y=x$ 代入原方程，得 $y''|_{y=1}=\dfrac{1}{2}>0$.

所以 $y=y(x)$ 在 $x=1$ 处取得极小值.

例 14 当 a 取下列哪个值时，函数 $f(x)=2x^3-9a^2+12x-a$ 恰好有两个不同的零点（　　）.
(A) 2　　　　(B) 4　　　　(C) 6　　　　(D) 8

分析 先求出可能极值点，可利用单调性与极值画出函数对应简单图形进行分析，易知当 $a=4$ 时，函数 $f(x)$ 恰好有两个零点.

解 应选 (B). 令 $f'(x)=6x^2-18x+12=6(x-1)(x-2)=0$，得 $x=1,x=2$，列表

x	$(-\infty,1)$	1	$(1,2)$	2	$(2,+\infty)$
$f'(x)$	$+$	0	$-$	0	$+$
$f(x)$	↗	极小值 $5-a$	↘	极小值 $4-a$	↗

由此可知 $f_{极大}(1)=5-a$，$f_{极小}(2)=4-a$.
可利用单调性与极值画出函数对应简单图形进行分析易知当 $a=4$ 时，函数 $f(x)$ 恰好有两个零点，故应选 B.

例 15 一房地产公司有 50 套公寓要出租，当月租金定为 1000 元时，公寓会全部租出去，当月租金每增加 50 元时，就会多一套公寓租不出去，而租出去的公寓每月需花费 100 元的维修费，试问房租定为多少可获得最大收入？

解 设房租为 x 元时获得的收入为 $f(x)$,

则租出去的公寓数目为 $50-\dfrac{x-1000}{50}=\dfrac{3500-x}{50}$.

由题意知 $f(x)=\dfrac{3500-x}{50}\cdot(x-100)=\dfrac{-x^2+3600x-350000}{50}$.

令 $f'(x)=\dfrac{-2x+3600}{50}=0$,得 $x=1800$.

又因 $f''(x)=-\dfrac{1}{25}<0$,所以当 $x=1800$ 时,$f(x)$ 取得极大即最大值.

故房租定 1800 元时,可获得最大收入.

课后习题全解

习题 4-1

1. **解题过程** (1) 由罗尔定理知,至少有一点 $\xi\in\left(\dfrac{\pi}{6},\dfrac{5}{6}\pi\right)$,使 $y'(\xi)=\cos\xi=0$.

   $y'(x)=\cos x=0$, $x\in\left(\dfrac{\pi}{6},\dfrac{5}{6}\pi\right)$,故 $x=\dfrac{\pi}{2}$,即 $\xi=\dfrac{\pi}{2}$.

   (2) 函数 $y=4x^3-6x^2-2$ 在区间 $[0,1]$ 上连续,在 $(0,1)$ 上可导,必然满足拉格朗日中值定理.

   $y'=12x^2-12x$

   $f'(\xi)=\dfrac{f(1)-f(0)}{1-0}=\dfrac{4-6-2+2}{1}=-2$,则 $12\xi^2-12\xi=-2$,$\xi\in(0,1)$.

   解得 $\xi=\dfrac{3\pm\sqrt{3}}{6}$.

   (3) $f(x)$ 与 $g(x)$ 均为初等函数,在 $[0,1]$ 上连续,在 $(0,1)$ 内可导.

   $g'(x)=2x$ 在 $(0,1)$ 内均不为零,满足柯西中值定理.

   至少存在 $\xi\in(0,1)$ 使 $\dfrac{f(1)-f(0)}{g(1)-g(0)}=\dfrac{f'(\xi)}{g'(\xi)}$ 成立. $\dfrac{1-0}{2-1}=\dfrac{3\xi^2}{2\xi}$,则 $\xi=\dfrac{2}{3}\in(0,1)$,柯西中值定理得以验证.

2. **解题过程** (1) 设 $f(x)=x^3$,则在 (b,a) 内满足拉格朗日中值定理,必存在 ξ,使 $\dfrac{f(a)-f(b)}{a-b}=f'(\xi)$ 成立,即 $\dfrac{a^3-b^3}{a-b}=3\xi^2$,$\xi\in(b,a)$,又因为 $a>b>0$,故 $3a^2>3\xi^2>3b^2$,所以 $3b^2<\dfrac{a^3-b^3}{a-b}<3a^2$,即 $3b^2(a-b)<a^3-b^3<3a^2(a-b)$ 成立.

   (2) 令 $f(x)=\ln x$,则当 $a>b>0$,$f(x)$ 在 (b,a) 内满足拉格朗日中值定理,必存在 ξ,

使 $\dfrac{f(a)-f(b)}{a-b}=f'(\xi)$ 成立，即 $\dfrac{\ln a-\ln b}{a-b}=\dfrac{1}{\xi}$，$\xi\in(b,a)$，又因为 $a>b>0$，故 $0<\dfrac{1}{a}<\dfrac{1}{\xi}<\dfrac{1}{b}$，所以 $\dfrac{a-b}{a}<\ln a-\ln b<\dfrac{a-b}{b}$，即 $\dfrac{a-b}{a}<\ln\dfrac{a}{b}<\dfrac{a-b}{b}$。

(3) 设 $f(x)=\arctan x$，$x\in[a,b]$，$f(x)$ 在 $[a,b]$ 内连续，(a,b) 内可导，则满足拉格朗日中值定理，存在 $\xi\in(a,b)$ 使 $\dfrac{f(b)-f(a)}{b-a}=f'(\xi)(b-a)$ 成立。

即 $\dfrac{\arctan b-\arctan a}{b-a}=\dfrac{1}{1+\xi^2}$ $(a<\xi<b)$，

$\arctan b-\arctan a=\dfrac{1}{1+\xi^2}(b-a)$

故 $|\arctan b-\arctan a|=\dfrac{1}{1+\xi^2}|b-a|\leqslant|b-a|$，即 $(\arctan a-\arctan b)\leqslant|a-b|$。

(4) 设 $f(x)=e^x-ex$，由于函数 $f(x)$ 在 $[1,x]$ 上连续，$(1,x)$ 内可导，所以 $f(x)-f(1)=f'(\xi)(x-1)$，$\xi\in(1,x)$，即 $e^x-ex=(e^\xi-e)(x-1)$。
因为 $x>1$，$\xi>1$，故 $e^\xi-e>0$，$x-1>0$，所以 $e^x-ex>0$，即 $e^x>ex$。

3. **解题过程** 设 $f(x)=\arctan x+\operatorname{arccot} x$，

$f'(x)=\dfrac{1}{1+x^2}-\dfrac{1}{1+x^2}=0$，故 $f(x)$ 为常数。令 $x=0$，则

$f(0)=\arctan 0+\operatorname{arccot} 0=0+\dfrac{\pi}{2}=\dfrac{\pi}{2}$。

故 $\arctan x+\operatorname{arccot} x=\dfrac{\pi}{2}(-\infty<x<+\infty)$。

4. $f(x)=x^3+x-1$，则 $f'(x)=3x^2+1$

可见 $f'(x)$ 是恒大于 0 的，即函数 $f(x)=x^3+x-1$ 在 R 上单调递增。又由于 $f(x)$ 不恒等于 0，且可以找出异号的两点，例如：$f(0)=-1<0$，$f(1)=1>0$。故方程 $x^3+x-1=0$ 有且只有一个实根。

5. $f(x)$ 在 $[0,1]$ 上连续，$(0,1)$ 内可导，且 $f(0)=f(1)=0$。
由罗尔定理可知：
存在 $\xi_1\in(0,1)$，使 $f'(\xi_1)=0$，同理存在 $\xi_2\in(1,2)$，使 $f'(\xi_2)=0$，存在 $\xi_3\in(2,3)$，使 $f'(\xi_3)=0$，故 ξ_1,ξ_2,ξ_3 都是 $f'(x)=0$ 的根。
$f'(x)$ 在 $[\xi_1,\xi_2]$，$[\xi_2,\xi_3]$ 上满足罗尔定理，故存在 $\eta_1\in[\xi_1,\xi_2]$，使 $f''(\eta_1)=0$，存在 $\eta_2\in[\xi_2,\xi_3]$，使 $f''(\eta_2)=0$，$f(x)$ 为四次多项式，$f'(x)$ 为三次多项式，$f''(x)$ 为二次多项式，故 $f''(x)=0$ 至多有两个实根，而存在 η_1,η_2 使 $f''(\eta_1)=0$，$f''(\eta_2)=0$。
因此，方程 $f''(x)=0$ 有且仅有两个实根。

6. **解题过程** 设 $g(x)=\dfrac{f(x)}{e^x}$，$x\in(-\infty,+\infty)$，

$g'(x)=\dfrac{e^x f'(x)-f(x)\cdot e^x}{(e^x)^2}=\dfrac{f'(x)-f(x)}{e^x}=0$，

故 $g(x)$ 为常数，$g(0) = \dfrac{f(0)}{e^0} = 1$，故 $\dfrac{f(x)}{e^x} = 1$，即 $f(x)$

习题 4-2

1. **解题过程** (1) $\lim\limits_{x \to 0} \dfrac{\ln(1+x)}{x} = \lim\limits_{x \to 0} \dfrac{\dfrac{1}{1+x}}{1} = 1$;

(2) $\lim\limits_{x \to 0} \dfrac{e^x - e^{-x}}{\sin x} = \lim\limits_{x \to 0} \dfrac{e^x + e^{-x}}{\cos x} = 2$;

(3) $\lim\limits_{x \to a} \dfrac{\cos x - \cos a}{x - a} = \lim\limits_{x \to a} \dfrac{-\sin x}{1} = -\sin a$;

(4) $\lim\limits_{x \to 0} \dfrac{\sin ax}{\tan bx} = \lim\limits_{x \to 0} \dfrac{a \cdot \cos ax}{b \cdot \dfrac{1}{\cos^2 bx}} = \lim\limits_{x \to 0} \dfrac{a}{b} \cdot \cos ax \cdot \cos^2 bx = \dfrac{a}{b}$;

(5) $\lim\limits_{x \to \frac{\pi}{2}} \dfrac{\ln \sin x}{(\pi - 2x)^2} = \lim\limits_{x \to \frac{\pi}{2}} \dfrac{\dfrac{1}{\sin x} \cdot \cos x}{2(\pi - 2x) \cdot (-2)} = \lim\limits_{x \to \frac{\pi}{2}} \dfrac{1}{\sin x} \cdot \left(-\dfrac{1}{4}\right) \cdot \dfrac{\cos x}{\pi - 2x}$

$= -\dfrac{1}{4} \lim\limits_{x \to \frac{\pi}{2}} \dfrac{\cos x}{\pi - 2x} = -\dfrac{1}{4} \lim\limits_{x \to \frac{\pi}{2}} \dfrac{-\sin x}{-2} = -\dfrac{1}{8}$;

(6) $\lim\limits_{x \to a} \dfrac{x^5 - a^5}{x^3 - a^3} = \lim\limits_{x \to a} \dfrac{5x^4}{3x^2} = \dfrac{5}{3} a^2$;

(7) $\lim\limits_{x \to 0^+} \dfrac{\ln \tan 3x}{\ln \tan 4x} = \lim\limits_{x \to 0^+} \dfrac{\dfrac{1}{\tan 3x} \cdot \dfrac{1}{\cos^2 3x} \cdot 3}{\dfrac{1}{\tan 4x} \cdot \dfrac{1}{\cos^2 4x} \cdot 4} = \lim\limits_{x \to 0^+} \dfrac{\dfrac{3\cos 3x}{\sin 3x}}{\dfrac{4\cos 4x}{\sin 4x}} = \dfrac{3}{4} \lim\limits_{x \to 0^+} \dfrac{\sin 4x}{\sin 3x} \cdot \dfrac{\cos 3x}{\cos 4x}$

$= 1$;

(8) $\lim\limits_{x \to \frac{\pi}{2}} \dfrac{\tan x}{\tan 5x} = \lim\limits_{x \to \frac{\pi}{2}} \dfrac{\dfrac{1}{\cos^2 x}}{\dfrac{5}{\cos^2 5x}} = \lim\limits_{x \to \frac{\pi}{2}} \dfrac{\cos^2 5x}{5\cos^2 x} = \lim\limits_{x \to \frac{\pi}{2}} \dfrac{2\cos 5x \cdot (-\sin 5x) \cdot 5}{10\cos x \cdot (-\sin x)}$

$= \lim\limits_{x \to \frac{\pi}{2}} \dfrac{\sin 10x}{\sin 2x} = \lim\limits_{x \to \frac{\pi}{2}} \dfrac{10\cos 10x}{2\cos 2x} = 5$;

(9) $\lim\limits_{x \to +\infty} \dfrac{\ln(1 + \dfrac{2}{x})}{\operatorname{arccot} x} = \lim\limits_{x \to +\infty} \dfrac{\dfrac{1}{1 + \dfrac{2}{x}} \cdot (-2x^{-2})}{-\dfrac{1}{1+x^2}} = \lim\limits_{x \to +\infty} \dfrac{-2x^{-2} \cdot \dfrac{x}{2+x}}{-\dfrac{1}{1+x^2}}$

$= \lim\limits_{x \to +\infty} \dfrac{2 + 2x^2}{x^2 + 2x} = \lim\limits_{x \to +\infty} \dfrac{4x}{2x + 2} = 2$;

(10) $\lim\limits_{x \to 0} \dfrac{\ln(1 + x^2)}{\sec x - \cos x} = \lim\limits_{x \to 0} \dfrac{\dfrac{2x}{1 + x^2}}{\dfrac{\sin x}{\cos^2 x} + \sin x} = \lim\limits_{x \to 0} \dfrac{2x}{\sin x} \cdot \dfrac{1}{1 + x^2} \cdot \dfrac{\cos^2 x}{1 + \cos^2 x}$

$= \lim\limits_{x \to 0} \dfrac{x}{\sin x} = 1$;

(11) $\lim\limits_{x\to 0} x\cdot\cot 3x = \lim\limits_{x\to 0}\dfrac{x\cdot\cos 3x}{\sin 3x} = \lim\limits_{x\to 0}\cos 3x\,\dfrac{x}{\sin 3x} = \lim\limits_{x\to 0}\cos 3x\cdot\lim\limits_{x\to 0}\dfrac{x}{\sin 3x}$

$= \lim\limits_{x\to 0}\dfrac{x}{\sin 3x} = \lim\limits_{x\to 0}\dfrac{1}{3\cos 3x} = \dfrac{1}{3}$;

(12) $\lim\limits_{x\to 0} x^2 e^{\frac{1}{x^2}} = \lim\limits_{x\to 0}\dfrac{e^{\frac{1}{x^2}}}{\frac{1}{x^2}} = \lim\limits_{x\to 0}\dfrac{e^{\frac{1}{x^2}}(-2x^{-3})}{-2x^{-3}} = \lim\limits_{x\to 0} e^{\frac{1}{x^2}} = +\infty$;

(13) $\lim\limits_{x\to 1}\left(\dfrac{2}{x^2-1}-\dfrac{1}{x-1}\right) = \lim\limits_{x\to 1}\dfrac{2-x-1}{x^2-1} = \lim\limits_{x\to 1}\dfrac{1-x}{x^2-1} = \lim\limits_{x\to 1}\dfrac{-1}{2x} = -\dfrac{1}{2}$;

(14) 令 $y=\left(1+\dfrac{3}{x}\right)^x$,则 $\ln y = x\cdot\ln\left(1+\dfrac{3}{x}\right)$,

$\lim\limits_{x\to\infty}\ln y = \lim\limits_{x\to\infty} x\cdot\ln\left(1+\dfrac{3}{x}\right) = \lim\limits_{x\to\infty}\dfrac{\ln\left(1+\dfrac{3}{x}\right)}{\dfrac{1}{x}} = \lim\limits_{x\to\infty}\dfrac{\dfrac{1}{1+\dfrac{3}{x}}\cdot\left(-\dfrac{3}{x^2}\right)}{-\dfrac{1}{x^2}}$

$= \lim\limits_{x\to\infty}\dfrac{3x}{x+3} = 3$.

故 $\lim\limits_{x\to\infty} y = e^3$,即 $\lim\limits_{x\to\infty}\left(1+\dfrac{3}{x}\right)^x = e^3$;

(15) 令 $y = x^{\tan x}$, $\ln y = \tan x\cdot\ln x = \dfrac{\sin x\cdot\ln x}{\cos x}$,

$\lim\limits_{x\to 0^+}\ln y = \lim\limits_{x\to 0^+}\dfrac{\sin x\cdot\ln x}{\cos x} = \lim\limits_{x\to 0^+}\dfrac{\ln x}{\cot x} = \lim\limits_{x\to 0^+}\dfrac{\dfrac{1}{x}}{\dfrac{-1}{\sin^2 x}} = -\lim\limits_{x\to 0^+}\dfrac{\sin^2 x}{x}$

$= \lim\limits_{x\to 0^+}\dfrac{-2\sin x\cos x}{1} = 0$,

故 $\lim\limits_{x\to 0^+} x^{\tan x} = e^0 = 1$;

(16) 令 $y = \left(\dfrac{1}{x}\right)^{\sin x}$, $\ln y = \sin x\cdot\ln\dfrac{1}{x} = -\sin x\cdot\ln x$,

$\lim\limits_{x\to 0^+}\ln y = -\lim\limits_{x\to 0^+}\sin x\cdot\ln x = -\lim\limits_{x\to 0^+}\dfrac{\ln x}{\dfrac{1}{\sin x}} = -\lim\limits_{x\to 0^+}\dfrac{\dfrac{1}{x}}{-\dfrac{\cos x}{\sin^2 x}} = \lim\limits_{x\to 0^+}\dfrac{\sin^2 x}{x\cdot\cos x}$

$= \lim\limits_{x\to 0^+}\dfrac{\sin^2 x}{x} = 0$,故 $\lim\limits_{x\to 0^+}\left(\dfrac{1}{x}\right)^{\sin x} = e^0 = 1$.

2. **解题过程** $\lim\limits_{x\to\infty}\dfrac{x+\sin x}{x-\sin x} = \lim\limits_{x\to\infty}\dfrac{1+\dfrac{1}{x}\sin x}{1-\dfrac{1}{x}\sin x} = 1$,

若采用洛必达法则:

$\lim\limits_{x\to\infty}\dfrac{x+\sin x}{x-\sin x} = \lim\limits_{x\to\infty}\dfrac{1+\cos x}{1-\cos x}$,因为 $x\to\infty$ 时,$\cos x$ 无极限,故无法使用洛必达法则.

习题 4-3

1. **解题过程** (1) $y' = \dfrac{1}{1+x^2} - 1 = \dfrac{-x^2}{1+x^2} \leqslant 0$, 故 $y = \arctan x - x$ 单调递减, 减区间为 $(-\infty, +\infty)$;

(2) $f'(x) = 1 + \cos x \geqslant 0$, 故 $f(x)$ 在 $(-\infty, +\infty)$ 内单调增加;

(3) $y' = 6x^2 - 12x - 18 = 0$, 则 $x_1 = -1, x_2 = 3$.
在区间 $(-\infty, -1)$ 上单调增加, $(3, +\infty)$ 上单调增加, 在 $(-1, 3)$ 内单调减小.

(4) $y' = 2 - \dfrac{8}{x^2} = 0$, 则 $x = \pm 2$, 若 $x > 0$, 则 $x = 2$.

x	$(0,2]$	$[2,+\infty)$
y'	$-$	$+$
y	↓	↑

在区间 $(0,2]$ 上单调减小, 区间 $[2,+\infty)$ 上单调增加.

(5) $y' = 2x \cdot e^x + x^2 \cdot e^x = e^x(2x + x^2) = 0$, 则 $x = 0$ 或 $x = -2$.

x	$(-\infty,-2)$	-2	$(-2,0)$	0	$(0,+\infty)$
y'	$+$		$-$		$+$
y	↑		↓		↑

在区间 $(-\infty, -2], [0, +\infty)$ 单调增加, 区间 $[-2, 0]$ 内单调减小.

(6) $y' = \dfrac{1}{x+\sqrt{4+x^2}} \cdot \left(1 + \dfrac{1}{2} \dfrac{2x}{\sqrt{4+x^2}}\right) = \dfrac{1}{x+\sqrt{4+x^2}}\left(1 + \dfrac{x}{\sqrt{4+x^2}}\right) = \dfrac{1}{\sqrt{4+x^2}} > 0$ 在区间 $(-\infty, +\infty)$ 内单调增加.

(7) $y' = 3x^2 + 2x - 1 = 0, x = -1$ 或 $x = \dfrac{1}{3}$.

x	$(-\infty,-1)$	-1	$\left(-1,\dfrac{1}{3}\right)$	$\dfrac{1}{3}$	$\left(\dfrac{1}{3},+\infty\right)$
y'	$+$		$-$		$+$
y	↑		↓		↑

在区间 $(-\infty, -1], \left[\dfrac{1}{3}, +\infty\right)$ 内单调增加, 区间 $\left[-1, \dfrac{1}{3}\right]$ 内单调减小.

(8) $y = x + |\sin 2x|$

当 $2n\pi < 2x < (2n+1)\pi$,即 $n\pi \leqslant x \leqslant n\pi + \frac{\pi}{2}$ 时 $(n = 0, \pm 1, \pm 2\cdots\cdots)$,

$y = x + \sin 2x, y' = 1 + 2\cos 2x,$

在 $\left[0, \frac{\pi}{2}\right]$ 内的单调性为

$y' = 1 + 2\cos 2x = 0, x = \frac{\pi}{3}.$

x	0	$\left(0, \frac{\pi}{3}\right)$	$\frac{\pi}{3}$	$\left(\frac{\pi}{3}, \frac{\pi}{2}\right)$	$\frac{\pi}{2}$
y'		+		−	
y		↑		↓	

在区间 $\left[0, \frac{\pi}{2}\right]$ 内,$\left[0, \frac{\pi}{3}\right]$ 单调增加,$\left[\frac{\pi}{3}, \frac{\pi}{2}\right]$ 单调减小.

故当 $(2n+1)\pi \leqslant 2x \leqslant (2n+2)\pi$,即 $n\pi + \frac{\pi}{2} \leqslant x \leqslant (n+1)\pi (n = 0, \pm 1, \pm 2\cdots\cdots)$

时 $y = x - \sin 2x.$

类似可得在 $\frac{(2n+1)}{2}\pi \leqslant x \leqslant \frac{(2n+1)}{2}\pi + \frac{\pi}{3}$ 时单调增加;

当 $\frac{(2n+1)\pi}{2} + \frac{\pi}{3} \leqslant x \leqslant (n+1)\pi$ 时单调减小;

综合可知在 $\left[\frac{k\pi}{2}, \frac{k\pi}{2} + \frac{\pi}{3}\right]$ 上单调增加,$\left[\frac{k\pi}{2} + \frac{\pi}{3}, \frac{k\pi}{2} + \frac{\pi}{2}\right]$ 上单调减小 $(k = 0, \pm 1, \pm 2\cdots\cdots).$

2. **解题过程** (1) 设 $f(x) = 1 + \frac{1}{2}x - \sqrt{1+x}, f'(x) = \frac{1}{2} - \frac{1}{2} \times \frac{1}{\sqrt{1+x}} = \frac{1}{2}\left(1 - \frac{1}{\sqrt{1+x}}\right).$

当 $x > 0$ 时,$f'(x) > 0$,故 $f(x)$ 单调增加,$f(0) = 1 + 0 - 1 = 0,$

故当 $x > 0$ 时,$f(x) > 0$,即 $1 + \frac{1}{2}x - \sqrt{1+x} > 0$,即 $1 + \frac{1}{2}x > \sqrt{1+x}.$

(2) 设 $f(x) = e^x - 1 - x - \frac{x^2}{2}, f'(x) = e^x - 1 - x, f''(x) = e^x - 1.$

当 $x > 0$ 时,$f''(x) > 0$,故 $f'(x)$ 单调增加,$f'(0) = 0$,故 $x > 0$ 时,$f'(x) > 0.$
则 $f(x)$ 单调增加,$f(0) = 0$,则 $x > 0$ 时,$f(x) > 0.$

即 $e^x - 1 - x - \frac{x^2}{2} > 0$,也就是 $e^x > 1 + x + \frac{x^2}{2}.$

(3) 设 $f(x) = \sin x + \tan x - 2x,$

$f'(x) = \cos x + \sec^2 x - 2, f''(x) = -\sin x + 2\sec^2 x \cdot \tan x = \sin x(2\sec^3 x - 1),$

当 $x \in \left(0, \frac{\pi}{2}\right)$ 时,$f''(x) > 0, f'(x)$ 为增函数,$f''(0) = 0$,即 $x \in \left(0, \frac{\pi}{2}\right)$ 时,$f''(x) > 0.$

$f'(x)$ 为增函数,$f'(0) = 0$,则 $f'(x) > 0$,$f(x)$ 为增函数.

$f(0) = 0$,即 $f(x) > 0$,也就是 $\sin x + \tan x > 2x$.

(4) 设 $f(x) = \sin x - (x - \frac{x^3}{6})$,

$f'(x) = \cos x - 1 + \frac{x^2}{2}$,$f''(x) = -\sin x + x$,$f'''(x) = 1 - \cos x$.

当 $0 < x < \frac{\pi}{2}$ 时,$f'''(x) > 0$,则 $f''(x)$ 在 $[0, \frac{\pi}{2}]$ 上单调增加.

$f''(0) = 0$,则 $f''(x) > 0$,$f'(x)$ 在 $[0, \frac{\pi}{2}]$ 上单调增加,从而 $f'(x) > f'(0) = 0$;

故 $f(x)$ 在 $[0, \frac{\pi}{2}]$ 上单调增加,即 $\sin x > x - \frac{x^3}{6}$.

(5) 设 $f(x) = 3^x - x^3$,

$\ln f(x) = x\ln 3 - 3\ln x$,令 $g(x) = \ln f(x) = x\ln 3 - 3\ln x$,

$g'(x) = \ln 3 - \frac{3}{x}$.

$x > 4 > e$,故 $g'(x) > 0$,$g(3) = 0$,则 $g(x) > g(3) > 0$,从而 $x\ln 3 > 3\ln x$,即 $3^x > x^3$.

3. **解题过程** (1) 设 $f(x) = \sin x - x$,$f'(x) = \cos x - 1 \leqslant 0$,故 $f(x)$ 单调减小.

$f(0) = 0$,故方程 $\sin x = x$ 仅有 $x = 0$ 一个根.

(2) 设 $f(x) = \ln x - \frac{1}{3}x$,$x \in (0, +\infty)$,$f'(x) = \frac{1}{x} - \frac{1}{3}$,$f'(x) = 0$,$x = 3$.

x	0	(0,3)	3	$(3, +\infty)$
$f'(x)$		+		−
$f(x)$		↑		↓

$f(x)$ 最大值点为 $x = 3$.

$f(3) = \ln 3 - 1 > 0$,$\lim\limits_{x \to 0^+} f(x) = -\infty$,$f\left(\frac{1}{e}\right) = -1 - \frac{1}{3e} < 0$,

故 $f(x)$ 在 $(0,3)$ 上有且仅有一个实根,在 $(3, +\infty)$ 上有且仅有一个实根,即 $f(x)$ 有两个实根.

4. **解题过程** (1) $y' = 2x - 2 = 0$,驻点 $x = 1$.

$y'' = 2 > 0$,$x = 1$ 为极小值点,当 $x = 1$ 时,$y = 4$,故极小值为 4,无极大值.

(2) $y' = 6x^2 - 6x$,$y' = 0$,驻点 $x = 0$,$x = 1$.

$y'' = 12x - 6$.

$x = 0$ 时,$y'' = -6$ 为极大值点.$x = 0$ 时,$y = 6$.

$x = 1$ 时,$y'' = 6$ 为极小值点.$x = 1$ 时,$y = 5$.

故极大值为 6,极小值为 5.

(3) $y' = 6x^2 - 12x - 18, y' = 0$ 则 $x = -1$ 或 $x = 3$.

$y'' = 12x - 12$

$x = -1$ 时, $y'' < 0$ 为极大值, $y = 10$.

$x = 3$ 时, $y'' > 0$ 为极小值, $y = -54$.

(4) $y' = 1 - \dfrac{1}{1+x} = 0, x = 0$ 为驻点.

$x > 0$ 时, $y' > 0, x < 0$ 时, $y' < 0$, 故 $x = 0$ 为极小值点.

$y = 0$ 为极小值.

(5) $y' = 4x - 4x^3 = 0, x = 0, x = -1, x = 1$ 为驻点

$y'' = 4 - 12x^2$.

$x = 0, y'' = 4 > 0$, 为极小值点, $y = 6$.

$x = -1, y'' = -8 < 0$, 为极大值点, $y = 7$.

$x = 1, y'' = -8 < 0$, 为极大值点, $y = 7$.

(6) $y' = 1 + \dfrac{1}{2} \times \dfrac{-1}{\sqrt{1-x}} = 1 - \dfrac{1}{2\sqrt{1-x}} = 0, x = \dfrac{3}{4}$.

$x > \dfrac{3}{4}$ 时, $y' < 0, x < \dfrac{3}{4}$ 时, $y' > 0$, 故 $x = \dfrac{3}{4}$ 为极大值点

$y\left(\dfrac{3}{4}\right) = \dfrac{5}{4}$ 为极大值.

(7) $y' = e^x \sin x + e^x \cos x = e^x(\sin x + \cos x)$, 令 $y' = 0$ 得驻点

$x_n = k\pi - \dfrac{\pi}{4}(k = 0, \pm 1, \pm 2, \cdots)$,

$y'' = e^x(\cos x - \sin x) + e^x(\sin x + \cos x) = 2e^x \cos x$.

当 $x_1 = 2k\pi - \dfrac{\pi}{4}(k = 0, \pm 1, \pm 2 \cdots)$ 时, $y'' > 0, x_1$ 为极小值点,

$y = -\dfrac{\sqrt{2}}{2} e^{2k\pi - \frac{\pi}{4}}$.

当 $x_2 = (2k+1)\pi - \dfrac{\pi}{4}(k = 0, \pm 1, \pm 2 \cdots)$ 时, $y'' < 0, x_2$ 为极大值点,

$y = \dfrac{\sqrt{2}}{2} e^{(2k+1)\pi - \frac{\pi}{4}}$.

(8) $y' = x^{\frac{1}{x}} \cdot \dfrac{1 - \ln x}{x^2} = 0$, 驻点为 $x = e$.

$x < e$ 时, $y' > 0, x > e$ 时, $y' < 0$, 故 $x = e$ 为极大值点,

$y = e^{\frac{1}{e}}$.

(9) $y' = e^x - e^{-x} = \dfrac{e^x - 1}{e^x} = 0$, 驻点 $x = 0$.

$x > 0$ 时, $y' > 0, x < 0$ 时, $y' < 0$, 故 $x = 0$ 为极小值点 $y = 2$.

(10) $y' = -\dfrac{2}{3} \cdot \dfrac{1}{(x+1)^{\frac{1}{3}}}$,

$x = -1$ 时,导数不存在. $x < -1$ 时,$y' > 0$,当 $x > -1$ 时,$y' < 0$.

故 $x = -1$ 为极大值点,$y = 2$.

(11) $y' = -2\dfrac{1}{3} \cdot (x-1)^{-\frac{2}{3}} = -\dfrac{2}{3}(x-1)^{-\frac{2}{3}} \leqslant 0$,故单调减少,无极值.

(12) $y' = 1 - \sin x \geqslant 0$,单调增加,无极值.

5. **解题过程** (1) $y' = 3 - 4x$, $y'' = -4 < 0$.

故函数 $y = 3x - 2x^2$ 无拐点,在 $(-\infty, +\infty)$ 内为凸.

(2) $y' = -\dfrac{1}{x^2}$, $y'' = \dfrac{2}{x^3}$.

当 $x > 0$ 时,$y'' > 0$.

则函数 $y = 1 + \dfrac{1}{x}$ 无拐点,在 $(0, +\infty)$ 内为凹.

(3) $y' = 3x^2 - 12x + 3$, $y'' = 6x - 12 = 0$, $x = 2$.

当 $x < 2$ 时,$y'' < 0$,$x > 2$ 时,$y'' > 0$,故拐点为 $(2, -10)$,$(-\infty, 2)$ 为凸,$(2, +\infty)$ 为凹.

(4) $y' = e^{-x} + x(-e^{-x}) = (1-x)e^{-x}$.

$y'' = -e^{-x} + (1-x) \cdot (-e^{-x}) = e^{-x}(x-2)$.

$y'' = 0$ 时 $x = 2$.

当 $x < 2$ 时,$y'' < 0$,当 $x > 2$ 时,$y'' > 0$,故 $\left(2, \dfrac{2}{e^2}\right)$ 为拐点,$(-\infty, 2)$ 内为凸,$(2, +\infty)$ 内为凹.

(5) $y' = 2(x+1) + e^x$, $y'' = 2 + e^x > 0$.

故无拐点,在 $(-\infty, +\infty)$ 内为凹.

(6) $y' = \dfrac{2x}{x^2+1}$, $y'' = \dfrac{2(x^2+1) - 2x \cdot 2x}{(x^2+1)^2} = -\dfrac{2(x-1)(x+1)}{(x^2+1)^2} = 0$, $x = 1$ 或 $x = -1$.

$x < -1$ 时,$y'' < 0$;$-1 < x < 1$ 时,$y'' > 0$;$x > 1$ 时,$y'' < 0$.

故 $(\pm 1, \ln 2)$ 为拐点.

在 $(-\infty, -1)$ 与 $(1, +\infty)$ 上为凸,$(-1, 1)$ 内为凹.

6. **解题过程** (1) 设 $f(t) = t^3 (t > 0)$,

$f'(t) = 3t^2$, $f''(t) = 6t$,当 $t > 0$ 时 $f''(t) > 0$,故在 $(0, +\infty)$ 内为凹.

即有 $f\left(\dfrac{x+y}{2}\right) < \dfrac{f(x) + f(y)}{2}$ $(x > 0, y > 0, x \neq y)$.

即 $\dfrac{1}{2}(x^3 + y^3) > \left(\dfrac{x+y}{2}\right)^3$.

(2) 设 $f(t) = \ln t (t > 0)$,

$f'(t) = \dfrac{1}{t}$, $f''(t) = -\dfrac{1}{t^2} < 0$.

故 $f(x)$ 在 $(0,+\infty)$ 内为凸,则对任意 $x,y \in (0,+\infty)(x \neq y)$ 有 $f\left(\dfrac{x+y}{2}\right) > \dfrac{f(x)+f(y)}{2}$.

即 $\ln \dfrac{x+y}{2} > \dfrac{1}{2}(\ln x + \ln y)$.

(3) 设 $f(t) = te^t (t > 0)$,

$f'(t) = (t+1)e^t, f''(t) = (t+2)e^t > 0 (t > 0)$,

故 $f(x)$ 在 $(0,\infty)$ 内为凹,即有 $f\left(\dfrac{x+y}{2}\right) < \dfrac{f(x)+f(y)}{2}$.

即 $xe^x + ye^y > (x+y)e^{\frac{x+y}{2}}$.

7. **解题过程** (1) $y' = 3ax^2 + 2bx, y'' = 6ax + 2b$.

欲使 $(1,3)$ 为拐点,则 $6a + 2b = 0$,同时有 $a + b = 3$.

则 $a = -\dfrac{3}{2}, b = \dfrac{9}{2}$.

(2) $y' = 3ax^2 + 2bx + c, y'' = 6ax + 2b$.

根据题意,有

$$\begin{cases} y(-2) = 44 \\ y(1) = -10 \\ y'(-2) = 0 \\ y''(1) = 0 \end{cases} \text{即} \begin{cases} -8a + 4b - 2c + d = 44 \\ a + b + c + d = -10 \\ 12a - 4b + c = 0 \\ 6a + 2b = 0 \end{cases}$$

解方程得: $a = 1, b = -3, c = -24, d = 16$.

(3) $y' = 2k(x^2 - 3) \cdot 2x = 4kx^3 - 12kx$,

$y'' = 12kx^2 - 12kx = 12k(x-1)(x+1)$,

$y'' = 0$,则 $x_1 = -1, x_2 = 1$. y'' 在 $x_1 = -1, x_2 = 1$ 两侧异号,故拐点为 $(-1, 4k)$ 和 $(1, 4k)$.

$x_1 = 1$ 时, $y_1 = 4k, y'(1) = -8k$,则过点 $(1, 4k)$ 的法线方程为 $y - 4k = \dfrac{1}{8k}(x-1)$.

因为法线经过 $(0,0)$ 点,故 $-4k = \dfrac{-1}{8k}, k = \pm \dfrac{\sqrt{2}}{8}$.

$x_2 = -1$ 时,依上述原理求得 $k = \pm \dfrac{\sqrt{2}}{8}$.

故 k 应为 $\pm \dfrac{\sqrt{2}}{8}$.

8. **解题过程** (1) 在 $(-\infty, -2)$ 内单调减,在 $(-2, +\infty)$ 内单调增,极小值 $y(-2) = -24$,在 $(-\infty, -1), (1, +\infty)$ 内是凹的,在 $(-1,1)$ 内是凸的,拐点为 $(-1, -13), (1, 3)$;

(2) 在 $(-\infty, -1), (1, +\infty)$ 内单调减,在 $(-1, 1)$ 内单调增,在 $(-\infty, -\sqrt{3}), (0, \sqrt{3})$ 内是凸的,在 $(-\sqrt{3}, 0), (\sqrt{3}, +\infty)$ 内是凹的,拐点为 $\left(-\sqrt{3}, -\dfrac{\sqrt{3}}{4}\right), (0, 0)$,

$\left(\sqrt{3}, \dfrac{\sqrt{3}}{4}\right)$,极小值 $y(-1) = -\dfrac{1}{2}$,极大值 $y(1) = \dfrac{1}{2}$,水平渐近线 $y = 0$;

(3) 在 $(-\infty,-1)$ 内单调增, 在 $(-1,+\infty)$ 内单调减, 极大值 $y(-1)=1$, 在 $\left(-\infty,-1-\frac{\sqrt{2}}{2}\right),\left(-1+\frac{\sqrt{2}}{2},+\infty\right)$ 内是凹的, 在 $\left(-1-\frac{\sqrt{2}}{2},-1+\frac{\sqrt{2}}{2}\right)$ 内是凸的, 拐点为 $\left(-1-\frac{\sqrt{2}}{2},\frac{1}{\sqrt{e}}\right),\left(-1+\frac{\sqrt{2}}{2},\frac{1}{\sqrt{e}}\right)$, 水平渐近线 $y=0$;

(4) 在 $(-\infty,0),\left(0,\frac{\sqrt[3]{4}}{2}\right)$ 内单调减, $\left(\frac{\sqrt[3]{4}}{2},+\infty\right)$ 内单调增, 在 $(-\infty,-1),(0,+\infty)$ 内是凹的, 在 $(-1,0)$ 内是凸的, 拐点 $(-1,0)$, 极小值 $y\left(\frac{\sqrt[3]{4}}{2}\right)=\frac{3}{2}\sqrt[3]{2}$, 铅直渐近线 $x=0$;

(5) $(-\infty,-2),(0,+\infty)$ 内单调增, $(-2,-1),(-1,0)$ 内单调减, 在 $(-\infty,-1)$ 内是凸的, 在 $(-1,+\infty)$ 内是凹的, 极大值 $y(-2)=4$, 极小值 $y(0)=0$, $x=-1$ 为铅直渐近线, $y=x-1$ 为斜渐近线.

习题 4-4

1. **解题过程** (1) $y=2x^3-3x^2-80,-1\leqslant x\leqslant 4$,
$y'=6x^2-6x=0$, 则 $x=0$ 或 $x=1$,
$y(-1)=-85, y(0)=-80, y(1)=-81, y(4)=0$,
故最大值为 $y(4)=0$, 最小值为 $y(-1)=-85$.

(2) $y=x^4-8x^2,-1\leqslant x\leqslant 3$,
$y'=4x^3-16x=0$, 则 $x=0$ 或 $x=2(x=-2\text{舍})$,
$y(0)=0, y(2)=-16, y(-1)=-7, y(3)=9$,
故最大值为 $y(3)=9$, 最小值为 $y(2)=-16$.

(3) $y=x+\sqrt{1-x},-5\leqslant x\leqslant 1$,
$y'=1-\frac{1}{2}\times\frac{1}{\sqrt{1-x}}=1-\frac{1}{2\sqrt{1-x}}=0, x=\frac{3}{4}$,
$y(-5)=-5+\sqrt{6}, y(1)=1, y\left(\frac{3}{4}\right)=\frac{5}{4}$,
故最小值为 $y(-5)=-5+\sqrt{6}$, 最大值为 $y\left(\frac{3}{4}\right)=\frac{5}{4}$.

(4) $y=2x^3-6x^2-18x, 1\leqslant x\leqslant 4$,
$y'=6x^2-12x-18=0, x=-1$ 或 $x=3$, 因为 $1\leqslant x\leqslant 4$, 取 $x=3$,
$y(1)=-22, y(3)=-54, y(4)=-40$,
故最大值为 $y(1)=-22$, 最小值为 $y(3)=-54$.

2. **解题过程** (1) $y'=2x-2=0, x=1$,
$x<1$ 时, $y'<0, y$ 在 $(-\infty,1)$ 上单调减少;
$x>1$ 时, $y'>0, y$ 在 $(1,+\infty)$ 上单调增加.

故 $y(1)$ 为极小值，$y(1) = -2$，即为最小值，无最大值.

(2) $y' = 2 - 10x = 0$，得 $x = \dfrac{1}{5}$，

$x < \dfrac{1}{5}$ 时，$y' > 0$，y 在 $\left(-\infty, \dfrac{1}{5}\right)$ 上单调增加；

$x > \dfrac{1}{5}$ 时，$y' < 0$，y 在 $\left(\dfrac{1}{5}, +\infty\right)$ 上单调减小.

所以 $y\left(\dfrac{1}{5}\right)$ 为极大值，$y\left(\dfrac{1}{5}\right) = \dfrac{1}{5}$ 即为最大值，无最小值.

(3) $y' = 2x + \dfrac{54}{x^2} = \dfrac{2x^3 + 54}{x^2} = 0$，$x = -3$，

$x < -3$ 时，$y' < 0$，y 在 $(-\infty, -3)$ 上单调减小；

$-3 < x < 0$ 时，$y' > 0$，y 在 $(-3, 0)$ 上单调增加.

$y(-3)$ 为极小值，$y(-3) = 27$ 即为最小值，无最大值.

(4) $y' = \dfrac{(x^2 + 1) - x \cdot 2x}{(x^2 + 1)^2} = \dfrac{-(x-1)(x+1)}{(x^2+1)^2} = 0$，

$x = \pm 1$，因为 $x \geqslant 0$ 故 $x = 1$，

$0 < x < 1$ 时，$y' > 0$，y 在 $(0, 1)$ 上单调增加；

$x > 1$ 时，$y' < 0$，y 在 $(1, +\infty)$ 上单调减小.

$y(0) = 0$，$y(1) = \dfrac{1}{2}$，

故最大值为 $y(1) = \dfrac{1}{2}$，最小值为 $y(0) = 0$.

3. **解题过程** (1) $L(P) = P(12000 - 80P) - [25000 + 50(12000 - 80P)] - 2(12000 - 80P)$
$= -649000 + 16160P - 80P^2$，

$L'(P) = 16160 - 160P = 0$，得 $P = 101$，故 $P = 101$ 为极小值点，实际问题最值一定存在，故最大利润为 $L(101) = 167080$（元）.

(2) $R(x) = x \cdot 15\mathrm{e}^{-\frac{x}{3}} = 15x \cdot \mathrm{e}^{-\frac{x}{3}}$，

$R'(x) = 15\mathrm{e}^{-\frac{x}{3}} + 15x \cdot \mathrm{e}^{-\frac{x}{3}}\left(-\dfrac{1}{3}\right) = 5\mathrm{e}^{-\frac{x}{3}}(3 - x) = 0$ 得 $x = 3$，

当 $0 < x < 3$ 时，$R'(x) > 0$，当 $x > 3$ 时，$R'(x) < 0$，

故 $x = 3$ 为极大值点，也为最大值点. $R(3) = 45\mathrm{e}^{-1}$，$P = 15\mathrm{e}^{-1}$.

(3) 设每年生产准备费与库存费之和为 C，批量为 x，则

$C(x) = 1000\left(\dfrac{10^6}{x}\right) + 0.05 \cdot \left(\dfrac{x}{2}\right) = \dfrac{10^9}{x} + \dfrac{x}{40}$，

$C'(x) = \dfrac{1}{40} - \dfrac{10^9}{x^2} = 0$，得 $x = 2 \times 10^5$，$C''(x) = \dfrac{2 \times 10^9}{x^3} > 0$，故 $x = 2 \times 10^5$ 为极小值点

故 $x = 20$ 万件时，C 最小，$N = 5$.

(4) 设每件商品征货物税 a 元

$$L(x) = R(x) - C(x) - ax = 100x - x^2 - (200 + 50x + x^2) - ax$$
$$= -2x^2 + (50-a)x - 200,$$
$$L'(x) = -4x + 50 - a,$$
$$L'(x) = 0 \text{ 得 } x = \frac{50-a}{4}, \text{此时 } L(x) \text{ 取最大值},$$

税收 $T = ax = \dfrac{a(50-a)}{4}$,

$T'(a) = \dfrac{1}{4}(50 - 2a) = 0, a = 25 \quad T'' = -\dfrac{1}{2} < 0$, 故 $a = 25$ 时税收最大,故征货物税为 25 元.

(5) $\overline{C} = \dfrac{10000 + 50x + x^2}{x} = x + 50 + \dfrac{10000}{x}$,

$\overline{C}'(x) = 1 - \dfrac{10000}{x^2} = 0, x = 100, \overline{C}''(x) = \dfrac{20000}{x^3} > 0$, 故 $x = 100$ 为极小值点也就是最小值. 即产量为 100 时,平均成本最低.

习题 4-5

1. **解题过程** $f(x) = x^4 - 5x^3 + x^2 - 3x,$
   设展开式为 $f(x) = a(x-4)^4 + b(x-4)^3 + c(x-4)^2 + d(x-4) + e,$
   整理对比系数后解得 $a = 1, b = 11, c = 37, d = 21, e = -60,$
   故 $f(x) = (x-4)^4 + 11(x-4)^3 + 37(x-4)^2 + 21(x-4) - 60.$

2. **解题过程** $f(x) = f(0) + f'(0)x + \dfrac{f''(0)}{2!}x^2 + \dfrac{f'''(0)}{3!}x^3 + \dfrac{f^{(4)}(0)}{4!}x^4 + \dfrac{f^{(5)}(0)}{5!}x^5 + \dfrac{f^{(6)}(0)}{6!}x^6.$
   $f(0) = 1, f'(0) = -9, f''(0) = 60, f'''(0) = -270, f^{(4)}(0) = 720, f^{(5)}(0) = -1080,$
   $f^{(6)}(0) = 720,$
   故 $f(x) = 1 - 9x + 30x^2 - 45x^3 + 30x^4 - 9x^5 + x^6.$

3. **解题过程** $f(x) = \tan x, f'(x) = \dfrac{1}{\cos^2 x}, f''(x) = 2\cos^{-3} x \cdot \sin x = \dfrac{2\tan x}{\cos^2 x},$
   $f'''(x) = 2\cos^{-2} x + 6\sin^2 x \cdot \cos^{-4} x = 2\sec^2 x + 6\tan^2 x \cdot \sec^2 x,$
   $f'''(\theta x) = 2\sec^2(\theta x) + 6\tan^2(\theta x) \cdot \sec^2(\theta x),$
   $\tan x = x + \left[\dfrac{\sec^2(\theta x)}{3} + \tan^2(\theta x) \cdot \sec^2(\theta x) \right] \cdot x^3$
   $= x + \dfrac{1 + 2\sin^2(\theta x)}{3\cos^4(\theta x)} \cdot x^3 \, (0 < \theta < 1).$

4. **解题过程** $f^{(n)}(x) = (-1)^n (x-n) e^{-x},$
   $f(0) = 0, f^{(n)}(0) = (-1)^{n+1} \cdot n,$
   故 $x \cdot e^{-x} = x - x^2 + \dfrac{x^3}{2!} + \cdots + \dfrac{(-1)^{n-1} \cdot x^n}{(n-1)!} + \dfrac{(-1)^n}{n!} \cdot (\xi - n) e^{-\xi} \cdot x^{n+1} (\xi$ 介于 0 与 x 之间).

5. **解题过程** (1) 设 $f(x) = x^{\frac{1}{3}}$,

$$f'(x) = \frac{1}{3}x^{-\frac{2}{3}}, f''(x) = -\frac{2}{9}x^{-\frac{5}{3}}, f'''(x) = \frac{10}{27}x^{-\frac{8}{3}}, f^{(4)}(x) = -\frac{80}{81}x^{-\frac{11}{3}},$$

$$\sqrt[3]{30} \approx (27)^{\frac{1}{3}} + \frac{1}{3} \cdot (27)^{-\frac{2}{3}} \cdot 3 - \frac{\frac{2}{9} \cdot (27)^{-\frac{5}{3}} 3^2}{2!} + \frac{\frac{10}{27} \cdot (27)^{-\frac{8}{3}} \cdot 3^3}{3!}$$

$$= 3 \cdot (1 + \frac{1}{3^3} - \frac{1}{3^6} + \frac{5}{3^{10}}) \approx 3.10725.$$

误差 $= \left|\dfrac{\frac{80}{81}(\xi)^{-\frac{11}{3}}}{4!} \cdot 3^4\right|_{\xi \in (27,30)} < \dfrac{\frac{80}{81}(27)^{-\frac{11}{3}}}{4!} \cdot 3^4 = \dfrac{80}{4! \cdot 3^{11}} = 1.88 \times 10^{-5}.$

(2) 设 $f(x) = \sin x$,

$f'(x) = \cos x, f''(x) = -\sin x, f'''(x) = -\cos x, f^{(4)}(x) = \sin x,$
$f(0) = 0, f'(0) = 1, f''(0) = 0, f'''(0) = -1, f^{(4)}(0) = 0,$

故 $\sin 18° \approx f(0) + f'(0)\dfrac{\pi}{10} + \dfrac{f''(0)}{2!} \cdot \left(\dfrac{\pi}{10}\right)^2 + \dfrac{f'''(0)}{3!} \cdot \left(\dfrac{\pi}{10}\right)^3$

$$= 0 + \dfrac{\pi}{10} - \dfrac{1}{3!} \cdot \left(\dfrac{\pi}{10}\right)^3 \approx 0.3090,$$

误差 $= \left|\dfrac{\sin(\xi)}{4!}x^4\right|_{\xi \in (0, \frac{\pi}{10})} \leqslant \dfrac{\sin\frac{\pi}{6}}{4!}\left(\dfrac{\pi}{10}\right)^4 = 2.03 \times 10^{-4}.$

*6. **解题过程** 设 $R_n(x) = f(x) - P_n(x)$

即 $R_n(0) = R_n'(0) = R_n''(0) = \cdots = R_n^{(n)}(0) = 0$

应用洛必达法则

$$\lim_{x \to 0} \dfrac{R_n(x)}{x^n} = \lim_{x \to 0} \dfrac{R_n'(x)}{nx^{n-1}} = \cdots = \lim_{x \to 0} \dfrac{R_n^{n-1}(x)}{n!x}$$

$$= \dfrac{1}{n!}R_n^{(n)}(0) = 0$$

所以 $R_n(x) = o(x^n)$.

总习题四

1. **知识点窍** 利用洛必达法则.

解题过程 (1) $\lim\limits_{x \to 0} \dfrac{e^x + e^{-x} - 2}{x^2} = \lim\limits_{x \to 0} \dfrac{e^x - e^{-x}}{2x} = \lim\limits_{x \to 0} \dfrac{e^x + e^{-x}}{2} = 1;$

(2) 设 $y = \left(\dfrac{2}{\pi}\arctan x\right)^{2x}$, $\ln y = 2x \cdot \ln\left(\dfrac{2}{\pi}\arctan x\right),$

$$\lim_{x \to +\infty} \ln y = \lim_{x \to +\infty} \dfrac{\ln\left(\dfrac{2}{\pi}\arctan x\right)}{\dfrac{1}{2x}} = \lim_{x \to +\infty} \dfrac{\dfrac{1}{\frac{2}{\pi}\arctan x} \cdot \dfrac{2}{\pi} \cdot \dfrac{1}{1+x^2}}{-\dfrac{1}{2x^2}}$$

$$=-\lim_{x\to+\infty}\frac{2}{\arctan x}\cdot\frac{x^2}{1+x^2}=-\frac{4}{\pi}.$$

故 $\lim\limits_{x\to+\infty} y = e^{-\frac{4}{\pi}}$，即 $\lim\limits_{x\to+\infty}\left(\frac{2}{\pi}\arctan x\right)^{2x} = e^{-\frac{4}{\pi}}$.

(3) 设 $y=\left(\dfrac{2^{\frac{1}{x}}+3^{\frac{1}{x}}+\cdots+100^{\frac{1}{x}}+1}{100}\right)^{100x}$，

$\ln y = 100x[\ln(2^{\frac{1}{x}}+3^{\frac{1}{x}}+\cdots+100^{\frac{1}{x}}+1) - \ln 100]$

$$\lim_{x\to\infty}\ln y = \lim_{x\to\infty}\frac{\ln(2^{\frac{1}{x}}+3^{\frac{1}{x}}+\cdots+100^{\frac{1}{x}}+1) - \ln 100}{\frac{1}{100x}}$$

$$=\lim_{x\to\infty}\frac{\dfrac{1}{2^{\frac{1}{x}}+3^{\frac{1}{x}}+\cdots+100^{\frac{1}{x}}+1}\cdot(2^{\frac{1}{x}}\cdot\ln 2+3^{\frac{1}{x}}\cdot\ln 3+\cdots+100^{\frac{1}{x}}\cdot\ln 100)\cdot\left(-\dfrac{1}{x^2}\right)}{\dfrac{1}{100}\cdot\left(-\dfrac{1}{x^2}\right)}$$

$= \ln 2 + \ln 3 + \cdots + \ln 100 = \ln 100!$，

故 $\lim\limits_{x\to\infty}\left(\dfrac{2^{\frac{1}{x}}+3^{\frac{1}{x}}+\cdots+100^{\frac{1}{x}}+1}{100}\right)^{100x} = e^{\ln 100!} = 100!$.

2. **知识点拨** 构选函数，利用函数单调性.

   解题过程 (1) 设 $f(x)=\dfrac{\sin x}{x}$，$f'(x)=\dfrac{x\cos x-\sin x}{x^2}=0$，

   令 $g(x)=x\cdot\cos x - \sin x$，

   $g'(x)=\cos x - x\cdot\sin x - \cos x = -x\cdot\sin x$.

   $0<x<\dfrac{\pi}{2}$ 时，$g'(x)<0$，故 $g(x)$ 单调减小，$g(x)<g(0)=0$，故 $f'(x)<0$；

   $f(x)$ 单调减少，当 $0<x_1<x_2<\dfrac{\pi}{2}$ 时，$f(x_1)>f(x_2)$.

   即 $\dfrac{\sin x_1}{x_1}>\dfrac{\sin x_2}{x_2}$，也就是 $\dfrac{x_1}{x_2}<\dfrac{\sin x_1}{\sin x_2}$.

   (2) 因为 $x\geqslant 0$，故原不等式等价于 $\ln(1+x)\cdot(1+x)-\arctan x\geqslant 0$.

   设 $f(x)=(1+x)\cdot\ln(1+x)-\arctan x$，

   $f'(x)=\ln(1+x)+1-\dfrac{1}{1+x^2}=\ln(1+x)+\dfrac{x^2}{1+x^2}$，

   当 $x\geqslant 0$ 时，$f'(x)\geqslant 0$，即 $f(x)$ 单调增加，故当 $x\geqslant 0$ 时，$f(x)\geqslant f(0)=0$，

   所以 $\ln(1+x)\geqslant\dfrac{\arctan x}{1+x}$.

3. **解题过程** (1) 令 $f(x)=x^3-5x-2$，则 $f'(x)=3x^2-5=0$，得 $x=\sqrt{\dfrac{5}{3}}$ 或 $x=-\sqrt{\dfrac{5}{3}}$.

   因为 $x>0$，故舍去 $x=-\sqrt{\dfrac{5}{3}}$.

   当 $0<x<\sqrt{\dfrac{5}{3}}$ 时，$f'(x)<0$；

当 $x > \sqrt{\dfrac{5}{3}}$ 时,$f'(x) > 0$.

所以 $x = \sqrt{\dfrac{5}{3}}$ 为极小值点,$f\left(\sqrt{\dfrac{5}{3}}\right) = \left(\dfrac{5}{3}\right)^{\frac{3}{2}} - \left(\dfrac{5}{3}\right)^{\frac{1}{2}} - 2 < 0$.

$f(0) = -2 < 0$,故 $f(x)$ 在 $\left(0, \sqrt{\dfrac{5}{3}}\right)$ 内无零点.

$\lim\limits_{x \to \infty} f(x) = +\infty$,$f(x)$ 在 $\left(\sqrt{\dfrac{5}{3}}, +\infty\right)$ 仅有一零点.

故方程 $x^3 - 5x - 2 = 0$ 在 $(0, +\infty)$ 内仅有一个根.

(2) 设 $f(x) = a_0 x + \dfrac{a_1}{2} x^2 + \cdots + \dfrac{a_n}{n+1} x^{n+1}$,

则 $f(0) = 0$,$f(1) = 0$,由罗尔定理可知,至少存在一个 $\xi \in (0, 1)$,

使 $f'(\xi) = 0$,即 $a_0 + a_1 x + \cdots + a_n x^n = 0$ 成立.

故方程在 $(0, 1)$ 内至少有一实根.

4. **解题过程** (1) 设 $g(x) = x^3 f(x)$,$g(0) = 0$,$g(a) = 0$,满足罗尔定理,存在 ξ 使 $g'(\xi) = 0$,$\xi \in (0, a)$,即 $3\xi^2 f(\xi) + \xi^3 f'(\xi) = 0$.

也就是 $3f(\xi) + \xi f'(\xi) = 0$ 成立.

(2) $f(x)$ 与 e^x 在 $[a, b]$ 上满足柯西中值定理,所以存在 $\xi \in (a, b)$,使得 $\dfrac{f(b) - f(a)}{e^b - e^a} = \dfrac{f'(\xi)}{e^\xi}$,即 $f(b) - f(a) = e^{-\xi} f'(\xi) \cdot (e^b - e^a)$.

(3) 由于 $g'(x) > |f'(x)| \geqslant 0$,故 $g(x)$ 单调增加,当 $x > a$ 时,$g(x) > g(a)$,$f(x)$,$g(x)$ 在 $[a, x]$ 上满足柯西中值定理,所以存在 $\xi \in (a, x)$,使

$\dfrac{f(x) - f(a)}{g(x) - g(a)} = \dfrac{f'(\xi)}{g'(\xi)}$,即 $\left|\dfrac{f(x) - f(a)}{g(x) - g(a)}\right| = \left|\dfrac{f'(\xi)}{g'(\xi)}\right| < 1$,

即 $|f(x) - f(a)| < |g(x) - g(a)| = g(x) - g(a)$.

5. **解题过程** (1) $\lim\limits_{x \to 0^-} f(x) = \lim\limits_{x \to 0^-} (x+2) = 2$,

$\lim\limits_{x \to 0^+} f(x) = \lim\limits_{x \to 0^+} x^{3x} = \lim\limits_{x \to 0^+} e^{3x \cdot \ln x} = e^0 = 1$,

$f(x)$ 在 $x = 0$ 处不连续,故 $f'(0)$ 不存在.

$f'(x) = \begin{cases} 3x^{3x}(1 + \ln x), & x > 0, \\ 1, & x < 0, \end{cases}$

令 $f'(x) = 0$,即 $3x^{3x}(1 + \ln x) = 0$,得 $x = \dfrac{1}{e}$.

当 $0 < x < \dfrac{1}{e}$ 时,$f'(x) < 0$;

当 $x > \dfrac{1}{e}$ 时,$f'(x) > 0$.

故极小值为 $f\left(\dfrac{1}{e}\right) = \left(\dfrac{1}{e}\right)^{\frac{3}{e}} = e^{-\frac{3}{e}}$.

$x<0$ 时,$f'(x)=1>0$,$0<x<\dfrac{1}{e}$,$f'(x)<0$,故 $x=0$ 为极大值点 $f(0)=2$.

(2) 令 $f(x)=\sqrt[x]{x}=x^{\frac{1}{x}}(x>0)$

$F'(x)=x^{\frac{1}{x}-2}(1-\ln x)$

令 $f'(x)=0$,$x=e$

当 $0<x<e$ 时,$f'(x)>0$;$x>e$ 时,$f'(x)<0$,故 $x=e$ 为极大值点.由于只存在一个极值,故极大值也为最大值.最大值为 $f(e)=e^{\frac{1}{e}}$ 数列最大项为 $2^{\frac{1}{2}}$ 或 $3^{\frac{1}{3}}$,经比较知最大值为 $3^{\frac{1}{3}}$.

6. **知识点窍** 泰勒公式:$f(x)=f(x_0)+f'(x_0)(x-x_0)+\dfrac{f''(x_0)}{2!}(x-x_0)^2+\cdots+\dfrac{f^n(x_0)}{n!}(x-x_0)^n$

$+R_n(x)$.

其中 $R_n(x)=\dfrac{f^{(n+1)}(\xi)}{(n+1)!}(x-x_0)^{n+1}$($\xi$ 介于 x 与 x_0 之间).

解题过程 $f(x)=\ln x$,$f'(x)=\dfrac{1}{x}=x^{-1}$,$f''(x)=-x^{-2}$,$f'''(x)=2x^{-3}$,$f^{(4)}=-2\times 3x^{-4}$,$\cdots$,

$f^{(n)}=(-1)^{n-1}\cdot(n-1)!\cdot x^{-n}$.

$\ln x$ 在 $x=2$ 处泰勒展开式为:

$\ln x=\ln 2+\dfrac{1}{2}(x-2)+\dfrac{1}{2}(-1)\cdot\dfrac{1}{2^2}(x-2)^2+\dfrac{1}{3}\cdot\dfrac{1}{2^3}(x-2)^3\cdots\cdots+\dfrac{(-1)^{n-1}}{n}\cdot$

$\dfrac{1}{2^n}(x-2)^n+Rn(x)$

$=\ln 2+\dfrac{x-2}{2}-\dfrac{1}{2}\left(\dfrac{x-2}{2}\right)^2+\cdots+\dfrac{(-1)^{n-1}}{n}\left(\dfrac{x-2}{2}\right)+R_n(x)$.

$R_n(x)=\dfrac{(-1)^n}{n+1}\left(\dfrac{x-2}{\xi}\right)^{n+1}$,$\xi$ 介于 x 与 2 之间.

7. **解题过程** (1) 设分 x 批购货,则每批为 $\dfrac{2400}{x}$ 件.

银行利息为 $\dfrac{2400}{x}\times 6\times 10\%+\dfrac{2400}{x}\times 6\times 10\%+\dfrac{2400}{x}\times 6\times 10\%\cdot\dfrac{x}{x}=\dfrac{1440}{x}$

$\left(\dfrac{x}{x}+\dfrac{x-1}{x}+\cdots\dfrac{1}{x}\right)=\dfrac{720}{x}\cdot\left(1+\dfrac{1}{x}\right)$.

采购费为 $160x$,

则费用总和为 $f(x)=160x+720\left(1+\dfrac{1}{x}\right)$,

$f'(x)=160-\dfrac{720}{x^2}=0$,则 $x=\dfrac{3}{\sqrt{2}}$,

故 $x=2$ 或 $x=3$.

当 $x=2$ 时,$f(x)=320+1080=1400$(元);

当 $x=3$ 时,$f(x)=480+960=1400$(元).

故分两批进货费用最低.

(2) 设每件产品征税额为 t,则利润为

$$L(x) = R(x) - C(x) - tx = (\alpha x^2 + \beta x) - (ax^2 + bx + c) - tx$$
$$= (\alpha - a) \cdot x^2 + (\beta - b - t)x - c.$$

$$L'(x) = 2(\alpha - a)x + \beta - b - t.$$

令 $L'(x) = 0$,得 $x = -\dfrac{\beta - b - t}{2(\alpha - a)}$,

$L'' = 2(\alpha - a) < 0$,故 $x = -\dfrac{\beta - b - t}{2(\alpha - a)}$ 为最大利润,

总税额为 $T = t \cdot x = -\dfrac{\beta - b - t}{2(\alpha - a)} \cdot t$,

$T'(t) = \dfrac{\beta - b - 2t}{2(\alpha - a)} = 0$,得 $t = \dfrac{\beta - b}{2}$,

故应征收税额为 $\dfrac{\beta - b}{2}$.

8. 解题过程 D

由图形左边曲线可以看出,$x < 0$ 时,$f(x)$ 单调递增,故 $f'(x) > 0$,同理在 x 轴右侧前半段曲线亦递增,$f'(x)$ 亦为正,故选 D.

9. 解题过程 (1) 水位高度随时变化的函数 $y = y(t)$ 的图形,如题 9 图解所示。

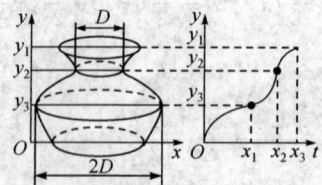

题 9 图解

(2) 在 y_2 处增长最快,y_1 处增长最慢. 这两个增长率比值约为 $4:1$.

第五章

不定积分

知识网络图

$$\text{不定积分}\begin{cases} \text{不定积分}\begin{cases}\text{概念}\\ \text{几何意义}\\ \text{基本积分表}\\ \text{不定积分的性质}\end{cases}\\ \text{换元积分法}\begin{cases}\text{第一类换元积分法}\\ \text{第二类换元积分法}\\ \text{常用积分公式}\end{cases}\\ \text{分部积分法}\begin{cases}\text{降次法}\\ \text{转换法}\\ \text{循环法}\\ \text{递增法}\end{cases}\\ \text{有理函数积分}\begin{cases}\text{六个基本积分}\\ \text{待定系数法}\\ \text{部分分式法}\end{cases}\end{cases}$$

知识点归纳

1. 原函数与不定积分的概念

定义 1 若定义在区间 I 上的函数 $f(x)$ 及可导函数 $F(x)$ 满足关系：对任一 $x \in I$，都有

$$F'(x) = f(x) \text{ 或 } dF(x) = f(x)dx,$$

则称 $F(x)$ 为 $f(x)$ 在区间 I 上的一个**原函数**.

定义 2 在区间 I 上,函数 $f(x)$ 的全体原函数,称为 $f(x)$ 在区间 I 上的**不定积分**. 记作

$$\int f(x)dx,$$

其中记号 $\int$ 称为积分号,$f(x)$ 称为**被积函数**,$f(x)dx$ 称为**被积表达式**,x 称为积分变量.

■ **2. 基本积分表**

① $\int k dx = kx + C$ （k 是常数）;

② $\int x^\mu dx = \dfrac{1}{\mu+1} x^{\mu+1} + C$ （$\mu \neq -1$）;

③ $\int \dfrac{dx}{x} = \ln|x| + C$;

④ $\int \dfrac{dx}{1+x^2} = \arctan x + C$;

⑤ $\int \dfrac{dx}{\sqrt{1-x^2}} = \arcsin x + C$;

⑥ $\int \cos x dx = \sin x + C$;

⑦ $\int \sin x dx = -\cos x + C$;

⑧ $\int \dfrac{dx}{\cos^2 x} = \int \sec^2 x dx = \tan x + C$;

⑨ $\int \dfrac{dx}{\sin^2 x} = \int \csc^2 x dx = -\cot x + C$;

⑩ $\int \sec x \tan x dx = \sec x + C$;

⑪ $\int \csc x \cot x dx = -\csc x + C$;

⑫ $\int e^x dx = e^x + C$;

⑬ $\int a^x dx = \dfrac{1}{\ln a} a^x + C$ （$a > 0$）.

■ **3. 不定积分的性质**

性质 1 函数代数和的不定积分等于各个函数的不定积分的代数和,即

$$\int [f(x) \pm g(x)]dx = \int f(x)dx \pm \int g(x)dx.$$

性质 2 求不定积分时,被积函数不为 0 的常数因子可以提到积分号外,即

$$\int kf(x)dx = k \int f(x)dx \quad (k \neq 0, k \text{ 为常数}).$$

4. 换元积分法

把复合函数的微分法反过来用于求不定积分,利用中间变量的代换,得到复合函数的积分法,称为**换元积分法**,简称**换元法**。

换元法通常分为两类,第一类是把积分变量 x 作为自变量,引入中间变量 $u = \varphi(x)$;第二类是把积分变量 x 作为中间变量,引入自变量 t,作变换 $x = \varphi(t)$,从而将复杂的被积函数化为较简单的类型,进一步利用基本积分表与积分性质求出积分。

5. 第一类换元积分法

设 $f(u)$ 具有原函数 $F(u)$,即

$$F'(u) = f(u), \int f(u) du = F(u) + C.$$

如果要求的积分具有以下形式

$$\int f[\varphi(x)] \varphi'(x) dx$$

就设 $u = \varphi(x)$ 且要求 $\varphi(x)$ 可微,根据复合函数微分法则

$$dF(\varphi(x)) = f(\varphi(x)) \varphi'(x) dx = f(\varphi(x)) d\varphi(x),$$

从而

$$\int f(\varphi(x)) \varphi'(x) dx = F(\varphi(x)) + C = \left[\int f(u) du \right]_{u=\varphi(x)} = \int f(\varphi(x)) d\varphi(x).$$

这就是第一类换元积分法,又称凑微分法。

定理 设 $f(u)$ 具有原函数,$u = \varphi(x)$ 可导,则有换元公式

$$\int f[\varphi(x)] \varphi'(x) dx = \left[\int f(u) du \right]_{u=\varphi(x)}.$$

(一) 基本的凑微分法

利用基本积分表中的积分公式把被积函数中的一部分凑成中间变量的微分。常用的有

① $dx = \dfrac{1}{a} d(ax + b)$;

② $x^{n-1} dx = \dfrac{1}{n} d(x^n)$;

③ $\dfrac{dx}{x} = d(\ln |x|) = \ln a \, d(\log_a |x|)$;

④ $e^x dx = d(e^x)$;

⑤ $a^x dx = \dfrac{1}{\ln a} d(a^x)$;

⑥ $\cos x \, dx = d(\sin x)$;

⑦ $\sin x \, dx = - d(\cos x)$;

⑧ $\dfrac{dx}{\cos^2 x} = \sec^2 x \, dx = d(\tan x)$;

⑨ $\dfrac{\mathrm{d}x}{\sin^2 x} = \csc^2 x \mathrm{d}x = -\mathrm{d}(\cot x)$;

⑩ $\dfrac{\mathrm{d}x}{\sqrt{1-x^2}} = \mathrm{d}(\arcsin x) = -\mathrm{d}(\arccos x)$;

⑪ $\dfrac{\mathrm{d}x}{1+x^2} = \mathrm{d}(\arctan x) = -\mathrm{d}(\mathrm{arccot} x)$.

(二) 多步凑微分法

利用基本积分表中的一个或多个积分公式,作两步或两步以上的凑微分.

(三) 联合凑微分法

同时利用两个或两个以上的积分公式凑成一个和、差、积、商的微分.

6. 第二类换元积分法

定理 设 $x = \varphi(t)$ 是单调的可导函数,并且 $\varphi'(t) \neq 0$. 又设 $f[\varphi(t)]\varphi'(t)$ 具有原函数,则有换元公式

$$\int f(x)\mathrm{d}x = \left\{\int f[\varphi(t)]\varphi'(t)\mathrm{d}t\right\}_{t=\varphi^{-1}(x)},$$

其中 $t = \varphi^{-1}(x)$ 是 $x = \varphi(t)$ 的反函数.

常用的主要有**三角函数代换、倒代换和简单无理函数代换**.

常用的积分公式:

⑫ $\int \tan x \mathrm{d}x = -\ln|\cos x| + C$;

⑬ $\int \cot x \mathrm{d}x = \ln|\sin x| + C$;

⑭ $\int \sec x \mathrm{d}x = \ln|\sec x + \tan x| + C$;

⑮ $\int \csc x \mathrm{d}x = \ln|\csc x - \cot x| + C$;

⑯ $\int \dfrac{\mathrm{d}x}{\sqrt{a^2 - x^2}} = \arcsin \dfrac{x}{a} + C$;

⑰ $\int \dfrac{\mathrm{d}x}{a^2 + x^2} = \dfrac{1}{a}\arctan \dfrac{x}{a} + C$;

⑱ $\int \dfrac{\mathrm{d}x}{x^2 - a^2} = \dfrac{1}{2a}\ln\left|\dfrac{x-a}{x+a}\right| + C$;

⑲ $\int \dfrac{\mathrm{d}x}{\sqrt{x^2 + a^2}} = \ln(x + \sqrt{x^2 + a^2}) + C$;

⑳ $\int \dfrac{\mathrm{d}x}{\sqrt{x^2 - a^2}} = \ln|x + \sqrt{x^2 - a^2}| + C$.

7. 分部积分法

函数乘积的积分方法即**分部积分法**.

或
$$(uv)' = u'v + uv'$$
$$d(uv) = vdu + udv,$$
$$uv = \int vdu + \int udv$$

或
$$uv = \int u'vdx + \int uv'dx.$$
$$\int udv = uv - \int vdu$$

或
$$\int uv'dx = uv - \int vu'dx.$$

这两个等价的公式被称为**分部积分公式**.

8. 六个基本积分

理论上任何一个有理函数(真分式)的积分都可以分为以下 6 个类型的基本积分的代数和.

① $\int \dfrac{dx}{x+a} = \ln|x+a| + C;$

② $\int \dfrac{dx}{(x+a)^n} = \dfrac{1}{(1-n)(x+a)^{n-1}} + C \quad (n \geqslant 2);$

③ $\int \dfrac{dx}{x^2+a^2} = \dfrac{1}{a}\arctan\dfrac{x}{a} + C;$

④ $\int \dfrac{xdx}{x^2+a^2} = \dfrac{1}{2}\ln(x^2+a^2) + C;$

⑤ $\int \dfrac{xdx}{(x^2+a^2)^n} = \dfrac{1}{2(1-n)(x^2+a^2)^{n-1}} + C \quad (n \geqslant 2);$

⑥ $\int \dfrac{dx}{(x^2+a^2)^n} \quad (n \geqslant 2)$ 可用递推法求出.

9. 待定系数法

先把被积函数分为若干个基本类型的积分,所用的方法称为**待定系数法**.

经典例题解析

例1 下列各对函数中,是同一函数的原函数的是( ).

(A) $\arcsin x$ 与 $\arccos x$ (B) $\ln(x+5)$ 与 $\ln x + \ln 5$

(C) $\dfrac{2^x}{\ln 2}$ 与 $2^x + \ln 2$ (D) $\ln(5x)$ 与 $\ln x$

分析 由原函数的定义知,只要检验哪一对函数的导函数相同即可.

解 $\because (\ln 5x)' = \dfrac{1}{5x} \cdot 5 = \dfrac{1}{x} = (\ln x)'$

∴ $\ln(5x) = \ln x + \ln 5$ 与 $\ln x$ 都是 $\dfrac{1}{x}$ 的原函数,故应选(D).

例2 设 $\int f(x)\mathrm{d}x = \dfrac{x+1}{x-1} + C$,则 $f(x) = ($ $)$.

(A) 1   (B) $\dfrac{2x}{(x-1)^2}$ (C) $\dfrac{2}{(x-1)^2}$ (D) $\dfrac{-2}{(x-1)^2}$

分析 已知 $\int f(x)\mathrm{d}x = \dfrac{x+1}{x-1} + C$,就是已知 $f(x)$ 的一个原函数是 $\dfrac{x+1}{x-1}$,于是 $f(x) = \left(\dfrac{x+1}{x-1}\right)'$.

解 $f(x) = \left(\dfrac{x+1}{x-1}\right)' = \dfrac{x-1-(x+1)\cdot 1}{(x-1)^2} = \dfrac{-2}{(x-1)^2}$.

故选项(D)正确.

例3 证明:三个函数 $\arcsin(2x-1), \arccos(1-2x), 2\arctan\left(\sqrt{\dfrac{x}{1-x}}\right)$ 都是 $\dfrac{1}{\sqrt{x-x^2}}$ 的原函数.

解 $\dfrac{\mathrm{d}}{\mathrm{d}x}[\arcsin(2x-1)] = 2 \times \dfrac{1}{\sqrt{1-(2x-1)^2}} = \dfrac{1}{\sqrt{x-x^2}}$,

$\dfrac{\mathrm{d}}{\mathrm{d}x}[\arccos(1-2x)] = (-2) \times \left(-\dfrac{1}{\sqrt{1-(2x-1)^2}}\right) = \dfrac{1}{\sqrt{x-x^2}} = \dfrac{1}{\sqrt{x-x^2}}$.

$\dfrac{\mathrm{d}}{\mathrm{d}x}\left[2\arctan\sqrt{\dfrac{x}{1-x}}\right] = 2 \times \dfrac{1}{1+\left(\sqrt{\dfrac{1}{1-x}}\right)^2} \times \dfrac{1}{2}\sqrt{\dfrac{1-x}{x}} \cdot \dfrac{1}{(1-x)^2} = \dfrac{1}{\sqrt{x-x^2}}$.

可见 $\arcsin(2x-1), \arccos(1-2x), 2\arctan\left(\sqrt{\dfrac{x}{1-x}}\right)$ 都是 $\dfrac{1}{\sqrt{x-x^2}}$ 的原函数.

例4 设 $F(x)$ 是 e^{-x^2} 的原函数,求 $\dfrac{\mathrm{d}[F(\sqrt{x})]}{\mathrm{d}x}$.

解 根据题以及原函数的概念,有 $F'(x) = \mathrm{e}^{-x^2}$.

令 $u = \sqrt{x}$,则根据复合函数的导数计算法则,有

$$\dfrac{\mathrm{d}[F(u)]}{\mathrm{d}u} \cdot \dfrac{\mathrm{d}u}{\mathrm{d}x} = \mathrm{e}^{-u^2} \cdot \left(\dfrac{1}{2\sqrt{x}}\right) = \dfrac{\mathrm{e}^{-x}}{2\sqrt{x}}.$$

例5 若 $F'(x) = \dfrac{1}{\sqrt{1-x^2}}, F(1) = \dfrac{3}{2}\pi$,则 $F(x)$ 为(   ).

A. $\arcsin x$ B. $\arcsin x + C$
C. $\arccos x + x$ D. $\arcsin x + \pi$

分析 由 $F'(x) = \dfrac{1}{\sqrt{1-x^2}}$,对其求不定积分即可求得 $F(x)$,此 $F(x)$ 中带有常数 C. 又知 $F(1) = \dfrac{3}{2}\pi$,由此条件,常数 C 便可确定下来.

解 由题意, $F(x) = \int \dfrac{\mathrm{d}x}{\sqrt{1-x^2}} = \arcsin x + C$,又因 $F(1) = \dfrac{3}{2}\pi$,

则 $\text{arsin}1 + C = \dfrac{3}{2}\pi$,

即 $C = \pi$,从而 $F(x) = \arcsin x + \pi$.

故应选(D).

例 6 已知曲线在任一点 x 处的切线斜率与 x^3 成正比,且曲线过点 $A(1,6)$ 和 $B(2,-9)$,求该积分曲线方程.

分析 函数的原函数图形即为该函数的积分曲线,本题是求函数通过点 $A(1,6)$ 和 $B(2,-9)$ 的那条积分曲线.

解 设该曲线的方程为 $y = f(x)$

由题意知 $y' = f'(x) = kx^3$

从而 $y = \int kx^2 dx = \dfrac{1}{4}kx^2 + C$

又曲线过点 $A(1,6)$ 和 $B(2,-9)$,

所以 $6 = \dfrac{1}{4}k + C$

$-9 = 4k + C$

联立解得 $C = 7, k = -4$.

因此该曲线方程为 $y = 7 - x^2$.

例 7 一物体由静止开始运动,经七秒后的速度是 $3t^2(\text{m/s})$,问:

(1) 在 3s 后物体离开出发点的距离是多少?

(2) 物体走完 360m 需要多少时间?

分析 由于速度是位移函数对时间的导数,因此对速度作不定积分便可得位移函数,由位移函数便可求出两问.

解 设此物体自坐标原点沿轴正向由静止开始运动,位移函数 $S = S(t)$.

$\because S'(t) = u(t) = 3t^2$

$\therefore S(t) = \int 3t^2 dt = t^3 + C$

而 $S(0) = 0$,即 $0 = 0^3 + C$,得 $C = 0$.

因此,位移函数 $S(t) = t^3$.

(1) 3s 后物体离开发点的距离 $S(3) = 3^3 = 27(\text{m})$.

(2) 由 $360 = t^3$ 得 $t = \sqrt[3]{360} \approx 7.11(\text{s})$.

例 8 求下列不定积分

(1) $\int \dfrac{x^2}{1\sqrt{x}} dx$ (2) $\int (x-1)^2 dx$ (3) $\int \dfrac{x^3-1}{x} dx$

解 (1) $\int \dfrac{x^2+1}{\sqrt{x}\sqrt{x}} dx = \int \dfrac{x^2+1}{x^{\frac{3}{4}}} dx = \int (x^{\frac{3}{4}} + x^{\frac{3}{4}}) dx$

$$= \frac{4}{9}x^{\frac{3}{4}} + 4x^{\frac{1}{2}} + C.$$

(2) $\int (x-1)^2 dx = \int (x^2 - 2x + 1)dx = \int x^2 dx - 2\int x dx + \int dx$

$$= \frac{1}{3}x^3 - x^2 + x + C.$$

(3) $\int \frac{x^3-1}{x}dx = \int (x^4 - \frac{1}{x})dx = \int x^4 dx - \int \frac{1}{x}dx$

$$= \frac{1}{5}x^2 - \ln|x| + C.$$

例9 设生产某产品的固定成本为10,而产量为x时的边际成本函数为$C'(x) = 40 - 20x + 3x^2$,边际收入函数为$R'(x) = 32 - 10x$,试求(1)总利润函数;(2)使总利润最大时的产量.

解 (1) ∵ $C(x) = \int (40 - 20x + 3x^2)dx = 40x - 10x^2 + x^3 + C_1$

由$C(0) = 10$,代入上式得$C_1 = 10$.

于是$C(x) = 10 + 40x - 10x^2 + x^3$,又$R(x) = \int (32 - 10x)dx = 32x - 5x^2 + C_2$

由$R(0) = 0$,代入上式得$C_2 = 0$,

故$R(x) = 32x - 5x^2$.

所以总利润函数为

$L(x) = R(x) - C(x) = -10 - 8x + 5x^2 - x^3$.

(2) 令$L'(x) = -8 + 10x - 3x^2 = 0$得驻点$x_1 = \frac{4}{3}, x_2 = 2$,又$L''(x) = 10 - 6x, L''\left(\frac{4}{3}\right) = 2 > 0, L''(2) = -2 < 0$,

故$L\left(\frac{4}{3}\right)$为$L(x)$的极小值(舍去),$L(2)$为$L(x)$的极大值,即最大值,故当量为2时,总利润最大.

例10 求不定积分

(1) $\int (x^2 - 1)\sin 2x dx$ (2) $\int x\cos x dx$

分析 被积函数为幂函数与三角函数的乘积,一般考虑将幂函数设为u,将三角函数看作u',当然有时需要将被积函数作适当变形后再使用分部积分法.

解 (1) $\int (x^2 - 1)\sin 2x dx$

$= \int x^2 \sin 2x dx - \int \sin 2x dx$

$= -\frac{1}{2}\int x^2 d(\cos)2x + \frac{1}{2}\cos 2x$

$= -\frac{1}{2}(x^2 \cos 2x - \int 2x(\cos 2x dx) + \frac{1}{2}\cos 2x$

$$=-\frac{1}{2}x^2\cos2x+\frac{1}{2}\int xd(\sin2x)+\frac{1}{2}\cos2x$$

$$=-\frac{1}{2}x^2\cos2x+\frac{1}{2}(x\sin2x-\int\sin2xdx)+\frac{1}{2}\cos2x$$

$$=-\frac{1}{2}x^2\cos2x+\frac{1}{2}x\sin2x+\frac{1}{4}\cos2x+\frac{1}{2}\cos2x+C$$

$$=-\frac{1}{2}\left(x^2-\frac{3}{2}\right)\cos2x+\frac{x}{2}\sin2x+C.$$

(2) $\int x\cos^2 xdx \xrightarrow{变形} \int x\cdot\frac{1+\cos2x}{2}dx$

$$=\frac{1}{2}\left[\int xdx+\int x\cos2xdx\right]=\frac{1}{2}\left[\int xdx+\frac{1}{2}\int xd\sin2x\right]$$

$$=\frac{1}{2}\left[\frac{x^2}{2}+\frac{1}{2}(x\sin2x-\int\sin2xdx)\right]=\frac{x^2}{4}+\frac{1}{4}x\sin2x+\frac{1}{8}\cos2x+C$$

例11 求不定积分 $\int x\tan^2 xdx$.

解 $\int x\tan^2 xdx=\int x(\sec^2 x-1)dx=\int x\sec^2 xdx-\int xdx$

$$=\int xd(\tan x)-\int xdx=x\tan x-\int\tan xdx-\frac{1}{2}x^2$$

$$=x\tan x+\ln|\cos x|-\frac{1}{2}x^2+C.$$

特别提醒 对被积函数为幂函数与三角函数乘积形式,一般可取幂函数部分为函数 $u(x)$,另一部分为 $u'(x)$,有时要先对三角函数进行恒等变形处理,再利用分部积分法计算.

例12 $\int\max\{1,|x|\}dx$.

解 设 $f(x)=\max\{1,|x|\}$,

则 $f(x)=\begin{cases}-x, & x<-1 \\ 1, & -1\leqslant x\leqslant 1 \\ x, & x>1\end{cases}$

由于 $f(x)$ 在 $(-\infty,+\infty)$ 上连续,则必存在原函数 $F(x)$,

$$F(x)=\begin{cases}-\dfrac{x^2}{2}+C_1, & x<-1 \\ x+C_2, & -1\leqslant x\leqslant 1 \\ \dfrac{x^2}{2}+C_3, & x>1\end{cases}$$

又 $F(x)$ 须处处连续,知 $\lim\limits_{x\to-1}\left(-\dfrac{x^2}{2}+C_1\right)=\lim\limits_{x\to-1}(x+C_2)$.

$$\lim_{x\to 1}(x+C_2) = \lim_{x\to 1}\left(\frac{x^2}{2}+C_3\right)$$

故可取 $C_1 = C, C_2 = \frac{1}{2}+C, C_3 = 1+C$，即

$$\int \max\{1, |x|\}dx = \begin{cases} -\dfrac{x^2}{2}+C, x < -1 \\ x+\dfrac{1}{2}+C, -1 \leqslant x \leqslant 1 \\ \dfrac{x^2}{2}+1+C, x > 1 \end{cases}$$

课后习题全解

习题 5-1

1. **解题过程** (1) $\int \dfrac{dx}{x^3} = -\dfrac{1}{2x^2}+C$;

   (2) $\int x^2\sqrt{x}\,dx = \int x^2 \cdot x^{\frac{1}{2}}dx = \int x^{\frac{5}{2}}dx = \dfrac{2}{7}x^{\frac{7}{2}}+C$;

   (3) $\int \dfrac{dx}{x^2\sqrt{x}} = \int x^{-\frac{5}{2}}dx = -\dfrac{2}{3}x^{-\frac{3}{2}}+C$;

   (4) $\int \sqrt{x\sqrt{x\sqrt{x}}}\,dx = \int x^{\frac{7}{8}}dx = \dfrac{1}{\frac{7}{8}+1}x^{\frac{7}{8}+1}+C = \dfrac{8}{15}x^{\frac{15}{8}}+C$;

   (5) $\int \dfrac{dh}{\sqrt{2h}} = \int \dfrac{1}{\sqrt{2}}\cdot h^{-\frac{1}{2}}dh = \sqrt{2h}+C$;

   (6) $\int \sqrt[m]{x^n}\,dx = \int x^{\frac{n}{m}}dx = \dfrac{m}{m+n}\cdot x^{\frac{m+n}{m}}+C$;

   (7) $\int 5x^4 dx = x^5+C$;

   (8) $\int (x^2+3x+2)dx = \dfrac{x^3}{3}+\dfrac{3}{2}x^2+2x+C$;

   (9) $\int (x^2-1)^2 dx = \int (x^4-2x^2+1)dx = \dfrac{1}{5}x^5-\dfrac{2}{3}x^3+x+C$;

   (10) $\int (x+2)^2 dx = \int (x^2+4x+4)dx = \dfrac{1}{3}x^3+2x^2+4x+C$;

   (11) $\int \sqrt{x}(x-3)dx = \int (x^{\frac{3}{2}}-3x^{\frac{1}{2}})dx = \dfrac{2}{5}x^{\frac{5}{2}}-2x^{\frac{3}{2}}+C$;

   (12) $\int (\sqrt{x}+1)(\sqrt{x^3}+1)dx = \int (x^2+x^{\frac{1}{2}}+x^{\frac{3}{2}}+1)dx$
   $$= \dfrac{1}{3}x^3+\dfrac{2}{3}x^{\frac{3}{2}}+\dfrac{2}{5}x^{\frac{5}{2}}+x+C;$$

(13) $\int \frac{(t+1)^2}{t^2}dt = \int \left(1+\frac{2}{t}+\frac{1}{t^2}\right)dt = t+2\ln|t|-\frac{1}{t}+C;$

(14) $\int \frac{(1+x)}{\sqrt{x}}dx = \int (x^{\frac{1}{2}}+x^{-\frac{1}{2}})dx = \frac{2}{3}x^{\frac{3}{2}}+2x^{\frac{1}{2}}+C;$

(15) $\int \frac{x^2}{1+x^2}dx = \int \frac{x^2+1-1}{1+x^2}dx = \int \left(1-\frac{1}{1+x^2}\right)dx = x-\arctan x+C;$

(16) $\int \frac{3x^4+3x^2+2}{x^2+1}dx = \int \left(3x^2+\frac{2}{x^2+1}\right)dx = x^3+2\arctan x+C;$

(17) $\int \left(\frac{3}{1+x^2}+\frac{5}{\sqrt{1-x^2}}\right)dx = 3\arctan x+5\arcsin x+C;$

(18) $\int \frac{x^2+\sqrt{x^2}+3}{\sqrt[3]{x}}dx = \int (x^{\frac{5}{3}}+x^{\frac{7}{6}}+3x^{-\frac{1}{3}})dx = \frac{3}{8}x^{\frac{8}{3}}+\frac{6}{13}x^{\frac{13}{6}}+\frac{9}{2}x^{\frac{2}{3}}+C;$

(19) $\int \left(2e^x-\frac{3}{x}\right)dx = 2e^x-3\ln|x|+C;$

(20) $\int e^x\left(1+\frac{e^{-x}}{\sqrt{x}}\right)dx = \int (e^x+x^{-\frac{1}{2}})dx = e^x+2\sqrt{x}+C;$

(21) $\int 5^x e^x dx = \int (5e)^x dx = \frac{1}{\ln(5e)}(5e)^x+C = \frac{1}{\ln 5+1}5^x e^x+C;$

(22) $\int \frac{2\cdot 3^x+5\cdot 2^x}{3^x}dx = \int \left[2+5\left(\frac{2}{3}\right)^x\right]dx = 2x+5\frac{1}{\ln\left(\frac{2}{3}\right)}\left(\frac{2}{3}\right)^x+C$

$\qquad = 2x+\frac{5}{\ln 2-\ln 3}\left(\frac{2}{3}\right)^x+C;$

(23) $\int \frac{dx}{x^2(1+x^2)} = \int \frac{1+x^2-x^2}{x^2(1+x^2)}dx = \int \left(\frac{1}{x^2}-\frac{1}{1+x^2}\right)dx$

$\qquad = -\frac{1}{x}-\arctan x+C;$

(24) $\int \frac{e^{2x}-1}{e^x-1}dx = \int (e^x+1)dx = e^x+x+C;$

(25) $\int \sec x(\sec x+\tan x)dx = \int (\sec^2 x+\sec x\cdot\tan x)dx = \tan x+\sec x+C;$

(26) $\int \cos^2\frac{x}{2}dx = \frac{1}{2}\int (1+\cos x)dx = \frac{1}{2}\sin x+\frac{1}{2}x+C;$

(27) $\int \frac{\cos 2x}{\sin x+\cos x}dx = \int \frac{\cos^2 x-\sin^2 x}{\sin x+\cos x}dx = \int (\cos x-\sin x)dx = \sin x+\cos x+C;$

(28) $\int \frac{\cos 2x}{\sin^2 x\cos^2 x}dx = \int \frac{\cos^2 x-\sin^2 x}{\sin^2 x\cos^2 x}dx = \int \left(\frac{1}{\sin^2 x}-\frac{1}{\cos^2 x}\right)dx = -\cot x-\tan x+C;$

(29) $\int \frac{dx}{1+\cos 2x} = \int \frac{dx}{2\cos^2 x} = \frac{1}{2}\tan x+C;$

(30) $\int \cot^2 x dx = \int \frac{\cos^2 x}{\sin^2 x}dx = \int \frac{1-\sin^2 x}{\sin^2 x}dx = \int (\csc^2 x-1)dx = -\cot x-x+C;$

2. **解题过程** 设曲线方程为 $y=f(x)$,

则 $f'(x) = \dfrac{1}{x}$ 且 $f(\mathrm{e}^2) = 3$,

$$f(x) = \int f'(x)\mathrm{d}x = \int \dfrac{1}{x}\mathrm{d}x = \ln x + C,$$

$$f(\mathrm{e}^2) = \ln(\mathrm{e}^2) + C = 2 + C = 3, C = 1,$$

故曲线方程为 $y = \ln x + 1$.

3. **解题过程** 由题意知 $P'(t) = f(t)$,

则 $P(t) = \int f(t)\mathrm{d}t = \int f(at+b)\mathrm{d}t = \dfrac{1}{2}at^2 + bt + C$.

$P(0) = C = 0$, 故 $P(t) = \dfrac{1}{2}at^2 + bt$.

习题 5-2

1. **解题过程** (1) $\int \mathrm{e}^{5x}\mathrm{d}x = \dfrac{1}{5}\int \mathrm{e}^{5x}\mathrm{d}5x = \dfrac{1}{5}\mathrm{e}^{5x} + C$;

(2) $\int (3+2x)^3\mathrm{d}x = \dfrac{1}{2}\int (3+2x)^3\mathrm{d}(3+2x) = \dfrac{1}{8}(3+2x)^4 + C$;

(3) $\int \dfrac{\mathrm{d}x}{3+2x} = \dfrac{1}{2}\int \dfrac{\mathrm{d}(3+2x)}{3+2x} = \dfrac{1}{2}\ln|3+2x| + C$;

(4) $\int \dfrac{\mathrm{d}x}{\sqrt[3]{2-3x}} = -\dfrac{1}{3}\int (2-3x)^{-\frac{1}{3}}\mathrm{d}(2-3x) = -\dfrac{1}{2}(2-3x)^{\frac{2}{3}} + C$;

(5) $\int \dfrac{\sin\sqrt{t}}{\sqrt{t}}\mathrm{d}t = 2\int \sin\sqrt{t}\,\mathrm{d}(\sqrt{t}) = -2\cos\sqrt{t} + C$;

(6) $\int x\sin x^2\mathrm{d}x = \dfrac{1}{2}\int \sin x^2\mathrm{d}(x^2) = -\dfrac{1}{2}\cos x^2 + C$;

(7) $\int x\mathrm{e}^{-x^2}\mathrm{d}x = -\dfrac{1}{2}\int \mathrm{e}^{-x^2}\mathrm{d}(-x^2) = -\dfrac{1}{2}\mathrm{e}^{-x^2} + C$;

(8) $\int \dfrac{x}{\sqrt{2-3x^2}}\mathrm{d}x = -\dfrac{1}{6}\int \dfrac{1}{\sqrt{2-3x^2}}\mathrm{d}(2-3x^2) = -\dfrac{1}{3}\sqrt{2-3x^2} + C$;

(9) $\int \dfrac{3x^3}{1+x^4}\mathrm{d}x = \dfrac{3}{4}\int \dfrac{1}{1+x^4}\mathrm{d}(1+x^4) = \dfrac{3}{4}\ln|1+x^4| + C$;

(10) $\int \tan^8 x\sec^2 x\mathrm{d}x = \int \tan^8 x\mathrm{d}(\tan x) = \dfrac{1}{9}\tan^9 x + C$;

(11) $\int \dfrac{\mathrm{d}x}{\sin x\cos x} = \int \dfrac{1}{\tan x}\dfrac{\mathrm{d}x}{\cos^2 x} = \int \dfrac{1}{\tan x}\mathrm{d}(\tan x) = \ln|\tan x| + C$;

(12) $\int \cos^2(\omega t+\varphi)\sin(\omega t+\varphi)\mathrm{d}t = -\dfrac{1}{\omega}\int \cos^2(\omega t+\varphi)\mathrm{d}[\cos(\omega t+\varphi)]$

$$= -\dfrac{1}{3\omega}\cos^3(\omega t+\varphi) + C;$$

(13) $\int \dfrac{\sin x}{\cos^5 x}\mathrm{d}x = -\int \dfrac{\mathrm{d}(\cos x)}{\cos^5 x} = \dfrac{1}{4\cos^4 x} + C$;

(14) $\int \cos^3 x \, dx = \int (1 - \sin^2 x) \, d(\sin x) = \sin x - \dfrac{1}{3}\sin^3 x + C;$

(15) $\int \sin^2(\omega t + \varphi) \, dt = \dfrac{1}{2}\int [1 - \cos 2(\omega t + \varphi)] \, dt = \dfrac{1}{2}t - \dfrac{1}{4\omega}\sin 2(\omega t + \varphi) + C;$

(16) $\int \tan^3 t \sec t \, dt = \int (\sec^2 t - 1)\tan t \sec t \, dt = \int (\sec^2 t - 1) \, d(\sec t) = \dfrac{1}{3}\sec^3 t - \sec t + C;$

(17) $\int \sin 2x \cos 3x \, dx = \dfrac{1}{2}\int (\sin 5x - \sin x) \, dx = \dfrac{1}{2}\cos x - \dfrac{1}{10}\cos 5x + C;$

(18) $\int \cos x \cos \dfrac{x}{2} \, dx = \dfrac{1}{2}\int \left(\cos \dfrac{3}{2}x + \cos \dfrac{x}{2}\right) dt$

$\qquad = \dfrac{1}{2} \cdot \dfrac{2}{3}\sin \dfrac{3}{2}x + \dfrac{1}{2} \cdot \dfrac{2}{1}\sin \dfrac{x}{2} + C$

$\qquad = \dfrac{1}{3}\sin \dfrac{3}{2}x + \sin \dfrac{x}{2} + C;$

(19) $\int \sin 4x \sin 8x \, dx = \dfrac{1}{2}\int (-\cos 12x + \cos 4x) \, dx = \dfrac{1}{2}\left(-\dfrac{1}{12}\sin 12x + \dfrac{1}{4}\sin 4x\right) + C$

$\qquad = \dfrac{1}{8}\sin 4x - \dfrac{1}{24}\sin 12x + C;$

(20) $\int \dfrac{\sin x - \cos x}{\sqrt[3]{\sin x + \cos x}} \, dx = -\int (\sin x + \cos x)^{-\frac{1}{3}} \, d(\sin x + \cos x)$

$\qquad = -\dfrac{3}{2}(\sin x + \cos x)^{\frac{2}{3}} + C;$

(21) $\int \dfrac{1+x}{\sqrt{9-4x^2}} \, dx = \int \dfrac{dx}{\sqrt{9-4x^2}} + \int \dfrac{x}{\sqrt{9-4x^2}} \, dx$

$\qquad = \dfrac{1}{2}\int \dfrac{d(2x)}{\sqrt{3^2 - (2x)^2}} - \dfrac{1}{8}\int (9-4x^2)^{-\frac{1}{2}} \, d(9-4x^2)$

$\qquad = \dfrac{1}{2}\arcsin \dfrac{2x}{3} - \dfrac{1}{4}(9-4x^2)^{\frac{1}{2}} + C;$

(22) $\int \dfrac{x^3}{1+x^2} \, dx = \int \dfrac{x^3 + x - x}{1+x^2} \, dx = \int x \, dx - \int \dfrac{x}{1+x^2} \, dx$

$\qquad = \dfrac{x^2}{2} - \dfrac{1}{2}\int \dfrac{1}{1+x^2} \, d(1+x^2) = \dfrac{1}{2}x^2 - \dfrac{1}{2}\ln(1+x^2) + C;$

(23) $\int \dfrac{dx}{3x^2 - 1} = \dfrac{1}{\sqrt{3}}\int \dfrac{d(\sqrt{3}x)}{(\sqrt{3}x)^2 - 1} = \dfrac{1}{2\sqrt{3}}\ln \left|\dfrac{\sqrt{3}x - 1}{\sqrt{3}x + 1}\right| + C;$

(24) $\int \dfrac{dx}{(x+1)(x+2)} = \int \left(\dfrac{1}{x+1} - \dfrac{1}{x+2}\right) dx = \ln |x+1| - \ln |x+2| + C;$

$\qquad = \ln \left|\dfrac{x+1}{x+2}\right| + C;$

(25) $\int \tan \sqrt{1+x^2} \, \dfrac{x}{\sqrt{1+x^2}} \, dx = \dfrac{1}{2}\int \tan \sqrt{1+x^2} \, \dfrac{d(1+x^2)}{\sqrt{1+x^2}}$

$\qquad = \int \tan \sqrt{1+x^2} \, d(\sqrt{1+x^2})$

$$= -\ln|\cos\sqrt{1+x^2}| + C;$$

(26) $\int \dfrac{\arctan\sqrt{x}}{\sqrt{x}(1+x)} dx = 2\int \dfrac{\arctan\sqrt{x}}{1+(\sqrt{x})^2} d(\sqrt{x}) = 2\int \arctan\sqrt{x}\, d(\arctan\sqrt{x})$

$$= (\arctan\sqrt{x})^2 + C;$$

(27) $\int \dfrac{10^{\arccos x}}{\sqrt{1-x^2}} dx = -\int 10^{\arccos x} d(\arccos x) = -\dfrac{1}{\ln 10} 10^{\arccos x} + C;$

(28) $\int \dfrac{1}{(\arcsin x)^2} \cdot \dfrac{dx}{\sqrt{1-x^2}} = \int \dfrac{1}{(\arcsin x)^2} d(\arcsin x) = -\dfrac{1}{\arcsin x} + C;$

(29) $\int \dfrac{\ln\tan x}{\cos x \sin x} dx = \int \dfrac{\ln\tan x}{\tan x} \dfrac{dx}{\cos^2 x} = \int \ln\tan x \dfrac{d(\tan x)}{\tan x} = \int \ln\tan x\, d(\ln\tan x)$

$$= \dfrac{1}{2}(\ln\tan x)^2 + C;$$

(30) $\int \dfrac{1+\ln x}{(x\ln x)^2} dx = \int \dfrac{1}{(x\ln x)^2} d(x\ln x) = -\dfrac{1}{x\ln x} + C;$

(31) 令 $x = 2\sin t, t \in \left[-\dfrac{\pi}{2}, \dfrac{\pi}{2}\right]$，则 $dx = 2\cos t\, dt$,

$\int \dfrac{x^2 dx}{\sqrt{4-x^2}} = \int \dfrac{4\sin^2 t}{2\cos t} \cdot 2\cos t\, dt = 2\int (1-\cos 2t) dt = 2t - \sin 2t + C$

$$= 2t - 2\sin t\cos t + C = 2\arcsin\dfrac{x}{2} - \dfrac{1}{2} x\sqrt{4-x^2} + C;$$

(32) $\int \dfrac{dx}{x\sqrt{x^2-1}} = \int \dfrac{1}{\sqrt{1-\left(\dfrac{1}{x}\right)^2}} \dfrac{1}{x^2} dx = -\int \dfrac{1}{\sqrt{1-\left(\dfrac{1}{x}\right)^2}} d\left(\dfrac{1}{x}\right) = \arccos\dfrac{1}{x} + C$

(33) 令 $x = \tan t, t \in \left(-\dfrac{\pi}{2}, \dfrac{\pi}{2}\right)$，则 $dx = \sec^2 t\, dt$,

$\int \dfrac{dx}{\sqrt{(1+x^2)^3}} = \int \dfrac{\sec^2 t\, dt}{\sec^3 t} = \int \cos t\, dt = \sin t + C = \dfrac{x}{\sqrt{1+x^2}} + C;$

(34) $\int \dfrac{\sqrt{x^2-4}}{x} dx \xrightarrow{\diamondsuit x=2\sec t} \int \dfrac{2\tan t \cdot 2\sec t \cdot \tan t\, dt}{2\sec t}$

$$= 2\int \tan^2 t\, dt = 2\int (\sec^2 t - 1) dt = 2\tan t - 2t + C$$

$$= \sqrt{x^2-4} - 2\operatorname{arcsec}\dfrac{x}{2} + C;$$

(35) $\int \dfrac{dx}{1+\sqrt{1-x^2}} \xrightarrow{\diamondsuit x=\sin t} \int \dfrac{\cos t}{1+\cos t} dt = \int \dfrac{\cos t - \cos^2 t}{1-\cos^2 t} dt = \int \dfrac{\cos t + \sin^2 t - 1}{\sin^2 t} dt$

$$= \int \dfrac{\cos t}{\sin^2 t} dt + \int dt - \int \dfrac{dt}{\sin^2 t} = -\dfrac{1}{\sin t} + t + \cot t + C$$

$$= -\dfrac{1}{x} + \arcsin x + \dfrac{\sqrt{1-x^2}}{x} + C = \arcsin x + \dfrac{\sqrt{1-x^2} - 1}{x} + C;$$

(36) $\int \dfrac{dx}{x+\sqrt{1-x^2}} \xrightarrow{\diamondsuit x=\sin t} \int \dfrac{\cos t}{\sin t + \cos t} dt = \dfrac{1}{2}\int \dfrac{(\cos t + \sin t) + (\cos t - \sin t)}{\sin t + \cos t} dt$

$$= \frac{1}{2}\int dt + \frac{1}{2}\int \frac{\cos t - \sin t}{\sin t + \cos t}dt = \frac{1}{2}t + \frac{1}{2}\int \frac{d(\sin t + \cos t)}{\sin t + \cos t}$$

$$= \frac{1}{2}t + \frac{1}{2}\ln|\sin t + \cos t| + C$$

$$= \frac{1}{2}\arcsin x + \frac{1}{2}\ln|x + \sqrt{1-x^2}| + C$$

(37) $\int \frac{dx}{1+\sqrt{2x}} \xlongequal{\diamondsuit \sqrt{2x}=t} \int \frac{t}{1+t}dt = \int \left(1 - \frac{1}{1+t}\right)dt$

$$= t - \ln(1+t) + C = \sqrt{2x} - \ln(1+\sqrt{2x}) + C;$$

(38) 令 $\sqrt[3]{x+1} = t$,则 $x = t^3 - 1, dx = 3t^2 dt$,

$$\int \frac{dx}{1+\sqrt[3]{x+1}} = \int \frac{3t^2}{1+t}dt = 3\int \frac{t^2-1+1}{1+t}dt = 3\int \left(t-1+\frac{1}{t+1}\right)dt$$

$$= \frac{3}{2}t^2 - 3t + 3\ln|1+t| + C$$

$$= \frac{3}{2}\sqrt[3]{(x+1)^2} - 3\sqrt[3]{x+1} + 3\ln|1+\sqrt[3]{x+1}| + C;$$

(39) $\int \frac{\sqrt{1+x}-1}{\sqrt{1+x}+1}dx = \int \frac{x+2-2\sqrt{x+1}}{x}dx = x + 2\ln|x| - 2\int \frac{\sqrt{x+1}}{x}dx,$

其中 $\int \frac{\sqrt{x+1}}{x}dx \xlongequal{x+1=t^2} \int \frac{t \cdot 2t dt}{t^2-1} = \int \left(2 + \frac{2}{t^2-1}\right)dt = 2t + \ln\left|\frac{t-1}{t+1}\right| + C$

$$= 2\sqrt{1+x} + \ln\frac{\sqrt{x+1}-1}{\sqrt{x+1}+1} + C,$$

从而 $\int \frac{\sqrt{x+1}-1}{\sqrt{x+1}+1}dx = x + 2\ln x - 4\sqrt{x+1} - 2\ln\frac{\sqrt{x+1}-1}{\sqrt{x+1}+1} + 2C$

$$= x - 4\sqrt{x+1} + 4\ln(\sqrt{x+1}+1) + C_1;$$

(40) $\int \frac{dx}{\sqrt{x}+\sqrt[4]{x}} \xlongequal{\diamondsuit x=t^4} \int \frac{4t^3}{t^2+t}dt = 4\int \frac{t^2+t-t-1+1}{t+1}dt$

$$= 4\int \left(t-1+\frac{1}{t+1}\right)dt = 2t^2 - 4t + 4\ln(t+1) + C$$

$$= 2\sqrt{x} - 4\sqrt[4]{x} + 4\ln(\sqrt[4]{x}+1) + C;$$

(41) $\int \frac{1}{x}\sqrt{\frac{1-x}{1+x}}dx = \int \frac{1-x}{x\sqrt{1-x^2}}dx = \int \frac{dx}{x\sqrt{1-x^2}} - \int \frac{dx}{\sqrt{1-x^2}}$

$$= \int \frac{dx}{x\sqrt{1-x^2}} - \arcsin x,$$

其中 $\int \frac{dx}{x\sqrt{1-x^2}} \xlongequal{\diamondsuit x=\sin t} \int \frac{\cos t}{\sin t \cos t}dt = \int \frac{dt}{\sin t} = \ln|\csc t - \cot t| + C$

$$= \ln\left|\frac{1-\sqrt{1-x^2}}{x}\right| + C,$$

从而 $\int \frac{1}{x}\sqrt{\frac{1-x}{1+x}}dx = \ln\left|\frac{1-\sqrt{1-x^2}}{x}\right| - \arcsin x + C$;

(42) $\int \frac{dx}{\sqrt[3]{(x+1)^2(x-1)^4}} = \int \frac{1}{(x-1)^2}\left(\sqrt[3]{\frac{x-1}{x+1}}\right)^2 dx$,

令 $t = \sqrt[3]{\frac{x-1}{x+1}}$，则 $x = \frac{t^3+1}{-t^3+1}, dx = \frac{6t^2}{(t^3-1)^2}dt$,

所以 $\int \frac{dx}{\sqrt[3]{(x+1)^2(x-1)^4}} = \frac{3}{2}\int \frac{1}{t^2}dt = -\frac{3}{2}t^{-1} + C = -\frac{3}{2}\sqrt[3]{\frac{x+1}{x-1}} + C$.

2. **解题过程** (1) 令 $x = \sin^2 t, dx = 2\sin t \cdot \cos t dt, t = \arcsin\sqrt{x}$,

原式 $= \int \frac{2\sin t \cdot \cos t}{\sqrt{\sin^2 t(1-\sin^2 t)}}dt = 2\int dt = 2t + C = 2\arcsin\sqrt{x} + C$;

(2) 令 $x = \tan t - 1$，则 $dx = \sec^2 t dt$

原式 $= \int \frac{\sec^2 t}{\sqrt{\tan^2 t + 1}}dt = \int \sec t dt = \ln|\sec t + \tan t| + C$,

由于 $x = \tan t - 1, \tan t = x + 1, \sec t = \sqrt{x^2 + 2x + 2}$,

原式 $= \ln|x + 1 + \sqrt{x^2 + 2x + 2}| + C$;

(3) 令 $x = 2 + 2\sec t$，则 $dx = 2\sec t \cdot \tan t dt$

原式 $= \int \frac{2\sec t \cdot \tan t}{\sqrt{4\sec^2 t - 4}}dt = \int \sec t dt = \ln|\sec t + \tan t| + C_1$

$\sec t = \frac{x-2}{2}, \tan t = \frac{\sqrt{x^2-4x}}{2}$,

原式 $= \ln\left|\frac{x-2}{2} + \frac{\sqrt{x^2-4x}}{2}\right| + C_1 = \ln|x - 2 + \sqrt{x^2-4x}| + C$;

(4) 令 $x^2 = \sin t$，则 $xdx = \frac{1}{2}\cos t dt, t = \arcsin x^2$,

原式 $= \int \frac{\frac{1}{2}\cos t dt}{\sqrt{1-\sin^2 t}} = \int \frac{1}{2}dt = \frac{t}{2} + C = \frac{1}{2}\arcsin x^2 + C$

习题 5-3

1. **解题过程** (1) $\int x\sin x dx = -\int xd\cos x = -x \cdot \cos x + \int \cos x dx = -x \cdot \cos x + \sin x + C$;

(2) $\int \ln x dx = x \cdot \ln x - \int x \cdot d(\ln x) = x \cdot \ln x - \int x \cdot \frac{dx}{x} = x \cdot \ln x - x + C$;

(3) $\int \arccos x dx = x \cdot \arccos x - \int x \cdot \frac{-1}{\sqrt{1-x^2}}dx = x \cdot \arccos x + \int \frac{x}{\sqrt{1-x^2}}dx$

$= x \cdot \arccos x - \sqrt{1-x^2} + C$;

(4) $\int x \cdot e^{-x}dx = \int -xde^{-x} = -x \cdot e^{-x} + \int e^{-x}dx = -xe^{-x} - e^{-x} + C$;

(5) $\int x^3 \cdot \ln x dx = \int \ln x \cdot \frac{1}{4} dx^4 = \frac{x^4}{4} \cdot \ln x - \int \frac{x^4}{4} d(\ln x) = \frac{x^4}{4} \ln x - \int \frac{x^3}{4} dx$

$= \frac{x^4}{4} \ln x - \frac{x^4}{16} + C;$

(6) $\int x \cdot \cos \frac{x}{3} dx = \int x \cdot 3 d(\sin \frac{x}{3}) = 3x \cdot \sin \frac{x}{3} - 3\int \sin \frac{x}{3} dx$

$= 3x \sin \frac{x}{3} + 9\cos \frac{x}{3} + C;$

(7) $\int x \tan^2 x dx = \int x(\sec^2 x - 1) dx = \int x \cdot \sec^2 x dx - \int x dx$

$= \int x \cdot d\tan x - \frac{1}{2} x^2 = x \tan x - \int \tan x dx - \frac{1}{2} x^2$

$= x \cdot \tan x + \ln |\cos x| - \frac{1}{2} x^2 + C;$

(8) $\int x^2 \sin x dx = \int x^2 d(-\cos x) = -x^2 \cos x + \int \cos x \cdot 2x dx = -x^2 \cos x + 2\int x d\sin x$

$= -x^2 \cos x + 2x \sin x - 2\int \sin x dx = -x^2 \cos x + 2x \sin x + 2\cos x + C;$

(9) $\int x^2 \arctan x dx = \frac{1}{3} \int \arctan x dx^3 = \frac{x^3}{3} \arctan x - \int \frac{x^3}{3} d(\arctan x)$

$= \frac{x^3}{3} \arctan x - \frac{1}{3} \int \frac{x^3}{1+x^2} dx = \frac{x^3}{3} \arctan x - \frac{1}{3} \int \left(x - \frac{x}{1+x^2}\right) dx$

$= \frac{x^3}{3} \arctan x - \frac{1}{6} x^2 + \frac{1}{6} \ln(1+x^2) + C;$

(10) $\int x \sin x \cdot \cos x dx = \frac{1}{2} \int x \cdot \sin 2x dx = \frac{1}{4} \int x d(-\cos 2x)$

$= \frac{1}{4} x \cdot (-\cos 2x) + \frac{1}{4} \int \cos 2x \cdot dx$

$= -\frac{1}{4} x \cdot \cos 2x + \frac{1}{8} \sin 2x + C;$

(11) $\int x \cos^2 \frac{x}{2} dx = \int \frac{1}{2} x(1+\cos x) dx = \frac{1}{2} \int x dx + \frac{1}{2} \int x \cos x dx = \frac{1}{4} x^2 + \frac{1}{2} \int x d\sin x$

$= \frac{x^2}{4} + \frac{1}{2} x \cdot \sin x - \frac{1}{2} \int \sin x dx = \frac{x^2}{4} + \frac{1}{2} x \sin x + \frac{1}{2} \cos x + C;$

(12) $\int (x^2+1) \sin 2x dx = -\frac{1}{2} \int (x^2+1) d\cos 2x$

$= -\frac{1}{2} (x^2+1) \cdot \cos 2x + \frac{1}{2} \int \cos 2x \cdot 2x dx$

$= -\frac{1}{2} (x^2+1) \cdot \cos 2x + \int x \cdot \cos 2x dx$

$= -\frac{1}{2} (x^2+1) \cdot \cos 2x + \frac{1}{2} \int x d\sin 2x$

$= -\frac{1}{2} (x^2+1) \cdot \cos 2x + \frac{1}{2} x \sin 2x - \frac{1}{2} \int \sin 2x dx$

$$= -\frac{1}{2}(x^2+1)\cos 2x + \frac{1}{2}x\sin 2x + \frac{1}{4}\cos 2x + C$$

$$= -\frac{1}{2}\left(x^2+\frac{1}{2}\right)\cos 2x + \frac{1}{2}x\sin 2x + C;$$

(13) $\int x \cdot \ln(1+x)\mathrm{d}x = \frac{1}{2}\int \ln(1+x)\mathrm{d}x^2 = \frac{1}{2}x^2 \cdot \ln(1+x) - \frac{1}{2}\int \frac{x^2}{1+x}\mathrm{d}x$

$$= \frac{1}{2}x^2 \cdot \ln(1+x) - \frac{1}{2}\int \frac{x^2-1}{1+x}\mathrm{d}x - \frac{1}{2}\int \frac{1}{1+x}\mathrm{d}x$$

$$= \frac{1}{2}(x^2-1)\cdot \ln(1+x) - \frac{1}{4}x^2 + \frac{1}{2}x + C;$$

(14) $\int \frac{\ln^2 x}{x^2}\mathrm{d}x = \int \ln^2 x \mathrm{d}\left(-\frac{1}{x}\right) = -\frac{1}{x}\cdot \ln^2 x + \int \frac{1}{x} \cdot 2\ln x \frac{1}{x} \cdot \mathrm{d}x$

$$= -\frac{1}{x}\ln^2 x + \int 2\ln x \mathrm{d}\left(-\frac{1}{x}\right) = -\frac{1}{x}\cdot \ln^2 x - \frac{2}{x}\ln x + 2\int \frac{1}{x}\mathrm{d}(\ln x)$$

$$= -\frac{1}{x}\ln^2 x - \frac{2}{x}\ln x - \frac{2}{x} + C = \frac{1}{x}(-\ln^2 x - 2\ln x - 2) + C;$$

(15) $\int (\arcsin x)^2 \mathrm{d}x = x(\arcsin x)^2 - \int x \cdot 2\arcsin x \cdot \frac{1}{\sqrt{1-x^2}}\mathrm{d}x$

$$= x \cdot (\arcsin x)^2 + 2\int \arcsin x \cdot \mathrm{d}(\sqrt{1-x^2})$$

$$= x \cdot (\arcsin x)^2 + 2\sqrt{1-x^2}\arcsin x - 2\int \sqrt{1-x^2}\mathrm{d}(\arcsin x)$$

$$= x(\arcsin x)^2 + 2\sqrt{1-x^2}\arcsin x - 2\int \sqrt{1-x^2} \cdot \frac{\mathrm{d}x}{\sqrt{1-x^2}}$$

$$= x(\arcsin x)^2 + 2\sqrt{1-x^2} \cdot \arcsin x - 2x + C;$$

(16) 令 $x^{\frac{1}{3}} = t, x = t^3, \mathrm{d}x = 3t^2 \mathrm{d}t$

$\int e^{x^{\frac{1}{3}}} = \int e^t \cdot 3t^2 \mathrm{d}t = \int 3t^2 \mathrm{d}e^t = 3t^2 e^t - 3\int e^t \cdot 2t \mathrm{d}t$

$$= 3t^2 e^t - 6\int te^t \mathrm{d}t = 3t^2 e^t - 6\int t\mathrm{d}e^t = 3t^2 e^t - 6te^t + 6\int e^t \mathrm{d}t$$

$$= 3t^2 e^t - 6te^t + 6e^t + C = e^t(3t^2 - 6t + 6) + C$$

$$= (3x^{\frac{2}{3}} - 6x^{\frac{1}{3}} + 6)e^{x^{\frac{1}{3}}} + C;$$

(17) $\int e^x \cos x \mathrm{d}x = \int e^x \mathrm{d}\sin x = e^x \sin x - \int \sin x \mathrm{d}e^x$

$$= e^x \cdot \sin x + \int e^x \mathrm{d}\cos x = e^x \sin x + e^x \cos x - \int e^x \cdot \cos x \mathrm{d}x$$

故 $\int e^x \cos x \mathrm{d}x = \frac{1}{2}(e^x \sin x + e^x \cos x) + C = \frac{1}{2}e^x(\sin x + \cos x) + C$

(18) $\int e^{-x} \cos^2 x \mathrm{d}x = \int e^{-x} \frac{1+\cos 2x}{2}\mathrm{d}x = \frac{1}{2}\int e^{-x}\mathrm{d}x + \frac{1}{2}\int e^{-x} \cdot \cos 2x \mathrm{d}x$

$$= -\frac{1}{2}e^{-x} + \frac{1}{2}\int e^{-x} \cdot \cos 2x \mathrm{d}x,$$

同(17)题，$\int e^{-x}\cos2x dx = \frac{1}{5}e^{-x}(-\cos2x+2\sin2x)+C_1$，

故$\int e^{-x}\cos^2 x dx = -\frac{1}{2}e^{-x}-\frac{1}{10}e^{-x}(\cos2x-2\sin2x)+C$.

2. **解题过程** (1) 令 $x=e^t, t=\ln x$.

原式 $=\int\cos(\ln e^t)de^t = \int\cos t \cdot e^t dt = \frac{1}{2}e^t(\sin t+\cos t)+C$

$= \frac{1}{2}x \cdot (\sin\ln x+\cos\ln x)+C$;

(2) 令 $x=\cos t$,

$\int(\arccos x)^2 dx = -\int t^2\sin t dt = \int t^2 d(\cos t) = t^2 \cdot \cos t - \int\cos t \cdot 2t dt$

$= t^2\cos t - \int 2t d\sin t = t^2\cos t - 2t\sin t + 2\int\sin t dt$

$= t^2\cos t - 2t\sin t - 2\cos t + C$

$= x \cdot (\arccos x)^2 - 2\sqrt{1-x^2}\arccos x - 2x + C.$

习题 5-4

1. **解题过程** (1) $\int\frac{x^3}{x+2}dx = \int\frac{x^3+8-8}{x+2}dx = \int\frac{(x+2)(x^2-2x+4)-8}{(x+2)}dx$

$= \int\left(x^2-2x+4-\frac{8}{x+2}\right)dx = \frac{1}{3}x^3-x^2+4x-8\ln|x+2|+C$;

(2) $\int\frac{3x+1}{x^2+3x-10}dx = \int\frac{3x+1}{(x-2)(x+5)}dx = \int\frac{dx}{x-2}+\int\frac{2}{x+5}dx$

$= \ln|x-2|+2\ln|x+5|+C$;

(3) $\int\frac{x^5+x^4-8}{x^3-x}dx = \int\frac{x^5-x^3+x^4-x^2+x^3-x+x^2+x-8}{x^3-x}dx$

$= \int(x^2+x+1)dx + \int\frac{x^2+x-8}{x^3-x}dx$

$= \frac{x^3}{3}+\frac{x^2}{2}+x+\int\frac{x^2+x-8}{x^3-x}dx$

$= \frac{x^3}{3}+\frac{x^2}{2}+x+\int\frac{x^2+x-8}{x(x-1)(x+1)}dx$,

其中 $\frac{x^2+x-8}{x(x-1)(x+1)} = \frac{A}{x}+\frac{B}{x-1}+\frac{C}{x+1}$,

解得 $A=8, B=-3, C=-4$,

故原式 $= \frac{x^3}{3}+\frac{x^2}{2}+x+\int\left(\frac{8}{x}-\frac{3}{x-1}-\frac{4}{x+1}\right)dx$

$= \frac{x^3}{3}+\frac{x^2}{2}+x+8\ln|x|-3\ln|x-1|-4\ln|x+1|+C$;

(4) $\int\frac{6dx}{x^3+1} = \int\frac{6}{(x+1)(x^2-x+1)}dx$,

其中 $\dfrac{6}{(x+1)(x^2-x+1)} = \dfrac{A}{x+1} + \dfrac{Bx+C}{x^2-x+1}$,

解得 $A=2, B=-2, C=4$,

原式 $= \int \left(\dfrac{2}{x+1} + \dfrac{-2x+4}{x^2-x+1} \right) \mathrm{d}x = \int \dfrac{2}{x+1} \mathrm{d}x - \int \dfrac{2x-4}{x^2-x+1} \mathrm{d}x$

$= 2\ln|x+1| - \int \left(\dfrac{2x-1}{x^2-x+1} - \dfrac{3}{x^2-x+1} \right) \mathrm{d}x$

$= 2\ln|x+1| - \int \dfrac{\mathrm{d}(x^2-x+1)}{x^2-x+1} + 3\int \dfrac{\mathrm{d}\left(x-\dfrac{1}{2}\right)}{\left(x-\dfrac{1}{2}\right)^2 + \left(\dfrac{\sqrt{3}}{2}\right)^2}$

$= 2\ln|x+1| - \ln|x^2-x+1| + 2\sqrt{3} \arctan \dfrac{2x-1}{\sqrt{3}} + C$

$= \ln \dfrac{(x+1)^2}{x^2-x+1} + 2\sqrt{3} \arctan \dfrac{2x-1}{\sqrt{3}} + C;$

(5) $\int \dfrac{(1-x)\mathrm{d}x}{(x+1)(x^2+1)}$

其中 $\dfrac{1-x}{(x+1)(x^2+1)} = \dfrac{A}{x+1} + \dfrac{Bx+C}{x^2+1} = \dfrac{A(x^2+1)+(Bx+C)(x+1)}{(x+1)(x^2+1)}$,

得 $A=1, B=-1, C=0$,

原式 $= \int \left(\dfrac{1}{x+1} - \dfrac{x}{x^2+1} \right) \mathrm{d}x = \int \dfrac{1}{x+1} \mathrm{d}x - \int \dfrac{x}{x^2+1} \mathrm{d}x$

$= \ln|x+1| - \dfrac{1}{2}\ln(x^2+1) + C;$

(6) $\dfrac{x^2+1}{(x+1)^2(x-1)} = \dfrac{A}{x+1} + \dfrac{B}{(x+1)^2} + \dfrac{C}{x-1}$,

解得 $A=\dfrac{1}{2}, B=-1, C=\dfrac{1}{2}$,

原式 $= \int \dfrac{\frac{1}{2}}{x+1}\mathrm{d}x - \int \dfrac{1}{(x+1)^2}\mathrm{d}x + \int \dfrac{\frac{1}{2}}{x-1}\mathrm{d}x$

$= \dfrac{1}{2}\ln|1+x| + \dfrac{1}{x+1} + \dfrac{1}{2}\ln|x-1| + C = \dfrac{1}{x+1} + \dfrac{1}{2}\ln|x^2-1| + C;$

(7) $\dfrac{2}{(x+1)(x+2)(x+3)} = \dfrac{A}{x+1} + \dfrac{B}{x+2} + \dfrac{C}{x+3}$,

解得 $A=1, B=-2, C=1$,

故原式 $= \int \dfrac{\mathrm{d}x}{x+1} - \int \dfrac{2}{x+2}\mathrm{d}x + \int \dfrac{1}{x+3}\mathrm{d}x$

$= \ln|x+1| - 2\ln|x+2| + \ln|x+3| + C$

$= \ln \left| \dfrac{(x+1)(x+3)}{(x+2)^2} \right| + C.$

(8) $\int \dfrac{\mathrm{d}x}{x^4+1} = \dfrac{1}{2}\int \dfrac{x^2+1-(x^2-1)}{x^4+1}\mathrm{d}x$

$$= \frac{1}{2}\int \frac{x^2+1}{x^4+1}\mathrm{d}x - \frac{1}{2}\int \frac{x^2-1}{x^4+1}\mathrm{d}x = \frac{1}{2}\int \frac{1+\frac{1}{x^2}}{x^2+\frac{1}{x^2}}\mathrm{d}x - \frac{1}{2}\int \frac{1-\frac{1}{x^2}}{x^2+\frac{1}{x^2}}\mathrm{d}x$$

$$= \frac{1}{2}\int \frac{\mathrm{d}(x-\frac{1}{x})}{\left(x-\frac{1}{x}\right)^2+(\sqrt{2})^2} - \frac{1}{2}\int \frac{\mathrm{d}\left(x+\frac{1}{x}\right)}{\left(x+\frac{1}{x}\right)^2-(\sqrt{2})^2}$$

$$= \frac{1}{2}\cdot\frac{\sqrt{2}}{2}\arctan\frac{x-\frac{1}{x}}{\sqrt{2}} - \frac{1}{2}\cdot\frac{1}{2\sqrt{2}}\ln\left|\frac{x+\frac{1}{x}-\sqrt{2}}{x+\frac{1}{x}+\sqrt{2}}\right|+C$$

$$= \frac{\sqrt{2}}{4}\arctan\frac{x^2-1}{\sqrt{2}x} - \frac{\sqrt{2}}{8}\ln\frac{x^2-\sqrt{2}x+1}{x^2+\sqrt{2}x+1}+C.$$

总习题五

1. **解题过程** (1) $\int \frac{\mathrm{d}x}{\mathrm{e}^x+\mathrm{e}^{-x}} = \int \frac{\mathrm{e}^x}{(\mathrm{e}^x)^2+1}\mathrm{d}x = \int \frac{\mathrm{d}(\mathrm{e}^x)}{(\mathrm{e}^x)^2+1} = \arctan\mathrm{e}^x+C;$

(2) $\int \frac{1+x}{(1-x)^3}\mathrm{d}x = -\int \left[\frac{2}{(1-x)^3} - \frac{1}{(1-x)^2}\right]\mathrm{d}(1-x) = \frac{1}{(1-x)^2} - \frac{1}{1-x}+C;$

(3) $\int \frac{x^2}{1-x^6}\mathrm{d}x = \frac{1}{3}\int \frac{\mathrm{d}(x^3)}{1-(x^3)^2} = \frac{1}{3}\int \frac{\mathrm{d}(x^3)}{(1-x^3)(1+x^3)}$

$$= \frac{1}{6}\left(\int \frac{\mathrm{d}x^3}{1+x^3} - \int \frac{\mathrm{d}x^3}{1-x^3}\right) = \frac{1}{6}\ln\left|\frac{1+x^3}{1-x^3}\right|+C;$$

(4) $\int \frac{1-\cos x}{x-\sin x}\mathrm{d}x = \int \frac{\mathrm{d}(x-\sin x)}{x-\sin x} = \ln|x-\sin x|+C;$

(5) $\int \frac{\ln\ln x}{x}\mathrm{d}x = \int \ln\ln x \,\mathrm{d}(\ln x) = \ln x \ln\ln x - \int \ln x \,\mathrm{d}(\ln\ln x)$

$$= \ln x\ln\ln x - \int \ln x\cdot\frac{1}{\ln x}\cdot\frac{1}{x}\mathrm{d}x$$

$$= \ln x\ln\ln x - \ln x + C;$$

(6) $\int \frac{\mathrm{d}x}{x(x^9+1)} = \int \frac{1+x^9-x^9}{x(x^9+1)}\mathrm{d}x = \int \left(\frac{1}{x} - \frac{x^8}{x^9+1}\right)\mathrm{d}x = \ln|x| - \frac{1}{9}\int \frac{\mathrm{d}(x^9+1)}{x^9+1}$

$$= \ln|x| - \frac{1}{9}\ln|x^9+1|+C = \frac{1}{9}\ln\left|\frac{x^9}{x^9+1}\right|+C;$$

(7) $\int \sqrt{\frac{2+x}{2-x}}\mathrm{d}x = \int \frac{2+x}{\sqrt{4-x^2}}\mathrm{d}x = 2\int \frac{\mathrm{d}x}{\sqrt{4-x^2}} + \int \frac{x}{\sqrt{4-x^2}}\mathrm{d}x$

$$= 2\arcsin\frac{x}{2} - \sqrt{4-x^2}+C;$$

(8) $\int \frac{\mathrm{d}x}{\sqrt{x(x+1)}} = \int \frac{\mathrm{d}\left(x+\frac{1}{2}\right)}{\sqrt{\left(x+\frac{1}{2}\right)^2-\left(\frac{1}{2}\right)^2}} = \ln\left|x+\frac{1}{2}+\sqrt{x^2+x}\right|+C;$

(9) $\int x\sin^2 x\,dx = \int \frac{1}{2}x(1-\cos2x)\,dx = \frac{1}{2}\int x\,dx - \frac{1}{2}\int x\cos2x\,dx = \frac{x^2}{4} - \frac{1}{4}\int x\,d(\sin2x)$

$\qquad = \frac{x^2}{4} - \frac{1}{4}x\sin2x + \frac{1}{4}\int \sin2x\,dx = \frac{x^2}{4} - \frac{x}{4}\sin2x - \frac{1}{8}\cos2x + C;$

(10) $\int e^{ax}\cos bx\,dx = \frac{1}{a}\int \cos bx\,d(e^{ax}) = \frac{1}{a}e^{ax}\cos bx - \int \frac{1}{a}e^{ax}\,d(\cos bx)$

$\qquad = \frac{1}{a}e^{ax}\cos bx + \frac{b}{a}\int e^{ax}\sin bx\,dx$

$\qquad = \frac{1}{a}e^{ax}\cos bx + \frac{b}{a^2}\int \sin bx\,d(e^{ax})$

$\qquad = \frac{1}{a^2}e^{ax}(a\cos bx + b\sin bx) - \frac{b^2}{a^2}\int e^{ax}\cos bx\,dx,$

则：

$$\int e^{ax}\cos bx = \frac{e^{ax}}{a^2+b^2}(a\cos bx + b\sin bx) + C;$$

(11) $\int \frac{dx}{\sqrt{1+e^x}} \xlongequal[x=\ln(t^2-1)]{t=\sqrt{1+e^x}} \int \frac{1}{t}\cdot\frac{2t}{t^2-1}\,dt = \int\left(\frac{1}{t-1}-\frac{1}{t+1}\right)dt = \ln\left|\frac{t-1}{t+1}\right| + C$

$\qquad = \ln\left|\frac{\sqrt{1+e^x}-1}{\sqrt{1+e^x}+1}\right| + C;$

(12) $\int \frac{dx}{x^2\sqrt{x^2-1}} \xlongequal{x=\sec t} \int \frac{\sec t\tan t}{\sec^2 t\tan t}\,dt = \int \cos t\,dt = \sin t + C = \frac{\sqrt{x^2-1}}{x} + C;$

(13) $\int \frac{dx}{(1-x^2)^{\frac{5}{2}}} \xlongequal{x=\sin t} \int \frac{\cos t}{\cos^5 t}\,dt = \int \frac{(\sin^2 t + \cos^2 t)}{\cos^4 t}\,dt = \int\left(\frac{\sin^2 t}{\cos^4 t} + \frac{1}{\cos^2 t}\right)dt$

$\qquad = \int \tan^2 t\,d(\tan t) + \int \frac{1}{\cos^2 t}\,dt = \frac{1}{3}\tan^3 t + \tan t + C$

$\qquad = \frac{1}{3}\left(\frac{x}{\sqrt{1-x^2}}\right)^3 + \frac{x}{\sqrt{1-x^2}} + C;$

(14) $\int \frac{dx}{x^2\sqrt{x^2+1}} \xlongequal{x=\tan t} \int \frac{\sec^2 t}{\tan^2 t\sec t}\,dt = \int \frac{\cos t}{\sin^2 t}\,dt = \int \frac{d(\sin t)}{\sin^2 t} = -\frac{1}{\sin t} + C$

$\qquad = -\frac{\sqrt{x^2+1}}{x} + C;$

(15) $\int \sqrt{x}\sin\sqrt{x}\,dx \xlongequal[x=t^2]{t=\sqrt{x}} \int 2t^2\sin t\,dt = -\int 2t^2\,d(\cos t) = -2t^2\cos t + 4\int t\cos t\,dt$

$\qquad = -2t^2\cos t + 4\int t\,d(\sin t) = -2t^2\cos t + 4t\sin t - 4\int \sin t\,dt$

$\qquad = -2t^2\cos t + 4t\sin t + 4\cos t + C$

$\qquad = -2x\cos\sqrt{x} + 4\sqrt{x}\sin\sqrt{x} + 4\cos\sqrt{x} + C;$

(16) $\int \ln(1+x^2)\,dx = x\ln(1+x^2) - \int x\,d\ln(1+x^2) = x\ln(1+x^2) - \int \frac{2x^2}{1+x^2}\,dx$

$\qquad = x\ln(1+x^2) - 2\int\left(1 - \frac{1}{1+x^2}\right)dx$

$$= x\ln(1+x^2) - 2x + 2\arctan x + C;$$

(17) $\int \arctan\sqrt{x}\,dx = x\arctan\sqrt{x} - \int x\,d(\arctan\sqrt{x}) = x\arctan\sqrt{x} - \int \frac{x}{1+x} \cdot \frac{1}{2\sqrt{x}}dx$

$$= x\arctan\sqrt{x} - \frac{1}{2}\int \frac{\sqrt{x}}{1+x}dx,$$

其中 $\quad \dfrac{1}{2}\int \dfrac{\sqrt{x}}{1+x}dx \xrightarrow[t=\sqrt{x}]{x=t^2} \int \dfrac{t^2}{1+t^2}dt = \int\left(1 - \dfrac{1}{1+t^2}\right)dt$

$$= t - \arctan t + C_1 = \sqrt{x} - \arctan\sqrt{x} + C_1,$$

故 $\quad \int \arctan\sqrt{x}\,dx = (x+1)\arctan\sqrt{x} - \sqrt{x} + C;$

(18) $\int \dfrac{\sqrt{1+\cos2x}}{\sin2x}dx = \int \dfrac{\sqrt{2\cos^2 x}}{2\sin x\cos x}dx = \dfrac{1}{\sqrt{2}}\int \dfrac{|\cos x|}{\sin x\cos x}dx,$

当 $\cos x \leqslant 0$ 时,$\int \dfrac{|\cos x|}{\sin x\cos x}dx = -\int \dfrac{dx}{\sin x},$

当 $\cos x \geqslant 0$ 时,$\int \dfrac{|\cos x|}{\sin x\cos x}dx = \int \dfrac{dx}{\sin x},$

故 $\int \dfrac{\sqrt{1+\cos2x}}{\sin2x}dx = \begin{cases} -\dfrac{1}{\sqrt{2}}\ln|\csc x - \cot x| + C, & \cos x \leqslant 0, \\ \dfrac{1}{\sqrt{2}}\ln|\csc x - \cot x| + C, & \cos x \geqslant 0; \end{cases}$

(19) $\int \dfrac{x+2\sin x\cos x}{1+\cos2x}dx = \int \dfrac{x+2\sin x\cos x}{2\cos^2 x}dx = \dfrac{1}{2}\int \dfrac{x}{\cos^2 x}dx + \int \tan x\,dx$

$$= \dfrac{1}{2}\int x\,d(\tan x) + \int \tan x\,dx = \dfrac{x}{2}\tan x - \dfrac{1}{2}\int \tan x\,dx + \int \tan x\,dx$$

$$= \dfrac{x}{2}\tan x + \dfrac{1}{2}\int \tan x\,dx = \dfrac{x}{2}\tan x - \dfrac{1}{2}\ln|\cos x| + C;$$

(20) $\int \dfrac{\sin^2 x}{\cos^3 x}dx = \int \dfrac{dx}{\cos^3 x} - \int \dfrac{dx}{\cos x} = \int \dfrac{1}{\cos x}d\left(\dfrac{\sin x}{\cos x}\right) - \int \dfrac{dx}{\cos x}$

$$= \dfrac{\sin x}{\cos^2 x} - \int \dfrac{\sin x}{\cos x}d\left(\dfrac{1}{\cos x}\right) - \int \dfrac{dx}{\cos x} = \dfrac{\sin x}{\cos^2 x} - \int \dfrac{\sin^2 x}{\cos^3 x}dx - \int \dfrac{dx}{\cos x}$$

$$= -\int \dfrac{\sin^2 x}{\cos^3 x}dx + \dfrac{\sin x}{\cos^2 x} - \ln|\sec x + \tan x|,$$

故 $\int \dfrac{\sin^2 x}{\cos^3 x}dx = \dfrac{\sin x}{2\cos^2 x} - \dfrac{1}{2}\ln|\sec x + \tan x| + C;$

(21) $\int \dfrac{\sqrt[3]{x}}{x(\sqrt{x}+\sqrt[3]{x})}dx \xrightarrow[t=\sqrt[6]{x}]{x=t^6} \int \dfrac{t^2 \cdot 6t^5}{t^6(t^3+t^2)}dt = 6\int \dfrac{dt}{t(t+1)} = 6\int \dfrac{1+t-t}{t(t+1)}dt$

$$= 6\int\left(\dfrac{1}{t} - \dfrac{1}{t+1}\right)dt = 6(\ln|t| - \ln|t+1|) + C$$

$$= 6(\ln|\sqrt[6]{x}| - \ln|\sqrt[6]{x}+1|) + C$$

$$= 6\ln\left|\dfrac{\sqrt[6]{x}}{\sqrt[6]{x}+1}\right| + C;$$

(22) $\int \dfrac{\mathrm{d}x}{(1+\mathrm{e}^x)^2} \xrightarrow[\mathrm{d}x=\frac{1}{t}]{x=\mathrm{e}^x} \int \dfrac{1}{(1+t)^2} \cdot \dfrac{\mathrm{d}t}{t} = \int \dfrac{(1+t)^2 - t(1+t) - t}{t(1+t)^2}\mathrm{d}t$

$\quad = \int\left[\dfrac{1}{t} - \dfrac{1}{t+1} - \dfrac{1}{(1+t)^2}\right]\mathrm{d}t = \ln|t| - \ln|t+1| + \dfrac{1}{1+t} + C$

$\quad = \ln\mathrm{e}^x - \ln(\mathrm{e}^x+1) + \dfrac{1}{1+\mathrm{e}^x} + C;$

(23) $\int \dfrac{\cos x}{1+\sin x}\mathrm{d}x = \int \dfrac{\mathrm{d}(1+\sin x)}{1+\sin x} = \ln(1+\sin x) + C;$

(24) $\int \dfrac{\cos x}{1+\cos x}\mathrm{d}x = \int\left(1 - \dfrac{1}{1+\cos x}\right)\mathrm{d}x = \int \mathrm{d}x - \int \dfrac{\mathrm{d}x}{1+\cos x}$

$\quad = x - \int \dfrac{\mathrm{d}x}{2\cos^2 \dfrac{x}{2}} = x - \tan\dfrac{x}{2} + C;$

(25) $\int x\sqrt{1-x^2}\arcsin x \mathrm{d}x = -\dfrac{1}{2}\int (1-x^2)^{\frac{1}{2}}\arcsin x \mathrm{d}(1-x^2)$

$\quad = -\dfrac{1}{3}\int \arcsin x \mathrm{d}(1-x^2)^{\frac{3}{2}}$

$\quad = -\dfrac{1}{3}(1-x^2)^{\frac{3}{2}}\arcsin x + \dfrac{1}{3}\int (1-x^2)^{\frac{3}{2}}\mathrm{d}(\arcsin x)$

$\quad = -\dfrac{1}{3}(1-x^2)^{\frac{3}{2}}\arcsin x + \dfrac{1}{3}\int (1-x^2)\mathrm{d}x$

$\quad = -\dfrac{1}{3}(1-x^2)^{\frac{3}{2}}\arcsin x + \dfrac{1}{3}x - \dfrac{1}{9}x^3 + C;$

(26) $\int \dfrac{x}{\sqrt{1-x^2}}\arccos x \mathrm{d}x = -\int \arccos x \mathrm{d}(\sqrt{1-x^2})$

$\quad = -\sqrt{1-x^2}\arccos x + \int \sqrt{1-x^2}\mathrm{d}(\arccos x)$

$\quad = -\sqrt{1-x^2}\arccos x - \int \sqrt{1-x^2} \cdot \dfrac{1}{\sqrt{1-x}}\mathrm{d}x$

$\quad = -\sqrt{1-x^2}\arccos x - x + C;$

(27) $\int \dfrac{\mathrm{d}x}{\sin^2 x\cos^4 x} = \int \dfrac{(\sin^2 x + \cos^2 x)^2}{\sin^2 x\cos^4 x}\mathrm{d}x = \int \dfrac{\sin^4 x + 2\sin^2 x \cdot \cos^2 x + \cos^4 x}{\sin^2 x\cos^4 x}\mathrm{d}x$

$\quad = \int \dfrac{\sin^2 x}{\cos^4 x}\mathrm{d}x + \int \dfrac{2}{\cos^2 x}\mathrm{d}x + \int \dfrac{1}{\sin^2 x}\mathrm{d}x = \int \tan^2 x \mathrm{d}(\tan x) + 2\tan x - \cot x$

$\quad = \dfrac{1}{3}\tan^3 x + 2\tan x - \cot x + C;$

(28) $\int \dfrac{\mathrm{d}x}{\sin^3 x\cos^5 x} = \int \dfrac{(\sin^2 x + \cos^2 x)^3}{\sin^3 x\cos^5 x}\mathrm{d}x$

$\quad = \int \dfrac{\sin^6 x + 3\sin^4 x \cdot \cos^2 x + 3\sin^2 x \cdot \cos^4 x + \cos^6 x}{\sin^3 x\cos^5 x}\mathrm{d}x$

$\quad = \int \dfrac{\sin^3 x}{\cos^5 x}\mathrm{d}x + 3\int \dfrac{\sin x}{\cos^3 x}\mathrm{d}x + 3\int \dfrac{\mathrm{d}x}{\sin x\cos x} + \int \dfrac{\cos x}{\sin^3 x}\mathrm{d}x$

$$= \int \tan^3 x \, d(\tan x) + 3\int \tan x \, d(\tan x) + 3\int \frac{d(\tan x)}{\tan x} - \int \cot x \, d(\cot x)$$

$$= \frac{1}{4}\tan^4 x + \frac{3}{2}\tan^2 x + 3\ln|\tan x| - \frac{1}{2}\cot^2 x + C;$$

(29) $\int \frac{dx}{1+\tan x} = \int \frac{\cos x}{\cos x + \sin x}dx = \frac{1}{2}\int \frac{(\cos x + \sin x)+(\cos x - \sin x)}{\cos x + \sin x}dx$

$$= \frac{1}{2}\int dx + \frac{1}{2}\int \frac{\cos x - \sin x}{\cos x + \sin x}dx = \frac{x}{2} + \frac{1}{2}\int \frac{1}{\cos x + \sin x}d(\cos x + \sin x)$$

$$= \frac{x}{2} + \frac{1}{2}\ln|\cos x + \sin x| + C;$$

(30) $\int \frac{dx}{\sqrt{x}+\sqrt{x+1}} = \int \frac{\sqrt{x+1}-\sqrt{x}}{(\sqrt{x+1})^2-(\sqrt{x})^2}dx = \int (\sqrt{x+1}-\sqrt{x})dx$

$$= \int \sqrt{x+1}\,dx - \int \sqrt{x}\,dx = \int (x+1)^{\frac{1}{2}}d(x+1) - \int x^{\frac{1}{2}}dx$$

$$= \frac{2}{3}(x+1)^{\frac{3}{2}} - \frac{2}{3}x^{\frac{3}{2}} + C.$$

2. **解题过程** $Q(P) = \int Q'(P)dP = \int -1000\ln 3 \cdot \left(\frac{1}{3}\right)^P dP = 1000 \cdot \left(\frac{1}{3}\right)^P + C,$

$P=0$ 时,$Q=1000$,故 $Q(0) = 1000 + C = 1000$,则 $C=0$.

所以,$Q(P) = 1000\left(\frac{1}{3}\right)^P$,

需求量关于价格的弹性

$$\eta = -\frac{Q'(P)}{Q(P)} \cdot P = \frac{1000\ln 3 \cdot \left(\frac{1}{3}\right)^P}{1000\left(\frac{1}{3}\right)^P} \cdot P = P \cdot \ln 3.$$

第六章

定积分及其应用

知识网络图

$$\begin{cases} \text{定积分的概念} \\ \text{定积分的性质:积分中值定理} \\ \text{微积分的基本公式} \begin{cases} \text{积分上限的函数及其导数} \\ \text{牛顿-莱布尼茨公式} \end{cases} \\ \text{定积分的换元积分法} \\ \text{定积分的分部积分法} \\ \text{反常积分与}\Gamma\text{函数} \begin{cases} \text{无穷界的反常积分} \\ \text{无界函数的反常积分} \\ \Gamma\text{函数} \end{cases} \\ \text{定积分的几何应用} \begin{cases} \text{定积分的元素法} \\ \text{平面图形的面积} \\ \text{旋转体的体积} \\ \text{平行截面面积已知的立体的体积} \end{cases} \\ \text{定积分的经济应用} \begin{cases} \text{由边际函数求原函数} \\ \text{由变化率求总量} \\ \text{收益流的现值和将来值} \end{cases} \end{cases}$$

知识点归纳

1. 面积、路程和收益问题

定义 1　设函数 $f(x)$ 在 $[a,b]$ 上有界.
① 在 $[a,b]$ 中任意插入 $n-1$ 个分点
$$a = x_0 < x_1 < x_2 < \cdots < x_{n-1} < x_n = b,$$
把区间 $[a,b]$ 分成 n 个小区间
$$[x_0, x_1], [x_1, x_2], \cdots, [x_{n-1}, x_n],$$
每个小区间的长度依次为
$$\Delta x_1 = x_1 - x_0, \Delta x_2 = x_2 - x_1, \cdots, \Delta x_n = x_n - x_{n-1};$$
② 在每个小区间 $[x_{i-1}, x_i]$ 上任取一点 ξ_i,作乘积
$$f(\xi_i)\Delta x_i \quad (i=1,2,\cdots,n);$$
③ 作和式
$$\sum_{i=1}^{n} f(\xi_i)\Delta x_i; \tag{1}$$
④ 记 $\lambda = \max\{\Delta x_1, \Delta x_2, \cdots, \Delta x_n\}$,作极限
$$\lim_{\lambda \to 0} \sum_{i=1}^{n} f(\xi_i)\Delta x_i. \tag{2}$$
如果对 $[a,b]$ 的任意分法,对在小区间 $[x_{i-1}, x_i]$ 上 ξ_i 的任意取法,极限(2) 总趋近于同一个定数 I,那么我们就称 $f(x)$ 在 $[a,b]$ 上**可积**,称这个极限值 I 为 $f(x)$ 在区间 $[a,b]$ 上的**定积分**,记作
$$\int_a^b f(x)\mathrm{d}x,$$
其中 $f(x)$ 叫做被积函数,$f(x)\mathrm{d}x$ 叫做被积表达式,x 叫做积分变量,a 叫做积分下限,b 叫做积分上限,$[a,b]$ 叫做积分区间.

定理 1　设 $f(x)$ 在 $[a,b]$ 上连续,则 $f(x)$ 在 $[a,b]$ 上可积.

定理 2　设 $f(x)$ 在 $[a,b]$ 上有界,且只有有限个间断点,则 $f(x)$ 在 $[a,b]$ 上可积.

2. 定积分的性质

性质 1　函数的和(差)的定积分等于它们的定积分的和(差),即
$$\int_a^b [f(x) \pm g(x)]\mathrm{d}x = \int_a^b f(x)\mathrm{d}x \pm \int_a^b g(x)\mathrm{d}x.$$

性质 2　被积函数的常数因子可以提到积分号外,即
$$\int_a^b kf(x)\mathrm{d}x = k\int_a^b f(x)\mathrm{d}x \quad (k \text{ 是常数}).$$

性质 3 如果将积分区间分为两部分,则在整个区间上的定积分等于这两部分区间上的定积分之和,即设 $a<c<b$,则

$$\int_a^b f(x)\mathrm{d}x = \int_a^c f(x)\mathrm{d}x + \int_c^b f(x)\mathrm{d}x.$$

这种积分区间的"可加性"还可取消 a,b,c 大小的限制.

性质 4 如果在区间 $[a,b]$ 上 $f(x) \equiv 1$,则

$$\int_a^b f(x)\mathrm{d}x = b-a.$$

性质 5 如果在区间 $[a,b]$ 上 $f(x) \geqslant 0$,则

$$\int_a^b f(x)\mathrm{d}x \geqslant 0 \quad (a<b).$$

推论 1 如果在区间 $[a,b]$ 上,$f(x) \geqslant g(x)$,则

$$\int_a^b f(x)\mathrm{d}x \geqslant \int_a^b g(x)\mathrm{d}x \quad (a<b).$$

推论 2

$$\left|\int_a^b f(x)\mathrm{d}x\right| \leqslant \int_a^b |f(x)|\mathrm{d}x \quad (a<b).$$

性质 6 设 M,m 分别是函数 $f(x)$ 在区间 $[a,b]$ 上的最大值和最小值,则

$$m(b-a) \leqslant \int_a^b f(x)\mathrm{d}x \leqslant M(b-a) \quad (a<b).$$

性质 7(定积分中值定理) 如果函数 $f(x)$ 在区间 $[a,b]$ 上连续,则在积分区间 $[a,b]$ 上至少存在一个点 ξ,使下式成立

$$\int_a^b f(x)\mathrm{d}x = f(\xi)(b-a) \quad (a \leqslant \xi \leqslant b).$$

这个公式叫做积分中值公式.

3. 积分上限的函数及其导数

定理 1 如果函数 $f(x)$ 在区间 $[a,b]$ 上连续,则积分上限的函数

$$\Phi(x) = \int_a^x f(t)\mathrm{d}t$$

在 $[a,b]$ 上可导,并且它的导数是

$$\Phi'(x) = \frac{\mathrm{d}}{\mathrm{d}x}\int_a^x f(t)\mathrm{d}t = f(x) \quad (a \leqslant x \leqslant b).$$

定理 2 如果函数 $f(x)$ 在区间 $[a,b]$ 上连续,则函数

$$\Phi(x) = \int_a^x f(t)\mathrm{d}t$$

就是 $f(x)$ 在 $[a,b]$ 上的一个原函数.

4. 牛顿-莱布尼茨公式

定理 如果函数 $F(x)$ 是连续函数 $f(x)$ 在区间 $[a,b]$ 上的一个原函数,则

$$\int_a^b f(x)\mathrm{d}x = F(b) - F(a).$$

上式叫做**牛顿**(Newton)-**莱布尼茨**(Leibniz)**公式**,通常也叫做微积分基本公式,它给出了计算定积分的一个有效的简便方法:连续函数 $f(x)$ 在 $[a,b]$ 上的定积分等于它的任意一个原函数 $F(x)$ 在区间 $[a,b]$ 上的增量.

5. 定积分的换元积分法

定理 设 $f(x)$ 在 $[a,b]$ 上连续,函数 $x = \varphi(t)$ 满足
(1) $\varphi(\alpha) = a, \varphi(\beta) = b$;
(2) $\varphi(t)$ 在 $[\alpha,\beta]$ 或 $[\beta,\alpha]$ 上具有连续导数且值域为 $[a,b]$,则有
$$\int_a^b f(x)\mathrm{d}x = \int_\alpha^\beta f[\varphi(t)]\varphi'(t)\mathrm{d}t.$$

上式称为定积分的**换元公式**,与不定积分的换元公式不同的是:我们只要计算在新的积分变量下,新的被积函数在新的积分区间内的积分值,从而避免了积分后新变量要代回到原变量的麻烦.

6. 定积分的分部积分法

设函数 $u = u(x)$ 与 $v = v(x)$ 在 $[a,b]$ 上有连续导数,则 $(uv)' = vu' + uv'$,即
$$uv' = (uv)' - vu'.$$
等式两端取 x 由 a 到 b 的积分,即得
$$\int_a^b uv'\mathrm{d}x = [uv]_a^b - \int_a^b vu'\mathrm{d}x,$$
或写为
$$\int_a^b u(x)\mathrm{d}v(x) = [u(x)v(x)]_a^b - \int_a^b v(x)\mathrm{d}u(x).$$
这就是**定积分的分部积分公式**.

7. 无穷限的反常积分

定义 设函数 $f(x)$ 在 $[a, +\infty)$ 上连续,如果
$$\lim_{b \to +\infty}\int_a^b f(x)\mathrm{d}x \quad (b > a)$$
存在,就称此极限为 $f(x)$ 在区间 $[a, +\infty)$ 上的**反常积分**,记作
$$\int_a^{+\infty} f(x)\mathrm{d}x = \lim_{b \to +\infty}\int_a^b f(x)\mathrm{d}x,$$
这时也称**反常积分** $\int_a^{+\infty} f(x)\mathrm{d}x$ **收敛**. 如果上述极限不存在,就称**反常积分** $\int_a^{+\infty} f(x)\mathrm{d}x$ **发散**.

8. 无界函数的反常积分

定义 设函数 $f(x)$ 在 $(a,b]$ 上连续,且 $\lim_{x \to a^+} f(x) = \infty$,如果极限 $\lim_{\varepsilon \to 0^+}\int_{a+\varepsilon}^b f(x)\mathrm{d}x (\varepsilon > 0)$ 存在,就称此极限为**无界函数** $f(x)$ **在区间** $(a,b]$ 上的**反常积分**,记作

$$\int_a^b f(x)\mathrm{d}x = \lim_{\varepsilon \to 0^+} \int_{a+\varepsilon}^b f(x)\mathrm{d}x.$$

9. Γ 函数

定义　含参变量 $r(r>0)$ 的反常积分 $\Gamma(r) = \int_0^{+\infty} x^{r-1}\mathrm{e}^{-x}\mathrm{d}x$ 称为 Γ 函数.

10. 由边际函数求原函数

设经济应用函数 $u(x)$ 的边际函数为 $u'(x)$, 则有
$$\int_0^x u'(x)\mathrm{d}x = u(x) - u(0),$$
于是
$$u(x) = u(0) + \int_0^x u'(x)\mathrm{d}x.$$

历年考研真题评析

真题 1　(2011,4 题) 设 $I = \int_0^{\frac{\pi}{4}} \ln\sin x\,\mathrm{d}x, J = \int_0^{\frac{\pi}{4}} \ln\cot x\,\mathrm{d}x, K = \int_0^{\frac{\pi}{4}} \ln\cos x\,\mathrm{d}x$, 则 I,J,K 的大小关系为(　　).
(A) $I < J < K$.　　　　　　(B) $I < K < J$.
(C) $J < I < K$.　　　　　　(D) $K < J < I$.

解题过程　同一区间上定积分大小比较最常用的思想就是比较被积函数大小.

由于当 $0 < x < \dfrac{\pi}{4}$ 时, $0 < \sin x < \cos x < 1 < \cot x$.

又因为 $\ln x$ 为 $(0, +\infty)$ 上的单调增函数, 所以
$$\ln\sin x < \ln\cos x < \ln\cot x, x \in \left(0, \frac{\pi}{4}\right),$$
故 $\int_0^{\frac{\pi}{4}} \ln\sin x\,\mathrm{d}x < \int_0^{\frac{\pi}{4}} \ln\cos x\,\mathrm{d}x < \int_0^{\frac{\pi}{4}} \ln\cot x\,\mathrm{d}x,$
即 $I < K < J$.

真题 2　(2010,10 题) $\int_0^{\pi^2} \sqrt{x}\cos\sqrt{x}\,\mathrm{d}x = $ _____.

解题过程　令 $\sqrt{x} = t$, 则 $x = t^2, \mathrm{d}x = 2t\mathrm{d}t$.
$$\int_0^{\pi^2} \sqrt{x}\cos\sqrt{x}\,\mathrm{d}x = \int_0^{\pi} 2t^2\cos t\,\mathrm{d}t = 2\int_0^{\pi} t^2\mathrm{d}\sin t$$
$$= 2t^2\sin t\Big|_0^{\pi} - 4\int_0^{\pi} t\sin t\,\mathrm{d}t$$
$$= 4t\cos t\Big|_0^{\pi} - 4\int_0^{\pi} \cos t\,\mathrm{d}x = -4\pi.$$

真题 3 (2008,18 题) 设函数 $f(x)$ 连续,

(Ⅰ) 利用定义证明函数 $F(x) = \int_0^x f(t)dt$ 可导,且 $F'(x) = f(x)$;

(Ⅱ) 当 $f(x)$ 是以 2 为周期的周期函数时,证明函数 $G(x) = 2\int_0^x f(t)dt - x\int_0^2 f(t)dt$ 也是以 2 为周期的周期函数.

证明 (Ⅰ) 对任意的 x,由于函数 $f(x)$ 连续,所以

$$\lim_{\Delta x \to 0} \frac{F(x+\Delta x) - F(x)}{\Delta x} = \lim_{\Delta x \to 0} \frac{\int_0^{x+\Delta x} f(t)dt - \int_0^x f(t)dt}{\Delta x}$$

$$= \lim_{\Delta x \to 0} \frac{\int_x^{x+\Delta x} f(t)dt}{\Delta x}$$

$$= \lim_{\Delta x \to 0} \frac{f(\xi)\Delta x}{\Delta x} \quad (\text{积分中值定理})$$

$$= \lim_{\Delta x \to 0} f(\xi)$$

其中 ξ 介于 x 与 $x+\Delta x$ 之间.

由 $\lim_{\Delta x \to 0} f(\xi) = f(x)$ 可知,函数 $F(x)$ 在 x 处可导,且 $F'(x) = f(x)$.

(Ⅱ) 由于对任意的 x,有

$$[G(x+2)]' = \left[2\int_0^{x+2} f(t)dt - (x+2)\int_0^2 f(t)dt\right]'$$

$$= 2f(x+2) - \int_0^2 f(t)dt = 2f(x) - \int_0^2 f(t)dt$$

$$G'(x) = \left[2\int_0^x f(t)dt - x\int_0^2 f(t)dt\right]' = 2f(x) - \int_0^2 f(t)dt$$

所以 $\qquad [G(x+2) - G(x)]' = 0$

从而有 $\qquad G(x+2) - G(x) = C(\text{常数})$

又 $\qquad G(0+2) - G(0) = G(2) - G(0) = 0$

则 $C = 0$,$G(x+2) - G(x) = 0$,即 $G(x)$ 也是以 2 为周期的周期函数.

评注 1. 在(Ⅰ)的证明中考生有如下错误:

(ⅰ) $\lim_{\Delta x \to 0} \dfrac{\int_x^{x+\Delta x} f(t)dt}{\Delta x} = \lim_{\Delta x \to 0} \dfrac{f(x+\Delta x)}{1}$

上式中用了洛必达法则,这是错误的,因为变上限积分求导的结论正是本题要证的;

(ⅱ) $\lim_{\Delta x \to 0} \dfrac{F(x+\Delta x) - F(x)}{\Delta x} = \lim_{\Delta x \to 0} \dfrac{F'(\xi)\Delta x}{\Delta x} = \lim_{\Delta x \to 0} f(\xi) = f(x)$

上式中用到拉格朗日中值定理,但这是 $F(x)$ 可导正是本题要证的结论;

2. 在(Ⅱ)的证明中多次用到关于周期函数的结论:

若 $f(x)$ 是以 T 为周期的连续函数,则

$$\int_a^{a+T} f(x)dx = \int_0^T f(x)dx$$

在（Ⅱ）的证明中考生有两个典型的错误：

（ⅰ）因为 $f(x)$ 以 2 为周期，所以 $\int_0^x f(t)dt = \int_0^{x+2} f(t)dt$；

（ⅱ）因为 $G'(x)$ 以 2 为周期，则 $G(x)$ 也以 2 为周期．

真题 4 （2010,3 题）设 m,n 为正整数，则反常积分 $\int_0^1 \dfrac{\sqrt[m]{\ln^2(1-x)}}{\sqrt[n]{x}}dx$ 的收敛性

(A) 仅与 m 的取值有关． (B) 仅与 n 的取值有关．
(C) 与 m,n 的取值都有关． (D) 与 m,n 的取值都无关．

解题过程 本题主要考察反常积分的敛散性,题中的被积函数分别在 $x \to 0^+$ 和 $x \to 1^-$ 时无界

$$\int_0^1 \dfrac{\sqrt[m]{\ln^2(1-x)}}{\sqrt[n]{x}}dx = \int_0^{\frac{1}{2}} \dfrac{\sqrt[m]{\ln^2(1-x)}}{\sqrt[n]{x}}dx + \int_{\frac{1}{2}}^1 \dfrac{\sqrt[m]{\ln^2(1-x)}}{\sqrt[n]{x}}dx.$$

在反常积分 $\int_0^{\frac{1}{2}} \dfrac{\sqrt[m]{\ln^2(1-x)}}{\sqrt[n]{x}}dx$ 中，被积函数只在 $x \to 0^+$ 时无界．

由于 $\dfrac{\sqrt[m]{\ln^2(1-x)}}{\sqrt[n]{x}} \geqslant 0$，$\lim\limits_{x \to 0^+} \dfrac{\frac{\sqrt[m]{\ln^2(1-x)}}{\sqrt[n]{x}}}{\frac{1}{\sqrt[n]{x}}} = 0$

且反常积分 $\int_0^{\frac{1}{2}} \dfrac{1}{\sqrt[n]{x}}dx$ 收敛，则 $\int_0^{\frac{1}{2}} \dfrac{\sqrt[m]{\ln^2(1-x)}}{\sqrt[n]{x}}dx$ 收敛．在反常积分 $\int_{\frac{1}{2}}^1 \dfrac{\sqrt[m]{\ln^2(1-x)}}{\sqrt[n]{x}}dx$ 中，被积函数只在 $x \to 1^-$ 时无界．由于 $\dfrac{\sqrt[m]{\ln^2(1-x)}}{\sqrt[n]{x}} \geqslant 0$，

$$\lim_{x \to 1^-} \dfrac{\frac{\sqrt[m]{\ln^2(1-x)}}{\sqrt[n]{x}}}{\frac{1}{\sqrt{1-x}}} = \lim_{x \to 1^-} \dfrac{\ln^{\frac{2}{m}}(1-x)}{(1-x)^{-\frac{1}{2}}} = 0 \text{（洛必达法则）},$$

且反常积分 $\int_{\frac{1}{2}}^1 \dfrac{dx}{\sqrt{1-x}}$ 收敛，所以，$\int_{\frac{1}{2}}^1 \dfrac{\sqrt[m]{\ln^2(1-x)}}{\sqrt[n]{x}}dx$ 收敛．

综上所述，无论 m,n 取何正整数，反常积分 $\int_0^1 \dfrac{\sqrt[m]{\ln^2(1-x)}}{\sqrt[n]{x}}dx$ 收敛，故应选(D)．

真题 5 （2011,9 题）曲线 $y = \int_0^x \tan t\, dt\, (0 \leqslant x \leqslant \dfrac{\pi}{4})$ 的弧长 $s = $ _____．

解题过程 由 $ds = \sqrt{1+y'^2}\,dx = \sqrt{1+\tan^2 x}\,dx = \sec x\,dx\,(0 \leqslant x \leqslant \dfrac{\pi}{4})$，

所以 $s = \int_0^{\frac{\pi}{4}} \sec x\,dx = \ln|\sec x + \tan x|\Big|_0^{\frac{\pi}{4}} = \ln(1+\sqrt{2})$．

评注 本题主要考察曲线弧长的计算,计算中用到一个基本积分公式:
$$\int \sec x \, \mathrm{d}x = \ln|\sec x + \tan x| + C.$$

经典例题解析

例1 下列反常积分中收敛的是( ).

(A) $\int_2^{+\infty} \dfrac{1}{\sqrt{x}} \mathrm{d}x$ (B) $\int_2^{+\infty} \dfrac{\ln x}{x} \mathrm{d}x$ (C) $\int_2^{+\infty} \dfrac{1}{x \ln x} \mathrm{d}x$ (D) $\int_2^{+\infty} \dfrac{x}{\mathrm{e}^x} \mathrm{d}x$

答案 (D).

解 A. $\int_2^{+\infty} \dfrac{1}{\sqrt{x}} \mathrm{d}x = 2\sqrt{x} \Big|_2^{+\infty} = +\infty$,发散.

B. $\int_2^{+\infty} \dfrac{\ln x}{x} \mathrm{d}x = \dfrac{1}{2}(\ln x)^2 \Big|_2^{+\infty} = +\infty$,发散.

C. $\int_2^{+\infty} \dfrac{1}{x \ln x} \mathrm{d}x = \ln \ln x \Big|_2^{+\infty} = +\infty$,发散.

D. 当 x 足够大时,$\dfrac{x}{\mathrm{e}^x} < \dfrac{1}{x^2}$,$\int_2^{+\infty} \dfrac{1}{x^2} \mathrm{d}x$ 收敛,$\int_2^{+\infty} \dfrac{x}{\mathrm{e}^x} \mathrm{d}x$ 收敛.

试题点评 本题考察反常积分的收敛性.

例2 设 $f(x) = \left| x - \dfrac{1}{2} \right|$,$b_n = 2 \int_0^1 f(x) \sin n\pi x \, \mathrm{d}x (n=1,2,\cdots)$,令 $S(x) = \sum\limits_{n=1}^{\infty} b_n \sin n\pi x$. 则 $S\left(-\dfrac{9}{4}\right) = $ _____.

(A) $\dfrac{3}{4}$ (B) $\dfrac{1}{4}$ (C) $-\dfrac{1}{4}$ (D) $-\dfrac{3}{4}$

解 将函数在 $[-1,1]$ 展开成傅里叶级数,$f(x) = \begin{cases} \left|x - \dfrac{1}{2}\right| & x \in (0,1) \\ -\left|x - \dfrac{1}{2}\right| & x \in (1,0) \end{cases}$,它的傅里叶级数为 $S(x)$. 周期为2,则当 $x \in (-1,1)$ 且 $f(x)$ 在 x 处连续时,$S(x) = f(x)$,

$S\left(-\dfrac{9}{4}\right) = S\left(-\dfrac{1}{4}\right) = -S\left(\dfrac{1}{4}\right) = -f\left(\dfrac{1}{4}\right) = -\dfrac{1}{4}.$

故选(C).

例 3 $\int_0^2 x\sqrt{2x-x^2}\,dx = \underline{\qquad}.$

解 $I = \int_0^2 x\sqrt{1-(x-1)^2}\,dx \xrightarrow{\text{令}\,x=1+\sin\theta} \int_{-\frac{\pi}{2}}^{\frac{\pi}{2}} (1+\sin\theta)\cos\theta\, d(1+\sin\theta)$

$= \int_{-\frac{\pi}{2}}^{\frac{\pi}{2}} (1+\sin\theta)\cos^2\theta\, d\theta = \int_{-\frac{\pi}{2}}^{\frac{\pi}{2}} \cos^2\theta\, d\theta = 2\int_0^{\frac{\pi}{2}} \cos^2\theta\, d\theta = 2\cdot\frac{1}{2}\cdot\frac{\pi}{2} = \frac{\pi}{2}.$

> **总结** 此题考察换元积分法. 当出现 x^2 与 1 时,应多考虑用三角函数进行换元.

例 4 (2012 年考研数一) 已知曲线 $L: \begin{cases} x = f(t), \\ y = \cos t, \end{cases} (0 \leqslant t < \frac{\pi}{2})$,其中函数 $f(t)$ 具有连续导数,且 $f(0) = 0, f(t) > 0, (0 < t < \frac{\pi}{2})$,若曲线 L 的切线与 x 轴的交点到切点的距离恒为 1,求函数 $f(t)$ 的表达式,并求此曲线 L、x 轴、y 轴无边界的区域的面积.

解 设切点的坐标为 $(f(t), \cos t)$,则切线方程为 $y - \cos t = \dfrac{-\sin t}{f'(t)}(x - f(t))$.

令 $y = 0$ 得 $x = f(t) + \dfrac{f'(t)\cos t}{\sin t}$,则 $\sqrt{\left(\dfrac{f'(t)\cos t}{\sin t}\right)^2 + \cos^2 t} = 1$,即 $f'(t) = \dfrac{\sin^2 t}{\cos t}, 0 \leqslant t < \dfrac{\pi}{2}$.

从而 $f(t) = \int \dfrac{\sin^2 t}{\cos t}\,dt = \int\left(\dfrac{1}{\cos t} - \cos t\right)dt = \ln(\sec t + \tan t) - \sin t + C.$

又因为 $f(0) = 0$,可得 $C = 0$,因此 $f(t) = \ln(\sec t + \tan t) - \sin t$.

又由面积的计算公式可得 $S = \int_0^{\frac{\pi}{2}} y(t)\,dx(t) = \int_0^{\frac{\pi}{2}} \cos t\cdot f'(t)\,dt = \int_0^{\frac{\pi}{2}} \cos t\cdot\dfrac{\sin^2 t}{\cos t}\,dt = \dfrac{1}{2}\cdot\dfrac{\pi}{2} = \dfrac{\pi}{4}.$

> **总结** 此题综合考察了函数的求导不定积分的计算与积分的应用,在积分时注意被积变量与分限的对应关系.

例 5 (2013 年考研数一) $\int_1^{+\infty} \dfrac{\ln x}{(1+x)^2}\,dx = \underline{\qquad}.$

解 $\int_1^{+\infty} \dfrac{\ln x}{(1+x)^2}\,dx = -\int_1^{+\infty} \ln x\, d\dfrac{1}{1+x} = -\dfrac{\ln x}{1+x}\bigg|_1^{+\infty} + \int_1^{+\infty} \dfrac{1}{x(1+x)}\,dx = \ln\dfrac{x}{x+1}\bigg|_1^{+\infty} = \ln 2.$

例 6 利用定积分定义计算 $\int_0^2 (x+1)\,dx$.

解 函数 $y = x+1$ 在 $[0,2]$ 上连续,故在 $[0,2]$ 上可积(连续即可积),将 $[0,2]$ 平均分为 n 等分,取

$\varepsilon_i (i=1,2,\cdots,n)$ 为每个小区间的右端点,即 $-\varepsilon_i = \dfrac{zi}{n_1}$ 则

$$\int_0^2 (x+1)dx = \lim_{\Delta x \to 0} \sum_{i=1}^n f(\varepsilon_i)\Delta X_i$$

$$= \lim_{n\to\infty} \sum_{i=1}^n \left(\dfrac{zi}{n}+1\right)\dfrac{2}{n} = \lim_{n\to\infty}\left(\sum_{i=1}^n \dfrac{4i}{n^2} + \sum_{i=1}^n \dfrac{2}{n}\right)$$

$$= \lim_{n\to\infty}\left(\dfrac{4}{n^2}\sum_{i=1}^n i + \dfrac{2}{n}\cdot n\right)$$

$$= \lim_{n\to\infty} \dfrac{4}{n^2}\cdot\dfrac{(1(n+1))}{2} + 2$$

$$= 4.$$

例7 对 $\int_0^2 e^{x^2-x}dx$ 的值进行估算.

解 令 $f(x) = e^{x^2-x}$,则 $f(x)$ 在 $[0,2]$ 上可导,且 $f'(x) = e^{x^2-x}(2x-1)$,可知 $f(x)$ 唯一驻点为 $x=\dfrac{1}{2}$,因此 $f(x)$ 在 $[0,2]$ 上最大值 M 与最小值 m 分别为:

$M = \max\{f(0), f(\dfrac{1}{2}), f(2)\} = e^2.$

$m = \min\{f(0), f(\dfrac{1}{2}), f(2)\} = e^{-\frac{1}{4}}.$

由 $m = (b-a) \leqslant \int_a^b f(x)dx \leqslant M(b-a)$ 得

$2e^{-\frac{1}{4}} \leqslant \int_0^2 e^{x^2-x}dx \leqslant 2e^2.$

两端同乘 -1 得

$-2e^2 \leqslant \int_0^2 e^{x^2-x}dx \leqslant -2e^{-\frac{1}{4}}.$

例8 设 $f(x) = \int_x^{x^2} \sin t^2 dt$,求 $f'(x)$.

解 $f(x) = \int_x^{x^2}\sin t^2 dt = \int_x^0 \sin^2 t dt + \int_0^{x^2}\sin^2 t dt$

$$= -\int_0^x \sin^2 t dt + \int_0^{x^2}\sin^2 t dt$$

所以 $f'(x) = -\sin x^2 + \sin(x^2)^2 d(x^2) = 2x\sin x^4 - \sin x^2.$

思路点拨 该积分上下限均含变量 x,可将其拆分两个只含一个变量 x 的积分,利用 $\left[\int_{n(x)}^{\ln(x)} f(f)dt\right]' = f[m(x)]m'(x) - f[n(x)]n'(x)$ 得其导数.

例9 求 $\lim\limits_{x\to a}\dfrac{x}{x-a}\int_a^x f(t)\mathrm{d}t$，$f(x)$ 为连续函数.

解 原式 $=\lim\limits_{x\to a}\dfrac{[x\cdot\int_a^x f(t)\mathrm{d}t]'}{(x-a)'}=\lim\limits_{x\to a}\left\{\int_a^x f(t)\mathrm{d}t+x\left[\int_a^x f(t)\mathrm{d}t\right]'\right\}$

$=\lim\limits_{x\to a}\left[\int_a^x f(t)\mathrm{d}t+xf(x)\right]=af(a).$

思路点拨 该积分限为 "$\dfrac{0}{0}$" 型不定式，直接利用洛必达法则计算.

例10 $f(x)$ 为连续函数且 $F(x)=\int_{\frac{1}{x}}^{\ln x}f(t)\mathrm{d}t$，则 $F'(x)=$ _____.

解 $\because F(x)=\int_0^{\ln x}f(t)\mathrm{d}t+\int_{\frac{1}{x}}^0 f(t)\mathrm{d}t=\int_0^{\ln x}f(t)\mathrm{d}t-\int_0^{\frac{1}{x}}f(t)\mathrm{d}t$

$\therefore F'(x)=f(\ln x)\cdot(\ln x)'-f\left(\dfrac{1}{x}\right)\cdot\left(\dfrac{1}{x}\right)'=\dfrac{1}{x}f(\ln x)+\dfrac{1}{x^2}f\left(\dfrac{1}{x}\right)$

例11 设 $g(x)=\int_0^x f(u)\mathrm{d}u$，其中 $f(x)=\begin{cases}\dfrac{1}{2}(x^2+1),0\leqslant x<1\\ \dfrac{1}{3}(x-1),1\leqslant x<2\end{cases}$，则 $g(x)$ 在 $(0,2)$ 内（　　）.

(A) 无界　　　　(B) 益减　　　　(C) 不连续　　　　(D) 连续

解 应选(D).

思路点拨 $0\leqslant x<1$ 时，$g(x)=\int_0^x \dfrac{1}{2}(u^2+1)\mathrm{d}u=\dfrac{1}{2}\left(\dfrac{x^3}{3}+x\right)$；

$1\leqslant x<2$ 时，$g(x)=\int_0^1\dfrac{1}{2}(u^2+1)\mathrm{d}u+\int_1^x\dfrac{1}{3}(u-1)\mathrm{d}u$

$=\dfrac{1}{3}\left(\dfrac{x^2}{2}-x\right)+\dfrac{5}{6}.$

又由 $\lim\limits_{x\to 1^-}g(x)=\lim\limits_{x\to 1^+}g(x)=\dfrac{2}{3}$ 得. $g(x)$ 在 $x=1$ 处连续，故选(D).

例12 $f(x)=\dfrac{1}{1+x^2}+\sqrt{1-x^3}\int_0^1 f(x)\mathrm{d}x$，则 $\int_0^1 f(x)\mathrm{d}x=$ _____.

解 等式两边在 0 到 1 上对 x 进行积分，得

$$\int_0^1 f(x)\mathrm{d}x = \int_0^1 \frac{1}{1+x^2}\mathrm{d}x + \left(\int_0^1 f(x)\mathrm{d}x\right)\left(\int_0^1 \sqrt{1-x^2}\mathrm{d}x\right)$$

$$\because \int_0^1 \sqrt{1-x^2}\mathrm{d}x = \frac{\pi}{4}$$

$$\therefore 原式 = \arctan x \Big|_0^1 + \frac{\pi}{4}\int_0^1 f(x)\mathrm{d}x$$

$$\therefore \int_0^1 f(x)\mathrm{d}x = \frac{\frac{\pi}{4}}{1-\frac{\pi}{4}} = \frac{\pi}{4-\pi}.$$

例 13 求 $\int_0^{\frac{\pi}{2}} \sqrt{1-\sin 2x}\,\mathrm{d}x$.

解 原式 $= \int_0^{\frac{\pi}{2}} \sqrt{\sin^2 x + \cos^2 x - 2\sin x\cos x}\,\mathrm{d}x$

$$= \int_0^{\frac{\pi}{2}} \sqrt{(\cos x - \sin x)^2}\,\mathrm{d}x = \int_0^{\frac{\pi}{2}} |\cos x - \sin x|\,\mathrm{d}x$$

$$= \int_0^{\frac{\pi}{4}} (\cos x - \sin x)\,\mathrm{d}x + \int_{\frac{\pi}{4}}^{\frac{\pi}{2}} (\sin x - \cos x)\,\mathrm{d}x$$

$$= (\sin x + \cos x)\Big|_0^{\frac{\pi}{4}} + (-\cos x - \sin x)\Big|_{\frac{\pi}{4}}^{\frac{\pi}{2}} = 2(\sqrt{2}-1).$$

例 14 (1) $\int_{-2}^{2} \frac{2x-3}{\sqrt{8-x^2}}\mathrm{d}x$； (2) $\int_{-1}^{1} \frac{2x^2 + x\cos x}{1-\sqrt{1-x^2}}\mathrm{d}x$.

解 (1) 原式 $= \int_{-2}^{2} \frac{2x}{\sqrt{8-x^2}}\mathrm{d}x - 3\int_{-2}^{2} \frac{1}{\sqrt{8-x^2}}\mathrm{d}x$

$$= 0 - 6\int_0^2 \frac{1}{\sqrt{8-x^2}}\mathrm{d}x = -6\arcsin\frac{x}{2\sqrt{2}}\Big|_0^2 = -\frac{3\pi}{2}.$$

(2) 原式 $= \int_{-1}^{1} \frac{2x^2}{1-\sqrt{1-x^2}}\mathrm{d}x + \int_{-1}^{1} \frac{x\cos x}{1-\sqrt{1-x^2}}\mathrm{d}x$（第一项偶函数）

$$= 2\int_0^1 \frac{2x^2}{1-\sqrt{1-x^2}}\mathrm{d}x + 0$$

$$= 2\int_0^1 \frac{2x^2(1+\sqrt{1-x^2})}{x^2}\mathrm{d}x$$

$$= 4\int_0^1 \mathrm{d}x + \int_0^1 \sqrt{1-x^2}\,\mathrm{d}x\text{（由几何意义成令 }x=\sin t\text{ 得}\int_0^1 \sqrt{1-x^2}\,\mathrm{d}x = \frac{\pi}{4}\text{；}$$

$$= 4 + \frac{\pi}{4}.$$

例 15 计算 $I = \int_0^{\frac{\pi}{4}} \ln(t\,\tan x)\,\mathrm{d}x$.

解 令 $x = \dfrac{\pi}{4} - t, \mathrm{d}x = -\mathrm{d}t$，则 $I = \int_{\frac{\pi}{4}}^{0} \ln\left[1 + \dfrac{1-\tan t}{1+\tan t}\right]\mathrm{d}(-t)$

$= \int_{0}^{\frac{\pi}{4}} \ln \dfrac{2}{1+\tan t} \mathrm{d}t = \dfrac{\pi}{4}\ln 2 - I.$

移项得 $2I = \dfrac{\pi}{4}\ln 2$，所以 $I = \dfrac{\pi}{8}\ln 2.$

课后习题全解

习题 6-1

1. **解题过程** (1)① 在闭区间 $[-1,2]$ 中插入 $n-1$ 个分点，

$-1 = x_0 < x_1 < x_2 < \cdots < x_{n-1} < x_n = 2$，所分区间长为：$\Delta x_i = \dfrac{2-(-1)}{n} = \dfrac{3}{n}.$

$x_i = -1 + \dfrac{3}{n}i \quad (i=1,2,\cdots,n).$

② 在每个区间 $[x_{i-1}, x_i]$ 中取右端点为 $\xi_i = x_i = -1 + \dfrac{3}{n}i.$ 因为 $f(x) = x$，所以
$\Delta A_i = f(\xi_i) \cdot \Delta x_i$

$A \approx \sum_{i=1}^{n} f(\xi_i) \Delta x_i = \sum_{i=1}^{n} \xi_i \Delta x_i = \sum_{i=1}^{n} \left(-1 + \dfrac{3}{n}i\right) \cdot \dfrac{3}{n}.$

即 $A = \sum_{i=1}^{n} f(\xi_i) \Delta x_i = -3 + \sum_{i=1}^{n} \dfrac{9}{n^2}i = -3 + \dfrac{9}{n^2}\sum_{i=1}^{n} i = -3 + \dfrac{9}{n^2} \cdot \dfrac{n(n+1)}{2}.$

③ 令 $\lambda = \max\{\Delta x_i\}, 1 \leqslant i \leqslant n.$

$\int_{-1}^{2} x\, \mathrm{d}x = \lim_{\lambda \to 0} \sum_{i=1}^{n} f(\xi_i)\Delta x_i = \lim_{n\to\infty} \left[-3 + \dfrac{9}{n^2} \cdot \dfrac{n(n+1)}{2}\right] = \dfrac{3}{2}.$

(2)① 在区间 $[0,1]$ 中插入 $n-1$ 个分点，

$0 = x_0 < x_1 < x_2 < \cdots < x_{n-1} < x_n = 1$，所分区间长 $\Delta x_i = \dfrac{1}{n}$，

$x_i = \dfrac{i}{n} \quad (i=1,2,\cdots,n-1).$

② 在每个区间 $[x_{i-1}, x_i]$ 中取右端点为 $\xi_i = x_i = \dfrac{i}{n}$，因为 $f(x) = \mathrm{e}^x$，所以

$\Delta A = f(\xi_i) \cdot \Delta x_i$

$A = \sum_{i=1}^{n} f(\xi_i)\Delta x_i = \sum_{i=1}^{n} \mathrm{e}^{\xi_i}\Delta x_i = \sum_{i=1}^{n} \mathrm{e}^{\frac{i}{n}} \cdot \dfrac{1}{n},$

即 $A = \sum_{i=1}^{n} f(\xi_i)\Delta x_i = \dfrac{1}{n}\left(\mathrm{e}^{\frac{1}{n}} + \mathrm{e}^{\frac{2}{n}} + \cdots + \mathrm{e}^{\frac{n-1}{n}} + \mathrm{e}^{\frac{n}{n}}\right) = \dfrac{1}{n} \cdot \dfrac{\mathrm{e}^{\frac{1}{n}}\left[1-(\mathrm{e}^{\frac{1}{n}})^n\right]}{1-\mathrm{e}^{\frac{1}{n}}}$

$$= \frac{1}{n} \cdot \frac{e^{\frac{1}{n}}(1-e)}{1-e^{\frac{1}{n}}} = \frac{1}{n} \cdot \frac{e^{\frac{1}{n}}(e-1)}{e^{\frac{1}{n}}-1}.$$

③ 令 $\lambda = \max\{\Delta x_i\} 1 \leqslant i \leqslant n$

$$\int_0^1 e^x dx = \lim_{\lambda \to 0} \sum_{i=1}^n f(\xi_i) \Delta x_i = \lim_{n \to \infty} \frac{1}{n} \cdot \frac{e^{\frac{1}{n}}(e-1)}{e^{\frac{1}{n}}-1} = e - 1.$$

2. **解题过程** (1) $\int_0^1 2x dx$ 表示如题 2 图解(a) 所示直角三角形的面积,故

$$\int_0^1 2x dx = \frac{1}{2} \cdot 1 \cdot 2 = 1.$$

(2) $\int_0^1 \sqrt{1-x^2} dx$ 表示如题 2 图解(b) 所示 $\frac{1}{4}$ 圆的面积,故

$$\int_0^1 \sqrt{1-x^2} dx = \frac{1}{x} \cdot \pi \cdot 1^2 = \frac{\pi}{4}.$$

(3) $\int_{-\pi}^{\pi} \sin x dx$ 表示如题 2 图解(c) 所示阴影部分的面积,其中 x 轴上方为正面积,x 轴下方为负面积,且两面积大小相等.

$$\int_{-\pi}^{\pi} \sin x dx = 0.$$

(4) $\int_{-\frac{\pi}{2}}^{\frac{\pi}{2}} \cos x dx$ 表示如题 2 图解(d) 所示阴影部分的面积它关于 x 对称,是第一象限面积的 2 倍,故

$$\int_{-\frac{\pi}{2}}^{\frac{\pi}{2}} \cos x dx = 2\int_0^{\frac{\pi}{2}} \cos x dx = 2.$$

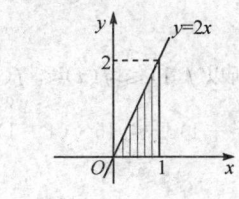
(a)

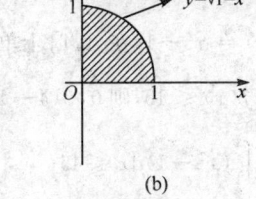
(b)

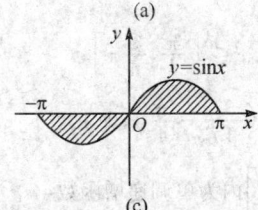
(c)

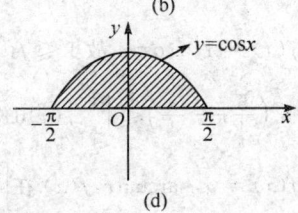
(d)

题 2 图解

3. **解题过程** 在区间 $[0,1]$ 中任意插入 $n-1$ 个分点
$$0 = x_0 < x_1 < x_2 < \cdots < x_{n-1} < x_n = 1, \xi_i \in [x_{i-1}, x_i], i = 1, 2, \cdots, n.$$

$$\lim_{\lambda \to 0}\sum_{i=1}^{n} D(\xi_i)\Delta x_i, \lambda = \max_{1 \leqslant i \leqslant n}\{\Delta x_i\},$$

（i）若 ξ_i 为有理数，则 $\lim_{\lambda \to 0}\sum_{i=1}^{n} D(\xi_i)\Delta x_i = \lim_{\lambda \to 0}\sum_{i=1}^{n} \Delta x_i = 1$；

（ii）若 ξ_i 为无理数，则 $\lim_{\lambda \to 0}\sum_{i=1}^{n} D(\xi_i)\Delta x_i = \lim_{\lambda \to 0}\sum_{i=1}^{n} \Delta x_i = 0$.

故狄利克雷函数 $D(x) = \begin{cases} 1, & x \text{ 为有理数} \\ 0, & x \text{ 为无理数} \end{cases}$ 在区间 $[0,1]$ 上不可积.

4. **解题过程** (1) $\lim_{n \to \infty}\sum_{i=1}^{n}\dfrac{n}{n^2+i^2} = \lim_{n \to \infty}\sum_{i=1}^{n}\dfrac{\frac{1}{n}}{1+\left(\frac{i}{n}\right)^2} = \lim_{n \to \infty}\sum_{i=1}^{n}\dfrac{1}{1+\left(\frac{i}{n}\right)^2}\cdot\dfrac{1}{n}$,

令 $f(x) = \dfrac{1}{1+x^2}, \Delta x_i = \dfrac{1}{n}, \xi_i = \dfrac{i}{n}$，则

$$\lim_{n \to \infty}\sum_{i=1}^{n}\dfrac{n}{n^2+i^2} = \int_0^1 \dfrac{1}{1+x^2}dx.$$

(2) $\lim_{n \to \infty}\sum_{i=1}^{n}\dfrac{1}{n+i} = \lim_{n \to \infty}\sum_{i=1}^{n}\dfrac{1}{1+\frac{i}{n}}\cdot\dfrac{1}{n}$,

令 $f(x) = \dfrac{1}{1+x}, \Delta x_i = \dfrac{1}{n}, \xi_i = \dfrac{i}{n}$，则

$$\lim_{n \to \infty}\sum_{i=1}^{n}\dfrac{1}{n+i} = \int_0^1 \dfrac{1}{1+x}dx.$$

习题 6-2

1. **解题过程** (1) $f(x) = x^2 - 1$，在 $[1,4]$ 上单调增加，所以 $f(1) \leqslant f(x) \leqslant f(4)$，

即 $0 \leqslant f(x) \leqslant 15$，则 $0 \times (4-1) \leqslant \int_1^4 (x^2-1)dx \leqslant 15 \cdot (4-1)$，

即 $0 \leqslant \int_1^4 (x^2-1)dx \leqslant 45$；

(2) $f(x) = 1 + \cos^2 x$，故 $1 \leqslant f(x) \leqslant 2, x \in \left[\dfrac{\pi}{4}, \dfrac{5}{4}\pi\right]$，

则 $1 \cdot \left(\dfrac{5}{4}\pi - \dfrac{\pi}{4}\right) \leqslant \int_{\frac{\pi}{4}}^{\frac{5}{4}\pi} f(x)dx \leqslant 2 \cdot \left(\dfrac{5}{4}\pi - \dfrac{\pi}{4}\right)$，即 $\pi \leqslant \int_{\frac{\pi}{4}}^{\frac{5}{4}\pi} f(x) \leqslant 2\pi$；

(3) $f(x) = x \cdot \arctan x, f(x)$ 在 $\left[\dfrac{1}{\sqrt{3}}, \sqrt{3}\right]$ 内为单调递增函数，

$f\left(\dfrac{1}{\sqrt{3}}\right) \leqslant f(x) \leqslant f(\sqrt{3})$，则 $f\left(\dfrac{1}{\sqrt{3}}\right)\cdot\left(\sqrt{3}-\dfrac{1}{\sqrt{3}}\right) \leqslant \int_{\frac{1}{\sqrt{3}}}^{\sqrt{3}} f(x)dx \leqslant f(\sqrt{3})\left(\sqrt{3}-\dfrac{1}{\sqrt{3}}\right)$，

即 $\dfrac{\pi}{9} \leqslant \int_{\frac{1}{\sqrt{3}}}^{\sqrt{3}} x\cdot\arctan x\, dx \leqslant \dfrac{2}{3}\pi$；

(4) $f(x) = e^{x^2-x}, g(x) = x^2 - x, x \in [0,2]$，

故 $g\left(\frac{1}{2}\right) \leqslant g(x) \leqslant g(2)$, 则 $f\left(\frac{1}{2}\right) \leqslant f(x) \leqslant f(2)$,

$(0-2) \cdot f(2) \leqslant \int_2^0 f(x) \mathrm{d}x \leqslant (0-2) \cdot f\left(\frac{1}{2}\right)$,

即 $-2\mathrm{e}^2 \leqslant \int_2^0 \mathrm{e}^{x^2-x} \mathrm{d}x \leqslant -2\mathrm{e}^{\frac{1}{4}}$.

2. **解题过程** (1) 因为 $x^2 \geqslant x^4, x \in [0,1]$, 且 x^2 与 x^4 连续, 故 $I_1 > I_2$;

(2) 因为 $x^2 \leqslant x^4, x \in [1,2]$, 且 x^2 与 x^4 连续, 故 $I_1 < I_2$;

(3) 因为 $\ln x < (\ln x)^3, x \in [3,4]$, 且 $\ln x$ 与 $(\ln x)^3$ 连续, 故 $I_1 < I_2$;

(4) 设 $f(x) = \ln(1+x) - x, f'(x) = \frac{1}{1+x} - 1 = \frac{-x}{1+x} < 0, (0 < x < 1)$,

故 $x \in [0,1]$ 时, $f(x)$ 单调减少, 即 $\ln(1+x) < x$,

所以 $\int_0^1 \ln(1+x) \mathrm{d}x < \int_0^1 x \mathrm{d}x$, 故 $I_1 > I_2$;

(5) 设 $f(x) = \mathrm{e}^x - (1+x), f'(x) = \mathrm{e}^x - 1 > 0 (x > 0)$,

$f(0) = 0$ 故 $\mathrm{e}^x > (1+x), x > 0$, 且 e^x 与 $1+x$ 连续, 故 $I_1 > I_2$.

3. **解题过程** (1) 因为 $f(x) \not\equiv 0$, 故存在 $x_0 \in [a,b]$, 使 $f(x_0) > 0$.

(i) 若 $x_0 \in (a,b)$, 由 $\lim_{x \to x_0} f(x) = f(x_0) > \frac{1}{2} f(x_0)$. 存在 $\delta > 0, x_0 - \delta, x_0 + \delta \in (a,$

$b)$, 使得当 $x_0 - \delta \leqslant x \leqslant x_0 + \delta$ 时, $f(x) > \frac{1}{2} f(x_0)$,

$\int_a^b f(x) \mathrm{d}x = \int_a^{x_0-\delta} f(x) \mathrm{d}x + \int_{x_0-\delta}^{x_0+\delta} f(x) \mathrm{d}x + \int_{x_0+\delta}^b f(x) \mathrm{d}x$

$\geqslant \int_{x_0-\delta}^{x_0+\delta} f(x) \mathrm{d}x \geqslant \frac{1}{2} f(x_0) \cdot 2\delta > 0.$

(ii) 若 $x_0 = a$ 或 $x_0 = b$, 不妨设 $x_0 = a, \lim_{x \to x_0^+} f(x) > \frac{1}{2} f(x_0)$, 则存在 $\delta > 0, a+\delta \in$

(a,b), 使得当 $a \leqslant x \leqslant a+\delta$ 时, $f(x) > \frac{1}{2} f(x_0)$,

$\int_a^b f(x) \mathrm{d}x = \int_a^{a+\delta} f(x) \mathrm{d}x + \int_{a+\delta}^b f(x) \mathrm{d}x \geqslant \int_a^{a+\delta} f(x) \mathrm{d}x \geqslant \frac{1}{2} f(x_0) \delta > 0,$

得证.

(2) (用反证法) 设在 $[a,b]$ 上 $f(x) \not\equiv 0$, 由(1)结论知 $\int_a^b f(x) \mathrm{d}x > 0$, 与 $\int_a^b f(x) \mathrm{d}x = 0$ 矛盾, 所以 $f(x) \equiv 0$.

(3) 因为 $f(x), g(x)$ 在 $[a,b]$ 上连续, 所以 $g(x) - f(x)$ 在 $[a,b]$ 上连续, 由(2)结论知 $g(x) - f(x) \equiv 0$, 即 $f(x) \equiv g(x)$.

习题 6-3

1. **解题过程** (1) 原式 $= \sqrt{1+(x^3)^2} \cdot (x^3)' = \sqrt{1+(x^3)^2} \cdot 3x^2 = 3x^2 \cdot \sqrt{1+x^6}$;

(2) 原式 $= \dfrac{\mathrm{d}}{\mathrm{d}x}\left(\displaystyle\int_0^{x^4}\dfrac{\mathrm{d}t}{\sqrt{1+t^2}}-\int_0^{x^2}\dfrac{\mathrm{d}t}{\sqrt{1+t^2}}\right)=\dfrac{1}{\sqrt{1+(x^4)^2}}\cdot 4x^3-\dfrac{2x}{\sqrt{1+(x^2)^2}}$

$\qquad = \dfrac{4x^3}{\sqrt{1+x^8}}-\dfrac{2x}{\sqrt{1+x^4}}$;

(3) 原式 $= \dfrac{\mathrm{d}}{\mathrm{d}x}\left[\displaystyle\int_0^{\cos x}\cos(\pi t^2)\mathrm{d}t-\int_0^{\sin x}\cos(\pi t^2)\mathrm{d}t\right]$

$\qquad = \cos[\pi(\cos x)^2](-\sin x)-\cos[\pi(\sin x)^2]\cdot\cos x$

$\qquad = -\cos[\pi(\cos x)^2]\sin x-\cos[\pi(\sin x)^2]\cdot\cos x.$

2. **解题过程** (1) 原式 $= \left(x^3-\dfrac{1}{2}x^2\right)\Big|_0^a = a^3-\dfrac{a^2}{2}$;

(2) 原式 $= \left(\dfrac{1}{3}x^3-\dfrac{1}{3}x^{-3}\right)\Big|_1^2 = \dfrac{21}{8}$;

(3) 原式 $= \displaystyle\int_1^0(x^{\frac{1}{2}}+x)\mathrm{d}x = \left(\dfrac{2}{3}x^{\frac{3}{2}}+\dfrac{1}{2}x^2\right)\Big|_1^0 = -\dfrac{7}{6}$;

(4) 原式 $= \displaystyle\int_{\frac{1}{\sqrt{3}}}^0\dfrac{\mathrm{d}x}{1+x^2} = \arctan x\Big|_{\frac{1}{\sqrt{3}}}^0 = -\dfrac{\pi}{6}$;

(5) 原式 $= \arcsin x\Big|_0^{\frac{1}{2}} = \dfrac{\pi}{6}$;

(6) 原式 $= \displaystyle\int_0^{\sqrt{3}a}\dfrac{\frac{1}{a}}{1+\left(\frac{x}{a}\right)^2}\cdot\mathrm{d}\dfrac{x}{a} = \dfrac{1}{a}\arctan\dfrac{x}{a}\Big|_0^{\sqrt{3}a} = \dfrac{\pi}{3a}$;

(7) 原式 $= \displaystyle\int_0^1\dfrac{1}{\sqrt{1-\left(\frac{x}{2}\right)^2}}\mathrm{d}\dfrac{x}{2} = \arcsin\dfrac{x}{2}\Big|_0^1 = \dfrac{\pi}{6}$;

(8) 原式 $= \displaystyle\int_{-1}^0\left(3x^2+\dfrac{2}{x^2+1}\right)\mathrm{d}x = (x^3+2\arctan x)\Big|_{-1}^0 = 1+\dfrac{\pi}{2}$;

(9) 原式 $= \displaystyle\int_{-\mathrm{e}-1}^{-2}\dfrac{\mathrm{d}(1+x)}{1+x} = \ln|1+x|\Big|_{-\mathrm{e}-1}^{-2} = -1$;

(10) 原式 $= \displaystyle\int_0^{\frac{\pi}{4}}\dfrac{\sin^2\theta}{\cos^2\theta}\mathrm{d}\theta = \int_0^{\frac{\pi}{4}}\dfrac{1-\cos^2\theta}{\cos^2\theta}\mathrm{d}\theta = \int_0^{\frac{\pi}{4}}\left(\dfrac{1}{\cos^2\theta}-1\right)\mathrm{d}\theta$

$\qquad = (\tan\theta-\theta)\Big|_0^{\frac{\pi}{4}} = 1-\dfrac{\pi}{4}$;

(11) 原式 $= \displaystyle\int_0^\pi\sin x\,\mathrm{d}x-\int_\pi^{2\pi}\sin x\,\mathrm{d}x = -\cos x\Big|_0^\pi-(-\cos x)\Big|_\pi^{2\pi} = 4$;

(12) 原式 $= \displaystyle\int_0^1 f(x)\mathrm{d}x+\int_1^2 f(x)\mathrm{d}x = \int_0^1 x\,\mathrm{d}x+\int_1^2 x^2\,\mathrm{d}x$

$\qquad = \dfrac{1}{2}x^2\Big|_0^1-\dfrac{1}{3}x^3\Big|_1^2 = \dfrac{17}{6}.$

3. **解题过程** (1) 原式 $= \displaystyle\lim_{x\to 0}\dfrac{\mathrm{e}^{x^2}}{1} = 1$;

(2) 原式 $= \lim\limits_{x \to 0} \dfrac{2\int_0^x \sin t^2 dt \cdot \sin x^2}{x^2 \cdot \sin x^3} = \lim\limits_{x \to 0} \dfrac{2\int_0^x \sin t^2 dt}{x^3}$

$= \lim\limits_{x \to 0} \dfrac{2\sin x^2}{3x^2} = \dfrac{2}{3}.$

4. **解题过程** $f'(x) = \sin x$，故 $f'(0) = 0, f'\left(\dfrac{\pi}{4}\right) = \dfrac{\sqrt{2}}{2}.$

5. **解题过程** 两边求导得：$e^y \cdot y' + \cos x = 0$，

   故 $y' = -\dfrac{\cos x}{e^y} = \dfrac{\cos x}{\sin x - 1}.$

6. **解题过程** $f'(x) = x \cdot e^{-x^2}\ (x \geqslant 0)$，

   令 $f'(x) = 0$，则 $x = 0$，且 $f'(x) \geqslant 0$，故 $f(x)$ 为单调递增函数，

   故极小值为 $f(0) = 0.$

7. **解题过程** $F'(x) \dfrac{f(x)(x-a) - \int_a^x f(t)dt}{(x-a)^2} = \dfrac{\int_a^x f(x)dt - \int_a^x f(t)dt}{(x-a)^2} = \dfrac{\int_a^x [f(x) - f(t)]dt}{(x-a)^2},$

   因为 $f'(x) < 0, x \in (a,b), t \leqslant x$，所以 $f(t) \geqslant f(x), f(x) - f(t) \leqslant 0, t \in [a,x],$

   $f(x) - f(t) \not\equiv 0$，所以 $\int_a^x [f(x) - f(t)]dt < 0$，即 $F'(x) < 0.$

8. **解题过程** 设 $\int_0^1 f(x)dx = A$，则 $f(x) = Ax - 1$，对 $f(x)$ 在 $[0,1]$ 上积分得：$\int_0^1 f(x) = A\int_0^1 xdx -$

   $\int_0^1 dx = \dfrac{A}{2} - 1$，则有 $A = \dfrac{A}{2} - 1$ 得 $A = -2.$

   从而 $\int_0^1 f(x)dx = -2, f(x) = -2x - 1.$

9. **解题过程** $y' = -e^{-x}\int_0^x e^t f(t)dt + e^{-x} \cdot e^x f(x) = -y + f(x),$

   故 $y + y' = f(x)$，即 $\dfrac{dy}{dx} + y = f(x).$

   $\lim\limits_{x \to +\infty} y(x) = \lim\limits_{x \to +\infty} \dfrac{\int_0^x e^t f(t)dt}{e^x} = \lim\limits_{x \to \infty} \dfrac{e^x f(x)}{e^x} = \lim\limits_{x \to +\infty} f(x) = 1.$

10. **解题过程** $\int_0^5 f(x)dx > 0$

    $\int_0^5 f'(x)dx = f(5) - f(0) < 0$

    $\int_0^5 f''(x)dx = f'(5) - f'(0) = 0$

    $\int_0^5 f'''(x)dx = f'''(5) - f'''(0) > 0$

11. **解题过程** 当 $x < 0$ 时，$\Phi(x) = \int_0^x f(t)dt = 0$

    当 $0 \leqslant x \leqslant \pi$ 时，$\Phi(x) = \int_0^x f(t)dt = \int_0^x \dfrac{1}{2}\sin t dt = \dfrac{1 - \cos x}{2}$

当 $x > \pi$ 时, $\Phi(x) = \int_0^x f(t)dt = \int_0^\pi f(t)dt + \int_\pi^x f(t)dt$

$$= \int_0^\pi \frac{1}{2}\sin t\, dt = 1$$

$$\therefore \Phi(x) = \begin{cases} 0 & x < 0 \\ \dfrac{1-\cos x}{2} & 0 \leqslant x \leqslant \pi \\ 1 & x > \pi \end{cases}$$

习题 6-4

1. **解题过程** (1) 原式 $= -\cos\left(x + \dfrac{\pi}{3}\right)\Big|_{\frac{\pi}{3}}^{\pi} = \dfrac{1}{2} - \dfrac{1}{2} = 0$;

(2) 原式 $= \dfrac{1}{4}\int_{-2}^{1}(9+4x)^{-3}d(9+4x) = -\dfrac{1}{8}(9+4x)^{-2}\Big|_{-2}^{1} = \dfrac{21}{169}$;

(3) 原式 $= -\int_0^{\frac{\pi}{2}}\cos^2\varphi\, d\cos\varphi = -\dfrac{1}{3}\cos^3\varphi\Big|_0^{\frac{\pi}{2}} = \dfrac{1}{3}$;

(4) 原式 $= \int_0^\pi \sin^2\theta\, d\theta = \int_0^\pi \dfrac{1-\cos 2\theta}{2}d\theta = \left(\dfrac{1}{2}\theta - \dfrac{1}{4}\sin 2\theta\right)\Big|_0^\pi = \dfrac{\pi}{2}$;

(5) 原式 $= -\dfrac{1}{2}\int_0^{\sqrt{2}}\sqrt{2-x^2}\, d(2-x^2) = -\dfrac{1}{3}(2-x^2)^{\frac{3}{2}}\Big|_0^{\sqrt{2}} = \dfrac{2}{3}\sqrt{2}$;

(6) 令 $x = \sin t$, 则 $dx = \cos t\, dt, t \in \left[0, \dfrac{\pi}{2}\right]$,

原式 $= \int_0^{\frac{\pi}{2}}\sin^2 t \cdot \cos t \cdot \cos t\, dt = \int_0^{\frac{\pi}{2}}\sin^2 t \cdot \cos^2 t\, dt$

$= \dfrac{1}{4}\int_0^{\frac{\pi}{2}}(\sin 2t)^2 dt = \dfrac{1}{4}\int_0^{\frac{\pi}{2}}\dfrac{1-\cos 4t}{2}dt$

$= \dfrac{1}{8}\left(t - \dfrac{1}{4}\sin 4t\right)\Big|_0^{\frac{\pi}{2}} = \dfrac{\pi}{16}$;

(7) 令 $\sqrt{5-4x} = t$, 则 $x = \dfrac{5-t^2}{4}, dx = -\dfrac{t}{2}dt; t \in [1,3]$,

原式 $= \int_3^1 \dfrac{\frac{5-t^2}{4}\left(-\frac{t}{2}\right)dt}{t} = \int_3^1 \dfrac{t^2-5}{8}dt = \dfrac{1}{8}\left(\dfrac{t^3}{3} - 5t\right)\Big|_3^1 = \dfrac{1}{6}$;

(8) 令 $\sqrt{x} = t$, 则 $x = t^2, dx = 2t\, dt, t \in [1,2]$,

原式 $= \int_1^2 \dfrac{2t\, dt}{1+t} = 2\int_1^2\left(1 - \dfrac{1}{t+1}\right)dt = 2[t - \ln|t+1|]\Big|_1^2 = 2 - 2\ln\dfrac{3}{2}$;

(9) 原式 $= -\dfrac{1}{2}\int_0^1 e^{-t^2}d(-t^2) = \left[e^{-t^2}\left(-\dfrac{1}{2}\right)\right]\Big|_0^1 = \dfrac{1}{2} - \dfrac{1}{2}e^{-1} = \dfrac{1}{2}(1 - e^{-1})$;

(10) 原式 $= \int_1^2 \dfrac{d(\ln x + 1)}{\sqrt{1+\ln x}} = \int_1^2 (1+\ln x)^{-\frac{1}{2}} \cdot d(1+\ln x)$

$= 2(\ln x + 1)^{\frac{1}{2}}\Big|_1^2 = 2\sqrt{1+\ln 2} - 2$;

(11) 原式 $= \int_{-2}^{-1} \frac{d(x+2)}{(x+2)^2+1} = \arctan(x+2)\Big|_{-2}^{-1} = \frac{\pi}{4}$；

(12) 原式 $= \int_{-\frac{\pi}{2}}^{\frac{\pi}{2}} \frac{1}{2}(\cos3x + \cos x)dx = \frac{1}{2}\left(\frac{1}{3}\sin3x + \sin x\right)\Big|_{-\frac{\pi}{2}}^{\frac{\pi}{2}} = \frac{2}{3}$；

(13) 原式 $= \int_{-\frac{\pi}{2}}^{\frac{\pi}{2}} \sqrt{\cos x(1-\cos^2 x)}\,dx = \int_{-\frac{\pi}{2}}^{\frac{\pi}{2}} \sqrt{\cos x}\,|\sin x|\,dx = 2\int_{0}^{\frac{\pi}{2}} \sqrt{\cos x} \cdot \sin x\,dx$

$= 2\int_{0}^{\frac{\pi}{2}} \sqrt{\cos x} \cdot d(-\cos x) = -\frac{4}{3}(\cos x)^{\frac{3}{2}}\Big|_{0}^{\frac{\pi}{2}} = \frac{4}{3}$；

(14) 原式 $= \int_{0}^{\pi} \sqrt{2\cos^2 x}\,dx = \sqrt{2}\int_{0}^{\pi} |\cos x|\,dx = \sqrt{2}\int_{0}^{\frac{\pi}{2}} \cos x\,dx - \sqrt{2}\int_{\frac{\pi}{2}}^{\pi} \cos x\,dx$

$= \sqrt{2}\sin x\Big|_{0}^{\frac{\pi}{2}} - \sqrt{2}\sin x\Big|_{\frac{\pi}{2}}^{\pi} = 2\sqrt{2}$.

2. **解题过程** (1) 设 $f(x) = \frac{(\arcsin x)^2}{\sqrt{1-x^2}}$ 为偶函数,

原式 $= 2\int_{0}^{\frac{1}{2}} \frac{(\arcsin x)^2}{\sqrt{1-x^2}}dx = 2\int_{0}^{\frac{1}{2}} (\arcsin x)^2\,d\arcsin x = \frac{2}{3}(\arcsin x)^3\Big|_{0}^{\frac{1}{2}} = \frac{\pi^3}{324}$；

(2) 设 $f(x) = \frac{x^2 \cdot \sin x^3}{x^4 + 2x^2 + 1}$ 为奇函数,故原式 $= 0$.

3. **解题过程** (1) 令 $x = \frac{1}{t}, dx = -\frac{1}{t^2}dt, t$ 积分区间为从 $\frac{1}{x}$ 到 1,

左边 $= \int_{\frac{1}{x}}^{1} \frac{-\frac{1}{t^2}dt}{1 + \frac{1}{t^2}} = \int_{1}^{\frac{1}{x}} \frac{dt}{1+t^2} = \int_{1}^{\frac{1}{x}} \frac{dx}{1+x^2} =$ 右边,从而得证；

(2) 令 $1 - x = t$,则 $x = 1 - t, dx = -dt$,积分区间为从 1 到 0,

左边 $= \int_{1}^{0}(1-t)^m t^n(-dt) = \int_{0}^{1} t^n(1-t)^m dt = \int_{0}^{1} x^n(1-x)^m dx =$ 右边,从而得证；

(3) $\int_{0}^{\pi} \cos^{10} x\,dx = \int_{0}^{\frac{\pi}{2}} \cos^{10} x\,dx + \int_{\frac{\pi}{2}}^{\pi} \cos^{10} x\,dx$,

令 $x = \pi - t, dx = -dt$,则

$\int_{\frac{\pi}{2}}^{\pi} \cos^{10} x\,dx = \int_{\frac{\pi}{2}}^{0} \cos^{10} t \cdot (-dt) = \int_{0}^{\frac{\pi}{2}} \cos^{10} t\,dt = \int_{0}^{\frac{\pi}{2}} \cos^{10} x\,dx$,

故 $\int_{0}^{\pi} \cos^{10} x\,dx = \int_{0}^{\frac{\pi}{2}} \cos^{10} x\,dx + \int_{0}^{\frac{\pi}{2}} \cos^{10} x\,dx = 2\int_{0}^{\frac{\pi}{2}} \cos^{10} x\,dx$,从而得证.

习题 6-5

1. **解题过程** (1) 原式 $= \int_{0}^{1} x\,de^x = x \cdot e^x\Big|_{0}^{1} - \int_{0}^{1} e^x\,dx = e - e^x\Big|_{0}^{1} = 1$；

(2) 原式 $= \frac{1}{2}\int_{1}^{e} \ln x\,dx^2 = \frac{1}{2}x^2 \cdot \ln x\Big|_{1}^{e} - \frac{1}{2}\int_{1}^{e} x^2 \cdot \frac{1}{x}dx = \frac{e^2}{2} - \frac{1}{2}\int_{1}^{e} x\,dx$

$$= \frac{e^2}{2} - \frac{x^2}{4}\Big|_1^e = \frac{e^2+1}{4};$$

(3) 原式 $= \int_0^{2\pi} x\mathrm{d}(-\cos x) = -x\cos x\Big|_0^{2\pi} - \int_0^{2\pi}(-\cos x)\mathrm{d}x = -2\pi + \sin x\Big|_0^{2\pi} = -2\pi;$

(4) 原式 $= \int_0^{\frac{\pi}{3}} x\mathrm{d}\tan x = x\cdot\tan x\Big|_0^{\frac{\pi}{3}} - \int_0^{\frac{\pi}{3}}\tan x\mathrm{d}x = \frac{\sqrt{3}}{3}\pi - \int_0^{\frac{\pi}{3}}\frac{\sin x}{\cos x}\mathrm{d}x$

$$= \frac{\sqrt{3}}{3}\pi + \int_0^{\frac{\pi}{3}}\frac{\mathrm{d}\cos x}{\cos x} = \frac{\sqrt{3}}{3}\pi + \ln\cos x\Big|_0^{\frac{\pi}{3}} = \frac{\sqrt{3}}{3}\pi - \ln 2;$$

(5) 令 $\sqrt{x} = t$, 则 $x = t^2, \mathrm{d}x = 2t\mathrm{d}t, t$ 积分区间为 $[1,2]$,

原式 $= \int_1^2 \frac{\ln t^2}{t}2t\mathrm{d}t = 2\int_1^2 \ln t^2\mathrm{d}t = 2\left(t\cdot\ln t^2\Big|_1^2 - \int_1^2 t\cdot\mathrm{d}\ln t^2\right)$

$$= 2\left(2\ln 4 - 0 - \int_1^2 \frac{1}{t}\cdot 2t\mathrm{d}t\right) = 2(4\ln 2 - 2) = 8\ln 2 - 4;$$

(6) 原式 $= \int_0^1 \arctan x\mathrm{d}\frac{x^2}{2} = \frac{1}{2}x^2\arctan x\Big|_0^1 - \int_0^1 \frac{1}{2}x^2\cdot\frac{1}{1+x^2}\mathrm{d}x$

$$= \frac{\pi}{8} - \frac{1}{2}\int_0^1\left(1 - \frac{1}{1+x^2}\right)\mathrm{d}x = \frac{\pi}{8} - \frac{1}{2}\int_0^1 \mathrm{d}x + \frac{1}{2}\int_0^1 \frac{1}{1+x^2}\mathrm{d}x$$

$$= \frac{\pi}{8} - \frac{1}{2} + \frac{1}{2}\arctan x\Big|_0^1 = \frac{\pi}{4} - \frac{1}{2};$$

(7) 原式 $= \int_0^{\frac{\pi}{2}} e^{2x}\mathrm{d}\sin x = e^{2x}\sin x\Big|_0^{\frac{\pi}{2}} - \int_0^{\frac{\pi}{2}}\sin x\cdot 2e^{2x}\mathrm{d}x$

$$= e^{\pi} + 2\int_0^{\frac{\pi}{2}} e^{2x}\mathrm{d}(\cos x)$$

$$= e^{\pi} + 2\left(e^{2x}\cos x\Big|_0^{\frac{\pi}{2}} - \int_0^{\frac{\pi}{2}}\cos x\cdot 2e^{2x}\mathrm{d}x\right)$$

$$= e^{\pi} - 2 - 4\int_0^{\frac{\pi}{2}} e^{2x}\cos x\mathrm{d}x,$$

故 $5\int_0^{\frac{\pi}{2}} e^{2x}\cos x\mathrm{d}x = e^{\pi} - 2$, 则原式 $= \frac{1}{5}(e^{\pi} - 2)$;

(8) 令 $\ln x = t$, 则 $x = e^t, \mathrm{d}x = e^t\mathrm{d}t, t$ 由 0 积分到 1,

原式 $= \int_0^1 \sin t\cdot e^t\mathrm{d}t = \int_0^1 \sin t\mathrm{d}e^t = e^t\sin t\Big|_0^1 - \int_0^1 e^t\cos t\mathrm{d}t$

$$= e\sin 1 - \int_0^1 \cos t\mathrm{d}e^t$$

$$= e\sin 1 - \left[e^t\cos t\Big|_0^1 + \int_0^1 e^t\sin t\mathrm{d}t\right]$$

$$= e\sin 1 - e\cos 1 + 1 - \int_0^1 e^t\sin t\mathrm{d}t,$$

所以 $2\int_0^1 e^t\sin t\mathrm{d}t = e(\sin 1 - \cos 1) + 1$, 故

原式 $= \dfrac{e}{2}(\sin 1 - \cos 1) + \dfrac{1}{2}$；

(9) 原式 $= \int_2^3 \ln t \mathrm{d}t = t\ln t \Big|_2^3 - \int_2^3 t \cdot \dfrac{1}{t}\mathrm{d}t = 3\ln 3 - 2\ln 2 - 1$；

(10) 令 $\sqrt{x} = t$，则 $x = t^2, \mathrm{d}x = 2t\mathrm{d}t, t$ 由 0 积分到 π，

原式 $= \int_0^\pi \sin t \cdot 2t\mathrm{d}t = -\int_0^\pi 2t\mathrm{d}(\cos t) = -2t\cos t\Big|_0^\pi + \int_0^\pi 2\cos t\mathrm{d}t$

$= 2\pi + 2\sin t\Big|_0^\pi = 2\pi$；

(11) 原式 $= \int_{\frac{1}{e}}^1 (-\ln x)\mathrm{d}x + \int_1^e \ln x\mathrm{d}x$

$= -x \cdot \ln x\Big|_{\frac{1}{e}}^1 + \int_{\frac{1}{e}}^1 \mathrm{d}x + x \cdot \ln x\Big|_1^e - \int_1^e \mathrm{d}x$

$= -\dfrac{1}{e} + 1 - \dfrac{1}{e} + e - (e-1) = 2 - \dfrac{2}{e}$.

2. **解题过程** (1) 设 $J_{2n} = \int_0^\pi x \cdot \sin^{2n} x \mathrm{d}x$

$J_{2n} = \int_0^\pi x\sin^{2n-1}x\sin x\mathrm{d}x = -\int_0^\pi x \cdot \sin^{2n-1} x\mathrm{d}\cos x$

$= -x \cdot \cos x \cdot \sin^{2n-1} x\Big|_0^\pi + \int_0^\pi \cos x[\sin^{2n-1}x + x \cdot (2n-1) \cdot \sin^{2n-2}x \cdot \cos x]\mathrm{d}x$

$= \int_0^\pi \cos x \cdot \sin^{2n-1}x\mathrm{d}x + (2n-1)\int_0^\pi x \cdot \sin^{2n-2}x\mathrm{d}x - (2n-1) \cdot \int_0^\pi x \cdot \sin^{2n}x\mathrm{d}x$

$= (2n-1)J_{2(n-1)} - (2n-1)J_{2n}$，

故 $2n \cdot J_{2n} = (2n-1)J_{2(n-1)}, J_{2n} = \dfrac{2n-1}{2n} J_{2(n-1)}$，

$J_0 = \int_0^\pi x\mathrm{d}x = \dfrac{\pi^2}{2}$，

$J_{100} = \dfrac{100-1}{100} \cdot J_{98} = \dfrac{99}{100} \cdot \dfrac{97}{98}J_{96} = \dfrac{99}{100} \times \dfrac{97}{98} \times \dfrac{95}{96}J_{94}$

$= \cdots = \dfrac{99}{100} \cdot \dfrac{97}{98} \cdot \dfrac{59}{96} \cdots \dfrac{1}{2} \times \dfrac{\pi^2}{2}$

$= \dfrac{99 \cdot 97 \cdot 95 \cdots 3 \cdot 1}{100 \cdot 98 \cdot 96 \cdots 4 \cdot 2} \times \dfrac{\pi^2}{2}$；

(2) 令 $x = \cos t, x \in [0,1]$，则 $t \in [0, \dfrac{\pi}{2}]$，则 $\mathrm{d}x = -\sin t\mathrm{d}t$，

$J_{99} = \int_{\frac{\pi}{2}}^0 (\sin t)^{99}(-\sin t)\mathrm{d}t = \int_0^{\frac{\pi}{2}} \sin^{100} t\mathrm{d}t$，

$J_{99} = \dfrac{99}{100} \cdot \dfrac{97}{98} \cdots \dfrac{3}{4} \cdot \dfrac{1}{2} \cdot \dfrac{\pi}{2} = \dfrac{99 \cdot 97 \cdots 3 \cdot 1}{100 \cdot 98 \cdots 4 \cdot 2} \times \dfrac{\pi}{2}$.

习题 6-6

1. **解题过程** (1) $\int_1^{+\infty} \left(-\dfrac{1}{2}\right)\mathrm{d}\dfrac{1}{x^2} = -\dfrac{1}{2} \dfrac{1}{x^2}\Big|_1^{+\infty} = 0 + \dfrac{1}{2} = \dfrac{1}{2}$；

(2) $\int_1^{+\infty} x^{-\frac{1}{3}} dx = \int_1^{+\infty} \frac{3}{2} dx^{\frac{2}{3}}$,发散;

(3) $\int_0^{+\infty} e^{-4x} dx = -\frac{1}{4} \int_0^{+\infty} de^{-4x} = -\frac{1}{4} e^{-4x} \Big|_0^{+\infty} = \frac{1}{4}$;

(4) $\int_0^{+\infty} e^{-x} \sin x dx = \int_0^{+\infty} -e^{-x} d\cos x = -e^{-x} \cdot \cos x \Big|_0^{+\infty} + \int_0^{+\infty} -\cos x \cdot e^{-x} dx$

$= 1 - \int_0^{+\infty} e^{-x} \cdot \cos x dx = 1 - \int_0^{+\infty} e^{-x} d\sin x$

$= 1 - e^{-x} \cdot \sin x \Big|_0^{+\infty} + \int_0^{+\infty} \sin x \cdot de^{-x} = 1 - \int_0^{+\infty} e^{-x} \cdot \sin x dx$,

则 $2\int_0^{+\infty} e^{-x} \cdot \sin x dx = 1$, $\int_0^{+\infty} e^{-x} \sin x \cdot dx = \frac{1}{2}$;

(5) $\int_{-\infty}^{+\infty} \frac{dx}{x^2 + 4x + 5} = \int_{-\infty}^{+\infty} \frac{d(x+2)}{(x+2)^2 + 1} = \arctan(x+2) \Big|_{-\infty}^{+\infty} = \pi$;

(6) $\int_0^1 \frac{x}{\sqrt{1-x^2}} dx$, $\frac{x}{\sqrt{1-x^2}}$ 在 $x = 1$ 处无定义,

故原式 $= \lim_{t \to 1^-} \int_0^t \frac{x}{\sqrt{1-x^2}} dx = \lim_{t \to 1^-} (-\sqrt{1-t^2} + 1) = 1$;

(7) 令 $t = 1 - x$,则 $x = 1 - t, dx = -dt$,

$\int_0^2 \frac{dx}{(1-x)^3} = \int_1^{-1} \frac{-dt}{t^3} = \int_0^{-1} -\frac{dt}{t^3} + \int_1^0 -\frac{dt}{t^3} = \int_{-1}^0 \frac{dt}{t^3} + \int_0^1 \frac{dt}{t^3}$,

因为 $\int_{-1}^0 \frac{dt}{t^3}$ 与 $\int_0^1 \frac{dt}{t^3}$ 都发散,故原式发散;

(8) 令 $t = \sqrt{x-1}$,则 $x - 1 = t^2, x = 1 + t^2, dx = 2tdt$,

$\int_1^2 \frac{x}{\sqrt{x-1}} dx = \int_0^1 \frac{(1+t^2) 2t dt}{t} = \int_0^1 2(1+t^2) dt$

$= 2\left(\frac{t^3}{3} + t\right) \Big|_0^1 = \frac{8}{3}$.

2. **解题过程** $\int_2^{+\infty} \frac{dx}{x(\ln x)^k} = \int_2^{+\infty} \frac{d(\ln x)}{(\ln x)^k}$,

当 $k > 1$ 时收敛,$k \leq 1$ 时发散,

当 $k > 1$ 时,原式 $= \frac{1}{k-1} \cdot (\ln x)^{-(k-1)} \Big|_2^{+\infty} = \frac{(\ln 2)^{1-k}}{k-1}$,

设 $f(k) = \frac{(\ln 2)^{1-k}}{k-1}$ 则

$f'(k) = \frac{(\ln 2)^{1-k} \cdot \ln \ln 2 \cdot (-1) \cdot (k-1) - (\ln 2)^{1-k}}{(k-1)^2}$

$= \frac{(\ln 2)^{1-k}}{(k-1)^2} (\ln \ln 2 - 1 - k \ln \ln 2) = 0, k = 1 - \frac{1}{\ln \ln 2}$,

$1 < k < 1 - \frac{1}{\ln \ln 2}$ 时,$f'(k) < 0$,单调减小,

$k > 1 - \dfrac{1}{\ln\ln 2}$ 时,$f'(k) > 0$,单调增加,

故在 $k = 1 - \dfrac{1}{\ln\ln 2}$ 时取最小值,$f\left(1 - \dfrac{1}{\ln\ln 2}\right) = \dfrac{(\ln 2)^{\frac{1}{\ln\ln 2}}}{\left(\dfrac{1}{\ln\ln 2}\right)} \cdot \ln 2)^{\frac{1}{\ln\ln 2}}.$

3. **解题过程** (1) $\int_0^{+\infty} x^m \mathrm{e}^{-x} \mathrm{d}x = \Gamma(m+1) = m!$;

(2) $\int_0^{+\infty} \sqrt{x}\, \mathrm{e}^{-x} \mathrm{d}x = \int_0^{+\infty} x^{\frac{1}{2}} \mathrm{e}^{-x} \mathrm{d}x = \Gamma\left(\dfrac{1}{2} + 1\right) = \dfrac{1}{2}\Gamma\left(\dfrac{1}{2}\right) = \dfrac{1}{2}\sqrt{\pi}$;

(3) $\int_0^{+\infty} x^4 \mathrm{e}^{-x^2} \mathrm{d}\dfrac{1}{2}x^2 = \dfrac{1}{2}\int_0^{+\infty} x^4 \mathrm{e}^{-x^2} \mathrm{d}x^2 = \dfrac{1}{2}\int_0^{+\infty} x^2 \mathrm{e}^{-x} \mathrm{d}x = \dfrac{1}{2}\Gamma(3) = \dfrac{1}{2} \times 2! = 1.$

习题 6-7

1. **解题过程** (1) 图形如题 1 图解(a) 所示,面积 $S = \int_0^1 (\sqrt{x} - x)\mathrm{d}x = \dfrac{1}{6}.$

(2) 图形如题 1 图解(b) 所示,面积 $S = \int_0^1 (\mathrm{e} - \mathrm{e}^x)\mathrm{d}x = 1.$

(3) $\begin{cases} y = 2x \\ y = 3 - x^2 \end{cases} \Rightarrow A(1,2), B(-3,-6)$,图形如题 1 图解(c) 所示

面积 $\qquad\qquad\qquad S = \int_{-3}^1 (3 - x^2 - 2x)\mathrm{d}x = \dfrac{32}{3}.$

(4) 图形如题 1 图解(d) 所示,阴影部分的面积 $S_1 = \int_{-2}^2 \left[\sqrt{8-x^2} - \dfrac{1}{2}x^2\right]\mathrm{d}x = 2\pi + \dfrac{4}{3}.$

另一部分的面积为:$S_2 = 8\pi - \left(2\pi + \dfrac{4}{3}\right) = 6\pi - \dfrac{4}{3}.$

(5) 图形如题 1 图解(e) 所示,面积 $S = \int_1^2 \left(x - \dfrac{1}{x}\right)\mathrm{d}x = \dfrac{3}{2} - \ln 2.$

(6) 图形如题 1 图解(f) 所示,面积 $S = \int_0^1 (\mathrm{e}^x - \mathrm{e}^{-x})\mathrm{d}x = \mathrm{e} + \dfrac{1}{\mathrm{e}} - 2.$

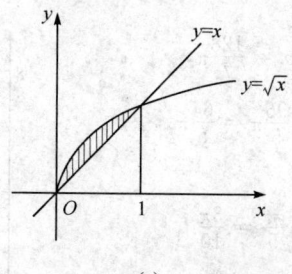

(a)

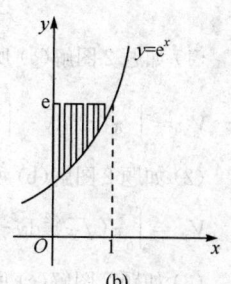

(b)

(7) $y = \ln x \Rightarrow x = \mathrm{e}^y$,图形如题 1 图解(g) 所示,

面积 $S = \int_{\ln a}^{\ln b} (\mathrm{e}^y - 0)\mathrm{d}y = b - a.$

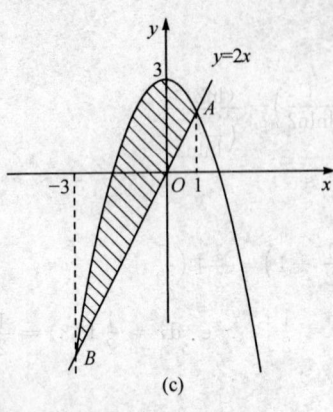
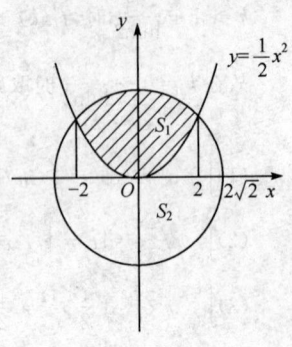

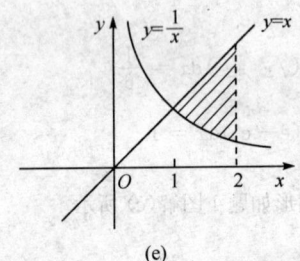
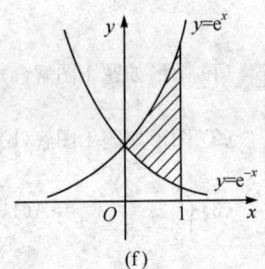

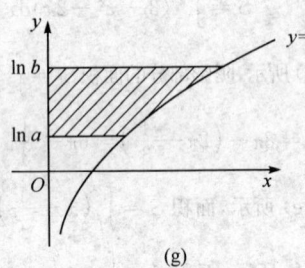

题 1 图解

2. **解题过程** (1) 如题 2 图解(a) 所示,$V_x = \int_0^2 \pi(x^3)^2 dx = \frac{128}{7}\pi$,

$V_y = \int_0^8 \pi \cdot 2^2 dy - \int_0^8 \pi(\sqrt[3]{y})^2 dy = 32\pi - \frac{96}{5}\pi = \frac{64}{5}\pi$.

(2) 如题 2 图解(b) 所示,

$V_y = \int_0^1 \pi(\sqrt{y})^2 dy - \int_0^1 \pi(y^2)^2 dy = \frac{\pi}{2} - \frac{\pi}{5} = \frac{3\pi}{10}$.

(3) 如题 2 图解(c) 所示,由 $x^2 + (y-5)^2 = 16$ 得:

$y_1 = 5 + \sqrt{16-x^2}, y_2 = 5 - \sqrt{16-x^2}$,

故:$V_x = \int_{-4}^4 \pi y_1^2 dx - \int_{-4}^4 \pi y_2^2 dx = \int_{-4}^4 \pi(y_1^2 - y_2^2) dx$

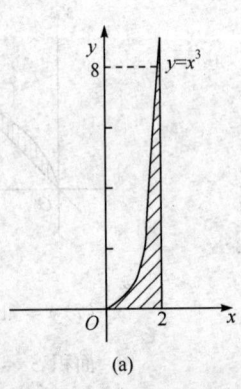

(a)

$$= \pi \int_{-4}^{4} 10 \cdot 2\sqrt{16-x^2}\, dx$$

$$= 20\pi \int_{-4}^{4} \sqrt{16-x^2}\, dx$$

$$= 160\pi^2.$$

(4) 如题 2 图解(d) 所示，由 $x^2+y^2=a^2$ 得：

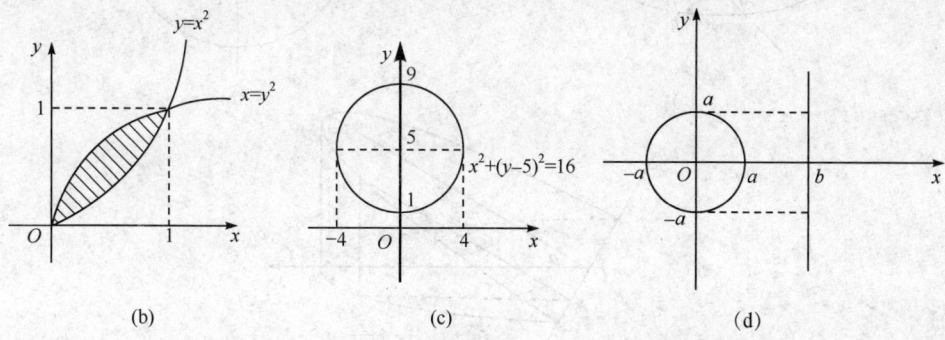

题 2 图解

$x = \pm\sqrt{a^2-y^2}$，设

$R_1 = b+\sqrt{a^2-y^2}, R_2 = b-\sqrt{a^2-y^2}$，

则 $V_b = \int_{-a}^{a} \pi R_1^2\, dy - \int_{-b}^{a} \pi R_2^2\, dy$

$$= \int_{-a}^{a} \pi(R_1^2-R_2^2)\, dy = \int_{-a}^{a} \pi \cdot 2b \cdot 2\sqrt{a^2-y^2}\, dy$$

$$= 2\pi^2 a^2 b.$$

3. **解题过程** (1) 如题 3 图解(a) 所示，$|BC|=2\sqrt{R^2-x^2}$，故截面 ABC 的面积为：

$$S(x) = \frac{1}{2} \cdot 2\sqrt{R^2-x^2}\, h = h\sqrt{R^2-x^2}, x \in [-R, R],$$

故此正劈锥体的体积为：

$$V = \int_{-R}^{R} S(x)\, dx = \int_{-R}^{R} h\sqrt{R^2-x^2}\, dx = \frac{1}{2}\pi R^2 h.$$

(2) 如题 3 图解(b) 所示，截面的面积 $S(y) = \pi(R^2-y^2), y \in [R-H, R]$，故球缺体积

$$V = \int_{R-H}^{R} \pi(R^2-y^2)\, dy = \pi H^2\left(R-\frac{1}{3}H\right).$$

(3) 如题 3 图解(c) 所示，截面的面积

$$S(x) = \frac{1}{2}b\sqrt{1-\frac{x^2}{a^2}} \cdot b\sqrt{1-\frac{x^2}{a^2}}\tan\alpha, x \in [-a, a],$$

故劈形立体体积 $V = \int_{-a}^{a} \frac{1}{2}b^2\left(1-\frac{x^2}{a^2}\right)\tan\alpha\, dx = \frac{2}{3}ab^2\tan\alpha.$

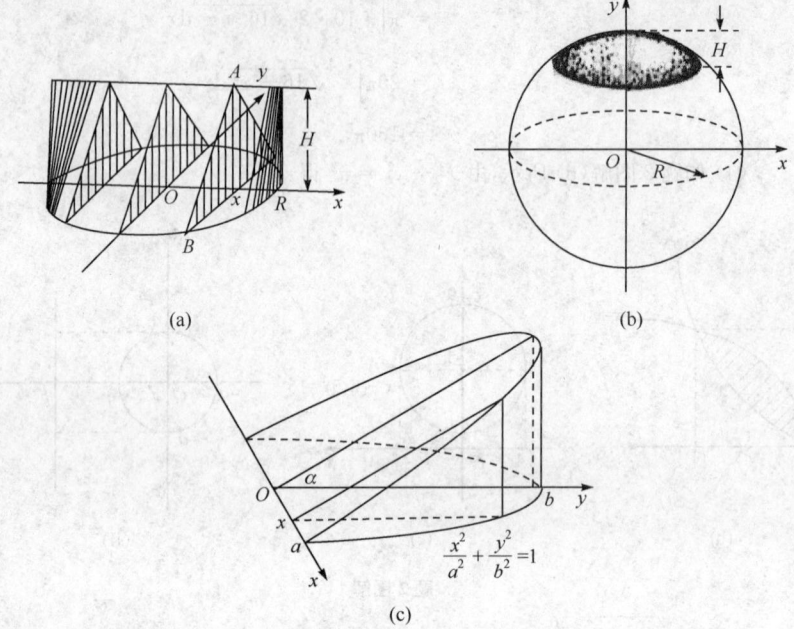

(a)

(b)

(c)

题 3 图解

习题 6-8

1. **解题过程** 总成本函数为
$$C(x) = C(0) + \int_0^x C'(x)dx = 1000 + \int_0^x \left(7 + \frac{25}{\sqrt{x}}\right)dx = 1000 + 7x + 50\sqrt{x}.$$

2. **解题过程** 收益函数为:$R(x) = \int R'(x)dx = \int(a-bx)dx = ax - \frac{b}{2}x^2.$

3. **解题过程** 应追加成本为:$\int_{20}^{30} C'(x)dx = \int_{20}^{30}(100-2x)dx = 500.$

4. **解题过程** 总成本函数为:$C(x) = \int(30+4x)dx = 30x + 2x^2 + C,$
   固定成本为 0,故 $C(x) = 2x^2 + 30x,$
   $R(x) = \int(60-2x)dx = -x^2 + 60x + C,$
   $R(0) = 0, C = 0,$ 故 $R(x) = -x^2 + 60x,$
   $L(x) = R(x) - C(x) = 60x - x^2 - 30x - 2x^2 = 30x - 3x^2,$
   $L'(x) = 30 - 6x = 0,$ 则 $x = 5, L''(x) = -6 < 0,$
   故 $x = 5$ 处取极大值,$L(5) = 75.$
   故最大利润为 75.

5. **解题过程** 消费支出增加为:$\int_4^9 W'(x)dx = \int_4^9 \frac{1}{200\sqrt{x}}dx = \frac{1}{100}\sqrt{x}\Big|_4^9 = \frac{1}{100}(亿).$

6. **解题过程** (1) 10 年后贷款本息和为：$100e^{0.1\times 10} = 100e$（万元），

   10 年后的总收益为：$\int_0^{10} b \cdot e^{0.1(10-t)} dt = 10eb(1-e^{-1})$，

   若不亏本，则 $10eb(1-e^{-1}) \geqslant 100e$，则 $b \geqslant \dfrac{10}{1-e^{-1}}$。

   (2) 设内部利率为 ρ，则 $\int_0^{10} 20e^{-\rho t} dt = \dfrac{20}{\rho}(1-e^{-10\rho}) = 100$，

   即应满足 $5\rho = 1 - e^{-10\rho}$。

   (3) 收益的资本价值为：$\int_0^{10} 20e^{-0.1t} dt - 100 = 200 - 200e^{-1} - 100 = 100 - 200e^{-1}$。

7. **解题过程** 设这对夫妇每年应等额为其孩子存入 Y 元。

   $\int_0^{10} Ye^{0.02(10-t)} dt = 50000$

   $\int_0^{10} Ye^{0.02(10-t)} dt = \dfrac{Y(e^{0.2}-1)}{0.02}$

   $Y \approx 4517$ 元

总习题六

1. **解题过程** (1) 原式 $= \lim\limits_{x\to 1} \dfrac{\int_1^x e^{\frac{1}{t}} dt}{x-1} = \lim\limits_{x\to 1} \dfrac{e^{\frac{1}{x}}}{1} = e$；

   (2) 原式 $= \lim\limits_{x\to +\infty} \dfrac{f(x)}{\dfrac{1}{2} \times \dfrac{2x}{\sqrt{x^2+1}}} = \lim\limits_{x\to +\infty} \dfrac{\sqrt{x^2+1}}{x} f(x) = 1 \cdot 1 = 1$。

2. **解题过程** (1) 原式 $= \int_0^{\frac{\pi}{2}} \dfrac{x}{1+\cos x} dx + \int_0^{\frac{\pi}{2}} \dfrac{\sin x}{1+\cos x} dx = \int_0^{\frac{\pi}{2}} \dfrac{x}{2\cos^2 \frac{x}{2}} dx + \int_0^{\frac{\pi}{2}} \dfrac{-d(1+\cos x)}{1+\cos x}$

   $= \int_0^{\frac{\pi}{2}} \dfrac{1}{2} x \cdot \sec^2 \dfrac{x}{2} dx - \ln(1+\cos x)\Big|_0^{\frac{\pi}{2}} = \int_0^{\frac{\pi}{2}} x \cdot d\tan \dfrac{x}{2} + \ln 2$

   $= x \cdot \tan \dfrac{x}{2} \Big|_0^{\frac{\pi}{2}} - \int_0^{\frac{\pi}{2}} \tan \dfrac{x}{2} \cdot dx + \ln 2 = \dfrac{\pi}{2} - \ln 2 + \ln 2 = \dfrac{\pi}{2}$；

   (2) 令 $x = 2\sin t$，则 $0 \leqslant t \leqslant \dfrac{\pi}{2}$，$dx = 2\cos t \, dt$

   原式 $= \int_0^{\frac{\pi}{2}} \dfrac{2\cos t \, dt}{2 + 2\cos t} = \int_0^{\frac{\pi}{2}} \dfrac{\cos t}{1+\cos t} dt = \int_0^{\frac{\pi}{2}} \left(1 - \dfrac{1}{1+\cos t}\right) dt$

   $= \dfrac{\pi}{2} - \int_0^{\frac{\pi}{2}} \dfrac{dt}{2\cos^2 \frac{t}{2}} = \dfrac{\pi}{2} - \tan \dfrac{t}{2} \Big|_0^{\frac{\pi}{2}} = \dfrac{\pi}{2} - 1$；

   (3) 原式 $= \int_0^{\frac{\pi}{2}} \sqrt{\sin^2 x + \cos^2 x - 2\sin x \cdot \cos x} \, dx = \int_0^{\frac{\pi}{2}} |\sin x - \cos x| \, dx$

   $= 2\int_0^{\frac{\pi}{4}} (\cos x - \sin x) dx = 2 \cdot (\sin x + \cos x)\Big|_0^{\frac{\pi}{4}} = 2(\sqrt{2} - 1)$；

(4) 原式 $= \int_0^{\frac{\pi}{2}} \frac{\sin^2 x + \cos^2 x}{2\sin^2 x + \cos^2 x} dx = \int_0^{\frac{\pi}{2}} \frac{\tan^2 x + 1}{2\tan^2 x + 1} dx = \int_0^{\frac{\pi}{2}} \frac{\sec^2 x}{2\tan^2 x + 1} dx$

$= \int_0^{\frac{\pi}{2}} \frac{d\tan x}{2\tan^2 x + 1} = \frac{1}{\sqrt{2}} \arctan(\sqrt{2} \tan x) \Big|_0^{\frac{\pi}{2}} = \frac{\sqrt{2}}{4} \pi.$

3. **解题过程** (1) 构造关于 t 的二次函数

$$\left[\int_a^b f^2(x) dx\right] t^2 - \left[2\int_a^b f(x) \cdot g(x) dx\right] t + \int_a^b g^2(x) dx$$

$$= \int_a^b [t^2 f^2(x) - 2f(x) \cdot g(x) t + g^2(x)] dx = \int_a^b [tf(x) - g(x)]^2 dx,$$

因为 $b \geqslant a$, 故 $\int_a^b [tf(x) - g(x)]^2 dt \geqslant 0$,

则方程 $\left[\int_a^b f^2(x) dx\right] t^2 - 2\left[\int_a^b f(x) \cdot g(x) dx\right] t + \int_a^b g^2(x) dx = 0$,

至多有一个实根,

则 $\Delta = 4\left[\int_a^b f(x) \cdot g(x) dx\right]^2 - 4\int_a^b f^2(x) dx \cdot \int_a^b g^2(x) dx \leqslant 0$,

即 $\int_a^b f^2(x) dx \cdot \int_a^b g^2(x) dx \geqslant \left[\int_a^b f(x) \cdot g(x) dx\right]^2$,

则 $\int_a^b f(x) dx \cdot \int_a^b \frac{1}{f(x)} dx \geqslant \left[\int_a^b \sqrt{f(x)} \cdot \frac{1}{\sqrt{f(x)}} dx\right]^2 = (b-a)^2$,

故得证.

(2) $\int_0^x \left[\int_0^t f(u) du\right] dt = \left[t \cdot \int_0^t f(u) du\right]_0^x - \int_0^x t \cdot f(t) dt$

$= x \cdot \int_0^x f(t) dt - \int_0^x tf(t) dt = \int_0^x f(t)(x-t) dt,$

故左边 = 右边, 得证.

(3) ① $F'(x) = f(x) + \frac{1}{f(x)}$

因为 $f(x) > 0$, 故 $F'(x) \geqslant 2$

② $F'(x) \geqslant 2 > 0$ 故 $F(x)$ 在 $[a,b]$ 上单调增加,

$F(a) = \int_b^a \frac{dt}{f(t)} = -\int_a^b \frac{dt}{f(t)} < 0, F(b) = \int_a^b f(t) dt > 0,$

故 $F(x)$ 在 $[a,b]$ 内只有一个零点, 即方程 $F(x) = 0$ 在 (a,b) 内有且仅有一个根.

4. **解题过程** (1) $\int_{-1}^1 \frac{dx}{1+x^2} = -\int_{-1}^1 \frac{d\left(\frac{1}{x}\right)}{1 + \left(\frac{1}{x}\right)^2}$ 错误.

因为 $\frac{1}{x}$ 在 $x = 0$ 处无定义, 故错误.

(2) $x = \frac{1}{t}$ 错误, 因为 $x \in [-1,1]$, 如今 $x = \frac{1}{t}$, 则 $x \neq 0$.

(3) $\int_{-b}^b \frac{x^3}{1+x^4} dx$ 中积分上、下限设定错误.

5. **解题过程** (1) 如题 5 图解(a)所示，设 $OABC$ 绕 y 轴旋转的旋转体的体积为 V_1，OBC 绕 y 轴旋转的旋转体的为 V_2，则所求

$$V = V_1 - V_2 = \int_0^8 \pi \cdot 4^2 \mathrm{d}y - \int_0^8 \pi (y^{\frac{2}{3}})^2 \mathrm{d}y = 128\pi - \pi \int_0^8 y^{\frac{4}{3}} \mathrm{d}y = \frac{512\pi}{7}.$$

(2) $x = 2 \pm \sqrt{1-y^2}$，$y \in [-1,1]$，如题 5 图解(b)所示，旋转体的体积为

$$V = \int_{-1}^1 \pi (2+\sqrt{1-y^2})^2 \mathrm{d}y - \int_{-1}^1 \pi (2-\sqrt{1-y^2})^2 \mathrm{d}y$$

$$= \pi \int_{-1}^1 4 \cdot 2\sqrt{1-y^2} \mathrm{d}y = 8\pi \int_{-1}^1 \sqrt{1-y^2} \mathrm{d}y = 4\pi^2.$$

(3) 由已知 $c = 0$，故 $y = ax^2 + bx$，如题 5 图解(c)所示，

所围面积 $S = \int_0^1 (ax^2 + bx) \mathrm{d}x = \frac{4}{9}$，

故 $6a + 9b = 8$，$a = \frac{1}{6}(8 - 9b)$

绕 x 轴旋转体体积

$$V = \int_0^1 \pi (ax^2 + bx)^2 \mathrm{d}x = \pi \left(\frac{a^2}{5} + \frac{b^2}{3} + \frac{ab}{2} \right).$$

$$= \pi \left[\frac{1}{180}(8-9b)^2 + \frac{1}{3}b^2 + \frac{1}{12}(8b - 9b^2) \right],$$

$\frac{\mathrm{d}V}{\mathrm{d}b} = \pi \left[\frac{1}{15}b - \frac{2}{15} \right] = 0$，故 $b = 2$。

$\frac{\mathrm{d}^2 V}{\mathrm{d}b^2} = \pi \cdot \frac{1}{15} > 0$，故当 $b = 2$，$a = -\frac{5}{3}$，$c = 0$ 时，旋转体体积最小。

(4) 因为过 $(0,1)$ 点故 $1 = b$，$y = ax + 1$。如题 5 图解(d)所示，设直线 $y = ax + 1$ 与抛物线 $y = x^2$ 两交点的横坐标为 $x_1, x_2 (x_1 < x_2)$，则它所围面积 $S = \int_{x_1}^{x_2} (ax + 1 - x^2) \mathrm{d}x$，即

$$S = \frac{a}{2}(x_2^2 - x_1^2) + (x_2 - x_1) - \frac{1}{3}(x_2^3 - x_1^3),$$

$\begin{cases} y = ax + 1 \\ y = x^2 \end{cases} \Rightarrow x^2 - ax - 1 = 0,$

设 x_1, x_2 是此方程的两根，有

$x_1 + x_2 = a$，$x_1 x_2 = -1$，

$(x_2 - x_1) = \sqrt{x_2^2 + x_1^2 - 2x_1 x_2} = \sqrt{(x_2 + x_1)^2 - 4x_1 x_2} = \sqrt{a^2 + 4}$，

$(x_2^2 - x_1^2) = (x_2 + x_1)(x_2 - x_1) = a\sqrt{a^2 + 4}$，

$x_2^3 - x_1^3 = (x_2 - x_1)[(x_2 + x_1)^2 - x_1 x_2] = \sqrt{a^2 + 4}(a^2 + 1)$，

故 $S = \frac{1}{2}a^2 \sqrt{a^2 + 4} + \sqrt{a^2 + 4} - \frac{1}{3}(a^2 + 1)\sqrt{a^2 + 4} = \frac{1}{6}(a^2 + 4)^{\frac{3}{2}}.$

令 $\frac{\mathrm{d}S}{\mathrm{d}a} = \frac{1}{2}a(a^2 + 4)^{\frac{1}{2}} = 0$，则 $a = 0$，故当 $a = 0$ 时，S 有最小值 $\frac{4}{3}$，故 $a = 0$，$b = 1$。

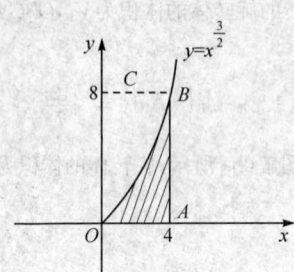

(a)

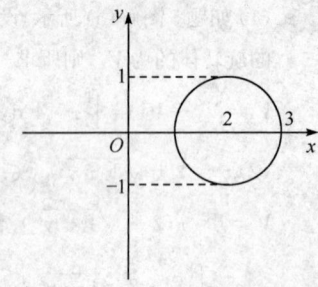

(b)

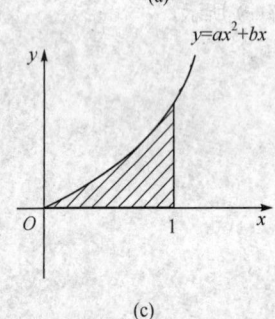

(c)

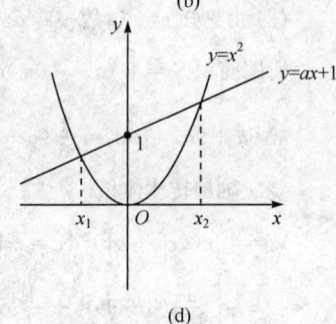

(d)

题 5 图解

6. **解题过程** (1) 总成本减少: $C = \int_3^{12} C'(x)dx = \int_3^{12} (3x^2 - 18x + 30)dx = 756.$

(2) 内部利润为 ρ, 则 $\int_0^{20} 20e^{-\rho t}dt = 232,$

解得 $1 - e^{-20\rho} = 11.6\rho.$

(3)① 售 40 件某商品利润为:

$$L(x) = \int \left(250 - \frac{x}{10}\right)dx = 250x - \frac{x^2}{20} + c, L(0) = 0,$$

故 $c = 0.$

则 $L(x) = 250x - \frac{x^2}{20},$

$L(40) = 250 \times 40 - \frac{40^2}{20} = 9920.$

② 售 60 件利润为 $L(60) = 14820,$

前 30 件利润为 $L(30) = 7455,$

平均利润为 $\frac{L(30)}{30} = 248.5,$

后 30 件利润为 $L(60) - L(30) = 7365,$

后 30 件平均利润为 $\frac{7365}{30} = 245.5.$

(4) $N = 10000\int_0^{20}(20-r)dr = 10000(20r - \frac{1}{2}r^2)\Big|_0^{20} = 2 \times 10^6$ 人

第七章

向量代数与空间解析几何

知识网络图

$$\begin{cases} \text{空间直角系} \begin{cases} \text{空间点的直角坐标} \\ \text{空间两点间的距离} \\ \text{曲面方程} \\ \text{空间曲线方程的概念} \\ n \text{ 维点集 } R^n \end{cases} \\ \text{柱面与旋转曲面} \begin{cases} \text{柱面} \\ \text{旋转曲面} \end{cases} \\ \text{空间曲线及其在坐标系上的投影} \begin{cases} \text{空间曲线的一般方程} \\ \text{空间曲线在坐标系上的投影} \end{cases} \\ \text{二次曲面} \\ \text{向量及其线性运算} \begin{cases} \text{向量及其几何表示} \\ \text{向量的线性运算} \\ \text{向量的坐标} \\ \text{利用坐标作向量的线性运算} \\ \text{向量的模、方向角、投影} \end{cases} \\ \text{数量积、向量积} \begin{cases} \text{向量的数量积} \\ \text{向量的向量积} \end{cases} \\ \text{平面与空间直线} \begin{cases} \text{平面及其方程} \\ \text{空间直线及其方程} \end{cases} \end{cases}$$

知识点归纳

1. 空间点的直角坐标

过空间一个定点 O,作三条互相垂直的数轴,分别叫做 x **轴**(横轴), y **轴**(纵轴)和 z **轴**(竖轴). 这三条数轴都以 O 为原点且具有相同的长度单位,它们的正方向符合右手法则,即右手握住 z 轴,当右手的四个手指从 x 轴的正向转过 $\frac{\pi}{2}$ 角度后指向 y 轴的正向时,竖起的大拇指的指向就是 z 轴的正向. 这样三条坐标轴就组成了空间直角坐标系,称为 $Oxyz$ **直角坐标系**,点 O 称为该坐标系的原点.

2. 空间两点间的距离

空间两点 P_1, P_2 的距离公式为

$$d = |P_1P_2| = \sqrt{(x_2-x_1)^2 + (y_2-y_1)^2 + (z_2-z_1)^2}.$$

3. 曲面方程的概念

如果曲面 Σ 与三元方程

$$F(x,y,z) = 0 \tag{1}$$

有下述关系:
(1) 曲面 Σ 上任一点的坐标都满足方程(1);
(2) 不在曲面 Σ 上的点的坐标都不满足方程(1),那么,方程(1)就叫做曲面 Σ **的方程**,而曲面 Σ 就叫做**方程**(1) **的图形**.

4. n 维点集 $\mathbf{R}^n$

一般地,设 n 为一个取定的自然数,我们用 $\mathbf{R}^n$ 表示 n 元有序实数组 $(x_1, x_2, \cdots, x_n)$ 的全体构成的集合,即

$$\mathbf{R}^n = \{(x_1, x_2, \cdots, x_n) \mid x_i \in \mathbf{R}, i=1,2,\cdots,n\}$$

称之为 n 维点集,而每个 n 元有序数组 $(x_1, x_2, \cdots, x_n)$ 称为 $\mathbf{R}^n$ 中的一个点,数 x_i 称为该点的第 i 个坐标. $\mathbf{R}^n$ 中两点 $P(x_1, x_2, \cdots, x_n)$ 及 $Q(y_1, y_2, \cdots, y_n)$ 间的距离规定为

$$|PQ| = \sqrt{(y_1-x_1)^2 + (y_2-x_2)^2 + \cdots + (y_n-x_n)^2}.$$

5. 柱面

平行于定直线 L 并沿定曲线 C 移动的直线所形成的曲面叫做柱面,定曲线 C 叫做柱面的**准线**,动直线叫做柱面的**母线**.

6. 旋转曲面

平面上的曲线 C 绕该平面上一条定直线 l 旋转而形成的曲面叫做**旋转曲面**,该平面曲线 C 叫做旋转曲面的**母线**,定直线 l 叫做旋转曲面的**轴**.

7. 空间曲线的一般方程

空间曲线总可看作两个曲面的交线,曲面 $F(x,y,z)=0$ 与 $G(x,y,z)=0$ 的交线 Γ 可以用方程组

$$\begin{cases} F(x,y,z)=0, \\ G(x,y,z)=0 \end{cases} \tag{2}$$

来表示.方程组(2)称为**曲线 Γ 的一般方程**.

8. 二次曲面

与平面解析几何中规定的二次曲线相类似,我们把三元二次方程 $F(x,y,z)=0$ 所表示的曲面称为**二次曲面**.而把平面称为**一次曲面**.

9. 向量的线性运算

设向量 a 与 b,任取一点 A,作 $\overrightarrow{AB}=a, \overrightarrow{AD}=b$,以 AB、AD 为邻边的平行四边形 $ABCD$ 的对角线是 AC,则向量 $\overrightarrow{AC}$ 称为向量 a 与 b 的和,记为 $a+b$.

向量的加法符合下列运算规律:

(1) 交换律 $a+b=b+a$;

(2) 结合律 $(a+b)+c=a+(b+c)$.

向量与数的乘积符合下列运算规律:

(1) 结合律 $\lambda(\mu a)=\mu(\lambda a)=(\lambda\mu)a$;

这是因为由向量与数的乘积的规定可知,向量 $\lambda(\mu a),\mu(\lambda a),(\lambda\mu)a$ 都是平行的向量,它们的指向也是相同的,而且

$$|\lambda(\mu a)|=|\mu(\lambda a)|=|(\lambda\mu)a|=|\lambda\mu||a|,$$

所以

$$\lambda(\mu a)=\mu(\lambda a)=(\lambda\mu)a.$$

(2) 分配律 $(\lambda+\mu)a=\lambda a+\mu a$;

$$\lambda(a+b)=\lambda a+\lambda b.$$

这个规律同样可以按向量与数的乘积的规定来证明,从略.

定理 设向量 $a\neq 0$,那么向量 b 平行于 a 的充分必要条件是:存在唯一的实数 λ,使 $b=\lambda a$.

10. 向量的模

设向量 $r=(x,y,z)$,作 $\overrightarrow{OM}=r$,如图 7-1 所示,有

$$r = \overrightarrow{OM} = \overrightarrow{OP} + \overrightarrow{OQ} + \overrightarrow{OR},$$

得 $|r| = |OM| = \sqrt{|OP|^2 + |OQ|^2 + |OR|^2}.$

由 $\overrightarrow{OP} = x\boldsymbol{i}, \overrightarrow{OQ} = y\boldsymbol{j}, \overrightarrow{OR} = z\boldsymbol{k},$

有 $|OP| = |x|, |OQ| = |y|, |OR| = |z|,$

于是 $|r| = \sqrt{x^2 + y^2 + z^2}.$

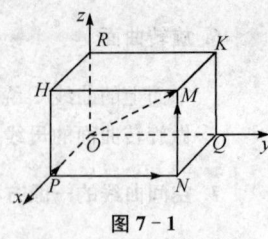

图 7-1

11. 向量的数量积

设 $\boldsymbol{a}$ 与 $\boldsymbol{b}$ 是两个向量,$\theta = (\widehat{\boldsymbol{a}, \boldsymbol{b}})$,规定向量 $\boldsymbol{a}$ 与 $\boldsymbol{b}$ 的**数量积**(记作 $\boldsymbol{a} \cdot \boldsymbol{b}$)是由下式确定的一个数

$$\boldsymbol{a} \cdot \boldsymbol{b} = |\boldsymbol{a}| \cdot |\boldsymbol{b}| \cos\theta.$$

向量的数量积也叫**点积**或**内积**。按数量积的定义,力 $\boldsymbol{f}$ 所做的功就可以表示为 $W = \boldsymbol{f} \cdot \boldsymbol{s}.$

显然,对任何向量 $\boldsymbol{a}$,有 $\boldsymbol{a} \cdot \boldsymbol{0} = \boldsymbol{0} \cdot \boldsymbol{a} = 0.$

当 $\boldsymbol{a} \neq \boldsymbol{0}$ 时,由于 $|\boldsymbol{b}|\cos\theta = |\boldsymbol{b}|\cos(\widehat{\boldsymbol{a}, \boldsymbol{b}})$ 是向量 $\boldsymbol{b}$ 在向量 $\boldsymbol{a}$ 的方向上的投影 $\mathrm{Prj}_{\boldsymbol{a}}\boldsymbol{b}$,因此有

$$\boldsymbol{a} \cdot \boldsymbol{b} = |\boldsymbol{a}| \, \mathrm{Prj}_{\boldsymbol{a}}\boldsymbol{b},$$

同理,当 $\boldsymbol{b} \neq \boldsymbol{0}$ 时有

$$\boldsymbol{a} \cdot \boldsymbol{b} = |\boldsymbol{b}| \, \mathrm{Prj}_{\boldsymbol{b}}\boldsymbol{a}.$$

这就是说,两向量的数量积等于其中一个向量的模和另一个向量在这向量的方向上的投影的乘积.

容易验证,数量积符合下列运算规律:

(1) 交换律 $\boldsymbol{a} \cdot \boldsymbol{b} = \boldsymbol{b} \cdot \boldsymbol{a};$

(2) 分配律 $(\boldsymbol{a} + \boldsymbol{b}) \cdot \boldsymbol{c} = \boldsymbol{a} \cdot \boldsymbol{c} + \boldsymbol{b} \cdot \boldsymbol{c};$

(3) 数乘结合律 $(\lambda\boldsymbol{a}) \cdot (\mu\boldsymbol{b}) = \lambda\mu(\boldsymbol{a} \cdot \boldsymbol{b}), \lambda, \mu$ 为数.

12. 向量的向量积

设 $\boldsymbol{a}, \boldsymbol{b}$ 是两个向量,规定 $\boldsymbol{a}$ 与 $\boldsymbol{b}$ 的向量积是一个向量,记作 $\boldsymbol{a} \times \boldsymbol{b}$,它的模与方向分别为:

(1) $|\boldsymbol{a} \times \boldsymbol{b}| = |\boldsymbol{a}||\boldsymbol{b}|\sin\theta \quad (\theta = (\widehat{\boldsymbol{a}, \boldsymbol{b}}));$

(2) $\boldsymbol{a} \times \boldsymbol{b}$ 同时垂直于 $\boldsymbol{a}$ 和 $\boldsymbol{b}$,并且 $\boldsymbol{a}, \boldsymbol{b}, \boldsymbol{a} \times \boldsymbol{b}$ 符合右手规则.

向量的向量积也叫**叉积**或**外积**. 有了这一概念,力矩就可表示为 $\boldsymbol{M} = \overrightarrow{OP} \times \boldsymbol{f}.$ 由向量积的定义可以推得:

(1) $\boldsymbol{0} \times \boldsymbol{a} = \boldsymbol{a} \times \boldsymbol{0} = \boldsymbol{0};$

(2) $\boldsymbol{a} \times \boldsymbol{a} = \boldsymbol{0};$

(3) $\boldsymbol{a} // \boldsymbol{b} \Leftrightarrow \boldsymbol{a} \times \boldsymbol{b} = \boldsymbol{0}.$

当 $\boldsymbol{a}, \boldsymbol{b}$ 中至少有一个为零向量时,该结论显然正确.

当 $\boldsymbol{a}, \boldsymbol{b}$ 均为非零向量时

$$\boldsymbol{a} \times \boldsymbol{b} = \boldsymbol{0} \Leftrightarrow |\boldsymbol{a} \times \boldsymbol{b}| = 0 \Leftrightarrow |\boldsymbol{a}||\boldsymbol{b}|\sin\theta = 0$$

$$\Leftrightarrow \sin\theta = 0 \Leftrightarrow \theta = 0 \text{ 或 } \pi \Leftrightarrow \boldsymbol{a} // \boldsymbol{b}.$$

向量积符合下列运算律：
(1) 反交换律　$a \times b = -b \times a$；
(2) 分配律　$(a+b) \times c = a \times c + b \times c$；
(3) 结合律　$(\lambda a) \times b = a \times (\lambda b) = \lambda(a \times b)$，$\lambda$ 为数．

历年考研真题评析

真题 1　(2006,4 题) 点 $(2,1,0)$ 到平面 $3x+4y+5z=0$ 的距离 $d=$ _____．

解题过程　直接利用点到平面距离公式
$$d = \frac{|Ax_0 + By_0 + Cz_0 + D|}{\sqrt{A^2 + B^2 + C^2}},$$
进行计算．其中 (x_0, y_0, z_0) 为点的坐标，$Ax + By + Cz + D = 0$ 为平面方程．
$$d = \frac{|3 \times 2 + 4 \times 1 + 5 \times 0|}{\sqrt{3^2 + 4^2 + 5^2}} = \sqrt{2}.$$

真题 2　(2009,17 题) 椭球面 S_1 是椭圆 $\dfrac{x^2}{4} + \dfrac{y^2}{3} = 1$ 绕 x 轴旋转而成，圆锥面 S_2 是过点 $(4,0)$ 且与椭圆 $\dfrac{x^2}{4} + \dfrac{y^2}{3} = 1$ 相切的直线绕 x 轴旋转而成．

(Ⅰ) 求 S_1 及 S_2 的方程；

(Ⅱ) 求 S_1 及 S_2 之间的立体体积．

分析　S_1 及 S_2 为两个旋转面，方程可直接写出；所围立体的体积可利用定积分或二重积分来计算．

解题过程　(Ⅰ) S_1 的方程为 $\dfrac{x^2}{4} + \dfrac{y^2 + z^2}{3} = 1$．

过点 $(4,0)$ 与 $\dfrac{x^2}{4} + \dfrac{y^2}{3} = 1$ 相切的直线方程为 $y = \pm\left(\dfrac{1}{2}x - 2\right)$，切点为 $\left(1, \pm\dfrac{3}{2}\right)$，

所以，S_2 的方程为：$y^2 + z^2 = \left(\dfrac{1}{2}x - 2\right)^2$．

(Ⅱ) S_1 及 S_2 之间的体积等于一个底面半径为 $\dfrac{3}{2}$、高为 3 的圆锥体积 $\dfrac{9}{4}\pi$ 与部分椭球体体积 V 之差，其中 $V = \dfrac{3}{4}\pi \int_1^2 (4 - x^2) \mathrm{d}x = \dfrac{5}{4}\pi$，

故所求体积为 $\dfrac{9}{4}\pi - \dfrac{5}{4}\pi = \pi$．

经典例题解析

例1 设 $m = 3i + 5j + 8k, n = 2i - 4j - 7k, p = 5i + j - 4k$. 求向量 $a = 4m + 3n - p$ 在 x 轴上的投影及在 y 轴上的分量.

解 $a = 13i + 7j + 15k$, 所以在 x 轴上的投影为 13, 在 y 轴上的分量为 $7j$.

例2 在空间直角坐标系 $\{O; \overline{i}, \overline{j}, \overline{k}\}$ 下, 求 $M(a,b,c)$; 关于 (1) 坐标平面; (2) 坐标轴; (3) 坐标原点的各个对称点的坐标.

解 $M(a,b,c)$ 关于 xOy 平面的对称点的坐标为 $(a,b,-c)$;

$M(a,b,c)$ 关于 yOz 平面的对称点的坐标为 $(-a,b,-c)$;

$M(a,b,c)$ 关于 xOz 平面的对称点的坐标为 $(a,-b,c)$;

$M(a,b,c)$ 关于 x 轴的对称点的坐标为 $(a,-b,-c)$;

$M(a,b,c)$ 关于 y 轴的对称点的坐标为 $(-a,b,-c)$;

$M(a,b,c)$ 关于 z 轴的对称点的坐标为 $(-a,-b,c)$;

$M(a,b,c)$ 关于原点对称的对称点的坐标为 $(-a,-b,-c)$.

例3 设 $a = 3i - j - 2k, b = i + 2j - k$, 求 (1) $a \cdot b$ 及 $a \times b$; (2) $(-2a) \cdot 3b$ 及 $a \times 2b$.

解 (1) $a \cdot b = 3 \cdot 1 + (-1) \cdot 2 + (-2) \cdot (-1) = 3$

$a \times b = \begin{vmatrix} i & j & k \\ 3 & -1 & -2 \\ 1 & 2 & -1 \end{vmatrix} = 5i + j + 7k.$

(2) $(-2a) \cdot 3b = -6(a \cdot b) = -18, a \times 2b = 2(a \times b) = 10i + 2j + 14k.$

例4 已知 $\overline{OA} = i + 3k, \overline{OB} = j + 3k$. 求 $\triangle OAB$ 的面积.

解 思路: $S_{\triangle OAB} = \frac{1}{2} | \overline{OA} \times \overline{OB} |$, 答案: $\frac{\sqrt{19}}{2}$.

其中 $\overline{OA} \times \overline{OB} = \begin{vmatrix} i & j & k \\ 1 & 0 & 3 \\ 0 & 1 & 3 \end{vmatrix} = -3i - 3j + k, | \overline{OA} \times \overline{OB} | = \sqrt{19}.$

所以 $S_{\triangle OAB} = \frac{1}{2} | \overline{OA} \times \overline{OB} | = \frac{\sqrt{19}}{2}.$

例5 例 $a \cdot b = 3, a \times b = \{1,1,1\}$ 求 $\angle(a,b)$.

解 $a \times b | = |a||b| \sin(a,b) = \sqrt{3}, a \cdot b = |a||b| \cos(a,b). \tan\angle(a,b) = \frac{\sqrt{3}}{3}.$

答案 $\angle(a,b) = \frac{\pi}{6}.$

例6 已知平行四边形以 $\vec{a} = \{1,2,-1\}$, $\vec{b} = \{1,-2,1\}$ 为两边.
(1) 求它的边长和内角； (2) 求它的两对角线的长和夹角.

解 (1) $|\vec{a}| = \sqrt{2^2+1+1} = \sqrt{6}$, $|\vec{b}| = \sqrt{1+2^2+1} = \sqrt{6}$,

$\cos\theta = \dfrac{\vec{a}\cdot\vec{b}}{|\vec{a}|\cdot|\vec{b}|} = -\dfrac{1}{6}$, 所以 $\theta = \arccos\dfrac{1}{6}$ 或 $\pi - \arccos\dfrac{1}{6}$.

(2) $|\vec{c_1}| = |\vec{a}+\vec{b}| = \sqrt{10}$, $|\vec{c_2}| = |\vec{a}-\vec{b}| = \sqrt{14}$,

$\cos\alpha = \dfrac{\vec{c_1}\cdot\vec{c_2}}{|\vec{c_1}|\cdot|\vec{c_2}|} = 0$, 所以 $\alpha = \dfrac{\pi}{2}$.

例7 一动点 M 到 $A(3,0)$ 的距离恒等于它到点 $B(-6,0)$ 的距离一半, 求此动点 M 的轨迹方程, 并指出此轨迹是什么图形?

解 动点 M 在轨迹上的充要条件是 $|\overline{MA}| = \dfrac{1}{2}|\overline{MB}|$. 设 M 的坐标 (x,y) 有

$\sqrt{(x-3)^2+y^2} = \dfrac{1}{2}\sqrt{(x+6)^2+y^2}$ 化简得 $(x-6)^2+y^2 = 36$,

故此点 M 的轨迹方程为 $(x-6)^2+y^2 = 36$.
此轨迹为椭圆.

例8 一动点 M 移动时, 与 $(4,0,0)$ 及 xOy 平面等距离, 求该动点的轨迹方程.

解 设在给定的坐标系下, 动点 $M(x,y,z)$, 所求的轨迹 C.
则 $M(x,y,z) \in C \Leftrightarrow |\overline{MA}| = |z|$
亦即 $\sqrt{(x-4)^2+y^2+z^2} = |z|$
$(x-4)^2+y^2 = 0$
由于上述变形为同解变形, 从而所求的轨迹方程为 $(x-4)^2+y^2 = 0$.

例9 已知椭圆抛物面的顶点在原点, 对称面为 xOz 面与 yOz 面, 且过点 $(1,2,6)$ 和 $\left(\dfrac{1}{3},-1,1\right)$, 求这个椭圆抛物面的方程.

解 据题意可设, 要求的椭圆抛物面的方程为
$\dfrac{x^2}{a^2} + \dfrac{y^2}{b^2} = 2z$
令确定 a 与 b.
$\because (1,2,6)$ 和 $\left(\dfrac{1}{3},-1,1\right)$ 均在该曲面上

$\therefore$ 有 $\begin{cases} \dfrac{1}{a^2} + \dfrac{4}{b^2} = 12 \\ \dfrac{1}{9a^2} + \dfrac{1}{b^2} = 2 \end{cases}$

从而 $\dfrac{1}{a^2} = \dfrac{36}{5}$, $\dfrac{1}{b^2} = \dfrac{6}{5}$.

所以要求的椭圆抛物面的方程为 $\dfrac{36x^2}{5}+\dfrac{6y^2}{5}=2z$,

即 $18x^2+3y^2=5z$.

例 10 (1) 求过点 $(3,0,-1)$ 且与平面 $3x-7y+5z-12=0$ 平面的平面方程.

(2) 求过点 $(1,1-1)$,且平行向量 $a=(2,1,1)$ 和 $b=(1,-1,0)$ 的平面方程.

(3) 求平行于 xOz 面且过点 $(2,-5,3)$ 的平面方程.

(4) 求平行于 x 轴且过两点 $(4,0,-2)$ 和 $(5,1,7)$ 的平面方程.

(5) 求过点 $(2,0,-3)$ 且与直线 $\begin{cases} x-2y+4z-7=0 \\ 3x+5y-2z+1=0 \end{cases}$ 垂直的平面方程.

解 (1) 平面过点为 $(3,0,-1)$,且与平面 $3x-7y+5z-12=0$ 平行,所以所求平面的法向量为 $n=(3,-7,5)$,再由平面方程的点法式方程知所求方程为 $3x-7y+5z-4=0$.

(2) 因为所求平面平行于向量 $a=(2,1,1)$ 和 $b=(1,-1,0)$,所以知道平面的法向量垂直于向量 $a=(2,1,1)$ 和 $b=(1,-1,0)$,根据向量的叉乘知 $n=a\times b=(1,1,-3)$,在由点法式方程知所求平面方程为 $1\cdot(x-1)+1\cdot(y-1)-3(z+1)=0$.

(3) 所求平面平行于 xOz 面,所以垂直 y 轴,所以可以用 z 轴上的单位向量 $(0,1,0)$ 为法向量,再由点法式方程知所求平面方程为 $y+5=0$.

(4) 因为平面过两点 $M(4,0,-2)$ 和 $N(5,1,7)$,所以过向量 $\overline{NM}=(1,1,9)$,又因为所求平面平行于 x 轴,所以平面平行于 x 轴上的单位向量 $i=(1,0,0)$,从而 $n=\overline{MN}\times\overline{I}=(0,9,-1)$.再由点法式方程知所求平面方程为 $9y-z-2=0$.

(5) 直线 $\begin{cases} x-2y+4z-7=0 \\ 3x+5y-2z+1=0 \end{cases}$ 的方向向量可以作为所求平面的法向量,所以 $n=(1,-2,4)\times(3,5,-2)=(-16,14,11)$,在,是由平面的点法式方程知所求平面方程为 $16x-14y-11z-65=0$.

例 11 已知直线 $L_1: x-1=\dfrac{y-2}{0}=\dfrac{z-3}{-1}$,直线 $L_2: \dfrac{x+2}{2}=\dfrac{y-1}{1}=\dfrac{z}{1}$.求过 L_1 且平行 L_2 的平面方程.

解 $n=\begin{vmatrix} i & j & k \\ 1 & 0 & -1 \\ 2 & 1 & 1 \end{vmatrix}=\{1,-3,1\}$

在 L_1 上任取一点 $(1,2,3)$,

故所求平面方程 $(x-1)-3(y-2)+(z-3)=0$,即 $x-3y+z+2=0$.

例 12 求直线 $L_1: \dfrac{x-1}{0}=\dfrac{y}{-1}=\dfrac{z}{-1}$ 与直线 $L_2: \dfrac{x}{6}=\dfrac{y}{-3}=\dfrac{z+2}{0}$ 的最短距离.

解 已知两直线的方向向量为 $S_1=\{0,-1,-1\}$,$S_2=\{6,-3,0\}$,故垂直于两方向向量的向量 n 可取为 $n=S_1\times S_2=-3i-6j+6k$,又因为点 $(1,0,0)$ 在直线 L_1 上

∴ 过直线 L_1 且平行于 L_2 的平面为 $-3(x-1)-6y+6z=0$,即 $x+2y-2z-1=0$,又点 $(0,$

$0,-2)$ 在直线 L_2 上,该点到平面 $x+2y-2z-1=0$ 的距离 $d=\dfrac{3}{\sqrt{1^2+2^2+2^2}}=1$ 为所求两直线间的最短距离.

例 13 求下列各直线间的角

① $\dfrac{x-1}{3}=\dfrac{y+2}{6}=\dfrac{z-5}{2}$ 与 $\dfrac{x}{2}=\dfrac{y-3}{9}=\dfrac{z+1}{6}$

② $\begin{cases}3x-4y-2z=0\\2x+y-2z=0\end{cases}$ 与 $\begin{cases}4x+y-6z-2=0\\y-3z+2=0\end{cases}$.

解 ① $\cos\theta=\dfrac{|x_1x_2+y_1y_2+z_1z_2|}{\sqrt{x_1^2+y_1^2+z_1^2}\cdot\sqrt{x_2^2+y_2^2+z_2^2}}=\dfrac{|6+54+12|}{\sqrt{9+36+4}\cdot\sqrt{4+81+36}}=\dfrac{72}{77}$

所以 $\theta=\arccos\dfrac{72}{77}$.

② 直线 $\begin{cases}3x-4y-2z=0\\2x+y-2z=0\end{cases}$ 的对称式方程为 $\dfrac{x}{10}=\dfrac{y}{2}=\dfrac{z}{11}$.

直线 $\begin{cases}4x+y-6z-2=0\\y-3z+2=0\end{cases}$ 的对称式方程为 $\dfrac{x}{3}=\dfrac{y+6}{12}=\dfrac{z+\dfrac{4}{3}}{4}$.

$\cos\theta=\dfrac{|30+24+44|}{\sqrt{100+4+121}\cdot\sqrt{9+144+16}}=\dfrac{98}{13\times 15}=\dfrac{98}{195}$.

所以 $\theta=\arccos\dfrac{98}{195}$.

课后习题全解

习题 7-1

1. **解题过程** A. 第 Ⅷ 卦限, B. yOz 面, C. y 轴, D 第 Ⅴ 卦限.

2. **解题过程** xOy 面:$(x_0,y_0,0)$; yOz 面 $(0,y_0,z_0)$; xOz 面 $(x_0,0,z_0)$;
   x 轴:$(x_0,0,0)$; y 轴:$(0,y_0,0)$; z 轴:$(0,0,z_0)$.

3. **解题过程** 平行于 z 轴的直线上的点满足:$x=x_0,y=y_0$;
   平行于 xOy 面上的平面上的点满足:$z=z_0$.

4. **解题过程** 设 (x_0,y_0,z_0) 关于点 $(-1,2,1)$ 与点 $(1,-3,-2)$ 对称,
   则 $\begin{cases}\dfrac{x_0+1}{2}=-1\\\dfrac{y_0-3}{2}=2\\\dfrac{z_0-2}{2}=1\end{cases}\Rightarrow\begin{cases}x_0=-3\\y_0=7\\z_0=4\end{cases}$ 故该点为 $(-3,7,4)$.

5. **解题过程** 点 M 到 x 轴距离为 $\sqrt{3^2+(-5)^2}=\sqrt{34}$；

   点 M 到 y 轴距离为 $\sqrt{(-4)^2+(-5)^2}=\sqrt{41}$；

   点 M 到 z 轴距离为 $\sqrt{3^2+(-4)^2}=5$.

6. **解题过程** 设该点坐标为 $(0,y_0,z_0)$，

   则 $\sqrt{3^2+(1-y_0)^2+(2-z_0)^2}=\sqrt{4^2+(-2-y_0)^2+(-2-z_0)^2}$
   $=\sqrt{0^2+(5-y_0)^2+(1-z_0)^2}$,

   解得 $y_0=1, z_0=-2$，故该点为 $(0,1,-2)$.

7. **解题过程** 设该轨迹上的任意一点为 (x,y)，则 $|y|=|x|$.

8. **解题过程** $x^2+y^2+z^2-2x=(x-1)^2+y^2+z^2=1$,

   故球心为 $(1,0,0)$ 半径为 1. 图略.

习题 7−2

1. **解题过程** (1) 平面几何中为直线，解析几何中为平面；

   (2) 平面几何中为圆，解析几何中为圆柱面；

   (3) 平面几何中为双曲线，解析几何中为双曲柱面；

   (4) 平面几何中为抛物线，解析几何中为抛物柱面.

2. **解题过程** (1) $x^2+z^2=2y$;

   (2) $2x^2-3(y^2+z^2)=6$;

   (3) $x^2+y^2=(2z-1)^2 \Rightarrow x^2+y^2-4z^2+4z-1=0$.

3. **解题过程** (1) 旋转抛物面，由 xOy 平面上抛物线 $x=1-y^2$ 绕 x 轴旋转而得；

   (2) 旋转抛物面，由 yOz 平面上抛物线 $z=1-y^2$ 绕 z 轴旋转而得；

   (3) 旋转双曲面，由 xOy 平面上双曲线 $x^2-\dfrac{y^2}{4}=1$ 绕 y 轴旋转而得；

   (4) 旋转双曲面，由 xOz 平面上双曲线 $-\dfrac{x^2}{2}+\dfrac{(z-1)^2}{2}=1$ 绕 z 轴旋转而得.

习题 7−3

1. **解题过程** (1) $y=-1$ 代入 $(x-1)^2+(y+4)^2+z^2=25$，得 $(x-1)^2+z^2=16$,

   故表示平面 $y=-1$ 上的圆；

   (2) $z=2$ 代入得 $x^2-4y^2=12$，即 $\dfrac{x^2}{12}-\dfrac{y^2}{3}=1$,

   表示平面 $z=2$ 上的双曲线.

2. **解题过程** (1) 在 xOy 面上的投影为 $\begin{cases}(x-1)^2+y^2=1, \\ z=0;\end{cases}$

   在 yOz 面上投影为 $\begin{cases}4(z^2-y^2)=z^4, \\ x=0,\end{cases} (0\leqslant z\leqslant 2)$;

在 zOx 面上的投影为 $\begin{cases} x = -\dfrac{z^2}{2} + 2, \\ y = 0, \end{cases} (0 \leqslant z \leqslant 2).$

(2) 在 xOy 面上的投影为 $\begin{cases} x^2 + y^2 = a^2, \\ z = 0; \end{cases}$

在 yOz 面上的投影为 $\begin{cases} y^2 + z^2 = a^2, \\ x = 0; \end{cases}$

在 zOx 面上的投影为 $\begin{cases} z = \pm x, \\ y = 0. \end{cases} (-a \leqslant x \leqslant a).$

3. **解题过程** 在 xOy 面上的投影为
$\begin{cases} 5x^2 - 3y^2 = 1, \\ z = 0, \end{cases} (-1 \leqslant y \leqslant 1)$, 故柱面方程为 $5x^2 - 3y^2 = 1, -1 \leqslant y \leqslant 1.$

4. **解题过程** (1) 在 xOy 面上的投影区域为 $\begin{cases} x^2 + y^2 \leqslant 1, \\ z = 0; \end{cases}$

在 yOz 面上的投影区域为 $\begin{cases} y^2 \leqslant z \leqslant 2 - y^2, \\ x = 0, \end{cases} -1 \leqslant y \leqslant 1;$

在 zOx 面上的投影区域为 $\begin{cases} x^2 \leqslant z \leqslant 2 - x^2, \\ y = 0, \end{cases} -1 \leqslant x \leqslant 1.$

(2) 在 xOy 面上的投影区域为 $\begin{cases} x^2 + y^2 \leqslant 1, \\ z = 0; \end{cases}$

在 yOz 面上的投影区域为 $\begin{cases} 0 \leqslant z \leqslant |y| \leqslant 1, \\ x = 0; \end{cases}$

在 zOx 面上的投影区域为 $\begin{cases} 0 \leqslant z \leqslant |x| \leqslant 1, \\ y = 0. \end{cases}$

习题 7-4

1. **解题过程** 曲面分别如题 1 图 (1)(2)(3) 所示.

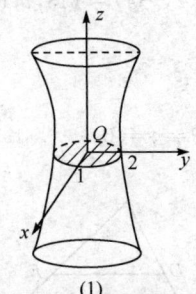
(1)

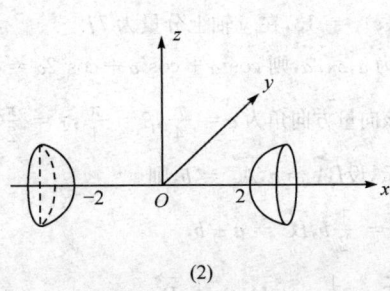
(2)

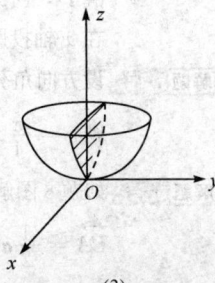
(3)

题 1 图

2. [解题过程] 原曲线是在 $z=3$ 平面上的抛物线,在 xOy 面上的投影为 $\begin{cases} y^2 = 2x - 9, \\ z = 0. \end{cases}$

3. [解题过程] (1) 在 $x=3$ 平面上的圆；　　(2) 在 $y=1$ 平面上的椭圆；
   (3) 在 $x=-3$ 平面上的双曲线；　(4) 在 $y=4$ 平面上的抛物线；
   (5) 在 $x=2$ 平面上的双曲线.

*习题 7-5

1. [解题过程] $\overrightarrow{OD} = \dfrac{1}{2}(\boldsymbol{a}+\boldsymbol{b})$.

2. [解题过程] 向量 $\overrightarrow{AB}(-2,1,2)$
   在 x,y,z 投影为 $(\overrightarrow{AB})_x = -2$, $(\overrightarrow{AB})_y = 1$, $(\overrightarrow{AB})_z = 2$
   $|\overrightarrow{AB}| = \sqrt{(-2)^2 + 1 + 2^2} = 3$

3. [解题过程] 设起点为 $A(x,y,z)$，则
   $\begin{cases} 2-x = 4 \\ -1-y = -4 \\ 7-z = 7 \end{cases} \Rightarrow \begin{cases} x = -2, \\ y = 3, \\ z = 0, \end{cases}$
   故起点坐标为 $(-2,3,0)$.

4. [解题过程] $\overrightarrow{M_1 M_2}(-1,-\sqrt{2},1)$，则 $|\overrightarrow{M_1 M_2}| = \sqrt{1+2+1} = 2$，方向余弦为 $\cos\alpha = -\dfrac{1}{2}$, $\cos\beta = -\dfrac{\sqrt{2}}{2}$, $\cos\gamma = \dfrac{1}{2}$.
   故余弦角为 $\alpha = \dfrac{2}{3}\pi$, $\beta = \dfrac{3}{4}\pi$, $\Gamma = \dfrac{\pi}{3}$.

5. [解题过程] $2\boldsymbol{a} - 3\boldsymbol{b} + 4\boldsymbol{c} = (2\times 3 - 3\times(-6) + 4\times 0, 2\times 5 - 3\times 1 + 4\times(-3), 2\times 4 - 3\times 2 + 4\times(-4))$, $= (24, -5, -14)$,
   单位向量为：$\dfrac{2\boldsymbol{a}-3\boldsymbol{b}+4\boldsymbol{c}}{|2\boldsymbol{a}-3\boldsymbol{b}+4\boldsymbol{c}|} = \left(\dfrac{24}{\sqrt{797}}, \dfrac{-5}{\sqrt{797}}, \dfrac{-14}{\sqrt{797}}\right)$.

6. [解题过程] $\boldsymbol{a} = (3,5,8), \boldsymbol{b} = (2,-4,-7), \boldsymbol{c} = (5,1,-4)$,
   故 $\boldsymbol{l} = (4\times 3 + 3\times 2 - 5, 5\times 3 + (-4)\times 2 - 1, 8\times 3 + (-7)\times 2 - 4) = (13,7,15)$,
   在 x 轴投影为 $(\boldsymbol{c})_x = 13$，在 y 轴上分量为 $7\boldsymbol{j}$.

7. [解题过程] 设方向角分别为 $\alpha, \alpha, 2\alpha$，则 $\cos^2\alpha + \cos^2\alpha + \cos^2 2\alpha = 1$,
   则 $\alpha = \dfrac{\pi}{4}$，故该向量方向角为 $\alpha = \dfrac{\pi}{4}, \beta = \dfrac{\pi}{4}, \gamma = \dfrac{\pi}{2}$ 或 $\alpha = \beta = \gamma = 0$.

8. [解题过程] 如题 8 图解所示，设 $\overrightarrow{BA} = \boldsymbol{a}, \overrightarrow{AC} = \boldsymbol{b}$，则
   $\overrightarrow{DA} = \dfrac{1}{2}\boldsymbol{a}, \overrightarrow{AE} = \dfrac{1}{2}\boldsymbol{b}, \overrightarrow{BC} = \boldsymbol{a}+\boldsymbol{b}$,
   $\overrightarrow{DE} = \overrightarrow{DA} + \overrightarrow{AE} = \dfrac{1}{2}(\boldsymbol{a}+\boldsymbol{b}) = \dfrac{1}{2}\overrightarrow{BC}$.

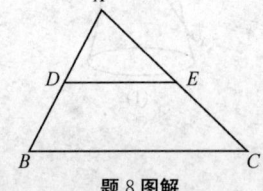

题 8 图解

* 习题 7-6

1. **解题过程** (1) $a \cdot b = 3 \times 1 + (-1) \cdot 2 + (-2) \cdot (-1) = 3$;

   (2) $a \times b = \begin{vmatrix} i & j & k \\ 3 & -1 & -2 \\ 1 & 2 & -1 \end{vmatrix} = 5i + j + 7k$;

   (3) $\cos(\widehat{a,b}) = \dfrac{a \cdot b}{|a||b|} = \dfrac{3}{\sqrt{3^2+(-1)^2+(-2)^2} \cdot \sqrt{1^2+2^2+(-1)^2}} = \dfrac{\sqrt{21}}{14}$;

   (4) $\text{Prj}_a b = \dfrac{a \cdot b}{|a|} = \dfrac{3}{\sqrt{14}}$;

   (5) $\text{Prj}_a b a = \dfrac{a \cdot b}{|b|} = \dfrac{3}{\sqrt{6}}$.

2. **解题过程** (1) $a \times b = \begin{vmatrix} i & j & k \\ 2 & -3 & 1 \\ 1 & -1 & 3 \end{vmatrix} = -8i - 5j + k$,

   $a \times b \cdot c = (-8, -5, 1) \cdot (1, -2, 0) = -8 + 10 + 0 = 2$;

   (2) $(a \times b) \times c = \begin{vmatrix} i & j & k \\ -8 & -5 & 1 \\ 1 & -2 & 0 \end{vmatrix} = 2i + j + 21k$;

   (3) $b \times c = \begin{vmatrix} i & j & k \\ 1 & -1 & 3 \\ 1 & -2 & 0 \end{vmatrix} = 6i + 3j - k$,

   $a \times (b \times c) = \begin{vmatrix} i & j & k \\ 2 & -3 & 1 \\ 6 & 3 & -1 \end{vmatrix} = 8j + 24k$;

   (4) $(a \cdot b)c - (a \cdot c)b = (2+3+3)c - (2+6)b = 8c - 8b = 8(c-b)$
   $= 8(0, -1, -3) = (0, -8, -24)$.

3. **解题过程** $a + b + c = 0$, 则 $c = -(a+b)$,

   $a \cdot b + b \cdot c + c \cdot a = a \cdot b + b \cdot [-(a+b)] + [-(a+b) \cdot a]$
   $= -b \cdot b - a \cdot a - a \cdot b$

   同理 $b = -(a+c), a = -(b+c)$,

   $a \cdot b + b \cdot c + c \cdot a = -a \cdot a - c \cdot c - a \cdot c$,

   $a \cdot b + b \cdot c + c \cdot a = -b \cdot b - c \cdot c - b \cdot c$,

   故 $3(a \cdot b + b \cdot c + c \cdot a) = -2(a \cdot a + b \cdot b + c \cdot c) - (a \cdot b + b \cdot c + c \cdot a)$,

   $a \cdot b + b \cdot c + c \cdot a = \dfrac{1}{4} \times -2 \times (3^2 + 4^2 + 5^2) = -25$.

4. **解题过程** (1) $\overrightarrow{AB} = (4, -5, 0), \overrightarrow{AC} = (0, 4, -3)$

$$\vec{AB} \times \vec{AC} = \begin{vmatrix} \boldsymbol{i} & \boldsymbol{j} & \boldsymbol{k} \\ 4 & -5 & 0 \\ 0 & 4 & -3 \end{vmatrix} = 15\boldsymbol{i} + 12\boldsymbol{j} + 16\boldsymbol{k},$$

将其单位化得：$\dfrac{\vec{AB} \times \vec{AC}}{|\vec{AB} \times \vec{AC}|} = \dfrac{1}{25}(15,12,16) = \left(\dfrac{3}{5}, \dfrac{12}{25}, \dfrac{16}{25}\right),$

故与两向量垂直的单位向量为 $\pm\left(\dfrac{3}{5}, \dfrac{12}{25}, \dfrac{16}{25}\right);$

(2) $S_{\triangle ABC} = \dfrac{1}{2}|\vec{AB} \times \vec{AC}| = \dfrac{1}{2} \times 25 = \dfrac{25}{5};$

(3) 设高为 h，则 $S_{\triangle ABC} = \dfrac{1}{2}|\vec{AB} \times \vec{AC}| = \dfrac{1}{2}|\vec{BC}| \cdot h.$

$|\vec{BC}| = \sqrt{106}$，故 $h = \dfrac{25}{\sqrt{106}}.$

5. **解题过程** 设 $\boldsymbol{a} = (a_1, a_2, a_3), \boldsymbol{b} = (b_1, b_2, b_3)$，则

$$\cos(\widehat{\boldsymbol{a},\boldsymbol{b}}) = \dfrac{\boldsymbol{a} \cdot \boldsymbol{b}}{|\boldsymbol{a}||\boldsymbol{b}|} = \dfrac{a_1b_1 + a_2b_2 + a_3b_3}{\sqrt{a_1^2 + a_2^2 + a_3^2} \cdot \sqrt{b_1^2 + b_2^2 + b_3^2}};$$

因为 $|\cos(\widehat{\boldsymbol{a},\boldsymbol{b}})| \leqslant 1$，所以

$$\sqrt{a_1^2 + a_2^2 + a_3^2} \cdot \sqrt{b_1^2 + b_2^2 + b_3^2} \geqslant |a_1b_1 + a_2b_2 + a_3b_3|;$$

当 $|\cos(\widehat{\boldsymbol{a},\boldsymbol{b}})| = 1$，即 $\boldsymbol{a}$ 与 $\boldsymbol{b}$ 夹角为 0 或 π，即 $\boldsymbol{a} \parallel \boldsymbol{b}$ 时等式成立，也即 $\dfrac{a_1}{b_1} = \dfrac{a_2}{b_2} = \dfrac{a_3}{b_3}$ 时等式成立.

6. **解题过程** (1) $\lambda\boldsymbol{a} + \boldsymbol{b} = (3\lambda + 2, 5\lambda + 1, -2\lambda + 9),$

若 $\lambda\boldsymbol{a} + \boldsymbol{b}$ 与 z 轴垂直，则 $(\lambda\boldsymbol{a} + \boldsymbol{b}) \cdot (0,0,1) = 0,$

即 $-2\lambda + 9 = 0, \lambda = \dfrac{9}{2};$

(2) 若 $\lambda\boldsymbol{a} + \boldsymbol{b}$ 与 $\boldsymbol{a}$ 垂直，则 $(\lambda\boldsymbol{a} + \boldsymbol{b}) \cdot \boldsymbol{a} = 0,$

即 $(3\lambda + 2, 5\lambda + 1, -2\lambda + 9) \cdot (3, 5, -2) = 38\lambda - 7 = 0, \quad \lambda = \dfrac{7}{38},$

$|\lambda\boldsymbol{a} + \boldsymbol{b}|^2 = (\lambda\boldsymbol{a} + \boldsymbol{b})(\lambda\boldsymbol{a} + \boldsymbol{b}) = \lambda^2 \boldsymbol{a} \cdot \boldsymbol{a} + 2\lambda\boldsymbol{a} \cdot \boldsymbol{b} + \boldsymbol{b} \cdot \boldsymbol{b}$

$= 38\lambda^2 - 2 \times 7\lambda + 86 = 38\left(\lambda - \dfrac{7}{38}\right)^2 + \dfrac{3219}{38}.$

故 $\lambda = \dfrac{7}{38}$ 时，$|\lambda\boldsymbol{a} + \boldsymbol{b}|$ 取最小值.

7. **解题过程** $|\boldsymbol{a} \times \boldsymbol{b}| = |\boldsymbol{a}| \cdot |\boldsymbol{b}| \cdot \sin(\widehat{\boldsymbol{a},\boldsymbol{b}})$，故 $\sin(\widehat{\boldsymbol{a},\boldsymbol{b}}) = \dfrac{|\boldsymbol{a} \times \boldsymbol{b}|}{|\boldsymbol{a}| \cdot |\boldsymbol{b}|} = \dfrac{72}{3 \times 36} = \dfrac{2}{3},$

故 $\cos(\widehat{\boldsymbol{a},\boldsymbol{b}}) = \pm\sqrt{1 - \sin^2(\widehat{\boldsymbol{a},\boldsymbol{b}})} = \pm\sqrt{1 - \left(\dfrac{2}{3}\right)^2} = \pm\dfrac{\sqrt{5}}{3},$

$\boldsymbol{a} \cdot \boldsymbol{b} = |\boldsymbol{a}| \cdot |\boldsymbol{b}| \cdot \cos(\widehat{\boldsymbol{a},\boldsymbol{b}}) = 3 \times 36 \times \left(\pm\dfrac{\sqrt{5}}{3}\right) = \pm 36\sqrt{5}.$

习题 7-7

1. **解题过程** (1) 设该平面为 $2x+y-7z+C=0$ 又因为过 $(3,1,-2)$ 点,
   故 $2\times3+1+7\times2+C=0, C=-21$,
   故平面方程为 $2x+y-7z-21=0$.
   (2) 设三个点为 $A(1,1,-1), B(-2,-2,2), C(1,-1,2)$,
   故 $\vec{AB}=(-3,-3,3), \vec{AC}=(0,-2,3)$,
   法向量 $\boldsymbol{n}=\vec{AB}\times\vec{AC}=\begin{vmatrix} \boldsymbol{i} & \boldsymbol{j} & \boldsymbol{k} \\ -3 & -3 & 3 \\ 0 & -2 & 3 \end{vmatrix}=(-3,9,6)$,
   故所求平面方程为 $-3(x-1)+9(y-1)+6(z+1)=0$,
   整理得: $x-3y-2z=0$.
   (3) 平面平行于 z 轴,设方程为 $ax+by=1$,
   则 $\begin{cases} 2a=1 \\ 5a+b=1 \end{cases} \Rightarrow \begin{cases} a=\dfrac{1}{2} \\ b=-\dfrac{3}{2} \end{cases}$. 整理得平面方程为 $x-3y-2=0$.

2. **解题过程** 平面 $2x-2y+z+5=0$ 的法向量为 $n_1=(2,-2,1)$,
   平面 $x+3y-2z+7=0$ 的法向量为 $n_2=(1,3,-2)$,
   两平面夹角余弦为 $\cos\theta=\dfrac{|2\cdot1+(-2)\cdot3+1\cdot(-2)|}{\sqrt{2^2+(-2)^2+1}\cdot\sqrt{1^2+3^2+(-2)^2}}=\dfrac{6}{3\cdot\sqrt{14}}$
   $=\dfrac{2}{\sqrt{14}}$.

3. **解题过程** 设 (x_0,y_0,z_0) 为平面 $Ax+By+Cz+D_1=0$ 上的点
   故两平面距离为 (x_0,y_0,z_0) 到 $Ax+By+Cz+D_2=0$ 的距离 d,
   $d=\dfrac{|Ax_0+By_0+Cz_0+D_2|}{\sqrt{A^2+B^2+C^2}}=\dfrac{|-D_1+D_2|}{\sqrt{A^2+B^2+C^2}}=\dfrac{|D_1-D_2|}{\sqrt{A^2+B^2+C^2}}$.

4. **解题过程** 因为平面过 z 轴,设方程为 $Ax+By=0$.
   $\cos\dfrac{\pi}{3}=\dfrac{|\sqrt{5}A+2B|}{\sqrt{A^2+B^2}\cdot\sqrt{(\sqrt{5})^2+2^2+1}}$,则 $A=\dfrac{4\pm\sqrt{13}}{\sqrt{5}}B$.
   故平面方程为 $(4+\sqrt{13})x-\sqrt{5}y=0$ 或 $(4-\sqrt{13})x-\sqrt{5}y=0$.

5. **解题过程** 设平面方程为 $2x-y+3z+D=0$.
   由 3 题结果可知 $\dfrac{|D+1|}{\sqrt{2^2+(-1)^2+3^2}}=\sqrt{14}$,则 $D=13$ 或 $D=-15$,
   故平面方程为 $2x-y+3z+13=0$ 或 $2x-y+3z-15=0$.

6. **解题过程** (1) 直线方程为 $\dfrac{x+2}{3}=\dfrac{y-3}{2}=\dfrac{z-1}{1}$;

(2) 直线方程为 $\dfrac{x-1}{0} = \dfrac{y-1}{2} = \dfrac{z-5}{-1}$;

(3) 直线方程为 $\dfrac{x-1}{1} = \dfrac{y-2}{-1} = \dfrac{z-3}{7}$.

7. **解题过程** 方程组中两个方程所表示的平面法向量分别为 $\boldsymbol{n}_1 = (1,1,-1), \boldsymbol{n}_2 = (1,-1,1)$

$$\text{取 } \boldsymbol{s} = \boldsymbol{n}_1 \times \boldsymbol{n}_2 = \begin{vmatrix} \boldsymbol{i} & \boldsymbol{j} & \boldsymbol{k} \\ 1 & 1 & -1 \\ 1 & -1 & 1 \end{vmatrix} = -2\boldsymbol{j} - 2\boldsymbol{k}$$

取直线上任意一点 (x_0, y_0, z_0), 取 $z_0 = 1$, 代入方程组得

$$\begin{cases} x_0 + y_0 = 1, \\ x_0 - y_0 = -1, \end{cases} x_0 = 0, y_0 = 1.$$

故参数方程为 $\begin{cases} x = 0 \\ y = 2t \\ z = 2t \end{cases}$ 对称式方程为 $\dfrac{x}{0} = \dfrac{y}{2} = \dfrac{z}{2}$.

8. **解题过程** L_1 方向向量为 $\boldsymbol{s}_1 = (2,3,4)$, 点 $P_1(0,-3,0)$

L_2 方向向量为 $\boldsymbol{s}_2 = (1,1,2)$, 点 $P_2(1,-2,2)$, $\overrightarrow{P_1P_2} = (1,1,2)$

$$|\overrightarrow{P_1P_2} \ \ \boldsymbol{s}_1 \ \ \boldsymbol{s}_2| = \begin{vmatrix} 1 & 1 & 2 \\ 2 & 3 & 4 \\ 1 & 1 & 2 \end{vmatrix} = 0, \text{所以 } L_1 \text{ 和 } L_2 \text{ 共面}, \boldsymbol{s}_1 \cdot \boldsymbol{s}_2 = 2+3+8 = 13 \neq 0, \text{所}$$

以 L_1 和 L_2 不垂直.

$$\boldsymbol{s}_1 \times \boldsymbol{s}_2 = \begin{vmatrix} \boldsymbol{i} & \boldsymbol{j} & \boldsymbol{k} \\ 2 & 3 & 4 \\ 1 & 1 & 2 \end{vmatrix} = 2\boldsymbol{i} - \boldsymbol{k}, |\boldsymbol{s}_1 \times \boldsymbol{s}_2| = 5 \neq 0.$$

故 L_1 与 L_2 不平行. 所以 L_1 和 L_2 共面相交.

设 L_1 上的点 $P(2t, 3t-3, 4t)$ 代入 L_2, 得交点 $(0, -3, 0)$.

L_1 与 L_2 夹角为 θ, $\cos\theta = \dfrac{|\boldsymbol{s}_1 \cdot \boldsymbol{s}_2|}{|\boldsymbol{s}_1| \cdot |\boldsymbol{s}_2|} = \dfrac{13}{\sqrt{174}}$.

9. **解题过程** (1) 平面法向量为 $\boldsymbol{n}_1 = (1,2,-1)$, 过点 $(-1,2,0)$ 与平面垂直的直线方程为

$$\dfrac{x+1}{1} = \dfrac{y-2}{2} = \dfrac{z}{-1} = t$$

设直线与平面交点为 $P(t-1, 2t+2, -t)$, 则满足平面方程

$t - 1 + 2(2t+2) + t + 1 = 0, t = -\dfrac{2}{3}$, 故投影点为 $P\left(-\dfrac{5}{3}, \dfrac{2}{3}, \dfrac{2}{3}\right)$.

(2) 过点 $(2,3,1)$ 且与直线垂直的平面方程为

$$x - 2 + 2(y-3) + 3(z-1) = 0$$

即 $x + 2y + 3z - 11 = 0$

设投影点为 P, 则 P 满足直线方程, 设 $P(t-7, 2t-2, 3t-2)$

P 亦满足平面方程 $t-7+2(2t-2)+3(3t-2)-11=0$

$t=2$,故投影点为 $P(-5,2,4)$.

10. **解题过程** 根据题 9(1),求得点 $(1,-2,3)$ 在平面上的投影为 $(2,2,4)$.

   设对称点坐标为 (x,y,z),则点 $(1,-2,3)$ 与 (x,y,z) 亦关于 $(2,2,4)$ 对称

   $$\begin{cases} \dfrac{1+x}{2}=2 \\ \dfrac{-2+y}{2}=2 \\ \dfrac{3+z}{2}=4 \end{cases}$$

   解得 $x=3,y=6,z=5$,故对称点为 $(3,6,5)$.

11. **解题过程** 两直线的方向向量为 $s_1=(2k,k+1,5),s_2=(3,1,k-2)$

   若两直线垂直,则两方向向量亦垂直,即 $(2k,k+1,5)\cdot(3,1,k-2)=0$.

   即 $12k-9=0,k=\dfrac{3}{4}$.

12. **解题过程** (1) $d=\dfrac{|1-2\times(-4)+4\times 5-1|}{\sqrt{1+(-2)^2+4^2}}=\dfrac{4\sqrt{7}}{\sqrt{3}}$.

   (2) 直线的方向向量为 $s=(2,-1,1)\times(1,1,-1)=(0,3,3)$

   则与直线垂直且过点 $(3,-1,2)$ 的平面方程为 $3(y+1)+3(z-2)=0$,

   即 $3y+3z-3=0$.

   设垂面与直线交点为 P,则 P 满足直线方程 $\dfrac{x-1}{0}=\dfrac{y-1}{3}=\dfrac{z-3}{3}$.

   设 $P(1,3t+1,3t+3)$,P 亦满足平面方程,即 $3t+1+3t+3=1,t=-\dfrac{1}{2}$,

   即 $P\left(1,-\dfrac{1}{2},\dfrac{3}{2}\right)$,

   即点 $(3,-1,2)$ 在直线上的投影为 $P\left(1,-\dfrac{1}{2},\dfrac{3}{2}\right)$.

   则点 $(3,-1,2)$ 到直线距离即为两点间距离

   $d=\sqrt{(3-1)^2+\left(-1+\dfrac{1}{2}\right)^2+\left(2-\dfrac{3}{2}\right)^2}=\dfrac{3\sqrt{2}}{2}$.

总习题七

1. **解题过程** $|z|=\sqrt{(x-3)^2+(y+2)^2+(z-2)^2}$,两边平方整理,得 $4(z-1)=(x-3)^2+(y+2)^2$.

2. **解题过程** 曲线在 xOy 面上的投影曲线方程 $\begin{cases} x^2+y^2=x+y, \\ z=0; \end{cases}$

   曲线在 xOz 坐标面上的投影曲线方程 $\begin{cases} 2x^2+2xz+z^2-4x-3z+2=0, \\ y=0; \end{cases}$

曲线在 yOz 坐标面上的投影曲线方程 $\begin{cases} 2y^2+2yz+z^2-4y-3z+2=0, \\ x=0. \end{cases}$

3. **解题过程** 立体在 xOy 坐标面上的投影 $\begin{cases} (x-1)^2+y^2 \leqslant 1, \\ z=0; \end{cases}$

   立体在 xOz 坐标面上的投影 $\begin{cases} x \leqslant z \leqslant \sqrt{2x}, \\ y=0; \end{cases}$

   立体在 yOz 坐标面上的投影 $\begin{cases} \left(\dfrac{z^2}{2}-1\right)^2+y^2 \leqslant 1, z \geqslant 0, \\ x=0. \end{cases}$

4. **解题过程** 平行于 x 轴的柱面方程为：$3y^2-z^2=16$；

   平行于 y 轴的柱面方程为：$3x^2+2z^2=16$.

5. **解题过程**

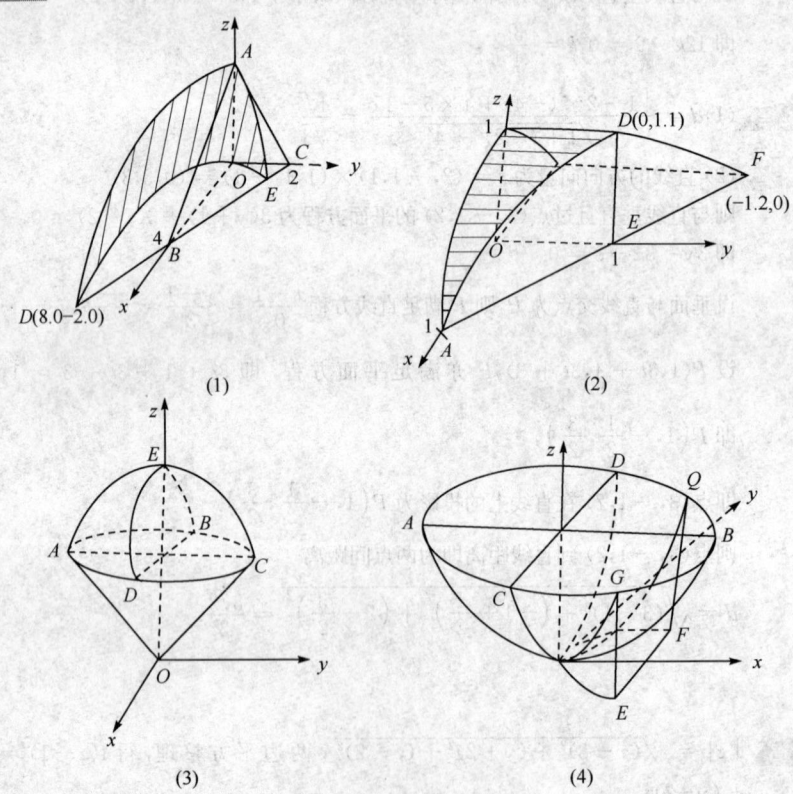

题 5 图解

6. **解题过程** (1) 不能，因为 $\boldsymbol{a} \cdot \boldsymbol{b} = \boldsymbol{a} \cdot \boldsymbol{c} \Rightarrow \boldsymbol{a}(\boldsymbol{b}-\boldsymbol{c})=0$，则 $\boldsymbol{a} \perp (\boldsymbol{b}-\boldsymbol{c})$，当 $\boldsymbol{b}-\boldsymbol{c} \neq 0$ 时，亦可能成立.

   (2) 不能，因为 $\boldsymbol{a} \times \boldsymbol{b} = \boldsymbol{a} \times \boldsymbol{c} \Rightarrow \boldsymbol{a} \times (\boldsymbol{b}-\boldsymbol{c})=0$，则 $\boldsymbol{a} /\!/ (\boldsymbol{b}-\boldsymbol{c})$，当 $\boldsymbol{b}-\boldsymbol{c} \neq 0$ 时，亦可能成立.

(3) 能,因为 a 与 $b-c$ 既平行又垂直,且 $a\neq 0$,故 $b-c=0$,即 $b=c$.

7. **解题过程** (1) $a\perp b$;   (2) a 与 b 方向相同;
   (3) $a=\lambda b$ 且 $\lambda\leqslant -1$;   (4) a 与 b 方向相反;
   (5) $a=\lambda b$ 且 $\lambda\geqslant 1$.

8. **解题过程** 先求 a 与 b 的单位向量,以 a,b 的单位向量为两邻边作平行四边形,则两单位向量之和的单位向量即为所求.

   即 $\dfrac{\dfrac{a}{|a|}+\dfrac{b}{|b|}}{\left|\dfrac{a}{|a|}+\dfrac{b}{|b|}\right|}=\dfrac{|b|\cdot a+|a|\cdot b}{||b|\cdot a+|a|\cdot b|}.$

9. **解题过程** 设 AB 的中点为 D,则 D 的坐标 $(4,-1,4)$,故 $\overrightarrow{CD}=(2,-2,-1)$,所以点 C 向 AB 边所引中线的长度为 $|\overrightarrow{CD}|=3$.

10. **解题过程** 如题 10 图解所示,立方体的对角线
    $\overrightarrow{OM}=i+j+k,\overrightarrow{OA}=i,$
    投影为:
    $\text{Prj}_{\overrightarrow{OM}}\overrightarrow{OA}=\dfrac{\overrightarrow{OA}\cdot\overrightarrow{OM}}{|\overrightarrow{OM}|}=\dfrac{1}{\sqrt{3}}.$

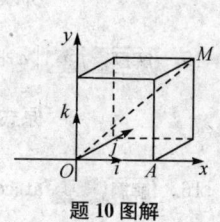
题 10 图解

11. **解题过程** 如题 11 图解所示,正四面体的四个顶点坐标为
    $A(1,0,0),B(0,1,0),C(0,0,1),D(1,1,1),$
    则形心坐标为 $E\left(\dfrac{1}{2},\dfrac{1}{2},\dfrac{1}{2}\right)$.
    $\overrightarrow{EC}=\left(-\dfrac{1}{2},-\dfrac{1}{2},\dfrac{1}{2}\right),\overrightarrow{ED}=\left(\dfrac{1}{2},\dfrac{1}{2},\dfrac{1}{2}\right),$
    设所求键角为 θ,则 $\cos\theta=\dfrac{\overrightarrow{EC}\cdot\overrightarrow{ED}}{|\overrightarrow{EC}||\overrightarrow{ED}|}=-\dfrac{1}{3}$,
    故 $\theta=\pi-\arccos\dfrac{1}{3}$.

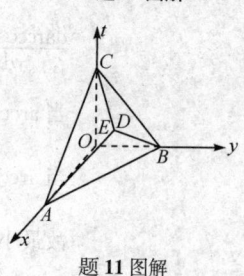
题 11 图解

12. **解题过程** $a+b=(-2+x,-1,3),a-b=(-2-x,3,3),$
    则 $|a+b|^2=(-2+x)^2+(-1)^2+3^2,$
    $|a-b|^2=(-2-x)^2+3^3+3^2,$
    即 $(-2+x)^2+(-1)^2+3^2=(-2-x)^2+3^2+3^2,$
    $x=1$.

13. **解题过程** (1) $|a+b|^2=(a+b)(a+b)=a\cdot a+2a\cdot b+b\cdot b=3+1+2\sqrt{3}\cdot\dfrac{\sqrt{3}}{2}=7,$
    $|a-b|^2=(a-b)(a-b)=a\cdot a-2a\cdot b+b\cdot b=1,$
    $(a+b)\cdot(a-b)=a\cdot a-b\cdot b=|a|^2-|b|^2=2,$
    $\cos(a+b,a-b)=\dfrac{(a+b)\cdot(a-b)}{|a+b|\cdot|a-b|}=\dfrac{2}{\sqrt{7}},$

则夹角为 $\arccos\dfrac{2}{\sqrt{7}}$.

(2) $S = |(a+2b)\times(a-3b)| = |-5a\times b| = 5|a|\cdot|b|\cdot\sin(\widehat{a,b})$
$= 5\sqrt{3}\cdot 1\times\sin\dfrac{71}{6} = \dfrac{5\sqrt{3}}{2}$.

14. **解题过程** $\begin{cases}(a+2b)\cdot(4a-b) = 4|a|^2 - 2|b|^2 + 7a\cdot b = 0,\\(2a-b)\cdot(2a+3b) = 4|a|^2 - 3|b|^2 + 4a\cdot b = 0,\end{cases}$

$|a|^2 = -\dfrac{13}{4}a\cdot b,\ |b|^2 = -3a\cdot b,$

$\cos(\widehat{a,b}) = \dfrac{a\cdot b}{|a||b|} = \dfrac{a\cdot b}{-\dfrac{\sqrt{39}}{2}a\cdot b} = -\dfrac{2}{\sqrt{39}},$

所以 $(\widehat{a,b}) = \pi - \arccos\dfrac{2}{\sqrt{39}}$.

15. **解题过程** $|a+xb|^2 = (a+xb)\cdot(a+xb) = |a|^2 + 2xa\cdot b + x^2|b|^2 = |a|^2 + x|a| + x^2$,

原式 $= \lim\limits_{x\to 0}\dfrac{\sqrt{|a|^2+x|a|+x^2}-|a|}{x} = \lim\limits_{x\to 0}\dfrac{|a|+x}{\sqrt{|a|^2+x|a|+x^2}+|a|} = \dfrac{1}{2}$.

16. **解题过程** $\arccos(\widehat{a,b}) = \dfrac{a\cdot b}{|a||b|} = \dfrac{1-2z}{3\sqrt{2+z^2}}$,

$\dfrac{d\arccos(\widehat{a,b})}{dz} = 0.$ 则 $z = -4$,

当 $\arccos(\widehat{a,b}) > 0$, 即 $z < \dfrac{1}{2}$ 时, $0 \leqslant (\widehat{a,b}) < \dfrac{\pi}{2}$;

当 $\arccos(\widehat{a,b}) \leqslant 0$, 即 $z \geqslant \dfrac{1}{2}$ 时, $\dfrac{\pi}{2} \leqslant (\widehat{a,b}) < \pi$.

故最小值一定在 $z < \dfrac{1}{2}$ 范围取得. 又 $z = -4$ 为唯一驻点, 故 $z = -4$ 时 $(\widehat{a,b})$ 最小,

此时 $\arccos(\widehat{a,b}) = \dfrac{\sqrt{2}}{2}, (\widehat{a,b}) = \dfrac{\pi}{4}$.

17. **解题过程** 设 $r = (x,y,z)$, 则 $\begin{cases}r\cdot a = 2x - 3y + z = 0,\\ r\cdot b = x - 2y + 3z = 0,\\ \text{Prj}_c r = \dfrac{r\cdot c}{|c|} = \dfrac{2x+y+2z}{3} = 21.\end{cases}$

解得 $r = (21, 15, 3)$.

18. **解题过程** 设 $C(0,0,x), \overrightarrow{AC} = (1,0,x), \overrightarrow{BC} = (0,-3,x-2)$, 则 $\triangle ABC$ 的面积

$S_{\triangle ABC} = \dfrac{1}{2}|\overrightarrow{AC}\times\overrightarrow{BC}| = \dfrac{1}{2}|(1,0,x)\times(0,-3,x-2)| = \dfrac{1}{2}|(3x, 2-x, -3)|$

$= \dfrac{1}{2}\sqrt{10x^2 - 4x + 13} = \dfrac{1}{2}\sqrt{10\left(x-\dfrac{1}{5}\right)^2 + \dfrac{63}{5}}$,

故 $x = \dfrac{1}{5}$, 即 $C\left(0, 0, \dfrac{1}{5}\right)$ 时 $\triangle ABC$ 的面积最小.

19. **解题过程** 设平面方程为 $Ax+By+Cz+D=0$.

则根据题意: $\begin{cases} 3A+D=0, \\ C+D=0, \\ \dfrac{|C|}{\sqrt{A^2+B^2+C^2}\cdot\sqrt{0+0+1}}=\cos\dfrac{\pi}{4}, \end{cases}$

则 $\begin{cases} A=-\dfrac{1}{3}D, \\ B=\pm\dfrac{2\sqrt{2}}{3}D, \\ C=-D. \end{cases}$

故平面方程为: $x+2\sqrt{2}y+3z-3=0$ 或 $x-2\sqrt{2}y+3z-3=0$.

20. **解题过程** L_1 的参数方程为 $\begin{cases} x=t, \\ y=2t-3, \\ z=t-3. \end{cases}$ 法向量为 $(1,2,1)$,过点 $(0,-3,-3)$,

过点 $P_1(1,-1,0)$ 与 L_1 垂直的平面方程为 $x+2y+z+1=0$,直线 L_1 与垂直平面交点

为 $P_3\left(\dfrac{4}{3},-\dfrac{1}{3},-\dfrac{5}{3}\right)$,所求平面过 $(0,0,0)$,$P_1(1,-1,0)$ 及 $P_2\left(\dfrac{4}{3},-\dfrac{1}{3},-\dfrac{5}{3}\right)$ 点,

设方程为 $Ax+By+Cz=0$,

则 $\begin{cases} A-B=0, \\ \dfrac{4}{3}A-\dfrac{1}{3}B-\dfrac{5}{3}C=0, \end{cases} \Rightarrow \begin{cases} B=A, \\ C=\dfrac{3}{5}A, \end{cases}$

故平面方程为 $5x+5y+3z=0$.

21. **解题过程** 直线 L_1, $\begin{cases} x-y=1, \\ x+z=0 \end{cases}$ 的参数方程为 $\begin{cases} x=t+1, \\ y=t, \\ z=-t-1, \end{cases}$ 其中 L_1 的方向向量 $(1,1,-1)$,L_1

上有一点 $P_1(1,0,-1)$.

直线 L_2, $\begin{cases} x+y=1, \\ z=-1 \end{cases}$ 的参数方程为 $\begin{cases} x=-t+1, \\ y=t, \\ z=-1, \end{cases}$ 其中 L_2 的方向向量 $(-1,1,0)$,L_2

上有一点 $P_2(1,0,-1)$.

故 L_1 与 L_2 相交,交点为 $(1,0,-1)$.

22. **解题过程** 设点 $G(x_0,y_0,z_0)$ 为所求直线 L 与已知直线的交点,则直线方程为:

$\dfrac{x_0+1}{1}=\dfrac{y_0-3}{1}=\dfrac{z_0}{2}=t$,故 $x_0=t-1$,$y_0=t+3$,$z_0=2t$.

又直线 L 平行于平面,故 L 与平面的法向量垂直,于是有 $(x_0+1,y_0-0,z_0-4)\cdot$

$(3,-4,1)=(t,t+3,2t-4)\cdot(3,-4,1)=t-16=0$,得 $t=16$,从而点 G 坐标

为 $(15,19,32)$. 故所求直线 L 的方程为 $\dfrac{x+1}{16}=\dfrac{y}{19}=\dfrac{z-4}{28}$.

23. **解题过程** 过点 $(2,-1,2)$ 与两直线确定的两平面交线即为所求.

与 L_1 确定的平面方程:

L_1 方向向量 $s_1=(1,0,1)$,过点 $(1,1,1)$,则平面法向量 $\vec{n_1}=(2,0,-2)$.

与 L_2 确定的平面方程:

L_2 方向向量 $S_2=(1,1,-1)$,过点 $(2,1,-3)$,则平面法向量 $\vec{n_2}=(3,-5,-2)$,故

直线方程为 $\begin{cases} x-z=0 \\ 3x-5y-2z-7=0. \end{cases}$

24. **解题过程** 平面与双曲抛物面的交线应满足 $\begin{cases} 2x-12y-z+16=0, \\ x^2-4y^2=2z. \end{cases}$

解得 $y=-\dfrac{z}{16}+2$,此时 $x=\dfrac{z}{8}+4$;$y=-\dfrac{z}{8}+1$,此时 $x=-\dfrac{z}{4}-2$,

故交线为两条直线,分别为 $\begin{cases} x=\dfrac{z}{8}+4, \\ y=-\dfrac{z}{16}+2, \\ z=z, \end{cases} \begin{cases} x=-\dfrac{z}{4}-2, \\ y=-\dfrac{z}{8}+1, \\ z=z, \end{cases}$

其对称式方程为 $\dfrac{x-4}{\dfrac{1}{8}}=\dfrac{y-2}{-\dfrac{1}{16}}=\dfrac{z}{1}$ 和 $\dfrac{x+2}{-\dfrac{1}{4}}=\dfrac{y-1}{-\dfrac{1}{8}}=\dfrac{z}{1}$.

第八章

多元函数微分学

知识网络图

- 多元函数的基本概念
  - 区域
  - 多元函数的概念
  - 多元函数的极限
  - 多元函数的连续性
- 偏导数及其在经济分析中的应用
  - 偏导数的定义及其计算方法
  - 偏导数的几何意义
  - 函数偏导数与函数连续的关系
  - 高阶偏导数
  - 偏边际与偏弹性
- 全微分及其应用
  - 全微分
  - 全微分在近似计算中的应用
- 多元复合函数的求导法则：全微分形式不变性
- 隐函数的求导公式
  - 隐函数存在定理
  - 雅可比式
- 多元函数的极值及其应用
  - 二元函数的极值
  - 二元函数的最大值最小值
  - 条件极值、拉格朗日乘数法
- 最小二乘法

知识点归纳

1. 区域

设 $P_0(x_0, y_0) \in \mathbf{R}^2$,$\delta$ 为某一正数,在 $\mathbf{R}^2$ 中与点 $P_0(x_0, y_0)$ 的距离小于 δ 的点 $P(x,y)$ 的全体,称为点 $P_0(x_0,y_0)$ 的 δ **邻域**,记作 $U(P_0,\delta)$,即

$$U(P_0,\delta) = \{P \in \mathbf{R}^2 \mid |P_0 P| < \delta\}$$
$$= \{(x,y) \mid \sqrt{(x-x_0)^2 + (y-y_0)^2} < \delta\}.$$

在几何上,$U(P_0,\delta)$ 就是平面上以点 $P_0(x_0,y_0)$ 为中心,以 δ 为半径的圆盘(不包括圆周).$U(P_0,\delta)$ 中除去点 $P_0(x_0,y_0)$ 后所剩部分,称为点 $P_0(x_0,y_0)$ 的去心 δ 邻域,记作 $\mathring{U}(P_0,\delta)$.

设集合 $E \subset \mathbf{R}^2$,如果 E 中每一点都是 E 的内点,则称 E 是 $\mathbf{R}^2$ 中的**开集**;如果 E 的余集 E^c 是 $\mathbf{R}^2$ 中的开集,则称 E 是 $\mathbf{R}^2$ 中的**闭集**.

设集合 $E \subset \mathbf{R}^2$,如果存在常数 $k>0$,使得对所有的 $P(x,y) \in E$,都有 $|OP| = \sqrt{x^2+y^2} \leqslant k$,则称 E 是 $\mathbf{R}^2$ 中的**有界集**.一个集合如果不是有界集,就称为**无界集**.

设 E 是 $\mathbf{R}^2$ 中的非空开集,如果对于 E 中任意两点 P_1 与 P_2,总存在 E 中的折线把 P_1 与 P_2 连结起来,则称 E 是 $\mathbf{R}^2$ 中的**区域**(或开区域).可见,区域即为"连通"的开集.开区域连同它的边界一起,称为闭区域.

2. 多元函数的概念

定义 设 D 是 $\mathbf{R}^n$ 的一个非空子集,从 D 到实数集 $\mathbf{R}$ 的任一映射 f 称为定义在 D 上的一个 n 元(实值)函数,记作

$$f: D \subset \mathbf{R}^n \to \mathbf{R}$$

或

$$y = f(\boldsymbol{x}) = f(x_1, x_2, \cdots, x_n), \boldsymbol{x} \in D.$$

其中 $x_1, x_2, \cdots, x_n$ 称为自变量,y 称为因变量,D 称为函数 f 的**定义域**,$f(D) = \{f(\boldsymbol{x}) \mid \boldsymbol{x} \in D\}$ 称为函数 f 的**值域**,并且称 $\mathbf{R}^{n+1}$ 中的子集

$$\{(x_1, x_2, \cdots x_n, y) \mid y = f(x_1, x_2, \cdots x_n), (x_1, x_2, \cdots x_n) \in D\}$$

为函数 $y = f(x_1, x_2, \cdots x_n)$(在 D 上)的**图形**(或图像).

3. 多元函数的极限

定义 设二元函数 $f(P) = f(x,y)$ 的定义域为 D,$P_0(x_0,y_0)$ 是 D 的聚点,如果存在常数 A,使得对于任意给定的正数 ε,总存在正数 δ,只要点 $P(x,y) \in D \cap \mathring{U}(P_0,\delta)$,就有

$$|f(P) - A| = |f(x,y) - A| < \varepsilon,$$

则称 A 为函数 $f(x,y)$ 当 $P(x,y)$(在 D 上)趋于 $P_0(x_0,y_0)$ 时的**极限**,记作

$$\lim_{P \to P_0} f(P) = A, \quad \lim_{(x,y) \to (x_0,y_0)} f(x,y) = A$$

或者

$$f(P) \to A(P \to P_0), f(x,y) \to A((x,y) \to (x_0,y_0)).$$

为了区别一元函数的极限,我们把二元函数的极限叫做**二重极限**.

4. 多元函数的连续性

定义 设二元函数 $f(P) = f(x,y)$ 的定义域为 $D, P_0(x_0, y_0)$ 是 D 的聚点,且 $P_0(x_0, y_0) \in D$,如果

$$\lim_{(x,y) \to (x_0,y_0)} f(x,y) = f(x_0, y_0),$$

则称函数 $f(x,y)$ **在点** $P_0(x_0, y_0)$ **处连续**. 如果 $f(x,y)$ 在 D 的每一点处都连续,则称函数 $f(x,y)$ **在** D **上连续**,或称 $f(x,y)$ 是 D 上的**连续函数**.

有界闭区域上多元连续函数的几个性质:

性质 1 有界闭区域 D 上的多元连续函数是 D 上的有界函数.

性质 2 有界闭区域 D 上的多元连续函数在 D 上存在最大值和最小值.

性质 3 有界闭区域 D 上的多元连续函数必取得介于最大值和最小值之间的任何值.

5. 偏导数的定义及其计算方法

定义 设函数 $z = f(x,y)$ 在点 (x_0, y_0) 的某邻域内有定义,当 y 固定 y_0,而 x 在 x_0 处取得增量 Δx 时,函数相应地取得增量 $f(x_0 + \Delta x, y_0) - f(x_0, y_0)$,如果

$$\lim_{\Delta x \to 0} \frac{f(x_0 + \Delta x, y_0) - f(x_0, y_0)}{\Delta x}$$

存在,则称此极限为函数 $z = f(x,y)$ 在点 (x_0, y_0) **对** x **的偏导数**,记作

$$\left.\frac{\partial z}{\partial x}\right|_{(x_0, y_0)}, z_x(x_0, y_0), \left.\frac{\partial f}{\partial x}\right|_{(x_0, y_0)} 或 f_y(x_0, y_0).$$

类似地,如果

$$\lim_{\Delta y \to 0} \frac{f(x_0, y_0 + \Delta y) - f(x_0, y_0)}{\Delta y}$$

存在,则称此极限为函数 $z = f(x,y)$ 在点 (x_0, y_0) **对** y **的偏导数**,记作

$$\left.\frac{\partial z}{\partial y}\right|_{(x_0, y_0)}, z_y(x_0, y_0), \left.\frac{\partial f}{\partial y}\right|_{(x_0, y_0)} 或 f_y(x_0, y_0).$$

6. 高阶偏导数

偏导数 $\frac{\partial^2 z}{\partial x \partial y}$ 和 $\frac{\partial^2 z}{\partial y \partial x}$ 称为函数 $z = f(x,y)$ 的二阶**混合偏导数**.

定理 如果函数 $z = f(x,y)$ 的两个二阶混合偏导数 $f_{xy}(x,y)$ 与 $f_{yx}(x,y)$ 在区域 D 内连续,那么在该区域内

$$f_{xy}(x,y) = f_{yx}(x,y)$$

二阶混合偏导数在连续的条件下与求导次序无关. 这个性质还可进一步推广:高阶混合偏导数在其连续的条件下与求导次序无关.

7. 全微分

定义 设函数 $z=f(x,y)$ 在点 (x,y) 的某邻域内有定义. 如果函数 $z=f(x,y)$ 在点 (x,y) 的全增量

$$\Delta z = f(x+\Delta x, y+\Delta y) - f(x,y)$$

可以表示为

$$\Delta z = A\Delta x + B\Delta y + o(\rho),$$

其中 A、B 不依赖于 Δx、Δy 而仅与 x、y 有关,$\rho = \sqrt{(\Delta x)^2 + (\Delta y)^2}$,则称函数 $z=f(x,y)$ 在点 (x,y) **可微分**,而 $A\Delta x + B\Delta y$ 称为函数 $z=f(x,y)$ 在点 (x,y) 的**全微分**,记作 $\mathrm{d}z$,即

$$\mathrm{d}z = A\Delta x + B\Delta y.$$

习惯上,自变量的增量 Δx 与 Δy 常写成 $\mathrm{d}x$ 与 $\mathrm{d}y$,并分别称为自变量 x、y 的**微分**. 这样,函数 $z=f(x,y)$ 的全微分也可写为

$$\mathrm{d}z = A\mathrm{d}x + B\mathrm{d}y.$$

当函数 $z=f(x,y)$ 在区域 D 内各点处都可微分时,那么称 $z=f(x,y)$ 在 D 内可微分.

定理1(必要条件) 若函数 $z=f(x,y)$ 在点 (x,y) 可微分,则

(1) $f(x,y)$ 在点 (x,y) 处连续;

(2) $f(x,y)$ 在点 (x,y) 处可偏导,且有 $A=\dfrac{\partial z}{\partial x}$,$B\dfrac{\partial z}{\partial y}$,即 $z=f(x,y)$ 在点 (x,y) 的全微分为

$$\mathrm{d}z = \frac{\partial z}{\partial x}\mathrm{d}x + \frac{\partial z}{\partial y}\mathrm{d}y.$$

定理2(充分条件) 如果函数 $z=f(x,y)$ 的偏导数 $\dfrac{\partial z}{\partial x}$,$\dfrac{\partial z}{\partial y}$ 在点 (x,y) 连续,而函数在该点可微分.

证明略去.

以上关于二元函数全微分的定义及可微分的必要条件和充分条件,可以完全类似地推广到三元和三元以上的多元函数.

通常我们把二元函数的全微分等于它的两个偏微分之和这件事称为二元函数的微分符合**叠加原理**.

叠加原理也适用于二元以上的函数的情形. 例如,如果三元函数 $u=f(x,y,z)$ 可微分,那么它的全微分就等于它的三个偏微分之和,即

$$\mathrm{d}u = \frac{\partial u}{\partial x}\mathrm{d}x + \frac{\partial u}{\partial y}\mathrm{d}y + \frac{\partial u}{\partial z}\mathrm{d}z.$$

8. 多元复合函数的求导法则

(1) 复合函数的中间变量均为一元函数的情形

定理1 如果函数 $u=\varphi(t)$ 及 $v=\psi(t)$ 都在点 t 可导,函数 $z=f(u,v)$ 在对应点 (u,v) 具有连续偏导数,则复合函数 $z=f[\varphi(t),\psi(t)]$ 在点 t 可导,且有

$$\frac{\mathrm{d}z}{\mathrm{d}t} = \frac{\partial z}{\partial u}\frac{\mathrm{d}u}{\mathrm{d}t} + \frac{\partial z}{\partial v}\frac{\mathrm{d}v}{\mathrm{d}t}. \tag{1}$$

该定理可推广到复合函数的中间变量多于两个的情形. 例如, 设 $z=f(u,v,w), u=\varphi(t), v=\psi(t), w=\omega(t)$ 复合而得复合函数
$$z=f[\varphi(t),\psi(t),\omega(t)],$$
则在与定理1类似的条件下, 这复合函数在点 t 可导, 且其导数可用下列公式计算:
$$\frac{\mathrm{d}z}{\mathrm{d}t}=\frac{\partial z}{\partial u}\frac{\mathrm{d}u}{\mathrm{d}t}+\frac{\partial z}{\partial v}\frac{\mathrm{d}v}{\mathrm{d}t}+\frac{\partial z}{\partial w}\frac{\mathrm{d}w}{\mathrm{d}t}. \tag{2}$$

在公式(1)及(2)中的导数 $\frac{\mathrm{d}z}{\mathrm{d}t}$ 称为**全导数**.

(2) 复合函数的中间变量均为多元函数的情形

定理 2　如果函数 $u=\varphi(x,y)$ 及 $v=\psi(x,y)$ 都在点 (x,y) 具有对 x 及对 y 的偏导数, 函数 $z=f(u,v)$ 在对应点 (u,v) 具有连续偏导数, 则复合函数 $z=f[\varphi(x,y),\psi(x,y)]$ 在点 (x,y) 的两个偏导数存在, 且有

$$\frac{\partial z}{\partial x}=\frac{\partial z}{\partial u}\frac{\partial u}{\partial x}+\frac{\partial z}{\partial v}\frac{\partial v}{\partial x}, \tag{3}$$

$$\frac{\partial z}{\partial y}=\frac{\partial z}{\partial u}\frac{\partial u}{\partial y}+\frac{\partial z}{\partial v}\frac{\partial v}{\partial y}. \tag{4}$$

(3) 复合函数的中间变量既有一元函数, 又有多元函数的情形

定理 3　如果函数 $u=\varphi(x,y)$ 在点 (x,y) 具有对 x 及对 y 的偏导数, 函数 $v=\psi(y)$ 在点 y 可导, 函数 $z=f(u,v)$ 在对应点 (u,v) 具有连续偏导数, 则复合函数 $z=f[\varphi(x,y),\psi(y)]$ 在点 (x,y) 的两个偏导数存在, 且有

$$\frac{\partial z}{\partial x}=\frac{\partial z}{\partial u}\frac{\partial u}{\partial x},$$

$$\frac{\partial z}{\partial y}=\frac{\partial z}{\partial u}\frac{\partial u}{\partial y}+\frac{\partial z}{\partial v}\frac{\mathrm{d}v}{\mathrm{d}y}.$$

全微分形式不变性　设函数 $z=f(u,v)$ 具有连续偏导数, 则有全微分
$$\mathrm{d}z=\frac{\partial z}{\partial u}\mathrm{d}u+\frac{\partial z}{\partial v}\mathrm{d}v.$$

如果 u,v 又是 x,y 的函数, 即 $u=\varphi(x,y), v=\psi(x,y)$, 且这两个函数也具有连续偏导数, 则复合函数
$$z=f[\varphi(x,y),\psi(x,y)]$$
的全微分为
$$\mathrm{d}z=\frac{\partial z}{\partial x}\mathrm{d}x+\frac{\partial z}{\partial y}\mathrm{d}y,$$

其中 $\frac{\partial z}{\partial x}$ 及 $\frac{\partial z}{\partial y}$ 分别由公式(3)及(4)给出, 把公式(3)及(4)中的 $\frac{\partial z}{\partial x}$ 及 $\frac{\partial z}{\partial y}$ 代入上式, 得

$$\mathrm{d}z=\left(\frac{\partial z}{\partial u}\frac{\partial u}{\partial x}+\frac{\partial z}{\partial v}\frac{\partial v}{\partial x}\right)\mathrm{d}x+\left(\frac{\partial z}{\partial u}\frac{\partial u}{\partial y}+\frac{\partial z}{\partial v}\frac{\partial v}{\partial y}\right)\mathrm{d}y$$

$$=\frac{\partial z}{\partial u}\left(\frac{\partial u}{\partial x}\mathrm{d}x+\frac{\partial u}{\partial y}\mathrm{d}y\right)+\frac{\partial z}{\partial v}\left(\frac{\partial v}{\partial x}\mathrm{d}x+\frac{\partial v}{\partial y}\mathrm{d}y\right)=\frac{\partial z}{\partial u}\mathrm{d}u+\frac{\partial z}{\partial v}\mathrm{d}v.$$

由此可见, 无论 z 是自变量 u,v 的函数或中间变量 u,v 的函数, 它的全微分形式是一样的. 这

个性质叫做全微分形式不变性.

9. 隐函数的求导公式

隐函数存在定理 1　设函数 $F(x,y)$ 在点 $P(x_0,y_0)$ 的某一邻域内具有连续偏导数,且 $F(x_0,y_0)=0, F_y(x_0,y_0)\neq 0$,则方程 $F(x,y)=0$ 在点 (x_0,y_0) 的某一邻域内恒能唯一确定一个具有连续导数的函数 $y=f(x)$,它满足条件 $y_0=f(x_0)$,并有

$$\frac{dy}{dx}=-\frac{F_x}{F_y}.$$

隐函数存在定理 2　设函数 $F(x,y,z)$ 在点 $P(x_0,y_0,z_0)$ 的某一邻域内具有连续偏导数,且 $F(x_0,y_0,z_0)=0, F_z(x_0,y_0,z_0)\neq 0$,则方程 $F(x,y,z)=0$ 在点 (x_0,y_0,z_0) 的某一邻域内恒能唯一确定一个具有连续偏导数的函数 $z=f(x,y)$,它满足条件 $z_0=f(x_0,y_0)$,并有

$$\frac{\partial z}{\partial x}=-\frac{F_x}{F_z}, \frac{\partial z}{\partial y}=-\frac{F_y}{F_z}.$$

隐函数存在定理 3　设 $F(x,y,u,v), G(x,y,u,v)$ 在点 $P(x_0,y_0,u_0,v_0)$ 的某一邻域内具有对各个变量的连续偏导数,又 $F(x_0,y_0,u_0,v_0)=0, G(x_0,y_0,u_0,v_0)=0$,且偏导数所组成的函数行列式(或称雅可比(Jacobi)式):

$$J=\frac{\partial(F,G)}{\partial(u,v)}=\begin{vmatrix}\frac{\partial F}{\partial u} & \frac{\partial F}{\partial v}\\ \frac{\partial G}{\partial u} & \frac{\partial G}{\partial v}\end{vmatrix}$$

在点 $P(x_0,y_0,u_0,v_0)$ 不等于零,则方程组 $F(x,y,u,v)=0, G(x,y,u,v)=0$ 在点 (x_0,y_0,u_0,v_0) 的某一邻域内恒能唯一确定一组具有连续偏导数的函数 $u=u(x,y), v=v(x,y)$,它们满足条件 $u_0=u(x_0,y_0), v_0=(x_0,y_0)$,并有

$$\frac{\partial u}{\partial x}=-\frac{1}{J}\frac{\partial(F,G)}{\partial(x,v)}=-\frac{\begin{vmatrix}F_x & F_v\\ G_x & G_v\end{vmatrix}}{\begin{vmatrix}F_u & F_v\\ G_u & G_v\end{vmatrix}},$$

$$\frac{\partial v}{\partial x}=-\frac{1}{J}\frac{\partial(F,G)}{\partial(u,x)}=-\frac{\begin{vmatrix}F_u & F_x\\ G_u & G_x\end{vmatrix}}{\begin{vmatrix}F_u & F_v\\ G_u & G_v\end{vmatrix}},$$

$$\frac{\partial u}{\partial y}=-\frac{1}{J}\frac{\partial(F,G)}{\partial(y,v)}=-\frac{\begin{vmatrix}F_y & F_v\\ G_y & G_v\end{vmatrix}}{\begin{vmatrix}F_u & F_v\\ G_u & G_v\end{vmatrix}},$$

$$\frac{\partial v}{\partial y}=-\frac{1}{J}\frac{\partial(F,G)}{\partial(u,y)}=-\frac{\begin{vmatrix}F_u & F_y\\ G_u & G_y\end{vmatrix}}{\begin{vmatrix}F_u & F_v\\ G_u & G_v\end{vmatrix}}.$$

经典例题解析

例1 设函数 $f(u,v)$ 满足 $f(x+y, \dfrac{y}{x}) = x^2 - y^2$，则 $\dfrac{\partial f}{\partial u}\bigg|_{\substack{u=1\\v=1}}$ 与 $\dfrac{\partial f}{\partial v}\bigg|_{\substack{u=1\\v=1}}$ 依次是（　　）.

(A) $\dfrac{1}{2}, 0$　　(B) $0, \dfrac{1}{2}$,　　(C) $-\dfrac{1}{2}, 0$　　(D) $0, -\dfrac{1}{2}$

答案 (D).

解 **方法一**：$u = x+y, v = \dfrac{y}{x}$.

所以 $x = \dfrac{u}{v+1}, y = \dfrac{uv}{v+1}$.

所以 $f(u,v) = \dfrac{u^2}{(v+1)^2} - \dfrac{u^2 v^2}{(v+1)^2} = \dfrac{u^2(1-v)}{v+1}$.

$\dfrac{\partial f}{\partial u} = \dfrac{2u(1-v)}{v+1}, \dfrac{\partial f}{\partial v} = u^2 \cdot \dfrac{-2}{(v+1)^2}$.

$\dfrac{\partial f}{\partial u}\bigg|_{\substack{u=1\\v=1}} = 0, \dfrac{\partial f}{\partial v}\bigg|_{\substack{u=1\\v=1}} = -\dfrac{1}{2}$.

方法二：$f\left(x+y, \dfrac{y}{x}\right) = x^2 - y^2$　　①

(1)式对 x 求导得：$\dfrac{\partial f}{\partial u} - \dfrac{y}{x^2}\dfrac{\partial f}{\partial v} = 2x$　　②

(1)式对 y 求导得：$\dfrac{\partial f}{\partial u} + \dfrac{1}{x}\dfrac{\partial f}{\partial v} = -2y$　　③

由 $u = 1, v = 1$，得 $x = y = 1/2$，代入②③式

解得 $\dfrac{\partial f}{\partial u}\bigg|_{\substack{u=1\\v=1}} = 0, \dfrac{\partial f}{\partial v}\bigg|_{\substack{u=1\\v=1}} = -\dfrac{1}{2}$.

例2 设 $\sum$ 为曲面 $z = x^2 + y^2 (z \leqslant 1)$ 的上侧，计算曲面积分

$$I = \iint\limits_{\sum} (x-1)^3 \mathrm{d}y\mathrm{d}z + (y-1)^3 \mathrm{d}z\mathrm{d}x + (z-1)\mathrm{d}x\mathrm{d}y.$$

解 $\sum_1 \{x, y, z \mid z = 1\}$ 的下侧，使之与 $\sum$ 围成闭合的区域 Ω，

则 $I = \iint\limits_{\sum + \sum_1} - \iint\limits_{\sum_1} = -\iiint\limits_{\Omega} [3(x-1)^2 + 3(y-1)^2 + 1]\mathrm{d}x\mathrm{d}y\mathrm{d}z$

$= -\int_0^{2\pi} \mathrm{d}\theta \int_0^1 \mathrm{d}\rho \int_{\rho^2}^1 [3(\rho\cos\theta - 1)^2 + 3(\rho\sin\theta - 1)^2 + 1]\rho \mathrm{d}z$

$= -\int_0^{2\pi} \mathrm{d}\rho \int_{\rho^2}^1 [3\rho^2 - 6\rho^2 \cos\theta - 6\rho^2 \sin\theta + 7\rho]\mathrm{d}z$

$= -2\pi \int_0^1 (3\rho^3 + 7\rho)(1 - \rho^2)\mathrm{d}\rho = -4\pi.$

例3 曲面 $x^2 + \cos(xy) + yz + x = 0$ 在点 $(0,1,-1)$ 处的切平面方程为( ).

(A) $x - y + z = -2$ (B) $x + y + z = 2$

(C) $x - 2y + z = -3$ (D) $x - y - z = 0$

解 本题考查切平面方程的求法,设

$F(x,y,z) = x^2 + \cos(xy) + yz + x;$

$F_x(x,y,z) = 2x - y\sin(xy) + 1 \Rightarrow F_x(0,1-1) = 1;$

$F_y(x,y,z) = -x\sin(xy) + z \Rightarrow F_y(0,1-1) = -1;$

$F_z(x,y,z) = y \Rightarrow F_z(0,1,-1) = 1.$

所以该曲面在点 $(0,1,-1)$ 处的切平面方程为 $x - (y-1) + (z+1) = 0$ 即 $x - y + z = -2$.

故选(A).

例4 已知 $f(x-y, \ln x) = \left(1 - \dfrac{y}{x}\right) \dfrac{e^x}{e^y \ln(x^x)}$,试求函数 $f(x,y)$ 和 $f(2,1)$ 的值.

分析 引进中间变量,用中间变量表示自变量,代入关系式中求出函数表达式.

解 因 $f(x-y, \ln x) = \left(1 - \dfrac{y}{x}\right) \dfrac{e^x}{e^y \ln(x^x)} = \dfrac{x-y}{x} \cdot \dfrac{e^{x-y}}{x \ln x}$ 令 $\begin{cases} x - y = u, \\ \ln x = v, \end{cases}$

解得 $\begin{cases} x = e^v \\ y = e^v - u \end{cases}$.

代入上式,有 $f(u,v) = \dfrac{u}{e^v} \cdot \dfrac{e^u}{e^v \cdot v} = \dfrac{u}{v} \cdot e^{u-2v}$,

即 $f(x,y) = \dfrac{x}{y} \cdot e^{(x-2y)}$,所以 $f(2,1) = \dfrac{2}{1} \cdot e^{2-2} = 2.$

例5 设 $f(x-y, \ln x) = \left(1 - \dfrac{y}{x}\right) \dfrac{e^x}{e^y \ln(x^x)}$,求 $f(x,y)$.

分析 解决的关键是恰当引入中间变量,令 $u = x - y, v = \ln x$,原表达式再相应凑成关于 u,v 的表达式,或解出 $\begin{cases} x = x(u,v) \\ y = y(u,v) \end{cases}$ 代入表达式右边,由于函数与所用字母无关,因此求得的 $f(u,v) = f(x,y).$

解 令 $u = x - y, v = \ln x$

则 $f(u,v) = \dfrac{x-y}{x} \cdot \dfrac{e^{x-y}}{x \ln x} = \dfrac{u}{e^v} \cdot \dfrac{e^u}{e^v \cdot v} = \dfrac{ue^u}{ve^{2v}},$

所以 $f(x,y) = \dfrac{xe^x}{ye^{2y}}.$

例6 证明 $\lim\limits_{(x,y) \to (0,0)} \dfrac{x^2 y^2}{x^2 + y^2} = 0.$

分析 若已知多元函数极限存在,要证明该极限,一般采用定义直接证明.

在证明过程中,可适当放大 $|f(x,y)-A|$,然后找到相应的 δ 或利用夹逼定理及不等式 $x^2+y^2 \geq 2|x||y|$ 证明.

解 **方法一**

$\because \left|\dfrac{x^2 y^2}{x^2+y^2}\right| \leq |y^2|$

故 $\forall \varepsilon > 0, \exists \delta = \sqrt{\varepsilon} > 0$,当 $|x-0| < \delta, |y-0| < \delta$ 且 $(x,y) \neq (0,0)$ 时,

有 $\left|\dfrac{x^2 y^2}{x^2+y^2} - 0\right| \leq |y^2| < \delta^2 = \varepsilon$.

由极限的定义有 $\lim\limits_{(x,y) \to (0,0)} \dfrac{x^2 y^2}{x^2+y^2} = 0$.

方法二

$\because x^2+y^2 \geq 2|xy|$

$\therefore 0 \leq \left|\dfrac{x^2 y^2}{x^2+y^2}\right| \leq \dfrac{|xy|}{2}$

又 $\because \lim\limits_{(x,y) \to (0,0)} \dfrac{|xy|}{2} = 0$

$\therefore$ 由夹逼定理知 $\lim\limits_{(x,y) \to (0,0)} \dfrac{x^2 y^2}{x^2+y^3} = 0$.

例7 (2006年考研·数四) 设 $f(x,y) = \dfrac{y}{1+xy} - \dfrac{1-y\sin\dfrac{\pi x}{y}}{\arctan x}, x>0, y>0$,求

(1) $g(x) = \lim\limits_{y \to +\infty} f(x,y)$;(2) $\lim\limits_{x \to 0^+} g(x)$.

分析 在求极限 $\lim\limits_{y \to +\infty} f(x,y)$ 时,将 x 当作常数看待,实际上是一元函数的求极限问题.

解 (1) $g(x) = \lim\limits_{y \to +\infty} \left(\dfrac{y}{1+xy} - \dfrac{1-y\sin\dfrac{\pi x}{y}}{\arctan x}\right) = \dfrac{1}{x} - \dfrac{1}{\arctan x}\left(1 - \lim\limits_{y \to +\infty} \dfrac{\pi x \sin\dfrac{\pi x}{y}}{\pi \dfrac{x}{y}}\right)$

$= \dfrac{1}{x} - \dfrac{1-\pi x}{\arctan x}.$

(2) $\lim\limits_{x \to 0^+} g(x) = \lim\limits_{x \to 0^+} \left(\dfrac{1}{x} - \dfrac{1-\pi x}{\arctan x}\right) = \lim\limits_{x \to 0^+} \dfrac{\arctan x - (1-\pi x)x}{x \arctan x}$

$= \lim\limits_{x \to 0^+} \dfrac{\arctan x - (1-\pi x)x}{x^2} = \lim\limits_{x \to 0^+} \dfrac{\dfrac{1}{1+x^2} - (1-2\pi x)}{2x}$

$= \lim\limits_{x \to 0^+} \left[\dfrac{1}{2x(1+x^2)} - \dfrac{1}{2x} + \pi\right] = \pi.$

例8 求极限 $\lim\limits_{(x,y) \to (2,0)} \dfrac{\sin(xy)}{y}$.

解 因为 $\lim\limits_{(x,y)\to(2,0)}(xy)=0$,所以

$$\lim_{(x,y)\to(2,0)}\frac{\sin(xy)}{y}=\lim_{(x,y)\to(2,0)}\left[\frac{\sin(xy)}{xy}\cdot x\right]$$

$$=\lim_{(x,y)\to(2,0)}\frac{\sin(xy)}{xy}\cdot\lim_{(x,y)\to(2,0)}x$$

$$\xrightarrow{\diamondsuit\,t=xy}\lim_{t\to 0}\frac{\sin t}{t}\cdot 2=1\times 2=2.$$

例 9 (2008 年考研·数三) 设 $f(x,y)=\mathrm{e}^{\sqrt{x^2+y^2}}$,则函数在原点偏导存在的情况是( ).
(A) $f'_x(0,0)$ 存在,$f'_y(0,0)$ 存在 (B) $f'_x(0,0)$ 存在,$f'_y(0,0)$ 不存在
(C) $f'_x(0,0)$ 不存在,$f'_y(0,0)$ 存在 (D) $f'_x(0,0)$ 不存在,$f'_y(0,0)$ 不存在

解 本题应选(C).

因为 $f'_x(0,0)=\lim\limits_{x\to 0}\dfrac{f(0+x,)-f(0,0)}{x-0}=\lim\limits_{x\to 0}\dfrac{\mathrm{e}^{\sqrt{x^2+a^4}}-1}{x-0}=\lim\limits_{x\to 0}\dfrac{\mathrm{e}^{|x|}-1}{x-0}$

而 $\lim\limits_{x\to 0^+}\dfrac{\mathrm{e}^{|x|}-1}{x-0}=\lim\limits_{x\to 0^-}\dfrac{\mathrm{e}^{-x}-1}{x-0}=\lim\limits_{x\to 0^-}(-\mathrm{e}^{-x})=-1$,

有 $\lim\limits_{x\to 0^+}\dfrac{\mathrm{e}^x-1}{x-0}\ne\lim\limits_{x\to 0^-}\dfrac{\mathrm{e}^{-x}}{x-0}$,所以偏导数 $f'_x(0,0)$ 不存在.

$f'_y(0,0)=\lim\limits_{y\to 0}\dfrac{f(0,0+y)-f(0,0)}{y-0}=\lim\limits_{y\to 0}\dfrac{\mathrm{e}^{\sqrt{0+y^4}}-1}{y-0}=\lim\limits_{y\to 0}\dfrac{\mathrm{e}^{y^2}-1}{y-0}=\lim\limits_{y\to 0}2y\mathrm{e}^{y^2}=0$,

所以偏导数 $f'_y(0,0)$ 存在.

> **特别提醒** 本题必须用偏导数的定义计算,而不能先求出偏导函数,再计算.

例 10 求可导定点处的一阶偏导数.

分析 求可导函数 $z=f(x,y)$ 在定点 (x_0,y_0) 处的一阶偏导数的方法.

方法一 先将自变量 y(或 x)固定在 y_0(或 x_0),得函数 $z_1=f(x,y_0)$(或 $z_2=f(x_0,y)$,然后求 $\dfrac{\mathrm{d}z_1}{\mathrm{d}x}$(或 $\dfrac{\mathrm{d}z_2}{\mathrm{d}y}$),最后代入 $x=x_0$(或 $y=y_0$)求得 $f'_x(x_0,y_0)$(或 $f'_y(x_0,y_0)$).

方法二 先求偏导函数 $f'_x(x,y),f'_y(x,y)$,然后代入点 (x_0,y_0),求得结果.

例 11 设 $z=(y-1)\sqrt{1+x^2}\sin xy+x^3$,求 $z'_x(2,1)$.

解 因为 $z(x,1)=x^3$,$\dfrac{\mathrm{d}z(x,1)}{\mathrm{d}x}=3x^2$,所以 $z'_x(2,1)=\dfrac{\mathrm{d}z(x,1)}{\mathrm{d}x}\bigg|_{x=2}=3x^2\bigg|_{x=2}=12.$

例 12 设 $z=\arctan\dfrac{y}{x}$,求 $\dfrac{\partial z}{\partial x}$ 和 $\dfrac{\partial z}{\partial y}$ 及 $\dfrac{\partial^2 z}{\partial x\partial y}$.

分析 要求二阶偏导数,首先要求出一阶偏导数 $\dfrac{\partial z}{\partial x}$ 和 $\dfrac{\partial z}{\partial y}$ 在对 $\dfrac{\partial z}{\partial x}$ 求关于 x 的偏导数,即把 $\dfrac{\partial z}{\partial x}$ 中的 y

看作常数,对 x 求导,这样便得到了 $\dfrac{\partial^2 z}{\partial x^2}$. 同理求 $\dfrac{\partial^2 z}{\partial y^2}, \dfrac{\partial^2 z}{\partial x \partial y}$.

解 $\dfrac{\partial z}{\partial x} = \dfrac{1}{1+(y/x)^2}\left(-\dfrac{y}{x^2}\right) = -\dfrac{y}{x^2+y^2}$;

$\dfrac{\partial z}{\partial y} = \dfrac{1}{1+(y/x)^2} \cdot \dfrac{1}{x} = \dfrac{x}{x^2+y^2}$;

所以 $\dfrac{\partial^2 z}{\partial x^2} = \dfrac{2xy}{(x^2+y^2)^2}, \dfrac{\partial^2 z}{\partial y^2} = -\dfrac{2xy}{(x^2+y^2)^2}$;

$\dfrac{\partial^2 z}{\partial x \partial y} = -\dfrac{(x^2+y^2)-y \cdot 2y}{(x^2+y^2)^2} = -\dfrac{x^2-y^2}{(x^2+y^2)^2}$.

例 13 设 $f(x,y,z) = xy^2 + yz^2 + zx^2$,求 $f''_{xx}(0,0,1), f''_{xx}(1,0,2), f''_{yz}(0,-1,0)$ 及 $f'''_{zzx}(2,0,1)$.

解 $\because f'_x(x,y,z) = y^2 + 2xz, f''_{xx}(x,y,z) = 2x, f''_{xx}(x,y,z) = 2x$

$\therefore f''_{xx}(0,0,1) = 2, f''_{xx}(1,0,2) = 2$.

$\because f'_y(x,y,z) = 2xy + z^2, f''_{yz}(x,y,z) = 2z$.

$\therefore f''_{yz}(0,-1,0) = 0$.

$\because f'_z(x,y,z) = 2yz + x^2, f''_{zz}(x,y,z) = 2y, f'''_{zzx}(x,y,z) = 0$

$\therefore f'''_{zzx}(2,0,1) = 0$.

例 14 求 $(1.97)^{1.05}$ 的近似值 $(\ln 2 = 0.693)$.

分析 利用 $f(x+\Delta x, y+\Delta y) \approx f(x,y) + f'_x(x,y)\Delta x + f'_y(x,y)\Delta x$.

解 令 $z = x^y$,则

$(x+\Delta x)^{y+\Delta y} \approx x^y + \dfrac{\partial z}{\partial y}\Delta x + \dfrac{\partial z}{\partial y}\Delta y = x^y + yx^{y-1}\Delta x + x^y \ln x \Delta y$

取 $x = 2, y = 1, \Delta x = -0.03, \Delta y = 0.05$ 得 $(1.97)^{1.05} \approx 2.039$.

例 15 设 $z = x^2 + 3xy - y^2$,而 $x = t^2, y = t$,求 $\dfrac{dz}{dt}, \dfrac{d^2 z}{dt^2}$.

分析 分析复合路径.

z 与自变量 t 之间有两条路径,对每条路径都用链式求导,然后将所有路径的链式求导叠加,又由于复合函数是一元函数,故为全导数.

解 $\dfrac{dz}{dt} = \dfrac{\partial z}{\partial x}\dfrac{dx}{dt} + \dfrac{\partial z}{\partial y}\dfrac{dy}{dt} = (2x+3y)2t + (3x-2y)$

$= (2t^2+3t)2t + 3t^2 + 2t = 4t^3 + 9t^2 - 2t$

$\dfrac{d^2 z}{dt^2} = 12t^2 + 18t - 2$.

课后习题全解

习题 8-1

1. **解题过程** (1) $f(x+y, \dfrac{y}{x}) = (x+y)^2 - (\dfrac{y}{x})^2$；

   (2) 令 $a = x+y, b = \dfrac{y}{x}$，则 $x = \dfrac{a}{1+b}, y = \dfrac{ab}{1+b}$，

   $f(a,b) = (\dfrac{a}{1+b})^2 - (\dfrac{ab}{1+b})^2 = \dfrac{a^2 - a^2 b^2}{(1+b)^2} = \dfrac{a^2(1-b^2)}{(1+b)^2}$，

   故 $f(x,y) = \dfrac{x^2(1-y^2)}{(1+y)^2}$.

2. **解题过程** (1) 定义域为 $4x^2 + y^2 \geqslant 1$;

   (2) 定义域为 $xy > 0$;

   (3) 定义域为 $\{-1 \leqslant x \leqslant 1, y \leqslant -1\} \cup \{-1 \leqslant x \leqslant 1, y \geqslant 1\}$；

   (4) 定义域为 $\{(x,y) -x-1 < y < x+1, -1 < x \leqslant 0\} \cup \{(x,y) x-1 < y < 1-x, 0 \leqslant x < 1\}$.

   绘图略.

3. **解题过程** (1) 当 (x,y) 沿直线 $y = kx (k \neq 1)$ 趋向于 $(0,0)$ 时，

   $\lim\limits_{\substack{x \to 0 \\ y = kx}} f(x,y) = \lim\limits_{\substack{x \to 0 \\ y = kx}} \dfrac{kx^3}{(1-k^3)x^3} = \dfrac{k}{1-k^3}$，

   极限值随 k 变化，故不存在.

   (2) 当 (x,y) 沿 $y = kx^2 - x (k \neq 0)$ 趋向 $(0,0)$ 时，

   $\lim\limits_{\substack{x \to 0 \\ y = kx^2 - x}} f(x,y) = \lim\limits_{\substack{x \to 0 \\ y = kx^2 - x}} \dfrac{kx^3 - x^2}{kx^2} = -\dfrac{1}{k}$，

   极限值随 k 变化，故不存在.

4. **解题过程** (1) 原式 $= \dfrac{1 \times 3}{\sqrt{1 \times 3 + 1} - 1} = 3$；

   (2) 原式 $= \lim\limits_{(x,y) \to (0,0)} \dfrac{4 - xy - 4}{xy(2 + \sqrt{xy + 4})} = \lim\limits_{(x,y) \to (0,0)} \dfrac{-xy}{xy(2 + \sqrt{xy + 4})} = -\dfrac{1}{4}$；

   (3) 原式 $= \lim\limits_{(x,y) \to (0,0)} x \cdot \sin\dfrac{1}{y} + \lim\limits_{(x,y) \to (0,0)} y \cdot \sin\dfrac{1}{x} = 0 + 0 = 0$；

   (4) 令 $x = \rho\cos\theta, y = \rho\sin\theta$，

   原式 $= \lim\limits_{\rho \to 0} \dfrac{\rho^3 \cos^3\theta + \rho^3 \sin^3\theta}{\rho^2} = \lim\limits_{\rho \to 0}(\rho \cdot \cos^3\theta + \rho\sin^3\theta) = 0$.

5. **解题过程** (1) 在 $x = y^2$ 处无定义，故在此间断；

(2)在 $\sin x \cdot \cos y = 0$ 处,即 $\{(x,y) \mid x = k\pi, y \in R\} \cup \{(x,y) \mid y = k\pi + \frac{\pi}{2}, x \in R\}, k \in z$.

6. **解题过程** 略.

习题 8-2

1. **解题过程** (1) $\dfrac{\partial z}{\partial x} = \dfrac{1}{3}^{-\frac{4}{3}}, \dfrac{\partial z}{\partial y} = -6y^{-3}$;

(2) $\dfrac{\partial z}{\partial x} = \dfrac{y}{2\sqrt{\ln(xy)}}, \dfrac{\partial z}{\partial y} = \dfrac{x}{2\sqrt{\ln(xy)}}$

(3) $S = \dfrac{u-v+2v}{u-v} = 1 + \dfrac{2v}{u-v}$

$\dfrac{\partial S}{\partial u} = \dfrac{-2v}{(u-v)^2}, \dfrac{\partial S}{\partial v} = \dfrac{2(u-v)+2v}{(u-v)^2} = \dfrac{2u}{(u-v)^2}$;

(4) $\dfrac{\partial z}{\partial x} = \dfrac{1}{\tan\frac{x}{y}} \cdot \sec^2 \dfrac{x}{y} \cdot \dfrac{1}{y} = \dfrac{1}{y} \cdot \dfrac{\cos\frac{x}{y}}{\sin\frac{x}{y}} \cdot \dfrac{1}{\cos^2\frac{x}{y}} = \dfrac{2}{y} \csc \dfrac{2x}{y}$,

$\dfrac{\partial z}{\partial y} = \dfrac{1}{\tan\frac{x}{y}} \cdot \sec^2 \dfrac{x}{y} \cdot \left(-\dfrac{x}{y^2}\right) = -\dfrac{2x}{y^2} \csc \dfrac{2x}{y}$;

(5) $\dfrac{\partial u}{\partial x} = \cos \dfrac{x}{y} \cdot \dfrac{1}{y} \cdot \cos \dfrac{y}{x} + \sin \dfrac{x}{y} \cdot (-\sin \dfrac{y}{x}) \cdot (-\dfrac{y}{x^2})$

$= \dfrac{1}{y} \cos \dfrac{x}{y} \cdot \cos \dfrac{y}{x} + \dfrac{y}{x^2} \sin \dfrac{x}{y} \cdot \sin \dfrac{y}{x}$,

$\dfrac{\partial u}{\partial y} = \cos \dfrac{x}{y} \cdot (-\dfrac{x}{y^2}) \cdot \cos \dfrac{y}{x} + \sin \dfrac{x}{y} (-\sin \dfrac{y}{x}) \cdot \dfrac{1}{x}$

$= -\dfrac{x}{y^2} \cos \dfrac{x}{y} \cdot \cos \dfrac{y}{x} - \dfrac{1}{x} \sin \dfrac{x}{y} \cdot \sin \dfrac{y}{x}$,

$\dfrac{\partial u}{\partial z} = 1$;

(6) $\dfrac{\partial u}{\partial x} = \dfrac{y}{z} \cdot x^{\frac{y}{z}-1}$,

$\dfrac{\partial u}{\partial y} = x^{\frac{y}{z}} \cdot \dfrac{1}{z} \ln x = \dfrac{\ln x}{z} \cdot x^{\frac{y}{z}}$,

$\dfrac{\partial u}{\partial z} = x^{\frac{y}{z}} \cdot (-\dfrac{y}{z^2}) \ln x = -\dfrac{y \ln x}{z^2} \cdot x^{\frac{y}{z}}$;

(7) $\dfrac{\partial z}{\partial x} = y(1+xy)^{y-1} \cdot y = y^2 \cdot (1+xy)^{y-1}$,

$\dfrac{\partial z}{\partial y} = (1+xy)^y \cdot \left[\dfrac{xy}{1+xy} + \ln(1+xy)\right]$;

(8) $\dfrac{\partial f}{\partial \rho} = e^{t\varphi}$,

$$\frac{\partial f}{\partial \varphi} = \rho \cdot e^{t\varphi} \cdot t - e^{-\varphi} = \rho \cdot t e^{t\varphi} - e^{-\varphi},$$

$$\frac{\partial f}{\partial t} = \rho \cdot e^{t\varphi} \cdot \varphi + 1 = \rho \cdot \varphi \cdot e^{t\varphi} + 1.$$

2. **解题过程** $z_x = \frac{1}{2}x$，在点 $(2,4,5)$ 处，$z_x = 1$，即表示曲线在点 $(2,4,5)$ 处的切线对于 x 轴的斜率为 1. 设相应的倾角为 θ，则有 $\tan\theta = 1$，故所求切线对于 x 轴的倾角为 $\frac{\pi}{4}$.

3. **解题过程** 若存在设为 $f(x,y)$，则由 $f_x(x,y) = x + 4y$ 可知 $f(x,y) = \frac{1}{2}x^2 + 4xy + g(y)$，其中 $g(y)$ 是关于 y 的函数，不含 x.
   则 $f_y(x,y) = 4x + g'(y)$ 与 $f_y(x,y) = 3x - y$ 矛盾.
   故不存在这样的函数.

4. **解题过程** (1) $\dfrac{\partial r}{\partial x} = \dfrac{2x}{2\sqrt{x^2+y^2+z^2}} = \dfrac{x}{r}$，$\dfrac{\partial r}{\partial y} = \dfrac{2y}{2\sqrt{x^2+y^2+z^2}} = \dfrac{y}{r}$，$\dfrac{\partial r}{\partial z} = \dfrac{2z}{2\sqrt{x^2+y^2+z^2}} = \dfrac{z}{r}$，

   故 $\left(\dfrac{\partial r}{\partial x}\right)^2 + \left(\dfrac{\partial r}{\partial y}\right)^2 + \left(\dfrac{\partial r}{\partial z}\right)^2 = \dfrac{x^2}{r^2} + \dfrac{y^2}{r^2} + \dfrac{z^2}{r^2} = \dfrac{x^2+y^2+z^2}{r^2} = 1$；

   (2) $\dfrac{\partial^2 r}{\partial x^2} = \dfrac{1}{r} + x\left(-\dfrac{1}{r^2}\right) \cdot \dfrac{x}{r} = \dfrac{1}{r} - \dfrac{1}{r} \cdot \dfrac{x^2}{r^2}$,

   $\dfrac{\partial^2 r}{\partial y^2} = \dfrac{1}{r} + y\left(-\dfrac{1}{r^2}\right) \cdot \dfrac{y}{r} = \dfrac{1}{r} - \dfrac{1}{r} \cdot \dfrac{y^2}{r^2}$,

   $\dfrac{\partial^2 r}{\partial z^2} = \dfrac{1}{r} + z\left(-\dfrac{1}{r^2}\right) \cdot \dfrac{z}{r} = \dfrac{1}{r} - \dfrac{1}{r} \cdot \dfrac{z^2}{r^2}$,

   故 $\dfrac{\partial^2 r}{\partial x^2} + \dfrac{\partial^2 r}{\partial y^2} + \dfrac{\partial^2 r}{\partial z^2} = \dfrac{1}{r} - \dfrac{1}{r} \cdot \dfrac{x^2}{r^2} + \dfrac{1}{r} - \dfrac{1}{r} \cdot \dfrac{y^2}{r^2} + \dfrac{1}{r} - \dfrac{1}{r} \cdot \dfrac{z^2}{r^2}$

   $= \dfrac{3}{r} - \dfrac{1}{r} \cdot \left(\dfrac{x^2}{r^2} + \dfrac{y^2}{r^2} + \dfrac{z^2}{r^2}\right) = \dfrac{3}{r} - \dfrac{1}{r} \cdot 1 = \dfrac{2}{r}$.

5. **解题过程** (1) $\dfrac{\partial z}{\partial x} = 2y \cdot x^{2y-1}$，$\dfrac{\partial z}{\partial y} = x^{2y} \cdot 2 \cdot \ln x$,

   $\dfrac{\partial^2 z}{\partial x^2} = 2y \cdot (2y-1) \cdot x^{2y-2}$,

   $\dfrac{\partial^2 z}{\partial x \cdot \partial y} = 2 \cdot x^{2y-1} + 2y \cdot x^{2y-1} 2 \cdot \ln x = 2x^{2y-1}(1 + 2y \cdot \ln x)$,

   $\dfrac{\partial^2 z}{\partial y^2} = x^{2y} \cdot 2 \cdot \ln x \cdot 2 \cdot \ln x = 4(\ln x)^2 \cdot x^{2y}$;

   (2) $\dfrac{\partial z}{\partial x} = \dfrac{1}{1+\left(\dfrac{y}{x}\right)^2} \cdot \left(-\dfrac{y}{x^2}\right) = -\dfrac{y}{x^2+y^2}$，$\dfrac{\partial z}{\partial y} = \dfrac{1}{1+\left(\dfrac{y}{x}\right)^2} \cdot \dfrac{1}{x} = \dfrac{x}{x^2+y^2}$,

   $\dfrac{\partial^2 z}{\partial x^2} = \dfrac{2xy}{(x^2+y^2)^2}$，$\dfrac{\partial^2 z}{\partial x \partial y} = -\dfrac{x^2-y^2}{(x^2+y^2)^2}$，$\dfrac{\partial^2 z}{\partial y^2} = -\dfrac{2xy}{(x^2+y^2)^2}$.

6. **解题过程** $\dfrac{\partial z}{\partial x} = y \dfrac{1}{xy} \cdot y = \dfrac{y}{x}$，$\dfrac{\partial z}{\partial y} = \ln(xy) + y \cdot \dfrac{x}{xy} = \ln(xy) + 1$,

$$\frac{\partial^2 z}{\partial x^2} = -\frac{y}{x^2}, \frac{\partial^2 z}{\partial x \partial y} = \frac{1}{x},$$

$$\frac{\partial^3 z}{\partial x^2 \partial y} = -\frac{1}{x^2}, \frac{\partial^3 z}{\partial x \partial y^2} = 0.$$

7. **解题过程** $\frac{\partial z}{\partial t} = 2 \cdot 2\cos\left(x - \frac{t}{2}\right) \cdot \left[-\sin\left(x - \frac{t}{2}\right)\right] \cdot \left(-\frac{1}{2}\right) = \sin(2x - t),$

$$\frac{\partial z}{\partial x} = -4\cos\left(x - \frac{t}{2}\right) \cdot \sin\left(x - \frac{t}{2}\right) = -2\sin(2x - t),$$

$$\frac{\partial^2 z}{\partial t^2} = \cos(2x - t)(-1) = -\cos(2x - t),$$

$$\frac{\partial^2 z}{\partial x \cdot \partial t} = -2\cos(2x - t) \cdot (-1) = 2\cos(2x - t),$$

故 $2\frac{\partial^2 z}{\partial t^2} + \frac{\partial^2 z}{\partial x \partial t} = 0.$

8. **解题过程** (1) X 公司：$P_X = 500, Q_X = 100,$

则 $\eta_X = \left|\frac{dQ_X}{dP_X} \times \frac{P_X}{Q_X}\right| = \frac{1}{5} \times \frac{P_X}{Q_X},$

故 X 公司的自价格弹性为 $\frac{1}{5} \times \frac{500}{100} = 1.$

Y 公司：$P_Y = 600, Q_Y = 250,$

则 $\eta_y = \left|\frac{dQ_Y}{dP_Y} \times \frac{P_Y}{Q_Y}\right| = \frac{1}{4} \times \frac{P_Y}{Q_Y},$

故 Y 公司的自价格弹性为 $\frac{1}{4} \times \frac{600}{250} = 0.6.$

(2) 当 $Q_X = 75$ 时，$P_X = 625$；$Q_Y = 300$ 时，$P_Y = 400.$

则弧交叉弹性公式：$E_{XY} = \dfrac{\dfrac{Q_{X_2} - Q_{X_1}}{Q_{X_2} + Q_{X_1}}}{\dfrac{P_{Y_2} - P_{Y_1}}{P_{Y_2} + P_{Y_1}}}.$

则 X 公司产品弧交叉价格弹性为 $\dfrac{\dfrac{75 - 100}{75 + 100}}{\dfrac{400 - 600}{400 + 600}} = 0.714.$

9. **解题过程** $E_{11} = \frac{P_1}{Q_1} \cdot \frac{\partial Q_1}{\partial P_1} = \frac{\partial \ln Q_1}{\partial \ln P_1}, E_{12} = \frac{P_2}{Q_1} \frac{\partial Q_1}{\partial P_2} = \frac{\partial \ln Q_1}{\partial \ln P_2}, E_{1y} = \frac{\partial \ln Q_1}{\partial \ln y}.$

则又 $Q_1 = C p_1^{-\alpha} \cdot P_2^{-\beta} y^\gamma$ 取对数得

$\ln Q_1 = \ln C - \alpha \ln P_1 - \beta \ln P_2 + \gamma \cdot \ln y.$

故 $E_{11} = -\alpha, E_{12} = -\beta, E_{1y} = \gamma.$

习题 8-3

1. **解题过程** (1) $\frac{\partial z}{\partial x} = 3e^{-y} - \frac{1}{\sqrt{x}}, \frac{\partial z}{\partial y} = -3xe^{-y},$

故 $dz = \dfrac{\partial z}{\partial x}dx + \dfrac{\partial z}{\partial y}dy = (3e^{-y} - \dfrac{1}{\sqrt{x}})dx - 3x \cdot e^{-y} \cdot dy$；

(2) $\dfrac{\partial z}{\partial x} = e^{\frac{y}{x}} \cdot (y \cdot -\dfrac{1}{x^2}) = -e^{\frac{y}{x}}\dfrac{y}{x^2}$,

$\dfrac{\partial z}{\partial y} = e^{\frac{y}{x}} \cdot \dfrac{1}{x}$,

故 $dz = -e^{\frac{y}{x}} \cdot \dfrac{y}{x^2}dx + e^{\frac{y}{x}} \cdot \dfrac{1}{x}dy$；

(3) $\dfrac{\partial u}{\partial x} = y^{zx} \cdot z \cdot \ln y$, $\dfrac{\partial u}{\partial y} = x \cdot z \cdot y^{zx-1}$, $\dfrac{\partial u}{\partial z} = x \cdot y^{zx} \cdot \ln y$,

则 $du = zy^{zx} \cdot \ln y \cdot dx + xz \cdot y^{zx-1}dy + xy^{zx} \cdot \ln y \cdot dz$.

2. **解题过程** $\dfrac{\partial z}{\partial x} = \dfrac{2x}{1+x^2+y^2}$, $\dfrac{\partial z}{\partial y} = \dfrac{2y}{1+x^2+y^2}$,

$\dfrac{\partial z}{\partial x}\Big|_{\substack{x=1\\y=2}} = \dfrac{1}{3}$, $\dfrac{\partial z}{\partial y}\Big|_{\substack{x=1\\y=2}} = \dfrac{2}{3}$,

故 $dz = \dfrac{1}{3}dx + \dfrac{2}{3}dy$.

3. **解题过程** $\dfrac{\partial z}{\partial x} = e^{xy} \cdot y$, $\dfrac{\partial z}{\partial y} = e^{xy} \cdot x$,

$\dfrac{\partial z}{\partial x}\Big|_{\substack{x=1\\y=1}} = e$, $\dfrac{\partial z}{\partial y}\Big|_{\substack{x=1\\y=1}} = e$,

$\Delta z \approx \dfrac{\partial z}{\partial x} \cdot \Delta x + \dfrac{\partial z}{\partial y} \cdot \Delta y = e \times 0.1 - 0.2 \cdot e = -0.1 \cdot e$.

4. **解题过程** (1) 设 $z = x^y$, 则 $\dfrac{\partial z}{\partial x} = y \cdot x^{y-1}$, $\dfrac{\partial z}{\partial y} = x^y \cdot \ln x$,

当 $x=2, y=1, \Delta x = -0.03, \Delta y = 0.05$ 时,

$\dfrac{\partial z}{\partial x}\Big|_{\substack{x=2\\y=1}} = 1$, $\dfrac{\partial z}{\partial y}\Big|_{\substack{x=2\\y=1}} = 2^1 \cdot \ln 2 = 2 \times 0.693 = 1.386$,

$\Delta z \approx \dfrac{\partial z}{\partial x}\Delta x + \dfrac{\partial z}{\partial y}\Delta y = 1 \times (-0.03) + 0.05 \times 1.386 = 0.039$,

故 $(1.97)^{1.05} \approx 2^1 + 0.039 = 2.039$；

(2) 设 $z = \sqrt{x^3 + y^3}$, $\dfrac{\partial z}{\partial x} = \dfrac{3x^2}{2\sqrt{x^3+y^3}}$, $\dfrac{\partial z}{\partial y} = \dfrac{3y^2}{2\sqrt{x^3+y^3}}$,

当 $x=1, y=2, \Delta x = 0.02, \Delta y = -0.03$ 时, $\dfrac{\partial z}{\partial x}\Big|_{\substack{x=1\\y=2}} = \dfrac{1}{2}$, $\dfrac{\partial z}{\partial y}\Big|_{\substack{x=1\\y=2}} = 2$,

$\Delta z \approx \dfrac{1}{2} \times 0.02 - 0.03 \times 2 = -0.05$,

则 $\sqrt{(1.02)^3 + (1.97)^3} \approx \sqrt{1^3 + 2^3} - 0.05 = 2.95$.

5. **解题过程** 设矩形一个点位于原点, x 边位于 x 轴, y 边位于 y 轴, 对角线为 p. 则 $p = \sqrt{x^2 + y^2}$,

$dp = \dfrac{x}{\sqrt{x^2+y^2}}dx + \dfrac{y}{\sqrt{x^2+y^2}}dy$,

当 $x=6, y=8, \Delta x=0.002, \Delta y=-0.005$ 时，

$\Delta P \approx \dfrac{6}{10} \times 0.002 + \dfrac{8}{10} \times (-0.005) = -2.8$mm，

$S=xy$，则 $\dfrac{\partial S}{\partial x}=y, \dfrac{\partial S}{\partial y}=x$．

$\Delta S = y \cdot \Delta x + x \cdot \Delta y = 8 \times 0.002 - 6 \times 0.005 = -14000$mm^2．

6. **解题过程** 体积为 $V=\pi r^2 h$．

$\dfrac{\partial V}{\partial r}=2\pi rh, \dfrac{\partial V}{\partial h}=\pi r^2$．

$\mathrm{d}v = 2\pi rh\mathrm{d}r + \pi r^2 \mathrm{d}h$．

当 $r=4, h=20, \Delta r=0.1, \Delta h=0.1$ 时，

$\Delta V \approx 2\times \pi \times 4 \times 20.0.1 + \pi \times (4)^2 \cdot 0.1 = 17.6\pi$cm^3．

习题 8-4

1. **解题过程** (1) $\dfrac{\mathrm{d}z}{\mathrm{d}x} = \dfrac{\partial z}{\partial u} \cdot \dfrac{\mathrm{d}u}{\mathrm{d}x} + \dfrac{\partial z}{\partial v} \cdot \dfrac{\mathrm{d}v}{\mathrm{d}x} = -\dfrac{v}{u^2} \cdot \dfrac{1}{x} + \dfrac{1}{u} \cdot e^x = \dfrac{-e^x}{x \cdot (\ln x)^2} + \dfrac{e^x}{\ln x}$；

(2) $\dfrac{\mathrm{d}z}{\mathrm{d}t} = \dfrac{\partial z}{\partial x} \cdot \dfrac{\mathrm{d}x}{\mathrm{d}t} + \dfrac{\partial z}{\partial y} \cdot \dfrac{\mathrm{d}y}{\mathrm{d}t} = \dfrac{1}{1+(x-y)^2} \cdot 3 + \dfrac{-1}{1+(x-y)^2} 12 \cdot t^2 = \dfrac{3-12t^2}{1+(3t-4t^3)^2}$；

(3) $\dfrac{\mathrm{d}z}{\mathrm{d}x} = \dfrac{\partial z}{\partial x} + \dfrac{\partial z}{\partial y} \cdot \dfrac{\mathrm{d}y}{\mathrm{d}x} + \dfrac{\partial z}{\partial t} \cdot \dfrac{\mathrm{d}t}{\mathrm{d}x} = y + (x+t) \cdot 2^x \cdot \ln 2 + y \cdot \cos x$
$= 2^x \cdot (x \cdot \ln 2 + \sin x \cdot \ln 2 + \cos x + 1)$．

2. **解题过程** (1) $\dfrac{\partial z}{\partial x} = \dfrac{\partial z}{\partial u} \cdot \dfrac{\partial u}{\partial x} + \dfrac{\partial z}{\partial v} \cdot \dfrac{\partial v}{\partial x} = (e^{\frac{u}{v}} + \dfrac{u}{v} e^{\frac{u}{v}}) 2x + u \cdot e^{\frac{u}{v}} (-\dfrac{u}{v^2}) \cdot y$

$= e^{\frac{u}{v}} [(2x + \dfrac{u}{v} \cdot 2x + u \cdot (-\dfrac{u}{v^2}) \cdot y] = e^{\frac{x^2+y^2}{xy}} [2x + \dfrac{2(x^2+y^2)}{y} - \dfrac{(x^2+y^2)^2}{x^2 y}]$，

$\dfrac{\partial z}{\partial y} = \dfrac{\partial z}{\partial u} \cdot \dfrac{\partial u}{\partial y} + \dfrac{\partial z}{\partial v} \cdot \dfrac{\partial v}{\partial y} = e^{\frac{x^2+y^2}{xy}} [2y + \dfrac{2(x^2+y^2)}{x} - \dfrac{(x^2+y^2)^2}{xy^2}]$；

(2) $\dfrac{\partial z}{\partial u} = \dfrac{\partial z}{\partial x} \cdot \dfrac{\partial x}{\partial u} + \dfrac{\partial z}{\partial y} \cdot \dfrac{\partial y}{\partial u} = 2x \cdot \ln y \cdot (\dfrac{1}{v}) + \dfrac{x^2}{y} \cdot 3$

$= \dfrac{2u}{v^2} \cdot \ln(3u-2v) + \dfrac{3u^2}{v^2(3u-2v)}$，

$\dfrac{\partial z}{\partial v} = \dfrac{\partial z}{\partial x} \cdot \dfrac{\partial x}{\partial v} + \dfrac{\partial z}{\partial y} \cdot \dfrac{\partial y}{\partial v} = 2x \cdot \ln y \cdot (-\dfrac{u}{v^2}) + \dfrac{x^2}{y} \cdot (-2)$

$= \dfrac{-2u^2}{v^3} \ln(3u-2v) - \dfrac{2u^2}{v^2(3u-2v)}$；

(3) 令 $u=x^2-y^2, v=e^{xy}$，

$\dfrac{\partial z}{\partial x} = \dfrac{\partial z}{\partial u} \cdot \dfrac{\partial u}{\partial x} + \dfrac{\partial z}{\partial v} \cdot \dfrac{\partial v}{\partial x} = f_1' \cdot 2x + f_2' \cdot e^{xy} \cdot y = 2x \cdot f_1' + y \cdot e^{xy} \cdot f_2'$，

$\dfrac{\partial z}{\partial y} = \dfrac{\partial z}{\partial u} \cdot \dfrac{\partial u}{\partial y} + \dfrac{\partial z}{\partial v} \cdot \dfrac{\partial v}{\partial y} = f_1' \cdot (-2y) + f_2' \cdot e^{xy} \cdot x = -2y f_1' + x e^{xy} \cdot f_2'$；

(4) 令 $w=\dfrac{x}{y}, v=\dfrac{y}{z}$，

$$\frac{\partial u}{\partial x}=f'_1\frac{\partial w}{\partial x}+f'_2\cdot\frac{\partial v}{\partial x}=\frac{1}{y}f'_1,$$

$$\frac{\partial u}{\partial y}=f'_1\cdot\frac{\partial w}{\partial y}+f'_2\frac{\partial v}{\partial y}=-\frac{x}{y^2}f'_1+\frac{1}{z}f'_2,$$

$$\frac{\partial u}{\partial z}=f'_1\frac{\partial w}{\partial z}+f'_2\frac{\partial v}{\partial z}=-\frac{y}{z^2}\cdot f'_2;$$

(5) $\dfrac{\partial u}{\partial x}=f'_1+f'_2\cdot y+f'_3\cdot yz=f'_1+yf'_2+yzf'_3,$

$$\frac{\partial u}{\partial y}=f'_1 0+f'_2 x+f'_3\cdot xz=xf'_2+xz\cdot f'_3,$$

$$\frac{\partial u}{\partial z}=f'_0+f'_2 0+f'_3(xy)=xy\cdot f'_3.$$

3. **解题过程** $\dfrac{\partial z}{\partial x}=-\dfrac{y}{[f(x^2-y^2)]^2}\cdot f'(x^2-y^2)\cdot 2x=-\dfrac{2xyf'(x^2-y^2)}{[f(x^2-y^2)]^2},$

$$\frac{\partial z}{\partial y}=\frac{1}{f(x^2-y^2)}-\frac{y}{[f(x^2-y^2)]^2}\cdot f'(x^2-y^2)\cdot(-2y)=\frac{1}{f(x^2-y^2)}+\frac{2y^2f'(x^2-y^2)}{[f(x^2-y^2)]^2},$$

则 $\dfrac{1}{x}\cdot\dfrac{\partial z}{\partial x}+\dfrac{1}{y}\cdot\dfrac{\partial z}{\partial y}=-\dfrac{2yf'(x^2-y^2)}{[f(x^2-y^2)]^2}+\dfrac{1}{yf(x^2-y^2)}+\dfrac{2yf'(x^2-y^2)}{[f(x^2-y^2)]^2}$

$$=\frac{1}{yf(x^2-y^2)}=\frac{z}{y^2}$$

故得以验证.

4. **解题过程** $\dfrac{\partial u}{\partial r}=\dfrac{\partial F}{\partial x}\cdot\dfrac{\partial x}{\partial r}+\dfrac{\partial F}{\partial y}\cdot\dfrac{\partial y}{\partial r}=F_x\cdot\cos\theta+F_y\cdot\sin\theta,$

$$\frac{\partial u}{\partial \theta}=\frac{\partial F}{\partial x}\cdot\frac{\partial x}{\partial \theta}+\frac{\partial F}{\partial y}\cdot\frac{\partial y}{\partial \theta}=F_x\cdot(-r\cdot\sin\theta)+F_y\cdot(r\cdot\cos\theta),$$

$$\frac{\partial u}{\partial x}=F_x, \frac{\partial u}{\partial y}=F_y,$$

故 $(\dfrac{\partial u}{\partial r})^2+(\dfrac{1}{r}\dfrac{\partial u}{\partial \theta})^2=(F_x\cos\theta+F_y\sin\theta)^2+(F_x\cos\theta-F_x\sin\theta)^2$

$=F_x^2\cos^2\theta+2F_x\cdot F_y\sin\theta\cdot\cos\theta+F_y^2\cdot\sin^2\theta+F_x^2\sin^2\theta-2F_xF_y\sin\theta\cdot\cos\theta+F_y^2\cos^2\theta$

$=F_x^2+F_y^2=(\dfrac{\partial u}{\partial x})^2+(\dfrac{\partial u}{\partial y})^2$

5. **解题过程** (1) $\dfrac{\partial z}{\partial x}=2\sin(ax+by)\cdot\cos(ax+by)\cdot a=a\cdot\sin[2(ax+by)],$

$$\frac{\partial z}{\partial y}=b\cdot\sin[2(ax+by)],$$

$$\frac{\partial^2 z}{\partial x^2}=a\cdot\cos[2(ax+by)]\cdot 2a=2a^2\cdot\cos[2(ax+by)],$$

$$\frac{\partial^2 z}{\partial y^2}=b\cdot\cos[2(ax+by)]\cdot 2b=2b^2\cdot\cos[2(ax+by)],$$

$$\frac{\partial^2 z}{\partial x\partial y}=a\cdot\cos[2(ax+by)]\cdot 2b=2ab\cos[2(ax+by)];$$

(2) $\dfrac{\partial z}{\partial x} = \dfrac{1}{y+\sqrt{x^2+y^2}} + \dfrac{2x}{2\sqrt{x^2+y^2}} = \dfrac{x}{y\cdot(\sqrt{x^2+y^2})+x^2+y^2}$,

$\dfrac{\partial z}{\partial y} = \dfrac{1}{y+\sqrt{x^2+y^2}}(1+\dfrac{2y}{2\sqrt{x^2+y^2}}) = \dfrac{1}{\sqrt{x^2+y^2}}$,

$\dfrac{\partial^2 z}{\partial x^2} = \dfrac{y\cdot\sqrt{x^2+y^2}+x^2+y^2 - x\cdot y\cdot\dfrac{2x}{2\sqrt{x^2+y^2}}+2x}{(y\cdot\sqrt{x^2+y^2}+x^2+y^2)^2}$

$= \dfrac{1}{y\cdot\sqrt{x^2+y^2}+x^2+y^2} - \dfrac{x^2(y+2\sqrt{x^2+y^2})}{(y+\sqrt{x^2+y^2})^2\cdot(\sqrt{x^2+y^2})^3}$,

$\dfrac{\partial^2 z}{\partial y^2} = \dfrac{-1}{x^2+y^2}\times\dfrac{2y}{2\sqrt{x^2+y^2}} = -\dfrac{y}{\sqrt{(x^2+y^2)^3}}$,

$\dfrac{\partial^2 z}{\partial x\cdot\partial y} = \dfrac{-x\cdot(\sqrt{x^2+y^2}+y\times\dfrac{1}{2}\cdot\dfrac{2y}{\sqrt{x^2+y^2}}+2y)}{(y\sqrt{x^2+y^2}+x^2+y^2)^3} = -\dfrac{x}{\sqrt{(x^2+y^2)^3}}$.

6. **解题过程** (1) $\dfrac{\partial z}{\partial x} = f'_1\cdot 2 + f'_2\cdot\dfrac{1}{y} = 2f'_1 + \dfrac{1}{y}\cdot f'_2$,

$\dfrac{\partial z}{\partial y} = f'_2\cdot(-\dfrac{x}{y^2}) = -\dfrac{x}{y^2}f'_2$,

$\dfrac{\partial^2 z}{\partial x^2} = 2\cdot(2\cdot f''_{11}+\dfrac{1}{y}f''_{21}) + \dfrac{1}{y}(2f''_{21}+\dfrac{1}{y}f''_{22}) = 4f''_{11}+\dfrac{4}{y}f''_{21}+\dfrac{1}{y^2}f''_{22}$,

$\dfrac{\partial^2 z}{\partial y^2} = (\dfrac{2x}{y^3})f'_2 - \dfrac{x}{y^2}f''_{22}\cdot(-\dfrac{x}{y^2}) = \dfrac{2x}{y^3}f'_2 + \dfrac{x^2}{y^4}f''_{22}$,

$\dfrac{\partial^2 z}{\partial x\partial y} = 2f''_{12}\cdot(-\dfrac{x}{y^2}) + \dfrac{1}{y}f''_{22}(-\dfrac{x}{y^2}) - \dfrac{1}{y^2}f'_2 = -\dfrac{1}{y^2}f'_2 - \dfrac{2x}{y^2}f''_{12} - \dfrac{x}{y^3}f''_{22}$;

(2) $\dfrac{\partial z}{\partial x} = f'_1\cdot\ln y - f'_2$,

$\dfrac{\partial z}{\partial y} = f'_1\dfrac{x}{y} + f'_2$,

$\dfrac{\partial^2 z}{\partial x^2} = f''_{11}(\ln y)^2 + f''_{21}(-1)\ln y - f''_{21}\cdot\ln y - f''_{22}\cdot(-1) = (\ln y)^2 f''_{11} - 2\ln y\cdot f''_{21} + f''_{22}$,

$\dfrac{\partial^2 z}{\partial y^2} = f'_1(-\dfrac{x}{y^2}) + f''_{11}\cdot(\dfrac{x}{y})^2 + f''_{12}\cdot\dfrac{x}{y} + f''_{12}\cdot\dfrac{x}{y} + f''_{12}\cdot\dfrac{x}{y} + f''_2$

$= -\dfrac{x}{y^2}f'_1 + \left(\dfrac{x}{y}\right)^2 f''_{11} + \dfrac{2x}{y}f''_{12} + f''_{12}\cdot\dfrac{x}{y} + f''_2$;

(3) $\dfrac{\partial z}{\partial x} = f'_1\cdot\cos x + f'_3\cdot e^{2x-y}\cdot 2 = \cos x f'_1 + 2e^{2x-y}f'_3$,

$\dfrac{\partial z}{\partial y} = f'_2\cdot(-\sin y) + f'_3\cdot e^{2x-y}\cdot(-1) = -\sin y f'_2 - e^{2x-y}f'_3$,

$\dfrac{\partial^2 z}{\partial x^2} = -\sin x f'_1 + \cos^2 x f''_{11} + 4e^{2x-y}\cos x f''_{13} + 4e^{4x-2y}f''_{33} + 4e^{2x-y}f'_3$,

$\dfrac{\partial^2 z}{\partial x\partial y} = \cos x(-\sin y f''_{12} - e^{2x-y}f''_{13}) + (-2)e^{2x-y}f'_3 + 2e^{2x-y}(-\sin y\cdot f''_{31} - e^{2x-y}f''_{33})$

$$= -2e^{2x-y}f'_3 - \cos x \sin y f''_{12} - \cos x e^{2x-y}f''_{13} - 2\sin y e^{2x-y}f''_{23} - 2e^{4x-2y}f''_{33},$$

$$\frac{\partial^2 z}{\partial y^2} = -\cos y f'_2 + e^{2x-y}f'_3 - \sin y(-\sin y f''_{22} - e^{2x-y}f''_{23}) - e^{2x-y}(-\sin y f''_{32} - e^{2x-y}f''_{33})$$

$$= -\cos y f'_2 + e^{2x-y}f'_3 + \sin^2 y f''_{22} + 2\sin y e^{2x-y}f''_{23} + e^{4x-2y}f''_{33}.$$

7. **解题过程** $\dfrac{\partial z}{\partial t} = f' \cdot a - g' \cdot a, \dfrac{\partial z}{\partial x} = f' + g',$

$$\frac{\partial^2 z}{\partial t^2} = a^2 f'' + a^2 g'', \frac{\partial^2 z}{\partial x^2} = f'' + g'',$$

则 $\dfrac{\partial^2 z}{\partial t^2} = a^2 \cdot \dfrac{\partial^2 z}{\partial x^2}.$

习题 8-5

1. **解题过程** $y + x \cdot \dfrac{\mathrm{d}y}{\mathrm{d}x} - \dfrac{1}{y} \cdot \dfrac{\mathrm{d}y}{\mathrm{d}x} = 0,$ 则 $\dfrac{\mathrm{d}y}{\mathrm{d}x} = \dfrac{y^2}{1-xy}.$

2. **解题过程** 两边对 x 求导.

$$\frac{1}{\sqrt{x^2+y^2}} \cdot \frac{2x+2y \cdot y'}{2\sqrt{x^2+y^2}} = \frac{y' \cdot \dfrac{1}{x} + y \cdot \left(-\dfrac{1}{x^2}\right)}{1+\left(\dfrac{y}{x}\right)^2},$$

故 $\dfrac{\mathrm{d}y}{\mathrm{d}x} = \dfrac{x+y}{x-y}.$

3. **解题过程** 两边分别对 x, y 求导.

$$\cos(x,y) \cdot y - \sin(xz) \cdot \left(z + x\frac{\partial z}{\partial x}\right) + \sec^2(yz) \cdot y\frac{\partial z}{\partial x} = 0,$$

则 $\dfrac{\partial z}{\partial x} = \dfrac{y\cos(xy) - z \cdot \sin(xz)}{x \cdot \sin(xz) - y \cdot \sec^2(yz)};$

$$\cos(xy) \cdot x - \sin(xz) \cdot \left(x \cdot \frac{\partial z}{\partial y}\right) + \sec^2(yz)\left(z + \frac{\partial z}{\partial y}\right) = 0,$$

则 $\dfrac{\partial z}{\partial y} = \dfrac{x\cos(xy) + z \cdot \sec^2(yz)}{x\sin(xy) - y\sec^2(yz)}.$

4. **解题过程** 两边对 x 求导,$1 + \dfrac{\partial z}{\partial x} = y \cdot f' \cdot \left(2x - 2z\dfrac{\partial z}{\partial x}\right),$ 即 $\dfrac{\partial z}{\partial x} = \dfrac{2xyf'-1}{1+2yzf'};$

同理可求 $\dfrac{\partial z}{\partial y} = \dfrac{f}{1+2yzf'},$ 故 $z\dfrac{\partial z}{\partial x} + y\dfrac{\partial z}{\partial y} = \dfrac{2xyzf'-z+yf}{1+2yzf'}.$

5. **解题过程** 将 y,z 视为独立变量,x 为 y,z 的函数,

对 y 求导得:$Fx \cdot \dfrac{\partial x}{\partial y} + Fy = 0, \dfrac{\partial x}{\partial y} = -\dfrac{Fy}{Fx},$

同理可得 $\dfrac{\partial y}{\partial z} = -\dfrac{F_z}{F_y}, \dfrac{\partial z}{\partial x} = -\dfrac{F_x}{F_z},$

故 $\dfrac{\partial x}{\partial y} \cdot \dfrac{\partial y}{\partial z} \cdot \dfrac{\partial z}{\partial x} = -\dfrac{F_y}{F_x}\left(-\dfrac{F_z}{F_y}\right) \cdot \left(-\dfrac{F_x}{F_z}\right) = -1.$

6. **解题过程** 两边对 x 求导，$\frac{1}{z}+\left(-\frac{x}{z^2}\cdot\frac{\partial z}{\partial x}\right)=\frac{y}{z}\cdot\frac{1}{y}\cdot\frac{\partial z}{\partial x},\frac{\partial z}{\partial x}=\frac{z}{x+z}$,

$$\frac{\partial^2 z}{\partial x^2}=\frac{\frac{\partial z}{\partial x}(x+z)-z\left(1+\frac{\partial z}{\partial x}\right)}{(x+z)^2}=-\frac{z^2}{(x+z)^3},$$

两边对 y 求导，$-\frac{x}{z^2}\cdot\frac{\partial z}{\partial y}=\frac{y}{z}\cdot\frac{\frac{\partial z}{\partial y}\cdot y-z}{y^2},\frac{\partial z}{\partial y}=\frac{z^2}{(x+z)\cdot y}$.

$$\frac{\partial^2 z}{\partial y^2}=\frac{2z\cdot\frac{\partial z}{\partial y}\cdot(x+z)\cdot y-z^2\left[\frac{\partial z}{\partial y}\cdot y+(x+z)\right]}{(x+z)^2\cdot y^2}=-\frac{x^2 z^2}{y^2(x+z)^3}.$$

7. **解题过程** 两边对 x 求导，$e^z\cdot\frac{\partial z}{\partial x}=yz+xy\frac{\partial z}{\partial x},\frac{\partial z}{\partial x}=\frac{z}{xz-x}$;

两边对 y 求导，$e^z\frac{\partial z}{\partial y}=xz+xy\frac{\partial z}{\partial y},\frac{\partial z}{\partial y}=\frac{z}{yz-y}$.

$$\frac{\partial^2 z}{\partial x\partial y}=\frac{\frac{\partial z}{\partial y}(xz-x)-z\cdot\left(x\cdot\frac{\partial z}{\partial y}\right)}{(xz-x)^2}=\frac{\frac{z}{yz-y}(xz-x)-z\cdot x\cdot\frac{z}{yz-y}}{(xz-x)^2}=\frac{-z}{xy(z-1)^3}.$$

8. **解题过程** 对 z 求导，
$$\begin{cases}\frac{dx}{dz}+\frac{dy}{dz}+1=0,\\ 2x\cdot\frac{dx}{dz}+2y\frac{dy}{dz}+2z=0,\end{cases}$$ 解得 $\frac{dx}{dz}=\frac{z-y}{y-x},\frac{dy}{dz}=\frac{z-x}{x-y}$.

9. **解题过程** 对 x 求导得
$$\begin{cases}\frac{\partial u}{\partial x}=f_1'(u+x\cdot\frac{\partial u}{\partial x})+f_2'\frac{\partial u}{\partial x},\\ \frac{\partial v}{\partial x}=g_1'(\frac{\partial u}{\partial x}-1)+g_2'2vy\cdot\frac{\partial v}{\partial x},\end{cases}$$ 解得 $\begin{cases}\frac{\partial u}{\partial x}=-\frac{uf_1'(2yvg_2'-1)+f_2'g_1'}{(xf_1'-1)(2yvg_2'-1)-f_2'g_1'},\\ \frac{\partial v}{\partial x}=\frac{g_1'(xf_1'+uf_1'-1)}{(xf_1'-1)(2yvg_2'-1)-f_2'g_1'}.\end{cases}$

10. **解题过程** $z=z(u,v),u=x-2y,v=x+ay$,

则 $\frac{\partial z}{\partial x}=\frac{\partial z}{\partial u}\cdot\frac{\partial u}{\partial x}+\frac{\partial z}{\partial v}\cdot\frac{\partial v}{\partial x}=\frac{\partial z}{\partial u}+\frac{\partial z}{\partial v}$,

$\frac{\partial z}{\partial y}=\frac{\partial z}{\partial u}\cdot\frac{\partial u}{\partial y}+\frac{\partial z}{\partial v}\cdot\frac{\partial v}{\partial y}=\frac{\partial z}{\partial u}(-2)+\frac{\partial z}{\partial v}(a)$,

$\frac{\partial^2 z}{\partial x^2}=\frac{\partial^2 z}{\partial u^2}\cdot\frac{\partial u}{\partial x}+\frac{\partial^2 z}{\partial u\cdot\partial v}\cdot\frac{\partial v}{\partial x}+\frac{\partial^2 z}{\partial u\partial v}\cdot\frac{\partial u}{\partial x}+\frac{\partial^2 z}{\partial v^2}\cdot\frac{\partial v}{\partial x}=\frac{\partial^2 z}{\partial u^2}+2\frac{\partial^2 z}{\partial u\partial v}+\frac{\partial^2 z}{\partial v^2}$,

$\frac{\partial^2 z}{\partial y^2}=4\frac{\partial^2 z}{\partial u^2}-4a\frac{\partial^2 z}{\partial u\partial v}+a^2\frac{\partial^2 z}{\partial v^2}$,

$\frac{\partial^2 z}{\partial x\partial y}=-2\frac{\partial^2 z}{\partial u^2}+(a-2)\frac{\partial^2 z}{\partial u\partial v}+a\frac{\partial^2 z}{\partial v^2}$,

故 $6\frac{\partial^2 z}{\partial x^2}+\frac{\partial^2 z}{\partial x\partial y}-\frac{\partial^2 z}{\partial y^2}=(10+5a)\frac{\partial^2 z}{\partial u\partial v}+(6+a-a^2)\frac{\partial^2 z}{\partial v^2}$,

若简化为 $\frac{\partial^2 z}{\partial u\partial v}=0$，则 $10+5a\neq 0$，且 $6+a-a^2=0$，即 $a=3$.

习题 8-6

1. **解题过程** $f_x = 4-2x, f_y = -4-2y$,

   $\begin{cases} f_x = 0 \\ f_y = 0 \end{cases} \Rightarrow \begin{cases} x = 2, \\ y = -2 \end{cases}$ 驻点为 $(2, -2)$,

   $f_{xx} = -2, f_{xy} = 0, f_{yy} = -2$, 故 $A = -2, B = 0, C = -2$,

   $AC - B^2 = 4 > 0, A < 0$, 故在 $(2, -2)$ 处取极大值,

   $f(2, -2) = 8$.

2. **解题过程** $f_x = e^{2x}(2x + 2y^2 + 4y + 1), f_y = 2e^{2x}(y+1)$.

   $\begin{cases} f_x = 0 \\ f_y = 0 \end{cases}$ 即 $\begin{cases} 2x + 2y^2 + 4y + 1 = 0 \\ y + 1 = 0 \end{cases} \Rightarrow \begin{cases} x = \dfrac{1}{2}, \\ y = -1, \end{cases}$

   $f_{xx} = e^{2x} \cdot 2(2x + 2y^2 + 4y + 1) + e^{2x} \cdot 2 = e^{2x}(4x + 4y^2 + 8y + 4)$,

   $f_{xy} = e^{2x}(4y + 4)$,

   $f_{yy} = 2e^{2x}$,

   $A = e(4x\dfrac{1}{2} + 4 \times 1 - 8 + 4) = 2e$,

   $B = e[4x(-1) + 4] = 0$,

   $C = 2e$,

   $AC - B^2 = 4e^2 > 0, A = 2e > 0$, 故在 $(\dfrac{1}{2}, -1)$ 处取极小值,

   $f(\dfrac{1}{2}, -1) = e(\dfrac{1}{2} + 1 - 2) = -\dfrac{e}{2}$.

3. **解题过程** $z_x = 2x, z_y = -2y$. $\begin{cases} z_x = 0 \\ z_y = 0 \end{cases} \Rightarrow \begin{cases} x = 0, \\ y = 0. \end{cases}$

   故在 $(0, 0)$ 处, 取得极值, $z(0, 0) = 0$,

   在边界处, 即 $x^2 + 4y^2 = 4$ 时,

   设拉格朗日函数 $L(x, y, \lambda) = x^2 - y^2 + \lambda(x^2 + 4y^2 - 4)$

   $Lx = 2x + 2x\lambda, Ly = -2y + 8y\lambda, L\lambda = x^2 + 4y^2 - 4$.

   $\begin{cases} Lx = 0 \\ Ly = 0 \\ L\lambda = 0 \end{cases} \Rightarrow x = 0, y = \pm 1$ 或 $x = \pm 2, y = 0$.

   $z(0, \pm 1) = -1, z(\pm 2, 0) = 4$. 故最大值为 4, 最小值为 -1.

4. **解题过程** 利润函数为 L, 则 $L = P_1 Q_1 + P_2 Q_2 - C = 32P_1 + 30P_2 - 0.2P_1^2 - 0.5P_2^2 - 1394, L_{P_1} = 32 - 0.4P_1, L_{P_2} = 30 - P_2$,

   $\begin{cases} L_{P_1} = 0 \\ L_{P_2} = 0 \end{cases} \Rightarrow \begin{cases} P_1 = 80, \\ P_2 = 30, \end{cases}$

因为驻点$(80,30)$唯一,必为最大利润点,$L(80,30)=336$.
故最大利润为 336.

5. **解题过程** 产鱼总量为 T,则 $T=(3-\alpha x-\beta y)x+(4-\beta x-2\alpha y)\cdot y$,
$Tx=3-2x\alpha-2\beta y, Ty=4-2\beta x-4\alpha y$,

$$\begin{cases} Tx=0 \\ Ty=0 \end{cases} \Rightarrow \begin{cases} x=\dfrac{3\alpha-2\beta}{2\alpha^2-\beta^2}, \\ y=\dfrac{4\alpha-3\beta}{2(2\alpha^2-\beta^2)}, \end{cases}$$

因为驻点唯一,则此必为最大值,甲种鱼为 $\dfrac{3\alpha-2\beta}{2\alpha^2-\beta^2}$,乙种鱼为 $\dfrac{4\alpha-3\beta}{2(2\alpha^2-\beta^2)}$.

6. **解题过程** (1)利润函数 $L=P_1Q_1+P_2Q_2-2(Q_1+Q_2)-5=16Q_1+10Q_2-2Q_1^2-Q_2^2-5$,
$L_{Q_1}=16-4Q_1, L_{Q_2}=10-2Q_2$,

$$\begin{cases} L_{Q_1}=0 \\ L_{Q_2}=0 \end{cases} \Rightarrow Q_1=4, Q_2=5, P_1=10, P_2=7,$$

因为驻点唯一,故为最大利润.
$L=16\times 4+10\times 5-2\times 16-25-5=52$;

(2)若 $P_1=P_2$
则 $L=P_1Q_1+P_1Q_2-2(Q_1+Q_2)-5=24P_1-\dfrac{3}{2}P_1^2-47$,

$\dfrac{dL}{dP_1}=24-3P_1=0, P_1=8, Q_1=5, Q_2=4$,

因为驻点唯一,故此为最大利润,
$L=49$.
故实行价格差别策略总润大.

7. **解题过程** 设两直角边长 x,y,则 $x^2+y^2=l^2$,周长 $C=x+y+l$,
拉格朗日函数,$F(x,y,\lambda)=x+y+l+\lambda(x^2+y^2-l^2)$,
$F_x=1+2\lambda x, F_y=1+2\lambda y, F_\lambda=x^2+y^2-l^2$,

$$\begin{cases} F_x=0 \\ F_y=0 \\ F_\lambda=0 \end{cases} \Rightarrow x=y=\dfrac{\sqrt{2}}{2}l.$$

由于驻点唯一,则必为所求,故当两直角边为 $\dfrac{\sqrt{2}}{2}l$ 时有最大周长.

8. **解题过程** (1)利润函数 $L=R-(x_1+x_2)=15+13x_1+31x_2-8x_1x_2-2x_1^2-10x_2^2$,
$L_{x_1}=13-8x_2-4x_1, L_{x_2}=31-8x_1-20x_2$,

$$\begin{cases} L_{x_1}=0 \\ L_{x_2}=0 \end{cases} \Rightarrow \begin{cases} x_1=0.75 \\ x_2=1.25 \end{cases}$$

$\dfrac{\partial^2 L}{\partial x_1^2}=-4, \dfrac{\partial^2 L}{\partial x_1 \partial x_2}=-8, \dfrac{\partial^2 L}{\partial x_2^2}=-20$.

$AC-B^2=16>0, A=-4<0$,故点$(0.75,1.25)$为极大值点.

因为实示问题必有最大值,故此为最大值,即用 0.75 万元作电台广告,1.25 万元作报纸广告.

(2)构造拉格朗日函数

$$F(x_1,x_2,\lambda)=L(x_1,x_2)+\lambda(x_1+x_2-1.5)$$
$$=15+13x_1+31x_1-8x_1x_2-2x_1^2-10x_2^2+\lambda(x_1+x_1-1.5),$$

$$\begin{cases} F_{x_1}=13-8x_2-4x_1+\lambda=0 \\ F_{x_2}=31-8x_1-20x_2+\lambda=0 \\ F_\lambda=x_1+x_2-1.5=0 \end{cases} \Rightarrow \begin{cases} x_1=0, \\ x_2=1.5, \end{cases}$$

故 1.5 万元全部用于报纸广告,利润最大.

9. **解题过程** 投入总费用为 $T=P_1x_1+P_2x_2$,约束条件:$Q=2x_1^\alpha\cdot x_2^\beta=12$,构建拉格朗日函数,

$$F(x_1,x_2,\lambda)=P_1x_1+P_2x_2+\lambda(2x_1^\alpha\cdot x_2^\beta-12),$$

$$\begin{cases} F_{x_1}=P_1+\lambda\cdot 2\alpha\cdot x_1^{\alpha-1}\cdot x_2^\beta=0 \\ F_{x_2}=P_2+\lambda\cdot 2\cdot \beta x_1^\alpha\cdot x_2^{\beta-1}=0 \\ 2x_1^\alpha\cdot x_2^\beta-12=0 \end{cases} \Rightarrow \begin{cases} x_1=6\left(\dfrac{P_2\alpha}{P_1\beta}\right)^\beta, \\ x_2=6\left(\dfrac{P_1\beta}{P_2\alpha}\right)^\alpha \end{cases}$$

此时投入总额最小.

10. **解题过程** 设抛物线上任意一点为(x,y),则$d=\dfrac{|x-y-2|}{\sqrt{1^2+(-1)^2}}=\dfrac{|x-y-2|}{\sqrt{2}}$

即求在约束条件$y=x^2$下,函数$|x-y-2|$的最小值.

构造拉格朗日函数$L=|x-y-2|+\lambda(y-x^2)=-(x-y-2)+\lambda(y-x^2)$,

$$\begin{cases} L_x=-1-\lambda\cdot 2x=0 \\ L_y=1+\lambda=0 \\ y-x^2=0 \end{cases} \Rightarrow \begin{cases} x=\dfrac{1}{2}, \\ y=\dfrac{1}{4}, \end{cases}$$

故 $d=\dfrac{\left|\dfrac{1}{2}-\dfrac{1}{4}-2\right|}{\sqrt{2}}=\dfrac{7}{8}\sqrt{2}$.

11. **解题过程** 由题意知此长方体中心位于原点,设其与椭球面的一个交点为(x,y,z)

则体积$V=8xyz$,约束条件为$\dfrac{x^2}{a^2}+\dfrac{y^2}{b^2}+\dfrac{z^2}{c^2}=1$,

设拉格朗日函数,$F=8xyz+\lambda\left(\dfrac{x^2}{a^2}+\dfrac{y^2}{b^2}+\dfrac{z^2}{c^2}-1\right)$,

$$\begin{cases} F_x=8yz+2\lambda\dfrac{x}{a^2}=0 \\ F_y=8xz+2\lambda\dfrac{y}{b^2}=0 \\ F_z=8xy+2\lambda\dfrac{z}{c^2}=0 \\ F_\lambda=\dfrac{x^2}{a^2}+\dfrac{y^2}{b^2}+\dfrac{z^2}{c^2}-1=0 \end{cases} \Rightarrow \begin{cases} x=\dfrac{a}{\sqrt{3}}, \\ y=\dfrac{b}{\sqrt{3}}, \\ z=\dfrac{c}{\sqrt{3}}, \end{cases}$$

故长方体的长、宽、高应为 $\frac{2\sqrt{3}}{3}a, \frac{2\sqrt{3}}{3}b, \frac{2\sqrt{3}}{3}c, V=\frac{8abc}{3\sqrt{3}}$.

12. **解题过程** 设椭圆上一点为 (x,y,z)，两个约束条件为 $z=x^2+y^2, x+y+z=1$，原点到椭圆任意一点距离为 $d=\sqrt{x^2+y^2+z^2}$.

构造拉格朗日函数 $L=x^2+y^2+z^2+\lambda(z-x^2-y^2)+u(x+y+z-1)$

$$\begin{cases} L_x=2x-2\lambda x+u=0 \\ L_y=2y-2\lambda y+u=0 \\ L_z=2z+\lambda+u=0 \\ L_\lambda=z-x^2-y^2=0 \\ L_u=x+y+z-1=0 \end{cases} \Rightarrow \begin{cases} x=y=\frac{-1\pm\sqrt{3}}{2}, \\ z=2\pm\sqrt{3}, \end{cases}$$

故在 $M(\frac{-1+\sqrt{3}}{2}, \frac{-1+\sqrt{3}}{2}, 2-\sqrt{3}), M_2(\frac{-1-\sqrt{3}}{2}, \frac{-1-\sqrt{3}}{2}, 2+\sqrt{3})$ 处取得极值.

则 $d_{\max}=\sqrt{9+5\sqrt{3}}, d_{\min}=\sqrt{9-5\sqrt{3}}$.

习题 8-7 略

总习题八

1. **知识点窍** 本题考察多元函数连续与可导的定义以及两者的关系.

   解题过程 (1)充分，必要.

   (2)必要，充分.

   (3)充分.

   (4)充分.

2. **逻辑推理** 使 (x,y) 沿一条特定曲线趋向 $(0,0)$，证明在这条曲线上极限不存在.

   解题过程 当 (x,y) 沿曲线 $x=ky^3$（k 为任意常数）趋向于 $(0,0)$ 时，有

   $$\lim_{\substack{y\to 0 \\ x=ky^3}} \frac{ky^3\cdot y^3}{(ky^3)^2+y^6} = \lim_{y\to 0}\frac{ky^6}{k^2y^6+y^6} = \frac{k}{k^2+1},$$

   显然，极限值随 k 值的不同而不同，因此 $\lim_{(x,y)\to(0,0)}\frac{xy^3}{x^2+y^6}$ 不存在.

3. **逻辑推理** 在多元函数的间断点也可能存在偏导数，对该点需要用定义求解.

   解题过程 当 $x^2+y^2\neq 0$ 时，$f_x(x,y)=\frac{y^2(x^2+y^2)-xy^2 2x}{(x^2+y^2)^2}=\frac{y^2(y^2-x^2)}{(x^2+y^2)^2}$,

   $f_y(x,y)=\frac{2xy(x^2+y^2)-xy^2\cdot 3y}{(x^2+y^2)^2}=\frac{2x^3y}{(x^2+y^2)^2}$;

   当 $x^2+y^2=0$ 时，$f_x(x,y)=\lim_{\Delta x\to 0}\frac{f(\Delta x,0)-f(0,0)}{\Delta x}=0$,

   $f_y(x,y)=\lim_{\Delta y\to 0}\frac{f(0,\Delta y)-f(0,0)}{\Delta y}=0$.

故 $f_x(x,y)=\begin{cases}\dfrac{y^2(y^2-x^2)}{(x^2+y^2)^2},x^2+y^2\neq0,\\0,x^2+y^2=0.\end{cases}$

$f_y(x,y)=\begin{cases}\dfrac{2x^3y}{(x^2+y^2)^2},x^2+y^2\neq0,\\0,x^2+y^2=0.\end{cases}$

4. **知识点拨** 多元函数求偏导数.

   解题过程 $f(x,x^2)=1$,对 x 求导,得

   $f_x\cdot1+f_{x^2}\cdot2x=0$,由于 $f_x=x$,则 $f_{x^2}=-\dfrac{f_x}{2x}=-\dfrac{1}{2}$,

   故 $f_y(x,x^2)=-\dfrac{1}{2}$.

5. **解题过程** (1) $\dfrac{\partial z}{\partial x}=\sin(x+y)+x\cdot\cos(x+y)$,

   $\dfrac{\partial z}{\partial y}=x\cdot\cos(x+y)$,

   $\dfrac{\partial^2 z}{\partial x^2}=\cos(x+y)+\cos(x+y)-x\cdot\sin(x+y)=2\cos(x+y)-x\cdot\sin(x+y)$,

   $\dfrac{\partial^2 z}{\partial y^2}=-x\sin(x+y)$,

   $\dfrac{\partial^2 z}{\partial x\partial y}=\cos(x+y)-x\sin(x+y)$;

   (2) $\dfrac{\partial z}{\partial x}=y\cdot x^{y-1}$,

   $\dfrac{\partial z}{\partial y}=x^y\cdot\ln x$,

   $\dfrac{\partial^2 z}{\partial x^2}=y\cdot(y-1)x^{y-2}$,

   $\dfrac{\partial^2 z}{\partial y^2}=x^y(\ln x)^2$,

   $\dfrac{\partial^2 z}{\partial x\partial y}=x^{y-1}+y\cdot x^{y-1}\ln x=x^{y-1}(1+y\cdot\ln x)$.

6. **知识点拨** 极坐标.

   逻辑推理 令 $x=r\cos\theta,y=r\sin\theta,r=\sqrt{x^2+y^2},\theta=\arctan\dfrac{y}{x}$,将 $x\dfrac{\partial f}{\partial x}+y\dfrac{\partial f}{\partial y}=0$ 化为极坐标整理.

   解题过程 $z=f(x,y)$ 可视为 $z=f(r,\theta),r=\sqrt{x^2+y^2},\theta=\arctan\dfrac{y}{x}$.

   $\dfrac{\partial f}{\partial x}=\dfrac{\partial f}{\partial r}\cdot\dfrac{\partial r}{\partial x}+\dfrac{\partial f}{\partial\theta}\cdot\dfrac{\partial\theta}{\partial x}=\dfrac{\partial f}{\partial r}\cdot\dfrac{x}{\sqrt{x^2+y^2}}-\dfrac{\partial f}{\partial\theta}\cdot\dfrac{y}{x^2+y^2}$,

   $\dfrac{\partial f}{\partial y}=\dfrac{\partial f}{\partial r}\cdot\dfrac{y}{\sqrt{x^2+y^2}}+\dfrac{\partial f}{\partial\theta}\cdot\dfrac{x}{\sqrt{x^2+y^2}}$,

代入 $x\dfrac{\partial f}{\partial x}+y\dfrac{\partial f}{\partial y}$ 得 $\sqrt{x^2+y^2}\cdot\dfrac{\partial f}{\partial r}=0$，因 x,y 为任意数，故 $\dfrac{\partial f}{\partial r}=0$，从而 $f(x,y)$ 在极坐标中表达式不含 r，即只是 θ 的函数.

7. **解题过程** 因为与 θ 无关，故 $\dfrac{\partial F}{\partial \theta}=0$.

   令 $x=r\cos\theta, y=r\sin\theta$，

   $\dfrac{\partial F}{\partial \theta}=\dfrac{\partial F}{\partial x}\cdot\dfrac{\partial x}{\partial \theta}+\dfrac{\partial F}{\partial y}\cdot\dfrac{\partial F}{\partial \theta}=f'(x)\cdot r(-\sin\theta)+g'(y)\cdot r\cos\theta$

   $=-yf'(x)+xg'(y)=0.$

   即 $xg'(y)=yf'(x)$，故 $f'(x)=kx, g'(x)=ky (k$ 为任意实数)，从而

   $f(x)=\dfrac{k}{2}x^2+C_1, g(y)=\dfrac{k}{2}y^2+C_2 (C_1,C_2$ 为任意实数).

   所以，$F(x,y)=C(x^2+y^2)+C_0 (C,C_0$ 为任意实数).

8. **解题过程** $f(x,y)$ 在 $(0,0)$ 处连续.

   $\lim\limits_{(x,y)\to(0,0)}f(x,y)=\lim\limits_{(x,y)\to(0,0)}\dfrac{x^2y^2}{(x^2+y^2)^{\frac{3}{2}}}=\lim\limits_{\rho\to 0}\dfrac{\rho^4\cos^2\theta\sin^2\theta}{\rho^3} (x=\rho\cos\theta, y=\rho\sin\theta)$

   $=\lim\limits_{\rho\to 0}\rho\cos^2\theta\sin^2\theta=0=f(0,0).$

   故 $f(x,y)$ 在 $(0,0)$ 处连续.

   $f(x,y)$ 在 $(0,0)$ 处偏导数存在，

   $f_x(0,0)=\lim\limits_{x\to 0}\dfrac{f(x,0)-f(0,0)}{x-0}=0,$

   $f_y(0,0)=\lim\limits_{y\to 0}\dfrac{f(0,y)-f(0,0)}{y-0}=0.$

   $f(x,y)$ 在 $(0,0)$ 处不可微，

   $\lim\limits_{(x,y)\to(0,0)}\dfrac{f(x,y)-f(0,0)-f_x(0,0)x-f_y(0,0)y}{\sqrt{x^2+y^2}}$

   $=\lim\limits_{(x,y)\to(0,0)}\dfrac{x^2y^2}{(x^2+y^2)^2}=\lim\limits_{\rho\to 0}\dfrac{\rho^4\cos^2\theta\sin^2\theta}{\rho^4}$（采用极坐标）

   $=\lim\limits_{\rho\to 0}\cos^2\theta\sin^2\theta.$

   显然，极限随 θ 变化，故极限不存在，则 $f(x,y)$ 在 $(0,0)$ 处不可微.

9. **解题过程** $\dfrac{\partial z}{\partial x}=f'\dfrac{\partial(2x-y)}{\partial x}+g_1'+g_2'\dfrac{\partial(xy)}{\partial x}=2f'+g_1'+yg_2',$

   $\dfrac{\partial^2 z}{\partial x\partial y}=-2f''+xg_{12}''+xyg_{22}''+g_2'.$

10. **解题过程** $\dfrac{\partial u}{\partial x}=f_1'(1-t\dfrac{\partial u}{\partial x})+f_2'(-\dfrac{\partial u}{\partial x}t)+f_3'(\dfrac{\partial z}{\partial x}-t\dfrac{\partial u}{\partial x}),$

    $g_x+g_z\dfrac{\partial z}{\partial x}=0,$ 则 $\dfrac{\partial z}{\partial x}=-\dfrac{g_x}{g_z},$

    则 $\dfrac{\partial u}{\partial x}=f_1'(1-t\dfrac{\partial u}{\partial x})+f_2'(-t\dfrac{\partial u}{\partial x})+f_3'(-\dfrac{g_x}{g_z}-t\dfrac{\partial u}{\partial x})=\dfrac{g_zf_1'-g_xf_3'}{g_z[1+t(f_1'+f_2'+f_3')]},$

同理可得 $\dfrac{\partial u}{\partial y}=\dfrac{g_z f_1'-g_y f_3'}{g_z[1+t(f_1'+f_2'+f_3')]}.$

11. **解题过程** 利用余弦公式 $a^2=b^2+c^2-2bc\cos A$,等式两边对 a 求导,得

$$2a=-2bc\cdot(-\sin A)\cdot\dfrac{\partial A}{\partial a},$$

故 $\dfrac{\partial A}{\partial a}=\dfrac{a}{bc\sin A}.$

同理可求

$\dfrac{\partial A}{\partial b}=\dfrac{c\cos A-b}{bc\sin A},\quad \dfrac{\partial A}{\partial c}=\dfrac{b\cos A-c}{bc\sin A}.$

12. **解题过程** $\dfrac{\partial f}{\partial x}=\mathrm{e}^{-x^2 y^2}\cdot y,$

$\dfrac{\partial f}{\partial y}=\mathrm{e}^{-x^2 y^2}\cdot x,\quad \dfrac{\partial^2 f}{\partial x\partial y}=\mathrm{e}^{-x^2 y^2}-2x^2 y^2 \mathrm{e}^{-x^2 y^2},$

$\dfrac{\partial^2 f}{\partial x^2}=y\cdot \mathrm{e}^{-x^2 y^2}\cdot(-2xy^2)=-2xy^3 \mathrm{e}^{-x^2 y^2},$

$\dfrac{\partial^2 f}{\partial y^2}=-2x^3 y\mathrm{e}^{-x^2 y^2},$

代入得 $\dfrac{x}{y}\dfrac{\partial^2 f}{\partial x^2}-2\dfrac{\partial^2 f}{\partial x\partial y}+\dfrac{y}{x}\dfrac{\partial^2 f}{\partial y^2}=-2\mathrm{e}^{-x^2-y^2}.$

13. **逻辑推理** 椭圆中心位于原点,求出椭圆圆周到原点最长距离 a 与最短距离 b,则面积 $S=\pi ab$.

    解题过程 故先求椭圆至原点的距离的最大值与最小值,利用拉格朗日乘数法.设 $F(x,y,\lambda)=x^2+y^2+\lambda(5x^2+4xy+2y^2-1)$,

令 $\begin{cases} F_x=2x+\lambda(10x+4y)=0,\\ F_y=2y+\lambda(4x+4y)=0,\\ F_\lambda=5x^2+4xy+2y^2-1=0. \end{cases}$

即 $\begin{cases} x+5\lambda x+2\lambda y=0,\\ y+2\lambda x+2\lambda y=0,\\ 5x^2+4xy+2y^2=1. \end{cases}\Rightarrow \begin{cases} x^2=\dfrac{4}{30}\\ y^2=\dfrac{1}{30} \end{cases}$ 或 $\begin{cases} x^2=\dfrac{1}{5}\\ y^2=\dfrac{4}{5} \end{cases}.$

$d_1^2=f(x,y)=x^2+y^2=\dfrac{4}{30}+\dfrac{1}{30}=\dfrac{1}{6}.$

$d_2^2=f(x,y)=x^2+y^2=\dfrac{1}{5}+\dfrac{4}{5}=1.$

因而椭圆至原点的最长距离为 1,最短距离为 $\dfrac{1}{\sqrt{6}}$,即椭圆的长半轴与短半轴的长分别为 1 和 $\dfrac{1}{\sqrt{6}}$,故椭圆的面积为

$$\pi\cdot\dfrac{1}{1\cdot\sqrt{6}}=\dfrac{\sqrt{6}}{6}\pi.$$

14. **逻辑推理** 利用约束条件与目标函数构造拉格朗日函数求取最值.

解题过程 令 $f(x,y)=x^2+(y-1)^2$ 椭圆上的点的集合为 $D=\left\{(x,y)\left|\dfrac{x^2}{a^2}+\dfrac{y^2}{b^2}=1\right.\right\}$,

则有 $f(x,y)\geqslant 1$.

当椭圆面积最小时,椭圆外切于圆,即 $f(x,y)$ 在 D 上最小值为 1.

即 $f(x,y)$ 在约束条件下最小值为 1.

构造拉格朗日函数 $L(x,y,\lambda)=x^2+(y-1)^2+\lambda\left(\dfrac{x^2}{a^2}+\dfrac{y^2}{b^2}-1\right)$,

则 $\begin{cases}L_x=2x+\dfrac{2\lambda x}{a^2}=0\\ L_y=2(y-1)+\dfrac{2\lambda y}{b^2}=0\\ \dfrac{x^2}{a^2}+\dfrac{y^2}{b^2}-1=0\end{cases}$ 即 $\begin{cases}(\lambda+a^2)x=0,\\ (\lambda+b^2)y=b^2,\\ \dfrac{x^2}{a^2}+\dfrac{y^2}{b^2}=1,\end{cases}\Rightarrow\begin{cases}\lambda=-a^2,\\ y_1=\dfrac{b^2}{b^2-a^2},\\ x_1=a\sqrt{1-\dfrac{b^2}{(b^2-a^2)^2}}.\end{cases}$

又因为 $x^2+(y-1)^2=1$,即 $a^2b^2-a^4-b^2=0$.

在约束条件为 $a^2b^2-a^4-b^2=0$ 下,求 $A=\pi ab$ 最小值.

构造拉格朗日函数 $L_1(a,b,\eta)=ab+\eta(a^2b^2-a^4-b^2)$.

$\begin{cases}L_1 a=0\\ L_1 b=0\\ L_1 \eta=0\end{cases}\Rightarrow\begin{cases}a=\dfrac{\sqrt{6}}{2},\\ b=\dfrac{3\sqrt{2}}{2},\end{cases}$

故椭圆面积最小值为 $A=\pi\cdot\dfrac{\sqrt{6}}{2}\cdot\dfrac{3\sqrt{2}}{2}=\dfrac{3\sqrt{3}}{2}\pi$.

15. **解题过程** 由题设知直圆锥面的上底面半径为 $R=2$,高为 $H=3$,且长方体的一个面与直锥面

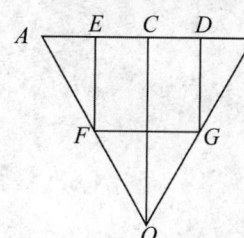

题 15 图解

的上底面重合,两个边长为 $2x$ 和 $2y$,四个顶点在直圆锥面上,高为 z. 过直圆锥的高和长方体底面的对角线作一截面,如题 15 图解所示,则
$OC=H$, $EF=DG=z$, $AC=CB=R$,
$EC=CD=\sqrt{x^2+y^2}$,
$(H-z)R=H\sqrt{x^2+y^2}$.

约束条件 $(H-z)R=H\sqrt{x^2+y^2}$ ($x>0,y>0,z>0$),在约束条件下求 $V=4xyz$ 极值构造拉格朗日函数

$F=xyz+\lambda[H\sqrt{x^2+y^2}-(H-z)R]$,

令 $\begin{cases}F_x=yz+\dfrac{\lambda Hx}{\sqrt{x^2+y^2}}=0,\\ F_y=xz+\dfrac{\lambda Hy}{\sqrt{x^2+y^2}}=0,\\ F_z=xy+\lambda R=0,\\ F_\lambda=H\sqrt{x^2+y^2}-(H-z)R=0.\end{cases}\Rightarrow\begin{cases}x=\dfrac{\sqrt{2}}{3}R,\\ y=\dfrac{\sqrt{2}}{3}R,\\ z=\dfrac{1}{3}H.\end{cases}$

故长方体体积最大值为:
$$V=4xyz=4\times\frac{2\sqrt{2}}{3}\times\frac{2\sqrt{2}}{3}\times 1=\frac{32}{9}.$$

16. **知识点窍** 极坐标.

    解题过程 此为有约束条件的多元函数的极值问题,即产品的产量 $Q=-8x^2+12xy-3y^2$ 在约束条件 $x+y=230$ 下的极值问题.

    设拉格朗日函数 $F(x,y,\lambda)=-8x^2+12xy-3y^2+\lambda(x+y-230)$

    令 $\begin{cases} F_x=-16x+12y+\lambda=0 \\ F_y=12x-6y+\lambda=0 \\ F_\lambda=x+y-230=0 \end{cases}$,

    解得 $x=90, y=14$.

    即雇用 90 名技术工人;140 名非技术工人才能使产量最大.

17. **解题过程** $F(x,y)=60x^{\frac{3}{4}}y^{\frac{1}{4}}+\lambda(100x+200y-30000)$

    有 $\begin{cases} F_x=45x^{-\frac{1}{4}}y^{\frac{1}{4}}+100\lambda=0 \\ F_y=15x^{\frac{3}{4}}y^{-\frac{3}{4}}+200\lambda=0 \\ 100x+200y=30000 \end{cases}$

    $\Rightarrow \begin{cases} x=22.5 \\ y=37.5 \end{cases}$ (函数的唯一驻点,最大值点)

    所示安排劳动力 22.5 个单位,原料 37.5 个单位.

18. **解题过程** 略.

第九章

二重积分 *三重积分

知识网络图

$$\begin{cases} \text{二重积分的概念与性质} \begin{cases} \text{概念} \\ \text{性质} \end{cases} \\ \text{二重积分的计算} \begin{cases} \text{利用直角坐标计算二重积分} \\ \text{利用极坐标计算二重积分} \\ \text{无界区域上的反常二重积分} \end{cases} \end{cases}$$

知识点归纳

1. 二重积分的概念

定义 设 $f(x,y)$ 是有界闭区域 D 上的有界函数. 将闭区域 D 任意分成 n 个小闭区域

$$\Delta\sigma_1, \Delta\sigma_2, \cdots, \Delta\sigma_n,$$

其中 $\Delta\sigma_i$ 表示第 i 个小闭区域,也表示它的面积. 在每个 $\Delta\sigma_i$ 上任取一点 (ξ_i, η_i),作乘积 $f(\xi_i, \eta_i)\Delta\sigma_i (i=1,2,\cdots,n)$,并作和 $\sum_{i=1}^{n} f(\xi_i, \eta_i)\Delta\sigma_i$. 如果当各小闭区域的直径中的最大值 λ 趋于零时,这和的极限总存在,则称此极限为函数 $f(x,y)$ 在闭区域 D 上的**二重积分**. 记作 $\iint\limits_{D} f(x,y)\mathrm{d}\sigma$,即

$$\iint\limits_{D} f(x,y)\mathrm{d}\sigma = \lim_{\lambda \to 0} \sum_{i=1}^{n} f(\xi_i, \eta_i)\Delta\sigma_i, \qquad ①$$

其中 $f(x,y)$ 叫做被积函数,$f(x,y)\mathrm{d}\sigma$ 叫做被积表达式,$\mathrm{d}\sigma$ 叫做面积元素,x 与 y 叫做积分变

量,D 叫做积分区域,$\sum_{i=1}^{n} f(\xi_i, \eta_i) \Delta \sigma_i$ 叫做积分和.

在二重积分的定义中对闭区域 D 的划分是任意的,如果在直角坐标系中用平行于坐标轴的直线网来划分 D,那么除了包含边界点的一些小闭区域,其余的小闭区域都是矩形闭区域. 设矩形闭区域 $\Delta \sigma_k$ 的边长为 Δx_j 和 Δy_k,则 $\Delta \sigma_i = \Delta x_j \cdot \Delta y_k$. 因此在直角坐标系中,有时也把面积元素 $\mathrm{d}\sigma$ 记作 $\mathrm{d}x\mathrm{d}y$,而把二重积分记作

$$\iint_D f(x,y)\mathrm{d}x\mathrm{d}y,$$

其中 $\mathrm{d}x\mathrm{d}y$ 叫做直角坐标系中的面积元素.

由二重积分的定义可知,前面讨论的曲顶柱体的积体是函数 $f(x,y)$ 在底 D 上的二重积分

$$V = \iint_D f(x,y)\mathrm{d}\sigma,$$

平面薄片的质量是它的面密度 $\mu(x,y)$ 在薄片所占闭区域 D 上的二重积分

$$M = \iint_D \mu(x,y)\mathrm{d}\sigma.$$

2. 二重积分的存在性

当 $f(x,y)$ 在闭区域 D 上连续时,①式右端的和的极限必定存在,也就是说,函数 $f(x,y)$ 在 D 上的二重积分必定存在. 我们总假定函数 $f(x,y)$ 在闭区域 D 上连续,所以 $f(x,y)$ 在 D 上的二重积分都是存在的,以后就不再每次加以说明了.

3. 二重积分的几何意义

一般地,如果 $f(x,y) \geqslant 0$,被积函数 $f(x,y)$ 可解释为曲顶柱体的顶在点 (x,y) 处的竖坐标,所以二重积分的几何意义就是曲顶柱体的体积. 如果 $f(x,y)$ 是负的,柱体就在 xOy 面的下方,二重积分的绝对值仍等于柱体的体积,但二重积分的值是负的. 如果 $f(x,y)$ 在 D 的若干部分区域上是正的,而在其他的部分区域上是负的,我们可以把 xOy 面上方的柱体体积取成正,xOy 面下方的柱体体积取成负,那么,$f(x,y)$ 在 D 上的二重积分就等于这些部分区域上的柱体体积的代数和.

4. 二重积分的性质

性质 1 设 α,β 为常数,则

$$\iint_D [\alpha f(x,y) + \beta g(x,y)]\mathrm{d}\sigma = \alpha \iint_D f(x,y)\mathrm{d}\sigma + \beta \iint_D g(x,y)\mathrm{d}\sigma.$$

性质 2 如果闭区域 D 被有限条曲线分为有限个部分闭区域,则在 D 上的二重积分等于在各部分闭区域上的二重积分的和. 例如 D 分为两个闭区域 D_1 与 D_2,则

$$\iint_D f(x,y)\mathrm{d}\sigma = \iint_{D_1} f(x,y)\mathrm{d}\sigma + \iint_{D_2} f(x,y)\mathrm{d}\sigma.$$

这个性质表示二重积分对于积分区域具有可加性.

性质 3 如果在 D 上,$f(x,y) = 1$,σ 为 D 的面积,则

$$\sigma = \iint_D 1 \cdot d\sigma = \iint_D d\sigma.$$

这性质的几何意义是很明显的,因为高为 1 的平顶柱体的体积在数值上就等于柱体的底面积.

性质 4 如果在 D 上,$f(x,y) \leqslant g(x,y)$,则有

$$\iint_D f(x,y)d\sigma \leqslant \iint_D g(x,y)d\sigma.$$

特殊地,由于

$$-|f(x,y)| \leqslant f(x,y) \leqslant |f(x,y)|,$$

又有

$$\left|\iint_D f(x,y)d\sigma\right| \leqslant \iint_D |f(x,y)|d\sigma.$$

性质 5 设 M、m 分别是 $f(x,y)$ 在闭区域 D 上的最大值和最小值,σ 是 D 的面积,则有

$$m\sigma \leqslant \iint_D f(x,y)d\sigma \leqslant M\sigma.$$

上述不等式是对于二重积分估值的不等式. 因为 $m \leqslant f(x,y) \leqslant M$,所以由性质 4 有

$$\iint_D m d\sigma \leqslant \iint_D f(x,y)d\sigma \leqslant \iint_D M d\sigma,$$

再应用性质 1 和性质 3,便得此估值不等式.

性质 6(二重积分的中值定理) 设函数 $f(x,y)$ 在闭区域 D 上连续,σ 是 D 的面积,则在 D 上至少存在一点 (ξ, η),使得

$$\iint_D f(x,y)d\sigma = f(\xi,\eta) \cdot \sigma.$$

5. 利用直角坐标计算二重积分

下面先从几何上讨论二重积分 $\iint_D f(x,y)d\sigma$ 的计算问题. 在讨论中我们假定 $f(x,y) \geqslant 0$.

设积分区域 D 可以用不等式

$$\varphi_1(x) \leqslant y \leqslant \varphi_2(x), a \leqslant x \leqslant b$$

来表示(图 9-1),其中函数 $\varphi_1(x)$、$\varphi_2(x)$ 在区间 $[a,b]$ 上连续.

按照二重积分的几何意义,二重积分 $\iint_D f(x,y)d\sigma$ 的值等于以 D 为底,以曲面 $z = f(x,y)$ 为顶的曲顶柱体(图 9-2)的体积. 下面我们应用第六章中计算"平行截面面积为已知的立体的体积"的方法,来计算这个曲顶柱体的体积.

先计算截面面积. 为此,在区间 $[a,b]$ 上任意取定一点 x_0,作平行于 yOz 面的平面 $x = x_0$. 这平面截曲顶柱体所得的截面是一个以区间 $[\varphi_1(x_0), \varphi_2(x_0)]$ 为底、曲线 $z = f(x_0,y)$ 为曲边的曲边梯形(图 9-2 中阴影部分),所以这截面的面积为

$$A(x_0) = \int_{\varphi_1(x_0)}^{\varphi_2(x_0)} f(x_0,y)dy.$$

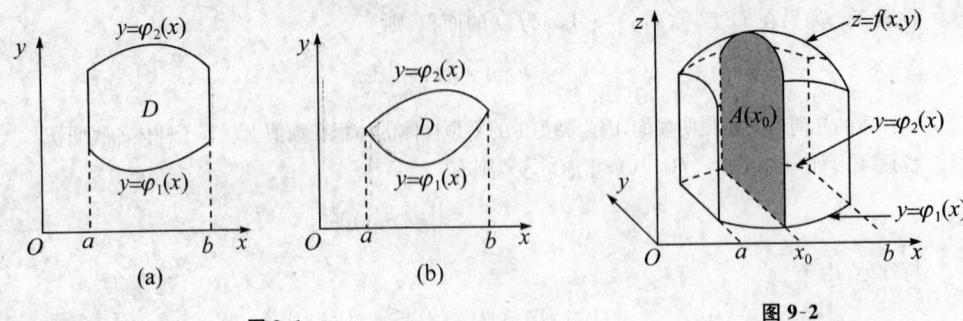

图 9-1   图 9-2

一般地,过区间$[a,b]$上任一点x且平行于yOz面的平面截曲顶柱体的截面的面积为

$$A(x) = \int_{\varphi_1(x)}^{\varphi_2(x)} f(x,y)\mathrm{d}y.$$

于是,应用计算平行截面面积为已知的立体体积的方法,得曲顶柱体体积为

$$V = \int_a^b A(x)\mathrm{d}x = \int_a^b \left[\int_{\varphi_1(x)}^{\varphi_2(x)} f(x,y)\mathrm{d}y\right]\mathrm{d}x.$$

这个体积也就是所求二重积分的值,从而有等式

$$\iint_D f(x,y)\mathrm{d}\sigma = \int_a^b \left[\int_{\varphi_1(x)}^{\varphi_2(x)} f(x,y)\mathrm{d}y\right]\mathrm{d}x \qquad ①$$

上式右端的积分叫做先对y、后对x的二次积分. 就是说,先把x看作常数,把$f(x,y)$只看作y的函数,并对y计算从$\varphi_1(x)$到$\varphi_2(x)$的定积分;然后把算得的结果(是x的函数)再对x计算在区间$[a,b]$上的定积分. 这个先对y、后对x的二次积分也常记作

$$\int_a^b \mathrm{d}x \int_{\varphi_1(x)}^{\varphi_2(x)} f(x,y)\mathrm{d}y.$$

因此,等式①也写成

$$\iint_D f(x,y)\mathrm{d}\sigma = \int_a^b \mathrm{d}x \int_{\varphi_1(x)}^{\varphi_2(x)} f(x,y)\mathrm{d}y, \qquad ②$$

这就是把二重积分化为先对y、后对x的二次积分的公式.

在上述讨论中,我们假定$f(x,y) \geqslant 0$,但实际上公式①的成立并不受此条件限制.

类似地,如果积分区域D可以用不等式

$$\psi_1(y) \leqslant x \leqslant \psi_2(y), c \leqslant y \leqslant d.$$

来表示(图 9-3),其中函数$\psi_1(y)$、$\psi_2(y)$在区间$[c,d]$上连续,那么就有

$$\iint_D f(x,y)\mathrm{d}\sigma = \int_c^d \left[\int_{\psi_1(y)}^{\psi_2(y)} f(x,y)\mathrm{d}x\right]\mathrm{d}y, \qquad ③$$

上式右端的积分叫做先对x、后对y的二次积分,这个积分也常记作

$$\int_c^d \mathrm{d}y \int_{\psi_1(y)}^{\psi_2(y)} f(x,y)\mathrm{d}x.$$

因此,等式③也写成

$$\iint_D f(x,y)\mathrm{d}\sigma = \int_c^d \mathrm{d}y \int_{\psi_1(y)}^{\psi_2(y)} f(x,y)\mathrm{d}x, \qquad ④$$

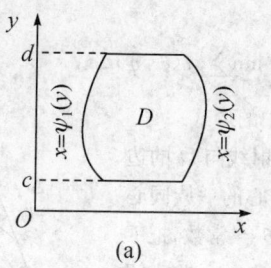 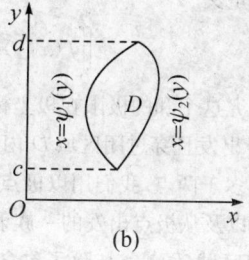

图 9-3

这就是把二重积分化为先对 x、后对 y 的二次积分的公式.

以后我们称图 9-1 所示的积分区域为 X 型区域,图 9-3 所示的积分区域为 Y 型区域. 应用公式 ① 时,积分区域必须是 X 型区域,X 型区域 D 的特点是:穿过 D 内部且平行于 y 轴的直线与 D 的边界相交不多于两点;而用公式 ③ 时,积分区域必须是 Y 型区域,Y 型区域 D 的特点是:穿过 D 内部且平行于 x 轴的直线与 D 的边界相交不多于两点. 如果积分区域 D 如图 9-4 那样,既有一部分使穿过 D 内部且平行于 y 轴的直线与 D 的边界相交多于两点;又有一部分使穿过 D 内部且平行于 x 轴的直线与 D 的边界相交多于两点,即 D 既不是 X 型区域,又不是 Y 型区域. 对于这种情形,我们可以把 D 分成几部分,使每个部分是 X 区域或是 Y 型区域. 例如,在图 9-4 中,把 D 分成三部分,它们都是 X 型区域,从而在这三部分上的二重积分都可以应用公式 ①. 各部分上的二重积分求得后,根据二重积分的性质 2,它们的和就是在 D 上的二重积分.

如果积分区域 D 既是 X 型的,可用不等式 $\varphi_1(x) \leqslant y \leqslant \varphi_2(x), a \leqslant x \leqslant b$ 表示,又是 Y 型的,可用不等式 $\psi_1(y) \leqslant x \leqslant \psi_2(y), c \leqslant y \leqslant d$ 表示(图 9-5),则由公式 ② 及 ④ 就得

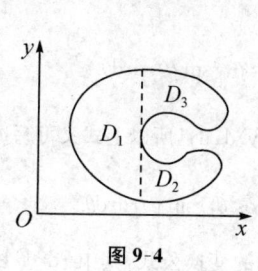 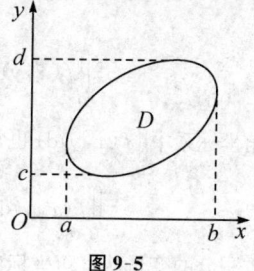

图 9-4   图 9-5

$$\int_a^b \mathrm{d}x \int_{\varphi_1(x)}^{\varphi_2(x)} f(x,y) \mathrm{d}y = \int_c^d \mathrm{d}y \int_{\psi_1(y)}^{\psi_2(y)} f(x,y) \mathrm{d}x.$$

6. 利用极坐标计算二重积分

有些二重积分,积分区域 D 的边界曲线用极坐标方程来表示比较方便,且被积函数用极坐标变量 r、θ 表示比较简单. 这时,我们就可以考虑利用极坐标来计算二重积分

$$\iint_D f(x,y) \mathrm{d}\sigma.$$

按二重积分的定义

$$\iint_D f(x,y)\,d\sigma = \lim_{\lambda \to 0}\sum_{i=1}^{n} f(\xi_i,\eta_i)\Delta\sigma_i.$$

下面我们来研究这个和的极限在极坐标系中的形式.
假定从极点 O 出发且穿过闭区域 D 内部的射线与 D 的边界曲线相交不多于两点. 我们用以极点为中心的一族同心圆:$r =$ 常数,以及从极点出发的一族射线:$\theta =$ 常数,把 D 分为 n 个小闭区域(图 9-6). 除了包含边界点的一些小闭区域外,小闭区域的面积 $\Delta\sigma_i$,可计算如下:

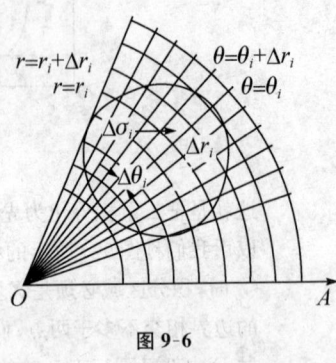

图 9-6

$$\begin{aligned}\Delta\sigma_i &= \frac{1}{2}(r_i + \Delta r_i)^2 \cdot \Delta\theta_i - \frac{1}{2}r_i^2 \cdot \Delta\theta_i \\ &= \frac{1}{2}(2r_i + \Delta r_i)\Delta r_i \cdot \Delta\theta_i \\ &= \frac{r_i + (r_i + \Delta r_i)}{2} \cdot \Delta r_i \cdot \Delta\theta_i \\ &= \bar{r}_i \cdot \Delta r_i \cdot \Delta\theta_i,\end{aligned}$$

其中 $\bar{r}_i$ 表示相邻两圆弧的半径的平均值. 在这小闭区域内取圆周 $r = \bar{r}_i$ 上的点 $(\bar{r}_i,\bar{\theta}_i)$,该点的直角坐标设为 (ξ_i,η_i),则由直角坐标与极坐标之间的关系有

$$\xi_i = \bar{r}_i\cos\bar{\theta}_i,\quad \eta_i = \bar{r}_i\sin\bar{\theta}_i.$$

于是

$$\lim_{\lambda\to 0}\sum_{i=1}^n f(\xi_i,\eta_i)\Delta\sigma_i = \lim_{\lambda\to 0}\sum_{i=1}^n f(\bar{r}_i\cos\bar{\theta}_i,\bar{r}_i\sin\bar{\theta}_i)\bar{r}_i \cdot \Delta r_i \cdot \Delta\theta_i,$$

即

$$\iint_D f(x,y)\,d\sigma = \iint_D f(r\cos\theta,r\sin\theta)r\,dr\,d\theta.$$

由于在直角坐标系中 $\iint_D f(x,y)\,d\sigma$ 也常记作 $\iint_D f(x,y)\,dx\,dy$,所以上式又可写成

$$\iint_D f(x,y)\,dx\,dy = \iint_D f(r\cos\theta,r\sin\theta)r\,dr\,d\theta. \qquad ⑤$$

这就是二重积分的变量从直角坐标变换为极坐标的变换公式,其中 $r\,dr\,d\theta$ 就是极坐标系中的面积元素.

公式 ⑤ 表明,要把二重积分中的变量从直角坐标变换为极坐标,只要把被积函数中的 x、y 分别换成 $r\cos\theta$、$r\sin\theta$,并把直角坐标系中的面积元素 $dx\,dy$ 换成极坐标系中的面积元素 $r\,dr\,d\theta$.
极坐标系中的二重积分,同样可以化为二次积分来计算.

历年考研真题评析

真题1 (2009,2题) 如图9-7,正方形 $\{(x,y) \mid |x| \leq 1, |y| \leq 1\}$ 被其对角线划分为四个区域 $D_k(k=1,2,3,4), I_k = \iint\limits_{D_k} y\cos x \mathrm{d}x\mathrm{d}y$,则 $\max\limits_{1 \leq k \leq 4}\{I_k\}$

(A)I_1 (B)I_2 (C)I_3 (D)I_4

解题过程 D_2, D_4 两区域关于 x 轴对称,被积函数是关于 y 的奇函数,所以 $I_2 = I_4 = 0$;

D_1, D_3 两区域关于 y 轴对称,被积函数是关于 x 的偶函数,所以

$$I_1 = 2\iint\limits_{\{(x,y)\mid 0 \leq x \leq 1, x \leq y \leq 1\}} y\cos x \mathrm{d}x\mathrm{d}y > 0;$$

$$I_3 = 2\iint\limits_{\{(x,y)\mid 0 \leq x \leq 1, -1 \leq y \leq -x\}} y\cos x \mathrm{d}x\mathrm{d}y < 0;$$

因而正确答案为(A).

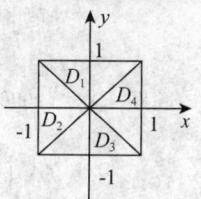

图 9-7

真题2 (2011,19题) 已知函数 $f(x,y)$ 具有二阶连续偏导数,且 $f(1,y) = 0, f(x,1) = 0, \iint\limits_D f(x,y)\mathrm{d}x\mathrm{d}y = a$,其中 $D = \{(x,y) \mid 0 \leq x \leq 1, 0 \leq y \leq 1\}$,计算二重积分

$$\iint\limits_D xyf''_{xy}(x,y)\mathrm{d}x\mathrm{d}y.$$

解题过程 $\iint\limits_D xyf''_{xy}(x,y)\mathrm{d}x\mathrm{d}y = \int_0^1 x\left(\int_0^1 yf''_{xy}(x,y)\mathrm{d}y\right)\mathrm{d}x = \int_0^1 x\left(\int_0^1 y\mathrm{d}f'_x(x,y)\right)\mathrm{d}x.$

用分部积分法

$$\int_0^1 y\mathrm{d}f'_x(x,y) = yf'_x(x,y)\Big|_0^1 - \int_0^1 f'_x(x,y)\mathrm{d}y = -\int_0^1 f'_x(x,y)\mathrm{d}y.$$

交换积分次序

$$\int_0^1 x\left(\int_0^1 y\mathrm{d}f'_x(x,y)\right)\mathrm{d}x = -\int_0^1 x\left(\int_0^1 f'_x(x,y)\mathrm{d}y\right)\mathrm{d}x = -\int_0^1 \left(\int_0^1 xf'_x(x,y)\mathrm{d}x\right)\mathrm{d}y.$$

再用分部积分法

$$\int_0^1 xf'_x(x,y)\mathrm{d}x = \int_0^1 x\mathrm{d}f(x,y) = xf(x,y)\Big|_0^1 - \int_0^1 f(x,y)\mathrm{d}x = -\int_0^1 f(x,y)\mathrm{d}x.$$

所以 $\iint\limits_D xyf''_{xy}(x,y)\mathrm{d}x\mathrm{d}y = \int_0^1 \mathrm{d}y\int_0^1 f(x,y)\mathrm{d}x = a.$

真题3 (2006,15题) 设区域 $D = \{(x,y) \mid x^2+y^2 \leq 1, x \geq 0\}$,计算二重积分

$$\iint\limits_D \frac{1+xy}{1+x^2+y^2}\mathrm{d}x\mathrm{d}y.$$

解题过程   积分区域 D 如图9-8所示.因为区域 D 关于 x 轴对称,函数 $f(x,y) = \dfrac{1}{1+x^2+y^2}$ 是变

量 y 的偶函数,函数 $g(x,y) = \dfrac{xy}{1+x^2+y^2}$ 是变量 y 的奇函数. 则

$$\iint_D \frac{1}{1+x^2+y^2}\mathrm{d}x\mathrm{d}y = 2\iint_{D_1} \frac{1}{1+x^2+y^2}\mathrm{d}x\mathrm{d}y = 2\int_0^{\frac{\pi}{2}} \mathrm{d}\theta \int_0^1 \frac{r}{1+r^2}\mathrm{d}r$$
$$= \frac{\pi \ln 2}{2}.$$

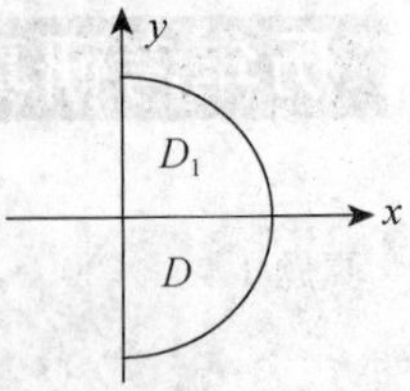

$$\iint_D \frac{xy}{1+x^2+y^2}\mathrm{d}x\mathrm{d}y = 0,$$

故 $\iint_D \dfrac{1+xy}{1+x^2+y^2}\mathrm{d}x\mathrm{d}y = \iint_D \dfrac{1}{1+x^2+y^2}\mathrm{d}x\mathrm{d}y + \iint_D \dfrac{xy}{1+x^2+y^2}\mathrm{d}x\mathrm{d}y = \dfrac{\pi \ln 2}{2}.$

图 9-8

真题 4 (2006,8 题) 设 $f(x,y)$ 为连续函数,则 $\int_0^{\frac{\pi}{4}} \mathrm{d}\theta \int_0^1 f(r\cos\theta, r\sin\theta) r \mathrm{d}r$ 等于

(A) $\int_0^{\frac{\sqrt{2}}{2}} \mathrm{d}x \int_x^{\sqrt{1-x^2}} f(x,y)\mathrm{d}y.$ (B) $\int_0^{\frac{\sqrt{2}}{2}} \mathrm{d}x \int_0^{\sqrt{1-x^2}} f(x,y)\mathrm{d}y.$

(C) $\int_0^{\frac{\sqrt{2}}{2}} \mathrm{d}y \int_y^{\sqrt{1-y^2}} f(x,y)\mathrm{d}x.$ (D) $\int_0^{\frac{\sqrt{2}}{2}} \mathrm{d}y \int_0^{\sqrt{1-y^2}} f(x,y)\mathrm{d}x.$

解题过程 由题设可知积分区域 D 如右图所示,显然是 Y 型域,则

$$原式 = \int_0^{\frac{\sqrt{2}}{2}} \mathrm{d}y \int_y^{\sqrt{1-y^2}} f(x,y)\mathrm{d}x.$$

故选(C).

经典例题解析

例 1 计算积分 $\int_0^1 \mathrm{d}x \int_{x^2}^1 \dfrac{xy}{\sqrt{1+y^3}} \mathrm{d}y.$

解 交换积分次序.

$$原式 = \int_0^1 \frac{y}{\sqrt{1+y^3}} \mathrm{d}y \int_0^{\sqrt{y}} x\mathrm{d}x$$
$$= \frac{1}{2} \int_0^1 \frac{y^2}{\sqrt{1+y^3}} \mathrm{d}y$$
$$= \frac{1}{6} \int_0^1 \frac{\mathrm{d}(1+y^3)}{\sqrt{1+y^3}} = \frac{1}{3}(\sqrt{2}-1).$$

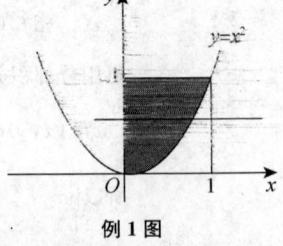
例 1 图

例 2 如图 9-9 所示,计算 $\iint\limits_{x^2+y^2 \leqslant a^2} (x^2 - 2x + 3y + 2)\mathrm{d}\sigma.$

解 积分域是圆 $x^2 + y^2 \leqslant a^2$,可关于 x、y 轴、直线 $y=x$ 对称,可将被积函数分项积分:

$$\iint_{x^2+y^2\leqslant a^2}(-2x+3y)\mathrm{d}\sigma=0.$$

而 $\iint_{x^2+y^2\leqslant a^2}x^2\mathrm{d}\sigma=\iint_{x^2+y^2\leqslant a^2}y^2\mathrm{d}\sigma=\dfrac{1}{2}\iint_{x^2+y^2\leqslant a^2}(x^2+y^2)\mathrm{d}\sigma$
$$=\dfrac{1}{2}\int_0^{2\pi}\mathrm{d}\theta\int_0^a r^3\mathrm{d}r=\dfrac{\pi a^4}{4}.$$

又 $\iint_{x^2+y^2\leqslant a^2}2\mathrm{d}\sigma=2\pi a^2$,所以原式 $=\dfrac{\pi a^4}{4}+2\pi a^2.$

例3 证明:如例3图所示,曲面 $z=\dfrac{a\varphi(x)+b\varphi(y)}{\varphi(x)+\varphi(y)}$,$x^2+y^2=c^2$,$z=0$ 所围立体的体积等于 $\dfrac{1}{2}\pi c^2(a+b)$,其中 $\varphi(u)$ 是连续的正值函数,且 $a>0,b>0,c>0$.

解 所求立体在 xOy 面上的投影区域为 $D:x^2+y^2\leqslant c^2$. 有
$$V=\iint_D\dfrac{a\,\varphi(x)+b\,\varphi(y)}{\varphi(x)+\varphi(y)}\mathrm{d}x\mathrm{d}y$$
$$=\dfrac{1}{2}\iint_D\left[\dfrac{a\varphi(x)+b\varphi(y)}{\varphi(x)+\varphi(y)}+\iint_D\dfrac{a\varphi(y)+b\varphi(x)}{\varphi(y)+\varphi(x)}\right]\mathrm{d}x\mathrm{d}y$$
$$=\dfrac{1}{2}(a+b)\iint_D\mathrm{d}x\mathrm{d}y=\dfrac{1}{2}\pi c^2(a+b).$$

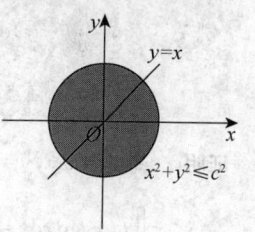

例3图

例4 如例4图所示,计算二重积分 $\iint_D(x+y)\mathrm{d}x\mathrm{d}y$. 其中 $D:x^2+y^2\leqslant 2x$.

解 用极坐标,对称性

原式 $=2\int_0^{\frac{\pi}{2}}\mathrm{d}\theta\int_0^{2\cos\theta}r\cos\theta\cdot r\mathrm{d}r$
$$=2\int_0^{\frac{\pi}{2}}\cos\theta\mathrm{d}\theta\int_0^{2\cos\theta}r^2\mathrm{d}r$$
$$=\dfrac{2}{3}\int_0^{\frac{\pi}{2}}\cos\theta\mathrm{d}\theta\cdot(r^3)\Big|_0^{2\cos\theta}\mathrm{d}\theta$$
$$=\dfrac{16}{3}\int_0^{\frac{\pi}{2}}\cos\theta\cdot\cos^3\theta\mathrm{d}\theta=\dfrac{16}{3}\int_0^{\frac{\pi}{2}}\cos^4\theta\mathrm{d}\theta$$
$$=\dfrac{16}{3}\cdot\dfrac{3}{4}\cdot\dfrac{1}{2}\cdot\dfrac{\pi}{2}=\pi.$$

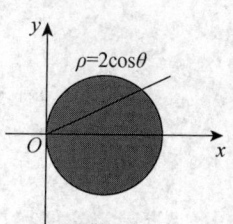

例4图

例5 计算二重积分 $\iint_D\ln(x^2+y^2)\mathrm{d}x\mathrm{d}y$,其中 $D:\varepsilon^2\leqslant x^2+y^2\leqslant 1$,并求上述二重积分当 $\varepsilon\to 0^+$ 时的极限.

解 $\iint_D\ln(x^2+y^2)\mathrm{d}x\mathrm{d}y=\int_0^{2\pi}\mathrm{d}\theta\int_\varepsilon^1\ln\rho^2\cdot\rho\mathrm{d}\rho=\pi\int_\varepsilon^1\ln\rho^2\mathrm{d}\rho^2$
$$=\pi(\rho^2\ln\rho^2-\rho^2)\Big|_\varepsilon^1=\pi(-\varepsilon^2\ln\varepsilon^2+\varepsilon^2-1).$$

所以 $\lim\limits_{\varepsilon\to 0^-}\iint\limits_{D}\ln(x^2+y^2)\mathrm{d}x\mathrm{d}y=-\pi.$

例 6 计算二重积分 $\iint\limits_{D}\sqrt{\dfrac{1-x^2-y^2}{1+x^2+y^2}}\mathrm{d}x\mathrm{d}y$，其中 $D: x^2+y^2\leqslant 1, x\geqslant 0, y\geqslant 0.$

解 $\iint\limits_{D}\sqrt{\dfrac{1-x^2-y^2}{1+x^2+y^2}}\mathrm{d}x\mathrm{d}y=\iint\limits_{D_{\rho\theta}}\sqrt{\dfrac{1-\rho^2}{1+\rho^2}}\rho\mathrm{d}\rho\mathrm{d}\theta=\dfrac{\pi}{4}\int_0^1\sqrt{\dfrac{1-t}{1+t}}\mathrm{d}t$

$\xrightarrow{\diamondsuit\sqrt{\frac{1-t}{1+t}}=u}\pi\int_0^1\dfrac{u^2}{(1+u^2)^2}\mathrm{d}u\xrightarrow{\diamondsuit u=\tan\theta}\pi\int_0^{\pi/4}\dfrac{\tan^2\theta\sec^2\theta}{\sec^4\theta}\mathrm{d}\theta$

$=\pi\int_0^{\pi/4}\sin^2\theta\mathrm{d}\theta=\dfrac{\pi}{8}(\pi-2).$

例 7 求证 $\iint\limits_{D}f(xy)\mathrm{d}x\mathrm{d}y=\ln 2\int_0^2 f(u)\mathrm{d}u$，其中 D 是由 $xy=1, xy=2, y=x$ 及 $y=4x(x>0, y>0)$ 所围成之区域.

证明 令 $u=xy, y=vx.$ 即 $x=\sqrt{\dfrac{u}{v}}, y=\sqrt{uv}, \dfrac{\partial(x,y)}{\partial(u,v)}=\dfrac{1}{2v},$ 所以

$\iint\limits_{D}f(xy)\mathrm{d}x\mathrm{d}y=\iint\limits_{D}f(u)\dfrac{1}{2v}\mathrm{d}u\mathrm{d}v=\int_1^2 f(u)\mathrm{d}u\int_1^4\dfrac{1}{2v}\mathrm{d}v=\ln 2\int_1^2 f(u)\mathrm{d}u.$

例 8 求证：$\iint\limits_{x^2+y^2\leqslant 1}f(x+y)\mathrm{d}x\mathrm{d}y=\int_{-\sqrt{2}}^{\sqrt{2}}\sqrt{2-u^2}f(u)\mathrm{d}u.$

证明 令 $u=x+y, v=x-y, \dfrac{\partial(x,y)}{\partial(u,v)}=\dfrac{1}{\begin{vmatrix}u'_x & u'_y \\ v'_x & v'_y\end{vmatrix}}=-\dfrac{1}{2}.$ 所以

$\iint\limits_{x^2+y^2\leqslant 1}f(x+y)\mathrm{d}x\mathrm{d}y=\iint\limits_{u^2+v^2\leqslant 2}f(u)\dfrac{1}{2}\mathrm{d}u\mathrm{d}v=\int_{-\sqrt{2}}^{\sqrt{2}}f(u)\left[\int_0^{\sqrt{2-u^2}}\mathrm{d}v\right]\mathrm{d}u.$

$=\int_{-\sqrt{2}}^{\sqrt{2}}\sqrt{2-u^2}f(u)\mathrm{d}u.$

例 9 计算 $\int_0^1\mathrm{d}x\int_0^x\mathrm{d}y\int_0^y\dfrac{\sin z}{1-z}\mathrm{d}z.$

解 因为 $\int\dfrac{\sin z}{1-z}\mathrm{d}z$ 不能积成有限形式，所以必须更换积分次序，如例 9 图所示，四面体 $A-BCD$ 为所求的积分区域.

由例 9 图知 $\int_0^1\mathrm{d}x\int_0^x\mathrm{d}y\int_0^y\dfrac{\sin z}{1-z}\mathrm{d}z=\iint\limits_{D_{y,z}}\dfrac{\sin z}{1-z}\int_y^1\mathrm{d}x=\iint\limits_{D_{y,z}}\dfrac{\sin z}{1-z}(1-y)\mathrm{d}y\mathrm{d}z$

$=\int_0^1\dfrac{\sin z}{1-z}\mathrm{d}z\int_z^1(1-y)\mathrm{d}y=\dfrac{1}{2}\int_0^1(1-z)\sin z\mathrm{d}z=\dfrac{1}{2}(1-\sin z).$

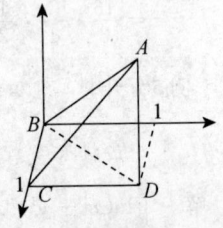

例 9 图

例 10 计算下列三重积分：

$\iiint_{\Omega}(1+x+y+z)^{-3}\mathrm{d}v$，其中 Ω 由 $x+y+z=1, x=0, y=0$ 及 $z=0$ 所围成，如图例 10 图所示.

解 $\iiint_{\Omega}(1+x+y+z)^{-3}\mathrm{d}v = \int_{0}^{1-x}\mathrm{d}x\int_{0}^{1-x-y}\mathrm{d}y\int(1+x+y+z)^{-1}\mathrm{d}z$

$= -\frac{1}{2}\int_{0}^{1}\mathrm{d}x\int_{0}^{1-x}(1+x+y+z)^{-2}\Big|_{0}^{1-x-y}\mathrm{d}y$

$= \frac{1}{2}\int_{0}^{1}\mathrm{d}x\int_{0}^{1-x}\left[(1+x+y)^{-2}-2^{-2}\right]\mathrm{d}y$

$= \frac{1}{2}\int_{0}^{1}\left[-(1+x+y)\Big|_{0}^{1-x}-\frac{1}{4}(1-x)\right]\mathrm{d}x$

$= \frac{1}{2}\int_{0}^{1}\left[(1+x)^{-1}-\frac{1}{2}-\frac{1}{4}(1-x)\right]\mathrm{d}x$

$= \frac{1}{2}\left\{\ln(1+x)\Big|_{0}^{1}-\frac{1}{2}-\frac{1}{8}(1-x)^{2}\Big|_{0}^{1}\right\} = \frac{1}{2}\left\{\ln 2-\frac{1}{2}-\frac{1}{8}\right\} = \frac{1}{2}\left[\ln 2-\frac{5}{8}\right].$

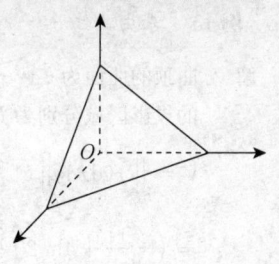

例 10 图

例 11 如例 11 图所示，求由曲线 $xy=a^{2}, x+y=\frac{5}{2}a(a>0)$ 所围成图形的面积.

解 求解联合方程 $\begin{cases}xy=a^{2}\\x+y=\dfrac{5}{2}a\end{cases}$ 得 $x=\dfrac{a}{2}, y=2a$，所以面积 S 为

$S = \iint_{D}\mathrm{d}x\mathrm{d}y = \int_{\frac{a}{2}}^{2a}\left[\int_{\frac{a^2}{x}}^{\frac{5}{2}a-x}\mathrm{d}y\right]\mathrm{d}x = \int_{\frac{a}{2}}^{2a}\left[\frac{5}{2}a-x-\frac{a^{2}}{x}\right]\mathrm{d}x$

$= \left(\frac{5}{2}ax-\frac{1}{2}x^{2}-a^{2}\ln x\right)\Big|_{\frac{a}{2}}^{2a} = \frac{15}{8}a^{2}-2a^{2}\ln 2.$

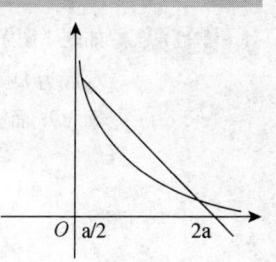

例 11 图

例 12 求曲面 $z=\sqrt{x^{2}+y^{2}}$ 夹在二曲面 $x^{2}+y^{2}=y, x^{2}+y^{2}=2y$ 之间的部分的面积.

解 该曲面在 xOy 平面上的投影区域如例 12 图所示.

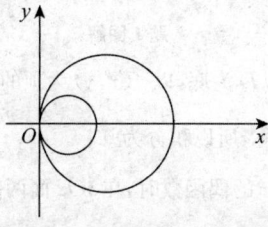

例 12 图

所以所求面积为

$$S = \iint\limits_{D_{xy}} \sqrt{1 + \left(\frac{\partial z}{\partial x}\right)^2 + \left(\frac{\partial z}{\partial y}\right)^2}\, dxdy = \iint\limits_{D_{xy}} \sqrt{1 + \frac{x^2}{x^2+y^2} + \frac{y^2}{x^2+y^2}}\, dxdy$$
$$= \iint\limits_{D_{xy}} \sqrt{2}\, dxdy = \sqrt{2}\left(\pi - \frac{\pi}{4}\right) = \frac{3\sqrt{2}}{4}\pi.$$

例 13 求由曲线 $z = xy, x+y+z = 1, z = 0.$ 所围成形体的体积.

解 曲顶的曲面为 $z = xy$ 及 $x+y+z = 1.$ 所以所求体积必须分成两部分,该两部分在 xOy 平面上的投影区域分别为 $D_1, D_2,$ 于是体积 V 为
$$V = \iint\limits_{D_1} xy\, dxdy \iint\limits_{D_2}(1-x-y)\, dxdy = \int_0^1 x dx \int_{\frac{1-x}{1+x}}^{1} y dy + \int_0^1 dx \int_{\frac{1-x}{1+x}}^{1-x}(1-x-y)\, dy$$
$$= \left(-\frac{11}{4} + 4\ln 2\right) + \left(\frac{25}{6} - 6\ln 2\right) = \frac{17}{12} - 2\ln 2.$$

课后习题全解

习题 9-1

1. **解题过程** 如题 1 图解所示. I_1 表示底为 $D_1,$ 顶为曲面 $z = (x^2+y^2)^3$ 的曲顶体 Ω_1 的体积;I_2 表示底为 $D_2,$ 顶为曲面 $z = (x^2+y^2)^3$ 的曲顶柱体 Ω_2 的体积. 而曲面 $z = (x^2+y^2)^3$ 关于 yOz 面和 zOx 面均对称,所以 Ω_1 的体积是 Ω_2 的体积的 4 倍. 于是 $I_1 = 4I_2$.

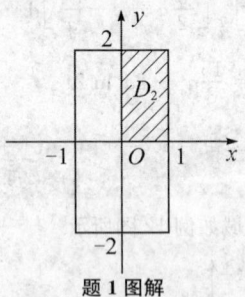

题 1 图解

2. **解题过程** (1) $\iint\limits_{D} f(x,y)\, d\sigma$ 表示以 D 为底,以 $f(x,y)$ 为顶的曲柱体体积,因为 $f(x,y)$ 为 x 的奇函数,且 D 关于 y 轴对称,所以积分为 0.

(2) 同理,$f(x,y)$ 为 x 的偶函数时,在 xOz 面两侧体积相同. 故 $\iint\limits_{D} f(x,y)\, d\sigma = 2\iint\limits_{D_1} f(x,y)\, d\sigma.$

（Ⅰ）因为被积函数 xy^4 关于 x 的奇函数,D 关于 y 轴对称,故 $\iint\limits_{D} xy^4\, d\sigma = 0;$

（Ⅱ）因为被积函数 $y\sqrt{R^2-x^2-y^2}$ 关于 y 的奇函数，D 关于 x 轴对称，故 $\iint\limits_D y\sqrt{R^2-x^2-y^2}\,d\sigma = 0$；

（Ⅲ）因为被积函数 $\dfrac{y^3\cos x}{1+x^2+y^2}$ 是关于 y 的奇函数，D 关于 x 轴对称，故 $\iint\limits_D \dfrac{y^3\cos x}{1+x^2+y^2}\,d\sigma = 0$.

3. **解题过程** (1) 如题 3 图解(a) 所示. 在区域 D 中 $x+y \leqslant 1$，$(x+y)^3 \leqslant (x+y)^2$，根据二重积分的性质，可得 $\iint\limits_D (x+y)^3\,d\sigma \leqslant \iint\limits_D (x+y)^2\,d\sigma$，即 $I_1 \geqslant I_2$.

(2) 如题 3 图解(b) 所示，区域 D 位于 $x+y > e$ 的区域内，即在 D 中有 $x+y > e$，$\ln(x+y) > 1$，$\ln(x+y) < [\ln(x+y)]^2$，因而根据二重积分的性质可得

$$\iint\limits_D \ln(x+y)\,d\sigma \leqslant \iint\limits_D [\ln(x+y)]^2\,d\sigma,$$

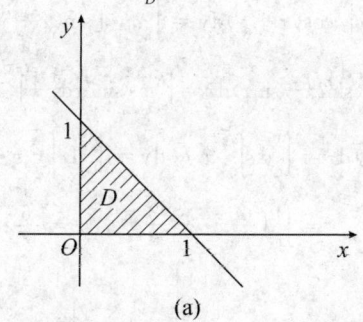
(a)

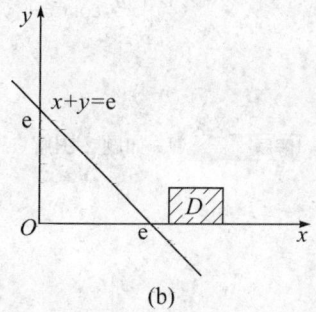
(b)

题 3 图解

即 $I_1 \leqslant I_2$.

4. **解题过程** (1) 在 D 上，$0 \leqslant x \leqslant 1$，$0 \leqslant y \leqslant 2$，故 $0 \leqslant xy \leqslant 2$，$1 \leqslant x+y+1 \leqslant 4$.

则 $0 \leqslant xy(x+y+1) \leqslant 8$. 积分区域 D 的面积为 $\sigma = 1 \cdot 2 = 2$.

故 $0 \leqslant \iint\limits_D xy(x+y+1)\,d\sigma \leqslant 16$.

(2) 在 D 上，$0 \leqslant x^2+y^2 \leqslant 4$，则 $9 \leqslant x^2+4y^2+9 \leqslant 4x^2+4y^2+9 \leqslant 25$，

D 的面积为 $\sigma = \pi \cdot 2^2 = 4\pi$.

故 $9 \cdot 4\pi \leqslant \iint\limits_D (x^2+4y^2+9)\,d\sigma \leqslant 25 \cdot 4\pi$，即 $36\pi \leqslant \iint\limits_D (x^2+4y^2+9)\,d\sigma \leqslant 100\pi$.

(3) 在 D 上，$|x|+|y| \leqslant 10$，D 的面积为 $\sigma = 200$，

$$\dfrac{1}{102} \leqslant \dfrac{1}{100+\cos^2 x+\cos^2 y} \leqslant \dfrac{1}{100},$$

故 $\dfrac{1}{102} \times 200 \leqslant \iint\limits_D \dfrac{d\sigma}{100+\cos^2 x+\cos^2 y} \leqslant \dfrac{1}{100} \times 200$，

即 $\dfrac{100}{51} \leqslant \iint\limits_D \dfrac{d\sigma}{100+\cos^2 x+\cos^2 y} \leqslant 2$.

习题 9-2

1. **解题过程** (1) $\iint\limits_D (x^2+y^2)\mathrm{d}\sigma = \int_{-1}^{1}\int_{-1}^{1}(x^2+y^2)\mathrm{d}x\mathrm{d}y = \int_{-1}^{1} 2y^2 + \frac{2}{3}\mathrm{d}y = \frac{8}{3}$;

(2) $\iint\limits_D xy\mathrm{e}^{x^2+y^2}\mathrm{d}\sigma = \int_a^b x\cdot\mathrm{e}^{x^2}\mathrm{d}x \cdot \int_c^d y\mathrm{e}^{y^2}\mathrm{d}y = \int_a^b \frac{1}{2}\mathrm{e}^{x^2}\mathrm{d}x^2 \cdot \int_c^d \frac{1}{2}\mathrm{e}^{y^2}\cdot\mathrm{d}y^2$

$= \frac{1}{2}(\mathrm{e}^{b^2}-\mathrm{e}^{a^2})\frac{1}{2}(\mathrm{e}^{d^2}-\mathrm{e}^{c^2}) = \frac{1}{4}(\mathrm{e}^{b^2}-\mathrm{e}^{a^2})\cdot(\mathrm{e}^{d^2}-\mathrm{e}^{c^2})$;

(3) $\iint\limits_D (3x+2y)\mathrm{d}\sigma = \int_0^2 \mathrm{d}x \int_0^{2-x}(3x+2y)\mathrm{d}y = \int_0^2 (4+2x-2x^2)\mathrm{d}x$

$= \left(4x+x^2-\frac{2}{3}x^3\right)\Big|_0^2 = \frac{20}{3}$;

(4) $\iint\limits_D x\cdot\cos(x+y)\mathrm{d}\sigma = \int_0^\pi x\mathrm{d}x \int_0^x \cos(x+y)\mathrm{d}y = \int_0^\pi x\cdot[\sin(x+y)]_0^\pi \mathrm{d}x$

$= \int_0^\pi x\cdot(\sin 2x - \sin x)\mathrm{d}x = \int_0^\pi x\cdot\sin 2x\mathrm{d}x - \int_0^\pi x\cdot\sin x\mathrm{d}x = -\frac{3}{2}\pi$.

2. **解题过程** (1) 如题 2 图解(a) 所示,$\iint\limits_D x\sqrt{y}\mathrm{d}\sigma = \int_0^1 \mathrm{d}x \int_{x^2}^{\sqrt{x}} x\sqrt{y}\mathrm{d}y = \int_0^1 \mathrm{d}x \int_{x^2}^{\sqrt{x}} x\cdot\frac{2}{3}\mathrm{d}y^{\frac{3}{2}}$

$= \int_0^1 \left(\frac{2}{3}x^{\frac{7}{4}}-\frac{2}{3}x^4\right)\mathrm{d}x = \frac{6}{55}$;

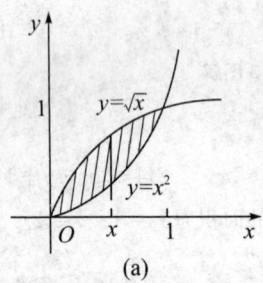
(a)

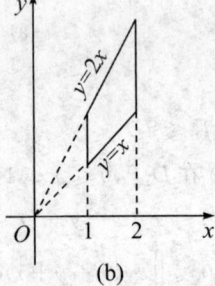
(b)

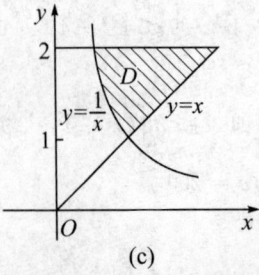
(c)

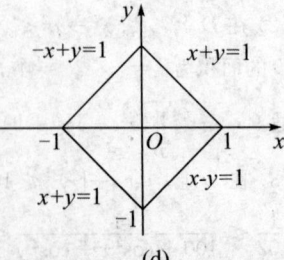
(d)

题 2 图解

(2) 如题 2 图解(b) 所示,$\iint\limits_D \frac{y}{x}\mathrm{d}\sigma = \int_1^2 \mathrm{d}x \int_x^{2x} \frac{y}{x}\mathrm{d}y = \int_1^2 \mathrm{d}x \int_x^{2x} \frac{1}{2x}\mathrm{d}y^2$

$$= \int_1^2 \frac{1}{x} \left[\frac{y^2}{2} \right]_x^{2x} dx = \int_1^2 \frac{3}{2} x dx = \frac{9}{4};$$

(3) 如题 2 图解(c) 所示, $D = \left\{ (x,y) \mid 1 \leqslant y \leqslant 2, \frac{1}{y} \leqslant x \leqslant y \right\}$,

于是 $\iint\limits_D (2x+y) d\sigma = \int_1^2 dy \int_{\frac{1}{y}}^{y} (2x+y) dx = \int_1^2 \left(2y^2 - \frac{1}{y^2} - 1 \right) dy = \frac{19}{6}.$

(4) 如题 2 图解(d),将积分区域 D 分成两部分

$$\begin{cases} -1 \leqslant x \leqslant 0, \\ -x-1 \leqslant y \leqslant x+1, \end{cases} \text{和} \begin{cases} 0 \leqslant x \leqslant 1, \\ x-1 \leqslant y \leqslant -x+1, \end{cases}$$

所以

$$\iint\limits_D e^{x+y} d\sigma = \int_{-1}^0 e^x dx \int_{-x-1}^{x+1} e^y dy + \int_0^1 e^x dx \int_{x-1}^{-x+1} e^y dy = \int_{-1}^0 (e^{2x+1} - e^{-1}) dx + \int_0^1 (e - e^{-2x+1}) dx$$
$$= e - e^{-1}.$$

3. **解题过程** $\iint\limits_D f(x,y) dxdy = \int_a^b \int_c^d f(x,y) dydx = \int_a^b \int_c^d f_1(x) \cdot f_2(y) \cdot dydx = \int_a^b f_1(x) \int_c^d f_2(y) dy \cdot dx,$

因为 $\int_c^d f_2(y) dy$ 为与 x 无关的实数,故原式 $= \int_a^b f_1(x) dx \cdot \int_c^d f_2(y) dy,$

即 $\iint\limits_D f_1(x) \cdot f_2(y) dxdy = \left[\int_a^b f_1(x) dx \right] \cdot \left[\int_c^d f_2(y) dy \right].$

4. **解题过程** (1) 如题 4 图解(a) 所示,曲线 $y = \ln x$ 与直线 $x = 2$ 的交点为 $(2, \ln 2)$,将 I 化为先对 y 后对 x 的二次积分,得 $I = \int_1^2 dx \int_0^{\ln x} f(x,y) dy,$

将 I 化为先对 x 后对 y 的二次积分,得 $I = \int_0^{\ln 2} dy \int_{e^y}^{2} f(x,y) dx.$

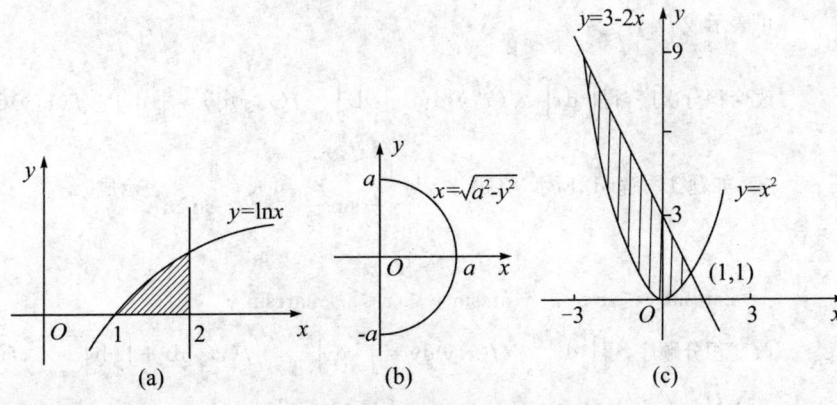

题 4 图解

(2) 如题 4 图解(b) 所示,将 I 化为先对 y 后对 x 的二次积分,得 $I = \int_0^a dx \int_{-\sqrt{a^2-x^2}}^{\sqrt{a^2-x^2}} f(x,y) dy,$

将 I 化为先对 x 后对 y 的二次积分,得 $I = \int_{-a}^{a} dy \int_{0}^{\sqrt{a^2-y^2}} f(x,y)dx$.

(3) 如题 4 图解(c) 所示,将 I 化为先对 y 后对 x 的二次积分,得 $I = \int_{-3}^{1} dx \int_{x^2}^{3-2x} f(x,y)dy$,

将 I 化为先对 x 后对 y 的二次积分,得 $I = \int_{0}^{1} dy \int_{-\sqrt{y}}^{\sqrt{y}} f(x,y)dx + \int_{1}^{9} dy \int_{-\sqrt{y}}^{\frac{3-y}{2}} f(x,y)dx$.

5. **解题过程** (1) 如题 5 图解(a)所示,积分区域 $\begin{cases} 0 \leqslant y \leqslant 1, \\ y \leqslant x \leqslant \sqrt{y} \end{cases}$ 可表示成 $\begin{cases} 0 \leqslant x \leqslant 1, \\ x^2 \leqslant y \leqslant x, \end{cases}$ 改变积分顺

序得 $\int_{0}^{1} dy \int_{y}^{\sqrt{y}} f(x,y)dx = \int_{0}^{1} dx \int_{x^2}^{x} f(x,y)dy$.

(2) 积分区域 $\begin{cases} 0 \leqslant x \leqslant 1, \\ e^y \leqslant x \leqslant e \end{cases}$ 可表示成 $\begin{cases} 1 \leqslant x \leqslant e, \\ 0 \leqslant y \leqslant \ln x, \end{cases}$ 改变积分顺序得

$\int_{0}^{1} dy \int_{e^y}^{e} f(x,y)dx = \int_{1}^{e} dx \int_{0}^{\ln x} f(x,y)dy$.

(3) 如题 5 图解(b) 所示,积分区域 D 为 $\begin{cases} 0 \leqslant y \leqslant 1, \\ 2-y \leqslant x \leqslant 1+\sqrt{1-y^2}, \end{cases}$

可表示成 $\begin{cases} 1 \leqslant x \leqslant 2, \\ 2-x \leqslant y \leqslant \sqrt{2x-x^2}, \end{cases}$

改变积分次序,得 $\int_{0}^{1} dy \int_{2-y}^{1+\sqrt{1-y^2}} f(x,y)dx = \int_{1}^{2} dx \int_{2-x}^{\sqrt{2x-x^2}} f(x,y)dy$.

(4) 如题 5 图解(c) 积分区域 D 为 $\begin{cases} 0 \leqslant x \leqslant 1 \\ 0 \leqslant y \leqslant x^2 \end{cases}$ 和 $\begin{cases} 1 \leqslant x^2 \leqslant 2, \\ 0 \leqslant y \leqslant 2-x, \end{cases}$

可表示成 $D: \begin{cases} 0 \leqslant y \leqslant 1, \\ \sqrt{y} \leqslant x \leqslant 2-y, \end{cases}$

改变积分次序,得 $\int_{0}^{1} dx \int_{0}^{x^2} f(x,y)dy + \int_{1}^{2} dx \int_{0}^{2-x} f(x,y)dy = \int_{0}^{1} dy \int_{\sqrt{y}}^{2-y} f(x,y)dx$.

(5) 如题 5 图解(d) 所示,将积分区域 $\begin{cases} 0 \leqslant x \leqslant \pi, \\ -\sin \frac{x}{2} \leqslant y \leqslant \sin x \end{cases}$ 表示成

$\begin{cases} -1 \leqslant y \leqslant 0, \\ -2\arcsin y \leqslant x \leqslant \pi \end{cases}$ 和 $\begin{cases} 0 \leqslant y \leqslant 1, \\ \arcsin y \leqslant x \leqslant \pi - \arcsin y \end{cases}$

改变积分顺序,得 $\int_{0}^{\pi} dx \int_{-\sin \frac{x}{2}}^{\sin x} f(x,y)dy = \int_{-1}^{0} dy \int_{-2\arcsin y}^{\pi} f(x,y)dx + \int_{0}^{1} dy \int_{\arcsin y}^{\pi-\arcsin y} f(x,y)dx$.

(6) 如题 5 图解(e) 所示,将积分区域 $\begin{cases} 0 \leqslant x \leqslant 2a, \\ \sqrt{2ax-x^2} \leqslant y \leqslant \sqrt{2ax} \end{cases}$ 表示成

$\begin{cases} 0 \leqslant y \leqslant a, \\ \frac{y^2}{2a} \leqslant x \leqslant a-\sqrt{a^2-y^2}, \end{cases}$ $\begin{cases} 0 \leqslant y \leqslant a, \\ a+\sqrt{a^2-y^2} \leqslant x \leqslant 2a, \end{cases}$ 和 $\begin{cases} a \leqslant y \leqslant 2a, \\ \frac{y^2}{2a} \leqslant x \leqslant 2a, \end{cases}$

改变积分顺序,得 $\int_0^{2a}\mathrm{d}x\int_{\sqrt{2ax-x^2}}^{\sqrt{2ax}}f(x,y)\mathrm{d}y$

$= \int_0^a \mathrm{d}y \int_{\frac{y^2}{2a}}^{a-\sqrt{a^2-y^2}} f(x,y)\mathrm{d}x + \int_0^a \mathrm{d}y \int_{a+\sqrt{a^2-y^2}}^{2a} f(x,y)\mathrm{d}x + \int_a^{2a} \mathrm{d}y \int_{\frac{y^2}{2a}}^{2a} f(x,y)\mathrm{d}x.$

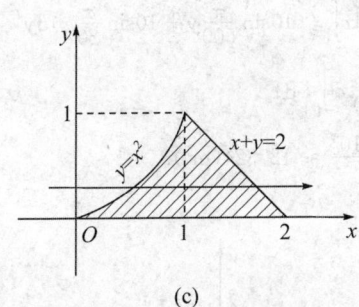

(a)　　　　　(b)

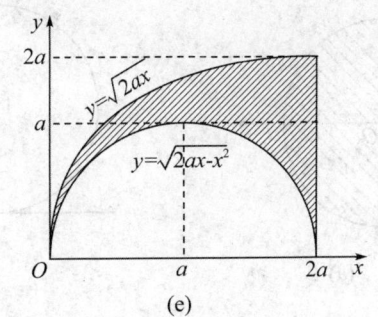

(c)　　　　　(d)

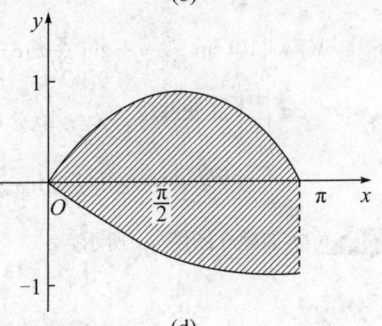

(e)

题 5 图解

6. **解题过程** 如题 6 图解所示,该薄片的质量为

$$M = \iint_D \rho(x,y)\mathrm{d}\sigma = \iint_D (x^2+y^2)\mathrm{d}\sigma = \int_0^1 \mathrm{d}y \int_y^{2-y} (x^2+y^2)\mathrm{d}x$$

$$= \int_0^1 \left[\frac{1}{3}(2-y)^3 + 2y^2 - \frac{7}{3}y^3\right]\mathrm{d}y = \left[-\frac{1}{12}(2-y)^4 + \frac{2}{3}y^3 - \frac{7}{12}y^4\right]\Big|_0^1 = \frac{4}{3}.$$

7. **解题过程** $V = \iint_D (1+x+y)\mathrm{d}\sigma = \int_0^1 \mathrm{d}x \int_0^{1-x} (1+x+y)\mathrm{d}y = \int_0^1 \left[y + xy + \frac{1}{2}y^2\right]_0^{1-x} \mathrm{d}x$

$= \int_0^1 \left(-\frac{x^2}{2} - x + \frac{3}{2}\right)\mathrm{d}x = \left(-\frac{x^3}{6} - \frac{x^2}{2} + \frac{3}{2}x\right)\Big|_0^1 = \frac{5}{6}.$

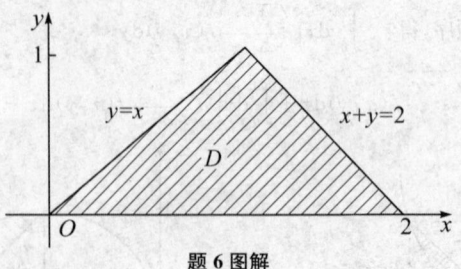

题 6 图解

8. **解题过程** 挖出的土量为以 $D = \{(x,y) \mid 0 \leqslant x \leqslant 20, 0 \leqslant y \leqslant 500\}$ 为底,以 $z = 100(\sin\dfrac{\pi}{500}y + \sin\dfrac{\pi}{20}x)$ 为顶的曲顶柱体的体积.

$$V = \iint\limits_{D} 10(\sin\dfrac{\pi}{500}y + \sin\dfrac{\pi}{20}x)d\sigma = \int_0^{20}dx\int_0^{500}(10\sin\dfrac{\pi}{500}y + 10\sin\dfrac{\pi}{20}x)dy$$

$$= \int_0^{20}\left[-\dfrac{500}{\pi}\cos\dfrac{\pi}{500}y \cdot 10 + 10\sin\dfrac{\pi}{20}x\right]_0^{500}dx$$

$$= \int_0^{20}(\dfrac{10^4}{\pi} + 5000\sin\dfrac{\pi}{20}x)dx = \dfrac{4\times 10^5}{\pi} \approx 127324(\text{m}^3).$$

9. **解题过程** (1) 如题 9 图解(a) 所示,

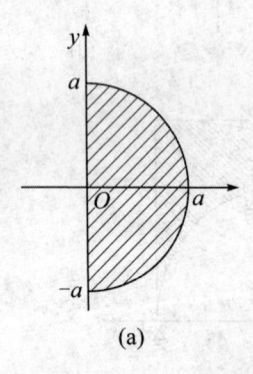
(a)

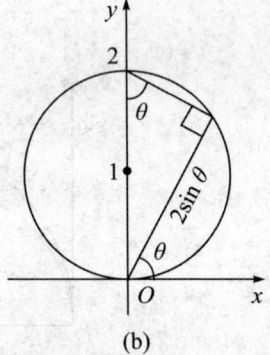
(b)

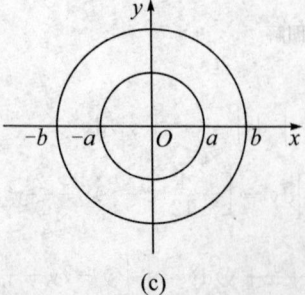
(c)

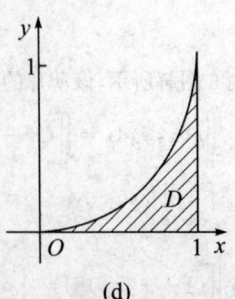
(d)

题 9 图解

$$\iint\limits_D f(x,y)\mathrm{d}x\mathrm{d}y = \iint\limits_D f(r\cos\theta, r\sin\theta) r\mathrm{d}r\mathrm{d}\theta = \int_{-\frac{\pi}{2}}^{\frac{\pi}{2}} \mathrm{d}\theta \int_0^a f(r\cos\theta, r\sin\theta) r\mathrm{d}r.$$

(2) 如题 9 图解(b) 所示,

$$\iint\limits_D f(x,y)\mathrm{d}x\mathrm{d}y = \iint\limits_D f(r\cos\theta, r\sin\theta) r\mathrm{d}r\mathrm{d}\theta = \int_0^\pi \mathrm{d}\theta \int_0^{2\sin\theta} f(r\cos\theta, r\sin\theta) r\mathrm{d}r.$$

(3) 如题 9 图解(c) 所示,

$$\iint\limits_D f(x,y)\mathrm{d}x\mathrm{d}y = \iint\limits_D f(r\cos\theta, r\sin\theta) r\mathrm{d}r\mathrm{d}\theta = \int_0^{2\pi} \mathrm{d}\theta \int_a^b f(r\cos\theta, r\sin\theta) r\mathrm{d}r.$$

(4) 如题 9 图解(d) 所示,

$$\iint\limits_D f(x,)\mathrm{d}x\mathrm{d}y = \int_0^{\frac{\pi}{4}} \mathrm{d}\theta \int_{\sec\theta\tan\theta}^{\sec\theta} f(r\cos\theta, r\sin\theta) r\mathrm{d}r.$$

10. **解题过程** (1) 积分区域 D 如题 10 图解(a)所示,用直线 $y=x$ 将区域 D 分成两部分,分别记做 D_1, D_2. 直线 $x=1$ 和 $y=1$ 的极坐标方程分别为 $r=\sec\theta$ 和 $r=\csc\theta$.

$$\int_0^1 \mathrm{d}x \int_0^1 f(x,y)\mathrm{d}y = \iint\limits_{D_1} f(x,y)\mathrm{d}x\mathrm{d}y + \iint\limits_{D_2} f(x,y)\mathrm{d}x\mathrm{d}y$$

$$= \int_0^{\frac{\pi}{4}} \mathrm{d}\theta \int_0^{\sec\theta} f(r\cos\theta, r\sin\theta) r\mathrm{d}r + \int_{\frac{\pi}{4}}^{\frac{\pi}{2}} \mathrm{d}\theta \int_0^{\csc\theta} f(r\cos\theta, r\sin\theta) r\mathrm{d}r.$$

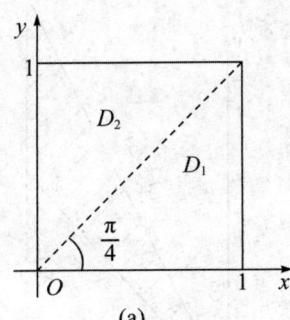 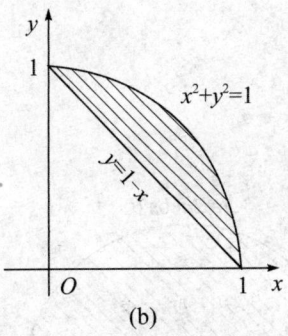

题 10 图解

(2) 积分区域如题 10 图解(b)所示. 直线 $y=1-x$ 的极坐标方程为 $r=\dfrac{1}{\cos\theta+\sin\theta}$,所以

$$\int_0^1 \mathrm{d}x \int_{1-x}^{\sqrt{1-x^2}} f(\sqrt{x^2+y^2})\mathrm{d}y = \int_0^{\frac{\pi}{2}} \mathrm{d}\theta \int_{\frac{1}{\cos\theta+\sin\theta}}^1 f(r) r\mathrm{d}r.$$

11. **解题过程** (1) 积分区域如题 11 图解(a)所示,圆 $x^2-2ax+y^2=0$ 的极坐标方程为 $r=2a\cos\theta$, $0 \leqslant \theta \leqslant \dfrac{\pi}{2}$,

$$\int_0^{2a} \mathrm{d}x \int_0^{\sqrt{2ax-x^2}} (x^2+y^2)\mathrm{d}y = \int_0^{\frac{\pi}{2}} \mathrm{d}\theta \int_0^{2a\cos\theta} r^2 \cdot r\mathrm{d}r$$

$$= \int_0^{\frac{\pi}{2}} 4a^4 \cos^4\theta \mathrm{d}\theta = 4a^4 \int_0^{\frac{\pi}{2}} \cos^4\theta \mathrm{d}\theta = 4a^4 \cdot \frac{3}{4} \cdot \frac{1}{2} \cdot \frac{\pi}{2} = \frac{3}{4}\pi a^4.$$

(2) 积分区域如题 11 图解(b) 所示，直线 $x=1$ 的极坐标方程为 $r=\sec\theta$，直线 $y=x$ 的极坐标方程为 $\tan\theta=1$，即 $\theta=\dfrac{\pi}{4}$。直线 $y=\sqrt{3}x$ 的极坐标方程为 $\tan\theta=\sqrt{3}$，即 $\theta=\dfrac{\pi}{3}$。于是积分区域可表示成 $\left\{\dfrac{\pi}{4}\leqslant\theta\leqslant\dfrac{\pi}{3},0\leqslant r\leqslant\sec\theta\right\}$，

$$\int_0^1 dx\int_x^{\sqrt{3}x}\dfrac{1}{\sqrt{x^2+y^2}}dy=\int_{\frac{\pi}{4}}^{\frac{\pi}{3}}d\theta\int_0^{\sec\theta}\dfrac{1}{r}\cdot r\,dr$$

$$=\int_{\frac{\pi}{4}}^{\frac{\pi}{3}}\sec\theta\,d\theta=[\ln|\sec\theta+\tan\theta|]_{\frac{\pi}{4}}^{\frac{\pi}{3}}=\ln\dfrac{2+\sqrt{3}}{1+\sqrt{2}}.$$

(3) 积分区域如题 11 图解(c) 所示，直线 $y=\dfrac{\sqrt{3}}{3}x$ 的极坐标方程 $\theta=\dfrac{\pi}{6}$。圆 $x^2+y^2=a^2$ 的极坐标方程为 $r=a$，于是积分区域可表示成 $\left\{0\leqslant\theta\leqslant\dfrac{\pi}{6},0\leqslant r\leqslant a\right\}$，所以

$$\int_0^{\frac{\sqrt{3}}{2}a}dx\int_{\frac{\sqrt{3}}{3}x}^{\frac{\sqrt{3}}{3}a}\sqrt{x^2+y^2}\,dy+\int_{\frac{\sqrt{3}}{2}a}^a dx\int_0^{\sqrt{a^2-x^2}}\sqrt{x^2+y^2}\,dy=\int_0^{\frac{\pi}{6}}d\theta\int_0^a r\cdot r\,dr=\int_0^{\frac{\pi}{6}}d\theta\int_0^a r^2\,dr$$

$$=\int_0^{\frac{\pi}{6}}\dfrac{a^3}{3}d\theta=\dfrac{a^3}{3}\cdot\dfrac{\pi}{6}=\dfrac{\pi}{18}a^3.$$

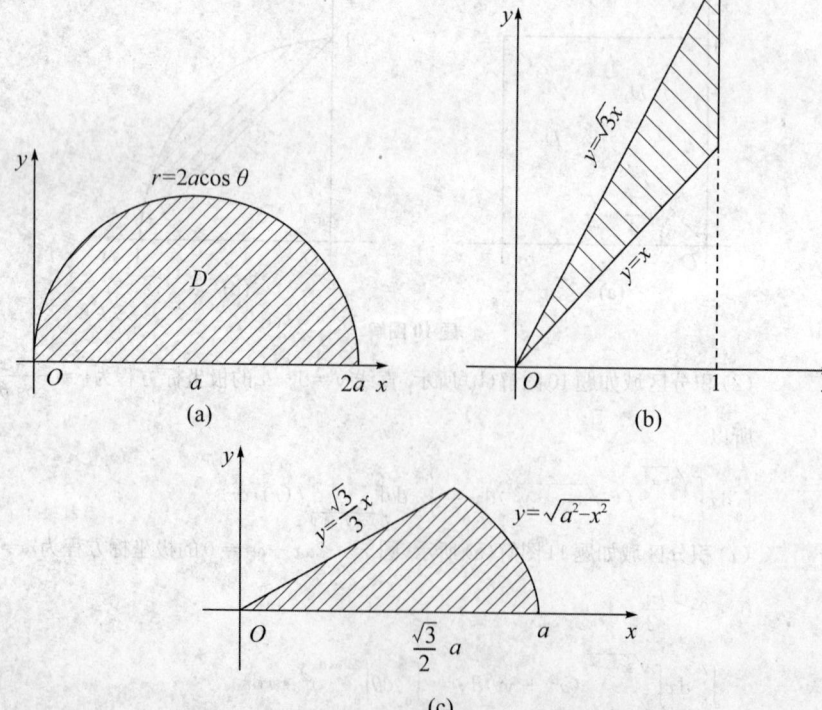

题 11 图解

12. **解题过程** (1) 积分区域可表示为 $\{0\leqslant\theta\leqslant\dfrac{\pi}{2},0\leqslant r\leqslant R\cos\theta\}$.

则 $\iint\limits_{D}\sqrt{R^2-x^2-y^2}\,d\sigma=2\int_0^{\frac{\pi}{2}}d\theta\int_0^{R\cos\theta}\sqrt{R^2-r^2}\cdot r\,dr$.

$=2\int_0^{\frac{\pi}{2}}-\left[\dfrac{2}{3}(R^2-r^2)^{\frac{3}{2}}\right]_0^{R\cos\theta}d\theta=2\cdot\int_0^{\frac{\pi}{2}}-\dfrac{2}{3}(R^3\sin^3\theta-R^3)d\theta$

$=-\dfrac{2}{3}R^3(\dfrac{2}{3}-\dfrac{\pi}{2})=\dfrac{R^3}{3}(\pi-\dfrac{4}{3})$;

(2) 积分区域可表示为 $\{0\leqslant\theta\leqslant\dfrac{\pi}{2},0\leqslant r\leqslant 1\}$.

则 $\iint\limits_{D}\ln(1+x^2+y^2)d\sigma=\int_0^{\frac{\pi}{2}}d\theta\int_0^1\ln(1+r^2)r\,dr$

$=\dfrac{\pi}{2}\cdot\dfrac{1}{2}\int_0^1\ln(1+r^2)d(1+r^2)=\dfrac{\pi}{4}\cdot(-1+2\ln 2)$;

(3) 积分区域可表示为 $\{0\leqslant\theta\leqslant\dfrac{\pi}{4},1\leqslant r\leqslant 2\}$.

则 $\iint\limits_{D}\arctan\dfrac{y}{x}d\sigma=\int_0^{\frac{\pi}{4}}\theta d\theta\int_1^2 r\,dr=\dfrac{1}{2}\theta^2\Big|_0^{\frac{\pi}{4}}\cdot\dfrac{1}{2}r^2\Big|_1^2=\dfrac{1}{2}(\dfrac{\pi}{4})^2\cdot\dfrac{1}{2}(4-1)=\dfrac{3}{64}\pi^2.$

13. **解题过程** (1) 积分区域可表示为 $\left\{1\leqslant x\leqslant 2,\dfrac{1}{x}\leqslant y\leqslant x\right\}$,

故 $\iint\limits_{D}\dfrac{x^2}{y^2}d\sigma=\int_1^2 x^2 dx\int_{\frac{1}{x}}^x\dfrac{1}{y^2}dy=\int_1^2 x^2\left[-\dfrac{1}{y}\right]_{\frac{1}{x}}^x dx=\int_1^2(-x+x^3)dx=\dfrac{9}{4}.$

(2) 积分区域可表示为 $\begin{cases}0\leqslant\theta\leqslant 2\pi,\\ \pi\leqslant r\leqslant 2\pi,\end{cases}$

故 $\iint\limits_{D}\sin\sqrt{x^2+y^2}\,d\sigma=\int_0^{2\pi}d\theta\int_\pi^{2\pi}r\sin r\,dr=-2\pi\int_\pi^{2\pi}r\,d\cos r$

$=-2\pi\left(r\cos r\Big|_\pi^{2\pi}-\int_\pi^{2\pi}\cos r\,dr\right)=-6\pi^2-\int_\pi^{2\pi}d\sin r=-6\pi^2.$

(3) $\iint\limits_{D}(x^2+y^2)d\sigma=\int_a^{3a}dy\int_{y-a}^y(x^2+y^2)dx=\int_a^{3a}\left[\dfrac{x^3}{3}+xy^2\right]_{y-a}^y dy$

$=\int_a^{3a}\left(2ay^2-a^2 y+\dfrac{a^3}{3}\right)dy=\left[\dfrac{2}{3}ay^3-\dfrac{a^2}{2}y^2+\dfrac{a^3}{3}y\right]_a^{3a}=14a^4.$

(4) $\iint\limits_{D}|1-x^2-y^2|d\sigma=\int_0^{2\pi}d\theta\int_0^2|1-r^2|r\,dr=2\pi\left[\int_0^1(1-r^2)r\,dr+\int_1^2(r^2-1)r\,dr\right]=5\pi.$

14. **解题过程** $V=\iint\limits_{D}(x^2+y^2)d\sigma.$

因为积分区域关于 x 轴对称,且被积函数是关于 y 的偶函数,所以

$V=2\int_0^{\frac{\pi}{2}}d\theta\int_0^{a\cos\theta}r^2\cdot r\,dr=\dfrac{1}{2}\int_0^{\frac{\pi}{2}}a^4\cos^4\theta d\theta=\dfrac{1}{2}\cdot\dfrac{3}{4}\cdot\dfrac{1}{2}\cdot\dfrac{\pi}{2}=\dfrac{3\pi}{32}a^4.$

15. **解题过程** 积分区域 $\{(x,y)\mid x^2+y^2\leqslant 25\}$

$V=\iint\limits_{D}\dfrac{5}{1+x^2+y^2}d\sigma=\int_0^{2\pi}d\theta\int_0^5\dfrac{5}{1+r^2}r\,dr=2\pi\int_0^5\dfrac{5}{2}\cdot\dfrac{1}{1+r^2}d(r^2+1)$

$$= 5\pi \cdot \ln(1+r^2) \Big|_0^5 \approx 51.2 (m^3).$$

16. **解题过程** (1) 积分区域可表示为$\{1 \leqslant x < \infty, \frac{1}{x} \leqslant y < +\infty\}$.

$$\iint_D \frac{d\delta}{x^p \cdot y^q} \int_1^{+\infty} \frac{1}{x^p} dx \cdot \int_{\frac{1}{x}}^{+\infty} \frac{1}{y^q} dy$$

当 $q = 1$ 时,$\int_{\frac{1}{x}}^{+\infty} \frac{1}{y^q} dy = \int_{\frac{1}{x}}^{+\infty} \frac{1}{y} dy = \ln y \Big|_{\frac{1}{x}}^{+\infty} = +\infty$,

当 $q \neq 1$ 时,$\int_{\frac{1}{x}}^{+\infty} \frac{1}{y^q} dx = \frac{y^{1-q}}{1-q} \Big|_{\frac{1}{x}}^{+\infty} = \begin{cases} +\infty, q<1, \\ \frac{1}{1-q} \cdot \frac{1}{x^{1-q}}, q>1, \end{cases}$

故 $q < 1$ 时,积分发散.

当 $q > 1$ 时,$\iint_D \frac{d\delta}{x^p \cdot y^q} = \int_1^{+\infty} \frac{1}{x^p} \cdot \frac{1}{1-q} \cdot \frac{1}{x^{1-q}} dx = \int_1^{+\infty} \frac{1}{x^{p+1-q}} \cdot \frac{1}{q-1} dx,$

当 $q - p = 0$ 时,$\int_1^{+\infty} \frac{1}{q-1} \cdot \frac{1}{x^{p+1-q}} dx = \frac{1}{q-1} \ln x \Big|_1^{+\infty} = +\infty,$

当 $q - p > 0$ 时,$\int_1^{+\infty} \frac{1}{q-1} \cdot \frac{1}{x^{p-q+1}} dx = \frac{1}{q-1} \cdot \frac{1}{q-p} \cdot x^{q-p} \Big|_1^{+\infty} = +\infty,$

$q - p < 0$ 时,$\int_1^{+\infty} \frac{1}{q-1} \cdot \frac{1}{x^{p-q+1}} dx = \frac{1}{q-1} \cdot \frac{1}{q-p} \cdot x^{q-p} \Big|_1^{+\infty} = \frac{1}{(q-1)(p-q)},$

故当 $p > q > 1$ 时,积分收敛,积分值为 $\frac{1}{(q-1)(p-q)}$,其他情形,积分发散.

(2) 设区域 $D = \{(x,y) \mid 1 \leqslant x^2 + y^2 \leqslant R^2\}$,则 $R \to +\infty$ 为积分区域.

设 $I(R) = \iint_D \frac{d\sigma}{(x^2+y^2)^p} = \int_0^{2\pi} \int_1^R \frac{r}{r^{2p}} dr = \frac{\pi}{1-p}(R^{2-2p} - 1)$

当 $p \leqslant 1$ 时,$\lim_{R \to +\infty} I(R) = \infty$,积分发散.

当 $p > 1$ 时,$\lim_{R \to +\infty} I(R) = \frac{\pi}{p-1}$,积分收敛,积分值为 $\frac{\pi}{p-1}$.

习题 9-3

1. **逻辑推理** (1) 所围成的闭区域如题 1 图解(a) 所示.

$$\Omega \begin{cases} 0 \leqslant x \leqslant 1 \\ 0 \leqslant y \leqslant 1-x \\ 0 \leqslant z \leqslant xy \end{cases}$$

Ω 在 xOy 面投影如题 1 图解(b) 所示.

所以 $I = \int_0^1 dx \int_0^{1-x} dy \int_0^{xy} f(x,y,z) dz$

(2) 两曲面的交线 $\begin{cases} z = x^2 + y^2 \\ z = 1 \end{cases}$,$\Omega$ 在 xOy 面上的

投影如题 1 图解(c) 所示,即 $x^2 + y^2 \leqslant 1$.

$$I = \int_{-1}^{1} dx \int_{-\sqrt{1-x^2}}^{\sqrt{1-x^2}} dy \int_{x^2+y^2}^{1} f(x,y,z) dz$$

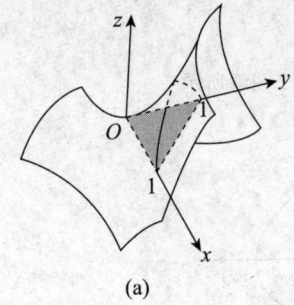

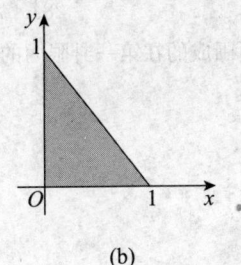

(a) (b)

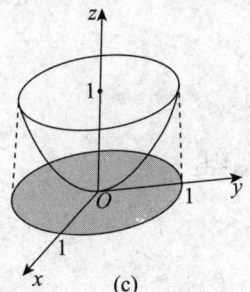

(c) (d)

题 1 图解

(3) 两曲面的交线 $\begin{cases} z = x^2 + 2y^2 \\ z = 2 - x^2 \end{cases} \Rightarrow x^2 + y^2 = 1$.

Ω 在 xOy 面的投影如题 1 图解 (d) 所示,即 $x^2 + y^2 \leqslant 1$ 且 $x^2 + 2y^2 \leqslant 2 - x^2$.

$$\Omega \begin{cases} -1 \leqslant x \leqslant 1 \\ -\sqrt{1-x^2} \leqslant y \leqslant \sqrt{1-x^2} \\ x^2 + 2y^2 \leqslant z \leqslant 2 - x^2 \end{cases}$$

$$I = \int_{-1}^{1} dx \int_{-\sqrt{1-x^2}}^{\sqrt{1-x^2}} dy \int_{x^2+2y^2}^{2-x^2} f(x,y,z) dz$$

2. **解题过程** 所围成的闭区域如题 2 图解所示.

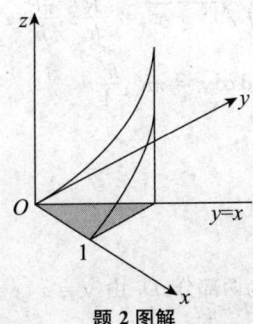

题 2 图解

$$\oiiint_\Omega xy^2z^3 \mathrm{d}x\mathrm{d}y\mathrm{d}z = \int_0^1 x\mathrm{d}x \int_0^x y^2 \mathrm{d}y \int_0^{xy} z^3 \mathrm{d}z$$

$$= \frac{1}{28}\int_0^1 x^{12}\mathrm{d}x = \frac{1}{364}$$

3. **解题过程** 所围成的在第一卦限内的闭区域如题 3 图解所示.

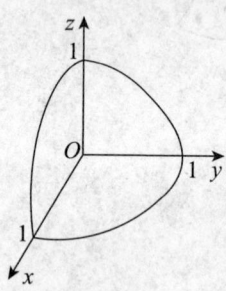

题 3 图解

$$\oiiint_\Omega xyz\mathrm{d}x\mathrm{d}y\mathrm{d}z = \int_0^1 \mathrm{d}x \int_0^{\sqrt{1-x^2}} \mathrm{d}y \int_0^{\sqrt{1-x^2-y^2}} xyz\mathrm{d}z$$

$$= -\frac{1}{48}(1-x^2)\Big|_0^1 = \frac{1}{48}$$

4. **解题过程** 所围成的闭区域如题 4 图题所示.

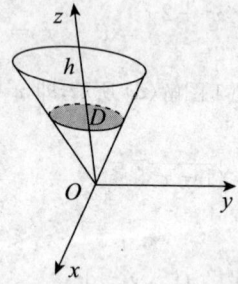

题 4 图解

当 $0 \leqslant z \leqslant h$ 时, D_z 为 $\sqrt{x^2+y^2} = \frac{R}{h}z$, $\frac{\pi R^2}{h^2}z^2$ 为面积.

$$\oiiint_\Omega z\mathrm{d}x\mathrm{d}y\mathrm{d}z = \int_0^h z\mathrm{d}z \oiint_{D_z} \mathrm{d}x\mathrm{d}y = \pi R^2 \frac{h^2}{4}$$

5. **解题过程** 略.

总习题九

1. **逻辑推理** (1) 将积分区域 D 分为两部分, D_1 由 $y=x, x=\frac{\pi}{2}, x+y=\frac{\pi}{2}$ 所围, D_2 由 $y=0, y$

$=x, x+y=\frac{\pi}{2}$ 所围,在两区域内积分,去掉绝对值符号.

(2) 题与(3) 题均采用极坐标.

解题过程 (1) $\iint_D |\cos(x+y)| d\sigma = \iint_{D_1} |\cos(x+y)| d\sigma + \iint_{D_2} |\cos(x+y)| d\sigma$

$$= -\iint_{D_1} \cos(x+y) d\sigma + \iint_{D_2} \cos(x+y) d\sigma$$

$$= -\int_{\frac{\pi}{4}}^{\frac{\pi}{2}} dx \int_{\frac{\pi}{2}-x}^{x} \cos(x+y) dy + \int_{0}^{\frac{\pi}{4}} dy \int_{y}^{\frac{\pi}{2}-y} \cos(x+y) dx$$

$$= -\int_{\frac{\pi}{4}}^{\frac{\pi}{2}} (\sin 2x - 1) dx + \int_{0}^{\frac{\pi}{4}} (1 - \sin 2y) dy$$

$$= \left(\frac{1}{2}\cos 2x - x\right)\bigg|_{\frac{\pi}{4}}^{\frac{\pi}{2}} + \left(y + \frac{1}{2}\cos 2y\right)\bigg|_{0}^{\frac{\pi}{4}} = \frac{\pi}{2} - 1.$$

(2) 圆 $x^2 + y^2 = Rx$ 的极坐标方程为 $r = R\cos\theta$,

$$\iint_D \sqrt{R^2 - x^2 - y^2} d\sigma = \int_{-\frac{\pi}{2}}^{\frac{\pi}{2}} d\theta \int_0^{R\cos\theta} \sqrt{R^2 - r^2} \, r \, dr = \int_{-\frac{\pi}{2}}^{\frac{\pi}{2}} \frac{R^3}{3}[1 - |\sin^3\theta|] d\theta$$

$$= \frac{\pi}{3}R^3 - \frac{2}{3}R^3 \int_0^{\frac{\pi}{2}} \sin^3\theta d\theta = \frac{1}{9}(3\pi - 4)R^3.$$

(3) 过点 $(2,0)$ 和 $(1,\sqrt{3})$ 的直线方程为 $y = -\sqrt{3}(x-2)$,极坐标方程 $r = \dfrac{\sqrt{3}}{\sin\left(\theta + \dfrac{\pi}{3}\right)}$,

$$\iint_D \frac{d\sigma}{(1+x^2+y^2)^2} = \int_0^{\frac{\pi}{3}} d\theta \int_0^{\frac{\sqrt{3}}{\sin(\theta+\frac{\pi}{3})}} \frac{r dr}{(1+r^2)^2} = \int_0^{\frac{\pi}{3}} \left[-\frac{1}{2} \cdot \frac{1}{1+r^2}\right]_0^{\frac{\sqrt{3}}{\sin(\theta+\frac{\pi}{3})}} d\theta$$

$$= 3\int_0^{\frac{\pi}{3}} \frac{1}{7+\cos\left(2\theta - \frac{\pi}{3}\right)} d\theta = \frac{\sqrt{3}}{2} \arctan\frac{1}{2}.$$

2. **解题过程** (1) 积分区域为 $\begin{cases} 0 \leqslant x \leqslant 4, \\ -\sqrt{4-x} \leqslant y \leqslant \frac{1}{2}(x-4), \end{cases}$ 该积分区域也可表示成 $\{-2 \leqslant y \leqslant 0, 2y+4 \leqslant x \leqslant -y^2+4\}$,于是

$$\int_0^4 dx \int_{-\sqrt{4-x}}^{\frac{1}{2}(x-4)} f(x,y) dy = \int_{-2}^0 dy \int_{2y+4}^{-y^2+4} f(x,y) dx.$$

(2) 积分区域为 $\begin{cases} 0 \leqslant x \leqslant 1, \\ 0 \leqslant y \leqslant 2x \end{cases}$ 和 $\begin{cases} 1 \leqslant x \leqslant 3, \\ 0 \leqslant y \leqslant 3-x, \end{cases}$

该积分区域也可表示成 $\begin{cases} 0 \leqslant y \leqslant 2, \\ \frac{1}{2}y \leqslant x \leqslant 3-y, \end{cases}$ 于是

$$\int_0^1 dx \int_0^{2x} f(x,y) dy + \int_1^3 dx \int_0^{3-x} f(x,y) dy = \int_0^2 dy \int_{\frac{1}{2}y}^{3-y} f(x,y) dx.$$

(3) 积分区域为 $\begin{cases} 0 \leqslant y \leqslant 1, \\ \sqrt{y} \leqslant x \leqslant 1+\sqrt{1-y^2}, \end{cases}$ 也可表示成 $\begin{cases} 0 \leqslant x \leqslant 1, \\ 0 \leqslant y \leqslant x^2 \end{cases}$ 和 $\begin{cases} 1 \leqslant x \leqslant 2, \\ 0 \leqslant y \leqslant \sqrt{2x-x^2} \end{cases}$

于是 $\int_0^1 dy \int_{\sqrt{y}}^{1+\sqrt{1-y^2}} f(x,y) dx = \int_0^1 dx \int_0^{x^2} f(x,y) dy +$

$\int_1^2 dx \int_0^{\sqrt{2x-x^2}} f(x,y) dy.$

3. **逻辑推理** 将直角坐标换成极坐标形式,再进行积分.

   解题过程 积分区域如题 3 图解所示. 圆 $x^2+(y+a)^2=a^2$ 的极坐标方程为 $r=-2a\sin\theta$. 于是积分区域可表示为 $\left\{-\dfrac{\pi}{4} \leqslant \theta \leqslant 0, 0 \leqslant r \leqslant -2a\sin\theta\right\}$,

   转化为极坐标: $\int_0^a dx \int_{-x}^{-a+\sqrt{a^2+x^2}} \dfrac{dy}{\sqrt{x^2+y^2} \cdot \sqrt{4a^2-x^2-y^2}}$

   $= \int_{-\frac{\pi}{4}}^0 d\theta \int_0^{-2a\sin\theta} \dfrac{r dr}{r \sqrt{4a^2-r^2}}$

   $= \int_{-\frac{\pi}{4}}^0 \left[\arcsin\dfrac{r}{2a}\right]_0^{-2a\sin\theta} d\theta$

   $= \int_{-\frac{\pi}{4}}^0 (-\theta) d\theta = \dfrac{\pi^2}{32}.$

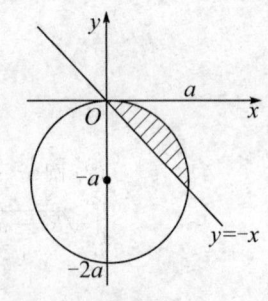

题 3 图解

4. **解题过程** 如题 4 图解所示,$f(x,y)$ 在区域 D 上的积分相当于 $x^2 y$ 在区域 D_1 上的积分,其中 $D_1 = \{(x,y) \mid x^2+y^2 \geqslant 2x, 1 \leqslant x \leqslant 2, 0 \leqslant y \leqslant x\}$,故有

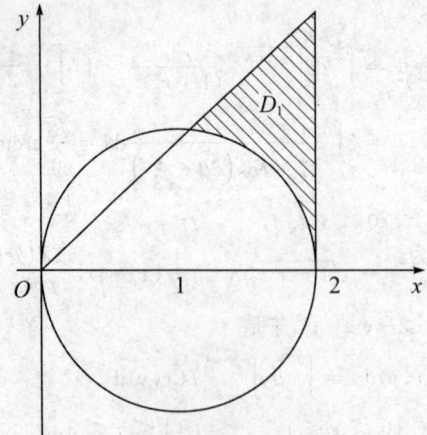

题 4 图解

$I = \iint\limits_D f(x,y) d\sigma = \iint\limits_{D_1} x^2 y d\sigma = \int_1^2 dx \int_{\sqrt{2x-x^2}}^x x^2 y dy = \int_1^2 \left[\dfrac{x^2 y^2}{2}\right]_{\sqrt{2x-x^2}}^x dx$

$= \int_1^2 (x^4 - x^3) dx = \left(\dfrac{x^5}{5} - \dfrac{x^4}{4}\right)\bigg|_1^2 = \dfrac{49}{20}.$

5. [逻辑推理] 进行分区域计算，将 $\min\{x,y\}$ 变为 x 或 y.

[解题过程] 积分区域如题5图解所示，是整个 xOy 平面将其分为 D_1, D_2 两个区域.

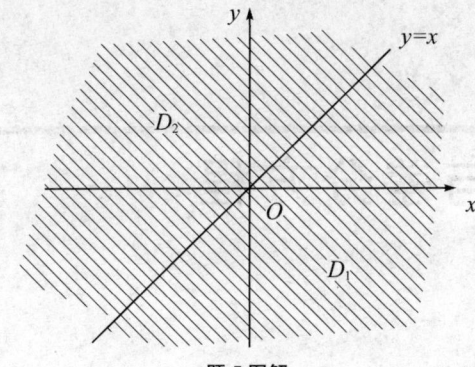

题 5 图解

$$I = \int_{-\infty}^{+\infty}\int_{-\infty}^{+\infty} \min\{x,y\} e^{-x^2-y^2} dxdy = \iint_{D_1} ye^{-x^2-y^2} dxdy + \iint_{D_2} xe^{-x^2-y^2} dxdy$$

$$= \int_{-\infty}^{+\infty} dx \int_{-\infty}^{x} ye^{-x^2-y^2} dy + \int_{-\infty}^{+\infty} dy \int_{-\infty}^{y} xe^{-x^2-y^2} dx = -\frac{1}{2}\int_{-\infty}^{+\infty} e^{-2x^2} dx - \frac{1}{2}\int_{-\infty}^{+\infty} e^{-2y^2} dy$$

$$= -\int_{-\infty}^{+\infty} e^{-2x^2} dx = -\sqrt{\frac{\pi}{2}}.$$

6. [解题过程] $\iint_D f(x-y) d\sigma = \int_{-\frac{A}{2}}^{\frac{A}{2}} dy \int_{-\frac{A}{2}}^{\frac{A}{2}} f(x-y) dx$,

令 $x - y = t$, 可得

$$\int_{-\frac{A}{2}}^{\frac{A}{2}} dy \int_{-\frac{A}{2}}^{\frac{A}{2}} f(x-y) dx = \int_{-\frac{A}{2}}^{\frac{A}{2}} dy \int_{-\frac{A}{2}-y}^{\frac{A}{2}-y} f(t) dt.$$

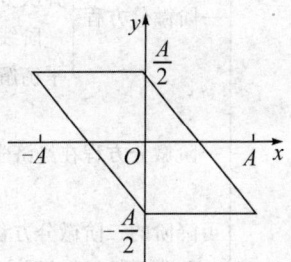

题 6 图解

此二次积分表示的积分区域如题6图解所示，改变积分次序得

$$\int_{-A}^{0} f(t) dt \int_{-\frac{A}{2}-t}^{\frac{A}{2}} dy + \int_{0}^{A} f(t) dt \int_{-\frac{A}{2}}^{\frac{A}{2}-t} dy$$

$$= \int_{-A}^{0} f(t)(A+t) dt + \int_{0}^{A} f(t)(A-t) dt$$

$$= \int_{-A}^{A} f(t)(A-|t|) dt.$$

第十章
微分方程与差分方程

知识网络图

```
┌ 微分方程的基本概念：通解、特解、初始条件
│
│                  ┌ 分离变量法
│ 一阶微分方程    │ 齐次方程
│                  │ 一阶线性微分方程
│                  └ 平衡解、稳定性
│
│                                        ┌ 商品的市场价格与需求量(供给量)之间的函数关系
│ 一阶微分方程在经济学中的综合应用 │ 预测可再生资源的产量，预测商品的销售量
│                                        └ 公司净资产分析
│
│ 可降阶的二阶微分方程
│ 二阶常系数线性微分方程
│ 差分与差分方程的概念　常系数线性微分方程解的结构
│ 一阶常系数线性差分方程
│ 二阶常系数线性差分方程
└ 差分方程的简单经济应用
```

知识点归纳

1. 基本概念

一般地，凡表示未知函数、未知函数的导数与自变量之间的关系的方程，叫做**微分方程**. 未知函数是一元函数的，叫做**常微分方程**；未知函数是多元函数的，叫做**偏微分方程**. 微分方程有时也简称**方程**.

要找出这样的函数，把这函数代入微分方程能使该方程式成为恒等式，这个函数就叫该微分方程序的**解**.

如果微分方程的解中含有相互独立的任意常数（即它们不能合并而使得任意常数的个数减少），且任意常数的个数与微分方程的阶数相同，这样的解称为微分方程的**通解**.

设微分方程中的未知函数为 $y=y(x)$，如果微分方程是一阶的，通常用来确定任意常数的条件是
$$x=x_0 \text{ 时}, y=y_0,$$
或写成
$$y|_{x=x_0}=y_0,$$
其中 x_0, y_0 都是给定的值；如果微分方程是二阶的，通常用来确定任意常数的条件是
$$x=x_0 \text{ 时}, y=y_0, y'=y_1,$$
或写成
$$y|_{x=x_0}=y_0, y'|_{x=x_0}=y_1,$$
其中 x_0, y_0, y_1 都是给定的值. 上述这种条件叫做**初始条件**.

确定了通解中的任意常数以后，就得到微分方程的**特解**. 例如 $p(t)=p_0 e^{rt}$ 是 $\dfrac{dp}{dt}=rp$ 满足条件 $p|_{t=0}=p_0$ 的特解.

求微分方程 $y'=f(x,y)$ 满足初始条件 $y|_{x=x_0}=y_0$ 的特解这样一个问题，叫做一阶微分方程的**初值问题**，记作

$$\begin{cases} y'=f(x,y), \\ y|_{x=x_0}=y_0. \end{cases} \quad ①$$

微分方程的解的图形是一条曲线，叫做微分方程的**积分曲线**. 初值问题①的几何意义就是求微分方程通过点 (x_0, y_0) 的那条积分曲线. 二阶微分方程的初值问题为

$$\begin{cases} y''=f(x,y,y'), \\ y|_{x=x_0}=y_0, y'|_{x=x_0}=y_1, \end{cases}$$

它的几何意义是，求微分方程通过点 (x_0, y_0) 且在该点处的切线斜率为 y_1 的那条积分曲线.

2. 可分离变量的微分方程与分离变量法

我们已经知道，求微分方程

$$\frac{dy}{dx}=f(x)$$

的通解与求函数 $f(x)$ 的不定积分是一回事,将上面的方程改写成
$$dy = f(x)dx$$
把上式两端积分,且将左端看作以 y 为积分变量,右端以 x 为积分变量,并将 $\int f(x)dx$ 理解为 $f(x)$ 的任一个确定的原函数(以后在微分方程的通解中出现 $\int f(x)dx$ 时,总是这样理解),则得到该微分方程的通解为
$$y = \int f(x)dx + C.$$
但是,并不是所有的一阶微分方程都能这样求解.

例如,对于一阶微分方程
$$\frac{dy}{dx} = -\frac{x}{y}, \qquad ②$$
就不能像上面那样用直接对两端积分的方法求出它的通解. 这是因为②式的右端含有未知函数 y,积分
$$\int \left(-\frac{x}{y}\right) dx$$
求不出来. 为了克服这一困难,通过微分方程的变形,把所有的 x 移到方程一边而把所有的 y 移到另一边,使方程②变为
$$ydy = -xdx,$$
这样,变量 x 与 y 已分离在等式两端,然后两端积分得
$$\frac{y^2}{2} = -\frac{x^2}{2} + K$$
于是得到
$$x^2 + y^2 = C \qquad ③$$
这里 $C = 2K$.

利用隐函数求导数法则,可知由圆的方程③所确定的隐函数的确满足方程②,且含有一个任意常数,所以它是方程②的通解.

当我们面对形如
$$g(y)dy = f(x)dx \qquad ④$$
的一阶微分方程时,若 $g(x)$ 与 $f(x)$ 都是连续函数,对④式两端积分,得到
$$\int g(y)dy = \int f(x)dx + C.$$
设 $G(y)$ 与 $F(x)$ 依次是 $g(y)$ 与 $f(x)$ 的原函数,于是有
$$G(y) = F(x) + C. \qquad ⑤$$
利用隐函数求导法则不难验证,当 $g(y) \neq 0$ 时,由⑤式所确定的隐函数 $y = \varphi(x)$ 是微分方程④的解;当 $f(x) \neq 0$ 时,由⑤式所确定的隐函数 $x = \psi(y)$ 也可认为是方程④的解.

(5)式叫做微分方程④的**隐式解**,又由于关系式⑤中含有任意常数,因此⑤式所确定的隐函数是方程④的通解. 我们也把⑤式叫做微分方程④的**隐式通解**.

如果一个一阶微分方程能化成④的形式,则这个一阶微分方程就称为**可分离变量的微分方程**.把可分离变量的微分方程化为④式的过程称为**分离变量**,而方程的上述求解方程法称为**分离变量法**.

3. 齐次方程

如果一阶微分方程

$$\frac{dy}{dx}=f(x,y)$$

中的函数 $f(x,y)$ 可以写成 $\frac{y}{x}$ 的函数,即 $\frac{dy}{dx}=\varphi\left(\frac{y}{x}\right)$,则称该方程为**齐次方程**,例如

$$(xy-y^2)dx-(x^2-2xy)dy=0$$

是齐次方程,因为我们可以把该方程化成为

$$\frac{dy}{dx}=\frac{xy-y^2}{x^2-2xy}=\frac{\frac{y}{x}-\left(\frac{y}{x}\right)^2}{1-2\left(\frac{y}{x}\right)}.$$

在齐次方程

$$\frac{dy}{dx}=\varphi\left(\frac{y}{x}\right) \qquad ⑥$$

中,引进新的未知函数

$$u=\frac{y}{x} \qquad ⑦$$

就可以将齐次方程化为可分离变量的微分方程.因为由⑦有

$$y=ux, \frac{dy}{dx}=u+x\frac{du}{dx}.$$

代入方程⑥,便得到方程

$$u+x\frac{du}{dx}=\varphi(u),$$

即

$$x\frac{du}{dx}=\varphi(u)-u.$$

分离变量,得

$$\frac{du}{\varphi(u)-u}=\frac{dx}{x},$$

两端积分,得

$$\int\frac{du}{\varphi(u)-u}=\int\frac{dx}{x}+C.$$

记 $\Phi(u)$ 为 $\frac{1}{\varphi(u)-u}$ 的一个原函数,则得通解

$$\Phi(u)=\ln|x|+C.$$

再以 $\frac{y}{x}$ 代替 u,便得所给齐次方程的通解.

4. 一阶线性微分方程

方程
$$\frac{dy}{dx}+P(x)y=Q(x) \qquad \text{⑧}$$

叫做**一阶线性微分方程**,因为它对于未知函数 y 及其导数 y' 是一次方程. 如果 $Q(x)\equiv 0$,则方程⑧称为齐次的;如果 $Q(x)$ 不恒为零,则方程⑧称为非齐次的.

设方程⑧是非齐次线性微分方程,为了求出非齐次线性微分方程⑧的解,我们先把 $Q(x)$ 换成零而得

$$\frac{dy}{dx}+P(x)y=0. \qquad \text{⑨}$$

方程⑨叫做对应于非齐次线性微分方程⑧的**齐次线性微分方程**.方程⑨是可分离变量的,分离变量后得

$$\frac{dy}{y}=-P(x)dx,$$

两端积分后得

$$\ln|y|=-\int P(x)dx+C_1,$$

即
$$y=Ce^{-\int P(x)dx} \quad (C=\pm e^{C_1}) \qquad \text{⑩}$$

这就是对应的齐次线性微分方程⑨的通解.

现在我们使用所谓**常数变易法**来求非齐次线性微分方程⑧的通解. 这种方法是把方程⑨的通解⑩中的任意常数 C 换成 x 的未知函数 $u(x)$,即作变换

$$y=ue^{-\int P(x)dx}. \qquad \text{⑪}$$

假设⑪式是非齐次线性微分方程⑧的解. 那么,其中的未知函数 $u(x)$ 应该是什么?为此将⑪式对 x 求导,得

$$\frac{dy}{dx}=u'e^{-\int P(x)dx}-uP(x)e^{-\int P(x)dx} \qquad \text{⑫}$$

将⑪和⑫代入方程⑧得

$$u'e^{-\int P(x)dx}-uP(x)e^{-\int P(x)dx}+P(x)ue^{-\int P(x)dx}=Q(x),$$

即
$$u'e^{-\int P(x)dx}=Q(x),$$
$$u'=Q(x)e^{\int P(x)dx},$$

两端积分,得

$$u=\int Q(x)e^{\int P(x)dx}dx+C.$$

将上式代入⑪式,便得非齐次线性微分方程⑧的通解

$$y=e^{-\int P(x)dx}\left(\int Q(x)e^{\int P(x)dx}dx+C\right). \qquad \text{⑬}$$

注意:公式⑬中的不定积分 $\int P(x)dx$ 与 $\int Q(x)e^{\int P(x)dx}dx$ 分别理解为一个原函数.

将 ⑬ 式改写成两项之和

$$y = Ce^{-\int P(x)dx} + e^{-\int P(x)dx}\int Q(x)e^{\int P(x)dx}dx.$$

上式右端第一项对应的是齐次线性微分方程④的通解,第二项是非齐次线性微分方程⑧的一个特解(在⑧的通解⑬中取 $C=0$ 便得到这个特解). 由此可知一阶非齐次线性微分方程的通解等于对应的齐次线性微分方程的通解与非齐次线性微分方程的一个特解之和.

5. 可降阶的二阶微分方程

对于二阶微分方程

$$y'' = f(x, y, y')$$

在有些情况下,我们可以通过适当的变量代换,把它们化成一阶微分方程来求解,具有这种性质的方程称为**可降价的微分方程**. 相应的求解方法也就称为**降阶法**.

6. $y''=f(x)$ 型的微分方程

微分方程
$$y'' = f(x) \qquad ⑭$$
的右端仅含有自变量 x,只要把 y' 看作新的未知函数,那么⑭式可写成

$$(y')' = f(x). \qquad ⑮$$

它就可看作新未知函数 y' 的一阶微分方程,对⑮式两端积分,得

$$y' = \int f(x)dx + C_1.$$

上式两端再积分一次就得方程⑮含有两个任意常数的通解

$$y = \int \left[\int f(x)dx\right]dx + C_1 x + C_2.$$

7. $y''=f(x, y')$ 型的微分方程

方程
$$y'' = f(x, y') \qquad ⑯$$
的右端不显含未知函数 y,如果我们设 $y' = p$,那么

$$y'' = \frac{dp}{dx} = p',$$

从而方程⑯就成为

$$p' = f(x, p).$$

这是一个关于变量 x, p 的一阶微分方程. 如果我们求出它的通解为

$$p = \varphi(x, C_1),$$

又因 $p = \frac{dy}{dx}$,因此又得到一个一阶微分方程

$$\frac{dy}{dx} = \varphi(x, C_1),$$

对它进行积分,便得到⑯的通解为

$$y = \int \varphi(x, C_1) dx + C_2.$$

8. $y''=f(y,y')$型的微分方程

方程
$$y'' = f(y, y') \qquad ⑰$$

的特点是不明显地含自变量 x. 我们令 $y'=p$, 并利用复合函数的求导法则, 把 y'' 化为对 y 的导数, 即

$$y'' = \frac{dp}{dx} = \frac{dp}{dy} \cdot \frac{dy}{dx} = p\frac{dp}{dy}.$$

这样方程⑰就成为
$$p\frac{dp}{dy} = f(y, p).$$

这是一个关于 y, p 的一阶微分方程. 如果我们求出它的通解为
$$y' = p = \varphi(y, C_1),$$

那么分离变量并两端积分, 便得方程(17)的通解为
$$\int \frac{dy}{\varphi(y, C_1)} = x + C_2.$$

在实际中应用得较多的一类高阶微分方程是**二阶常系数线性微分方程**, 它的一般形式是
$$y'' + py' + qy = f(x),$$

其中 p, q 为实数, $f(x)$ 为 x 的已知函数. 当方程右端 $f(x)=0$ 时, 方程叫做**齐次**的; 当 $f(x) \not\equiv 0$ 时, 方程叫做**非齐次的**.

9. 二阶常系数齐次线性微分方程

先讨论二阶常系数线性齐次微分方程
$$y'' + py' + qy = 0, \qquad ⑱$$

其中 p, q 为实常数.

如果 $y_1(x), y_2(x)$ 是方程⑱的两个解, 那么利用导数运算的线性性质容易验证, 对于任意的常数 C_1, C_2,
$$y = C_1 y_1(x) + C_2 y_2(x) \qquad ⑲$$

也是方程⑱的解.

解⑲从其形式上看含有两个任意常数, 但它不一定是方程⑱的通解. 例如, 设 $y_1(x)$ 是⑱的一个解, 则 $y_2(x) = 2y_1(x)$ 也是⑱的解. 这时⑲式成为 $y = C_1 y_1(x) + 2C_2 y_1(x)$, 可以把它改写成 $y = C y_1(x)$, 其中 $C = C_1 + 2C_2$. 这显然不是⑱的通解. 那么, 在什么样的情况下⑲式才是方程⑱的通解呢? 显然在 $y_1(x), y_2(x)$ 是方程⑱非零解的前提下, 若 $\frac{y_2(x)}{y_1(x)}$ 不为常数, 那么⑲式一定是方程⑱的通解. 若 $\frac{y_2(x)}{y_1(x)}$ 为常数, 则⑲式不是方程⑱的通解. 我们有如下定理:

定理1 如果函数 $y_1(x), y_2(x)$ 是方程⑱的两个特解,且 $\dfrac{y_2(x)}{y_1(x)}$ 不为常数,则 $y=C_1 y_1(x)+C_2 y_2(x)$(其中 C_1, C_2 为任意常数)是方程⑱的通解.

一般地,对于任意两个函数 $y_1(x), y_2(x)$,若它们的比为常数,则我们称它们是**线线相关的**,否则它们是**线性无关的**.于是,由定理1我们可知:

若 $y_1(x), y_2(x)$ 是方程⑱的两个线性无关的特解,则

$$y=C_1 y_1(x)+C_2 y_2(x) \quad (C_1, C_2 \text{ 为任意常数})$$

就是方程⑱的通解.

例如:方程 $y''-y=0$ 是二阶常系数齐次线性微分方程,且不难验证 $y_1=e^x$ 与 $y_2=e^{-x}$ 是所给方程的两个解,且 $\dfrac{y_2(x)}{y_1(x)}=\dfrac{e^{-x}}{e^x}=e^{-2x}\neq$ 常数,即它们是两个线性无关的解,因此方程 $y''-y=0$ 的通解为:

$$y=C_1 e^x + C_2 e^{-x} \quad (C_1, C_2 \text{ 为任意常数}).$$

于是,要求方程⑱的通解,归结为如何求它的两个线性无关的特解.由于方程⑱的左端是关于 y''、y'、y 的线性关系式,且系数都为常数,而当 r 为常数时,指数函数 e^{rx} 和它的各阶导数都只差一个常数因子,因此我们用 $y=e^{rx}$ 来尝试,看能否取到适当的常数 r,使 $y=e^{rx}$ 满足方程⑱.

对 $y=e^{rx}$ 求导,得 $y'=re^{rx}, y''=r^2 e^{rx}$.把 y, y' 和 y'' 代入方程⑱得

$$(r^2+pr+q)e^{rx}=0.$$

由于 $e^{rx}\neq 0$,所以

$$r^2+pr+q=0. \qquad ⑳$$

由此可见,只要 r 是代数方程⑳的根,函数 $y=e^{rx}$ 就是微分方程⑱的解,我们把代数方程⑳叫做微分方程⑱的**特征方程**.

特征方程⑳是一个一元二次代数方程,其中 r^2, r 的系数及常数项恰好依次是微分方程⑱中 y'', y' 和 y 的系数.

特征方程⑳的两个根 r_1, r_2 可用公式

$$r_{1,2}=\dfrac{-p\pm\sqrt{p^2-4q}}{2}$$

求出,它们有三种不同的情形,分别对应着微分方程⑱的通解的三种不同的情形.分别叙述如下:

(1)若 $p^2-4q>0$ 则可求得特征方程⑳的两个不相等实根 $r_1\neq r_2$,这时 $y_1=e^{r_1 x}, y_2=e^{r_2 x}$ 是微分方程⑱的两个解,且 $\dfrac{y_2}{y_1}=\dfrac{e^{r_2 x}}{e^{r_1 x}}=e^{(r_2-r_1)x}$ 不是常数.因此,微分方程⑱的通解为

$$y=C_1 e^{r_1 x}+C_2 e^{r_2 x}.$$

(2)若 $p^2-4q=0$,这时 r_1, r_2 是两个相等的实根,且

$$r_1=r_2=-\dfrac{p}{2}.$$

这时,只得到微分方程⑱的一个解

$$y_1=e^{r_1 x}$$

为了得出微分方程⑱的通解,还需求出另一个解 y_2,且要求 $\dfrac{y_2}{y_1}$ 不是常数.

设 $\dfrac{y_2}{y_1}=u(x)$,$u(x)$ 是 x 的待定函数,于是
$$y_2=u(x)y_1=e^{r_1x}u(x).$$
下面来确定 u.将 y_2 求导,得
$$y'_2=e^{r_1x}(u'+r_1u),$$
$$y''_2=e^{r_1x}(u''+2r_1u'+r_1^2u).$$
将 y_2,y'_2,y''_2 代入微分方程⑱,得
$$e^{r_1x}[(u''+2r_1u'+r_1^2u)+p(u'+r_1u)+qu]=0.$$
约去 e^{r_1x},并以 u'',u',u 为准合并同类项,得
$$u''+(2r_1+p)u'+(r_1^2+pr_1+q)u=0.$$
由于 r_1 是特征方程(20)的二重根,因此 $r_1^2+pr_1+q=0$,且 $2r_1+p=0$,于是得 $u''=0$.
这说明所设特解 y_2 中的函数 $u(x)$ 不能为常数且要满足 $u''(x)=0$.显然 $u=x$ 是可选取的函数中的最简单的一个函数,由此得到微分方程⑱的另一个解
$$y_2=xe^{r_1x}.$$
从而微分方程⑱的通解为
$$y=C_1e^{r_1x}+C_2xe^{r_1x}=(C_1+C_2x)e^{r_1x}.$$
(3)若 $p^2-4q<0$,则特征方程有一对共轭复根
$$r_1=\alpha+\beta i,\quad r_2=\alpha-\beta i\quad(\beta\neq 0),$$
其中
$$\alpha=-\dfrac{p}{2},\quad \beta=\dfrac{\sqrt{4q-p^2}}{2}.$$
这时,可以验证微分方程⑱有两个线性无关的解
$$y_1=e^{\alpha x}\cos\beta x,\quad y_2=e^{\alpha x}\sin\beta x.$$
从而微分方程⑱的通解为
$$y=e^{\alpha x}(C_1\cos\beta x+C_2\sin\beta x).$$
综上所述,求二阶常系数齐次线性微分方程
$$y''+py'+qy=0 \qquad\qquad ㉑$$
的通解的步骤如下:

第一步 写出微分方程㉑的特征方程
$$r^2+pr+q=0. \qquad\qquad ㉒$$

第二步 求特征方程㉒的两个根 r_1,r_2.

第三步 根据特征方程㉒的两个根的不同情形,按照下列表格写出微分方程㉑的通解.

特征方程 $r^2+pr+q=0$ 的两个根 r_1,r_2	微分方程 $y''+py'+qy=0$ 的通解
两个不相等的实根 r_1,r_2	$y=C_1e^{r_1x}+C_2e^{r_2x}$
两个相等的实根 $r_1=r_2$	$y=(C_1+C_2x)e^{r_1x}$
一对共轭复根 $r_{1,2}=\alpha\pm i\beta$	$y=e^{\alpha x}(C_1\cos\beta x+C_2\sin\beta x)$

10. 差分的概念

定义 1 设函数 $y=f(x)$,当自变量 x 依次取遍非负整数时,相应的函数值可以排成一个数列
$$f(0),f(1),\cdots,f(x),f(x+1),\cdots,$$
将之简记为
$$y_0,y_1,\cdots,y_x,y_{x+1},\cdots.$$
当自变量从 x 变到 $x+1$ 时,函数的改变量 $y_{x+1}-y_x$ 称为函数 y 在点 x 的**差分**,记为 Δy_x,即
$$\Delta y_x=y_{x+1}-y_x \quad (x=0,1,2.\cdots).$$

定义 2 当自变量从 x 变到 $x+1$ 时,一阶差分的差分
$$\begin{aligned}\Delta(\Delta y_x)&=\Delta(y_{x+1}-y_x)=\Delta y_{x+1}-\Delta y_x\\&=(y_{x+2}-y_{x+1})-(y_{x+1}-y_x)\\&=y_{x+2}-2y_{x+1}+y_x\end{aligned}$$
称为函数 $y=f(x)$ 的**二阶差分**,记为 $\Delta^2 y_x$,即
$$\Delta^2 y_x=y_{x+2}-2y_{x+1}+y_x.$$
同样,二阶差分的差分称为**三阶差分**,记为 $\Delta^3 y_x$,即
$$\Delta^3 y_x=y_{x+3}-3y_{x+2}+3y_{x+1}-y_x$$
依次类推,$y=f(x)$ 的 n 阶差分为
$$\Delta^n y_x=\Delta(\Delta^{n-1}y_x).$$

11. 差分方程的概念

定义 1 含有未知函数的差分或含有未知函数几个不同时期值的符号的方程称为差分方程,其一般形式为
$$F(x,y_x,\Delta y_x,\Delta^2 y_x,\cdots,\Delta^n y_x)=0$$
或
$$G(x,y_x,y_{x+1},y_{x+2},\cdots,y_{x+n})=0$$
或
$$H(x,y_x,y_{x-1},y_{x-2},\cdots,y_{x-n})=0.$$
由差分的定义及性质可知,差分方程的不同表达形式之间可以互相转化.

定义 2 如果一个函数代入差分方程,使方程序两边恒等,则称此函数为差分方程的**解**.若在差分方程的解中,含有相互独立的任意常数的个数与该方程的阶数相同,则称这个解为差分方程的**通解**.

历年考研真题评析

真题 1 (2005,2题)微分方程 $xy'+2y=x\ln x$ 满足 $y(1)=-\dfrac{1}{9}$ 的解为_____.

解题过程 原方程等价为

$$y' + \frac{2}{x}y = \ln x,$$

于是通解为 $y = e^{-\int \frac{2}{x}dx}\left[\int \ln x \cdot e^{\int \frac{2}{x}dx}dx + C\right] = \frac{1}{x^2} \cdot \left[\int x^2 \ln x dx + C\right]$

$$= \frac{1}{3}x\ln x - \frac{1}{9}x + C\frac{1}{x^2},$$

由 $y(1) = -\frac{1}{9}$ 得 $C = 0$，故所求解为 $y = \frac{1}{3}x\ln x - \frac{1}{9}x$.

真题 2 (2008, 9题) 微分方程 $xy' + y = 0$ 满足条件 $y(1) = 1$ 的解是 $y = $ _____.

解题过程 分离变量，得 $\frac{dy}{y} = -\frac{1}{x}dx$，两边积分有

$$\ln|y| = -\ln|x| + C_1 \Rightarrow \ln|xy| = C_1 \Rightarrow xy = \pm e^{C_1} = C,$$

利用条件 $y(1) = 1$ 知 $C = 1$，满足条件的解为 $y = \frac{1}{x}$.

真题 3 (2011, 10题) 微分方程 $y' + y = e^{-x}\cos x$ 满足条件 $y(0) = 0$ 的解为 _____.

解题过程 微分方程的通解为 $y = e^{-\int dx}\left(C + \int e^{-x}\cos x e^{\int dx}dx\right) = e^{-x}(C + \sin x)$.

由初值条件 $y(0) = 0$ 得 $C = 0$. 所以应填 $e^{-x}\sin x$.

真题 4 (2008, 3题) 在下列微分方程中，以 $y = C_1 e^x + C_2\cos 2x + C_3\sin 2x$ (C_1, C_2, C_3 为任意常数) 为通解的是

(A) $y''' + y'' - 4y' - 4y = 0$. (B) $y''' + y'' + 4y' + 4y = 0$.

(C) $y''' - y'' - 4y' + 4y = 0$. (D) $y''' - y'' + 4y' - 4y = 0$.

解题过程 由通解表达式 $y = C_1 e^x + C_2\cos 2x + C_3\sin 2x$

可知其特征根为 $\lambda_1 = 1, \lambda_{2,3} = \pm 2i$.

可见对应特征方程为 $(\lambda - 1)(\lambda^2 + 4) = \lambda^3 - \lambda^2 + 4\lambda - 4$,

故对应微分方程为 $y''' - y'' + 4y' - 4y = 0$,

应选 (D).

经典例题解析

例 1 设函数 $y = y(x)$ 是微分方程 $y'' + y' - 2y = 0$ 的解，且在 $x = 0$ 处 $y(x)$ 取值得极值 3，则 $y(x) = $ _____.

答案 $e^{-2x} + 2e^x$.

解 特征方程为 $\lambda^2 + \lambda - 2 = 0$.

特征值为 $\lambda_1 = -2, \lambda_2 = 1$.

原方程的通解为 $y = C_1 e^{-2x} + C_2 e^x$.

由 $y(0)=3, y'(0)=0$ 得 $\begin{cases} C_1+C_2=3, \\ -2C_1+C_2=0 \end{cases}$,

解得 $C_1=1, C_2=2$.

故 $y=\mathrm{e}^{-2x}+2\mathrm{e}^x$.

例2 已知 $y_1=\mathrm{e}^{3x}-x\mathrm{e}^{2x}, y_2=\mathrm{e}^x-x\mathrm{e}^{2x}, y_3=-x\mathrm{e}^{2x}$ 是某二阶常系数非齐次线性微分方程的3个解,该方程的通解为 $y=$ _____.

解 因 $y_1=\mathrm{e}^{3x}-x\mathrm{e}^{2x}, y_2=\mathrm{e}^x-x\mathrm{e}^{2x}$ 是非齐次线性微分方程的解,则 $y_1-y_2=\mathrm{e}^{3x}-\mathrm{e}^x$ 是它所对应的齐次线性微分方程的解,可知对应的齐次线性微分方程的通解为 $y_0=C_1\mathrm{e}^{3x}+C_2\mathrm{e}^x$,因此该方程的通解可写为 $y=C_1\mathrm{e}^{3x}+C_2\mathrm{e}^x-x\mathrm{e}^{2x}$.

例3 若函数 $f(x)$ 满足方程 $f''(x)+f'(x)-2f(x)=0$ 及 $f'(x)+f(x)=2\mathrm{e}^x$,则 $f(x)=$ _____.

答案 e^x.

解 特征方程为 $r^2+r-2=0$. 特征根为 $r_1=1, r_2=-2$,

齐次微分方程 $f''(x)+f'(x)-2f(x)=0$ 的通解为 $f(x)=C_1\mathrm{e}^x+C_2\mathrm{e}^{-2x}$,再由 $f'(x)+f(x)=2\mathrm{e}^x$ 得 $2C_1\mathrm{e}^x-C_2\mathrm{e}^{-2x}=2\mathrm{e}^x$,可知 $C_1=1, C_2=0$.

故 $f(x)=\mathrm{e}^x$.

例4 验证 $y=x+C\mathrm{e}^y$ 是方程 $(x-y+1)y'=1$ 的解.

解 由隐函数求导法,对 $y=x+C\mathrm{e}^y$ 关于 x 求导,得 $y'=1+C\mathrm{e}^y \cdot y'$.

即 $y'=\dfrac{1}{1-C\mathrm{e}^y}=\dfrac{1}{1-(y-x)}=\dfrac{1}{x-y+1}$,就是 $(x-y+1)y'=1$.

所以函数 $y=x+C\mathrm{e}^y$ 是方程 $(x-y+1)y'=1$ 的解.

例5 已知函数 $y=y(x)$ 在任意点 x 处的增量 $\Delta y=\dfrac{y\Delta x}{1+x^2}+a$,且当 $\Delta x\to 0$ 时,a 是 Δx 的高阶无穷小,$y(0)=\pi$,则 $y(1)$ 等于( ).

(A) 2π (B) π (C) $\mathrm{e}^{\frac{\pi}{4}}$ (D) $\pi\mathrm{e}^{\frac{\pi}{4}}$

分析 如果能够获得 $y(x)$ 的表达式,令 $x=1$,则可得 $y(1)$ 的值,由于 $\Delta y=\dfrac{y\Delta x}{1+x^2}+a$,而 $a=0(\Delta x)$,这说明函数 y 在 x 处可微,且 $\mathrm{d}y=\dfrac{y}{1+x^2}\mathrm{d}x$,这是可分离变量的微分方程,于是本问题变为求微分方程 $\mathrm{d}y=\dfrac{y}{1+x^2}\mathrm{d}x$ 满足初始条件 $y(0)=\pi$ 的特解的问题.

解 由于 $\Delta y=\dfrac{y\Delta x}{1+x^2}+a$,又当 $\Delta x\to 0$ 时,a 是 Δx 的高阶无穷小,故由微分的定义知 $\mathrm{d}y=\dfrac{y}{1+x^2}\mathrm{d}x$.

分离变量为 $\dfrac{dy}{y}=\dfrac{dx}{1+x^2}$ 积分得 $\ln|y|=\arctan x+C_1$.

即 $y=Ce^{\arctan x}$ 由 $y(0)=\pi$ 知 $C=\pi$,

故 $y(x)=\pi e^{\arctan x}$, 于是 $y(1)=\pi e^{\arctan 1}=\pi e^{\frac{\pi}{4}}$, 故选 (D).

例 6 求下列方程的通解：

(1) $(x^2-1)dy+(2xy-\cos x)dx=0$;   (2) $\dfrac{dy}{dx}=\dfrac{y}{x+y^4}$.

解 (1) 将方程标准化: $\dfrac{dy}{dx}+\dfrac{2x}{x^2-1}y=\dfrac{\cos x}{x^2-1}$.

用常数变易法

先求解一阶线性齐次方程 $\dfrac{dy}{dx}+\dfrac{2x}{x^2-1}y=0$ 的解.

分离变量为 $\dfrac{dy}{y}=-\dfrac{2x}{x^2-1}dx$, 积分得 $\ln y=-\ln(x^2-1)+\ln C$

即 $y(x^2-1)=C$.

再将常数 C 变成 $C(x)$, 将 $y(x^2-1)=C(x)$ 求导, 得 $y'(x)=-\dfrac{2xy}{x^2-1}+\dfrac{C'x}{x^2-1}$.

将 y 和 $y'(x)$ 代入 $\dfrac{dy}{dx}+\dfrac{2xy}{x^2-1}=\dfrac{\cos x}{x^2-1}$ 中, 得 $C'(x)=\cos x$,

从而 $C(x)=\sin x+C$, 故原方程通解为 $y=\dfrac{\sin x+C}{x^2-1}$.

例 7 一曲线通过点 $(2,3)$, 它在两坐标轴间的任意切线段均被切点所平分. 求这曲线方程.

解 设曲线方程为 $y=y(x)$, 曲线上点 (x,y) 的切线方程为 $\dfrac{Y-y}{Z-x}=y'$,

得曲线所满足的微分方程的初值为 $\begin{cases} \dfrac{dy}{dx}=\dfrac{-y}{x}, \\ y(2)=3 \end{cases}$,

分离变量后积分得 $xy=C$, 由 $y(2)=3$ 知 $C=6$, 故所求曲线方程为 $xy=6$.

例 8 微分方程 $y'''-x-e^x=0$ 满足 $y(0)=1, y'(0)=1, y''(0)=2$ 的解. 求微分方程 $e^x \cdot y'''=1$ 的通解.

解 将方程改写为 $y'''=x+e^x$, 积分得

$$y''=\int_0^x (x+e^x)dx+y''(0)=\left(\dfrac{1}{2}x^2+e^x\right)\Big|_0^x+1=\dfrac{1}{2}x^2+e^x+1$$

$$y'=\int_0^x \left(\dfrac{1}{2}x^3+e^x+1\right)dx+y'(0)=\dfrac{1}{6}x^3+e^x+x$$

故所求的解为 $y = \int_0^x \left(\frac{1}{6}x^3 + e^x + x\right)dx + y(0) = \frac{1}{24}x^4 + e^x + \frac{1}{2}x^2.$

例9 设对任意 $x > 0$,曲线 $y = f(x)$ 上点 $(x, f(x))$ 处的切线在 y 轴上的截距等于 $\frac{1}{x}\int_0^x f(t)dt$. 求 $f(x)$ 的一般表达式.

解 曲线 $y = f(x)$ 在点 $(x, f(x))$ 处的切线方程为 $y - f(x) = f'(x)(x-a)$

令 $x = 0$,可得该直线在 Y 轴上的截距为 $Y = f(x) - xf'(x)$.

依题意 $f(x) - xf'(x) = \frac{1}{x}\int_0^x f(t)dt,$

即 $xf(x) - x^2 f'(x) = \int_0^x f(t)dt.$

两边对 x 求导,并整理得 $xf''(x) + f'(x) = 0.$

令 $f'(x) = p$,则 $f''(x) = p'$,代入上述方程,可得 $xp' + p = 0$,即 $\frac{dp}{p} = -\frac{dx}{x}.$

积分得 $px = C_1$,即 $p = f'(x) = \frac{C_1}{x},$

于是 $f(x) = C_1 \ln x + C_2.$

例10 求微分方程 $\begin{cases} y'' - a(y')^2 = 0, \\ y|_{x\to 0} = 0, y'|_{x\to 0} = -1 \end{cases}$ 满足初始条件的特解.

解 令 $p = y'$,则 $y'' = \frac{dp}{dx}$,原方程变为 $\frac{dp}{dx} - ap^2 = 0$,分离变量得 $\frac{dp}{p^2} = adx.$

积分得 $-\frac{1}{p} = ax + C.$

因为 $p|_{x\to 0} = y'|_{x\to 0} = -1$,所以 $C = 1.$

从而 $-\frac{1}{y} = ax + 1$,即 $dy = -\frac{dx}{ax+1}$

两边积分得 $y = -\frac{1}{a}\ln(ax+1) + C_1.$

又将条件 $y|_{x\to 0} = 0$ 代入上式中,得 $C_1 = 0$,因此所求特解为 $y = -\frac{1}{a}\ln(ax+1)(a \neq 0).$

例11 已知二阶线性非齐次方程 $y'' + p(x)y' + Q(x)y = f(x)$ 的三个特解为 $y_1 = x, y_2 = e^x,$ $y_3 = e^{2x}$,试求方程满足初始条件 $y(0) = 1, y'(0) = 3$ 的特解.

分析 要求满足条件的特解,就需要求出非齐次方程的通解,而据解的结构理论,首先要求出对应齐次方程的通解.

解 由线性微分方程解的理论,非齐次微分方程 $y'' + P(x)y' + Q(x)y = f(x)$ 的任意两解之差是对应齐次方程 $y'' + P(x)y' + Q(x)y = 0$ 的解,得齐次计算方程的两个解：$e^x - x, e^{2x} - x$.

且 $\dfrac{e^x - x}{e^{2x} - x} \neq$ 常数，即线性无关.

于是齐次方程的通解为 $Y = C_1(e^x - x) + C_2(e^{2x} - x)$.

非齐次方程的通解为 $y = x + C_1(e^x - x) + C_2(e^{2x} - x)$.

由初始条件 $y(0) = 1, y'(0) = 3$，解出 $C_1 = -1, C_2 = 2$，

于是所求特解 $y_0 = 2e^{2x} - e^x$.

例 12 设求下列微分方程的通解：

(1) $y'' - 12y' + 35y = 0$；(2) $9y'' - 30y' + 25y = 0$；

解 (1) 特别方程 $r^2 - 12r + 35 = 0$，解得 $r_1 = 5, r_2 = 7$.

故通解为 $y = C_1 e^{5x} + C_2 e^{7x}$.

(2) 特征方程为 $9r^2 - 30r + 25 = 0$，

解得 $r = \dfrac{5}{3}$（二重根），故通解为 $y = (C_1 + C_2 x) e^{\frac{5}{3}x}$.

例 13 设二阶常系数线性微分方程 $y'' + \alpha y' + \beta y = \gamma e^x$ 的一个特解为 $y = e^{2x} + (1+x)e^x$.
试确定常数 α, β, γ.

解 将特解代入方程中，得到

$4e^{2x} + (x+3)e^x + \alpha[2e^{2x} + (x+2)e^x] + \beta[e^{2x} + (x+1)e^x] = \gamma e^x$

进一步为

$(4 + 2\alpha + \beta)e^{2x} + (3 + 2\alpha + \beta)e^x + (1 + \alpha + \beta)xe^x = \gamma e^x$.

比较该等式两边同类项，并使得其系数相等得到 $\begin{cases} 4 + 2\alpha + \beta = 0, \\ 3 + 2\alpha + \beta = \gamma, \\ 1 + \alpha + \beta = 0, \end{cases}$

解得 $\alpha = -3, \beta = 2, \gamma = -1$.

例 14 设以下式子分别是某些二阶常系数线性微分方程的通解，求各自对应的方程：

(1) $y = (C_1 + C_2 x) e^{2x}$；(2) $y = e^x(C_1 \cos\sqrt{2}x + C_2 \sin\sqrt{2}x)$.

解 利用通解表达式可知

(1) 特征根为 $\lambda_1 = \lambda_2 = 2$（三重根），

特征方程为 $\lambda^2 - 4\lambda + 4 = 0$，

故所求方程为 $y'' - 4y' + 4y = 0$.

(2) 特征根为 $\lambda_1 = 1 + i\sqrt{2}, \lambda_2 = 1 - i\sqrt{2}$.

特征方程为 $\lambda^2 - 2\lambda + 3 = 0$，

故所求方程 $y'' - 2y' + 3y = 0$.

例15 设函数 $y = f(x)$ 满足微分方程 $y'' - 3y' + 2y = 2e^x$,其图形在点 $(0,1)$ 处的切线与曲线 $y = x^2 - x + 1$ 在该点处的切线重合,求函数 y 的解析表达式.

解 $y'' - 3y' + 2y = 0$ 的通解为 $Y = C_1 e^x + C_2 e^{2x}$.

令 $y'' - 3y' + 2y = 3e^x$ 的特解为 $y^* = -2xe^x$.

代入方程知 $A = -2$,即 $y^* = -2xe^x$.

故通解为 $y = C_1 e^x + C_2 e^{2x} - 2xe^x$.

由题意 $y|_{x=0} = 1, y'|_{x=0} = -1$,

得 $C_1 = 1, C_2 = 0$.

故所求函数为 $y = e^x - 2xe^x$.

例16 验证函数 $y(x) = 1 + \dfrac{x^3}{3!} + \dfrac{x^6}{6!} + \cdots + \dfrac{x^{3n}}{(3n)!} + \cdots (-\infty < x < +\infty)$ 满足微分方程 $y'' + y' + y = e^x$. 利用上面结果求幂级数 $\sum_{n=0}^{\infty} \dfrac{x^{3n}}{(3n)!}$ 的和函数.

解 由幂级数的逐项求导性质知

$$y'(x) = \frac{x^2}{2!} + \frac{x^5}{5!} + \cdots + \frac{x^{3n-1}}{(3n-1)!} + \cdots \quad \text{①}$$

$$y''(x) = x + \frac{x^4}{4!} + \cdots + \frac{x^{3n-2}}{(3n-2)!} + \cdots \quad \text{②}$$

从而 $y'' + y' + y = \sum_{n=0}^{\infty} \dfrac{x^n}{n!} = e^x$.

又方程 ① 的相应齐次方程 $y'' + y' + y = 0$.

特征方程 $r^2 + r + 1 = 0$,即 $r = -\dfrac{1}{2} \pm \dfrac{\sqrt{3}}{2}$.

故 ② 的通解为 $Y = e^{-\frac{1}{2}x} \left(C_1 \cos \dfrac{\sqrt{3}}{2} x + C_2 \sin \dfrac{\sqrt{3}}{2} x \right)$.

① 有特解 $y^* = \dfrac{1}{3} e^x$,

故 ① 的通解为 $y = Y + y^* = e^{-\frac{1}{2}x} \left(C_1 \cos \dfrac{\sqrt{3}}{2} x + C_2 \sin \dfrac{\sqrt{3}}{2} x \right) + \dfrac{1}{3} e^x$.

由 $y(0) = 1, y'(0) = 0$ 知

$$\begin{cases} C_1 + \dfrac{1}{3} = 1 \\ -\dfrac{1}{2} C_1 + \dfrac{\sqrt{3}}{2} C_2 + \dfrac{1}{3} = 0 \end{cases} \Rightarrow \begin{cases} C_1 = \dfrac{2}{3} \\ C_2 = 0 \end{cases}$$

故幂级数的和函数为

$$\sum_{n=0}^{\infty} \frac{x^{3n}}{(3n)!} = \frac{2}{3} e^{-\frac{x}{2}} \cos \frac{\sqrt{3}}{2} x + \frac{1}{3} e^x \quad (-\infty < x < +\infty).$$

课后习题全解

习题 10-1

1. **解题过程** (1) 一阶；(2) 四阶；(3) 一阶；(4) 二阶.

2. **解题过程** $C_0 = 0$ 时，$P = 0$，$\dfrac{dP}{dt} = 0$，满足 $\dfrac{dP}{dt} = P$；

   $C_0 \neq 0$ 时，$\dfrac{dP}{dt} = C_0 e^t = P$，满足 $\dfrac{dP}{dt} = P$.

   故得证.

3. **解题过程** $\dfrac{dy}{dt} = 2\cos 2t$，$\dfrac{d^2y}{dt^2} = -4\sin 2t$，则 $\dfrac{d^2y}{dt^2} + 4y = -4\sin 2t + 4\sin 2t = 0$.

   故得证.

4. **解题过程** $\dfrac{dQ}{dt} = C \cdot e^{Kt} \cdot K$，

   $C = 0$ 时，$Q = 0$，$\dfrac{dQ}{dt} = 0$，满足方程，K 为任意数；

   $C \neq 0$ 时，若 $\dfrac{dQ}{dt} = -0.03Q$，则 $CKe^{Kt} = -0.03 \cdot Ce^{Kt}$，则 $K = -0.03$.

5. **解题过程** $\dfrac{dy}{dt} = -\sin wt \cdot w$，$\dfrac{d^2y}{dt^2} = -w^2 \cdot \cos wt$.

   因为 $\dfrac{d^2y}{dt^2} + 9y = 0$，则 $-w^2 \cos wt + 9\cos wt = 0$，$w = \pm 3$.

6. **解题过程** (Ⅳ) 是 (a) 的解；(Ⅱ) 为 (b) 的解；(Ⅱ) 和 (Ⅲ) 均为 (c) 的解；(Ⅳ) 为 (d) 的解.

7. **解题过程** 方程 (a) 的解为 (Ⅰ)；方程 (b) 的解为 (Ⅱ) 和 (Ⅲ)；方程 (c) 的解为 (Ⅳ)；方程 (d) 的解为 (Ⅳ) 和 (Ⅴ).

8. **解题过程** 对 $x^2 - xy + y^2 = C$ 求导，

   $2x - y - x \cdot y' + 2y \cdot y' = 0$.

   故由 $x^2 - xy + y^2 = C$ 所确定的函数为微分方程 $(x - 2y) \cdot y' = 2x - y$ 的解.

9. **解题过程** 设曲线方程为 $y = f(x)$，曲线上任意一点 $P(x_0, y_0)$，

   则经过 P 的法线方程为：$y - y_0 = -\dfrac{1}{f'(x_0)}(x - x_0)$，

   与 x 轴交点为 $Q(y_0 f'(x_0) + x_0, 0)$，

   则 P, Q 的中点在 y 轴上，即 $\dfrac{x_0 + y_0 f'(x_0) + x_0}{2} = 0 \Rightarrow 2x_0 + yf'(x_0) = 0$.

   故满足的微分方程为 $2x + yf'(x) = 0$.

10. **解题过程** 销售收入 $R(P) = P \cdot x(P) = C$，C 为常数.

对 P 求导，$x(P) + P \cdot x'(P) = 0$. 即 $\dfrac{\mathrm{d}x(P)}{\mathrm{d}P} = -\dfrac{x(P)}{P}$，

$\dfrac{Ex}{EP} = \dfrac{P}{x} \cdot \dfrac{\mathrm{d}x}{\mathrm{d}P} = -\dfrac{P}{x} \cdot \dfrac{x}{P} = -1$.

习题 10-2

1. **解题过程** $(1) y' = \dfrac{\mathrm{e}^{2x}}{\mathrm{e}^y}$，$y' \cdot \mathrm{e}^y = \mathrm{e}^{2x}$，

   两端积分得 $\int \mathrm{e}^y \mathrm{d}y = \int \mathrm{e}^{2x} \mathrm{d}x$. 故 $\mathrm{e}^y = \dfrac{1}{2}\mathrm{e}^{2x} + C$. $y = \ln \dfrac{\mathrm{e}^{2x}+C}{2}$.

   $(2) y' = \dfrac{3}{5}x^2 + x$，

   两端积分得 $\int \mathrm{d}y = \int (\dfrac{3}{5}x^2 + x)\mathrm{d}x$，$y = \dfrac{1}{5}x^3 + \dfrac{1}{2}x^2 + C$.

   $(3) y' = x\sqrt{1-y^2}$，$\dfrac{y'}{\sqrt{1-y^2}} = x$，

   两端积分得 $\int \dfrac{\mathrm{d}y}{\sqrt{1-y^2}} = \int x \mathrm{d}x$，$\arcsin y = \dfrac{1}{2}x^2 + C$. $y = \sin(\dfrac{1}{2}x^2 + C)$.

   (4) 方程两边同乘以 $\dfrac{1}{xy}$，则

   $\dfrac{\ln x}{x}\mathrm{d}x + \dfrac{\ln y}{y}\mathrm{d}y = 0$

   两端积分，得 $\dfrac{\ln^2 x}{2} + \dfrac{\ln^2 y}{2} = C_1$，即 $\ln^2 x + \ln^2 y = C$.

   $(5) \cos x \cdot \sin y \mathrm{d}x = -\sin x \cdot \cos y \mathrm{d}y$，$\dfrac{\cos x}{\sin x}\mathrm{d}x = -\dfrac{\cos y}{\sin y}\mathrm{d}y$，

   两端积分得 $\int \dfrac{\cos x}{\sin x}\mathrm{d}x = -\int \dfrac{\cos y}{\sin y}\mathrm{d}y$，$\int \dfrac{1}{\sin x}\mathrm{d}\sin x = -\int \dfrac{1}{\sin y}\mathrm{d}\sin y$，

   $\ln \sin x + \ln \sin y = C_1$，$\ln(\sin x \cdot \sin y) = C_1$，即 $\sin x \cdot \sin y = C$.

   $(6) (y+1)^2 \mathrm{d}y = -x^3 \cdot \mathrm{d}x$，

   两端积分得 $\int (y+1)^2 \mathrm{d}y = -\int x^3 \mathrm{d}x$，$\dfrac{1}{3}(y+1)^3 = -\dfrac{1}{4}x^4 + C_1$，

   即 $3x^4 + 4(x+1)^3 = C$.

2. **解题过程** $(1) y' = \dfrac{y}{x} + \sqrt{(\dfrac{y}{x})^2 - 1}$，令 $u = \dfrac{y}{x}$，则有 $y = u \cdot x$，$\dfrac{\mathrm{d}y}{\mathrm{d}x} = u + x \cdot u'$

   故 $u + x \cdot u' = u + \sqrt{u^2 - 1}$，$\dfrac{\mathrm{d}u}{\sqrt{u^2 - 1}} = \dfrac{\mathrm{d}x}{x}$，

   两端积分，得 $\int \dfrac{\mathrm{d}u}{\sqrt{u^2 - 1}} = \int \dfrac{\mathrm{d}x}{x}$，即 $\ln(u + \sqrt{u^2 - 1}) = \ln x + C$，

   即 $u + \sqrt{u^2 - 1} = Cx$，整理得 $y + \sqrt{y^2 - x^2} = Cx^2$.

   $(2) \dfrac{\mathrm{d}y}{\mathrm{d}x} = \dfrac{y}{x} \cdot \ln \dfrac{y}{x}$，

令 $u = \dfrac{y}{x}$，则 $y = ux, \dfrac{dy}{dx} = u + x\dfrac{du}{dx}$，

即 $u + x\dfrac{du}{dx} = u\ln u, \dfrac{du}{u(\ln u - 1)} = \dfrac{dx}{x}$，

两边积分得 $\displaystyle\int \dfrac{du}{u(\ln u - 1)} = \int \dfrac{dx}{x}, \ln(\ln u - 1) = \ln x + C_1$，

则 $\ln u = 1 + Cx$，即 $\ln \dfrac{y}{x} = Cx + 1$.

(3) 方程两边同除以 xy 得

$\left(\dfrac{x}{y} + \dfrac{y}{x}\right)dx - dy = 0$，令 $u = \dfrac{y}{x}$，则 $y = xu, \dfrac{dy}{dx} = u + x \cdot \dfrac{du}{dx}$

$\left(\dfrac{1}{u} + u\right) = u + x\dfrac{du}{dx}$，即 $\dfrac{1}{u} = x \cdot \dfrac{du}{dx}, u \cdot du = \dfrac{dx}{x}$，

两边积分得 $\displaystyle\int u \cdot du = \int \dfrac{dx}{x}, \dfrac{1}{2}u^2 = \ln|x| + C_1$，

即 $y^2 = x^2(2\ln|x| + C)$.

(4) 方程两边同除以 $x \cdot y^2$ 得

$\left(\dfrac{x^2}{y^2} + \dfrac{y}{x}\right)dx - 3dy = 0, \dfrac{dy}{dx} = \dfrac{1}{3} \cdot \left[\left(\dfrac{x}{y}\right)^2 + \dfrac{y}{x}\right]$，

令 $u = \dfrac{y}{x}$，则 $y = x \cdot u, \dfrac{dy}{dx} = \left(u + x \cdot \dfrac{du}{dx}\right)$，

$\dfrac{1}{3}\left(\dfrac{1}{u^2} + u\right) = u + x \cdot \dfrac{du}{dx}, \dfrac{1}{3} \cdot \dfrac{1}{u^2} - \dfrac{2}{3} \cdot u = x \cdot \dfrac{du}{dx}, \dfrac{dx}{x} = du \cdot \left(\dfrac{3u^2}{1 - 2u^3}\right)$，

两边积分得 $\displaystyle\int \dfrac{dx}{x} = \int \dfrac{3u^2}{1 - 2u^3} du$，即 $\ln x + C_1 = -\dfrac{1}{2}\ln(1 - 2u^3)$，

整理得 $x^2 - 2y^3 = Cx$.

(5) 方程两边同除以 x 得 $\left(1 + \dfrac{y}{x} \cdot \cos\dfrac{y}{x}\right)dx - \cos\dfrac{y}{x}dy = 0$.

$\dfrac{dy}{dx} = \dfrac{1 + \dfrac{y}{x} \cdot \cos\dfrac{y}{x}}{\cos\dfrac{y}{x}}$，令 $u = \dfrac{y}{x}$，则 $y = x \cdot u, \dfrac{dy}{dx} = u + x\dfrac{du}{dx}$，

则 $u + x\dfrac{du}{dx} = \dfrac{1 + u \cdot \cos u}{\cos u}$，即 $x \cdot \dfrac{du}{dx} = \dfrac{1}{\cos u}$，

$\cos u \cdot du = \dfrac{dx}{x}$ 两边积分 $\displaystyle\int \cos u\, du = \int \dfrac{dx}{x}$，

即 $\sin u + C_1 = \ln|x|$，整理得 $\sin\dfrac{y}{x} = \ln|Cx|$.

(6) 原方程可写为

$\dfrac{dx}{dy}(1 + 2e^{\frac{x}{y}}) + 2e^{\frac{x}{y}}\left(1 - \dfrac{x}{y}\right) = 0$

令 $u = \dfrac{x}{y}$，则 $x = y \cdot u, \dfrac{dx}{dy} = u + x\dfrac{du}{dy}$，

则 $\left(u+y\cdot\dfrac{\mathrm{d}u}{\mathrm{d}y}\right)(1+2\mathrm{e}^u)+2\mathrm{e}^u(1-u)=0.$

即 $\mathrm{d}u\cdot\dfrac{1+2\mathrm{e}^u}{u+2\mathrm{e}^u}+\dfrac{\mathrm{d}y}{y}=0$,即 $\dfrac{\mathrm{d}(u+2\mathrm{e}^u)}{u+2\mathrm{e}^u}=-\dfrac{\mathrm{d}y}{y}$,

两端积分得:$\ln|u+2\mathrm{e}^u|=-\ln|y|+C_1$,

整理得 $x+2y\mathrm{e}^{\frac{x}{y}}=C.$

3. **解题过程** (1) $P(x)=1, Q(x)=\mathrm{e}^{-x}$,

故通解为 $y=\mathrm{e}^{-\int P(x)\mathrm{d}x}\left(\int Q(x)\cdot\mathrm{e}^{\int P(x)\mathrm{d}x}\mathrm{d}x+C\right)=C\mathrm{e}^{-\int P(x)\mathrm{d}x}+\mathrm{e}^{-\int P(x)\mathrm{d}x}\int Q(x)\cdot\mathrm{e}^{\int P(x)\mathrm{d}x}\mathrm{d}x$

$\qquad = C\mathrm{e}^{-\int \mathrm{d}x}+\mathrm{e}^{-\int \mathrm{d}x}\cdot\int \mathrm{e}^{-x}\cdot\mathrm{e}^{\int \mathrm{d}x}\mathrm{d}x = C\mathrm{e}^{-x}+\mathrm{e}^{-x}\cdot x = \mathrm{e}^{-x}(x+C).$

(2) $P(x)=2x, Q(x)=4x$,

故通解为 $y = C\mathrm{e}^{-\int 2x\mathrm{d}x}+\mathrm{e}^{-\int 2x\mathrm{d}x}\int 4x\cdot\mathrm{e}^{\int 2x\mathrm{d}x}\mathrm{d}x = C\cdot\mathrm{e}^{-x^2}+\mathrm{e}^{-x^2}\int 4x\cdot\mathrm{e}^{x^2}\mathrm{d}x = 2+C\mathrm{e}^{-x^2}.$

(3) $y'+\dfrac{2x}{x^2-1}\cdot y=\dfrac{\cos x}{x^2-1}, P(x)=\dfrac{2x}{x^2-1}, Q(x)=\dfrac{\cos x}{x^2-1}$,

故通解为 $y = C\mathrm{e}^{-\int P(x)\mathrm{d}x}+\mathrm{e}^{-\int P(x)\mathrm{d}x}\int Q(x)\cdot\mathrm{e}^{\int P(x)\mathrm{d}x}\mathrm{d}x$

$\qquad = C\mathrm{e}^{-\int\frac{2x}{x^2-1}\mathrm{d}x}+\mathrm{e}^{-\int\frac{2x}{x^2-1}\mathrm{d}x}\cdot\int\dfrac{\cos x}{x^2-1}\cdot\mathrm{e}^{\int\frac{2x}{x^2-1}\mathrm{d}x}\mathrm{d}x$

$\qquad = \dfrac{C}{x^2-1}+\dfrac{1}{x^2-1}\cdot\int\cos x\mathrm{d}x = \dfrac{\sin x+C}{x^2-1}.$

(4) $y'+\dfrac{y}{x}=\mathrm{e}^x, P(x)=\dfrac{1}{x}, Q(x)=\mathrm{e}^x$,

故通解为 $y = C\cdot\mathrm{e}^{-\int P(x)\mathrm{d}x}+\mathrm{e}^{-\int P(x)\mathrm{d}x}\int Q(x)\cdot\mathrm{e}^{\int P(x)\mathrm{d}x}\mathrm{d}x = C\cdot\mathrm{e}^{-\int\frac{1}{x}\mathrm{d}x}+\mathrm{e}^{-\int\frac{1}{x}\mathrm{d}x}\cdot\int\mathrm{e}^x\mathrm{e}^{\int\frac{1}{x}\mathrm{d}x}\mathrm{d}x$

$\qquad = C\dfrac{1}{x}+\dfrac{1}{x}\cdot\int x\cdot\mathrm{e}^x\mathrm{d}x = C\cdot\dfrac{1}{x}+\dfrac{1}{x}(x\cdot\mathrm{e}^x-\mathrm{e}^x) = \dfrac{1}{x}[(x-1)\mathrm{e}^x+C].$

(5) $P(\theta)=3, Q(\theta)=2$,

故通解为 $9 = C\mathrm{e}^{-\int 3\mathrm{d}\theta}+\mathrm{e}^{-\int 3\mathrm{d}\theta}\cdot\int 2\mathrm{e}^{\int 3\mathrm{d}\theta}\mathrm{d}\theta = C\mathrm{e}^{-3\theta}+\mathrm{e}^{-3\theta}\cdot\int 2\mathrm{e}^{3\theta}\mathrm{d}\theta = \dfrac{2}{3}+C\mathrm{e}^{-3\theta}.$

(6) 方程可写为 $\dfrac{\mathrm{d}x}{\mathrm{d}y}+\dfrac{1}{y\cdot\ln y}x=\dfrac{1}{y}$,则 $P(y)=\dfrac{1}{y\cdot\ln y}, Q(y)=\dfrac{1}{y}$,

故通解为 $x = C\cdot\mathrm{e}^{-\int\frac{1}{y\cdot\ln y}\mathrm{d}y}+\mathrm{e}^{-\int\frac{1}{y\cdot\ln y}\mathrm{d}y}\cdot\int\dfrac{1}{y}\mathrm{e}^{\int\frac{1}{y\cdot\ln y}\mathrm{d}y}\mathrm{d}y$

$\qquad = \dfrac{C}{\ln y}+\dfrac{1}{\ln y}\cdot\int\dfrac{\ln y}{y}\mathrm{d}y = \dfrac{C}{\ln y}+\dfrac{1}{2}\cdot\ln y,$

即 $2x\ln y=\ln^2 y+C.$

(7) 方程可写为:$\dfrac{\mathrm{d}x}{\mathrm{d}y}-\dfrac{3}{y}x=-\dfrac{y}{2}$,则 $P(y)=-\dfrac{3}{y}, Q(y)=-\dfrac{y}{2}$,

故通解为 $x = C\mathrm{e}^{\int\frac{3}{y}\mathrm{d}y}+\mathrm{e}^{\int\frac{3}{y}\mathrm{d}y}\cdot\int-\dfrac{y}{2}\cdot\mathrm{e}^{-\int\frac{3}{y}\mathrm{d}y}\mathrm{d}y$

$$= C \cdot y^3 + y^3 \cdot \int -\frac{y}{2} \cdot \frac{1}{y^3} dy = Cy^3 + \frac{1}{2}y^2.$$

4. **解题过程** (1) $\frac{dy}{dx} \cdot \sin x = y \cdot \ln y$, 故 $\frac{dy}{y \cdot \ln y} = \frac{dx}{\sin x}$.

   两边积分得 $\int \frac{dy}{y \cdot \ln y} = \int \frac{dx}{\sin x}$, $\ln(\ln y) = \ln\tan\frac{x}{2} + C$.

   通解为 $\ln y = \tan\frac{x}{2} \cdot C$,

   当 $x = \frac{\pi}{2}$ 时, $y = e^C = e$, 故 $C = 1$.

   则特解为 $\ln y = \tan\frac{x}{2}$.

   (2) $x \cdot dy = -2y \cdot dx$, $\frac{dy}{y} = -\frac{2dx}{x}$.

   两边积分得 $\int \frac{dy}{y} = -\int \frac{2}{x} dx$, $\ln y = -2\ln x + C$. $\ln x^2 y = C$,

   $x = 2$ 时, $y = 1$, 则 $C = \ln 4$, 故特解为 $x^2 y = 4$.

   (3) $\frac{e^x}{e^x + 1} dx = -\tan y dy$,

   两边积分 $\int \frac{e^x}{e^x + 1} dx = -\int \tan y dy$, $\ln(1 + e^x) = \ln(\cos y) + C$.

   即 $1 + e^x = e^C \cos y$.

   当 $x = 0$, $y = \frac{\pi}{4}$ 时, $2 = e^C \frac{\sqrt{2}}{2}$, 则 $e^C = 2\sqrt{2}$.

   故特解为 $e^x + 1 = 2\sqrt{2} \cos y$.

   (4) $1 - 3\frac{x^2}{y^2} + 2\frac{x}{y} \cdot \frac{dx}{dy} = 0$.

   令 $u = \frac{x}{y}$, 则 $x = yu$, $\frac{dx}{dy} = u + \frac{du}{dy} \cdot y$,

   原方程可写为: $1 - 3u^2 + 2u(y + y\frac{du}{dy}) = 0$, 即 $\frac{2u}{u^2 - 1} du = \frac{dy}{y}$.

   两边积分得 $\ln(u^2 - 1) = \ln y + C$, 即 $u^2 - 1 = e^C \cdot y$,

   $u = \frac{x}{y}$, 则通解为 $x^2 - y^2 = e^C \cdot y^3$.

   当 $x = 0$, $y = 1$ 时, $-1 = e^C \cdot 1$, 则 $e^C = -1$,

   故特解为 $y^3 = y^2 - x^2$.

   (5) 令 $u = \frac{x}{y}$, 则 $y = ux$, $\frac{dy}{dx} = u + x\frac{du}{dx}$,

   原方程可写为: $u + x\frac{du}{dx} = \frac{1}{u} + u$. $\frac{dx}{x} = u \cdot du$,

   两边积分得 $\ln x = \frac{1}{2}u^2 + C$,

$u = \dfrac{y}{x}$,则通解为 $\ln x = \dfrac{1}{2} \dfrac{y^2}{x^2} + c$,

当 $x = 1, y = 2$ 时,$0 = \dfrac{1}{2} \times 4 + C$,则 $C = -2$.

故特解为 $y^2 = 2x^2(\ln x + 2)$.

(6) 通解为 $y = e^{\int \tan x\, dx}(\int \sec x \cdot e^{-\int \tan x\, dx} dx + C) = e^{-\ln\cos x}(\int \sec x \cdot e^{\ln\cos x} dx + C)$

$= \dfrac{1}{\cos x}(\int \sec x \cdot \cos x \cdot dx + C) = \dfrac{x + C}{\cos x}$.

$x = 0, y = C$ 时,$C = 0$,

故特解为 $y = \dfrac{x}{\cos x}$.

(7) $P(x) = \dfrac{1}{x}, Q(x) = \dfrac{\sin x}{x}$

故通解为 $y = e^{-\int \frac{1}{x} dx} \cdot C + e^{-\int \frac{1}{x} dx} \int \dfrac{\sin x}{x} \cdot e^{\int \frac{1}{x} dx} dx = \dfrac{1}{x} \cdot C + \dfrac{1}{x} \cdot \int \sin x\, dx = \dfrac{C}{x} - \dfrac{\cos x}{x}$

$x = \pi, y = 1$ 时,$1 = \dfrac{C}{\pi} + \dfrac{1}{\pi}$,则 $C = \pi - 1$.

故特解为 $y = \dfrac{1}{x}(\pi - 1 - \cos x)$.

(8) $P(x) = 3, Q(x) = 8$.

通解为 $y = e^{-\int 3 dx} C + e^{-\int 3 dx} \int 8 e^{\int 3 dx} dx = e^{-3x} C + e^{-3x} \int 8 e^{3x} dx = C e^{-3x} + \dfrac{8}{3}$.

$x = 0, y = 2$ 时,$C + \dfrac{8}{3} = 2$,则 $C = \dfrac{-2}{3}$,

则特解为 $y = \dfrac{2}{3}(4 - e^{-3x})$.

5. **解题过程** 镭的量 R 与时间 t 的函数关系为 $R(t)$.

则 $\dfrac{dR}{dt} = -\lambda R$,即 $\dfrac{dR}{R} = -\lambda(dt) \quad (\lambda > 0)$,

两边积分得 $\ln R = -\lambda t + \ln C$,即 $R = C \cdot e^{-\lambda t}$.

当 $t = 0, R = R_0$ 时,$C = R_0$ 时,$C = R_0$,故 $R = R_0 e^{-\lambda t}$.

当 $t = 1600, R = \dfrac{1}{2} R_0$ 时,$\dfrac{1}{2} R_0 = R_0 e^{-1600\lambda}$,$\lambda = \dfrac{\ln 2}{1600} \approx 0.000433$.

故 $R = R_0 e^{-0.000433 t}$.

6. **解题过程** 设曲线方程为 $y = f(x)$.

则 $y' = 2x + y$,即 $y' - y = 2x$.

通解为 $y = e^{\int dx}(C + \int 2x e^{-\int dx} dx) = e^x (C + \int 2x e^{-x} dx)$

$e^x(C - 2x \cdot e^{-x} - 2e^{-x}) = C \cdot e^x - 2x - 2$.

且当 $x = 0$ 时,$y = 0$,代入,$C - 2 = 0, C = 2$.

故该曲线为 $y = 2(e^x - x - 1)$.

7. **解题过程** 对关系式两端求导.

$2f(x) - 1 = f'(x)$，即 $f'(x) - 2f(x) = -1$，

$f(x) = e^{\int 2dx}(C + \int -e^{-\int 2dx}dx) = e^{2x}(C + \frac{e^{-2x}}{2}) = \frac{1}{2} + Ce^{2x}$.

当 $x = 0$ 时，$f(0) - 1 = 0$，则 $f(0) = 1$.

即 $1 = \frac{1}{2} + C, C = \frac{1}{2}$.

故 $f(x) = \frac{1}{2}(1 + e^{2x})$.

习题 10-3

1. **解题过程** (1) $\frac{EQ}{Ep} = \frac{P}{Q} \cdot \frac{dQ}{dP} = -P \cdot \ln(P+1)$

   则 $\frac{dQ}{Q} = -(1 + \ln P)dP$.

   两端积分得 $\ln Q = -P\ln P + C$.

   当 $P = 1$ 时，$Q = 1$，代入得 $C = 0$.

   故需求函数为 $Q = P^{-P}$.

   (2) $\lim\limits_{P \to +\infty} Q = 0$，故需求趋于稳定.

2. **解题过程** $\frac{EQ}{EP} = \frac{P}{Q} \cdot \frac{dQ}{dP} = -3P^3, \frac{dQ}{Q} = -3P^2 dP$，

   两端积分得 $\ln Q = -P^3 + C_1$，则 $Q = e^{-P^3}C$，

   当 $P = 0$ 时，Q 最大为 1，则 $C = 1$，故 $Q = e^{-P^3}$.

3. **解题过程** (1) $Q = S$，即 $\frac{a}{P^2} = bP, P = P_e(\frac{a}{b})^{\frac{1}{3}}$.

   (2) $\frac{dP}{dt} = k[Q(P) - s(P)] = k(\frac{a}{P^2} - bP) = \frac{kb}{P^2}(\frac{a}{b} - P^3)$，

   即 $\frac{P^2 dP}{P^3 - P_e^3} = -kb\, dt$.

   两端积分得 $P^3 = P_e^3 + C \cdot e^{-3kbt}$.

   $t = 0$ 时，$P = 1$ 代入得 $C = 1 - P_e^3$，

   则 $P(t) = [P_e^3 + (1 - P_e^3) \cdot e^{-3kbt}]^{\frac{1}{3}}$.

   (3) $\lim\limits_{t \to +\infty} e^{-3kbt} = 0$，故 $\lim\limits_{t \to +\infty} P(t) = [P_e^3]^{\frac{1}{3}} = P_e$.

4. **解题过程** 银行余额变化率为 $\frac{dB}{dt}$，利息盈取速率为 $0.05B$，工资支付速率为 12000 元，则

   $\frac{dB}{dt} = 0.05B - 12000$，即 $\frac{dB}{0.05B - 12000} = dt$.

   两端积分求得 $B = Ce^{0.05t} + 240000$.

$t = 0$ 时,$B = B_0$,代入得 $C = B_0 - 240000$.

则 $B = (B_0 - 240000)e^{0.05t} + 240000$.

当 $t = 20$ 时,$B = (B_0 - 240000) \cdot e + 240000 = 0$.

故 $B_0 = 240000 - \dfrac{240000}{e} = 240000\left(1 - \dfrac{1}{e}\right)$.

5. **解题过程** 根据题意.

$\dfrac{dy}{dt} = ky(1000 - y)$,$t$ 以月为单位,则 $\dfrac{dy}{ky(1000-y)} = dt$.

两端积分得 $\dfrac{y}{1000 - y} = Ce^{1000kt}$.

当 $t = 0$ 时,$y = 100$,代入得 $C = \dfrac{1}{9}$.

$t = 3$ 时,$y = 250$,代入得 $k = \dfrac{\ln 3}{3000}$.

故放养 t 个月,鱼数 $y(t) = \dfrac{1000 \cdot 3^{\frac{t}{3}}}{9 + 3^{\frac{t}{3}}}$(尾).

当 $t = 6$ 时,$y(6) = \dfrac{9000}{18} = 500$(尾).

6. **解题过程** 根据题意:

$\dfrac{dx}{dt} = r(N - x)$,即 $\dfrac{dx}{N - x} = r \cdot dt$.

两端积分得 $x = N - C \cdot e^{-rt}$.

当 $t = 0$ 时,$x = x_0$,代入得 $C = \left(1 - \dfrac{x_0}{N}\right) \cdot N$.

则 $x(t) = N - N \cdot \left(1 - \dfrac{x_0}{N}\right)e^{-rt} = N\left[1 - \left(1 - \dfrac{x_0}{N}\right)e^{-rt}\right]$,

$\lim\limits_{t \to \infty} x(t) = N$.

故最终所有人都被传染.

7. **解题过程** 设任意时刻国民收入为 $y(t)$,债务为 $g(t)$.

则 $\dfrac{dy}{dt} = \dfrac{1}{10}$,$\dfrac{dg}{dt} = \dfrac{1}{20}y$.

故 $y = \dfrac{1}{10}t + C_1$,

当 $t = 0$ 时,$y = 5$.得 $C_1 = 5$,则 $y = \dfrac{1}{10}t + 5$.

$\dfrac{dg}{dt} = \dfrac{1}{20}\left(\dfrac{1}{10}t + 5\right) = \dfrac{1}{200}t + \dfrac{1}{4}$,

$g(t) = \dfrac{t^2}{400} + \dfrac{t}{4} + C_2$,

$t = 0$ 时,$g = 0.1$,得 $C_2 = \dfrac{1}{10}$.

则 $g(t) = \dfrac{t^2}{400} + \dfrac{t}{4} + \dfrac{1}{10}$.

故国民收入为 $y(t) = \dfrac{1}{10}t + 5$，债务为 $g(t) = \dfrac{t^2}{400} + \dfrac{t}{4} + \dfrac{1}{10}$.

8. **解题过程** 根据题意：

$\dfrac{dy}{dx} = \dfrac{2y}{x} - \dfrac{81}{x^2}$，$x$ 以年为单位.

即 $\dfrac{dy}{dx} = \dfrac{2}{x}y - \dfrac{81}{x^2}$

$y = e^{\int \frac{2}{x}dx}\left(C + \int -\dfrac{81}{x^2} \cdot e^{-\int \frac{2}{x}dx}dx\right) = x^2\left(C + \dfrac{27}{x^3}\right) = C x^2 + \dfrac{27}{x}$.

$x = 1$ 时，$y = 27.5$，代入得 $C = \dfrac{1}{2}$，则 $y = \dfrac{27}{x} + \dfrac{1}{2}x^2$.

$y' = -\dfrac{27}{x^2} + x = 0$，则 $x = 3$，$y'' = \dfrac{54}{x} + 1$，当 $x = 3$ 时，$y'' = 19 > 0$.

故 $x = 3$ 为极小值点，也必为最小值点.

即每 3 年大修一次，可使总维修成本最低.

9. **解题过程** 根据题意：

$\dfrac{dy}{dt} = \dfrac{2}{S}, \dfrac{dS}{dt} = -\dfrac{1}{3}S$,

则 $S(t) = C_1 e^{-\frac{t}{3}}$

$t = 0$ 时，$S = 4.5$，故 $C_1 = 4.5$，$S(t) = 4.5 e^{-\frac{t}{3}}$,

$\dfrac{dy}{dt} = \dfrac{2}{4.5 e^{-\frac{t}{3}}} = \dfrac{4}{9}e^{\frac{t}{3}}$，$y(t) = \dfrac{4}{3}e^{\frac{t}{3}} + C_2$.

$t = 0$ 时，$y = 0$，故 $C_2 = -\dfrac{4}{3}$,

则 $S(t) = 4.5 e^{-\frac{1}{3}t}, y(t) = \dfrac{4}{3}(e^{\frac{t}{3}} - 1)$.

10. **解题过程** 根据题意：

$\dfrac{dy}{dx} = \dfrac{x^2 + y^2}{2xy} = \dfrac{1 + \left(\dfrac{y}{x}\right)^2}{2\left(\dfrac{y}{x}\right)}$,

令 $\dfrac{y}{x} = u$，则 $y = xu$，$\dfrac{dy}{dx} = u + x \cdot \dfrac{du}{dx}$,

$u + x\dfrac{du}{dx} = \dfrac{1 + u^2}{2u}$，即 $\dfrac{dy}{x} = \left(\dfrac{1}{1-u} - \dfrac{1}{1+u}\right)du$,

两端积分得 $\ln x = \ln C - \ln(1-u) - \ln(1+u)$,

$x = \dfrac{C}{1-u^2}$ 即 $x(1-u^2) = C$,

故 $y = \sqrt{x^2 - Cx}$,

$x=1$ 时,$y=3$ 代入得 $C=-8$.

故可变成本为 $y=\sqrt{x^2+8x}$.

总成本函数为:$C(x)=1+\sqrt{x^2+8}$.

习题 10-4

1. **解题过程** (1) $y'=\int y''\mathrm{d}x=\dfrac{1}{2}x^2-\cos x+C_1$,

   $y=\int y'\mathrm{d}x=\dfrac{1}{6}x^3-\sin x+C_1x+C_2$.

   (2) $y'=\int y''\mathrm{d}x=x\mathrm{e}^x-\mathrm{e}^x+C_1$,

   $y''=\int y'\mathrm{d}x=x\cdot\mathrm{e}^x-\mathrm{e}^x-\mathrm{e}^x+C_1x+C_2=x\mathrm{e}^x-2\mathrm{e}^x+C_1x+C_2$.

   (3) 设 $y'=p$,则 $y''=p'$,

   $p'=1+p^2$,故 $\dfrac{\mathrm{d}p}{\mathrm{d}x}=1+p^2$,$\arctan p=x+C_1$,

   即 $y'=\tan(x+C_1)$,

   $y=\int y'\mathrm{d}x=\int\dfrac{\sin(x+C_1)}{\cos(x+C_1)}\mathrm{d}x=-\ln|\cos(x+C_1)|+C_2$.

   (4) 令 $y'=p$,则 $y''=p'$,

   $p'-p=x$.

   $p=\mathrm{e}^{\int\mathrm{d}x}\left(C_1+\int x\mathrm{e}^{-\int\mathrm{d}x}\mathrm{d}x\right)=\mathrm{e}^x\left(C_1+\int x\mathrm{e}^{-x}\mathrm{d}x\right)=C_1\mathrm{e}^x-x-1$.

   $y=\int(C_1\mathrm{e}^x-x-1)\mathrm{d}x=C_1\mathrm{e}^x-\dfrac{x^2}{2}-x+C_2$.

   (5) 令 $y'=p$,则 $y''=p'$,

   $x\cdot p'+p=0$,即 $p'=-\dfrac{p}{x}$,则 $p=\dfrac{C_1}{x}$.

   $\dfrac{\mathrm{d}y}{\mathrm{d}x}=\dfrac{C_1}{x}$,$y=\int\dfrac{C_1}{x}\mathrm{d}x=C_1\ln|x|+C_2$.

   (6) 令 $y'=p$,$y''=p\dfrac{\mathrm{d}p}{\mathrm{d}y}$,

   则 $y^3p\dfrac{\mathrm{d}p}{\mathrm{d}y}-1=0$,即 $p\cdot\mathrm{d}p=\dfrac{\mathrm{d}y}{y^3}$,

   两端积分得 $p^2=-\dfrac{1}{y^2}+C_1$,$p=\pm\sqrt{-\dfrac{1}{y^2}+C_1}$,

   $\dfrac{\mathrm{d}y}{\mathrm{d}x}=\pm\dfrac{1}{|y|}\cdot\sqrt{C_1y^2-1}$ 即 $\dfrac{|y|\mathrm{d}y}{\sqrt{C_1y^2-1}}=\pm\mathrm{d}x$,

   两端积分,整理得 $C_1y^2-1=(C_1x+C_2)^2$.

   (7) 令 $y'=p$,则 $y''=p\cdot\dfrac{\mathrm{d}p}{\mathrm{d}y}$,

$p \cdot \dfrac{dp}{dy} = p^3 + p$,

即 $P[\dfrac{dp}{dy} - (1+p^2)] = 0$.

若 $p \equiv 0$,则 $y = C$.

若 $p \not\equiv 0$,则 $\dfrac{dp}{dy} = (1+p^2)$,即 $\dfrac{dp}{1+p^2} = dy$,

两端积分得 $\arctan p = y - C_1$,即 $p = \tan(y - C_1)$,

$\dfrac{dy}{dx} = \tan(y - C_1), \cot(y - C_1) = dx$,

积分得 $\ln\sin(y - C_1) = x + \ln C_2$,

即 $\sin(y - C_1) = C_2 e^x$,

$y = \arcsin(C_2 e^x) + C_1$.

2. **解题**过程 (1) 令 $y' = p, y'' = p'$,

则 $p' - ap^2 = 0$. $\dfrac{dp}{dx} = ap^2, \dfrac{dp}{p^2} = a \cdot dx$,

两端积分得 $-\dfrac{1}{p} = ax + C_1$,则 $-\dfrac{dx}{dy} = ax + C_1$,

$\dfrac{dx}{ax + C_1} = -dy$,当 $x = 0$ 时,$p = -\dfrac{1}{C}$,则 $C = 1$.

$\dfrac{dx}{ax+1} = -dy$,两端积分得 $\dfrac{1}{a}\ln(ax+1) = -y + C_2$,

当 $x = 0$ 时,$y = 0$,则 $C_2 = 0$,故 $y = -\dfrac{1}{a}\ln(ax+1)$.

(2) 方程两边同乘以 $2y'$,得 $2y' \cdot y'' = 2y' \cdot e^{2y}$,即 $(y'^2)' = (e^{2y})'$,

故 $y'^2 = e^{2y} + C_1$.

$x = 0$ 时,$y' = 0, y = 0$,则 $C_1 = -1$.

故 $y = \pm\sqrt{e^{2y} - 1}$,即 $\dfrac{dy}{dx} = \pm\sqrt{e^{2y} - 1}$,

$\dfrac{dy}{\sqrt{e^{2y} - 1}} = \pm dx$,两端积分得 $\arcsin(e^{-y}) = \pm x + C_2$,

$x = 0$ 时,$y = 0$,代入得 $C_2 = \dfrac{\pi}{2}$,

故 $e^{-y} = \sin(\dfrac{\pi}{2} \pm x) = \cos x$,$y = -\ln\cos x = \ln\sec x$

(3) 令 $y' = p$,则 $y'' = p', p' + \dfrac{1}{x}p = \dfrac{1}{x^2}$,

则 $p = e^{-\int\frac{1}{x}dx}\left(C_1 + \int\dfrac{1}{x^2}e^{\int\frac{1}{x}dx}dx\right) = \dfrac{1}{x} \cdot \left(C_1 + \int\dfrac{1}{x}dx\right) = \dfrac{1}{x}(C_1 + \ln x)$,

当 $x = 1$ 时,$y = 0, y' = 1$ 则 $1 = C_1$,

故 $\dfrac{dy}{dx} = \dfrac{1}{x}(1 + \ln x)$,

$y = \ln x + \dfrac{1}{2}(\ln x^2) + c_2, x = 1$ 时,$y = 0$,

则 $c_2 = o$,故 $y = \ln x + \dfrac{1}{2}(\ln x^2)$.

3. **解题过程** 根据题意:$xy'' = y' + x^2$,

令 $y' = p$,则 $y'' = p'$,

$x \cdot p' = p + x^2$,即 $p' - \dfrac{1}{x}p = x$,

$p = e^{\int \frac{1}{x}dx}\left(C_1 + \int x \cdot e^{-\int \frac{1}{x}dx}dx\right) = x \cdot \left(C_1 + \int x \cdot \dfrac{1}{x}dx\right) = x \cdot (C_1 + x)$,

$x = 1$ 时,$y = 1, y' = -\dfrac{1}{3}$,

则 $-\dfrac{1}{3} = C_1 + 1, C_1 = -\dfrac{4}{3}$,

故 $y' = x^2 - \dfrac{4}{3}x$.

$y = \dfrac{1}{3}x^3 - \dfrac{2}{3}x^2 + C_2$.

$0 = \dfrac{1}{3} - \dfrac{2}{3} + C_2$,则 $C_2 = \dfrac{1}{3}$.

故积分曲线为 $y = \dfrac{1}{3}x^3 - \dfrac{2}{3}x^2 + \dfrac{1}{3}$.

习题 10-5

1. **解题过程** (1) 线性无关;(2) 线性相关;(3) 线性相关;(4) 线性无关.

2. **解题过程** $y'_1 = -2\sin 2x, y''_1 = -4\cos 2x$,故 $y''_1 + 4y_1 = 0$.

   $y'_2 = 2\cos 2x, y''_2 = -4\sin 2x$,故 $y''_2 + 4y_2 = 0$.

   故 y_1, y_2 都是方程 $y'' + 4y = 0$ 的解.

   又因为 y_1, y_2 线性无关,故通解为 $y = C_1 y_1 + C_2 y_2 = C_1 \cos 2x + C_2 \sin 2x$.

3. **解题过程** (1) 由特征方程 $r^2 + 7r + 12 = 0$,得 $r_1 = -3, r_2 = -4$.

   故方程通解为 $y = C_1 e^{r_1 x} + C_2 e^{r_2 x} = C_1 e^{-3x} + C_2 e^{-4x}$.

   (2) 特征方程为 $r^2 - 12r + 36 = 0$,得 $r_1 = r_2 = 6$.

   故通解为 $y = (C_1 + C_2 x)e^{6x}$.

   (3) 特征方程为 $r^2 + r + 1 = 0$,得 $r = \dfrac{-1 \pm \sqrt{3}i}{2}$.

   故通解为 $y = e^{-\frac{1}{2}x}\left(C_1 \cos \dfrac{\sqrt{3}}{2}x + C_2 \sin \dfrac{\sqrt{3}}{2}x\right)$.

   (4) 特征方程为 $r^2 + \mu = 0$.

   当 $\mu > 0$ 时,$r = \pm\sqrt{\mu}i$,

故通解为 $y = C_1\cos\sqrt{\mu}x + C_2\sin\sqrt{\mu}x$；

当 $\mu = 0$ 时，$r_1 = r_2 = 0$.

故通解为 $y = C_1 + C_2x$；

当 $\mu < 0$ 时，$r_{1,2} = \pm\sqrt{-\mu}$，

故通解为 $y = C_1 e^{\sqrt{-\mu}x} + C_2 e^{-\sqrt{-\mu}x}$.

4. **解题过程** (1) 特征方程为

$$r^2 - 4r + 3 = 0, 得\ r_1 = 1, r_2 = 3.$$

通解为 $y = C_1 e^{3x} + C_2 e^x$，$y' = 3C_1 e^{3x} + C_2 e^x$.

$\begin{cases} C_1 + C_2 = 6 \\ 3C_1 + C_2 = 10 \end{cases}$ 即 $\begin{cases} C_1 = 2, \\ C_2 = 4. \end{cases}$

故特解为 $y = 2e^{3x} + 4e^x$.

(2) 特征方程为

$4r^2 + 4r + 1 = 0$，得 $r_1 = r_2 = -\dfrac{1}{2}$.

通解为 $y = (C_1 + C_2 x)e^{-\frac{1}{2}x}$，$y' = C_2 e^{-\frac{1}{2}x} - \dfrac{1}{2}(C_1 + C_2 x)e^{-\frac{1}{2}x}$，

$\begin{cases} C_1 = 2 \\ C_2 - \dfrac{1}{2}C_1 = 0 \end{cases}$ 即 $\begin{cases} C_1 = 2, \\ C_2 = 1. \end{cases}$

特解为 $y = (2 + x)e^{-\frac{1}{2}x}$.

(3) 特征方程为

$r^2 + 4r + 29 = 0$，得 $r_1 = -2 + 5i, r_2 = -2 - 5i$.

故通解为 $y = e^{-2x}(C_1\cos 5x + C_2\sin 5x)$，

$y' = e^{-2x}(-2)\cdot(C_1\cos 5x + C_2\sin 5x) + e^{-2x}(-C_1\sin 5x + C_2\cos 5x)$

$= e^{-2x}[(5C_2 - 2C_1)\cos 5x + (-5C_1 - 2C_2)\sin 5x]$，

$x = 0, y = 0, y' = 15$.

$\begin{cases} C_1 = 0 \\ 5C_2 - 2C_1 = 15 \end{cases}$ 即 $\begin{cases} C_1 = 0, \\ C_2 = 3. \end{cases}$

故特解为 $y = 3e^{-2x}\sin 5x$.

5. **解题过程** (1) 方程 $y'' - 3y' + 2y = 0$ 的通解为 $y_1 = C_1 e^x + C_2 e^{2x}$，

记 $y^* = \dfrac{1}{12}e^{5x}$，

则 $y^{*\prime} = \dfrac{5}{12}e^{5x}$，$y^{*\prime\prime} = \dfrac{25}{12}e^{5x}$，

$y^{*\prime\prime} - 3y^{*\prime} + 2y^* = \dfrac{25}{12}e^{5x} - \dfrac{5}{4}e^{5x} + \dfrac{2}{12}e^{5x} = e^{5x}$，

故 y^* 为方程 $y'' - 3y' + 2y = e^{5x}$ 的通解，

故 $y = C_1 e^x + C_2 e^{2x} + \dfrac{1}{12} e^{5x}$ 为 $y'' - 3y' + 2y = e^{5x}$ 的通解.

(2) 方程 $y'' + 9y = 0$ 的通解为 $y_1 = C_1 \cos 3x + C_2 \sin 3x$,

$y^* = \dfrac{1}{32}(4x\cos x + \sin x)$,

$y^{*\prime} = \dfrac{1}{32}(5\cos x - 4x\sin x), y^{*\prime\prime} = \dfrac{1}{32}(-4x\cos x - 9\sin x)$,

$y^{*\prime\prime} + 9y^* = \dfrac{1}{32}(-4x\cos x - 9\sin x) + \dfrac{9}{32}(4x\cos x + \sin x) = x \cdot \cos x$,

故 y^* 为方程 $y'' + 9y = x\cos x$ 的特解,

故 $y = C_1 \cos 3x + C_2 \sin 3x + \dfrac{1}{32}(4x\cos x + \sin x)$ 为方程 $y'' + 9y = x\cos x$ 的通解.

6. **解题过程** (1) 特征方程为 $2r^2 + r - 1 = 0, r_1 = -1, r_2 = \dfrac{1}{2}$.

齐次方程通解为 $r = C_1 e^{\frac{x}{2}} + C_2 e^{-x}$,

因为 $f(x) = 2e^x, \lambda = 1$ 不是特征方程的根, 设 $y^* = b \cdot e^x$,

则 $y^{*\prime} = y^{*\prime\prime} = be^x$, 则 $(2b + b - 1) \cdot e^x = 2e^x, b = 1$.

故通解为 $y = Y + y^* = C_1 e^{\frac{x}{2}} + C_2 e^{-x} + e^x$.

(2) 特征方程为 $r^2 + a^2 = 0, r_{1/2} = \pm ai$,

则齐次方程通解为 $Y = C_1 \cos ax + C_2 \sin ax$,

$\lambda = 1$ 不是特征方程的根,

故 $y^* = be^x, y^{*\prime} = y^{*\prime\prime} = be^x$,

$be^x + a^2 be^x = e^x$, 则 $b = \dfrac{1}{1 + a^2}, y^* = \dfrac{e^x}{1 + a^2}$,

故通解为 $y = Y + y^* = C_1 \cos ax + C_2 \sin ax + \dfrac{e^x}{1 + a^2}$.

(3) 特征方程为 $r^2 + 9r = 0, r_1 = 0, r_2 = -9$

故齐次方程通解为 $Y = C_1 + C_2 e^{-9x}$,

$\lambda = 0$ 是特征方程的根,

设 $y^* = x(ax + b), y^{*\prime} = 2ax + b, y^{*\prime\prime} = 2a$,

故 $2a + 9x(2ax + b) = x - 4, a = \dfrac{1}{18}, b = \dfrac{-37}{81}$,

则 $y^* = x \cdot \left(\dfrac{1}{18}x - \dfrac{37}{81}\right)$,

故通解为 $y = Y + y^* = C_1 + C_2 e^{-9x} + x \cdot \left(\dfrac{1}{18}x - \dfrac{37}{81}\right)$,

(4) 特征方程为 $r^2 - 6r + 9 = 0, r_1 = r_2 = 3$.

齐次方程通解为 $Y = (C_1 + C_2 x)e^{3x}$,

$\lambda = 3$ 是特征方程的二重根，

设 $y^* = x^2(ax+b) \cdot e^{3x}, y^{*\prime} = e^{3x}(3ax^3 + 3ax^2 + 3bx^2 + 2bx)$,

$y^{*\prime\prime} = e^{3x}(9ax^3 + 18ax^2 + 9bx^2 + 6ax + 12bx + 2b)$,

$y^{*\prime\prime} - 6y^{*\prime} + 9y^* = 5(x+1)e^{3x}$ 则 $a = \dfrac{5}{6}, b = \dfrac{5}{2}$,

即 $y^* = \left(\dfrac{5}{6}x^3 + \dfrac{5}{2}x^2\right)e^{3x}$,

故通解为 $y = Y + y^* = (C_1 + C_2 x)e^{3x} + \left(\dfrac{5}{6}x^3 + \dfrac{5}{2}x^2\right)e^{3x}$.

(5) 特征方程为 $r^2 - 2r + 5 = 0, r_{1/2} = 1 \pm 2i$,

齐次方程通解为 $Y = (C_1\cos 2x + C_2\sin 2x) \cdot e^x$,

$\lambda = 1, w = 2$, 则 $1 + 2i$ 是特征方程的单根,

则 $y^* = x \cdot e^x[a \cdot \cos 2x + (b) \cdot \sin 2x]$,

将 $y^{*\prime}, y^{*\prime\prime}$ 代入微分方程, 解得 $y^* = -\dfrac{1}{4}x \cdot e^x \cdot \cos 2x$,

故通解为 $y = Y + y^* = (C_1\cos 2x + C_2\sin 2x) \cdot e^x - \dfrac{1}{4}x \cdot e^x\cos 2x$.

(6) 特征方程为 $r^2 + 4 = 0, r_{1/2} = \pm 2i$,

齐次方程通解为 $Y = C_1\cos 2x + C_2\sin 2x$,

$\lambda = 0, w = 2$ 则 $2i$ 为特征方程的根,

设 $y^* = x \cdot [(ax+b)\cos 2x + (cx+d) \cdot \sin 2x]$,

将 $y^{*\prime}, y^{*\prime\prime}$ 代入微分方程, 解得 $y^* = \dfrac{1}{3}x\cos x + \dfrac{2}{9}\sin x$,

故通解为 $y = Y + y^* = C_1\cos 2x + C_2\sin 2x + \dfrac{1}{3}x\cos x + \dfrac{2}{9}\sin x$.

(7) 特征方程为 $r^2 + 1 = 0, r_{1/2} = \pm i$,

故齐次方程通解为 $Y = C_1\cos x + C_2\sin x$,

设特解 $y^* = A \cdot e^x + x(B\cos x + C\sin x)$,

则 $y^{*\prime} = A \cdot e^x + (B\cos x + C\sin x) + x(-B\sin x + C\cos x)$,

$y^{*\prime\prime} = Ae^x + (-B\sin x + C\cos x) + (-B\sin x + C \cdot \cos x) + x(-B\cos x - C\sin x)$

$\quad = Ae^x + 2(-B\sin x + C \cdot \cos x) + x \cdot (-B\cos x - C\sin x)$,

$y^{*\prime\prime} + y^* = e^x + \cos x$,

$A = \dfrac{1}{2}, B = 0, C = \dfrac{1}{2}$,

$y^* = \dfrac{1}{2}e^x + \dfrac{1}{2}x\sin x$,

故通解为 $y = Y + y^* = C_1\cos x + C_2\sin x + \dfrac{1}{2}e^x + \dfrac{1}{2}x\sin x$.

7. **解题过程** (1) 特征方程为 $r^2-3r+2=0, r_1=1, r_2=2$,

齐次方程通解为 $Y=C_1e^x+C_2e^{2x}$,

设非齐次方程特解为 $y^*=b, y^{*'}=0, y^{*''}=0, b=\dfrac{5}{2}$,

故通解为 $y=Y+y^*=C_1e^x+C_2e^{2x}+\dfrac{5}{2}$,

$y'=C_1e^x+2C_2e^{2x}$,

$x=0, y=1, y'=2$,

$\begin{cases} C_1+C_2+\dfrac{5}{2}=1 \\ C_1+2C_2=2 \end{cases}$,即 $\begin{cases} C_1=-5 \\ C_2=\dfrac{7}{2} \end{cases}$,

故特解为 $y=-5e^x+\dfrac{7}{2}e^{2x}+\dfrac{5}{2}$.

(2) 特征方程为 $r^2+1=0, r_{1,2}=\pm i$,

齐次方程通解为 $Y=C_1\cos x+C_2\sin x$,

设 $y^*=A\cos 2x+B\sin 2x, y^{*'}=-2A\sin 2x+2B\cos 2x$,

$y^{*''}=-4A\cos 2x-4B\sin 2x$,

则 $-4A\cos 2x-4B\sin 2x+A\cos 2x+B\sin 2x+\sin 2x=0$,

$A=0, B=\dfrac{1}{3}$,

则 $y^*=\dfrac{1}{3}\sin 2x$,

故非齐次方程通解为 $y=Y+y^*=C_1\cos x+C_2\sin x+\dfrac{1}{3}\sin 2x$,

$y'=-C_1\sin x+C_2\cos x+\dfrac{2}{3}\cos 2x$,

$x=\pi, y=1, y'=1$,

$\begin{cases} -C_1=1 \\ -C_2+\dfrac{2}{3} \end{cases}$ 即 $\begin{cases} C_1=-1 \\ C_2=-\dfrac{1}{3} \end{cases}$

故特解为 $y=-\cos x-\dfrac{1}{2}\sin x+\dfrac{1}{3}\sin 2x$.

(3) 特征方程为 $r^2-1=0, r_{1,2}=\pm 1$,

故齐次方程通解为 $Y=C_1e^x+C_2e^{-x}$,

设非齐次方程特解为 $y^*=e^x(ax^2+bx+c)$,

代入微分方程求得 $a=1, b=-1, c=0$,

故原微分方程通解为 $y=Y+y^*=C_1e^x+C_2e^{-x}+e^x(x^2-x)$,

$y'=C_1e^x-C_2e^{-x}+e^x(x^2-x)+e^x(2x-1)$,

$x=0, y=0, y'=1$ 则

$\begin{cases} C_1+C_2=0 \\ C_1-C_2-1=1 \end{cases}$ 即 $\begin{cases} C_1=1, \\ C_2=-1. \end{cases}$

故 $y=e^x-e^{-x}+e^x(x^2-x)$.

8. **解题过程** $\varphi(x)=e^x+\int_0^x(t-x)\varphi(t)dt=e^x+\int_0^x t\cdot\varphi(t)dt-x\int_0^x\varphi(t)dt$,

$\varphi'(x)=e^x+x\cdot\varphi(x)-\int_0^x\varphi(t)dt-x\cdot\varphi(x)=e^x-\int_0^x\varphi(t)dt$,

$\varphi''(x)=e^x-\varphi(x)$,

当 $x=0$ 时,$\varphi(0)=1,\varphi'(0)=1$,

设 $y=\varphi(x)$,则 $y''+y=e^x$,

特征方程为 $r^2+1=0, r_{1,2}=\pm i$,

设 $y^*=ae^x$,则 $a=\dfrac{1}{2}$,

故微分方程 $y''+y=e^x$,

通解为 $y=C_1\cos x+C_2\sin x+\dfrac{1}{2}e^x, y'=-C_1\sin x+C_2\cos x+\dfrac{1}{2}e^x$

$x=0$ 时,$y=1, y'=1$,

$\begin{cases} C_1+\dfrac{1}{2}=1 \\ C_2+\dfrac{1}{2}=1 \end{cases}$ 即 $C_1=C_2=\dfrac{1}{2}$,

故 $y=\varphi(x)=\dfrac{1}{2}(\cos x+\sin x+e^x)$.

9. **解题过程** 若供需平衡,则 $Q_d=Q_s$,

$42-4P-4P'+P''=-6+8P, P''-4P'-12P=-48$,

特征方程为 $\lambda^2-4\lambda-12=0, \lambda_1=6, \lambda_2=-2$,

故齐次方程通解为 $P_t=C_1e^{6t}+C_2e^{-2t}$

设非齐次方程特解为 P^*,则 $P^*=A_0$,

解得 $A_0=4$,

则非齐次方程通解为 $P=C_1e^{6t}+C_2e^{-2t}+4, P'=6C_1e^{6t}-2C_2e^{-2t}$,

$t=0$ 时,$P=6, P'=4$

$\begin{cases} C_1+C_2+4=6 \\ 6C_1-2C_2=4 \end{cases}$ 即 $\begin{cases} C_1=1, \\ C_2=1, \end{cases}$

故 $P(t)=e^{6t}+e^{-2t}+4$.

习题 10-6

1. **解题过程** (1) $\Delta y_x=y_{x+1}-y_x=2(x+1)^3-(x+1)^2-2x^3+x^2=6x^2+4x+1$,

$$\Delta^2 y_x = 6\Delta x^2 + 4\Delta x + \Delta 1 = 6(2x+1) + 4 + 0 = 12x + 10.$$

(2) $\Delta y_x = y_{x+1} - y_x = e^{3(x+1)} - e^{3x} = e^{3x} \cdot (e^3 - 1),$

$$\Delta^2 y_x = \Delta(\Delta y_x) = \Delta[e^{3x}(e^3-1)] = (e^3-1) \cdot \Delta e^{3x} = (e^3-1)^2 e^{3x}.$$

(3) $\Delta y_x = y_{x+1} - y_x = \log_a(x+1) - \log_a x = \log_a\left(1 + \dfrac{1}{x}\right),$

$$\Delta^2 y_x = \Delta(\Delta y_x) = \log_a\left(\dfrac{x+2}{x+1}\right) - \log_a\left(\dfrac{x+1}{x}\right) = \log_a\left(\dfrac{x(x+2)}{(x+1)^2}\right).$$

(4) $\Delta y_x = 4x^{(3)},\ \Delta^2 y_x = 12x^{(2)}.$

2. **解题过程** $\Delta\left(\dfrac{y_x}{z_x}\right) = \dfrac{y_{x+1}}{z_{x+1}} - \dfrac{y_x}{z_x} = \dfrac{z_x \cdot y_{x+1} - y_x \cdot z_{x+1}}{z_{x+1} \cdot z_x}$

$$= \dfrac{z_x(y_{x+1} - y_x) + y_x(z_x - z_{x+1})}{z_{x+1} \cdot z_x}$$

$$= \dfrac{z_x \cdot \Delta y_x - y_x \cdot \Delta z_x}{z_x \cdot z_{x+1}}, 得证.$$

3. **解题过程** A.

4. **解题过程** 根据题意 $e^{x+1} + a \cdot e^{x-1} = e^x \cdot e + \dfrac{a}{e} \cdot e^x = 2e^x,$ 则 $e + \dfrac{a}{e} = 2,$

$$a = 2e - e^2.$$

5. **解题过程** (1) 三阶; (2) 六阶.

6. **解题过程** (1) $y_{x+1} = \dfrac{A}{P+a}a^{x+1}, \dfrac{A}{P+a}a^{x+1} + \dfrac{AP}{P+a}a^x = \dfrac{Aa + AP}{P+a}a^x = A \cdot a^x.$

(2) $y_{x+1} = A(x+1)a^x, y_{x+1} + Py_x = A(x+1)a^x + APxa^{x-1}$

$$= Aa^x\left[(x+1) + \dfrac{P}{a}x\right] = A \cdot a^x \cdot \left(\dfrac{a+p}{a}x + 1\right).$$

当 $a + p = 0$ 时，原式 $= A \cdot a^x.$

习题 10-7

1. **解题过程** (1) 解特征方程 $2\lambda - 3 = 0,$ 得到 $\lambda = \dfrac{3}{2},$ 于是原方程的通解为 $y_x = C\left(\dfrac{3}{2}\right)^x,$ 其中 C 为任意常数.

(2) 解特征方程 $\lambda + 1 = 0,$ 得到 $\lambda = -1,$ 于是原方程的通解为 $y_{x-1} = C(-1)^x,$ 即 $y_x = C(-1)^{x+1},$ 其中 C 为任意常数.

(3) 解特征方程 $\lambda - 1 = 0,$ 得到 $\lambda = 1,$ 于是原方程的通解为 $y_x = C,$ 其中 C 为任意常数.

2. **解题过程** (1) 解特征方程 $2\lambda + 5 = 0,$ 得到 $\lambda = -\dfrac{5}{2},$ 于是原方程的通解为 $y_x = C\left(-\dfrac{5}{2}\right)^x,$

代入初始条件 $y_0 = 2,$ 解得 $C = 3.$ 得到特解为 $y_x = 3\left(-\dfrac{5}{2}\right)^x.$

(2) 原方程为 $\Delta y_x = y_{x+1} - y_x = 0$，由上题第(3)问可知方程通解为 $y_x = C$，代入初始条件 $y_0 = 2$，得到特解为 $y_x = 2$.

3. **解题过程** (1) 化原方程为 $y_{x+1} - 5y_x = 3$，此时 $a = 5, c = 3$，则根据通解公式 $y_x = \dfrac{c}{1-a} + Aa^x$，

可知方程的通解是 $y_x = -\dfrac{3}{4} + A5^x$.

(2) 解特征方程 $\lambda + 4 = 0$，得到 $\lambda = -4$，于是原方程对应的齐次方程的通解为
$Y_x = C(-4)^x$.

又有 $f(x) = 2x^2 + x + 1$，且 1 不是特征方程的根，所以设原方程特解为 $y_x^* = b_0 x^2 + b_1 x + b_2$，代入原方程得 $b_0(x+1)^2 + b_1(x+1) + b_2 + 4b_0 x^2 + 4b_1 x + 4b_2 = 2x^2 + x + 1$，
$5b_0 x^2 + (2b_0 + 5b_1)x + b_0 + b_1 + 5b_2 = 2x^2 + x + 1$.

比较同次幂的系数，得
$$\begin{cases} 5b_0 = 2, \\ 2b_0 + 5b_1 = 1, \\ b_0 + b_1 + 5b_2 = 1, \end{cases}$$

解得 $b_0 = \dfrac{2}{5}, b_1 = \dfrac{1}{25}, b_2 = \dfrac{14}{125}$，故 $y_x^* = \dfrac{2}{5}x^2 + \dfrac{1}{25}x + \dfrac{14}{125}$，则原方程的通解为

$y_x = Y_x + y_x^* = C(-4)^x + \dfrac{2}{5}x^2 + \dfrac{1}{25}x + \dfrac{14}{125}$.

(3) $a = \dfrac{1}{2}, b = 2, c = 1$，代入公式 $y_x = \dfrac{c}{b-a}b^x + Aa^x$，得到差分方程的通解为

$y_t = \dfrac{2}{3} \times 2^t + A\left(\dfrac{1}{2}\right)^t$，$A$ 为任意常数.

(4) 因为 $\Delta x^{(10)} = 10x^{(9)}$，即 $\Delta \dfrac{x^{(10)}}{10} = x^{(9)}$，所以原方程的通解为 $y_x = \dfrac{1}{10}x^{(10)} + C$.

(5) 解特征方程 $\lambda - 1 = 0$，得到 $\lambda = 1$，于是原方程对应的齐次方程的通解为 $Y_t = C$，
进而求 $y_{t+1} - y_t = t \cdot 2^t$ 的一个特解，令 $y_t = 2^t z_t$，则化方程为 $2z_{t+1} - z_t = t$，
由于 $\lambda = 1$ 不是特征方程的根，故可设 $z_{t+1}^* = at + b$，代入上述方程，化简得
$at + 2a + b = t$，
比较同次幂的系数，得到
$$\begin{cases} a = 1, \\ 2a + b = 0, \end{cases} \Rightarrow \begin{cases} a = 1, \\ b = -\dfrac{1}{3}, \end{cases}$$

则 $z_{t+1}^* = t - \dfrac{1}{3}$，从而得到特解为 $y_t^* = z_t^* \cdot 2^t = (t-2) \cdot 2^t$，
则原方程的通解为 $y_t = Y_t + y_t^* = C + (t-2) \cdot 2^t$.

(6) 解特征方程 $3\lambda - 3 = 0$，得到 $\lambda = 1$，于是原方程对应的齐次方程的通解为 $Y_t = C$，
先求 $3y_t - 3y_{t-1} = 1$ 的一个特解，由于 $\lambda = 1$ 是特征方程的根，故可设 $y_t^* = at$ 是该方程的一个特解，代入上面方程并化简，得 $3a = 1$，即 $a = \dfrac{1}{3}$，故 $y_t^* = \dfrac{1}{3}t$.

进而求 $3y_{t+1} - 3y_t = t \cdot 3^t$ 的一个特解,令 $y_t = 3^t z_t$,则化方程为 $3z_t - z_{t-1} = t$,由于 $\lambda = 1$ 不是特征方程的根,故可设 $z_t^* = at + b$,代入上述方程,化简得
$2at + a + 2b = t$,

比较同次幂的系数,得到

$$\begin{cases} 2a = 1, \\ a + 2b = 0, \end{cases} \Rightarrow \begin{cases} a = \dfrac{1}{2}, \\ b = -\dfrac{1}{4}, \end{cases}$$

则 $z_t^* = \dfrac{1}{2}t - \dfrac{1}{4}$,从而得到特解为 $y_2^* = \left(\dfrac{1}{2}t - \dfrac{1}{4}\right) \cdot 3^t$,

则原方程的特解为 $y_t^* = y_1^* + y_2^* = \dfrac{1}{3}t + \left(\dfrac{1}{2}t - \dfrac{1}{4}\right)3^t$.

从而原方程的通解为 $y_t = Y_t + y_t^* = C + \left(\dfrac{1}{2}t - \dfrac{1}{4}\right)3^t + \dfrac{t}{3}$.

(7) 解特征方程 $\lambda - 3 = 0$,得到 $\lambda = 3$,于是原方程对应的齐次方程的通解为 $Y_t = C3^t$,

这里 $f(t) = \sin\dfrac{\pi}{2}t = 0 \cdot \cos\dfrac{\pi}{2}t + \sin\dfrac{\pi}{2}t, a = 3, \omega = \dfrac{\pi}{2}$,

$D = (\cos\omega - a)^2 + \sin^2\omega = \left(\cos\dfrac{\pi}{2} - 3\right)^2 + \sin^2\dfrac{\pi}{2} = 9 + 1 \neq 0$.

故设 $y_t^* = B_1\cos\dfrac{\pi}{2}t + B_2\sin\dfrac{\pi}{2}t$ 为原方程的一个特解,代入原方程得

$$\begin{cases} B_1\left(\cos\dfrac{\pi}{2} - 3\right) + B_2\sin\dfrac{\pi}{2} = 0, \\ -B_1\sin\dfrac{\pi}{2} + B_2\left(\cos\dfrac{\pi}{2} - 3\right) = 1, \end{cases}$$

即 $\begin{cases} -3B_1 + B_2 = 0, \\ -B_1 - 3B_2 = 1. \end{cases}$

解得 $B_1 = -\dfrac{1}{10}, B_2 = -\dfrac{3}{10}$,则特解为 $y_t^* = -\dfrac{1}{10}\cos\dfrac{\pi}{2}t - \dfrac{3}{10}\sin\dfrac{\pi}{2}t$.

从而原方程的通解为 $y_t = Y_t + y_t^* = C \cdot 3^t - \dfrac{1}{10}\cos\dfrac{\pi}{2}t - \dfrac{3}{10}\sin\dfrac{\pi}{2}t$.

(8) 将原方程化为 $y_{x+1} - 3y_x = x - 1$,

解特征方程 $\lambda - 3 = 0$,得到 $\lambda = 3$,于是原方程对应的齐次方程的通解为 $Y_x = C3^x$. 这里 $f(x) = x - 1$,且 $\lambda = 1$ 不是特征方程的根,则设上述方程的一个特解为 $y_x^* = ax + b$,代入上面方程得 $-2ax + a - 2b = x - 1$.

比较同次幂的系数,得 $\begin{cases} -2a = 1, \\ a - 2b = -1, \end{cases}$

解得 $a = -\dfrac{1}{2}, b = \dfrac{1}{4}$,故 $y_x^* = -\dfrac{1}{2}x + \dfrac{1}{4}$. 从而原方程通解为

$y_x = Y_x + y_x^* = C3^x - \dfrac{1}{2}x + \dfrac{1}{4}$.

4. **解题过程** (1) 原方程为 $\Delta y_x = y_{x+1} - y_x = 3$，这里 $a=1, c=3$，根据迭代法得方程通解为 $y_x = y_0 + 3x$. 代入初始条件 $y_0 = 2$ 得方程特解为 $y_x = 2 + 3x$.

(2) 解特征方程 $\lambda + 1 = 0$，得到 $\lambda = -1$，于是原方程对应的齐次方程的通解为 $Y_x = C(-1)^x$. 这里 $f(x) = 2^x$，令 $y_x = z_x \cdot 2^x$，代入原方程得 $2z_{x+1} + z_x = 1$，

易得方程一个特解为 $z_x^* = \dfrac{1}{3}$，则原方程的一个特解为 $y_x^* = \dfrac{1}{3} \cdot 2^x$，

则原方程的通解为 $y_x = Y_x + y_x^* = C(-1)^x + \dfrac{1}{3} \cdot 2^x$.

由 $y_0 = 2$ 得 $C = \dfrac{5}{3}$，所以所给问题的特解为：$y_x = \dfrac{5}{3} \cdot (-1)^x + \dfrac{1}{3} \cdot 2^x$.

(3) 解特征方程 $\lambda + 1 = 0$，得到 $\lambda = -1$，于是原方程对应的齐次方程的通解为 $Y_x = C(-1)^x$. 这里 $f(x) = (x-1)2^{x-1}$，令 $y_x = z_x \cdot 2^x$，代入原方程得 $2z_x + z_{x-1} = x - 1$，

易得方程一个特解为 $z_x^* = \dfrac{1}{3}x - \dfrac{2}{9}$，则原方程的一个特解为 $y_x^* = \left(\dfrac{1}{3}x - \dfrac{2}{9}\right) \cdot 2^x$，

则原方程的通解为 $y_x = Y_x + y_x^* = C(-1)^x + \left(\dfrac{1}{3}x - \dfrac{2}{9}\right) \cdot 2^x$，

由 $y_0 = 0$ 得 $C = \dfrac{2}{9}$，故原问题的特解为 $y_x = \dfrac{2}{9}(-1)^x + \left(\dfrac{1}{3}x - \dfrac{2}{9}\right) \cdot 2^x$.

(4) 解特征方程 $\lambda + 4 = 0$，得到 $\lambda = -4$，于是原方程对应的齐次方程的通解为 $Y_x = C(-4)^x$. 这里 $f(x) = 2x^2 + x - 1$，且 1 不是特征方程的根，则设原方程的一个特解为 $y_x^* = ax^2 + bx + c$，代入原方程，化简得

$5ax^2 + (2a + 5b)x + (a + b + 5c) = 2x^2 + x - 1$.

比较同次幂的系数，得

$$\begin{cases} 5a = 2, \\ 2a + 5b = 1, \\ a + b + 5c = -1, \end{cases}$$

解得 $a = \dfrac{2}{5}, b = \dfrac{1}{25}, c = -\dfrac{36}{125}$，从而得特解为 $y_x^* = \dfrac{2}{5}x^2 + \dfrac{1}{25}x - \dfrac{36}{125}$.

于是，原方程的通解为 $y_x = C \cdot (-4)^x + \dfrac{2}{5}x^2 + \dfrac{1}{25}x - \dfrac{36}{125}$.

由 $y_0 = 1$，得 $C = \dfrac{161}{125}$. 因此原来问题的特解为

$y_x = \dfrac{161}{125} \cdot (-4)^x + \dfrac{2}{5}x^2 + \dfrac{1}{25}x - \dfrac{36}{125}$.

习题 10-8

1. **解题过程** (1) 解特征方程 $\lambda^2 - 5\lambda + 6 = 0$，得特征根为 $\lambda_1 = 2, \lambda_2 = 3$，从而原方程的通解为
$y_x^* = C_1 2^x + C_2 3^x$；

(2) 解特征方程 $\lambda^2 + 10\lambda + 25 = 0$,得两个相等的实根 $\lambda_1 = \lambda_2 = -5$,从而原方程的通解为 $y_x = (C_1 + C_2 x)(-5)^x$;

(3) 解特征方程 $\lambda^2 + \dfrac{1}{9} = 0$,得 $\lambda_{1,2} = \pm \dfrac{1}{3}\mathrm{i}$,即 $\alpha = 0, \beta = \dfrac{1}{3}$,

$\gamma = \sqrt{\alpha^2 + \beta^2} = \dfrac{1}{3}, \theta = \dfrac{\pi}{2}$.

从而原方程的通解为 $y_x = \left(\dfrac{1}{3}\right)^x \left(C_1 \cos \dfrac{\pi}{2} x + C_2 \sin \dfrac{\pi}{2} x\right)$;

(4) 解特征方程 $\lambda^2 - 3\lambda - 4 = 0$,得特征根为 $\lambda_1 = 4, \lambda_2 = -1$,从而原方程的通解为
$y_x^* = C_1 4^x + C_2 (-1)^x$;

(5) 解特征方程 $\lambda^2 + \lambda - 12 = 0$,得 $\lambda_1 = -4, \lambda_2 = 3$,从而原方程的通解为
$y_x = C_1 (-4)^x + C_2 3^x$,

代入初始条件得

$\begin{cases} C_1 + C_2 = 1 \\ -4C_1 + 3C_2 = 10 \end{cases}$,解之得 $\begin{cases} C_1 = -1, \\ C_2 = 2, \end{cases}$

因此 $y_x = (-1)(-4)^x + 2 \cdot 3^x$.

2. **解题过程** (1) 解特征方程 $\lambda^2 + 3\lambda - 4 = 0$,得 $\lambda_1 = 1, \lambda_2 = -4$,对应的齐次方程的通解为 $Y_x = C_1 + C_2(-4)^x$.

这里 $f(x) = 5$,由于 1 是特征方程的根,故令 $y_x^* = ax$ 是原方程的一个特解,代入原方程,得 $a = 1$,故 $y_x^* = x$,于是原方程的通解为 $y_x = Y_x + y_x^* = C_1 + C_2(-4)^x + x$.

(2) 解特征方程 $4\lambda^2 - 4\lambda + 1 = 0$,得特征根为 $\lambda_1 = \lambda_2 = \dfrac{1}{2}$,从而原方程的通解为

$Y_x = (C_1 + C_2 x)\left(\dfrac{1}{2}\right)^x$. 这里 $f(x) = 8$,且 1 不是特征方程的根,且有 $a = -1, b = \dfrac{1}{4}$,

$c = 2$,则原方程的一个特解为 $y_x^* = \dfrac{c}{1 + a + b} = 8$,故原方程的通解为

$y_x = Y_x + y_x^* = (C_1 + C_2 x)\left(\dfrac{1}{2}\right)^x + 8$.

(3) 解特征方程 $\lambda^2 + 3\lambda + 2 = 0$,得 $\lambda_1 = -1, \lambda_2 = -2$. 于是齐次方程的通程为
$Y_x = C_1(-1)^x + C_2(-2)^x$.

这里 $f(x) = 6x^2 + 4x + 20$,且 1 不是特征方程的根,故设 $y_x^* = ax^2 + bx + c$ 为原方程的一个特解,代入原方程并化简得

$6ax^2 + (10a + 6b)x + 7a + 5b + 6c = 6c = 6x^2 + 4x + 20$,

比较同次幂的系数,得

$\begin{cases} 6a = 6, \\ 10a + 6b = 4, \\ 7a + 5b + 6c = 20, \end{cases}$ 解之得 $\begin{cases} a = 1, \\ b = -1, \\ c = 3. \end{cases}$

于是 $y_x^* = x^2 - x + 3$,从而原方程的通解为

$y_x = Y_x + y_x^* = C_1(-1)^x + C_2(-2)^x + x^2 - x + 3.$

(4) 解特征方程 $\lambda^2 - 3\lambda + 2 = 0$,得特征根为 $\lambda_1 = 2, \lambda_2 = 1$,从而原方程的通解为
$Y_x = C_1 + C_2 \cdot 2^x.$

这里 $f(x) = 3 \cdot 5^x$,且有 $q = 5, a = -3, b = 2, c = 3, q^2 + qa + b = 12 \neq 0$,则原方程的一个特解为 $y_x^* = \dfrac{cq^x}{q^2 + aq + b} = \dfrac{5^x}{4}$,故原方程的通解为

$y_x = Y_x + y_x^* = C_1 + C_2 \cdot 2^x + \dfrac{5^x}{4}.$

(5) 解特征方程 $\lambda^2 + 3\lambda - 4 = 0$,得特征根为 $\lambda_1 = -4, \lambda_2 = 1$,从而原方程的通解为
$Y_x = C_1 + C_2(-4)^x.$

这里 $f(x) = x$,且有 $n = 1, a = 3, b = -4, c = 1, 1 + a + b = 0$,则原方程的一个特解为 $y_x^* = x(B_0 + B_1 x)$,代入原方程且比较两端同次系数可得 $B_0 = -\dfrac{7}{50}, B_1 = \dfrac{1}{10}$ 则特解为

$y_x^* = x\left(-\dfrac{7}{50} + \dfrac{1}{10}x\right),$

故原方程的通解为 $y_x = Y_x + y_x^* = C_1 + C_2(-4)^x + x\left(-\dfrac{7}{50} + \dfrac{1}{10}x\right).$

(6) 原方程可以写成 $y_{x+2} - 2y_{x+1} + y_x = 4.$

特征方程 $\lambda^2 - 2\lambda + 1 = 0$,得 $\lambda_1 = \lambda_2 = 1$,于是齐次方程的通解为 $Y_x = C_1 + C_2 x.$

这里 $f(x) = 4, 1$ 是特征方程的二重根,故可设 $y_x^* = ax^2$,代入原方程得故 $y_x^* = 2x^2$,原方程的通解为 $y_x = Y_x + y_x^* = C_1 + C_2 x + 2x^2.$

由初始条件 $y_0 = 3, y_1 = 8$,得

$\begin{cases} C_1 = 3, \\ C_1 + C_2 + 2 = 8, \end{cases}$ 从而 $C_1 = 3, C_2 = 3,$

故所给问题的题为 $y_x = 3 + 3x + 2x^2.$

(7) 解特征方程 $\lambda^2 + \lambda - 2 = 0$,得特征根为 $\lambda_1 = 1, \lambda_2 = -2$,从而原方程的通解为
$Y_x = C_1 + C_2(-2)^x.$

这里 $f(x) = 12, \lambda_1 = 1$ 是特征方程的单根,故可设 $y_x^* = ax$ 是原方程的一个特解,代入原方程,得 $a = 4$.

即 $y_x^* = 4x$. 从而原方程的通解为 $y_x = Y_x + y_x^* = C_1 + C_2(-2)^x + 4x.$

又由 $y_0 = 0, y_1 = 0$ 得

$\begin{cases} C_1 + C_2 = 0, \\ C_1 - 2C_2 + 4 = 0, \end{cases}$ 解之得 $\begin{cases} C_1 = -\dfrac{4}{3}, \\ C_2 = \dfrac{4}{3}, \end{cases}$

因此所给问题的一个特解为 $y_x = -\dfrac{4}{3} + \dfrac{4}{3}(-2)^x + 4x.$

习题 10-9

1. **解题过程** 依题意,可列出差分方程 $y_{t+1} - 0.8y_t = 0$,通解为 $y_t = C(0.8)^t$,又由 $y_0 = 20$,得 $C = 20$.

所以 $y_t = 20(0.8)^t$. 由 $y_t = 20(0.8)^t = 1$, 得 $t \approx 13.425$, 即这辆轿车最多能使用 13 年 5 个月.

2. **解题过程** 依题意,可列出以下差分方程

   $y_{t+1} - 1.2y_t = -80$,

   $y_{t+1} - 1.2y_t = 0$ 的通解为 $Y_t = C1.2^t$.

   $y_{t+1} - 1.2y_t = -80$ 的特解设为 $y_t^* = a$, 由 $a - 1.2a = -80$, 得 $a = 400$, 从而 $y_t^* = 400$.

   $y_{t+1} - 1.2y_t = -80$ 的通解为 $y_t = C1.2^t + 400$.

   由 $y_0 = 500$, 得 $C = 100$, 所以 $y_t = 100 \times 1.2^t + 400$.

3. **解题过程** (1) 由 $S_t = D_t$, 知 $2P_t + 1 = -4P_{t-1} + 5$, 即 $P_t + 2P_{t-1} = 2$, 即 $P_{t+1} + 2P_t = 2$,

   (2) 易得上述方程的通解为 $P_t = C(-2)^t + \dfrac{2}{3}$,

   由 $t = 0$ 时 $P_t = P_0$ 得 $P_0 = C + \dfrac{2}{3}$, $C = P_0 - \dfrac{2}{3}$,

   故 $P_t = \dfrac{2}{3} + \left(P_0 - \dfrac{2}{3}\right)(-2)^t$.

4. **解题过程** 由 $y_t = C_t + I$, $C_t = ay_{t-1} + \beta$, 得差分方程 $y_t - \alpha y_{t-1} = \beta + I$,

   解特征方程 $\lambda - \alpha = 0$, 得 $\lambda = \alpha$, 该方程所对应的齐次差分方程的通解为 $Y_t = C\alpha^t$.

   由于 1 不是特征方程的根, 则可设非齐次方程的一个特解为 $y_t^* = a$, 代入原方程得

   $a = \dfrac{\beta + I}{1 - \alpha}$,

   因此上述差分方程的通解为 $y_t = C\alpha^t + \dfrac{\beta + I}{1 - \alpha}$,

   由 $t = 0, y_t = y_0$, 得 $C = y_0 - \dfrac{\beta + I}{1 - \alpha}$,

   故 $y_t = \left(y_0 - \dfrac{\beta + I}{1 - \alpha}\right)\alpha^t + \dfrac{\beta + I}{1 - \alpha}$,

   从而 $C_t = y_t - I = \left(y_0 - \dfrac{\beta + I}{1 - \alpha}\right)\alpha^t + \dfrac{\beta + I}{1 - \alpha} - I = \left(y_0 - \dfrac{\beta + I}{1 - \alpha}\right)\alpha^t + \dfrac{\alpha I + \beta}{1 - \alpha}$.

5. **解题过程** 将 $S_t = 3P_t - 2$, $D_t = 4 - 5P_t$ 代入关系式

   $P_t = P_{t-1} - \dfrac{1}{16}(S_{t-1} - D_{t-1})$ 得 $P_t - \dfrac{1}{2}P_{t-1} = \dfrac{3}{8}$,

   解此一阶差分方程, 得 $P_t = C\left(\dfrac{1}{2}\right)^t + \dfrac{3}{4}$.

6. **解题过程** 因为 $S_t = 12 + 3\left(P_{t-1} - \dfrac{1}{3}\Delta P_{t-1}\right) = 12 + 3\left(P_{t-1} - \dfrac{1}{3}P_{t-1} + \dfrac{1}{3}P_{t-2}\right)$

   $= 12 + 2P_{t-1} + P_{t-2}$,

   $D_t = 40 - 4P_t$,

   根据已知条件, 在 t 期内有 $S_t = D_t$, 即得差分方程

$12 + 2P_{t-1} + P_{t-2} = 40 - 4P_t$,

即 $4P_t + 2P_{t-1} + P_{t-2} = 28$,

解特征方程 $4\lambda^2 + 2\lambda + 1 = 0$,得

$\lambda_{1,2} = -\dfrac{1}{4} \pm \dfrac{\sqrt{3}}{4}i, \alpha = -\dfrac{1}{4}$,

$\beta = \dfrac{\sqrt{3}}{4}, \gamma = \sqrt{\alpha^2 + \beta^2} = \dfrac{1}{2}, \tan\theta = \dfrac{\beta}{\alpha} = -\sqrt{3}, \theta = \dfrac{2\pi}{3}$,

故对应的齐次方程的通解为 $\left(\dfrac{1}{2}\right)^t \left(C_1 \cos \dfrac{2\pi t}{3} + C_1 \sin \dfrac{2\pi t}{3}\right)$.

因 $f(x) = 1$ 不是特征方程的根,故可设上述非齐次方程的一个特解为 $P_t^* = a$,代入原方程,得 $a = 4$. 故原方程的通解为 $P_t = 4 + \left(\dfrac{1}{2}\right)^t \left(C_1 \cos \dfrac{2\pi t}{3} + C_2 \sin \dfrac{2\pi t}{3}\right)$.

由初始条件 $P_0 = 4, P_1 = \dfrac{13}{4}$,得 $\begin{cases} 4 = 4 + C_1, \\ \dfrac{13}{4} = 4 + \dfrac{1}{2}\left(C_1 \cos \dfrac{2\pi}{3} + C_2 \sin \dfrac{2\pi}{3}\right). \end{cases}$

得到 $C_1 = 0, C_2 = -\sqrt{3}$. 故所求特解为 $P_t = 4 - \sqrt{3}\left(\dfrac{1}{2}\right)^t \sin \dfrac{2\pi}{3}t$.

总习题十

1. **解题过程** (1) $y' = f(x, y), y(0) = 0$.

    (2) 由 $y = C_1 e^{2x} + C_2 e^{3x}$ 知特征方程为 $(r-2)(r-3) = 0$
    即 $r^2 - 5r + 6 = 0$,故微分方程为 $y'' - 5y' + 6y = 0$.

    (3) $y_{x+2} + y_{x+1} - 2y_x = 9$.

2. **解题过程** (1) $y' + \dfrac{e^{y^3 + x}}{y^2} = 0, y' + \dfrac{e^{y^3} \cdot e^x}{y^2} = 0, dy \dfrac{y^2}{e^{y^3}} = -dx \cdot e^x$,

    两端积分得 $\int \dfrac{y^2}{e^{y^3}} dy = -\int e^x dx, \dfrac{1}{3} e^{-y^3} = e^x + C$.

    (2) $y = e^{\int \frac{n}{x} dx}\left(C + \int e^x x^n e^{-\int \frac{n}{x} dx} dx\right) = x^n \left(C + \int e^x x^n x^{-n} dx\right) = x^n (e^x + C)$.

    (3) $y' = \dfrac{y}{y - x}, y' = \dfrac{\dfrac{y}{x}}{\dfrac{y}{x} - 1}$,令 $\dfrac{y}{x} = u, y = x \cdot u, y' = u + x \cdot u'$,

    $u + x \cdot u' = \dfrac{u}{u - 1}, x \dfrac{du}{dx} = \dfrac{2u - u^2}{u - 1}, \dfrac{dx}{x} = \dfrac{u - 1}{2u - u^2} \cdot du$,

    两边积分,得 $\ln x + C_1 = -\dfrac{1}{2}\ln(u^2 - u)$,

    $u = \dfrac{y}{x}$,整理得 $2xy + y^2 = C$.

    (4) 令 $u = \dfrac{y}{x}$,即 $y = ux$,则 $\dfrac{dy}{dx} = u + x \dfrac{du}{dx}$.

当 $x>0$ 时, $\dfrac{\mathrm{d}y}{\mathrm{d}x}=\dfrac{y}{x}-\sqrt{1+\left(\dfrac{y}{x}\right)^2}$, 故 $u+x\dfrac{\mathrm{d}y}{\mathrm{d}x}=u-\sqrt{1+u^2}$,

即 $\dfrac{\mathrm{d}u}{\sqrt{1-u^2}}=-\dfrac{\mathrm{d}x}{x}$,

两边积分得 $\ln(u+\sqrt{1+u^2})=-\ln x+C_1$,

即 $u+\sqrt{1+u^2}=\dfrac{C}{x}$, 其中 $C=\mathrm{e}^{C_1}$,

$u=\dfrac{y}{x}$ 整理得

$y+\sqrt{x^2+y^2}=C$ $(x>0)$.

当 $x<0$ 时,根据上述方法解得

$y+\sqrt{x^2+y^2}=C.$

(5) 解特征方程 $r^2+r=0$, 得 $r_1=0, r_2=-1$, 故对应的齐次方程的通解为
$Y=C_1+C_2\mathrm{e}^{-x}$,

这里 $f(x)=x^2$, 由于 $\lambda=0$ 是特征方程的单根,故可设
$y^*=x(ax^2+bx+c)=ax^3+bx^2+cx, {y^*}'=3ax^2+2bx+c, {y^*}''=6ax+2b$,

代入原方程并化简得:
$3ax^2+(6a+2b)x+2b+c=x^2$,

比较同次幂的系数,得

$\begin{cases}3a=1,\\6a+2b=0,\\2b+c=0,\end{cases}$ 即 $\begin{cases}a=\dfrac{1}{3},\\b=-1,\\c=2,\end{cases}$

故: $y^*\dfrac{1}{3}x^3-x^2+2x$,

原方程的通解为 $y=Y+y^*=C_1+C_2\mathrm{e}^{-x}+\dfrac{1}{3}x^3-x^2+2x.$

3. **解题过程** (1) 将原方程化为 $\dfrac{\mathrm{d}y}{\mathrm{d}x}=\dfrac{x^2+y^2}{xy}=\dfrac{y}{x}+\dfrac{1}{\left(\dfrac{y}{x}\right)}$,

它是齐次微分方程. 令 $v=\dfrac{y}{x}$, 得 $x\dfrac{\mathrm{d}v}{\mathrm{d}x}=\dfrac{1}{v}$,

分离变量后得 $v\mathrm{d}v=\dfrac{\mathrm{d}x}{x}$,

两边积分得 $\dfrac{v^2}{2}=\ln x+C_1$,

代入 $v=\dfrac{y}{x}$, 即得 $\left(\dfrac{y}{x}\right)^2=2\ln x+C$,

代入初值条件,得 $C=2$, 故特解为 $\left(\dfrac{y}{x}\right)^2=2\ln x+2.$

(2) 令 $y' = p$，则 $y'' = p'$，于是原方程化为 $p' - 2p = e^{2x}$，

这是关于 p 的一阶线性微分方程，其解为 $p = e^{2x}\left(\int e^{2x} e^{-2x} dx + C\right) = e^{2x}(x + C)$，

即 $y' = p = e^{2x}(x + C)$，原方程通解为 $y = \frac{1}{2}\left(x - \frac{1}{2}\right)e^{2x} + \frac{C}{2}e^{2x} + C'$，

代入初始条件得 $C = 1, C' = 1$，从而原问题特解为 $y = \frac{3}{4} + \frac{1}{4}(1 + 2x)e^{2x}$.

(3) 原方程对应的齐次方程为 $y'' + 2y' + y = 0$，其特征方程 $r^2 + 2r + 1 = 0$ 的根为 $r = -1$，且此根为二重特征根. 因此，对于其此方程的通解为
$y^* = (C_1 + C_2 x)e^{-x}$，$(C_1, C_2$ 为任意常数$)$，

由于 $f(x) = \cos x$，则设原方程的一个特解为 $y^* = A_1 \cos x + A_2 \sin x$，将其代入原方程，有 $-2A_1 \sin x + (2A_2 - 1)\cos x = 0$，则 $A_1 = 0, A_2 = \frac{1}{2}$，所以 $y^* = \frac{\sin x}{2}$. 则原方程的通解为 $y = \frac{\sin x}{2} + (C_1 + C_2 x)e^{-x}$ $(C_1, C_2$ 为任意常数$)$，

代入初始条件得 $C_1 = 0, C_2 = 1$，故原问题的特解为 $y = \frac{\sin x}{2} + xe^{-x}$.

4. **解题过程** 由所给方程得到 $(xy')' = 0$，

两边积分，得 $xy' = C_1$. $dy = C_1 \frac{dx}{x}$，

两边积分，得 $y = C_1 \ln|x| + C_2$.

由上式得到 $y(1) = C_2$，又由 $xy' = C_1$，得 $y'(1) = C_1$，于是 $y(1) = \alpha y'(1)$，可得 $C_2 = \alpha C_1$，从而 $y = C_1(\ln|x| + \alpha)$.

若 $x \to 0$ 时 $y(x)$ 有界，则必有 $C_1 = 0$，由于 $\lim\limits_{x \to 0} \ln|x| = -\infty$，于是所求特解为 $y = 0$.

5. **解题过程** 令 $x - t = u$，则

$$\int_0^x tf(x-t)dt = -\int_x^0 (x-u)f(u)du = x\int_0^x f(u)du - \int_0^x uf(u)du$$

$$= x\int_0^x f(t)dt - \int_0^x tf(t)dt,$$

则 $\int_0^x f(t)dt = x + x\int_0^x f(t)dt - \int_0^x tf(t)dx$，

两边对 x 求导，得 $f(x) = 1 + \int_0^x f(t)dt, f(0) = 1$，

再对 x 求导，得 $f'(x) = 1 + f(x)$，

若记 $y = f(x)$，则 y 满足 $y' = 1 + y, y(0) = 1$，

对 $y' = 1 + y$ 分离变量，得 $\frac{dy}{1+y} = dx$，

两边积分并整理得 $y = Ce^x - 1$，

$x = 0, y = 1$ 代入，得 $C = 2$.

$f(x) = 2e^x - 1$.

6. **解题过程** 将 $y = e^x$ 代入方程,得 $xe^x + p(x) \cdot e^x = x$,

即 $p(x) = x(e^{-x} - 1)$,

故微分方程为 $xy' + x(e^{-x} - 1)y = x$,即 $y' + (e^{-x} - 1)y = 1$,

解此方程得 $y = e^{e^{-x} + x}(e^{-x} + C)$,

又 $y|_{x=\ln 2} = 0$,所以 $C = -e^{\frac{1}{2}}$,

$y = e^x - e^{e^{-x} + x - \frac{1}{2}}$.

7. **解题过程** 设 (x, y) 为曲线上的点,则曲线在该点处的切线方程为 $Y - y = y'(X - x)$,

令 $x = 0$,则切线在纵轴上的截距为 $y - xy'$,

则 $y - xy' = x, x = 1$ 时,$y = 1$,

将上述方程写成 $y' - \frac{1}{x}y = -1$.

可得解 $y = e^{\int \frac{1}{x} dx}\left(\int -e^{-\int \frac{1}{x} dx} dx + C\right) = x(C - \ln x)$,

代入初始条件 $x = 1, y = 1$,得 $C = 1$,故所求曲线方程为 $y = x(1 - \ln x)$.

8. **解题过程** (1) 因为 $P(x)$ 为收入为 x 或高于 x 的人的数量,$P(x + \Delta x)$ 为收入为 $x + \Delta x$ 或高于 $x + \Delta x$ 的人的数量,显然,$P(x) > P(x + \Delta x)$. 于是,收入在 x 和 $x + \Delta x$ 之间的人的数量为 $P(x) - P(x + \Delta x) = -\Delta P$.

由于考虑的是整个社会,因此可以把 $P(x)$ 看作一个连续函数,甚至我们还假设它是可导的,因 $\Delta x > 0$ 很小,当收入在 x 和 $x + \Delta x$ 之间时,将之近似看作 x,从而收入在 x 与 $x + \Delta x$ 之间的人的收入总数近似为 $-x\Delta P$.

(2) 设某人收入为 x,由帕雷托定律,社会中收入为 x 或高于 x 的人的平均收入为 $Kx(K > 1)$,而社会中收入为 x 或以上的人为 $P(x)$. 因此收入为 x 或 x 以上的人的总收入为 $KxP(x)$. 由此可知,收入在 $x + \Delta x$ 或 $x + \Delta x$ 以上的人的总收入为 $K \cdot (x + \Delta x)P(x + \Delta x)$. 于是,收入在 x 和 $x + \Delta x$ 之间的总收入为

$KxP(x) - K \cdot (x + \Delta x)P(x + \Delta x) = Kx[P(x) - P(x) + \Delta x] - K\Delta xP(x + \Delta x)$
$\approx -Kx\Delta P - K\Delta xP(x)$,

即收入在 x 和 $x + \Delta x$ 之间的人的总收入可近似表示为 $-KP\Delta x - Kx\Delta P$.

(3) 由(1)和(2)的分析可知,在相差一个关于 Δx 的高阶无穷小的意义下,有

$-KP\Delta x - Kx\Delta P = -x\Delta P$,

两边除以 Δx,得 $-KP - Kx\frac{\Delta P}{\Delta x} = -x\frac{\Delta P}{\Delta x}$,

令 $\Delta x \to 0$,得 $-KP - KxP' = -xP'$,即 $(1 - K)xP' = KP$,

此即为 $P(x)$ 所满足的微分方程.

(4) 对方程 $(1 - K)xP' = KP$ 分离变量,得 $\frac{dP}{P} = \frac{K}{1 - K}\frac{dx}{x}$,

积分得 $\ln P = \frac{K}{1 - K}\ln x + \ln C$,即 $P = Cx^{\frac{K}{1-K}}(x > 0)$.

由实际意义,这里的 C 为任意正常数.

(5) 当 $K=1.5$ 时,$P(x)=Cx^{-3}(x>0)$;

$K=2$ 时,$P(x)=Cx^{-2}(x>0)$;

$K=3$ 时,$P(x)=Cx^{-1.5}(x>0)$.

显然,对同一个 x,K 的值越小,相应的 $P(x)$ 就越小,即社会中收入为 x 或高于 x 的人的数量越小,社会的贫富悬殊就越小(本题图略).

9. **解题过程** 因 $u=f(r)=f(\sqrt{x^2+y^2+z^2})$,根据提示

$$\frac{\partial u}{\partial x}=f'(r)\cdot\frac{x}{\sqrt{x^2+y^2+z^2}}=f'(r)\cdot\frac{x}{r},$$

$$\frac{\partial^2 u}{\partial x^2}=f''(r)\left(\frac{x}{r}\right)^2+f'(r)\cdot\frac{r-x\cdot\frac{x}{r}}{r^2}=\frac{x^2}{r^2}f''(r)+\frac{r^2-x^2}{r^3}f'(r),$$

同理有

$$\frac{\partial u}{\partial y}=f'(r)\cdot\frac{y}{r},\frac{\partial^2 u}{\partial y^2}=\frac{y^2}{r^2}f''(r)+\frac{r^2-y^2}{r^3}f'(r),$$

$$\frac{\partial u}{\partial z}=f'(r)\cdot\frac{z}{r},\frac{\partial^2 u}{\partial z^2}=\frac{z^2}{r^2}f''(r)+\frac{r^2-z^2}{r^3}f'(r).$$

于是

$$\frac{\partial^2 u}{\partial x^2}+\frac{\partial^2 u}{\partial y^2}+\frac{\partial^2 u}{\partial z^2}=\frac{x^2+y^2+z^2}{r^2}\cdot f''(r)+\frac{3r^2-x^2-y^2-z^2}{r^3}\cdot f'(r)$$

$$=f''(r)+\frac{2r^2}{r^3}f'(r)=f''(r)+\frac{2}{r}\cdot f'(r),$$

故拉普拉斯方程化为 $f''(r)+\frac{2}{r}f'(r)=0$.

令 $p=f'(r)$,则 $p'=f''(r)$,则上述方程化为 $p'+\frac{2}{r}P=0$,

分离变量并积分 $\int\frac{\mathrm{d}p}{p}=\int-\frac{2}{r}\mathrm{d}r$,

得 $\ln p=-2\ln r+C_1$.

$r=1$ 时,$p=1$,得 $C_1=0$,故 $\ln p=-2\ln r$,

即 $f'(r)=\frac{1}{r^2}$,于是 $f(r)=\int\frac{1}{r^2}\mathrm{d}r=-\frac{1}{r}+C_2$,

$r=1$,$f(1)=1$ 代入得 $C_2=2$.

$$f(r)=2-\frac{1}{r}.$$

10. **解题过程** (1) 解特征方程 $-3\lambda+3=0$,得 $\lambda=1$,对应的齐次方程的通解为 $Y_t=C$. 对 $3y_t-3y_{t+1}=t\cdot 3^t$,令 $y_t=3^t\cdot z_t$,代入此方程得 $3z_t-9z_{t+1}=t$.

由于 1 不是特征方程的根,故可设 $z_t^*=at+b$ 为此方程的一个特解,代入差分方程,化简得 $-6at-9a-6b=t$.

比较同次幂的系数,得

$$\begin{cases} -6a = 1, \\ -9a - 6b = 0, \end{cases} \quad \text{解之得} \quad \begin{cases} a = -\dfrac{1}{6}, \\ b = \dfrac{1}{4}. \end{cases}$$

于是，$z_t^* = -\dfrac{1}{6}t + \dfrac{1}{4}$，从而 $y_t^* = \left(\dfrac{1}{4} - \dfrac{1}{6}t\right) \cdot 3^t$，

是 $3y_t - 3y_{t+1} = t \cdot 3^t$ 的一个特解.

对于方程 $3y_t - 3y_{t+1} = 1$，由于 1 是其对应的齐次方程的特征方程的根，故可设 $y_t^* = at$ 是该程的一个特解，代入差分方程可得 $a = -\dfrac{1}{3}$，从而 $y_t^* = -\dfrac{1}{3}t$ 是 $3y_t - 3y_{t+1} = 1$ 的一个特解.

由叠加原理可得，方程 $3y_t - 3y_{t+1} = t \cdot 3^t + 1$ 的特解为：

$$y_t^* = \left(\dfrac{1}{4} - \dfrac{1}{6}t\right) \cdot 3^t - \dfrac{t}{3}$$

从而原方程的通解为 $y(t) = C + \left(\dfrac{1}{4} - \dfrac{1}{6}t\right) \cdot 3^t - \dfrac{t}{3}$.

(2) 特征方程 $9\lambda^2 + 3\lambda - 6 = 0$，$\lambda_1 = \dfrac{2}{3}$，$\lambda_2 = -1$，故对应的齐次方程的通解为

$$Y_x = C_1 \left(\dfrac{2}{3}\right)^x + C_2 \cdot (-1)^x,$$

为求原方程的一个特解，令 $y_x = \left(\dfrac{1}{3}\right)^x \cdot z_x$，代入原方程并化简，得

$$z_{x+2} + z_{x+1} - 6z_x = 4x^2 - 10x + 6,$$

由于 1 不是该方程所对应的齐次方程的特征方程的根，故设 $z_x^* = ax^2 + bx + c$ 为该方程的一个特解，代入上述方程，并化简，得

$$-4ax^2 + (6a - 4b)x + 5a + 3b - 4c = 4x^2 - 10x + 6,$$

比较同次幂的系数，得

$$\begin{cases} -4a = 4, \\ 6a - 4b = -10, \\ 5a + 3b - 4c = 6. \end{cases} \Rightarrow a = -1, b = 1, c = -2.$$

于是 $z_x^* = -x^2 + x - 2$，从而特解为 $y_x^* = (-x^2 + x - 2) \cdot \left(\dfrac{1}{3}\right)^x$.

于是差分方程通解为 $y_x = C_1 \left(\dfrac{2}{3}\right)^x + C_2(-1)^x + (-x^2 + x - 2) \cdot \left(\dfrac{1}{3}\right)^x$.

11. **解题过程** (1) 设在该地区 t 时刻已售出的该新商品的总量为 $x(t)$，由于潜在消费者总量为 N，则在销售初期或当 N 很大时，该商品销售速率主要受已购者数量 $x(t)$ 的影响，即每一个已购者在一定时间内吸引若干个欲购者，所以销售速率近似正比于已购者的数量 $x(t)$.

但在销售后期或 N 个小时，该商品的销售速率将主要受未购者数量 $N - x(t)$ 的影响，即销售速率近似正比于未购者的数量 $N - x(t)$. 综合考虑上述因素，可以认为产

品销售速率正比于 $x(t)$ 与 $N-x(t)$ 的乘积,即 $\dfrac{dx}{dt}=Kx(N-x)$,其中 K 是比例常数.

(2) 由分离变量法求出该方程的通解为

$$x(t)=\dfrac{N}{1+Be^{-NKt}} \quad (B\text{ 为任意常数}).$$

由初始条件 $x\mid_{t=0}=x_0$,可解得 $B=\dfrac{N}{x_0}-1>0$.

(3) 由(2)所求得的解,可画出曲线(略),对所求的解求导,

$$x'(t)=\dfrac{BN^2Ke^{-NKt}}{(1+Be^{-NKt})^2}.$$

$$x''(t)=\dfrac{BN^3K^2e^{-NKt}(Be^{-NKt}-1)}{(1+Be^{-NKt})^3},$$

易见,$x'(t)>0$,即 $x(t)$ 单调增加,从实际情况看,这是显然的.

令 $x''(t)=0$,有 $Be^{-NKt}-1=0$.

此时 $x(t)=\dfrac{N}{2}$,它所对应的是 t_0 时刻,即 $\left(t_0,\dfrac{N}{2}\right)$ 对应的是曲线上的拐点,当 $t<t_0$ 时,$x''(t)>0$,曲线是凹的,显然销售率不断增大;当 $t>t_0$ 时,$x''(t)<0$,曲线是凸的,显然销售率不断减少.这说明,在销出量小于最大需求量的一半时,销售速率不断增大,而当售出量大于最大需求量的一半时,销售速率不断减少,销售量在最大需求量的一半左右时,商品最为畅销.

通过分析,普遍认为,从 20% 到 80% 的用户采用某种新产品的这段时期,应为该产品正式大批量生产的时期.初期应以较小批量生产并加强宣传,而到后期则应适时减产了.

第十一章

无穷级数

知识网络图

$$\begin{cases} \text{常数项级数的概念和性质} \begin{cases} \text{概念,收敛、发散} \\ \text{等比级数} \\ \text{无穷级数} \end{cases} \\ \text{正向级数及其审敛法:比较法、比值法} \\ \text{任意项级数的绝对收敛与条件收敛} \begin{cases} \text{交错级数及其审敛法,莱布尼茨定理} \\ \text{绝对收敛与条件收敛} \end{cases} \\ \text{泰勒级数与幂级数} \begin{cases} \text{收敛域、收敛半径} \\ \text{泰勒函数展开方法} \end{cases} \\ \text{函数的幂级数展开式的应用} \begin{cases} \text{近似计算} \\ \text{微分方程的幂级数解法} \end{cases} \end{cases}$$

知识点归纳

1. 常数项级数的概念

给定一个数列

$$u_1, u_2, \cdots, u_n, \cdots$$

我们把形如

$$u_1 + u_2 + \cdots + u_n + \cdots \tag{1}$$

的表达式叫做(**常数项**)**无穷级数**,简称常数项级数或**级数**,记作 $\sum\limits_{n=1}^{\infty} u_n$,即

$$\sum_{n=1}^{\infty} u_n = u_1 + u_2 + \cdots + u_n + \cdots,$$

其中第 n 项 u_n 叫做级数的**一般项**.作级数(1)的前 n 项的和

$$S_n = u_1 + u_2 + \cdots + u_n = \sum_{i=1}^{n} u_i, \tag{2}$$

S_n 称为级数(1)的部分和.当 n 依次取 $1,2,3,\cdots,$ 时 $S_1 = u_1, S_2 = u_1 + u_2, \cdots, S_n = u_1 + u_2 + \cdots + u_n, \cdots,$ 它们构成一个新的数列 $\{S_n\}$,称为级数(1)的**部分和数列**.如果部分和数列 $\{S_n\}$ 有极限 S,即 $\lim\limits_{n \to \infty} S_n = S$,则称级数(1)是**收敛**的,且把极限 S 叫做级数(1)的和,并记作

$$S = \sum_{n=1}^{\infty} u_n.$$

若部分和数列 $\{S_n\}$ 没有极限,则称级数 $\sum\limits_{n=1}^{\infty} u_n$ **发散**.

由以上定义可知,若给定级数 $\sum\limits_{n=1}^{\infty} u_n$,令 $S_n = \sum\limits_{i=1}^{n} u_i$,则可以作出唯一的部分和数列 $\{S_n\}$;反之,给定数列 $\{S_n\}$,令

$$u_1 = S_1, u_2 = S_2 - S_1, \cdots, u_n = S_n - S_{n-1}, \cdots,$$

则级数 $\sum\limits_{n=1}^{\infty} u_n$ 的部分和数列为 $\{S_n\}$.

显然,级数 $\sum\limits_{n=1}^{\infty} u_n$ 与数列 $\{S_n\}$ 同时收敛或同时发散,且在收敛时,有

$$\sum_{n=1}^{\infty} u_n = \lim_{n \to \infty} S_n, \quad 即 \sum_{n=1}^{\infty} u_n = \lim_{n \to \infty} \sum_{i=1}^{n} u_i.$$

2. 无穷级数的基本性质

性质 1 若级数收敛,则其每个余项级数收敛;反之若级数的某个余项级数收敛,则级数收敛,换言之,级数中去掉或加上有限多项后不改变级数的敛散性.

当级数收敛时,其部分和 $S_n \to S$,于是可把 S_n 作为级数的和 S 的近似值,这时 $r_n = S - S_n$ 叫做级数的**余项**,用 S_n 代替 S 的误差为:

$$|r_n| = |S - S_n|.$$

利用极限运算的线性性质,易知有下面收敛级数的线性性质.

性质 2 (1) 若级数 $\sum\limits_{n=1}^{\infty} u_n$ 收敛,且其和为 S,则对任何常数 k,级数 $\sum\limits_{k=1}^{\infty} k u_n$ 也收敛,且其和为 kS.

(2) 若级数 $\sum\limits_{n=1}^{\infty} u_n, \sum\limits_{n=1}^{\infty} v_n$ 分别收敛于和 S, W,即

$$\sum_{n=1}^{\infty} u_n = S, \sum_{n=1}^{\infty} v_n = W.$$

则级数 $\sum_{n=1}^{\infty}(u_n \pm v_n)$ 也收敛,且其和为 $S \pm W$.

由性质 2 的(1)知,当 $k \neq 0$ 时,若 $\sum_{n=1}^{\infty} k u_n$ 收敛,则

$$\sum_{n=1}^{\infty} \frac{1}{k}(k u_n) = \sum_{n=1}^{\infty} u_n$$

收敛,因此有如下结论:

若 $k \neq 0$,则 $\sum_{n=1}^{\infty} u_n$ 与 $\sum_{n=1}^{\infty} k u_n$ 的敛散性相同.

由性质 2 的(2)知,两个收敛级数可以逐项相加与逐项相减.

性质 3 如是级数 $\sum_{n=1}^{\infty} u_n$ 收敛,则对这级数的项任意加括号之后所得级数仍收敛,且其和不变.

性质 4(级数收敛的必要条件) 如果级数 $\sum_{n=1}^{\infty} u_n$ 收敛,则当 $n \to \infty$ 时它的一般项趋于零,即

$$\lim_{n \to \infty} u_n = 0.$$

3. 正项级数及其审敛法

如果级数 $\sum_{n=1}^{\infty} u_n$ 的每一项 $u_n \geq 0 (n = 1, 2, \cdots)$,就称它为**正项级数**.

定理 1(基本定理) 正项级数 $\sum_{n=1}^{\infty} u_n$ 收敛的充分必要条件是它的部分和数列 $\{S_n\}$ 有界.

定理 2(比较审敛法) 设 $\sum_{n=1}^{\infty} u_n$ 和 $\sum_{n=1}^{\infty} v_n$ 都是正项级数,且 $u_n \leq v_n (n = 1, 2, \cdots)$.

(1) 若级数 $\sum_{n=1}^{\infty} v_n$ 收敛,则级数 $\sum_{n=1}^{\infty} u_n$ 收敛;

(2) 若级数 $\sum_{n=1}^{\infty} u_n$ 发散,则级数 $\sum_{n=1}^{\infty} v_n$ 发散.

定理 3 (比较审敛法的极限形式)

设 $\sum_{n=1}^{\infty} u_n$ 和 $\sum_{n=1}^{\infty} v_n$ 都是正项级数,且 $\lim_{n \to \infty} \frac{u_n}{v_n} = l$,其中 l 允许是 $+\infty$,则

(1) 若 $0 \leq l < +\infty$,且级数 $\sum_{n=1}^{\infty} v_n$ 收敛,则级数 $\sum_{n=1}^{\infty} u_n$ 收敛;

(2) 若 $0 < l \leq +\infty$,且级数 $\sum_{n=1}^{\infty} v_n$ 发散,则级数 $\sum_{n=1}^{\infty} u_n$ 发散;

(3) 若 $0 < l < +\infty$,则级数 $\sum_{n=1}^{\infty} v_n$ 与级数 $\sum_{n=1}^{\infty} u_n$ 同时收敛或同时发散.

定理 4 (比值审敛法,达朗贝尔(d'Alembert) 判别法)

设 $\sum_{n=1}^{\infty} u_n$ 为正项级数. 如果

$$\lim_{n\to\infty}\frac{u_{n+1}}{u_n}=\rho \quad (\text{其中}\rho\text{允许为}+\infty),$$

则

(1) 当 $\rho<1$ 时，级数收敛；

(2) 当 $1<\rho\leqslant+\infty$ 时，级数发散；

(3) 当 $\rho=1$ 时，级数可能收敛，也可能发散.

4. 绝对收敛与条件收敛

现在讨论一般的级数

$$\sum_{n=1}^{\infty}u_n=u_1+u_2+\cdots+u_n\cdots.$$

它的各项为任意的实数，我们称之为**任意项级数**或**一般项级数**. 如果级数 $\sum_{n=1}^{\infty}u_n$ 各项的绝对值所构成的正项级数 $\sum_{n=1}^{\infty}|u_n|$ 收敛，则称级数 $\sum_{n=1}^{\infty}u_n$ **绝对收敛**；如果级数 $\sum_{n=1}^{\infty}u_n$ 收敛，而级数 $\sum_{n=1}^{\infty}|u_n|$ 发散，则称级数 $\sum_{n=1}^{\infty}u_n$ **条件收敛**. 容易知道级数 $\sum_{n=1}^{\infty}(-1)^{n-1}\frac{1}{n^2}$ 是绝对收敛级数，而级数 $\sum_{n=1}^{\infty}(-1)^{n-1}\frac{1}{n}$ 是条件收敛级数.

定理 2 绝对收敛的级数必收敛. 即当级数 $\sum_{n=1}^{\infty}|u_n|$ 收敛时，级数 $\sum_{n=1}^{\infty}u_n$ 必收敛.

定理 3 如果任意项级数

$$\sum_{n=1}^{\infty}u_n=u_1+u_2+\cdots+u_n+\cdots$$

满足条件

$$\lim_{n\to\infty}\left|\frac{u_{n+1}}{u_n}\right|=\rho \quad (\text{其中}\rho\text{可以为}+\infty),$$

则当 $\rho<1$ 时，级数 $\sum_{n=1}^{\infty}u_n$ 收敛，且为绝对收敛；$\rho>1$ 时，级数 $\sum_{n=1}^{\infty}u_n$ 发散.

5. 函数的泰勒级数

$\cos x$ 在 $x_0=0$ 处可以**展开成泰勒级数**，即有

$$\cos x=1-\frac{x^2}{2!}+\frac{x^4}{4!}-\frac{x^6}{6!}+\frac{x^8}{8!}-\cdots, \quad |x|<+\infty.$$

e^x 在 $x_0=0$ 处可以**展开成泰勒级数** $\sum_{n=0}^{\infty}\frac{x^n}{n!}=1+x+\frac{x^2}{2}+\cdots+\frac{x^n}{n!}+\cdots$，

即有

$$e^x=\sum_{n=1}^{\infty}\frac{x^n}{n!}=1+x+\frac{x^2}{2!}+\cdots+\frac{x^n}{n!}+\cdots, \quad |x|<+\infty.$$

一般地，若 $f(x)$ 在点 x_0 处的某邻域 $U(x_0)$ 内存在任意阶导数，则当 $x\in U(x_0)$ 时，级数

$$\sum_{n=1}^{\infty} \frac{f^{(n)}(x_0)}{n!}(x-x_0)^n = f(x_0) + f'(x_0)(x-x_0) + \cdots$$
$$+ \frac{f^{(n)}(x_0)}{n!}(x-x_0)^n + \cdots$$

称为 $f(x)$ 在 $x=x_0$ 的**泰勒级数**.

定理 1 设 $f(x)$ 在点 x_0 的某一邻域 $U(x_0)$ 内具有各阶导数,则 $f(x)$ 在该邻域内能展开成泰勒级数的充要条件是 $f(x)$ 的泰勒公式中的余项 $R_n(x)$ 当 $n\to\infty$ 时的极限为零,即
$$\lim_{n\to\infty} R_n(x) = 0 \quad (x \in U(x_0)).$$

在泰勒级数中取 $x_0 = 0$,得
$$f(0) + f'(0)x + \frac{f''(0)}{2!}x^2 + \cdots + \frac{f^{(n)}(0)}{n!}x^n + \cdots.$$

此级数称为函数 $f(x)$ 的**麦克劳林级数**.

6. 幂级数

如果 $u_n(x)(n=1,2,\cdots)$ 都是定义在区间 D 上的函数,我们把下式
$$\sum_{n=1}^{\infty} u_n(x) = u_1(x) + u_2(x) + \cdots + u_n(x) + \cdots$$

称作**函数项无穷级数**.

定理 2 如果幂级数 $\sum\limits_{n=0}^{\infty} a_n x^n$ 不是仅在 $x=0$ 一点收敛,也不是在整个数轴上都收敛,则必有一个确定的正数 R 存在,使得

当 $|x| < R$ 时,幂级数绝对收敛;

当 $|x| > R$ 时,幂级数发散;

当 $x = R$ 和 $x = -R$ 时,幂级数可能收敛也可能发散.

定理 3 如果幂级数 $\sum\limits_{n=0}^{\infty} a_n x^n$ 的相邻两项的系数满足条件
$$\lim_{n\to\infty}\left|\frac{a_{n+1}}{a_n}\right| = \rho \quad (\rho \text{ 为常数或 } +\infty),$$

则这幂级数的收敛半径
$$R = \begin{cases} \dfrac{1}{\rho}, & \rho \neq 0, \\ +\infty, & \rho = 0, \\ 0, & \rho = +\infty. \end{cases}$$

7. 将函数 f(x) 展开成泰勒级数的间接方法

常用函数的麦克劳林展开式

(1) $e^x = \sum\limits_{n=0}^{\infty} \dfrac{x^n}{n!}, \quad x \in (-\infty, +\infty);$

(2) $\sin x = \sum_{n=0}^{\infty} (-1)^n \frac{x^{2n+1}}{(2n+1)!}, x \in (-\infty, +\infty)$;

(3) $\cos x = \sum_{n=0}^{\infty} (-1)^n \frac{x^{2n}}{(2n)!}, \quad x \in (-\infty, +\infty)$;

(4) $\ln(1+x) = \sum_{n=0}^{\infty} (-1)^n \frac{x^{n+1}}{n+1}, \quad x \in (-1, 1]$;

(5) $(1+x)^\alpha = \sum_{n=0}^{\infty} \frac{\alpha(\alpha-1)\cdots(\alpha-n+1)}{n!} x^n, \quad x \in (-1, 1)$;

特别: $\frac{1}{1-x} = \sum_{n=0}^{\infty} x^n, \quad x \in (-1, 1)$;

$\frac{1}{1+x} = \sum_{n=0}^{\infty} (-1)^n x^n, \quad x \in (-1, 1)$;

(6) $\arctan x = \sum_{n=0}^{\infty} (-1)^n \frac{x^{2n+1}}{2n+1}, \quad x \in [-1, 1]$.

历年考研真题评析

真题 1 (2006,9 题) 若级数 $\sum_{n=1}^{\infty} a_n$ 收敛,则级数

(A) $\sum_{n=1}^{\infty} |a_n|$ 收敛. (B) $\sum_{n=1}^{\infty} (-1)^n a_n$ 收敛.

(C) $\sum_{n=1}^{\infty} a_n a_{n+1}$ 收敛. (D) $\sum_{n=1}^{\infty} \frac{a_n + a_{n+1}}{2}$ 收敛.

答案 (D).

解题过程 由 $\sum_{n=1}^{\infty} a_n$ 收敛知 $\sum_{n=1}^{\infty} a_{n+1}$ 收敛,所以级数 $\sum_{n=1}^{\infty} \frac{a_n + a_{n+1}}{2}$ 收敛,故应选(D).

真题 2 (2009,4 题) 设有两个数列 $\{a_n\}, \{b_n\}$,若 $\lim_{n \to \infty} a_n = 0$,则

(A) 当 $\sum_{n=1}^{\infty} b_n$ 收敛时, $\sum_{n=1}^{\infty} a_n b_n$ 收敛. (B) 当 $\sum_{n=1}^{\infty} b_n$ 发散时, $\sum_{n=1}^{\infty} a_n b_n$ 发散.

(C) 当 $\sum_{n=1}^{\infty} |b_n|$ 发散时, $\sum_{n=1}^{\infty} a_n^2 b_n^2$ 发散. (D) $\sum_{n=1}^{\infty} |b_n|$ 发散时, $\sum_{n=1}^{\infty} a_n^2 b_n^2$ 发散.

答案 (C).

解题过程 取 $a_n = b_n = (-1)^n \frac{1}{\sqrt{n}}$,排除(A),取 $a_n = b_n = \frac{1}{n}$,排除(B)、(D).

真题3 (2008,11题) 已知幂级数 $\sum\limits_{n=0}^{\infty} a_n(x+2)^n$ 在 $x=0$ 处收敛,在 $x=-4$ 处发散,则幂级数 $\sum\limits_{n=0}^{\infty} a_n(x-3)^n$ 的收敛域为_____.

答案 $(1,5]$.

解题过程 由题设知,当 $|x+2|<|0+2|=2$,即 $-4<x<0$ 时,幂级数收敛;而当 $|x+2|>|-4+2|=2$,即 $x<-4$ 或 $x>0$ 时,幂级数发散.可见幂级数的收敛半径为2.

于是幂级数 $\sum\limits_{n=0}^{\infty} a_n(x-3)^n$ 当 $|x-3|<2$,即 $1<x<5$ 时收敛,故 $\sum\limits_{n=0}^{\infty} a_n(x-3)^n$ 的收敛区间为 $(1,5)$.

另外,幂级数 $\sum\limits_{n=0}^{\infty} a_n(x+2)^n$ 在 $x=0$ 处收敛,相当于幂级数 $\sum\limits_{n=0}^{\infty} a_n(x-3)^n$ 在 $x=5$ 处收敛,故所求收敛域为 $(1,5]$.

真题4 (2007,20题) 设幂级数 $\sum\limits_{n=0}^{\infty} a_n x^n$ 在 $(-\infty,+\infty)$ 内收敛,其和函数 $y(x)$ 满足 $y''-2xy'-4y=0, y(0)=0, y'(0)=1$.

(Ⅰ)证明: $a_{n+2}=\dfrac{2}{n+1}a_n, n=1,2\cdots$;(Ⅱ)求 $y(x)$ 的表达式.

逻辑推理 可将幂级数代入微分方程通过比较同次项系数,从而证得(Ⅰ);由(Ⅰ)求(Ⅱ).

解题过程 (Ⅰ) 由题设可得

$$y=\sum_{n=0}^{\infty}a_n x^n, y'=\sum_{n=1}^{\infty}na_n x^{n-1}, y''=\sum_{n=2}^{\infty}n(n-1)a_n x^{n-2}=\sum_{n=0}^{\infty}(n+1)(n+2)a_{n+2}x^n,$$

代入 $y''-2xy'-4y=0, y(0)=0, y'(0)=1$,可得

$$\sum_{n=0}^{\infty}(n+1)(n+2)a_{n+2}x^n-2\sum_{n=1}^{\infty}na_n x^n-4\cdot\sum_{n=0}^{\infty}a_n x^n=0,$$

$a_0=0, a_1=1, a_2=0$,

即 $\sum\limits_{n=0}^{\infty}(n+1)(n+2)a_{n+2}x^n-2\sum\limits_{n=0}^{\infty}na_n x^n-4\sum\limits_{n=0}^{\infty}a_n x^n=0$,比较同次项系数可得

$a_{n+2}=\dfrac{2}{n+1}a_n, n=1,2\cdots$.

(Ⅱ) 由 $a_0=0, a_1=1, a_2=0, a_{n+2}=\dfrac{2}{n+1}a_n, n=1,2\cdots$ 可得

$a_{2n}=0, a_{2n+1}=\dfrac{2}{2n}a_{2n-1}=\dfrac{2}{2n}\cdot\dfrac{2}{(2n-2)}a_{2n-3}=\cdots=\dfrac{1}{n!}a_1=\dfrac{1}{n!}$,

故 $y=\sum\limits_{n=0}^{\infty}\dfrac{1}{n!}x^{2n+1}=x\sum\limits_{n=0}^{\infty}\dfrac{1}{n!}(x^2)^n=xe^{x^2}$.

真题5 (2006,17题) 将函数 $f(x)=\dfrac{x}{2+x-x^2}$ 展成 x 的幂级数.

逻辑推理 利用常见函数的幂级数展开式.

解题过程 $f(x)=\dfrac{x}{2+x-x^2}=\dfrac{x}{(2-x)(1+x)}=\dfrac{A}{2-x}+\dfrac{B}{1+x}$，比较两边系数可得 $A=\dfrac{2}{3}$，$B=-\dfrac{1}{3}$，即 $f(x)=\dfrac{1}{3}\left(\dfrac{2}{2-x}-\dfrac{1}{1+x}\right)=\dfrac{1}{3}\left[\dfrac{1}{1-\dfrac{x}{2}}-\dfrac{1}{1+x}\right]$.

而 $\dfrac{1}{1+x}=\sum\limits_{n=0}^{\infty}(-1)^n x^n, x\in(-1,1)$，$\dfrac{1}{1-\dfrac{x}{2}}=\sum\limits_{n=0}^{\infty}\left(\dfrac{x}{2}\right)^n, x\in(-2,2)$，

故 $f(x)=\dfrac{x}{2+x-x^2}=\dfrac{1}{3}\left(-\sum\limits_{n=0}^{\infty}(-1)^n x^n+\sum\limits_{n=0}^{\infty}\dfrac{1}{2^n}x^n\right)$

$\quad=\dfrac{1}{3}\sum\limits_{n=0}^{\infty}\left((-1)^{n+1}+\dfrac{1}{2^n}\right)x^n, x\in(-1,1)$.

经典例题解析

例1 若级数 $\sum\limits_{n=1}^{\infty}a_n$ 条件收敛，则 $x=\sqrt{3}$ 与 $x=3$ 依次为幂级数 $\sum\limits_{n=1}^{\infty}na_n(x-1)^n$ 的（　　）.

(A) 收敛点，收敛点 (B) 收敛点，发散点
(C) 发散点，收敛点 (D) 发散点，发散点

答案 (B).

解 因为 $\sum\limits_{n=1}^{\infty}a_n$ 条件收敛，故 $x=2$ 为幂级数 $\sum\limits_{n=1}^{\infty}a_n(x-1)^n$ 的条件收敛点，进而得 $\sum\limits_{n=1}^{\infty}a_n(x-1)^n$ 的收敛半径为1，收敛区间为 $(0,2)$；又由于幂级数逐项求导不改变收敛区间，故 $\sum\limits_{n=1}^{\infty}na_n(x-1)^n$ 的收敛区间仍为 $(0,2)$，因而 $x=\sqrt{3}$ 与 $x=3$ 依次为幂级数 $\sum\limits_{n=1}^{\infty}na_n(x-1)^n$ 的收敛点，发散点.

例2 设数列 $\{a_n\},\{b_n\}$ 满足 $0<a_n<\dfrac{\pi}{2}, 0<b_n<\dfrac{\pi}{2},\cos a_n-a_n=\cos b_n$，且级数 $\sum\limits_{n=1}^{\infty}b_n$ 收敛.

证明：$\lim\limits_{n\to\infty}a_n=0$.

解 证 $\{a_n\}$ 单调.

由 $0<a_n<\dfrac{\pi}{2}$，根据单调有界必有限定理，得 $\lim\limits_{n\to\infty}a_n$ 存在.

设 $\lim\limits_{n\to\infty}a_n=a$，由 $\sum\limits_{n=1}^{\infty}b_n=0$，

故由 $\cos a_n-a_n=\cos b_n$，两边取极限（令 $n\to\infty$），得 $\cos a-a=\cos 0=1$.

解得 $a=0$，故 $\lim\limits_{n\to\infty}a_n=0$.

例3 求幂级数 $\sum_{n=0}^{\infty} \dfrac{4n^2+4n+3}{2n+1} x^{2n}$ 的收敛域及和函数.

解 $R = \lim\limits_{n\to\infty}\left|\dfrac{a_n}{a_{n+1}}\right| = \lim\limits_{n\to\infty}\left|\dfrac{a_n}{a_{n-1}}\right| = \lim\limits_{n\to\infty}\left|\dfrac{\dfrac{4n^2+4n+3}{2n+1}}{\dfrac{4(n+1)^2+4(n+1)+3}{2(n+1)+1}}\right|$

$= \lim\limits_{n\to\infty}\left|\dfrac{4n^2+4n+3}{2n+1} \cdot \dfrac{2(n+1)+1}{4(n+1)^2+4(n+1)+3}\right| = 1$

$S(x) = \sum_{n=0}^{\infty} \dfrac{4n^2+4n+3}{2n+1} x^{2n}$

$\int_0^x S(t)dt = \sum_{n=0}^{\infty} \int_0^x \dfrac{4n^2+4n+3}{2n+1} x^{2n} \mathrm{d}x$

$x=1$ 时 $\sum_{n=0}^{\infty} \dfrac{4n^2+4n+3}{2n+1} x^{2n} \mathrm{d}x$

$x=1$ 时 $\sum_{n=0}^{\infty} \dfrac{4n^2+4n+3}{2n+1} x^{2n}$ 发散.

所以 $\lim\limits_{n\to\infty} \dfrac{2n+1}{\dfrac{1}{2n+1}} = \infty.$

例4 判别下列级数的敛散性:(1) $\sum_{n=1}^{\infty} \dfrac{n^n}{n!}$; (2) $\sum_{n=1}^{\infty} n\tan\dfrac{\pi}{2^{n+1}}.$

分析 由于比值法使用方便,故优先考虑用比值法判别.

解 (1) 因为 $u_n = \dfrac{n^n}{n!}$ 故

$$\rho = \lim\limits_{n\to\infty}\dfrac{u_{n+1}}{u_n} = \lim\limits_{n\to\infty}\dfrac{(n+1)^{n+1}\cdot n!}{n^n \cdot (n+1)!} = \lim\limits_{n\to\infty}\left(1+\dfrac{1}{n}\right)^n = \mathrm{e} > 1.$$

由比值判别法知,级数 $\sum_{n=1}^{\infty}\dfrac{n^n}{n!}$ 是发散的.

(2) 因为 $\lim\limits_{n\to\infty}\dfrac{u_{n+1}}{u_n} = \lim\limits_{n\to\infty}(n+1)\tan\dfrac{\pi}{2^{n+2}}\bigg/n\tan\dfrac{\pi}{2^{n+1}}$

$= \lim\limits_{n\to\infty}\dfrac{n+1}{n}\cdot\dfrac{\tan\dfrac{\pi}{2^{n+2}}}{\tan\dfrac{\pi}{2^{n+1}}} = \lim\limits_{n\to\infty}\dfrac{n+1}{n}\cdot\dfrac{\dfrac{\pi}{2^{n+2}}}{\dfrac{\pi}{2^{n+1}}} = \dfrac{1}{2} < 1.$

所以级数收敛.

例5 判别下列级数的敛散性.

(1) $\sum_{n=1}^{\infty}\dfrac{q^n n!}{n^n}$; (2) $\sum_{n=2}^{\infty}\dfrac{1}{(\ln\ln n)^{\ln n}}.$

分析 因 $u_n = \dfrac{q^n \cdot n!}{n^n}$,从形式上不难看出 u_n 均为乘幂及阶乘的形式,所以可以考虑用比值判别法.

解 (1) $\lim\limits_{n\to\infty}\dfrac{u_{n+1}}{u_n}=\lim\limits_{n\to\infty}\dfrac{q^{n+1}(n+1)}{(n+1)^{n+1}}\cdot\dfrac{n^n}{q^n\cdot n!}=\lim\limits_{n\to\infty}\dfrac{q}{\left(1+\dfrac{1}{n}\right)^n}=\dfrac{q}{\mathrm{e}}$

则当 $0<q<\mathrm{e}$ 时,原级数收敛.

当 $q>\mathrm{e}$ 时,原级数发散.

当 $q=\mathrm{e}$ 时,$\dfrac{u_{n+1}}{u_n}=\dfrac{\mathrm{e}}{\left(1+\dfrac{1}{n}\right)^n}>1$. 故 u_n 严格单调递增.

又 $a_1=\mathrm{e}$ 时,则当 $n\to\infty$ 时, $u_n\nrightarrow 0$. 故原级数发散.

(2) 该题与(1)不同,$\dfrac{u_n}{(\ln\ln n)}=1$,因此,用此比值法不合适,可考虑用比较法判别.

因为 $\dfrac{1}{(\ln\ln n)}=\dfrac{1}{\mathrm{e}^{\ln n(\ln\ln n)}}=\dfrac{1}{n^{\ln(\ln\ln n)}}<\dfrac{1}{n^2}$,

而 $\sum\limits_{n=1}^{\infty}\dfrac{1}{n^2}$ 收敛,故原级数收敛.

例 6 判别任意项级数 $\sum\limits_{n=1}^{\infty}\dfrac{\sin(na)}{n^2}$ 的收敛性 $(a\in(-\infty,+\infty))$.

分析 由于 a 未知,故该级数为一般的任意项级数,只能先考察其绝对收敛性.

解 考察级数各项取值绝对值构成的正项级数 $\sum\limits_{n=1}^{\infty}\left|\dfrac{\sin(na)}{n^2}\right|$,因为 $\left|\dfrac{\sin(na)}{n^2}\right|\leqslant\dfrac{1}{n^2}$,

而级数 $\sum\limits_{n=1}^{\infty}\dfrac{1}{n^2}$ 收敛,故由比较判别法知 $\sum\limits_{n=1}^{\infty}\left|\dfrac{\sin(na)}{n^2}\right|$ 亦收敛,因而级数 $\sum\limits_{n=1}^{\infty}\left|\dfrac{\sin(na)}{n^2}\right|$ 绝对收敛,自然也是收敛的.

例 7 设 a 为实数,研究 a 的情况使级数

$$1-\dfrac{1}{2^a}+\dfrac{1}{3}-\dfrac{1}{4^a}+\dfrac{1}{5}-\dfrac{1}{6^a}+\cdots+\dfrac{1}{2n-1}-\dfrac{1}{(2n)^a}+\cdots \text{收敛}.$$

解 当 $a=1$ 时,级数 $1-\dfrac{1}{2}+\dfrac{1}{3}-\dfrac{1}{4}+\cdots$ 为交错级数,满足莱布尼兹定理的条件,故收敛.

当 $a>1$ 时,取级数的前 $2n$ 项和.

$S_{2n}=\left(1+\dfrac{1}{3}+\dfrac{1}{5}+\cdots+\dfrac{1}{2n-1}\right)-\dfrac{1}{2^a}\left(1+\dfrac{1}{2^a}+\cdots+\dfrac{1}{n^a}\right)$

$n\to\infty$ 时,前一部分 $\to\infty$,后一部分 $\to$ 定值 $(a>1)$,故 $\{S_{2n}\}$ 发散.

即原级数发散.

当 $a<1$ 时,考查级数

$1-\left(\dfrac{1}{2^a}-\dfrac{1}{3}\right)-\left(\dfrac{1}{4^a}-\dfrac{1}{5}\right)-\cdots-\left[\dfrac{1}{(2n)^a}-\dfrac{1}{2n-1}\right]-\cdots$ 的敛散性.

因为 $\lim\limits_{n\to\infty}\dfrac{\dfrac{1}{(2n)^a}-\dfrac{1}{2n+1}}{\dfrac{1}{n^a}}=\dfrac{1}{2^a}$,所以级数 $\sum\limits_{n=1}^{\infty}\left[\dfrac{1}{(2n)^a}-\dfrac{1}{2n-1}\right]$ 发散.

从而 $1 - \left(\dfrac{1}{2^a} - \dfrac{1}{3}\right) - \left(\dfrac{1}{4^a} - \dfrac{1}{5}\right) - \cdots - \left[\dfrac{1}{(2n)^a} - \dfrac{1}{2n-1}\right] - \cdots$ 发散

故 $1 - \dfrac{1}{2^a} + \dfrac{1}{3} - \dfrac{1}{4^a} + \dfrac{1}{5} - \dfrac{1}{6^a} + \cdots + \dfrac{1}{2n+1} - \dfrac{1}{(2n)^a} + \cdots$ 发散.

即当 $a = 1$ 时,原级数收敛;$a > 1$ 或 $a < 1$ 时,原级数发散.

例8 设 $a_n = \displaystyle\int_0^{\frac{\pi}{4}} \tan^n x \, dx$, (1) 求 $\displaystyle\sum_{n=1}^{\infty} \dfrac{1}{n}(a_n + a_{n+2})$ 的值. (2) 试证:对任意的常数 $\lambda > 0$, 级数 $\displaystyle\sum_{n=1}^{\infty} \dfrac{a^n}{n^\lambda}$ 收敛.

解 (1) 因为 $\dfrac{1}{n}(a_n + a_{n+2}) = \dfrac{1}{n}\displaystyle\int_0^{\frac{\pi}{4}} \tan^n x (1 + \tan^2 x) dx$

$= \dfrac{1}{n}\displaystyle\int_0^{\frac{\pi}{4}} \tan^n x \cdot \sec^2 x \, dx \xrightarrow{\tan x = t} \dfrac{1}{n}\displaystyle\int_0^1 t^n \, dt = \dfrac{1}{n(n+1)}.$

$S_n = \displaystyle\sum_{i=1}^n \dfrac{1}{i}(a_i + a_{i+2}) = \sum_{i=1}^n \dfrac{1}{i(i+1)} = 1 - \dfrac{1}{n+1}.$

所以 $\displaystyle\sum_{i=1}^{\infty} \dfrac{1}{n}(a_n + a_{n+2}) = \lim_{n\to\infty} S_n = 1.$

(2) 因为 $a_n = \displaystyle\int_0^{\frac{\pi}{4}} \tan^n x \, dx \xrightarrow{\tan x = t} \int_0^1 \dfrac{t^n}{1+t^2} dt < \int_0^1 t^n dt = \dfrac{1}{n+1}$

所以 $\dfrac{a_n}{n^\lambda} < \dfrac{1}{n^\lambda(n+1)} < \dfrac{1}{n^{\lambda+1}}.$

由 $\lambda + 1 > 1$ 知, $\displaystyle\sum_{n=1}^{\infty} \dfrac{1}{n^{\lambda+1}}$ 收敛, 从而 $\displaystyle\sum_{n=1}^{\infty} \dfrac{a^n}{n^\lambda}$ 收敛.

例9 求级数 $\displaystyle\sum_{n=1}^{\infty} \dfrac{(-1)^n}{n}\left(\dfrac{x}{2x+1}\right)^n$ 的收敛域.

解 令 $t = \dfrac{x}{2x+1}$, 考虑幂级数 $\displaystyle\sum_{n=1}^{\infty} \dfrac{(-1)^n}{n} t^n$.

因为 $\displaystyle\lim_{n\to\infty}\left|\dfrac{(-1)^{n+1}}{n+1} \bigg/ \dfrac{(-1)^n}{n}\right| = 1$, 则幂级数 $\displaystyle\sum_{n=1}^{\infty} \dfrac{(-1)^n}{n} t^n$ 的收敛半径为 1.

在 $t = 1$ 处, $\displaystyle\sum_{n=1}^{\infty} \dfrac{(-1)^n}{n}$ 收敛; $t = -1$ 处 $\displaystyle\sum_{n=1}^{\infty} \dfrac{1}{n}$ 发散.

则原级数在 $-1 < \dfrac{x}{2x+1} \leqslant 1$ 收敛, 故收敛域为 $x \leqslant -1$ 或 $x > -\dfrac{1}{3}$.

例10 求和函数 (1) $\displaystyle\sum_{n=1}^{\infty} \dfrac{x^n}{n(n+1)}$; (2) $\displaystyle\sum_{n=1}^{\infty} \dfrac{(-1)^{n-1}}{n(2n-1)} x^{2n}$.

分析 求幂级数的和函数的程序如下:

(1) 求出给定级数的收敛域.

(2) 通过逐项积分求导将给定的幂级数化为常见的函数展开式的形式,从而得到新级数的和函数.

(3) 对得到的和函数作相反的分析运算,使得到原幂级数的函数.

解 (1) 设 $S(x) = \sum\limits_{n=1}^{\infty} \dfrac{x^n}{n(n+1)}$ $[xS(x)]'' = \sum\limits_{n=1}^{\infty} x^{n-1} = \dfrac{1}{1-x}(|x|<1)$

$[xS(x)]' = \int_0^x \dfrac{dx}{1-x} = -\ln(1-x).$

$xS(x) = -\int_0^x \ln(1-x)dx = x + (1-x)\ln(1-x)(-1 \leqslant x < 1)$

故 $S(x) = \begin{cases} 1 + \dfrac{1-x}{x}\ln(1-x), & 0 < |x| \leqslant 1 \\ 0, & x = 0 \end{cases}$.

其中 $S(1) = \lim\limits_{x \to 2} S(x) = \sum\limits_{x=1}^{\infty} \dfrac{1}{n(n+1)} = 1.$

(2) 记 $a_n(x) = \dfrac{(-1)^{n-1}}{n(2n-1)} x^{2n}$ (缺项的情况)

$\lim\limits_{x \to \infty} \left| \dfrac{a_{n+1}(x)}{a_n(x)} \right| = \lim\limits_{n \to \infty} \left| \dfrac{(-1)^n x^{2n+2}}{(n+1)(2n+1)} \cdot \dfrac{n(2n-1)}{(-1)^{n-1} x^{2n}} \right|$

$= \lim\limits_{n \to \infty} \dfrac{n(2n-1)}{(n+1)(2n+1)} x^2 = x^2.$

故当 $|x| < 1$ 时收敛,容易看出当 $x = \pm 1$ 时,级数收敛.

因此收敛域为 $|x| \leqslant 1.$

记 $S(x) = \sum\limits_{n=1}^{\infty} \dfrac{(-1)^{n-1} x^{2n}}{n(2n-1)} (|x| \leqslant 1),$

逐项求导得 $S_1(x) = S'(x) = \left[\sum\limits_{n=1}^{\infty} \dfrac{(-1)^{n-1} x^{2n}}{n(2n-1)} \right] = 2\sum\limits_{n=1}^{\infty} \dfrac{(-1)^{n-1} x^{2n-1}}{2n-1},$

再次逐项求导得 $S_2(x) = S_1'(x) = 2\sum\limits_{n=1}^{\infty} (-1)^{n-1} x^{2n-2} = 2\sum\limits_{n=1}^{\infty} (-x^2)^{n-1} = \dfrac{1}{1+x^2}(|x|<1)$

对 $S_2(x)$ 在 0 到 x 上积分得

$S_1(x) = \int_0^x S_2(t)dx = 2\int_0^x \dfrac{dt}{1+t^2} = 2\arctan x, |x| \leqslant 1.$

再对 $S_1(x)$ 在 0 到 x 上积分得

$S(x) = \int_0^x S_1(t)dt = 2\int_0^x \arctan t dt = 2x\arctan x - \ln(1+x^2), |x| < 1.$

当 $|x| = 1$ 时,此式成立.

综合得 $\sum\limits_{n=1}^{\infty} \dfrac{(-1)^{n-1}}{n(2n-1)} x^{2n} = 2x\arctan x - \ln(1+x^2), |x| \leqslant 1.$

例 11 求数项级数 $\sum_{n=1}^{\infty} \dfrac{1}{n(2n+1)2^n}$ 的和.

解 考虑幂级数 $\sum_{n=1}^{\infty} \dfrac{x^{2n}}{n(2n+1)}$, 易知此幂级数的收敛域为 $-1 \leqslant x \leqslant 1$.

令 $S(x) = x \sum_{n=1}^{\infty} \dfrac{x^{2n}}{n(2n+1)} = \sum_{n=1}^{\infty} \dfrac{x^{2n+1}}{n(2n+1)}$, $|x| < 1$,

则 $S''(x) = \sum_{n=1}^{\infty} 2x^{2n-1} = 2x \sum_{n=1}^{\infty} x^{2(n-1)} = \dfrac{2x}{1-x^2}$.

$\int_0^x S''(x)\mathrm{d}x = \int_0^x \dfrac{2x}{1-x^2}\mathrm{d}x = -\ln(1-x^2)$,

又 $S'(0) = 0$, 则 $S'(x) = -\ln(1-x^2)$, 由 $S(0) = 0$ 得

$S(x) = -\int_0^x \ln(1-x^3)\mathrm{d}x = -x\ln(1-x^2) + 2x - \ln\dfrac{1+x}{1-x}$, $(-1 < x < 1)$

$\sum_{n=1}^{\infty} \dfrac{1}{n(2n+1)2^n} = \sqrt{2} S\left(\dfrac{1}{2}\right) = \sqrt{2}\left[-\dfrac{1}{\sqrt{2}}\ln\dfrac{1}{2} + \sqrt{2} - 2\ln(\sqrt{2}+1)\right]$

$= 2 + \ln 2 - \sqrt{2}\ln(\sqrt{2}+1)$.

例 12 求函数 $f(x) = \ln(3x - x^2)$ 在 $x = 1$ 处的幂级数.

解 $f(x) = \ln x + \ln(3-x) = \ln[1+(x-1)] + \ln[2-(x-1)]$

$= \ln[1+(x-1)] + \ln 2 + \ln\left[1 - \dfrac{x-1}{2}\right]$

$= \ln 2 + \sum_{n=1}^{\infty} (-1)^{n-1} \dfrac{(x-1)^n}{n} + \sum_{n=1}^{\infty} (-1)^{2n-1} \dfrac{(x-1)^n}{n \cdot 2^n}$

$= \ln 2 + \sum_{n=1}^{\infty} \left[(-1)^{n-1} - \dfrac{1}{2^n}\right] \dfrac{(x-1)^n}{n}$

使上式成立的 x 应满足 $-1 < x \leqslant 1$, 且 $-1 < -\dfrac{x-1}{2} \leqslant 1$, 即 $0 < x \leqslant 2$.

课后习题全解

习题 11-1

1. **解题过程** (1) $\dfrac{1+1}{1+1^2} + \dfrac{1+2}{1+2^2} + \dfrac{1+3}{1+3^2} + \dfrac{1+4}{1+4^2} + \dfrac{1+5}{1+5^2} + \dfrac{1+6}{1+6^2} + \cdots$;

   (2) $\dfrac{1}{8} - \dfrac{1}{8^2} + \dfrac{1}{8^3} - \dfrac{1}{8^4} + \dfrac{1}{8^5} - \dfrac{1}{8^6}$.

2. **解题过程** (1) $\dfrac{1}{2n}$; (2) $(-1)^{n-1} \cdot \dfrac{1}{2n-1}$;

   (3) $\dfrac{x^{\frac{n}{2}}}{1 \cdot 3 \cdot 5 \cdots (2n+1)}$; (4) $(-1)^{n-1} \cdot \dfrac{a^{n+1}}{2n}$.

3. **解题过程** (1) $S = \sum\limits_{n=1}^{\infty}(\sqrt{n+1}-\sqrt{n}), S_n = \sqrt{n+1}-1, \lim\limits_{n\to\infty}S_n = \infty$, 故发散.

   (2) $S_n = \sum\limits_{i=1}^{n}(a^{\frac{1}{2i+1}} - a^{\frac{1}{2i-1}}) = a^{\frac{1}{2n+1}} - a, \lim\limits_{n\to\infty}S_n = 1-a$, 故级数收敛.

   (3) $S_n = \dfrac{1}{2}(1-\dfrac{1}{3}) + \dfrac{1}{2}(\dfrac{1}{3}-\dfrac{1}{5}) + \cdots + \dfrac{1}{2}(\dfrac{1}{2n-1} - \dfrac{1}{2n+1}) = \dfrac{1}{2}(1-\dfrac{1}{2n+1})$,

   $\lim\limits_{n\to\infty}S_n = \lim\limits_{n\to\infty}(1-\dfrac{1}{2n+1}) = \dfrac{1}{2}$, 故级数收敛,

   (4) $S_n = \sin\dfrac{\pi}{6} + \sin\dfrac{2}{6}\pi + \cdots + \sin\dfrac{n\pi}{6}$,

   若 $n = 6 \cdot 2k$, 则 $S_n = 0, n \neq 2 \cdot k, S_n \neq 0, k = 1, 2, \cdots$, 故级数发散.

4. **解题过程** (1) 此为等比级数, 公比 $q = -\dfrac{5}{6}$, 故级数收敛;

   (2) $u_n = \dfrac{1}{3} \cdot \dfrac{1}{n}$, 而调和级数 $\sum\limits_{n=1}^{\infty}\dfrac{1}{n}$ 发散, 故级数发散;

   (3) $\lim\limits_{n\to\infty}\sqrt[n]{a} = 1 (a > 0)$, 故级数发散;

   (4) 等比级数, 公比 $q = \dfrac{9}{8}$, 故级数发散;

   (5) $u_n = (\dfrac{1}{6})^n + (\dfrac{8}{9})^n$, 级数 $\sum\limits_{n=1}^{\infty}(\dfrac{1}{6})^n$ 与 $\sum\limits_{n=1}^{\infty}(\dfrac{8}{9})^n$ 均为公比小于1的等比级数, 都收敛, 故原级数收敛;

   (6) $u_n = \dfrac{1}{2^n} + \dfrac{1}{10n}$, 级数 $\sum\limits_{n=1}^{\infty}(\dfrac{1}{2})^n$ 收敛, 而 $\sum\limits_{n=1}^{\infty}\dfrac{1}{10n}$ 发散, 故原级数发散.

5. **解题过程** $0.41414141\cdots = \dfrac{41}{100} + \dfrac{41}{10000} + \dfrac{41}{1000000} + \cdots + \dfrac{41}{(100)^n} + \cdots = \sum\limits_{n=1}^{\infty}\dfrac{41}{(100)^n}$,

   此级数为等比数列, 求得 $0.41414141\cdots = \dfrac{41}{99}$.

6. **解题过程** 根据题意, 存入资金为 $\sum\limits_{n=1}^{\infty}\dfrac{500}{(1+0.1)^n} = 5000$,

   故应存入 5000 万元.

习题 11-2

1. **解题过程** (1) 因为 $\lim\limits_{n\to\infty}\dfrac{\frac{2}{5n+3}}{\frac{1}{n}} = \dfrac{2}{5}$, 而级数 $\sum\limits_{n=1}^{\infty}\dfrac{1}{n}$ 发散, 所以原级数发散;

(2) 因为 $\lim\limits_{n\to\infty}\dfrac{\dfrac{1}{2^n+1}}{\dfrac{1}{2^n}} = \lim\limits_{n\to\infty}\dfrac{2^n}{2^n+1} = 1$，而级数 $\sum\limits_{n=1}^{\infty}\dfrac{1}{2^n}$ 收敛，所以原级数收敛；

(3) 因为 $\lim\limits_{n\to\infty}\dfrac{\dfrac{1+n}{1+n^2}}{\dfrac{1}{n}} = \lim\limits_{n\to\infty}\dfrac{n+n^2}{1+n^2} = 1$，而级数 $\sum\limits_{n=1}^{\infty}\dfrac{1}{n}$ 发散，所以原级数发散；

(4) 因为 $\lim\limits_{n\to\infty}\dfrac{\dfrac{n+3}{n(n+1)(n+2)}}{\dfrac{1}{n^2}} = \lim\limits_{n\to\infty}\dfrac{n^2(n+3)}{n(n+1)(n+2)} = 1$，而级数 $\sum\limits_{n=1}^{\infty}\dfrac{1}{n^2}$ 收敛，所以原级数收敛；

(5) 因为 $\lim\limits_{n\to\infty}\dfrac{\dfrac{1}{n\sqrt[n]{n}}}{\dfrac{1}{n}} = \lim\limits_{n\to\infty}\dfrac{n}{n\cdot\sqrt[n]{n}} = \lim\limits_{n\to\infty}\dfrac{1}{\sqrt[n]{n}} = 1$，而级数 $\sum\limits_{n=1}^{\infty}\dfrac{1}{n}$ 发散，所以原级数发散；

(6) 因为 $\lim\limits_{n\to\infty}\dfrac{\left(\dfrac{n}{2n+1}\right)^n}{\dfrac{1}{2^n}} = \lim\limits_{n\to\infty}\left(\dfrac{2n}{2n+1}\right)^n = \dfrac{1}{\sqrt{e}}$，而级数 $\sum\limits_{n=1}^{\infty}\dfrac{1}{2^n}$ 收敛，所以原级数收敛；

(7) 因为 $\dfrac{1}{n^n} \leqslant \dfrac{1}{2^n}, n=2,3,\cdots$，而级数 $\sum\limits_{n=1}^{\infty}\dfrac{1}{2^n}$ 收敛，所以原级数收敛；

(8) 因为 $\lim\limits_{n\to\infty}\dfrac{\dfrac{1}{n\sqrt{n+1}}}{\dfrac{1}{n^{\frac{3}{2}}}} = \lim\limits_{n\to\infty}\dfrac{\sqrt{n}}{\sqrt{n+1}} = 1$，而级数 $\sum\limits_{n=1}^{\infty}\dfrac{1}{n^{\frac{3}{2}}}$ 收敛，所以原级数收敛；

(9) 因为 $\lim\limits_{n\to\infty}\dfrac{\sin\dfrac{\pi}{6^n}}{\dfrac{1}{6^n}} = \lim\limits_{n\to\infty}\dfrac{\dfrac{\pi}{6^n}}{\dfrac{1}{6^n}} = \pi$，而级数 $\sum\limits_{n=1}^{\infty}\dfrac{1}{6^n}$ 收敛，所以原级数收敛；

(10) 当 $0 < a < 1$ 时，因为 $\lim\limits_{n\to\infty}\dfrac{\dfrac{a^n}{1+a^{2n}}}{a^n} = \lim\limits_{n\to\infty}\dfrac{1}{1+a^{2n}} = 1$，而级数 $\sum\limits_{n=1}^{\infty}a^n$ 为公比为 a 的等比数列，$0 < a < 1$ 时收敛，故原级数收敛；

当 $a > 1$ 时，因为 $\lim\limits_{n\to\infty}\dfrac{\dfrac{a^n}{1+a^{2n}}}{\dfrac{1}{a^n}} = \lim\limits_{n\to\infty}\dfrac{a^{2n}}{1+a^{2n}} = 1$，而级数 $\sum\limits_{n=1}^{\infty}\dfrac{1}{a^n}$ 为公比为 $\dfrac{1}{a}$ 的等比数列，$0 < \dfrac{1}{a} < 1$ 时收敛，故原级数收敛；

当 $a = 1$ 时，$\sum\limits_{n=1}^{\infty}\dfrac{a^n}{1+a^{2n}} = \sum\limits_{n=1}^{\infty}\dfrac{1}{2}$，原级数发散；

故当 $a > 0$ 且 $a \neq 1$ 时，级数收敛，$a = 1$ 时发散.

2. **解题过程** (1) $u_n = \dfrac{2n-1}{2^n}$，因为 $\lim\limits_{n\to\infty} \dfrac{u_{n+1}}{u_n} = \lim\limits_{n\to\infty} \left(\dfrac{2n+1}{2n-1} \cdot \dfrac{2^n}{2^{n+1}}\right) = \dfrac{1}{2} < 1$，所以原级数收敛；

(2) $u_n = \dfrac{n!}{4^n}$，因为 $\lim\limits_{n\to\infty} \dfrac{u_{n+1}}{u_n} = \lim\limits_{n\to\infty} \left[\dfrac{4^n}{4^{n+1}} \cdot \dfrac{(n+1)!}{n!}\right] = \lim\limits_{n\to\infty} \dfrac{n+1}{4} = +\infty$，所以原级数发散；

(3) $u_n = n^2 \sin\dfrac{\pi}{2^n}$，因为 $\lim\limits_{n\to\infty} \dfrac{u_{n+1}}{u_n} = \dfrac{1}{2} < 1$，所以原级数收敛；

(4) $u_n = \dfrac{3^n \cdot n!}{n^n}$，因为 $\lim\limits_{n\to\infty} \dfrac{u_{n+1}}{u_n} = \lim\limits_{n\to\infty} \dfrac{\dfrac{3^{n+1} \cdot (n+1)!}{(n+1)^{n+1}}}{\dfrac{3^n \cdot n!}{n^n}} = \lim\limits_{n\to\infty} \dfrac{3 \cdot n^n}{(n+1)^n} = \dfrac{3}{e} > 1$.

所以原级数发散.

3. **解题过程** (1) $u_n = \dfrac{n^2+1}{(n^2+3)(n^2+2)}$，因为 $\lim\limits_{n\to\infty} \dfrac{u_n}{\dfrac{1}{n^2}} = \lim\limits_{n\to\infty} \dfrac{(n^2+1) \cdot n^2}{(n^2+3)(n^2+2)} = 1$，而级数 $\sum\limits_{n=1}^{\infty} \dfrac{1}{n^2}$ 收敛，所以原级数收敛；

(2) $u_n = \dfrac{n^P}{n!}$，而 $\lim\limits_{n\to\infty} \dfrac{u_{n+1}}{u_n} = \lim\limits_{n\to\infty} \dfrac{\dfrac{(n+1)^P}{(n+1)!}}{\dfrac{n^P}{n!}} = \lim\limits_{n\to\infty} \left[\dfrac{1}{n+1} \cdot \left(\dfrac{n+1}{n}\right)^P\right] = 0$

故原级数收敛；

(3) $u_n = \sqrt{\dfrac{n+2}{n+1}}$，因为 $\lim\limits_{n\to\infty} u_n = 1 \ne 0$，所以原级数发散；

(4) $u_n = n^2\left(1 - \cos\dfrac{\pi}{n^2}\right)$，$\lim\limits_{n\to\infty} \dfrac{u_n}{\dfrac{1}{n^2}} = \dfrac{\pi^2}{2}$，因为级数 $\sum\limits_{n=1}^{\infty} \dfrac{1}{n^2}$ 收敛，所以原级数收敛；

(5) 因为 $0 \le \sin^2 nx \le 1$，所以 $0 \le \dfrac{n}{2^n}\sin^2 nx \le \dfrac{n}{2^n}$，因为级数 $\sum\limits_{n=1}^{\infty} \dfrac{n}{2^n}$ 收敛，所以原级数收敛.

4. **解题过程** 级数 $\sum\limits_{n=1}^{\infty} \dfrac{2^n \cdot n!}{n^n}$ 若收敛，则 $\lim\limits_{n\to\infty} \dfrac{2^n \cdot n!}{n^n} = 0$，

$$\lim_{n\to\infty} \dfrac{u_{n+1}}{u_n} = \lim_{n\to\infty} \dfrac{2^{n+1}(n+1)!}{(n+1)^{n+1}} \cdot \dfrac{n^n}{2^n \cdot n!} = \lim_{n\to\infty} \dfrac{2 \cdot n^n}{(n+1)^n} = \dfrac{2}{e} < 1,$$

故级数 $\sum\limits_{n=1}^{\infty} \dfrac{2^n \cdot n!}{n^n}$ 收敛，则 $\lim\limits_{n\to\infty} \dfrac{2^n \cdot n!}{n^n} = 0$.

5. **解题过程** 令 $a_n = v_n - u_n, b_n = c_n - u_n$，则 $a_n \ge b_n \ge 0$，因为 $\sum\limits_{n=1}^{\infty} u_n$ 与 $\sum\limits_{n=1}^{\infty} v_n$ 都收敛，所以 $\sum\limits_{n=1}^{\infty} a_n$ 收敛. 可知 $\sum\limits_{n=1}^{\infty} b_n$ 也收敛. $c_n = b_n + u_n$，因为 $\sum\limits_{n=1}^{\infty} b_n$ 与 $\sum\limits_{n=1}^{\infty} u_n$ 都收敛，则 $\sum\limits_{n=1}^{\infty} c_n$ 也收敛.

习题 11-3

1. **解题过程** (1) 设 $u_n = \sqrt{\dfrac{n}{3n+1}}$，则原级数为 $\sum\limits_{n=1}^{\infty}(-1)^n u_n$，而 $\lim\limits_{n\to\infty} u_n = \sqrt{\dfrac{1}{3}} \neq 0$，所以原级数发散；

   (2) 设 $u_n = \sin\dfrac{1}{n}$，则 $\lim\limits_{n\to\infty} u_n = \lim\limits_{n\to\infty}\sin\dfrac{1}{n}=0$，又 $u_{n+1}=\sin\dfrac{1}{n+1}<\sin\dfrac{1}{n}=u_n$，所以原级数收敛，但 $\lim\limits_{n\to\infty}\dfrac{\sin\dfrac{1}{n}}{\dfrac{1}{n}}=1$，而级数 $\sum\limits_{n=1}^{\infty}\dfrac{1}{n}$ 发散，故 $\sum\limits_{n=1}^{\infty}\sin\dfrac{1}{n}$ 发散，所以原级数条件收敛.

2. **解题过程** (1) 设 $u_n=\dfrac{1}{(2n-1)^2}$，则原级数为 $\sum\limits_{n=1}^{\infty}(-1)^{n-1}u_n$，而级数 $\sum\limits_{n=1}^{\infty}u_n$ 收敛，因此原级数绝对收敛；

   (2) 设 $u_n=\dfrac{n}{2^n}$，因为 $\lim\limits_{n\to\infty}\dfrac{u_{n+1}}{u_n}=\dfrac{1}{2}<1$，所以级数 $\sum\limits_{n=1}^{\infty}u_n$ 收敛，因此原级数绝对收敛；

   (3) 因为 $\sin\dfrac{n\pi}{2}=\begin{cases}0,&n=2k,\\1,&n=4k+1,k=1,2,\cdots,\\-1,&n=4k+3,\end{cases}$ 所以原级数即为 $\sum\limits_{n=1}^{\infty}(-1)^{n-1}\dfrac{1}{2n-1}$，令 $u_n=\dfrac{1}{2n-1}$，则 $u_{n+1}<u_n$，并且 $\lim\limits_{n\to\infty}u_n=0$，所以原级数收敛；但级数 $\sum\limits_{n=1}^{\infty}u_n$ 发散，所以原级数条件收敛；

   (4) 令 $u_n=1-\cos\dfrac{1}{n}$，因为 $\lim\limits_{n\to\infty}\dfrac{u_n}{\dfrac{1}{n^2}}=\dfrac{1}{2}$，所以级数 $\sum\limits_{n=1}^{\infty}u_n$ 收敛，即原级数绝对收敛；

   (5) 设 $u_n=\dfrac{n}{2n+1}$，因为 $\lim\limits_{n\to\infty}u_n=\lim\limits_{n\to\infty}\dfrac{n}{2n+1}=\dfrac{1}{2}\neq 0$，所以原级数发散；

   (6) 令 $u_n=\ln\left(\dfrac{n+1}{n}\right)=\ln\left(1+\dfrac{1}{n}\right)$，因为 $u_{n+1}<u_n$，且 $\lim\limits_{n\to\infty}u_n=\lim\limits_{n\to\infty}\ln\left(1+\dfrac{1}{n}\right)=0$，所以原级数收敛，但 $\lim\limits_{n\to\infty}\dfrac{u_n}{\dfrac{1}{n}}=1$，而级数 $\sum\limits_{n=1}^{\infty}\dfrac{1}{n}$ 发散，所以级数 $\sum\limits_{n=1}^{\infty}u_n$ 发散，即原级数条件收敛；

   (7) 设 $u_n=(-1)^n\dfrac{x^{2n-1}}{(2n-1)!}$，则 $\lim\limits_{n\to\infty}\dfrac{|u_{n+1}|}{|u_n|}=\lim\limits_{n\to\infty}\dfrac{x^2}{2n(2n+1)}=0, x\in(-\infty,+\infty)$，所以原级数对任意的 $x\in(-\infty,+\infty)$ 都绝对收敛.

3. **解题过程** 因为 $\dfrac{|a_n|}{\sqrt{n^\alpha+\lambda}}\leqslant\dfrac{1}{2}\left(a_n^2+\dfrac{1}{n^\alpha+\lambda}\right)$，$\sum\limits_{n=1}^{\infty}\dfrac{1}{2}a_n^2$ 收敛，$\sum\limits_{n=1}^{\infty}\dfrac{1}{n^\alpha+\lambda}$ 收敛，

   故 $\sum\limits_{n=1}^{\infty}\dfrac{1}{2}\left(a_n^2+\dfrac{1}{n^\alpha+\lambda}\right)$ 收敛，所以 $\alpha>1$ 时，原级数绝对收敛.

习题 11-4

1. **解题过程** (1) $f(x)=\ln x, f'(x)=x^{-1}, f''(x)=-x^{-2},\cdots f^{(n)}(x)=(-1)^{n-1}(n-1)!x^{-n}$,
故 $f(1)=0, f'(1)=1, f''(1)=-1,\cdots f^{(n)}(1)=(-1)^{n-1}\cdot(n-1)!$
故 $f(x)=\ln x$ 在 $x_0=1$ 处泰勒级数为
$$(x-1)-\frac{(x-1)^2}{2}+\frac{(x-1)^3}{3}+\cdots+(-1)^{n-1}\cdot\frac{(x-1)^n}{n}+\cdots.$$
$x\in(0,2]$ 时级数收敛.
(2) 略. (3) 略.

2. **解题过程** (1) 因为 $\rho=\lim\limits_{n\to\infty}\left|\dfrac{a_{n+1}}{a_n}\right|=\lim\limits_{n\to\infty}\dfrac{n+1}{n}=1$,所以收敛半径为 $R=\dfrac{1}{\rho}=1$;当 $x=\pm 1$ 时,
原级数发散,因而原级数的收敛域为 $(-1,1)$;

(2) $\rho=\lim\limits_{n\to\infty}\left|\dfrac{a_{n+1}}{a_n}\right|=\dfrac{1}{2}$,所以收敛半径为 $R=\dfrac{1}{\rho}=2$,

$x=-2$,级数成为 $\sum\limits_{n=1}^{\infty}\dfrac{(-1)^n}{n}$,收敛,

$x=2$,级数成为 $\sum\limits_{n=1}^{\infty}\dfrac{1}{n}$,发散.

所以原级数收敛域为 $[-2,2)$;

(3) 因为 $\rho=\lim\limits_{n\to\infty}\left|\dfrac{a_{n+1}}{a_n}\right|=0$,所以收敛半径为 $R=+\infty$,原级数收敛域为 $(-\infty,+\infty)$;

(4) 因为 $\rho=\lim\limits_{n\to\infty}\left|\dfrac{a_{n+1}}{a_n}\right|=2$,所以收敛半径为 $R=\dfrac{1}{\rho}=\dfrac{1}{2}$;当 $x=\pm\dfrac{1}{2}$ 时,原级数都

收敛,因而原级数的收敛域为 $\left[-\dfrac{1}{2},\dfrac{1}{2}\right]$;

(5) 因为 $\lim\limits_{n\to\infty}\left|\dfrac{u_{n+1}}{u_n}\right|=|x|^2$,故当 $|x|^2<1$ 即 $|x|<1$ 时级数收敛;当 $|x|^2>1$ 即

$|x|>1$ 时级数发散;所以原级数收敛半径为 $R=1$;当 $x=1$ 时,级数成为 $\sum\limits_{n=1}^{\infty}(-1)^n$

$\dfrac{1}{2n+1}$,收敛;当 $x=-1$ 时,级数成为 $\sum\limits_{n=1}^{\infty}(-1)^{n+1}\dfrac{1}{2n+1}$,收敛;所以原级数的收敛域

为 $[-1,1]$;

(6) 因为 $\lim\limits_{n\to\infty}\left|\dfrac{u_{n+1}}{u_n}\right|=\dfrac{|x|^2}{2}$,故当 $\dfrac{|x|^2}{2}<1$ 即 $|x|<\sqrt{2}$ 时级数收敛;当 $\dfrac{|x|^2}{2}>1$,

即当 $|x|>\sqrt{2}$ 时级数发散,所以原级数收敛半径为 $R=\sqrt{2}$;当 $x=\pm\sqrt{2}$ 时,原级数发
散;因此原级数的收敛域为 $(-\sqrt{2},\sqrt{2})$;

(7) $\lim\limits_{n\to\infty}\left|\dfrac{u_{n+1}(x)}{u_n(x)}\right|=\lim\limits_{n\to\infty}\left|\dfrac{(x-3)^{n+1}}{\sqrt{n+1}}\cdot\dfrac{\sqrt{n}}{(x-3)^n}\right|=|x-3|$,

$|x-3|<1$ 得 $2<x<4$,

$x = 2$ 时,级数成为 $\sum_{n=1}^{\infty} \frac{(-1)^n}{\sqrt{n}}$ 收敛;

$x = 4$ 时,级数成为 $\sum_{n=1}^{\infty} \frac{1}{\sqrt{n}}$,发散;

所以原级数收敛域为 $[2,4)$.

3. **解题过程** $(1) x = 0$ 时, $\sum_{n=0}^{\infty} \frac{x^n}{n+1} = 1$,

$x \neq 0$ 时, $\frac{x^n}{n+1} = \frac{1}{x} \cdot \frac{x^{n+1}}{n+1} = \frac{1}{x} \int_0^x t^n \mathrm{d}t$,

所以 $\sum_{n=0}^{\infty} \frac{x^n}{n+1} = \sum_{n=1}^{\infty} \left(\frac{1}{x} \int_0^x t^n \mathrm{d}t \right) = \frac{1}{x} \int_0^x \left(\sum_{n=0}^{\infty} t^n \right) \mathrm{d}t = \frac{1}{x} \int_0^x \frac{1}{1-t} \mathrm{d}t = -\frac{1}{x} \ln(1-x)$;

故 $S(x) = \begin{cases} -\dfrac{1}{x} \ln(1-x), & x \in [-1,0) \cup (0,1), \\ 1, & x = 0; \end{cases}$

(2) 级数收敛半径 $R = 1$,

$x = \pm 1$ 时,级数发散,则收敛区间为 $(-1,1)$

$\sum_{n=1}^{\infty} 2n \cdot x^{2n-1} = \sum_{n=1}^{\infty} (x^{2n})' = \left(\sum_{n=1}^{\infty} x^{2n} \right)' = \left(\frac{1}{1-x^2} \right)' = \left(\frac{1}{1-x^2} - 1 \right)'$

$= \left(\frac{x^2}{1-x^2} \right)' = \frac{2x}{(1-x^2)^2}, x \in (-1,1)$

故和函数为:$S(x) = \dfrac{2x}{(1-x^2)^2}, x \in (-1,1)$;

(3) 收敛区间为 $(-1,1)$,

$\sum_{n=1}^{\infty} \frac{x^{4n+1}}{4n+1} = \sum_{n=1}^{\infty} \left(\int_0^x t^{4n} \mathrm{d}t \right) = \int_0^x \left(\sum_{n=1}^{\infty} t^{4n} \right) \mathrm{d}t = \int_0^x \left[\sum_{n=1}^{\infty} (t^4)^n \right] \mathrm{d}t = \int_0^x \left(\frac{1}{1-t^4} - 1 \right) \mathrm{d}t$

$= \frac{1}{4} \ln \frac{1+x}{1-x} + \frac{1}{2} \arctan x - x, x \in (-1,1)$,

故和函数为:$S(x) = \dfrac{1}{4} \ln \dfrac{1+x}{1-x} + \dfrac{1}{2} \arctan x - x, x \in (-1,1)$.

4. **逻辑推理** 设 $f(x)$ 在点 $x_0 = 0$ 的某邻域 $(-R,R)$ 内能展开成 x 的幂级数,即

$f(x) = a_0 + a_1 x + a_2 x^2 + \cdots + a_n x^n + \cdots, x \in (-R,R)$

根据幂级数在收敛区间内可逐次求导,有

$f'(x) = a_1 + 2a_2 x + 3a_3 x^2 + \cdots + n a_n x^{n-1} + \cdots$,

$f''(x) = 2! a_2 + 3 \cdot 2 a_3 x + \cdots + n(n-1) a_n x^{n-2} + \cdots, \cdots$,

$f^n(x) = n! a_n + (n+1)n(n-1) \cdots 2 a_{n+1} x + \cdots, \cdots$

$x_0 = 0$ 时,

$a_0 = f(0), a_1 = f'(0), a_2 = \dfrac{f''(0)}{2!}, \cdots, a_n = \dfrac{f^{(n)}(0)}{n!}, \cdots$,

即 $f(x) = f(0) + f'(0)x + \dfrac{f''(0)}{2!}x^2 + \cdots + \dfrac{f^n(0)}{n!}x^n + \cdots,$

此即为 $f(x)$ 在 $x_0 = 0$ 处的麦克劳林级数,也就是说 $f(x)$ 在 $x_0 = 0$ 处的幂级数展开如果存在,则一定是唯一的.

5. **逻辑推理** (1) $f'(x) = \left(\sum\limits_{n=0}^{\infty} \dfrac{x^n}{n!}\right)' = \sum\limits_{n=0}^{\infty} \left(\dfrac{x^n}{n!}\right)' = \sum\limits_{n=1}^{\infty} \dfrac{x^{n-1}}{(n-1)!}$

$= \sum\limits_{n=0}^{\infty} \dfrac{x^n}{n!} = f(x)(-\infty < x + \infty),$

而 $f(x) = 1 + x + \dfrac{x^2}{2!} + \cdots + \dfrac{x^n}{n!} + \cdots(-\infty < x < +\infty),$ 所以 $f(0) = 1;$

(2) 令 $F(x) = \dfrac{f(x)}{e^x}$,则 $F'(x) = \dfrac{f'(x)e^x - f(x)e^x}{(e^x)^2} = \dfrac{f'(x) - f(x)}{e^x} = 0,$

又因为 $F(0) = \dfrac{f(x)}{e^0} = 1,$ 所以 $F(x) \equiv C = 1,$ 即 $f(x) = e^x.$

6. **解题过程** (1) $a^x = e^{x \cdot \ln a},$ $e^x = \sum\limits_{n=0}^{\infty} \dfrac{1}{n!} x^n (-\infty < x < +\infty),$

$a^x = \sum\limits_{n=0}^{\infty} \dfrac{1}{n!} (x \cdot \ln a)^n = \sum\limits_{n=0}^{\infty} \dfrac{(\ln a)^n}{n!} x^n (-\infty < x < +\infty);$

(2) $\ln(a+x) = \ln[a \cdot (1+\dfrac{x}{a})] = \ln a + \ln(1+\dfrac{x}{a}) = \ln a + \sum\limits_{n=0}^{\infty} \dfrac{(-1)^n}{n+1} \cdot (\dfrac{x}{a})^{n+1}$

$= \ln a + \sum\limits_{n=0}^{\infty} (-1)^n \dfrac{1}{(n+1)a^{n+1}} x^{n+1},$

当 $\dfrac{x}{a} \in (-1, 1]$ 即 $x \in (-a, a]$ 时,

$\ln(a+x) = \ln a + \sum\limits_{n=0}^{\infty} \dfrac{(-1)^n}{(n+1)a^{n+1}} x^{n+1};$

(3) $\sin \dfrac{x}{2} = \sum\limits_{n=0}^{\infty} (-1)^n \dfrac{1}{(2n+1)!} \left(\dfrac{x}{2}\right)^{2n+1} = \sum\limits_{n=0}^{\infty} \dfrac{(-1)^n}{(2n+1)! 2^{2n+1}} x^{2n+1},$

$\dfrac{x}{2} \in (-\infty, +\infty)$ 即 $x \in (-\infty, +\infty),$

$\sin \dfrac{x}{2} = \sum\limits_{n=0}^{\infty} \dfrac{(-1)^n}{(2n+1)! \cdot 2^{2n+1}} x^{2n+1};$

(4) $(1+x)\ln(1+x) = (1+x) \sum\limits_{n=0}^{\infty} (-1)^n \dfrac{x^{n+1}}{n+1}$

$= \sum\limits_{n=0}^{\infty} (-1)^n \dfrac{x^{n+1}}{n+1} + \sum\limits_{n=0}^{\infty} (-1)^n \dfrac{x^{n+2}}{n+1}$

$= x + \sum\limits_{n=1}^{\infty} (-1)^n \dfrac{x^{n+1}}{n+1} + \sum\limits_{n=1}^{\infty} (-1)^{n-1} \dfrac{x^{n+1}}{n}$

$= x + \sum\limits_{n=1}^{\infty} \left[(-1)^n \dfrac{1}{n+1} + (-1)^{n-1} \dfrac{1}{n}\right] x^{n+1}$

$$= x + \sum_{n=1}^{\infty}(-1)^{n-1}\left(\frac{1}{n}-\frac{1}{n+1}\right)x^{n+1}$$

$$= x + \sum_{n=1}^{\infty}(-1)^{n-1}\frac{1}{n(n+1)}x^{n+1},$$

当 $x \in (-1,1]$ 时上式成立,即

$$(1+x)\ln(1+x) = x + \sum_{n=1}^{\infty}\frac{(-1)^{n-1}}{n(n+1)}x^{n+1}, x \in (-1,1];$$

(5) $\dfrac{1}{3-x} = \dfrac{1}{3} \cdot \dfrac{1}{1-\dfrac{x}{3}} = \dfrac{1}{3}\sum_{n=0}^{\infty}\left(\dfrac{x}{3}\right)^n = \sum_{n=0}^{\infty}\dfrac{x^n}{3^{n+1}}, \dfrac{x}{3} \in (-1,1),$ 即 $x \in (-3,3),$

$$\frac{1}{3-x} = \sum_{n=0}^{\infty}\frac{x^n}{3^{n+1}}, x \in (-3,3);$$

(6) $\dfrac{1}{\sqrt{1-x^2}} = (1-x^2)^{-\frac{1}{2}} = \sum_{n=0}^{\infty}\dfrac{-\dfrac{1}{2}\left(-\dfrac{1}{2}-1\right)\cdots\left(-\dfrac{1}{2}-n+1\right)}{n!}(-x^2)^n$

$$= \sum_{n=0}^{\infty}\frac{1 \cdot 3 \cdots (2n-1)}{2^n \cdot n!}x^{2n} = 1 + \sum_{n=1}^{\infty}\frac{1 \cdot 3 \cdots (2n-1)}{2 \cdot 4 \cdots (2n)}x^{2n}, x \in (-1,1).$$

7. **解题过程** (1) $f(x) = \dfrac{1}{3+(x-3)} = \dfrac{1}{3} \cdot \dfrac{1}{1+\dfrac{x-3}{3}} = \dfrac{1}{3}\sum_{n=0}^{\infty}(-1)^n\left(\dfrac{x-3}{3}\right)^n$

$$= \sum_{n=0}^{\infty}\frac{(-1)^n}{3^{n+1}}(x-3)^n; \frac{x-3}{3} \in (-1,1),$$

$$f(x) = \sum_{n=0}^{\infty}\frac{(-1)^n}{3^{n+1}}(x-3)^n; x \in (0,6);$$

(2) $f(x) = \dfrac{1}{x^2} = \left[\dfrac{1}{3+(x-3)}\right]^2 = \dfrac{1}{9}\left(\dfrac{1}{1+\dfrac{x-3}{3}}\right)^2 = \dfrac{1}{9}\left(1+\dfrac{x-3}{3}\right)^{-2}$

$$= \frac{1}{9}\sum_{n=0}^{\infty}\frac{(-2)(-2-1)\cdots(-2-n+1)}{n!} \cdot \left(\frac{x-3}{3}\right)^n$$

$$= \sum_{n=0}^{\infty}\frac{(-1)^n(n+1)}{3^{n+2}}(x-3)^n, \frac{x-3}{3} \in (-1,1),$$

$$f(x) = \sum_{n=0}^{\infty}(-1)^n\frac{n+1}{3^{n+2}}(x-3)^n; x \in (0,6).$$

8. **解题过程** $f(x) = \dfrac{1}{x^2+3x+2} = \dfrac{1}{(x+1)(x+2)} = \dfrac{1}{x+1} - \dfrac{1}{x+2}$

$$= -\frac{1}{3-(x+4)} + \frac{1}{2-(x+4)} = -\frac{1}{3} \cdot \frac{1}{1-\dfrac{x+4}{3}} + \frac{1}{2} \cdot \frac{1}{1-\dfrac{x+4}{2}}$$

$$= \frac{1}{2}\sum_{n=0}^{\infty}\left(\frac{x+4}{2}\right)^n - \frac{1}{3}\sum_{n=0}^{\infty}\left(\frac{x+4}{3}\right)^n = \sum_{n=0}^{\infty}\left(\frac{1}{2^{n+1}} - \frac{1}{3^{n+1}}\right)(x+4)^n,$$

其中 $\dfrac{x+4}{2} \in (-1,1)$ 且 $\dfrac{x+4}{3} \in (-1,1),$ 故 $-6 < x < -2,$

$$f(x) = \sum_{n=0}^{\infty}\left(\frac{1}{2^{n+1}} - \frac{1}{3^{n+1}}\right)(x+4)^n, x \in (-6, -2).$$

习题 11-5

1. **解题过程** 略
2. **解题过程** 略
3. **解题过程** (1) $x = 0$ 时, $y = \frac{1}{2}$,

    设特解为 $y = \frac{1}{2} + \sum_{n=1}^{\infty} a_n x^n, y' = \sum_{n=1}^{\infty} n \cdot a_n x^{n-1}$,

    则 y 与 y' 代入原方程

    $$a_1 + \sum_{n=2}^{\infty} n \cdot a_n \cdot x^{n-1} - \left(\frac{1}{2} + \sum_{n=1}^{\infty} a_n x^n\right)^2 = x^3,$$

    即 $a_1 - \frac{1}{4} + \sum_{n=2}^{\infty} n \cdot a_n x^{n-1} - \sum_{n=1}^{\infty} a_n x^n - (a_1^2 x^2 + 2a_1 a_2 x^3) - (a_2^2 + 2a_1 a_3) x^4 + \cdots = x^3$,

    则 $a_1 = \frac{1}{4}, 2a_2 = a_1, 3a_3 = a_2 + a_1^2, 4a_4 = a_3 + 2a_1 a_2 + 1, \cdots$,

    则 $a_1 = \frac{1}{4}, a_2 = \frac{1}{8}, a_3 = \frac{1}{16}, a_4 = \frac{9}{32}, \cdots$

    故特解为 $y = \frac{1}{2} + \frac{x}{4} + \frac{x^2}{8} + \frac{x^3}{16} + \frac{9}{32} x^4 + \cdots$;

    (2) 设特解为 $y = \sum_{n=1}^{\infty} a_n x^n, y' = \sum_{n=1}^{\infty} n \cdot a_n x^{n-1}$

    将 y 与 y' 代入原方程

    $(1-x) \sum_{n=1}^{\infty} n \cdot a_n x^{n-1} + \sum_{n=1}^{\infty} a_n x^n = 1 + x$,

    即 $a_1 + 2a_2 x + \sum_{n=2}^{\infty} [(n+1) a_{n+1} - (n-1) a_n] x^n = 1 + x$,

    则 $a_1 = 1, a_2 = \frac{1}{2}, \cdots, a_{n+1} = \frac{n-1}{n+1} a_n, n \geq 2$,

    $a_3 = \frac{1}{2 \cdot 3}, a_4 = \frac{1}{3 \cdot 4}, \cdots, a_n = \frac{1}{(n-1) \cdot n}$,

    故特解为 $y = x + \sum_{n=2}^{\infty} \frac{1}{n(n-1)} x^n$.

总习题十一

1. **解题过程** (1) $u_n = \frac{2}{n(n+1)}, \sum_{n=1}^{\infty} u_n = 2$;   (2) 必要, 充分;   (3) $a = 0$;

    (4) 收敛, 发散;   (5) $(-2, 4)$.

2. **解题过程** (1)C; (2)B; (3)D.

3. **解题过程** (1) $\int_0^{\frac{1}{n}} \frac{x}{1+x^2} dx = \frac{1}{2} \int_0^{\frac{1}{n}} \frac{1}{1+x^2} d(1+x^2) = \frac{1}{2} \ln(1+\frac{1}{n^2}), n=1,2,\cdots,$

故原级数为 $\sum_{n=1}^{\infty} \frac{1}{2} \ln(1+\frac{1}{n^2})$,

$\lim_{n\to\infty} \frac{\frac{1}{2}\ln(1+\frac{1}{n^2})}{\frac{1}{n^2}} = \frac{1}{2}$, 因为级数 $\sum_{n=1}^{\infty} \frac{1}{n^2}$ 收敛, 故原级数收敛;

(2) $u_n = \frac{(n+1)!}{n^{n+1}}$,

$\lim_{n\to\infty} \frac{u_{n+1}}{u_n} = \lim_{n\to\infty} \frac{\frac{(n+2)!}{(n+1)^{n+2}}}{\frac{(n+1)!}{n^{n+1}}} = \lim_{n\to\infty}\left[\frac{n+2}{n+1}\cdot\left(\frac{n}{n+1}\right)^{n+1}\right] = e^{-1} = \frac{1}{e} < 1,$

故原级数收敛;

(3) $u_n = \frac{1}{\ln^{10} n}$, $\lim_{n\to\infty} \frac{u_n}{\frac{1}{n}} = \lim_{n\to\infty} \frac{n}{\ln^{10} n} = +\infty,$

因为级数 $\sum_{n=1}^{\infty} \frac{1}{n}$ 发散, 故原级数发散;

(4) $u_n = \frac{a^n}{n^s}$,

$\lim_{n\to\infty} \frac{u_{n+1}}{u_n} = \lim_{n\to\infty} \frac{\frac{a^{n+1}}{(n+1)^s}}{\frac{a^n}{n^s}} = \lim_{n\to\infty} a\cdot\left(\frac{n}{n+1}\right)^s = a,$

当 $0 < a < 1$ 时, 原级数收敛
当 $a > 1$ 时, 原级数发散
当 $a = 1$ 时, 原级数为 $\sum_{n=1}^{\infty} \frac{1}{n^s}$, 当 $s > 1$ 时收敛, $0 < s \leqslant 1$ 时发散.

4. **解题过程** 证 (1) 令 $a_n = u_n v_n$, 因为 $\sum_{n=1}^{\infty} v_n$ 收敛, 所以 $\lim_{n\to\infty} v_n = 0$, 故存在 N, 当 $n > N$ 时, $v_n < 1$; 所以当 $n > N$ 时, $0 \leqslant a_n = u_n v_n < u_n$, 所以级数 $\sum_{n=1}^{\infty} a_n$ 收敛, 即级数 $\sum_{n=1}^{\infty} u_n v_n$ 收敛;

(2) 设 $c_n = u_n + v_n$, 则 $\sum_{n=1}^{\infty} c_n$ 收敛, 所以 $\lim_{n\to\infty} c_n = 0$, 故存在 N, 当 $n > N$ 时, $c_n < 1$; 因而当 $n > N$ 时, $0 < c_n^2 < c_n$, 而 $\sum_{n=1}^{\infty} c_n$ 收敛, 所以 $\sum_{n=1}^{\infty} c_n^2$ 收敛, 即级数 $\sum_{n=1}^{\infty} (u_n + v_n)^2$ 收敛.

5. **解题过程** (1) 令 $u_n = \frac{1}{n^p}$, 当 $p > 1$ 时, $\sum_{n=1}^{\infty} \frac{1}{n^p}$ 收敛, 此时原级数绝对收敛;

当 $0 < p \leqslant 1$ 时, $\lim_{n\to\infty} u_n = 0$, 且 $u_{n+1} < u_n$, 原级数收敛, 但 $\sum_{n=1}^{\infty} \frac{1}{n^p}$ 发散, 所以原级数条件收敛;

当 $p \leqslant 0$ 时, $\lim_{n\to\infty} u_n \neq 0$, 原级数发散;

故当 $p>1$ 时,原级数绝对收敛;当 $0<p\leqslant 1$ 时,原级数条件收敛;当 $p\leqslant 0$ 时,原级数发散;

(2) 令 $u_n = \left|\dfrac{\sin n}{\pi^n}\right| = \dfrac{|\sin n|}{\pi^n}$,因为 $\dfrac{u_n}{\frac{1}{\pi^n}} = |\sin n| \leqslant 1$,而级数 $\sum\limits_{n=1}^{\infty}\dfrac{1}{\pi^n}$ 收敛,所以级数 $\sum\limits_{n=1}^{\infty}u_n$ 收敛,从而原级数绝对收敛;

(3) 令 $u_n = \ln\left(1+\dfrac{1}{\sqrt{n}}\right)$,则 $u_n \geqslant 0$,且 $\lim\limits_{n\to\infty}\dfrac{u_n}{\frac{1}{\sqrt{n}}} = 1$,而级数 $\sum\limits_{n=1}^{\infty}\dfrac{1}{\sqrt{n}}$ 发散,所以级数 $\sum\limits_{n=1}^{\infty}u_n$ 发散,但 $\lim\limits_{n\to\infty}u_n = 0$,且 $u_{n+1}<u_n$,所以级数 $\sum\limits_{n=1}^{\infty}(-1)^n u_n$ 收敛,因此原级数条件收敛.

6. **逻辑推理** 利用泰勒展开式将 $f(x)$ 展开,再代入 $x=\dfrac{1}{n}$ 判别.

   逻辑推理 因为 $\lim\limits_{x\to 0}\dfrac{f(x)}{x}=0$,故 $f(0)=0$,从而 $f'(0)=0$. $f(x)$ 在 $x=0$ 的某邻域内的一阶泰勒展开式为
   $$f(x)=f(0)+f'(0)x+\dfrac{1}{2!}f''(\theta x)x^2 = \dfrac{1}{2!}f''(\theta x)x^2 \quad (0<\theta<1).$$
   $f(x)$ 在 $x=0$ 领域内有二阶连续导数,故必存在 $M>0$,使得对该闭区间上的一切 x,有 $|f''(x)|\leqslant M$,于是 $|f(x)|\leqslant \dfrac{M}{2}x^2$.

   令 $x=\dfrac{1}{n}$. 当 $n\to\infty$ 时,有 $\left|f\left(\dfrac{1}{n}\right)\right|\leqslant \dfrac{M}{2}\cdot\dfrac{1}{n^2}$. 因为 $\sum\limits_{n=1}^{\infty}\dfrac{1}{n^2}$ 收敛,故原级数绝对收敛.

7. **解题过程** (1) 因为 $\dfrac{x^{n-1}}{n2^n}=\dfrac{1}{2x}\displaystyle\int_0^x\left(\dfrac{t}{2}\right)^{n-1}\mathrm{d}t, n=1, x\neq 0$,所以

$$\sum_{n=1}^{\infty}\dfrac{1}{n2^n}x^{n-1}=\dfrac{1}{2}+\dfrac{1}{2\cdot 2^2}x+\dfrac{1}{3\cdot 2^3}x^2+\cdots+\dfrac{1}{n\cdot 2^n}x^{n-1}+\cdots$$

$$=\dfrac{1}{2x}\int_0^x 1\mathrm{d}t+\dfrac{1}{2x}\int_0^x\left(\dfrac{t}{2}\right)\mathrm{d}t+\cdots+\dfrac{1}{2x}\int_0^x\left(\dfrac{t}{2}\right)^{n-1}\mathrm{d}t+\cdots$$

$$=\dfrac{1}{2x}\left[\int_0^x\left(1+\dfrac{t}{2}+\cdots+\dfrac{t^{n-1}}{2^{n-1}}+\cdots\right)\mathrm{d}t\right]$$

$$=\dfrac{1}{2x}\int_0^x\left[\sum_{n=0}^{\infty}\left(\dfrac{t}{2}\right)^n\right]\mathrm{d}t=\dfrac{1}{2x}\int_0^x\dfrac{1}{1-\frac{t}{2}}\mathrm{d}t=\dfrac{1}{x}\cdot[-\ln(2-t)]_0^x$$

$$=-\dfrac{1}{x}[\ln(2-x)-\ln 2]$$

$$=-\dfrac{1}{x}\ln\left(1-\dfrac{x}{2}\right),\text{其中}\dfrac{x}{2}\in[-1,1)\text{且}\dfrac{x}{2}\neq 0,$$

当 $x=0$ 时,$\sum\limits_{n=1}^{\infty}\dfrac{1}{n2^n}x^{n-1}=\dfrac{1}{2}$,所以原级数的和函数为:

$$S(x)=\begin{cases}-\dfrac{1}{x}\ln\left(1-\dfrac{x}{2}\right), x\in(-2,0)\cup(0,2),\\ \dfrac{1}{2}, x=0;\end{cases}$$

(2) 因为
$$\frac{x^{2n+1}}{(2n)^2-1} = \frac{x^{2n+1}}{(2n-1)(2n+1)} = \frac{1}{2}\Big(\frac{1}{2n-1} - \frac{1}{2n+1}\Big)x^{2n+1}$$
$$= \frac{1}{2}\Big(\frac{x^{2n+1}}{2n-1} - \frac{x^{2n+1}}{2n+1}\Big) = \frac{x^2}{2} \cdot \frac{x^{2n-1}}{2n-1} - \frac{1}{2} \cdot \frac{x^{2n+1}}{2n+1}$$
$$= \frac{x^2}{2}\int_0^x t^{2n-2}\,dt - \frac{1}{2}\int_0^x t^{2n}\,dt, \quad n \geqslant 1,$$

所以
$$\sum_{n=1}^\infty (-1)^{n-1}\frac{x^{2n+1}}{(2n)^2-1} = \sum_{n=1}^\infty \Big[(-1)^{n-1}\Big(\frac{x^2}{2}\int_0^x t^{2n-2}\,dt - \frac{1}{2}\int_0^x t^{2n}\,dt\Big)\Big]$$
$$= \sum_{n=1}^\infty \Big[\frac{x^2}{2}\int_0^x (-t^2)^{n-1}\,dt + \frac{1}{2}\int_0^x (-t^2)^n\,dt\Big]$$
$$= \frac{x^2}{2}\sum_{n=1}^\infty \int_0^x (-t^2)^{n-1}\,dt + \frac{1}{2}\sum_{n=1}^\infty \int_0^x (-t^2)^n\,dt$$
$$= \frac{x^2}{2}\int_0^x \Big[\sum_{n=1}^\infty (-t^2)^{n-1}\Big]dt + \frac{1}{2}\int_0^x \Big[\sum_{n=1}^\infty (-t^2)^n\Big]dt$$
$$= \frac{x^2}{2}\int_0^x \frac{1}{1-(-t^2)}\,dt + \frac{1}{2}\int_0^x \Big[\frac{1}{1-(-t^2)} - 1\Big]dt$$
$$= \frac{x^2}{2}\int_0^x \frac{dt}{1+t^2} + \frac{1}{2}\int_0^x \Big(\frac{1}{1+t^2} - 1\Big)dt$$
$$= \frac{x^2}{2}\arctan x + \frac{1}{2}\arctan x - \frac{1}{2}x, x \in (-1,1),$$

因此原级数的和函数为
$$S(x) = \frac{x^2}{2}\arctan x + \frac{1}{2}\arctan x - \frac{1}{2}x, x \in (-1,1);$$

(3) 因为 $\frac{n^2}{n!}x^n = \frac{n}{(n-1)!}x^n = \frac{(n-1)}{(n-1)!}x^n + \frac{1}{(n-1)!}x^n$
$$= \frac{1}{(n-2)!}x^n + \frac{1}{(n-1)!}x^n = x^2 \cdot \frac{x^{n-2}}{(n-2)!} + x \cdot \frac{x^{n-1}}{(n-1)!}, n \geqslant 2,$$

所以 $\sum_{n=1}^\infty \frac{n^2}{n!}x^n = x + \sum_{n=2}^\infty \frac{n^2}{n!}x^n = x + \sum_{n=2}^\infty \Big[x^2\frac{x^{n-2}}{(n-2)!} + x\frac{x^{n-1}}{(n-1)!}\Big]$
$$= x + x^2\sum_{n=2}^\infty \frac{x^{n-2}}{(n-2)!} + x\sum_{n=2}^\infty \frac{x^{n-1}}{(n-1)!}$$
$$= x^2\sum_{n=0}^\infty \frac{x^n}{n!} + x\sum_{n=0}^\infty \frac{x^n}{n!} = x^2 e^x + xe^x, x \in (-\infty, +\infty),$$

所以原级数的和函数为
$$s(x) = (x+x^2)e^x, \quad x \in (-\infty, +\infty);$$

(4) 因为 $n(x-1)^n = (x-1)n(x-1)^{n-1} = (x-1)[(x-1)^n]', n \geqslant 1,$

所以 $\sum_{n=1}^\infty n(x-1)^n = (x-1)\sum_{n=1}^\infty n(x-1)^{n-1} = (x-1)\sum_{n=1}^\infty [(x-1)^n]'$
$$= (x-1)\Big[\frac{1}{1-(x-1)} - 1\Big]' = \frac{x-1}{(2-x)^2}.$$
$$(x-1) \in (-1,1), 即 x \in (0,2),$$

所以原级数的和函数为 $S(x) = \frac{x-1}{(2-x)^2}, x \in (0,2).$

8. **逻辑推理** 构造相应的级数,求出其和函数,最后求出函数值.

解题过程 (1) 令 $S(x) = \sum_{n=1}^{\infty} \frac{x^n}{n}, x \in [-1,1)$,

因为

$$S'(x) = \sum_{n=1}^{\infty} x^{n-1} = \frac{1}{1-x},$$

故有 $S(x) = S(0) + \int_0^x S'(x)dx = -\ln(1-x)$,

即 $S(x) = \sum_{n=1}^{\infty} \frac{x^n}{n} = -\ln(1-x), \quad x \in [-1,1)$,

取 $x = \frac{1}{2} \in [-1,1)$,从而有

$$\sum_{n=1}^{\infty} \frac{1}{n \cdot 2^n} = S\left(\frac{1}{2}\right) = -\ln\left(1-\frac{1}{2}\right) = \ln 2.$$

(2) 对于幂级数 $\sum_{n=0}^{\infty} \frac{x^{3n}}{3n+1}$,其收敛域为 $[-1,1)$,在收敛域内其和函数为:

$$S(x) = \sum_{n=0}^{\infty} \frac{x^{3n}}{3n+1} = \frac{1}{x} \sum_{n=0}^{\infty} \frac{x^{3n+1}}{3n+1} = \frac{1}{x} \sum_{n=0}^{\infty} \left[\int_0^x t^{3n}dt\right] = \frac{1}{x} \int_0^x \left[\sum_{n=0}^{\infty} (t^3)^n\right]dt$$

$$= \frac{1}{x} \int_0^x \frac{1}{1-t^3}dt = \frac{1}{x} \int_0^x \frac{1}{3}\left(\frac{1}{1-t} + \frac{t+2}{1+t+t^2}\right)dt$$

$$= \frac{1}{x}\left[-\frac{1}{3}\ln(1-x) + \frac{1}{6}\ln(1+x+x^2) + \frac{1}{\sqrt{3}}\arctan\frac{2x+1}{\sqrt{3}} - \frac{1}{\sqrt{3}}\arctan\frac{1}{\sqrt{3}}\right].$$

$x \in [-1,1)$ 且 $x \neq 0$,

$$\sum_{n=0}^{\infty} (-1)^n \frac{1}{3n+1} = S(1) = \sum_{n=0}^{\infty} \frac{(-1)^{3n}}{3n+1} = \sum_{n=0}^{\infty} \frac{x^{3n}}{3n+1}\bigg|_{x=-1} = \frac{1}{3}\ln 2 + \frac{\pi}{3\sqrt{3}}.$$

9. **解题过程** (1) $f'(x) = \frac{1}{1+x^2}, \frac{1}{1+x^2} = \sum_{n=0}^{\infty} (-1)^n x^{2n}, x \in (-1,1)$,

$$f(x) = f(0) + \int_0^x f'(t)dt = f(0) + \int_0^x \sum_{n=0}^{\infty} (-1)^n t^{2n}dt = \frac{\pi}{4} + \sum_{n=0}^{\infty} (-1)^n \cdot \frac{x^{2n+1}}{2n+1}$$

即 $f(x) = \frac{\pi}{4} + \sum_{n=0}^{\infty} (-1)^n \cdot \frac{x^{2n+1}}{2n+1}, x \in [-1,1)$;

(2) $f(x) = (2-x)^{-2} = \frac{1}{4}\left(1-\frac{x}{2}\right)^{-2}$,

$$f(x) = \frac{1}{4}\left[\sum_{n=0}^{\infty} \frac{(-2)(-2-1)\cdots(-2-n+1)}{n!} \cdot \left(-\frac{x}{2}\right)^n\right]$$

$$= \sum_{n=0}^{\infty} \frac{n+1}{2^{n+2}} \cdot x^n, x \in (-2,2),$$

即 $f(x) = \sum_{n=0}^{\infty} \frac{n+1}{2^{n+2}} x^n, x \in (-2,2)$;

(3) $f(x) = \ln(4-3x-x^2) = \ln[(1-x)(4+x)] = \ln(1-x) + \ln(4+x)$

$$= \ln(1-x) + \ln\left(1+\frac{x}{4}\right) + \ln 4$$

$$= \sum_{n=0}^{\infty} (-1)^n \frac{(-x)^{n+1}}{n+1} + \sum_{n=0}^{\infty} (-1)^n \frac{\left(\frac{x}{4}\right)^{n+1}}{n+1} + \ln 4$$

$$= \sum_{n=0}^{\infty} \left[\frac{(-1)^n}{4^{n+1}} - 1\right] \cdot \frac{x^{n+1}}{n+1} + \ln 4, x \in [-1, 1),$$

即 $f(x) = \ln 4 + \sum_{n=0}^{\infty} \left[\frac{(-1)^n}{4^{n+1}} - 1\right] \cdot \frac{x^{n+1}}{n+1};$

(4) $f(x) = \int_0^x \cos t^2 \, dt = \int_0^x \left[\sum_{n=0}^{\infty} (-1)^n \frac{(t^2)^{2n}}{(2n)!}\right] dt = \sum_{n=0}^{\infty} \left[(-1)^n \cdot \int_0^x \frac{t^{4n}}{(2n)!} dt\right]$

$$= \sum_{n=0}^{\infty} (-1)^n \cdot \frac{x^{4n+1}}{(2n)!(4n+1)} = \sum_{n=0}^{\infty} \frac{(-1)^n}{(2n)!} \cdot \frac{x^{4n+1}}{4n+1}, x \in (-\infty, +\infty).$$

10. **解题过程** (1) 对级数 $y(x)$ 逐项求导,得 y', y'' 为:

$$y' = \left[\sum_{n=0}^{\infty} \frac{x^{2n}}{(2n)!}\right]' = \left(1 + \frac{x^2}{2!} + \frac{x^4}{4!} + \cdots + \frac{x^{2n}}{(2n)!} + \cdots\right)'$$

$$= \left(x + \frac{x^3}{3!} + \cdots + \frac{x^{2n-1}}{(2n-1)!} + \cdots\right) = \sum_{n=1}^{\infty} \frac{x^{2n-1}}{(2n-1)!}, x \in (-\infty, +\infty);$$

$$y'' = \left(\sum_{n=1}^{\infty} \frac{x^{2n-1}}{(2n-1)!}\right)' = \sum_{n=1}^{\infty} \left[\frac{x^{2n-1}}{(2n-1)!}\right]' = \sum_{n=1}^{\infty} \frac{x^{2n-2}}{(2n-2)!}$$

$$= \sum_{n=0}^{\infty} \frac{x^{2n}}{(2n)!}, x \in (-\infty, +\infty);$$

所以 $y'' = y$,即 $y'' - y = 0$.

(2) 微分方程 $y'' - y = 0$ 为线性齐次微分方程,其特征方程为:$r^2 - 1 = 0$,故通解为:

$$y = C_1 e^{-x} + C_2 e^x,$$

当 $x = 0$ 时,$y = 1, y' = 0$,代入得 $C_1 = C_2 = \frac{1}{2}$;因此幂级数 $\sum_{n=0}^{\infty} \frac{x^{2n}}{(2n)!}$ 的和函数为:

$$y(x) = \frac{1}{2}(e^{-x} + e^x), x \in (-\infty, +\infty).$$

11. **逻辑推理** 证 $f(-x) = \sum_{n=0}^{\infty} a_n(-x)^n = \sum_{n=0}^{\infty} (-1)^n a_n x^n.$

当 $f(x)$ 为奇函数时,$f(-x) = -f(x)$,即

$$\sum_{n=0}^{\infty} (-1)^n a_n x^n = -\sum_{n=0}^{\infty} a_n x^n = \sum_{n=0}^{\infty} (-a_n) x^n,$$

比较同幂次系数可得 $(-1)^n a_n = -a_n$,当 $n = 2k$ 为偶数时,有 $a_{2k} = -a_{2k}$,即 $a_{2k} = 0$,此时级数 $\sum_{n=0}^{\infty} a_n x^n$ 中仅出现奇数次幂的项.

当 $f(x)$ 为偶函数时,$f(-x) = f(x)$,同样比较同幂次项系数有:$(-1)^n a_n = a_n$,当 $n = 2k+1$ 为奇数时,有 $-a_{2k+1} = a_{2k+1}$,即 $a_{2k+1} = 0$,此时级数 $\sum_{n=0}^{\infty} a_n x^n$ 中仅出现偶数次幂的项.